ISBN 978-1-5282-4327-8
PIBN 10917110

1 MONTH OF
FREE
READING

at
www.ForgottenBooks.com

By purchasing this book you are eligible for one month membership to ForgottenBooks.com, giving you unlimited access to our entire collection of over 1,000,000 titles via our web site and mobile apps.

To claim your free month visit:
www.forgottenbooks.com/free917110

FRANÇAISE

REVUE

D'HISTOIRE MODERNE ET CONTEMPORAINE

PUBLIÉE PAR

LA SOCIÉTÉ DE L'HISTOIRE DE LA RÉVOLUTION

DIRECTEUR-RÉDACTEUR EN CHEF

F.-A. AULARD

TOME VINGT-QUATRIÈME

JANVIER-JUIN 1893

PARIS, AU SIÈGE DE LA SOCIÉTÉ

3, RUE DE FURSTENBERG, 3,

1893

361987

LA RÉVOLUTION

FRANÇAISE

AUGUSTE COMTE

ET

LA RÉVOLUTION FRANÇAISE[1]

MESSIEURS,

Je me propose d'étudier cette année la vie et la politique de Danton.

Depuis que mon enseignement existe, et j'en commence en ce moment la huitième année, je puis dire que je suis allé au plus pressé, c'est-à-dire que j'ai tâché d'abord de faire la lumière sur la période la plus critique et la plus légendaire de la Révolution, sur la Terreur. Après avoir examiné les œuvres des principaux historiens, j'ai consacré toutes mes leçons publiques, sauf un cours d'un an sur la Constituante, à la Convention nationale, au Comité de

[1] Sous ce titre, qui en résume l'idée principale, nous reproduisons la leçon d'ouverture du cours d'histoire de la Révolution française à la Faculté des lettres, année scolaire 1892-1893. Ce cours a lieu le mercredi à trois heures et demie, dans le grand amphithéâtre de l'ancienne Sorbonne. Cette première leçon a été faite le 7 décembre dernier; elle a déjà paru dans la *Revue bleue* du 31 décembre 1892.

salut public, aux représentants en mission, au gouvernement révolutionnaire dans tout son fonctionnement, et j'espère vous avoir démontré, par les textes et les faits, que
les violences du terrorisme trouvaient leur raison, ou leur
excuse, ou leur condamnation dans les vicissitudes de la
défense nationale.

Il y a dans la Révolution un homme en qui nous a paru
à un moment s'incarner cette défense nationale, un homme
dont nous avons à diverses reprises raconté une partie
de la vie, esquissé une partie de la physionomie : c'est
Danton. Mais je crains qu'en ne vous le montrant que
de profil et par occasion, je ne vous aie pas donné une idée
satisfaisante d'un personnage dont le rôle a été si important; je crains qu'en abordant ainsi, en plusieurs fois et
accessoirement, l'étude de cette grande figure, il ne me soit
arrivé ou de me contredire, ou de dépasser la mesure. Il
est temps d'étudier Danton en lui-même, directement, de
faire de Danton, pour une année, le centre et l'objet de
nos recherches. Il en est temps, parce que l'érudition a
réuni, sur cet acteur éminent du drame révolutionnaire,
assez d'éléments pour qu'il soit possible de lui assigner
enfin sa vraie place et son vrai rôle dans l'histoire.

I

Vous savez que la figure de Danton a été longtemps
cachée sous une légende malveillante, née de son vivant
même et d'origine non seulement royaliste, mais girondine
et robespierriste, légende qu'il dédaigna de réfuter et qui
devait nuire longtemps à sa mémoire et à la cause dont il
avait été le champion. Et ce qui est remarquable, c'est que
Mme Roland, Saint-Just et Robespierre, ces implacables
ennemis de Danton, imposèrent à tel point leur jugement

passionné à leurs contemporains, qu'après le 9 thermidor, quand les dantonistes purent relever la tête, quand la Convention réhabilita les victimes de la « tyrannie décemvirale », elle vengea, en l'honorant, la mémoire de plusieurs amis de Danton, comme Philippeaux et Camille Desmoulins, mais elle s'obstina à passer sous silence le nom de l'homme d'État dont la parole si souvent applaudie l'avait tant de fois décidée à de grandes mesures pour le salut de la patrie.

Sous le Directoire, un ami de Condorcet, Diannyère, osa imprimer une défense de Danton ; mais son opuscule passa inaperçu, et cette première protestation contre la calomnie resta longtemps sans écho.

Quand on put commencer, sous la Restauration, à écrire sérieusement l'histoire de la Révolution, Thiers signala, de sa plume vive, l'importance du rôle de Danton, mais accepta sans critique presque toutes les imputations accréditées contre son caractère.

Buchez et Roux jugèrent Danton en robespierristes.

Lamartine (et plus tard Victor Hugo fera de même) n'hésita pas à suivre l'opinion dominante, et il flétrit en style la mémoire de celui qu'avaient haï les héros de son livre. Plus tard, critiquant son *Histoire des Girondins*, il eut l'ingénuité de mettre lui-même le public en garde contre sa propre méthode historique et cet incroyable aveu lui échappa : « *J'accuse Danton* SANS PREUVE, dit-il, par ce besoin honnête de trouver un criminel pour personnifier en lui l'horreur du crime. »

Michelet parla éloquemment de Danton ; il entra dans son âme, il sympathisa, il devina l'homme, et, à son habitude, il en fit un portrait plus vrai qu'exact, en ce sens que, s'il eut des intuitions de génie sur Danton, il n'hésita pas à accepter en partie la légende malveillante.

Louis Blanc sacrifia la mémoire de Danton à celle de Robespierre, il colligea et commenta des textes, il moralisa, comme toujours, avec érudition, avec sincérité, et condamna au nom de la vertu l'adversaire de l'*Incorruptible*. Depuis, M. Ernest Hamel a plaidé, avec plus d'érudition encore, la même thèse que Louis Blanc, et M. Mortimer Ternaux n'a pas manqué d'envelopper Danton dans la réprobation que méritent, selon lui, tous les révolutionnaires.

Mais la réhabilitation de Danton avait déjà commencé. Villiaumé, en 1850, réfuta, avec succès, la légende de la vénalité. Eugène Despois, en 1857, ajouta de décisifs arguments à cette réfutation. Bougeart, en 1861, publia un recueil apologétique de textes disposés en bon ordre et propres à ébranler les préjugés les plus enracinés. Dès lors, il y a des historiens dantonistes, et la gloire restaurée de Danton commence à éclipser celle de Robespierre, surtout depuis que M. Sorel, dans son beau livre sur *l'Europe et la Révolution*, a exalté, avec une si intelligente sympathie, le grand rôle diplomatique de Danton en 1793.

II

Toutes ces réhabilitations, partielles ou générales, qui ont abouti à l'érection de la statue de Danton en 1891, sont dominées ou inspirées par les théories et les études historiques d'Auguste Comte et de ses disciples, parmi lesquels M. le docteur Robinet s'est chargé, avec un zèle infatigable et heureux, de l'honorable tâche de consacrer, de populariser la gloire de celui en qui le positivisme voit l'homme d'État de la Révolution.

Tel a été le succès des écrits dantoniens de cette école, que l'opinion, après avoir, si je puis dire, reçu Danton des

mains des robespierristes et des girondins, le reçoit aujour-
d'hui des mains des positivistes.

Eh bien, il y a à se demander si la philosophie positive,
qui se donne autant pour une religion que pour une
méthode, nous a exactement montré le vrai Danton, et si
nous n'avons pas tous été, moi le premier, un peu dupes
des procédés apologétiques, procédés sincères, mais en
partie religieux, d'Auguste Comte et de ses disciples. Il y
a à se demander si, examinés à la seule lumière de la critique historique, les textes réunis par les positivistes ne
donnent pas, sur des points importants, des conclusions
différentes de celles qu'ils en tirent.

Hâtons-nous de dire qu'une vue libre et d'ensemble de
tous ces textes ne dément en rien l'idée favorable que nous
nous sommes faite de ce bon Français, de cet homme
d'État, de cet orateur, de ce patriote.

Mais, dans les théories des positivistes sur Danton, il y a
à distinguer ce qu'ils appelleraient peut-être, dans leur
style, un résultat négatif et un résultat positif.

Le résultat négatif, c'est la destruction des légendes
malveillantes.

Le résultat positif, c'est la conception du caractère et du
rôle de Danton, telle que les positivistes nous l'ont exposée
et imposée.

Il faut avouer, quant au résultat négatif, qu'ils ont réussi
à détruire scientifiquement les légendes malveillantes. Il
n'y a plus moyen de dire aujourd'hui que Danton était
vénal, sanguinaire, ignorant, fanatique. On le dit tout de
même encore, mais on le dit comme pamphlétaire et non
comme historien.

Les positivistes ont donc pleinement réussi dans leur
apologie indirecte de Danton, et cela au grand profit de
l'histoire. Mais, dans leur apologie directe du même per-

sonnage, il me semble que nous les avons un peu trop
docilement suivis, que les prestiges de leur dialectique
nous ont entraînés un peu loin, un peu au delà de la vérité,
et que l'autorité d'Auguste Comte nous a induits partiellement en erreur, nous a fait perdre le sens de la mesure. Il
est temps que la critique historique réagisse contre cette
autorité à qui elle doit tant, mais qui, par la séduction du
génie le plus suggestif de notre siècle, l'a peu à peu écartée
des voies raisonnables et a voulu la capter dans des formules
religieuses.

III

C'est à Auguste Comte lui-même, et non à ses disciples,
qu'il faut demander la théorie positiviste sur l'histoire de
la Révolution. Assurément, vous aimeriez mieux lire avec
moi les livres agréables des comtistes orthodoxes ou hété-
rodoxes, surtout quand ils sont écrits avec la simplicité
claire d'un Littré, ou avec la verve spirituelle de
M. Laffite, ou avec l'érudition précise de M. Robinet. Mais
il est plus sûr d'aborder directement la pensée du maître,
ou, si vous voulez, de l'affronter, car il règne un préjugé
contre le style d'Auguste Comte. Les six volumes du *Cours
de philosophie positive* et les quatre du *Système de politique positive* sont, je l'avoue, effrayants à voir et à manier.
Interminables chapitres, interminables paragraphes, interminables phrases, presque pas de points de repère, des tables mal faites, tout, au premier aspect, dans cette œuvre
énorme, inspire à notre paresse le sentiment vague que
c'est là une lecture pour initiés, pour disciples, pour apôtres. Mais ayez le courage d'étudier de suite, ne fût-ce que
dix pages : vous serez surpris de la force, de la clarté, de
l'intérêt de la pensée, à laquelle ce style s'adapte avec jus-

tesse, sans trop d'obscurité, sans trop de gaucherie, presque sans néologisme inutile. A cette forme probe comme la pensée et vigoureuse comme elle, je ne vois qu'un défaut, et, pour le faire comprendre, je me laisserai aller à employer une comparaison irrévérencieuse et dont je demande pardon à la mémoire d'un homme qui me semble n'avoir jamais ri. Vous avez tous lu, au moins en citation, quelque fragment du *Père Duchesne* d'Hébert. Vous avez senti la fatigue de ces b... et de ces f..., dont la gaminerie cynique de ce pamphlétaire ponctuait ses phrases. C'est moins, dans ces jurons, la grossièreté morale qui vous révoltait peut-être, que l'inconvenance littéraire du procédé. Si on prend la peine d'ôter d'une page du *Père Duchesne* ces exclamations ordurières et qu'on relise ensuite la page, on est tout étonné d'avoir affaire à un écrivain vif, agréable, élégant, et on comprend presque que MM. de Goncourt l'admirent. J'imagine que ce muscadin d'Hébert écrivait d'abord dans le français des honnêtes gens et qu'ensuite, après coup, il saupoudrait ses phrases de b... et de f..., au hasard, pourvu qu'il y en eût beaucoup, et comme d'un poivre pour la populace. Eh bien, d'une page d'Auguste Comte ôtez les adverbes, les innombrables, les assommants adverbes, qui n'y modifient presque jamais, comme le veut le rudiment, ni le verbe, ni l'adjectif, ni un autre adverbe, et revoyez la page ainsi nettoyée : ce sera alors un style clair, net, humain, et la pensée s'y verra dans toute sa structure et toutes ses nuances. Je ne veux point dire que ce grave penseur parsemait, après coup, ses phrases d'adverbes pour imprimer un respect religieux à la multitude, comme le *Père Duchesne* émaillait les siennes de jurons pour amuser les sans-culottes : mais enfin je crois bien que c'est surtout le placage artificiel et inutile de ces solennels adverbes qui a rebuté la curiosité des profanes et offusqué le goût des délicats.

N'y prenez donc pas garde et passez à un homme de génie les manies, les tics de son style, surtout quand ce style est en général l'instrument excellent d'une pensée puissante. Dites-vous que vous pouvez lire Auguste Comte sans être de son église, et sa théorie de la Révolution est trop importante, Danton y tient une trop grande place, d'autre part, elle est vraiment trop ·peu connue, pour que nous n'essayions pas d'en donner, d'après le texte même, une idée sommaire.

IV

C'est surtout dans le tome VI du *Cours de philosophie positive* et dans le tome III du *Système de politique positive* qu'Auguste Comte expose ses théories sur la Révolution.

Il l'étudie d'abord avant 1789, dans les idées et dans les faits, puis de 1789 à nos jours.

Du temps d'Auguste Comte, quand il commença à écrire, en 1820, c'est du XVIII° siècle qu'on faisait dater l'origine et les préparatifs de la Révolution, on disait sommairement : la Révolution procède de Voltaire et de Rousseau. C'est à peine si quelques-uns remontaient jusqu'au XVI° siècle, jusqu'à Montaigne et à Rabelais.

Comte est, je crois, le premier qui ait montré que la Révolution est le résultat de toute l'histoire de France, ou plutôt, comme il dit, de toute cette histoire de l'Occident, sur laquelle il fonde son système politique et sa sociologie.

Il lui semble que la Révolution s'élabore dans les esprits, inconsciemment, au moment même où il voit poindre, en plein moyen âge, lors de l'affranchissement des communes, un double mouvement scientifique et industriel, en opposition à l'état militaire et à l'état théocratique.

Si je comprends bien sa pensée, il s'était donc produit, dès le xi⁰ siècle, une élaboration spontanée, qui s'accentue à là fin du xiv⁰ siècle et qui s'accentue tellement alors que de la date le mouvement révolutionnaire dont les événements de 1789 ne furent que la crise.

Ce n'est pas la philosophie du xviii⁰ siècle qui avait créé ce mouvement : c'est ce mouvement qui a créé la philosophie du xviii⁰ siècle. Et encore n'en a-t-elle exprimé en général que les tendances négatives et destructives.

Cette philosophie du xviii⁰ siècle, Comte la flétrit sous le nom de métaphysique, de négativisme, et il raille Voltaire et Rousseau qui ont établi, quoi? l'anarchie mentale.

De sa nature, dit-il, cette métaphysique, au lieu de lier intimement les tendances actuelles de l'humanité à l'ensemble des transformations antérieures, représentait la société sans aucune impulsion propre, sans aucune relation au passé, indéfiniment livrée à l'action arbitraire du législateur ; étrangère à toute saine appréciation de la sociabilité moderne, elle remontait au-delà du moyen âge pour emprunter à la sociabilité antique un type rétrograde et contradictoire ; enfin, au milieu des circonstances les plus irritantes, elle appelait spécialement les passions à l'office le mieux réservé à la raison. C'était cependant sous un tel régime mental qu'il fallait alors s'élever à des conceptions politiques heureusement adaptées à la vraie disposition des esprits et aux impérieuses exigences de la plus difficile situation (1).

Il aime à insister sur les déplorables effets de la « métaphysique » de Voltaire et de Rousseau :

La dispersion des pensées était ainsi devenue telle que la doctrine négative divisait ses propres partisans en sectes inconci-

(1) *Cours de philosophie positive*, édition de 1877, t. VI, p. 305.

liables. Mais le désordre mental se manifesta surtout envers le point de vue historique, d'où devait pourtant émaner l'unique solution. Les deux écoles incomplètes tendirent à l'écarter irrévocablement, l'une en systématisant la réprobation spontanée du moyen âge, l'autre en faisant ouvertement abstraction de tout passé, sauf pour accréditer ses utopies subversives d'après une vicieuse appréciation de l'antiquité.

Quant à la réaction sociale, on conçoit facilement les ravages d'une doctrine qui faisait, sous chaque aspect, consister la perfection humaine dans l'état de non-gouvernement. Moralement, après avoir développé les atteintes du protestantisme envers le régime domestique jusqu'à méconnaître tout mariage, le déisme altéra directement la discipline personnelle en autorisant le suicide et préconisant l'orgueil ou la vanité. Politiquement, il acheva de discréditer la division des deux puissances, en s'efforçant d'instituer directement la suprématie absolue du nombre, de manière à ne laisser d'autres garanties d'ordre matériel que la violence et la corruption (1).

Cependant, Comte découvre et signale, dans la philosophie du xviii° siècle, une tendance positive, organique, dont Diderot fut l'interprète. « Avant que l'école politique, dit-il, eût distinctement surgi, l'énergique sagesse de Diderot avait institué l'atelier encyclopédique pour la faire suffisamment concourir avec l'école philosophique. Une telle concentration tendait à rappeler le but organique au milieu du travail critique, en ramenant toujours la pensée vers la construction d'une synthèse complète. Ce mode comprenait aussi la disposition anti-historique de la troisième phase, soit en donnant à l'histoire un accès direct, soit surtout d'après la filiation des conceptions scientifiques (2). » Sans doute, c'est trop tôt pour systématiser déjà, et puis Diderot a le tort de s'allier aux destructeurs et aux anarchiques, de ne pas désavouer Voltaire. Mais comme il songe à édifier, à organiser, comme il est

(1) *Système de politique positive*, t. III, p. 585.
(2) *Ibid.*, p. 584.

orienté vers la vérité, Comte l'honore, le glorifie, se réclame de lui.

Tout ce mouvement philosophique du xviiie siècle, négatif en général, organique dans le seul Diderot, semble à Auguste Comte impur, contradictoire, frappé d'impuissance. Cependant, puisqu'il prétend s'appuyer en tout sur l'histoire et que l'histoire atteste que ce mouvement a eu un résultat, il consent à avouer que la philosophie a produit « l'ébranlement décisif » qui, en jetant bas l'ancien régime, a rendu possible dans l'avenir l'avènement de la vraie doctrine organique, la sienne.

D'ailleurs, il affecte de ne pas s'indigner, de ne pas même s'étonner, et c'est pour lui une loi de l'histoire que le mouvement de recomposition, tout en étant contemporain du mouvement de décomposition, ne s'opère pas aussi rapidement. Il était donc tout naturel que « l'école organique » de Diderot n'avançât pas aussi vite en besogne que « l'école négative » de Voltaire. C'est même ce retard de la tendance organique sur la tendance destructive qui est la vraie cause des violences de la Révolution.

V

Telle est, dans ses traits essentiels, la théorie d'Auguste Comte sur les origines et les préalables de la Révolution.

Certes, il y a là des idées justes, fécondes, et si l'on veut, des idées de génie.

Mais comme c'est systématique !

Ainsi les aspirations de Diderot, présentées d'abord comme vagues, deviennent peu à peu, sous la plume d'Auguste Comte, un plan, un programme, une école.

Est-il bien vrai qu'il y ait eu, dans la philosophie du

xvIII⁰ siècle, une école négative et une école organique, distinctes l'une de l'autre, rivales, antagonistes ?

Je reconnais que Diderot, tout en démolissant, a une vue synthétique de la science, qu'il a des tendances à organiser. Je reconnais que Voltaire a surtout nié. Mais Voltaire n'a-t-il fait que nier ? En religion, par exemple, n'a-t-il pas essayé de formuler un *credo* à l'humanité affranchie ? N'est-il pas l'apôtre du déisme ? Je sais bien qu'Auguste Comte s'est félicité de ce que la France, « préservée du protestantisme, pût directement passer de l'état catholique à la pleine émancipation, quoiqu'elle semblât d'abord s'arrêter au vain déisme, qui ne diffère du christianisme décomposé qu'en rejetant la révélation, base nécessaire de tout monothéisme applicable (1) ». Il n'en est pas moins vrai que le déisme a été, à un moment de notre histoire, la religion de la plupart des Français pensants et dirigeants. Auguste Comte ne conteste pas ce fait, il méprise cet effort pour créer « la religion naturelle ». Elle a existé pourtant, cette religion, plus humaine selon Voltaire, plus chrétienne selon Rousseau, elle a servi momentanément de base à la vie morale de notre bourgeoisie. Ceux qui ont édifié cette base, fragile, vicieuse si vous voulez, mais enfin qu'on a vue debout et sur laquelle on a cru pouvoir construire, ces théoriciens du culte de l'Être suprême n'étaient-ils que des négateurs ?

Quant au reproche adressé à Voltaire d'avoir rompu les traditions nationales, d'avoir fait table rase du passé, quel homme le mérite moins que celui qui, au xvIII⁰ siècle, réorganisa l'histoire, qui, le premier alors, fit voir dans l'histoire, non plus seulement des rois et des batailles, mais des hommes et des mœurs ? En vérité, montrer ainsi

(1) *Système de politique positive*, t. III, p. 532.

l'homme dans l'histoire, n'était-ce pas préparer le terrain à la religion de l'humanité, au positivisme même ? S'il eût eu moins d'orgueil, moins de parti pris, je dis qu'Auguste Comte aurait dû s'incliner devant Voltaire et l'appeler son maître.

Et Rousseau ? Comment est-il possible d'en faire un pur négateur, quand il a fondé le droit nouveau sur l'idée de la souveraineté du peuple ? Mais Auguste Comte n'oublie pas cette idée : il la condamne expressément, il la déclare funeste parce qu'elle repose sur l'idée d'égalité, aussi pernicieuse que l'idée de liberté. Qu'est-ce que l'égalité ? La négation de toute hiérarchie, partant de tout ordre, partant de tout progrès. Quelle sottise que la formule de 1789, *liberté, égalité !* « Elle repousse, dit Comte, toute organisation réelle. Car un libre essor développé nécessairement les différences quelconques, surtout mentales et morales ; en sorte que, pour maintenir le niveau, il faut toujours comprimer l'évolution (1). » De même, en 1852, Littré, encore fidèle à son maître, publiera une critique acerbe de la devise des hommes de 1848 : *liberté, égalité, fraternité,* qu'il appellera négative et à laquelle il opposera la devise comtiste, *ordre et progrès* (2).

Qui ne voit que, dans cette critique de l'égalité, il y a un sophisme, une définition fausse de ce qu'on entendait par ce mot en 1789 et en 1793 ? C'est un adepte de la doctrine, repenti sans doute et révolté, mais toujours imbu de la méthode, qui se chargera de réfuter Auguste Comte et de se réfuter lui-même, quand il imprimera, en 1863, dans son *Dictionnaire de la langue française,* cette définition : « *Égalité devant la loi,* condition d'après laquelle tous les citoyens sont sujets de la loi, sans exception ni privilège.

(1) *Système de politique positive,* t. I, p. 378.
(2) *Conservation, révolution et positivisme,* Paris, 1852, in-12, p. 304.

— *Égalité*, organisation sociale dans laquelle tous les privilèges de classes sont détruits. »

Le Littré de 1863 a raison contre le Littré de 1852, et voilà justement ce que nos pères entendaient par l'égalité ; ils trouvaient la parfaite expression de leur pensée dans ces vers de Voltaire :

> Les mortels sont égaux, ce n'est pas la naissance,
> C'est la seule vertu qui fait la différence.

Ou dans ceux-ci :

> Avoir les mêmes droits à la félicité,
> C'est pour nous la parfaite et seule égalité.

Quant à l'idée d'égaliser les hommes par les lois et la morale, de faire que personne ne soit plus riche, plus instruit, plus heureux que son voisin, mais c'est la chimère de Babeuf, c'est la doctrine des Égaux : elle ne parut qu'à la fin de la Convention et sous le Directoire. Les patriotes de 89 et de 93 la repoussèrent alors avec horreur ou risée. Loin d'être la doctrine de la Révolution, elle ne fut même pas populaire quand Babeuf la formula, et, si plus tard elle descendit un instant dans la rue, qui oserait soutenir que cette égalité fut celle pour laquelle le peuple français prit les armes quand il renversa la Bastille, ou quand il détrôna Louis XVI, ou quand il dressa l'échafaud de la Terreur ?

Qu'Auguste Comte trouve funeste l'idée d'égalité devant la loi, qu'il condamne le dogme de la souveraineté du peuple : c'est son droit. Mais qu'il paraisse nier qu'une organisation ait été faite sur ces idées, c'est contraire à sa méthode. Cette base du droit nouveau, elle existe, elle subsiste, elle est consacrée par l'histoire ; il est insoutenable de présenter comme de purs négateurs, comme de purs destructeurs, les philosophes qui l'ont édifiée, et c'est de la fantaisie de dire qu'au xviiie siècle, en dehors de Diderot, il n'y a eu que négativisme.

VI

Quand Auguste Comte en vient à étudier, dans le développement de l'histoire de France, ce qu'il appelle la crise, c'est-à-dire la Révolution française, les événements qui se sont passés entre le 5 mai 1789 et le 18 brumaire an VIII, il apporte dans ses jugements le même esprit systématique, avec des vues aussi profondes, aussi originales, aussi étonnantes, si on songe à la date où il écrivait.

Avant de parler de ses erreurs, il n'est que juste de signaler quelques-unes de ces considérations où triomphent son génie et sa méthode.

Personne avant lui n'avait critiqué avec une telle pénétration la politique de l'Assemblée constituante :

Quoique cette époque préliminaire, dit-il, n'ait pu avoir, en effet, d'autre destination politique que d'amener graduellement l'élimination prochaine de la royauté, que les plus hardis novateurs n'auraient d'abord osé concevoir, il est remarquable que la métaphysique constitutionnelle rêvait alors, au contraire, l'indissoluble union du principe monarchique avec l'ascendant populaire, comme celle de la constitution catholique avec l'émancipation mentale.

C'est en termes remarquables qu'il signale l'empirisme grossier avec lequel on imitait alors l'Angleterre :

...L'empirisme métaphysique devait donc conduire à penser, au début de la crise finale, que, pour détruire totalement l'antique organisme, il suffisait de joindre à l'extinction française de la puissance aristocratique l'abaissement anglais du pouvoir monarchique (1).

(1) *Cours de philosophie positive*, t. VI, p. 290-291.

Il insiste avec force et finesse sur cette anglomanie des constituants :

Il faut aussi noter dès lors une disposition naissante, qui devait prendre ensuite une si déplorable extension, à détacher les intérêts sociaux des chefs industriels de ceux des masses naturellement placées sous leur patronage, pour les unir, de plus en plus, suivant le type anglais, à ceux des classes en décadence, en abusant, à cet effet, de l'ascendant spontané qu'avait dû jadis obtenir l'universelle imitation des mœurs aristocratiques. Quant à la condition spirituelle, il n'est pas difficile de démêler alors, au milieu des influences philosophiques prépondérantes, une certaine tendance systématique à ériger aussi le gallicanisme, sous un reste d'inspirations jansénistes et parlementaires, en une sorte d'équivalent national du protestantisme anglican : c'était sans doute une étrange tentative chez une population élevée par Voltaire et Diderot ; mais le projet n'en était ni moins évident ni moins propre à caractériser une telle politique, qui n'a pas même cessé aujourd'hui de trouver secrètement de fervents admirateurs parmi les métaphysiciens et les légistes qui dirigent nos destinées officielles (1).

S'il a critiqué avec cette originalité la période monarchique de la Révolution, il est aussi le premier qui ait loué la Convention par des arguments non robespierristes. Il place cette Assemblée bien au-dessus de la Constituante, parce qu'elle a écarté « sous un respectueux ajournement une vaine constitution, pour s'élever enfin à l'admirable conception du gouvernement révolutionnaire proprement dit, directement envisagé comme un régime provisoire parfaitement adapté à la nature éminemment transitoire du milieu social correspondant ». Il la félicite d'avoir renoncé à la chimère d'institutions éternelles et de s'être attachée surtout « à organiser provisoirement, conformément à la situation, une vaste dictature temporelle, équivalente à celle graduellement élaborée par Louis XI et par Richelieu, mais dirigée d'après une bien plus juste appré-

(1) *Cours de philosophie positive*, t. VI, p. 296.

ciation générale de sa destination propre et de sa durée limitée (1). »

Le premier aussi il a fait une critique profonde de la politique religieuse de la Révolution et en particulier du culte robespierriste de l'Être suprême, quand il a parlé des « déplorables inspirations d'une doctrine qui, profondément incompatible avec toute démonstration véritable, laissait bientôt prévaloir des passions sanguinaires, indiquant toujours la compression matérielle comme seul gage assuré de la convergence spirituelle, suivant la nature constante de conceptions politiques qui repoussent ou méconnaissent la division fondamentale de deux puissances élémentaires (le spirituel et le temporel) (2). »

Ces vues, et tant d'autres que je n'ai pas le temps de mentionner aujourd'hui, renouvelaient, dès 1842, toute l'histoire de la Révolution. Il est véritablement inconcevable qu'en dehors du petit monde des disciples de Comte, elles aient passé inaperçues : ni Michelet, ni Louis Blanc ne les ont, que je sache, signalées, et, si elles ont influé depuis, c'est indirectement, et je ne vois pas qu'aucun historien, sauf dans l'église même de Comte, en ait fait honneur à celui qui les avait exposées le premier et magistralement.

VII

Mais pourquoi faut-il que des considérations si originales et si éloquentes soient aussitôt exagérées et faussées par l'esprit du système ?

(1) *Cours de philosophie positive*, t. VI, p. 304. — Dans le même endroit, à propos du gouvernement révolutionnaire, il fait l'éloge du club des Jacobins, quand il signale « l'action simultanée d'une célèbre association volontaire, qui, essentiellement extérieure au pouvoir proprement dit, était surtout destinée, en appréciant mieux l'ensemble de sa marche, à lui fournir de lumineuses indications. »

(2) *Ibid.*, t. VI, p. 309.

Auguste Comte se demande ce qu'aurait dû faire la Révolution.

Elle aurait dû « remplacer les droits divins, dès lors rétrogrades, et les droits humains, toujours subversifs, par des devoirs matériels émanés de relations appréciables. En un mot, il fallait fonder la vraie religion, en ralliant autour d'un centre unique, à la fois public et privé, nos sentiments, nos pensées et nos actions (1) ».

Et il ajoute que le seul Danton avait dignement senti ce besoin, que son école, dans l'ordre pratique, avait été la seule sage, la seule considérable, tout comme naguère l'école de Diderot avait eu seule raison dans l'ordre spéculatif.

Dans le *Cours de philosophie positive* (1839-1842), le nom de Danton n'avait paru qu'une fois ou deux, notamment dans une phrase incidente sur « la mémorable catastrophe de l'énergique Danton et de l'intéressant Camille Desmoulins (2) ».

Dans le *Système de politique positive* (1852-1854), Danton est au premier plan.

D'où vient cette intervention tardive de la personnalité de Danton dans le système historique d'Auguste Comte?

C'est que, dans l'intervalle, avait été publié, en 1850, le livre dantonien de Villiaumé.

Ce fut, pour Auguste Comte, un trait de lumière. Danton n'est plus seulement l'énergique Danton, c'est le chef de l'école de Diderot dans la Révolution, c'est le dictateur sage et sublime, bien qu'il appartienne à la classe des avocats si méprisée par notre philosophe (3). Danton agit, pendant

---

(1) *Système de politique positive*, t. III, p. 601.
(2) *Cours de philosophie positive*, t. VI, p. 308.
(3) La transmission « aux avocats de la prépondérance politique, auparavant obtenue par les juges », lui paraît une *dégradation*. (*Cours*, t. VI, p. 287, 288.)

que Condorcet pense, et tous deux préparent l'avènement du positivisme.

Et il en vient à affirmer que le « monde révolutionnaire se partageait en trois écoles » :

1° L'école de Diderot, qui produisit alors « deux types, l'un pratique, l'autre théorique : le grand Danton, le seul homme d'État dont l'Occident doive s'honorer depuis Frédéric ; et l'admirable Condorcet, l'unique philosophe qui poursuivit, dans la tempête, les méditations régénératrices » ;

2° L'école de Voltaire, sceptique, proclamant la liberté ;

3° L'école de Rousseau, anarchique, vouée à l'égalité.

L'école de Diderot, cette suprême école, « était trop incomplète, trop méconnue pour qu'elle pût prévaloir habituellement, quoiqu'elle fût toujours invoquée contre les principales difficultés ». La présidence révolutionnaire devait donc flotter entre l'école philosophique de Voltaire et l'école politique de Rousseau. Cette dernière finit par dominer, « comme possédant seule une doctrine apparente ».

Auguste Comte sait et dit exactement combien de temps ces trois écoles ont régné : l'école de Voltaire, huit mois ; l'école de Diderot, dix mois ; l'école de Rousseau, quatre mois (1).

J'admets que l'école de Rousseau ait régné quatre mois, si l'on veut dire par là que le culte de l'Être suprême eut lieu entre la mort de Danton (16 germinal an II) et la chute de Robespierre (9 thermidor). Mais le reste n'est que fantaisie, et l'on aura beau torturer la chronologie, je défie bien qu'on y trouve l'explication de ces huit mois et de ces dix mois.

· (1) *Système de politique positive*, t. III, p. 500, 601.

Et puis, y avait-il dans la Révolution une école de Diderot, une école de Voltaire, une école de Rousseau?

Sans doute Danton et Hérault de Séchelles ont subi l'influence de Diderot. Sans doute Danton affecte de négliger
la théorie pour construire à la France un abri provisoire.
Mais il se réclame aussi de Voltaire, de toute la littérature
libérale, et on l'eût bien étonné en lui apprenant qu'il était
le chef d'une école organique. Les Girondins aiment Voltaire, adorent Rousseau, et ils ont parfois les chaudes effu-
sions de Diderot. Comte ne voit en eux que de simples
anarchistes à éliminer. Il oublie que Condorcet, « son
éminent précurseur (1) », était l'ami des Girondins et qu'il
périt pour avoir trop haï la dictature révolutionnaire (2).
Robespierre, c'est Rousseau, je le veux bien, et j'admets
qu'il soit une école à lui tout seul. Mais Hébert, c'est à la
fois le singe de Voltaire et le singe de Diderot, et son com-
père Chaumette est idolâtre de Jean-Jacques. Cette triple
influence de Diderot, de Voltaire et de Rousseau, elle coexis-
tait, dans des proportions inégales, en chacun des révolutionnaires, girondins, montagnards ou hébertistes. Des
écoles, il n'y eu eut jamais que dans l'imagination de
Comte.

VIII

Cette prétendue école Diderot-Danton qui, d'après
Comte, n'avait dominé qu'un instant, c'est cependant elle

---

(1) *Système de politique positive*, t. Iᵉʳ, p. 319. Il loue Condorcet d'avoir
entrepris « de fonder la politique sur l'histoire », de « subordonner la
recherche de l'avenir à l'interprétation du passé ». L'avortement de cette
entreprise vient de sa précocité théorique, « puisque la préparation scientifique restait insuffisante, étant encore bornée essentiellement à la cos-
mologie. La biologie n'ayant pas surgi, le génie de Condorcet ne pouvait
compenser une telle lacune, et sa méditation sociologique devait manquer
de positivité. » (*Ibid.*, t. III, p. 614.)

(1) Je ne veux pas dire par là que la pensée de Condorcet ne fût pas
organisatrice, mais Comte ignora le vrai rôle politique de Condorcet.

qui, d'après le même Comte, a fait tout ce qu'il y a de bien dans la Révolution.

Il ne loue pas seulement Danton, ce qui est juste, d'avoir compris que la substitution de la république à la monarchie renforcerait le pouvoir central, au lieu de faire triompher le pouvoir local (1) : il lui fait honneur de toutes les mesures utiles, de toutes les créations opportunes. Un peu plus, il lui attribuerait l'idée de cette École polytechnique qu'il admire tant, — alors que la création des écoles centrales fut au contraire la négation du système encyclopédique.

Danton est le vrai, le seul patriote : « A travers l'anarchie moderne, la vraie moralité se trouve spontanément caractérisée par l'admirable vœu du grand Danton : *Périsse ma mémoire, pourvu que la France soit sauvée* (2) ! » Oui, Danton fut la voix de la patrie en danger ; mais d'autres aussi, et presque tous, préférèrent alors la patrie à leur mémoire.

Comte loue Danton d'avoir fait le culte de la Raison (3), tentative avortée, mais intelligente et dans le sens de la religion de l'humanité. Quelle erreur ! Danton est justement à Arcis-sur-Aube, en congé, du 12 octobre au 21 novembre 1793, au moment de ce culte : à son retour, il le désavoue et le blâme.

C'est encore Danton qui aurait supprimé les Académies « devenues hostiles au progrès théorique (4). » Erreur : ce n'est pas un disciple de Diderot qui supprima les Académies ; elles furent abolies le 8 août 1793, sur le rapport du chrétien Grégoire, et à ce moment il y avait vingt-huit jours que Danton était tombé du pouvoir !

Enfin, Danton a organisé la dictature révolutionnaire.

(1) *Système de politique positive*, t. III, p. 599.
(2) *Ibid,*, t. IV, p. 50.
(3) *Ibid.*, t. III, p. 602. — Il ne nomme même pas les Hébertistes. Il attribue le culte de la Raison aux seuls « Dantoniens ».
(4) *Ibid.*, t. III, p. 600 ; t. IV, p. 390.

La dictature! On sait que, pour Auguste Comte, la dictature est la condition du progrès jusqu'à l'avènement de la religion positive (1). Louis XI, Richelieu, Cromwell, Frédéric, voilà les principaux et excellents dictateurs qui ont présidé à ce progrès (2). Il fallait un dictateur à la Révolution. Ce ne pouvait être l'incapable Louis XVI : quel dommage que le comte de Provence, ce sage dictateur, n'ait pas succédé à son frère au moment de la prise de la Bastille (3)! Mais la Révolution eut plus tard ce dictateur nécessaire. Ce fut Danton. Après lui, il fallait une autre dictature, il la fallait même animée de tendances catholiques, afin d'empêcher qu'aucune philosophie ne prît la place du futur positivisme (4). Il y eut bien un dictateur, mais mauvais : ce fut Bonaparte, blâmable et haïssable quoique

(1) Selon Comte, la transmission héréditaire « constitue certainement la principale différence caractéristique entre le véritable pouvoir royal et le simple pouvoir dictatorial, dès longtemps devenu, sous une forme quelconque, naturellement indispensable, suivant nos explications antérieures, à la situation transitoire des sociétés modernes. » (*Cours de philosophie positive*, t. VI, p. 312.)

(2) *Système de politique positive*, t. III, p. 599.

(3) En effet, après avoir dit que le devoir de Louis XVI était d'abdiquer après la prise de la Bastille, Comte ajoute : « Ce devoir, dont la violation suffirait, indépendamment de ses coupables intrigues, pour justifier sa fin tragique, aurait fait prévaloir un frère digne d'accomplir la transformation républicaine, comme l'indique la sagesse de sa dictature tardive. Dès lors, l'ordre public se trouvant essentiellement maintenu, la guerre ne fût point survenue, et l'agitation subversive serait restée spirituelle, en évitant l'explosion sanguinaire qui résulta surtout d'une défense désespérée. »

(4) D'après lui, l'échec de la Révolution « exigeait que la dictature temporelle reprît une nouvelle énergie dans le centre occidental, jusqu'à l'avènement décisif de la religion finale. » Pour contenir l'anarchie métaphysique, « il fallait que la dictature de transition fût animée d'inclinations catholiques, pourvu qu'elle ne tentât jamais de les faire prévaloir en opprimant la liberté spirituelle. » « On a trop méconnu l'immortelle école qui surgit, au début du XIXe siècle, sous la noble présidence de De Maistre, dignement complété par Bonald, avec l'assistance poétique de Chateaubriand. Elle discrédita systématiquement le négativisme. » (*Système de politique positive*, t. III, p. 602-603.) Dans le *Cours de philosophie positive*, t. VI, p. 286, il se félicite, dans l'intérêt de sa doctrine, que la Révolution se soit fourvoyée à la suite des philosophes.

dictateur, parce que sa dictature fut au service des idées
théocratiques et militaires (1). Sage et bienfaisante fut au
contraire la dictature de Louis XVIII, quoique contrariée
par l'odieux parlementarisme (2).

Et, en 1854, Auguste Comte signale l'histoire de France
comme menée, depuis 1789, par six dictateurs (3) : Danton,
Bonaparte, Louis XVIII, Charles X, Louis-Philippe et
Napoléon III. De ces six dictateurs, Danton fut de beaucoup le plus éminent.

C'est ainsi que, par esprit de système, Comte ne nomme
pas, dans cette série fantaisiste, le seul homme qui ait
véritablement exercé dans la Révolution une sorte de dictature, Robespierre.

Danton fut-il en effet un dictateur?

Sans doute, il exerça une influence dominante au Conseil
exécutif provisoire en août et en septembre 1792. Mais
était-il dictateur quand fut organisé ce gouvernement révolutionnaire tant exalté par Auguste Comte?

C'est ici qu'apparaît la plus grave erreur historique du
système. Auguste Comte croit, ou ce qu'il dit n'a pas de
sens, que Danton exerça le pouvoir, eut l'influence diri-
geante, du 10 août 1792 jusqu'au début de 1794, c'est-à-
dire jusque peu avant sa mort. Il croit qu'il organisa seul
la France pour la défense nationale et, selon ses termes
favoris, pour le progrès scientifique et industriel. Il croit
aussi que la défense nationale était assurée et qu'on pouvait songer au progrès normal « dès le moment de la double

----

(1) Voir l'admirable critique de Napoléon dans le *Cours de philosophie
positive*, t. VI, p. 316 et suiv. — C'est un des morceaux les plus remarquables qui soient sortis de la plume d'Auguste Comte. — Il aurait voulu
que ce dictateur fût « le grand Hoche ». (*Ibid.*, 315.)
(2) Le parlementarisme de la Restauration fut même, aux yeux de Comte,
une aberration plus nuisible que le césarisme de Napoléon. (*Système de politique positive*, t. III, p. 607.)
(3) *Ibid.*, t. IV, p. 384.

conquête provisoire de la Savoie et de la **Belgique** (1) »,
c'est-à-dire dès la fin de 1792, ou plutôt, comme cette date
renverserait son système, il croit que cette double conquête
eut lieu à la fin de 1793.

Il n'a même pas jeté les yeux sur une chronologie quelconque.

Voici ce qu'il y aurait vu :

Danton est très influent du 10 août au 21 septembre 1792,
comme ministre.

Puis les Girondins gouvernent, d'octobre 1792 à mars
1793. Ils échouent : on perd la Belgique, Dumouriez
trahit.

Un premier Comité de salut public domine, du 6 avril au
10 juillet 1793. Danton en fait partie, il en est le vrai chef,
mais sans pouvoirs dictatoriaux, ne faisant qu'avec peine
prévaloir ses avis. Il a la haute main sur la diplomatie et
sur la guerre. Sa diplomatie est fondée sur de sages principes qui aboutiront après sa mort à la paix de Bâle ; mais,
pour l'instant, elle échoue et les négociations secrètes avec
l'Angleterre avortent entièrement. Dans les opérations
militaires, il n'a pas plus de succès : le nord et le midi de
la France sont envahis, les Vendéens battent le dantoniste
Westermann. A l'intérieur, bien qu'Auguste Comte le loue
d'avoir éliminé les Girondins, Danton avait fait tous ses
efforts pour empêcher le coup d'État populaire du 2 juin et
il avait dû, vaincu et entraîné, se rallier publiquement à
ce coup d'État. Il semblait à l'opinion que son gouvernement n'eût eu que des échecs. Résultat : il est renversé le
10 juillet 1793, il n'est pas réélu au Comité de salut public.

Sa voix patriotique se fait encore entendre : mais on
l'écoute moins. Dégoûté, le prétendu dictateur prend un

---

(1) *Cours de philosophie positive*, t. VI, p. 307. — Cf. *Système*, t. III, p. 600.

congé, se retire à Arcis, revient pour se mettre à la remorque de Robespierre, voit organiser par et pour ses ennemis ce gouvernement révolutionnaire qu'on lui avait refusé, laisse faire par ses amis une opposition sourde, enfin est arrêté, guillotiné.

Ce n'est pas nous qui tiendrons Danton en moins haute estime parce qu'il n'a pas réussi dans ses entreprises. Mais par quelle aberration Auguste Comte, qui ne fonde la gloire de ses héros que sur les résultats historiques, a-t-il conféré la dictature révolutionnaire à un homme d'État vaincu, tombé du pouvoir, victime innocente et imprévoyante de ses habiles adversaires? Si Danton n'a pas fait ce qu'il voulait, ce n'est pas le génie qui lui manquait, mais la patience; ce n'est pas l'énergie dans l'action qui lui faisait défaut, mais la persévérance dans l'énergie. Il n'eut pas l'assiduité indomptable d'un Louis XI, d'un Richelieu, d'un Cromwell, d'un Frédéric, et c'est méconnaître son caractère, c'est méconnaître les faits que de le placer ainsi, avec un numéro d'ordre, dans la prétendue série des dictateurs occidentaux!

IX

Comment se fait-il qu'un si grand esprit qu'Auguste Comte, fondateur d'une si exacte et si féconde méthode, soit tombé dans de telles erreurs de fait? Comment en est-il venu à défigurer ainsi l'histoire, lui qui s'appuyait sur l'histoire?

C'est que sa théorie historique était complètement formée dans son esprit dès l'âge de vingt-deux ans. Il la résuma tout entière, dès l'année 1820, en quelques pages, d'ailleurs admirables, qu'on trouvera aux appendices du *Système de politique positive*. Son maître, Saint-Simon, lui avait montré le rôle du moyen âge dans l'histoire et le rôle du christianisme dans le moyen âge. Aussitôt, tout le système d'Auguste Comte s'élabora dans son esprit. Dès lors et à son insu, son siège est fait. Il ne demande plus à l'histoire que la justification de sa théorie, à laquelle, très sincèrement, il plie à la réalité. Il n'a plus le temps ni le goût de lire : il se borne à la culture acquise au sortir de l'adolescence. Il ne donne accès qu'aux notions qui confirment son idée, par exemple aux notions partielles qu'il reçoit par hasard de Villiaumé sur Danton. En histoire, il devient trop souvent déductif ; et, sur la Révolution, il mêle des erreurs naïves aux vues les plus vraies et les plus neuves. Il ne se doute pas de son ignorance. Il croit sincèrement que Danton a régné de telle date à telle date. Et le fondateur d'une admirable méthode historique en vient peu à peu à l'état d'esprit où on est tout disposé à faire gagner la bataille de Pharsale par Pompée, non pas pour orner la phrase, comme le voulait Paul-Louis Courier, mais pour confirmer un système.

Après la mort d'Auguste Comte, le type de Danton fut remis aux mains d'un de ses exécuteurs testamentaires qui, avec un soin heureux et à notre grand profit, comme nous l'avons dit, chercha et produisit des 'textes sur les dantonistes, mais qui était peut-être animé de sentiments trop respectueux et trop pieux pour que ce fût son rôle et pour qu'on pût lui demander de corriger lui-même ou seulement de signaler les erreurs historiques du père de la religion positive.

Ainsi, après avoir rendu le grand service de détruire la légende malveillante imaginée par la réaction contre Danton, les positivistes ont créé, à leur tour, dans de moindres proportions et en toute bonne foi, une légende bienveillante.

D'après eux, toute la force, toute la vérité, toute la moralité de la Révolution sont en Danton. Toutes les vertus privées et publiques résident en lui seul et en ses amis seuls. Danton n'est plus un homme, mais un saint.

Eh bien, je ne croirai pas nuire à sa mémoire en ramenant sa figure à des proportions humaines, accessibles à notre sympathie.

Je tâcherai de dire, sans système et, si je puis, en historien, ce que fut Danton, le plus moderne des hommes d'État de la Révolution, esprit orienté vers l'avenir, politique pratique, orateur éloquent, caractère faible, corps paresseux, un des ouvriers les plus intéressants et les plus importants de l'œuvre révolutionnaire, mais non pas le seul ouvrier, le seul patriote, le seul sage, le seul homme d'État.

Vous ne m'en voudrez pas, messieurs, si mon admiration pour Danton n'est pas religieuse, si j'use dans ce cours des droits de la critique historique, même et surtout quand il s'agit des figures les plus adorées, et si je me dérobe décidément à l'honneur d'être appelé dantoniste, même en si bonne compagnie. J'admire Danton, mais je vous parlerai de lui les textes à la main, conformément à ma méthode, ainsi que je vous ai déjà parlé de Carnot, dont la gloire m'est chère comme à tout patriote, mais dont je n'avais pas à soutenir la légende. Quant à Danton, la vérité sera peut-être d'accord avec votre goût et vous aimerez peut-être mieux trouver en lui un homme qu'un saint, un bon Français avisé et agissant que le pontife à demi symbolique d'une doctrine !

F.-A. AULARD.

LA JUSTICE ET LES TRIBUNAUX

A AGEN

PENDANT LA RÉVOLUTION

Suite et fin (1).

V

Le tribunal criminel de Lot-et-Garonne. — Statistique sommaire des crimes de droit commun. — Procès des émigrés et des ecclésiastiques. — Procès jugés par le tribunal criminel érigé en tribunal révolutionnaire.

§ 1er.

L'histoire de la justice civile à Agen, pendant la Révolution, peut fournir à un jurisconsulte érudit les éléments d'un travail particulier du plus haut intérêt. Comme on l'a fait observer fort justement (2), la forme de procéder, le fond et la nature des affaires, l'influence de l'ancien droit sur l'esprit des magistrats, le choc du passé et du présent doivent donner à cette justice une physionomie tout à fait à part. Que de renseignements précieux sur les coutumes et les usages agricoles du pays on pourrait puiser dans les motifs des jugements, et de préférence dans les procès relatifs à la possession des domaines nationaux ou aux délimitations de la propriété nouvelle!

---

(1) Voir la *Revue* du 14 septembre et du 14 décembre 1892.
(2) *La justice criminelle à Laon pendant la Révolution*, par Combier, t. I, p. 9.

Quel intérêt n'y aurait-il pas aussi à suivre les premières applications des nouveaux principes introduits dans nos lois civiles par la Constituante et la Convention : l'égalité des personnes et des biens devant la loi, la sécularisation du mariage, l'abolition du droit d'aînesse et de masculinité, la prohibition des substitutions fidéicommissaires (1)?

Mais ce travail ne sera pas même abordé ici. Il ne sera question que de la justice criminelle dans le département de Lot-et-Garonne, pendant la Révolution. Les dossiers criminels ont bien aussi leur intérêt, surtout ceux qui ont trait à des crimes d'un caractère politique, provoqués par les circonstances extraordinaires de cette époque pleine de troubles et de violences. Ils permettent de suivre la marche des événements, d'apprécier la véritable situation du pays et l'état des esprits.

J'ai déjà fait connaître le personnel du tribunal criminel de Lot-et-Garonne, pendant la Révolution. On sait que Bory présida le tribunal, sans aucune interruption, que ses assesseurs, juges des tribunaux de district, étaient soumis à un roulement trimestriel, et que le siège d'accusateur public fut occupé successivement par le girondin Brostaret, par le montagnard Timothée Fizellier et par Canuet. Si l'on excepte les affaires d'émigration, dans lesquelles les juges durent se montrer implacables comme la loi elle-même, et les affaires jugées révolutionnairement sous la pression des événements, on peut dire bien haut que la justice agenaise fut empreinte d'un grand esprit de modération, qui n'excluait pas d'ailleurs une certaine fermeté dans la répression des crimes de droit commun.

On peut attribuer en grande partie cette modération à la

_____

(1) Voy. *De la durée persistante de l'ensemble du droit civil français pendant et depuis la Révolution de 1789*, par Valette. Mémoire lu à l'Académie des sciences morales et politiques en décembre 1870.

prudence sage et réfléchie du jury, reflet exact d'une population de mœurs fort douces. Mais l'impartialité et l'élévation.d'esprit des magistrats y eurent aussi leur part, et il ne faut pas hésiter à leur en faire honneur.

Les arrêts criminels, tous rédigés par le président Bory, sont écrits d'une manière remarquable, d'un style net, concis et ferme, à peu près sans aucune trace de l'emphase et de la déclamation de l'époque. C'est l'impression qu'ils produiront certainement sur tous ceux qui les liront sans parti pris.

Le tribunal criminel eut à juger les crimes de droit commun avec l'assistance du jury, et les crimes politiques, tels que les crimes d'émigration, sans l'assistance du jury. Pour la première catégorie, il suffira d'établir une statistique sommaire et d'en comparer les résultats avec ceux des statistiques contemporaines. Des développements plus complets seront donnés aux affaires d'émigration, ainsi qu'aux autres affaires présentant un caractère politique.

§ 2.

Les crimes ordinaires ou de droit commun, jugés *du 15 mars 1792 au 31 décembre de la même année*, avec l'assistance du jury, peuvent être répartis ainsi qu'il suit :

Sur 50 crimes et 66 accusés, dont 55 hommes et 13 femmes, on compte 40 condamnations et 26 acquittements.

Ce sont les crimes contre les propriétés qui l'emportent de beaucoup, et, au premier rang, les vols qualifiés au nombre de 32.

Sur 6 affaires de meurtre ou d'assassinat, 1 seul acquittement est prononcé et 5 condamnations, dont 3 à la peine de mort. Mais, dans 3 affaires d'infanticide comprenant

4 accusés, il y a 4 acquittements. Dans 5 affaires de fausse monnaie avec 5 accusés, il y a 4 acquittements et une seule condamnation.

— *En 1793*, sur 37 crimes de droit commun et 65 accusés, dont 55 hommes et 10 femmes, on compte 38 condamnations et 27 acquittements.

Plus de la moitié de ces crimes, 20, sont des vols qualifiés. Sur 5 affaires de meurtre ou d'assassinat, dans lesquelles 5 accusés sont poursuivis, 5 condamnations sont prononcées, dont 3 à la peine de mort. Deux accusés, l'un d'infanticide, l'autre de viol, sont acquittés. Dans 3 affaires de fausse monnaie comprenant 5 accusés, il y a 3 acquittements et 2 condamnations.

— *En 1794*, sur 54 crimes de droit commun et 77 accusés, dont 70 hommes et 7 femmes, on compte 35 condamnations et 42 acquittements.

Les vols qualifiés dominent toujours et entrent pour moitié dans ces chiffres.

Sur 11 affaires de meurtre ou d'assassinat, ou de tentative de ces crimes, dans lesquelles 14 accusés sont poursuivis, les acquittements s'élèvent au nombre de 7 ; mais parmi les 7 condamnés, il y en a 5 qui sont condamnés à la peine de mort.

— *En 1795*, sur 33 crimes de droit commun et 48 accusés, dont 45 hommes et 3 femmes, on compte 33 condamnations et 15 acquittements.

La plupart des crimes poursuivis, cette année-là, sont des vols qualifiés ; on en compte jusqu'à 28. Il y a 3 affaires de meurtre ou d'assassinat, dans lesquelles figurent 5 accusés, qui sont tous acquittés.

— *En 1796*, sur 45 crimes de droit commun et 69 accusés, dont 58 hommes et 11 femmes, on compte 35 condamnations et 34 acquittements.

Outre de nombreux vols qualifiés, on remarque 5 affaires de meurtre ou d'assassinat, dans lesquelles 2 accusés sont condamnés à mort et 5 sont acquittés. Dans deux affaires d'infanticide, 3 accusés sont acquittés.

— *En 1797*, sur 56 crimes de droit commun et 80 accusés, dont 65 hommes et 15 femmes, on compte 34 condamnations et 46 acquittements.

Les vols qualifiés poursuivis s'élèvent jusqu'à 35. Un accusé d'assassinat est condamné à mort. Sur 4 affaires de meurtre comprenant 5 accusés, il y a 4 acquittements et 1 condamnation. Un crime d'incendie d'un parc et d'une grange est puni de mort. Dans 3 affaires d'infanticide, 4 accusés sont acquittés.

— *En 1798*, sur 50 crimes de droit commun et 77 accusés, dont 71 hommes et 6 femmes, on compte 33 condamnations et 44 acquittements.

En dehors des vols qualifiés, qui sont au nombre de 23, on remarque 3 affaires d'infanticide suivies de 2 acquittements et d'une condamnation.

Dans 3 affaires d'assassinat ou de meurtre, 3 accusés sont condamnés à mort et 2 sont acquittés. Dans une affaire de tentative d'incendie, une condamnation à mort est prononcée. Dans deux affaires de bigamie, l'un des accusés est condamné, l'autre est acquitté.

—*En 1799*, sur 47 crimes de droit commun et 67 accusés, dont 58 hommes et 9 femmes, on compte 39 condamnations et 28 acquittements.

En dehors des vols qualifiés, qui entrent pour plus de moitié dans le nombre des crimes poursuivis, il faut noter la condamnation d'un crime d'infanticide, la condamnation à mort d'un accusé d'assassinat, et, sur 7 accusés de meurtre, 6 acquittements prononcés et une seule condamnation.

Le brigandage prend des proportions menaçantes. Dans

2 affaires de cette nature, 6 accusés sont traduits devant le tribunal criminel : tous les 6 sont condamnés, et 4 d'entre eux à la peine de mort (1).

Il n'est pas possible de comparer d'une manière exacte et précise les résultats de cette statistique, pendant les huit années de la période révolutionnaire, avec ceux des statistiques criminelles les plus récentes.

La législation criminelle a subi en effet des modifications profondes depuis un siècle.

Sans parler des changements introduits dans la composition du jury, dans son mode de formation et dans la majorité nécessaire à la validité de ses verdicts, on sait que beaucoup de faits qualifiés crimes autrefois et poursuivis comme tels devant la Cour d'assises sont qualifiés aujourd'hui délits et déférés aux tribunaux correctionnels. Il en est ainsi, par exemple, des évasions de détenus, très rares de nos jours, très fréquentes au contraire, sous la Révolution, à cause du mauvais état des prisons. Il en est de même, depuis la loi du 13 mai 1863, des coups et blessures ayant entraîné une incapacité de travail de plus de vingt jours, de la corruption dans certains cas, du faux témoignage en matière correctionnelle et de simple police, des menaces.

Il faut tenir compte aussi, dans une assez large mesure, de l'usage extra-légal qui s'est introduit, depuis près de cinquante ans, dans nos mœurs judiciaires et qu'on appelle, dans la pratique des parquets, la *correctionnalisation*. Cet usage consiste à passer sous silence ou à écarter les circonstances aggravantes de certains crimes, comme l'escalade ou l'effraction dans les crimes de vol, afin de traduire les coupables devant les tribunaux correctionnels. On

---

(1) Je dois des remerciements à M. le conseiller Delord, qui m'a fourni, avec une grande obligeance, les éléments de cette statistique sommaire.

obtient de la sorte une répression plus assurée, si elle est
plus légère, tout en abrégeant les détentions préventives
et en diminuant les frais de justice.

Voilà ce qui explique, d'une manière générale, la prodigieuse décroissance de la criminalité, que semblent faire
apparaître les statistiques judiciaires depuis la Révolution.
Alors que, de 1792 à 1800, la moyenne annuelle des affaires
portées devant le tribunal criminel de Lot-et-Garonne a
été de 46 environ et que la moyenne annuelle des accusés
a été de 68, il résulte de renseignements puisés au parquet
général de la Cour d'appel d'Agen qu'en 1891, 18 affaires
seulement avec 19 accusés ont été jugées par la Cour d'assises de Lot-et-Garonne pour crimes commis dans le
département.

Cependant si nous observons que, sous la Révolution, la
population de Lot-et-Garonne était loin d'être aussi nombreuse qu'aujourd'hui, nous devons reconnaître qu'il s'est
produit, depuis cent ans, un abaissement notable de la criminalité. Cet abaissement est surtout sensible dans les
crimes contre les personnes : il y a bien moins de meurtres
et d'assassinats qu'autrefois, ce qui tend à prouver que,
grâce au bien-être croissant et au progrès des lumières, les
mœurs se sont singulièrement adoucies.

La proportion des acquittements aux condamnations a
été très élevée pendant plusieurs années de la période révolutionnaire, beaucoup plus de la moitié, alors que cette
proportion n'est guère que de 37 p. 100 de nos jours, dans
le département de Lot-et-Garonne. Il faut en attribuer la
cause à l'inexpérience des jurés et surtout à certaines imperfections de la procédure criminelle, depuis longtemps
corrigées. La législation en vigueur obligeait le président
du tribunal correctionnel à poser au jury des questions
trop nombreuses et trop compliquées, qui le mettaient

souvent dans un extrême embarras. La question de l'intention devait être posée séparément du fait lui-même, ce qui entraînait parfois le jury à faire des réponses d'une contradiction choquante. On déclarait, par exemple, qu'il était constant que l'accusé avait commis un vol, mais on ajoutait qu'il n'était pas constant qu'il eût commis ce vol volontairement ou à dessein.

Observons cependant, à l'avantage de la justice criminelle de la Révolution, que les instructions se poursuivaient avec rapidité et que la détention préventive subie par les accusés traduits devant le jury était assez rarement prolongée au delà de trois mois.

Dans la statistique des crimes de droit commun, qui vient d'être analysée, il n'a pas été question de certains crimes spéciaux, provoqués par les circonstances exceptionnelles de l'époque révolutionnaire : la vente ou le commerce du blé et autres denrées au-dessus du cours fixé par la loi, les entraves à la libre circulation des grains, les émeutes relatives à la taxe du pain, le refus de recevoir des assignats en paiement, les émeutes à l'effet d'empêcher le recrutement, les violences et les outrages envers les fonctionnaires, les propos inciviques ou séditieux.

Il suffit de constater que ces diverses infractions se renouvelèrent fréquemment à Agen, comme dans toute la France, mais sans caractère particulier digne d'être signalé.

Il n'a pas été question davantage des crimes d'émigration et de provocation au rétablissement de la royauté. Le moment est venu de consacrer un examen spécial à ces affaires qui furent jugées par le tribunal criminel de Lot-et-Garonne comme tribunal extraordinaire et d'exception, sans instruction préalable, sur un simple réquisitoire de l'accusateur public, sans le concours des jurés et sans recours en cassation.

§ 3.

L'émigration fut d'abord considérée par la Constituante
comme une simple faute patriotique et punie de peines
légères. Mais les menées coupables et les rassemblements
armés de la noblesse émigrée sur les frontières, combinés
avec les préparatifs de l'Autriche et de la Prusse pour
envahir la France, obligèrent la Législative à organiser
une répression plus vigoureuse. C'est ce qu'elle fit, notamment par les décrets des 9 février, 30 mars et 27 juillet 1792,
qui mettaient sous la main de la nation les biens des
émigrés, en les soumettant à des amendes diverses, mais
ne punissaient de mort, comme conjurés et conspirateurs,
que ceux qui avaient pris les armes. Aucune atteinte n'était
portée aux garanties ordinaires du jugement par jurés.

La Convention alla plus loin. Son décret du 28 mars 1793
déclara bannis à perpétuité du territoire français et morts
civilement, tous les émigrés et tous ceux qui ne pouvaient
justifier de leur résidence en France, sans aucune interruption, depuis le 9 mai 1792. Les biens des émigrés furent
confisqués au profit de la République et l'infraction du
bannissement fut punie de mort. En vertu de ce décret,
on dressa des listes administratives d'émigration, et les
citoyens qui ne réclamèrent pas contre leur inscription dans
un certain délai, furent réputés définitivement émigrés. Tout
émigré surpris sur le territoire français fut arrêté, conduit devant le tribunal criminel de son ancien domicile, et,
sur la seule preuve de son identité, condamné à la peine
capitale et exécuté dans les vingt-quatre heures.

Les complices des émigrés, ceux qui leur envoyaient
leurs fils ou d'autres recrues, des chevaux, des munitions
ou de l'argent, furent punis des mêmes peines que les émigrés ; mais ils furent jugés avec toutes les garanties de la

procédure criminelle de droit commun, le jury d'accusation et le jury de jugement, du moins jusqu'à la loi du 30 frimaire an II, qui leur appliqua la procédure des tribunaux révolutionnaires, c'est-à-dire la comparution sur le seul réquisitoire de l'accusateur public, devant un jury de jugement statuant à la simple majorité des suffrages exprimés *publiquement* par chacun des jurés.

Et maintenant convient-il de regretter que le tribunal criminel de Lot-et-Garonne, à l'exemple de tous les autres tribunaux criminels de France, se soit montré l'interprète inflexible des lois rigoureuses, qui ne lui laissaient aucune liberté d'appréciation, qui ne faisaient pas de distinction entre les émigrés inoffensifs et les émigrés armés, coupables de rébellion et de trahison? Non certes. Nos ancêtres, il ne faut pas l'oublier, ont bien compris leur devoir envers la patrie en danger, lorsqu'ils ont traité l'émigration comme un crime : ils sont ainsi parvenus à rendre sacré et indivisible le sol national.

Le premier émigré qui comparut devant le tribunal criminel de Lot-et-Garonne fut FRANÇOIS RIVES-MOUSTIER, de Marmande. Les pièces du dossier nous le montrent pénétrant, le 3 novembre 1792, dans un cabaret de la petite commune de Bierne, sur la frontière du Nord, vers six heures du matin, ses vêtements mouillés, son pantalon souillé de boue, et se faisant servir pour déjeuner trois petits pains blancs et deux pintes de bière, qu'il absorba avec avidité. Ses allures semblent suspectes au cabaretier, et, comme il ne peut présenter de passeport, il est mis en état d'arrestation. On le trouve porteur d'une certaine somme d'argent, d'un sac à poudre, d'une houpe, d'un peigne et d'un acte sous seing privé, dans lequel le frère de François Rives-Moustier reconnaissait avoir simulé l'achat des droits paternels de ce dernier, moyennant la somme de cinquante mille livres « pour obvier aux inconvénients que pourraient opérer les affaires du temps ». De plus, on découvre dans ses vêtements un billet de la somme de 360 livres, souscrit à son profit à Coblentz, le 17 mai 1792, par un émigré qui le qualifiait de « garde de la porte ».

Sur ces entrefaites survint la loi du 26 novembre 1792, qui ordonnait, par mesure d'indulgence, d'expulser hors de France tous les émigrés qui y étaient rentrés. Rives-Moustier fut conduit à la frontière du Nord sous bonne et sûre escorte. Comment parvint-il à rentrer de nouveau en France? C'est ce que l'examen du dossier ne révèle pas. Mais on le retrouve le 16 janvier 1793, entrant à huit heures du soir dans une auberge de Sauveterre, près La Réole, pour y être hébergé et y coucher. « Ses mauvais vêtements, ainsi que le délabrement de ses cheveux et sa grande barbe, annonçant de la suspicion dans sa conduite », l'aubergiste fait prévenir les officiers municipaux, qui interrogent le voyageur, constatent qu'il n'a ni papiers, ni certificats de résidence et le mettent en état d'arrestation. On demande des renseignements à la municipalité de Marmande, qui doit avouer que Rives-Moustier est émigré, qu'il a enfreint la loi du bannissement et qu'il pourrait bien avoir encouru la peine de mort. « Chargés d'exécuter les lois, écrivent les officiers municipaux de Marmande, nous sommes peinés d'y être contraints ; mais la loi impérieuse de notre devoir ne nous permet pas de négliger les intérêts et la sûreté de la patrie. La confiance de laquelle nos concitoyens nous ont crus dignes ne sera pas trompée et imposera un silence absolu à notre humanité compatissante. »

Dans un interrogatoire qu'on lui fit subir, Rives-Moustier déclare qu'il est âgé de vingt-sept ans, que, « depuis le mois de janvier de l'année dernière, il a quitté la ville de Marmande par le seul motif d'esprit de courerie et à l'induction de quelques amis, qu'il a parcouru le royaume et qu'il est allé en Allemagne et dans la ville de Coblentz...., où on le fit inscrire dans le corps de garde de la porte au service de l'empereur, sous le commandement de Vergennes, mais qu'il n'y resta pas longtemps, qu'il en sortit et en déserta clandestinement, et qu'il n'a jamais pris les armes contre sa patrie, que de là il fut à Trèves..... et à Bierne, où il fut arrêté ».

Rives-Moustier comparaît le 24 janvier 1792 devant le jury d'accusation du district de La Réole. Les huit membres composant le jury d'accusation se divisent en deux parties égales, « sans pouvoir former de majorité de part ni d'autre », et le chef du jury se borne à constater cette situation, sans en tirer la conséquence qu'il n'y a pas lieu à accusation. Le tribunal du district de La Réole, appelé à se prononcer sur cette difficulté, fait observer, dans un jugement du 5 février 1793, que « c'est faute d'instruction suffisante » et par ignorance de la loi que les jurés ont ainsi procédé ; et il ordonne que les jurés « seront convoqués de nouveau vendredi 15 février, pour par eux statuer au bas de l'acte d'accusation concernant Rives-Moustier dans la forme prescrite par la loi ».

Les jurés d'accusation se réunissent de nouveau, et, à la suite de leur délibération, le chef du jury inscrit la formule : « La déclaration du jury est qu'il y a lieu à accusation. » Tel était, évidemment, le droit du jury ; appelé, en effet, à délibérer, il rentrait dans la plénitude de sa juridiction et pouvait modifier son verdict. Ce principe est bien établi aujourd'hui dans notre jurisprudence criminelle, et on l'applique sans difficulté toutes les fois que le jury de jugement apporte à l'audience une délibération incomplète ou irrégulière. Mais il était permis d'hésiter sur cette interprétation des décrets du jury, au lendemain de la mise en vigueur de la nouvelle législation.

Rives-Moustier considère comme illégale la déclaration du jury et proteste avec force devant le tribunal criminel de la Gironde, qui renvoie l'affaire à la session d'avril et fait demander, tant au ministre de la justice qu'à la Convention, l'interprétation de la loi. Aucune réponse ne parvient au tribunal criminel. Mais, dans l'intervalle, a été votée la loi rigoureuse du 28 mars 1793, qui prescrit que les émigrés seront jugés par le tribunal criminel de leur dernier domicile, sans l'assistance du jury d'accusation ni du jury de jugement. Le tribunal criminel de la Gironde se conforme aux prescriptions de la nouvelle loi et renvoie Rives-Moustier devant le tribunal de Lot-et-Garonne.

Là, à l'audience du 10 mai 1793, on consulte la liste officielle des émigrés du département de Lot-et-Garonne : Rives-Moustier y a été inscrit en vertu d'un arrêté du directoire du département en date du 26 juin 1792 et n'a jamais protesté contre cette inscription. Deux citoyens de Marmande, porteurs de certificats de civisme, sont cités comme témoins et certifient que « le prévenu présent devant eux est la même personne que celle de Rives-Moustier, de Marmande, dont l'émigration est constatée par la susdite liste » L'accusateur public requiert l'application de la loi, et le tribunal criminel condamne Rives-Moustier à la peine de mort.

Le malheureux condamné fut exécuté dès le lendemain, 11 mai 1793, à onze heures du matin, sur la place publique d'Agen. Sinistre détail à noter : ce fut la première fois que fonctionna la guillotine à Agen. On l'avait déjà employée dans le département, suivant l'annaliste Proché, à Monflanquin, le 18 octobre précédent, sur deux assassins nommés Mascard frères, et à Nérac, quelques jours après, sur un misérable, qui avait fait noyer sa mère dans un vivier.

L'émigré Jean Alexandre Peloubet fut plus heureux.

Appelé à comparaître devant le tribunal criminel de Lot-et-Garonne à l'audience du 31 mai 1793, il déclare qu'il a quitté son domicile de Lauzun et la France depuis le mois d'avril 1792, pour se rendre à Arnheim, en Hollande, mais qu'il a quitté ce pays en s'embarquant sur le navire *les Deux Sœurs*, qui l'a conduit et débarqué à la Rochelle le 6 décembre 1792.

Le nom d'Alexandre Peloubet est porté sur la liste des émigrés du département, et les témoins affirment son identité. Il semble qu'il n'y a plus qu'à appliquer la loi inexorable du 28 mars 1793, et que les efforts du « citoyen Ferret, défenseur officieux » de l'émigré, seront inutiles. Il n'en est rien cependant : le tribunal considère que, lorsque Peloubet a été arrêté à La Rochelle, après son débarquement, il se trouvait dans le délai de quinzaine imparti par la loi du 26 novembre 1792, pour permettre aux autorités administratives de faire conduire hors des frontières les émigrés détenus en France. On ne peut pas lui faire un crime de n'être pas sorti de France, dans les délais fixés, puisqu'il était détenu ; et le tribunal décide, avec une grande sagesse, « qu'il y a lieu de faire conduire Peloubet hors des frontières de la République française, à la diligence des corps administratifs, en exécution de la loi du 26 novembre ».

Pierre Étienne Goyon-Brichot a quitté son domicile de Mézin depuis le 20 juin 1792, pour résider tantôt à Paris, tantôt à Bordeaux. A son retour, il a été traduit devant le jury d'accusation du district de Nérac, qui a déclaré, le 14 mars 1793, qu'il n'y avait pas lieu à accusation et l'a mis en liberté.

Mais le directoire du département de Lot-et-Garonne le

fait mettre de **nouveau** en jugement, en invoquant un
article de la loi du **28** mars, déclarant nuls les jugements
rendus en violation des dispositions de la nouvelle loi.
C'était exorbitant.

Le tribunal fait preuve d'indépendance : il observe que
Goyon-Brichot n'est point porté sur la liste des émigrés du
département et il ordonne sa mise en liberté immédiate.

Simon Antoine, ancien domestique d'un émigré, Lamaselière de Casteljaloux, bénéficie à son tour d'un acquittement, à l'audience du 1er juin 1793.

Simon Antoine prétend n'avoir suivi Lamaselière, son
maître, que jusqu'à Cambrai, et l'avoir quitté lorsqu'il
s'aperçut qu'il voulait dépasser les frontières de la République. Il ne figure pas d'ailleurs sur la liste des émigrés.

Léonard, de Puymirol, accusé d'avoir favorisé des émigrés par des secours pécuniaires, est acquitté à l'audience
du 15 août 1793.

Il résulte bien, de diverses lettres saisies chez Léonard,
qu'il fait parvenir à un nommé Karical, à Dusseldorf, une
certaine somme d'argent, par l'intermédiaire de Pélissier
d'Agen et des banquiers Douau et Gallet de Paris. Le
directoire du district d'Agen et l'accusateur public soutiennent que sous le nom de Karical se dissimule le frère
de Léonard, qui est émigré. Mais le tribunal criminel estime
que cette preuve n'est pas faite, et qu'il n'est nullement
établi que Karical soit un émigré. Aussi ordonne-t-il que
Léonard sera mis en liberté.

L'accusation d'émigration et d'infraction au bannissement
dirigée contre Jean-Baptiste Charles d'Abzac est mieux
établie ; elle est suivie d'une condamnation à mort et de la
confiscation des biens, à l'audience du 16 avril 1794, malgré
le vif repentir exprimé par l'accusé.

Les pièces du dossier nous montrent d'Abzac donnant,

dès le mois de juin ou juillet 1792, sa démission de capitaine au 2ᵉ régiment de chasseurs à pied, pour ne pas servir le nouveau régime. Il était originaire de Belvès, dans la Dordogne, et s'était marié avec une demoiselle Victoire Allier, à Romans, où il tenait garnison.

Sous prétexte d'aller prendre les eaux d'Aix, en Savoie, d'Abzac quitte la France et va rejoindre les émigrés : les lettres écrites par lui à sa femme et datées de Bâle ou d'Offenbourg, dans le grand duché de Bade, ne semblent laisser aucun doute à cet égard. Il n'émigre, comme il le dit lui-même, que pour obéir au point d'honneur. Mais, en présence des difficultés et des misères de toute nature avec lesquelles il se trouve aux prises, il ne tarde pas à exprimer de vifs regrets et à promettre de rentrer promptement dans ses foyers.

Ses lettres respirent le plus pur et le plus ardent amour pour sa femme ; je ne résiste pas au désir d'en citer quelques extraits, qui révèlent le véritable état d'âme d'un malheureux émigré, pendant cette terrible période de notre histoire :

« Ah ! ma bien-aimée, écrit-il d'Offenbourg le 13 août 1792, que je crains d'avoir infiniment à me repentir du parti que j'ai pris ! Je ne vois rien jusqu'ici qui le justifie. Rien ne m'annonce une fin prochaine... Possédant une mauvaise santé, l'honneur ni le devoir dans une pareille position ne commandant point impérieusement d'abandonner tout ce qu'on a de plus cher dans le monde, lorsqu'on a surtout rempli le premier des devoirs, et j'étais dans ce cas-là, puisque je m'étais démis. On avait déjà parlé de moi dans ce pays-ci et on se tenait bien assuré de ma noble et loyale façon de penser. J'aurais donc bien pu, sans craindre le blâme, ne point te quitter, soigner ma santé et employer une partie de l'argent immense qu'il m'en coûte à cet objet et non à me tuer de fatigue et de misère. Enfin le sort en est jeté : il faut voir jusqu'au bout. J'assure cependant que si d'ici à la fin d'octobre les choses ne sont pas plus avancées que dans ce moment, je reviens sur mes pas et, t'ayant rejoint, je ne te quitte plus de ma vie, quelle chose qu'il puisse arriver..... »

« ... Il est bien essentiel, dit-il dans une lettre du 16 août,
de cacher mon voyage dans ce pays-ci, autant qu'il sera
possible. Il faut en conséquence que par intervalle tu m'écrives
toujours à Aix, poste restante, des lettres en blanc, pourvu seulement qu'il y ait l'adresse. Celles que tu voudras qui me parvien-
nent, prie Mme P. de les joindre à son paquet... J'espère que par
ta première tu m'annonceras tes heureuses couches et la naissance d'un joli petit garçon. Faut-il que je sois privé du plaisir
de le recevoir en venant au monde? Que je puisse avoir au moins
un jour la satisfaction de le serrer dans mes bras! Hélas, peut-
être jamais je ne l'aurai. Prends bien soin des chers enfants, ma
tendre amie. Puissent-ils être ta consolation et te dédommager
de l'absence de leur malheureux père!.... Embrasse bien ma
pauvre petite. Mon Dieu, qu'il m'en coûte de ne plus la voir! Je
l'ai continuellement présente. Il me semble qu'elle me tend
toujours sa petite main pour me la donner à baiser. Et moi,
faible et crédule, j'ai pu m'arracher à ces plaisirs pour suivre un
torrent auquel des milliers de personnes, sans plus réfléchir
que moi, se sont abandonnés. Hélas, j'ai toujours été sans ambition, et je pouvais n'en avoir jamais d'autre que d'être toujours
aimé de ma tendre amie, passer le reste de ma vie avec elle,
occupés de bien élever nos chers enfants. Adieu, moitié de
moi-même; ne m'oublie jamais; ménage ta santé; et, si Dieu
me conserve la vie, compte sur mon prochain retour. »

D'Abzac rentre sur le territoire français à une date qui
ne peut être exactement précisée, en novembre ou en décembre 1792. Il réside successivement à Lyon, à Vienne, à
Belvès, où il est mis en prison pendant plusieurs jours,
« sans autre motif que celui pris de ce qu'il est de la caste
nobiliaire », puis a Bordeaux et enfin à Montagnac, dans
le district de Nérac, où il est arrêté vers le 10 décembre 1793
chez un de ses amis, Boursolles-Coustin, qui lui a donné
asile. D'Abzac est considéré comme suspect parce qu'il a
déclaré être « d'extraction ci-devant prétendue noble »;
il ne produit pas son certificat de civisme, ni ses certificats
de résidence, et il ne suffit pas qu'on le trouve porteur
d'un passeport délivré par la municipalité de Belvès. On ne

tarde pas d'ailleurs à s'apercevoir que d'Abzac est porté sur la liste générale des émigrés, et on le renvoie devant le tribunal criminel de Lot-et-Garonne.

A l'audience du 9 février 1794, d'Abzac fait plaider par son défenseur officieux, Ferret, « qu'il n'a pu être valablement compris sur la liste des émigrés par le département de la Drôme », parce qu'il ne possède pas de biens et qu'il n'a jamais été domicilié dans ce département, qu'il n'a jamais connu par suite son inscription sur cette liste et n'a pu s'en faire rayer dans les délais prescrits. Il demande en conséquence « qu'il lui soit accordé un délai convenable pour justifier de sa résidence sans interruption en France depuis le 9 mai 1792, auquel cas il lui sera facile de fermer les petites lacunes qui se trouvent dans ses certificats de résidence ».

C'était au directoire du département de la Drôme qu'il appartenait de se prononcer sur les exceptions soulevées par d'Abzac. Les pièces du dossier lui sont envoyées à la diligence de l'accusateur public. Mais l'administration de la Drôme rejette les exceptions qui lui sont soumises et joint au dossier les lettres écrites d'Allemagne par d'Abzac à sa femme, « desquelles il résulte que, sous prétexte d'aller prendre les bains à Aix, il est allé joindre les émigrés à Offenbourg et n'est rentré en France qu'après que les événements survenus à Paris le 10 du mois d'août ne lui ont plus permis de douter que la cause des rebelles ne fût désespérée. »

Ramené devant le tribunal criminel de Lot-et-Garonne, d'Abzac dénie l'écriture des lettres qu'on lui attribue. Une expertise écarte ses dénégations et entraîne sa condamnation. Le même jour, 16 avril 1794, d'Abzac est exécuté sur la place publique d'Agen. Il n'avait que trente-huit ans.

CHARLES LORAIN, de Pujols, est traduit le 15 mai 1794,

devant le tribunal criminel de Lot-et-Garonne, pour complicité d'émigration. Mais cette accusation ne repose que sur des propos prêtés à Lorain par des témoins qui se contredisent; l'accusateur public Fizellier est le premier à le reconnaître, et Lorain est remis en liberté.

Le tribunal criminel acquitte encore JEAN-JOSEPH LAVOLVÈNE le 26 août 1795, PIERRE GROSSET le 20 mai 1796, et JEAN-JOSEPH SAUVAN le 1ᵉʳ avril 1796, parce que ces trois prévenus ne sont pas portés sur les listes d'émigration.

Mais, le 8 décembre 1795, ANTOINE JOLI BLASON, originaire de Sainte-Bazeille, est condamné à mort et exécuté le même jour.

Arrêté à Aubusson, Antoine Joli Blason a comparu d'abord devant le tribunal criminel de la Creuse, où il a reconnu avoir quitté Sainte-Bazeille en janvier 1795, après avoir été lieutenant de chasseurs de la garde nationale, pour résider à l'étranger, dans le Palatinat d'abord, dans l'Electorat de Mayence ensuite. Mais il a rétracté ses aveux et a essayé de contester son identité avec la personne inscrite sur la liste des émigrés sous le nom d'Antoine Joli Blason.

C'est ce qui motive sa comparution devant le tribunal criminel de Lot-et-Garonne, où trois témoins de la commune de Sainte-Bazeille viennent certifier son identité et démontrer ainsi sa culpabilité !

LOUIS-FRANÇOIS D'ORLAN POLIGNAC, âgé de cinquante-cinq ans, ancien chevau-léger de la garde des rois Louis XV et Louis XVI, chevalier de Saint-Louis, originaire de Francescas, est traduit, le 7 mai 1796, devant le tribunal criminel de Lot-et-Garonne, après avoir été arrêté à Bordeaux, comme prévenu d'émigration.

Il est inscrit sur la liste d'émigration, et il ne conteste pas son identité. Mais il prétend qu'il s'est embarqué en Angleterre, à Southampton, sur un vaisseau de Brême, *la*

Maria-Catharina, à destination de l'Espagne, « que c'est contre son gré et au mépris de l'engagement du capitaine qu'il a été momentanément conduit et déposé dans un port de France, et que l'on ne peut lui imputer comme une infraction de son bannissement et comme une violation des lois de la République française un événement survenu contre sa volonté par la seule trahison du capitaine qui le conduisait et auquel il n'était pas en son pouvoir de résister ».

L'examen de cette exception est renvoyé à l'autorité administrative. Mais l'administration du département de Lot-et-Garonne et le Directoire exécutif lui-même, par un arrêté signé de Revellière-Lépeaux président, du ministre de la police générale Cochon et du ministre de la justice Merlin, en présence de la déclaration du capitaine de navire sur les registres de la douane de Bordeaux, qui ne fait mention d'aucun passager, décident qu'il n'y a pas lieu de s'arrêter à la réclamation formée par d'Orlan Polignac.

La justice suit son cours. D'Orlan Polignac est ramené devant le tribunal criminel de Lot-et-Garonne, à l'audience du 20 août 1796 : il est condamné à mort, ses biens sont confisqués et il porte le même jour sa tête sur l'échafaud.

§ 4.

Le tribunal criminel n'a eu à juger qu'un petit nombre d'ecclésiastiques.

C'est d'abord Pierre Monceret, curé de Bondy, dans le canton de Cancon, qui est poursuivi à l'audience du 17 avril 1792, comme perturbateur du repos public. Il n'a pas prêté le serment imposé à tous les ecclésiastiques par le décret du 26 décembre 1790, « d'être fidèles à la nation,

à la loi et au roi, de maintenir de tout leur pouvoir la constitution décrétée par l'Assemblée nationale et acceptée par
le roi », et il ne veut pas reconnaître l'évêque constitutionnel d'Agen.

On l'accuse d'« avoir tenu publiquement des propos qui
attaquent les principes de la constitution du royaume en la
partie qui regarde la constitution civile du clergé et, sur cet
objet, de s'être permis la licence la plus propre à fermenter
les esprits et à troubler la tranquillité publique ». Mais il
répond qu'il n'a jamais tenu en public les propos qu'on lui
prête, qu'il a donné son opinion sur les messes des prêtres
assermentés et non assermentés dans une maison particulière et que, « sous une constitution qui établit comme principe sacré la manifestation libre des opinions religieuses,
il n'a pas cru faire un crime en disant sa façon de penser ».
Il n'a jamais parlé de l'évêque constitutionnel dans son
église ; il a seulement refusé de lire un mandement qu'on
lui a porté de sa part. Ce n'est que devant le directeur du
jury d'accusation « qu'il s'est cru obligé de dévoiler son
cœur au juge qui voulait y lire et qu'il lui a montré son
horreur pour toute communication avec l'évêque constitutionnel. »

Le jury du jugement déclare que le fait reproché à l'accusé n'est pas constant, et le président du tribunal prononce son acquittement.

Mais on ne tarde pas à édicter des peines plus sévères
contre les ecclésiastiques insermentés. La loi du 14 août 1792
leur impose, comme à tous les fonctionnaires publics, un
nouveau serment, celui « d'être fidèles à la nation et de
maintenir de tout leur pouvoir la liberté et l'égalité, ou de
mourir à leur poste ». La loi des 22 et 23 avril 1793
ordonne la transportation à la Guyane de ceux qui n'ont
pas prêté le serment civique prescrit par la loi du

14 août 1792 (1). Enfin, la loi des 29 et 30 vendémiaire
an II déclare sujets à la déportation tous les ecclésiastiques,
séculiers ou réguliers, qui n'ont pas prêté le double serment ou qui l'ont rétracté. Ceux qui sont cachés en France
sont tenus, dans la décade de la publication de la loi, de
se rendre auprès de l'administration de leurs départements
respectifs pour se faire déporter. Ce délai expiré, ceux qui
sont arrêtés doivent être conduits devant les juges du tribunal criminel, et, s'ils sont convaincus d'avoir été sujets
à la déportation, livrés à l'exécuteur et mis à mort.

Tel était le cas et tel fut le sort de JEAN JOSEPH DELSAC,
religieux cordelier et prêtre, originaire de Villeneuve-sur-
Lot. Arrêté dans le canton de Mauvezin, département du
Gers, et conduit devant le tribunal criminel de Lot-et-Garonne, il avoue qu'il n'a prêté aucun serment, qu'il a quitté
le territoire de la République et est passé en Espagne au
mois de septembre 1792, après avoir été dénoncé par six
citoyens de Villeneuve, comme ayant insulté la garde
nationale. Il reconnaît que, dès le mois de novembre suivant,
il est rentré en France, où il s'est tenu caché, en demandant
l'aumône tantôt comme pauvre, tantôt comme déserteur
de l'armée française. Il affirme que, s'il n'a pas obéi aux

----

(1) Proché (p. 44) raconte comment cette loi fut exécutée à Agen beaucoup
plus tard : « Les prêtres insermentés étaient dans la maison de réclusion,
toujours soigneusement gardés et surveillés, lorsqu'il arriva un ordre de
les envoyer à Bordeaux, d'où ils devaient être conduits à Rochefort, et
de là embarqués avec plusieurs autres, et déportés à la Guyane. On les
fit donc sortir le 15 mars 1794, à l'exception de ceux que leur âge et leurs
infirmités mettaient hors d'état d'être déportés. Un bateau les attendait
au bord de la rivière. Ils y furent traduits par la compagnie révolutionnaire, et suivis d'une foule de peuple qui chantait et dansait, au son des
instruments. On ne se contenta pas de leur faire essuyer mille outrages,
on leur enleva plusieurs effets, entre autres leurs manteaux et leurs ma-
telas, dont ils s'étaient munis pour le voyage. Ces prêtres, à leur arrivée
à Bordeaux, furent renfermés au fort du Hâ....., quelques-uns moururent
dans ce fort, entre autres M. l'abbé de Vérone, descendant de Scaliger.
Les autres y demeurèrent jusqu'au 9 thermidor, époque à laquelle ils
retournèrent chacun dans le lieu de leur naissance. »

prescriptions des lois invoquées contre lui, c'est qu'il ne les connaissait pas.

Le tribunal applique la peine édictée par une loi inexorable, et livre Delsac à l'exécuteur, le 30 août 1794.

En revanche, OLIVIER CASSIEUX est acquitté le 16 octobre 1795. Il n'avait prêté aucun serment; mais il n'y était pas tenu, puisqu'il n'avait plus exercé aucune fonction ecclésiastique depuis le mois d'octobre 1790, époque où il avait cessé d'être vicaire de Montayral.

Il en est de même de VINCENT TARTAS, acquitté à l'audience du 31 mars 1796, « quoiqu'il soit sorti du territoire français pour aller à Saragosse, en Espagne, sans permission ni passeport, et qu'il n'allègue aucun motif raisonnable propre à justifier cette disparition momentanée ». Mais la municipalité de Saint-Amans, canton de Montpezat, d'où il est originaire, certifie que « Vincent Tartas s'est comporté depuis la Révolution, en vrai patriote, ayant toujours donné des preuves de son civisme, qu'il n'y a pas plus de trois mois qu'il est sorti de la commune et qu'il n'est point porté sur la liste des émigrés ni déportés ».

§ 5.

On sait comment la Convention, au milieu des périls de toute nature qui l'environnaient, la guerre étrangère et la guerre civile déchaînées, se laissa entraîner par le fanatisme à organiser le régime de la Terreur et son terrible instrument, la justice révolutionnaire.

En vertu des lois du 4 décembre 1792 et du 9 avril 1793, toute proposition ou tentative d'établir en France la royauté ou tout autre pouvoir attentatoire à la souveraineté du peuple, devait être punie de mort, de même que toute provocation au rétablissement de la royauté, les émeutes contre-révolutionnaires, etc. La loi du 7 juin 1793 rendit communes à tous les tribunaux criminels de la République les dispositions de l'article 3 du titre 2 de la loi du 10 mars 1793, relatives à l'établissement d'un tribunal criminel extraordinaire et conçues en ces termes : « Ceux qui, étant convaincus de crimes ou délits qui n'auraient pas été prévus par le Code pénal et les lois postérieures, ou dont la punition ne serait pas déterminée par les lois, et dont l'incivisme et la résidence sur le territoire de la République auraient été un sujet de trouble et d'agitation, seront condamnés à la peine de la déportation ».

C'était instituer, sur toute l'étendue du territoire, un ensemble de tribunaux d'exception, avec des pouvoirs absolument arbitraires.

Le tribunal criminel de Lot-et-Garonne n'a siégé que trois fois, du moins à ma connaissance, comme *tribunal criminel extraordinaire*, dans trois affaires sans importance.

Dans ces trois affaires, il a jugé sans le secours du jury et il a acquitté les accusés.

La première de ces affaires, jugée à l'audience du 17 août, concernait deux grenadiers du 80ᵉ régiment d'infanterie, ci-devant Angoumois, de passage à Agen, JEAN MEUNIER et JEAN DENAVE, qui, après avoir bu force bouteilles, avaient tenu des propos fort compromettants, et auraient dit notamment « que Dumouriez voulait un roi pour avoir la paix ; qu'au lieu d'un maître, il y en avait trois ou quatre cents à la Convention ».

Pour juger la seconde affaire, le tribunal criminel siégea extraordinairement, le 10 août 1793, dans la ville de Villeneuve-du-Lot, comme il en avait été requis par le directoire du département. Il s'agissait de juger JEANNE FLOISSAC, épouse de Bernard Constant, aubergiste à Casseneuil, prévenue du crime de provocation au rétablissement de la

royauté. La malheureuse avait refusé de recevoir en paiement « un bon de ville de vingt sols et un autre de dix sols,
qui n'avaient plus alors de cours dans le commerce », et,
au cours de la discussion qui avait suivi ce refus, elle
avait dit, au sujet des contributions à payer : « Plus de roi,
plus de taille ! » Le tribunal criminel se rendit à l'évidence
et reconnut bien vite qu'il n'y avait pas là la moindre tentative de conspiration à réprimer.

Dans la troisième affaire, jugée le 16 novembre 1793, il
s'agissait de savoir si Louis FARGUES, laboureur, avait provoqué, le 11 juin précédent, à Tombebœuf, une émeute
contre-révolutionnaire pour empêcher le recrutement. L'accusation ne fut pas établie ; mais Fargues ne fut pas mis en
liberté : on le considéra comme dangereux pour l'avenir,
comme capable de susciter de grands troubles, et on
ordonna qu'il serait « retenu en état d'arrestation pendant
l'espace de six mois dans la maison d'arrêt du district de
Lauzun ».

C'était la première application faite à Agen de la loi du
17 septembre 1793 sur les suspects, à laquelle Merlin avait
eu la faiblesse de coopérer, et qui, sous un prétexte de
sûreté, comme l'a dit Mignet (1), faisait commencer les
châtiments là où ne commençaient pas même encore les
actes, en ordonnant la détention jusqu'à la paix de ceux
dont les inexorables dominateurs du temps craignaient les
opinions ou les sentiments.

Le tribunal criminel, érigé en *tribunal révolutionnaire*, le
17 novembre 1793 (27 brumaire an II), par le représentant
du peuple Paganel, commença à fonctionner dès le 11 décembre (21 frimaire an II). La liste du jury révolutionnaire
fut revue et corrigée par la Société populaire d'Agen, qui

(1) *Notice historique sur Merlin.*

veilla à ce qu'elle ne fût composée que d'excellents révolutionnaires (1).

Le premier accusé qui comparut devant le tribunal révolutionnaire, composé de Bory président, Dubouilh, Mouysset et Deauze juges, Timothée Fizellier, accusateur public, fut JOSEPH DUTHIERS, qualifié de ci-devant noble et dénoncé par le comité de surveillance d'Agen comme prévenu de provocation au rétablissement de la royauté.

Duthiers, après avoir été longtemps domicilié à Monclar, habitait la petite commune de Saint-Pierre-de-Buzet, près Damazan, lorsqu'il fut soupçonné « d'avoir introduit ou fait introduire entre le tiroir du bureau et la couverture de la table qui servait aux secrétaires de la Société républicaine de Damazan un billet portant ces mots : *Au diable la République! nous voulons un roi!* » Cependant deux experts, nommés par le tribunal révolutionnaire, déclarèrent que ce billet n'était pas de l'écriture de Duthiers.

Lors de son arrestation, on avait trouvé dans ses papiers une chanson établissant, entre les évêques insermentés et les évêques constitutionnels d'Agen et d'Auch, un parallèle injurieux pour ces derniers, qui se terminait par ce couplet assez inoffensif :

> Croyez-moi, fidèles troupeaux,
> Dans les anciens et les nouveaux,
>   Aucune ressemblance ;
> Les anciens seuls nous sauveront,
> Et les nouveaux nous damneront,
>   Voilà la différence.

Tout cela ne pouvait suffire pour entraîner la condamnation de l'accusé. Mais le jury révolutionnaire déclara, sur le réquisitoire de Fizellier, et malgré les efforts du défenseur officieux, Bouzeran père, que Duthiers était « convaincu

---

(1) Archives départementales, *Registres des délibérations du Conseil du département*, t. V.

d'avoir débité de fausses nouvelles, exagérées dans le but
de décourager les patriotes et de les détourner du service
de la République. » Voici quelques-uns des propos relevés
à la charge de Joseph Duthiers : « Quand les Vendéens font
des républicains prisonniers, ils leur rasent la tête, mettent
de l'eau-forte par-dessus, en disant : F..... canaille, allez
maintenant joindre les sans-culottes!..... Avec l'argent de
Pitt, on fera danser la France ; on marchera sur Paris ; les
Parisiens sont hors d'état de se défendre ; quand les Lyonnais, les Marseillais et ceux des autres départements insurgés marcheront sur Paris, la Vendée y marchera aussi.....
La plupart des sections de Paris ne veulent pas de Convention. Jusqu'à ce que nous ayons un roi, nous ne serons
jamais tranquilles ; mais, d'abord que nous l'aurons, nous
aurons de suite la paix. »

Joseph Duthiers paya de sa tête et de la confiscation de
ses biens des propos qui empruntaient toute leur gravité à
la fièvre révolutionnaire qui sévissait alors. Il fut exécuté
le 12 décembre 1793, à onze heures du matin, sur la place
publique de la ville d'Agen. Ce fut la victime la plus regrettable de ces temps misérables.

Le 3 janvier 1794 (14 nivôse an II), BERNARD PEYRAUD fut
traduit devant le tribunal révolutionnaire pour trouble apporté au recrutement le 10 septembre précédent, dans la
commune de Lauzun. Le jury de jugement déclara Bernard
Peyraud coupable d'avoir été l'un des chefs ou instigateurs
de l'émeute qui avait troublé le recrutement dans cette commune, et le tribunal le condamna à la peine de mort, qu'il
subit le lendemain matin, sur la place publique de la ville
d'Agen.

Un des camarades ou compliees de Peyraud, ANTOINE
FRAYSSE, fut plus heureux : il fut acquitté et remis en liberté
à l'audience du 30 janvier 1794.

Dans certaines affaires portées devant le tribunal révolutionnaire, le ridicule l'emporte parfois sur l'odieux. Tel est le cas de JEAN-BAPTISTE TARRI, dénoncé par le comité de surveillance d'Agen comme prévenu de provocation au rétablissement de la royauté, parce qu'il « a dit, quelque temps après la mort du ci-devant roi, à plusieurs citoyennes à qui il faisait observer une étoile : Ne voyez-vous pas des fleurs de lys par côté, et de plus ne vous semble-t-il pas voir une espèce de bâton royal? » Le jury déclara que ces propos avaient bien été tenus, mais non pas avec l'intention de provoquer le rétablissement de la royauté. Tarri fut acquitté, à l'audience du 10 janvier 1794; toutefois, comme il avait été taxé de suspect par les autorités constituées de la ville d'Agen, le tribunal révolutionnaire ordonna qu'il serait détenu jusqu'à la paix.

SUZANNE GUÉRINEAU, épouse de l'émigré Antoine Debans, passant sur les bords du ruisseau de Cabanes, près Lauzun, avait tenu à un certain nombre de lessiveuses des propos plus ou moins compromettants. Elle fut traduite devant le tribunal révolutionnaire, où le jury déclara qu'elle n'avait pas tenu des propos tendant à provoquer le rétablissement de la royauté, mais qu'elle avait voulu calomnier et avilir la représentation nationale, en disant que les membres de la Convention nationale mangeaient et ruinaient le peuple, etc. Aucune loi n'avait prévu un tel délit; le tribunal considéra que les propos inciviques de l'accusée et sa résidence sur le territoire de la République étaient un sujet de trouble et d'agitation, condamna Suzanne Guérineau à la peine de la déportation et confisqua ses biens, en vertu des lois des 10 mars et 17 septembre 1793.

Le tribunal révolutionnaire jugea encore à peu près douze affaires sans grand intérêt, concernant diverses personnes prévenues de propos inciviques ou fanatiques, et d'autres délits contre-révolutionnaires. Le tribunal acquitta tantôt les accusés et se déclara tantôt incompétent : il ne fallait pas, disait-il, réunir à grands frais le jury révolutionnaire pour lui soumettre des débats sans importance. Aucune de ces affaires ne mérite une mention spéciale.

Le 28 floréal an II (17 mai 1794), les membres du tribunal révolutionnaire furent informés que le *Bulletin* de la Convention, arrivé le jour même à Agen, publiait une loi du 19 floréal et un décret du 22 floréal supprimant tous les tribunaux révolutionnaires établis dans divers départements par les arrêtés des représentants du peuple.

Le tribunal s'empressa de renvoyer au tribunal révolutionnaire de Paris les dossiers des accusés et les accusés eux-mêmes qui n'avaient pu encore être jugés à Agen : il y avait trois individus compromis dans les émeutes de Lauzun pour empêcher le recrutement, un ci-devant prêtre prévenu d'avoir cherché à fanatiser les habitants de plusieurs communes, deux prévenus de conspiration, etc.

Telle fut la rapide et fort heureusement peu sanglante carrière du tribunal révolutionnaire de Lot-et-Garonne. On doit flétrir avec vigueur la condamnation à mort prononcée contre Joseph Duthiers, la condamnation à la déportation prononcée contre Suzanne Guérineau, et aussi certaines applications arbitraires de la loi des suspects. Comme l'a fort bien dit Mignet, en parlant de la coopération de Merlin à cette loi, il est des mesures tellement contraires à la justice, qu'on doit au moins y rester étranger, et il est des principes au maintien desquels un homme public doit être prêt à faire tous les sacrifices, même celui de sa vie.

Mais il convient de reconnaître que les fureurs révolutionnaires firent à Agen moins de victimes que partout ailleurs. Bory et ses collègues du tribunal semblent s'être appliqués, dans une certaine mesure, à adoucir, à tempérer la cruauté des lois de la Terreur. Ils ne privèrent aucun accusé de l'assistance d'un défenseur officieux et respectèrent les formes ordinaires de la justice. S'il en avait été autrement, Bory aurait-il pu conserver, au milieu de ses concitoyens les fonctions de président du tribunal criminel jusqu'à la suppression de cette juridiction et devenir ensuite président de chambre près la Cour d'Agen?

Quand on sait comment fonctionna dans la Gironde la commission révolutionnaire présidée par le fameux Lacombe, on ne peut que se féliciter, avec Proché, contemporain de tous ces excès sanguinaires, que de telles horreurs aient été épargnées aux Agenais. « Les représentants délégués dans le département de la Gironde, dit notre annaliste, avaient établi à Bordeaux un tribunal présidé par un scélérat, nommé Lacombe; on sait combien de sang il a fait répandre dans cette ville, *animus meminisse horret*. Nous fûmes longtemps menacés de son arrivée; la liste des proscrits était prête, tous les esprits étaient glacés d'effroi; mais le ciel détourna de nous ce fléau, *Dis aliter visum*. »

Ajoutons que, si les vengeances révolutionnaires n'ont pas sévi trop cruellement à Agen, on le doit, en grande partie, à l'esprit de modération, de douceur naturelle, de répugnance aux partis extrêmes, qui caractérise les prudentes et honnêtes populations de ce pays, et dont s'inspira naturellement le jury révolutionnaire de Lot-et-Garonne.

A. DOUARCHE.

UN APPEL A LA NATION JUIVE

POUR SE CHARGER DE

L'APPROVISIONNEMENT DE PARIS

20 prairial an III (8 juin 1795)

La question de l'approvisionnement de Paris causa de grands embarras au gouvernement républicain, et la Convention dut déléguer des commissaires dans les départements limitrophes pour assurer la nourriture des habitants de la capitale. Malgré ces soins, la famine menaça Paris, et c'est aux cris : *Du pain, du pain,* que le peuple envahit la salle de la Convention le 1er prairial an III (20 mai 1795). La répression de cette insurrection n'empêcha pas que la terrible question de la famine se posât à tous les citoyens. Aussi, de tous côtés, brochures et affiches ne manquèrent pas de se produire, car la Révolution est l'époque où les Français manifestèrent le plus leurs sentiments par la voie de la presse. Un commissaire des guerres au département de la Nièvre, nommé Seigneur, qui habitait la section de la Butte-des-Moulins, témoin des désordres de prairial, résolut de tirer d'embarras ses compatriotes en leur offrant une panacée infaillible à leurs maux ; il rédigea un exposé de ses idées et le fit imprimer en un placard qui fut affiché sur les murs de Paris le 20 prairial (8 juin 1795), et dont j'ai rencontré par hasard un exemplaire dans un carton des Archives nationales. L'originalité du projet du citoyen Seigneur consiste dans la sorte d'appel qu'il adresse à la nation juive pour se charger d'approvisionner en blé la capitale. J'ai pensé qu'il ne serait pas sans intérêt de donner ici le texte d'un document piquant pour l'histoire de Paris pendant la Révolution et qui est du domaine de notre collègue et ami M. Maurice Tourneux.

« *A mes concitoyens les Parisiens,*

« J'ai examiné les horreurs où vous avez pensé être plongés, ces jours-ci, par les malveillants qui ne cherchent que des prétextes pour augmenter les troubles que peut occasionner le défaut de l'approvisionnement momentané de Paris. Je vous propose un moyen simple pour y pourvoir par la suite, et qu'il se trouve toujours dans le sein de vos 48 sections de quoi fournir à ses habitants une livre et demie de bon pain de ménage, sans pour cela diminuer en rien les ressources des autres départements de la République. Le voici :

« Inviter la nation juive, que vous avez admise au nombre de vos concitoyens, justice qu'aucune autre nation ne lui a pas encore rendue, de se charger, par un marché à passer avec le gouvernement, de l'approvisionnement de Paris en blés étrangers de la première qualité, sur le pied de 6 quintaux par habitant, d'après votre population, dont vous ferez faire un juste recensement par section.

« Je ne doute nullement que cette nation, en reconnaissance de votre justice, ne vous désigne parmi eux un ou plusieurs entrepreneurs, qui s'en chargeront, moyennant un sol par livre de blé pour tous les frais à leur payer en sus du prix moyen que le blé se sera vendu en frimaire, nivôse, pluviôse de chaque année, dans les quatre marchés les plus forts de la République, vous leur désignerez à vous fournir cet approvisionnement (1).

« Vous vous apercevrez aisément que ce sont les seuls

(1) Cette phrase incorrecte est textuelle.

négociants à même de se charger de pareilles entreprises,
vu leur correspondance avec ceux qui font partie de leur
nation, répandue sur la surface du globe, et avec qui communément ils partagent le bénéfice de leurs entreprises,
tous frais payés.

« Mettre pour clauses au marché à passer à ces entrepreneurs qu'il ne sera reçu de blés dans les magasins de Paris
qui leur seront indiqués que lorsqu'ils auront été jugés
bons, loyals et marchands à dire d'experts, gros laboureurs
ou fermiers, que l'administration de votre département
nommera chaque fois à cet effet.

« *Idem.* — Que ces entrepreneurs n'en pourront tirer un
quintal du territoire de la République, et, en cas de contravention de leur part, ou de manœuvre industrieuse et reconnue à cet effet, tel que d'avoir acheté des blés en France, de
les avoir fait passer chez l'étranger et les ramener ensuite
de chez l'étranger en France, les entrepreneurs seront condamnés à la peine de mort.

« Je dis que cette nation est seule dans le cas de faire cette
entreprise, vu leurs ressources ci-dessus indiquées, et je
le prouve d'après ce qui est contenu aux mémoires du
maréchal de Saxe, dans lesquels il convient que les armées
qu'il a commandées n'ont jamais été mieux approvisionnées
en vivres et fourrages que lorsqu'elles l'ont été par les juifs,
vu leurs ressources et la division qu'ils font entre eux du
bénéfice total.

« Ce n'est pas le tout, citoyens, que de vous indiquer la
manière de pourvoir par la suite à votre approvisionnement de blés pour dix-huit mois : il faut le mettre à l'abri
de pouvoir être dilapidé, et éviter qu'aucun intérêt particulier ne puisse contrarier la confection et fourniture d'une
livre et demie de pain de ménage à la disposition de chacun
de vos individus.

« Je ne parle point ici de pain recherché, dont la confection sera toujours faite par les boulangers de la ville, je ne m'intéresse qu'à la subsistance des individus de toutes les classes peu fortunées, n'ôtant pour cela en rien aux riches de leurs moyens pour satisfaire leur goût.

« Il faut pour cela que l'on choisisse dans chacune de vos 48 sections le bâtiment national le plus vaste possible, dans lequel vous pourrez construire quatre fours d'un côté et quatre boutiques de l'autre pour la distribution; les ci-devant églises offrent ordinairement un vaisseau assez vaste pour cet effet, elles ont ordinairement à leurs bas côtés des chapelles, quatre desquelles d'un côté vous y pourrez construire vos boutiques; la nef vous laisse un très grand espace, tant pour mettre vos pétrins, etc., etc., etc., et vous fournira une allée qui vous conduira au ci-devant chœur, laquelle servira dans chacune de ces églises de dépôt de magasin à pain, d'une livre jusqu'à six livres, où ils seront déposés aussitôt leur confection en compte par les boulangers, et d'où ils feront fournir à chaque préposé, par compte, et ce en présence du premier ou du second surveillant ci-après indiqué.

« Ces bâtiments vous offrent la ressource d'y pouvoir pratiquer à vingt pieds de hauteur du rez-de-chaussée un grenier suffisant pour vos farines, à alimenter leurs quatre fours et les quatre boutiques de distribution pendant cinq jours de chaque décade.

« Mon avis est de confier la surveillance de chacun de ces établissements, en qualité de retraité, à un ancien sergent ou maréchal des logis de nos troupes nationales, qui aura été chargé de détails dans son corps, et qui prouvera par un certificat authentique de tous les officiers et sous officiers de son corps, qu'il a toujours été reconnu pour un homme probe, ferme et incorruptible, en état de rendre tout compte que ses supérieurs pourront exiger. Son traitement devra être fixé sur le pied de 1,800 livres par an, plus une ration de pain par jour, et être logé en nature dans son magasin.

« Plus à un second surveillant. Idem, Idem, en tous points, à l'exception que ses appointements ne seront que de 1,500 livres par an.

« Il vous faut, pour la manutention de ces quatre fours, six boulangers, ou à leur défaut, quatre femmes fortes de campagne, reconnues à dire d'experts pour être en état de bien fabriquer du pain de ménage, auxquels il sera attribué à chacun ou chacune 1,200 livres d'appointements par an et une ration de pain par jour. Celui d'entre eux qui sera reconnu chef d'eux six, et le plus expérimenté en la fabrication du pain de ménage, à dire d'experts, désigné par les maîtres boulangers de la ville, nommés à cet effet, aura de plus une gratification de 200 livres par an.

« Pour la distribution, il vous faut cinq préposés à cet effet, auxquels il sera attribué à chacun 1,000 livres d'appointements par an et une ration de pain par jour, mais ces deux dernières classes ne pourront prétendre à aucun logement, ni en nature ni en argent.

« Une fois la farine entrée dans le magasin de la section, elle n'en pourra sortir sous tel prétexte que ce soit que convertie en pain; les particuliers de la section qui voudraient s'en fournir, seront alors obligés de recourir aux boulangers de la ville, qui ne pourront le vendre au delà du taux du triple de la valeur que la livre du pain de ménage se trouvera fixée par l'autorité de la ville, constituée à cet effet.

« Une fois les ouvriers entrés dans chaque magasin de la section, ils n'en pourront sortir qu'en présence du premier surveillant ou de son second, qui auront l'œil sur ce qu'il ne soit point diverti aucune partie de l'approvisionnement, dénonceront ceux qui se trouveront y contrevenir au juge de paix de la section, pour être punis suivant ce qu'il sera décrété à ce sujet.

« Personne ne pourra entrer dans lesdits magasins que par la permission du premier ou du second surveillant, qui sont conjointement responsables des dégradations et dilapidations qui pourraient se faire à l'approvisionnement des cinq jours; en conséquence, toutes les mesures de sûreté seront prises, et les boutiques de distribution n'auront aucune porte ouverte sur la rue.

« Vous voyez, d'après cet exposé, mes concitoyens, qu'il n'en coûtera par établissement dans chacune de vos quarante-huit sections que 15 à 16,000 livres par chacune, plus une ration de pain par chaque individu employé. Je suppose que chaque établissement monte à 20,000 livres par an, cela ne ferait pour vos quarante-huit établissements que 960,000 livres qu'il en peut coûter pour la sûreté de l'approvisionnement de Paris.

« J'ajoute en outre qu'il faut signifier à tous individus résidant à Paris, qu'ils ne pourront recevoir ce pain de ménage, que sur une carte de la section où ils se trouveront habiter, et qu'on ne pourra leur refuser, qu'il leur sera très libre de le prendre ou de ne pas le prendre audit magasin de la section, mais qu'il ne leur est pas permis de vendre le pain qu'ils auraient reçu sur leur carte sous peine de deux mois de prison.

« Tous les soirs, il sera remis au magasin de dépôt de chaque établissement, par les proposés à la distribution, la quantité de pain qui n'aurait pas été vendue dans la journée, afin que, d'après cette rentrée, le premier surveillant puisse donner des ordres pour n'en être fabriqué le lendemain que la quantité nécessaire en sus du restant.

« Tous les ans, l'administration du département, d'après

le restant des blés emmagasinés, donnera ses ordres à l'entrepreneur pour remplacer la consommation faite dans l'année ; l'on sent aisément qu'elle ne montera jamais aussi fort que pour la première année.

« Toutes les décades et tous les sextidi de ces décades, chacun des quarante-huit premiers surveillants de cet établissement par section, se rendra chez un commissaire nommé par le département, y apportera l'état du pain qu'il aura distribué de son magasin pendant ces cinq jours ; versera entre ses mains le montant des sommes qui sera provenu de cette distribution, donnera l'aperçu du remplacement qu'il y aura à faire dans son magasin en farine, lequel sera confronté d'après la quantité qu'il en a fallu pour la distribution du pain, et ces farines seront remplacées dans la journée des magasins de l'administration générale, à cet effet ; de façon qu'il y ait toujours dans les magasins particuliers de chaque section de quoi fournir du pain pour cinq jours à sa population.

« Par le citoyen S., de la section de la Butte-des-Moulins. »

Ce placard, imprimé « chez Boulard, imprimeur de la section, rue Roch, n° 156 », se trouve aux Archives Nationales (AFII 357, dossier Seigneur). Le nom du signataire m'a été révélé par une lettre de l'auteur, qui envoyait, le 20 prairial an III, au conventionnel Aubry, membre du Comité de salut public, un exemplaire de son placard, « que je fais placarder aujourd'hui », ajoutait-il.

Étienne Charavay.

DOCUMENTS INÉDITS

RELATION DES ÉVÉNEMENTS
DEPUIS LE 6 MAI JUSQU'AU 15 JUILLET 1789.

BULLETINS D'UN AGENT SECRET.

Suite (1).

N° 47.

Du 25 juin 1789.

La journée a été beaucoup moins tranquille que les précédentes. Tous les esprits m'ont paru dans l'émotion la plus vive ; partout on voyait des attroupements disposés à se porter aux plus horribles extrémités.

Le peuple a été en mouvement toute la nuit, il a fait des feux de joie et il a tiré un nombre prodigieux de fusées devant le Palais-Royal et le Contrôle général ; toutes les maisons adjacentes de cet hôtel ont été illuminées. Les habitants de ces maisons étaient aux croisées et applaudissaient aux éclats.

On a vu ce matin deux placards affichés, l'un à la porte du cirque du Palais-Royal et l'autre à celle du Contrôle général ; le premier était conçu en ces termes :

« Vous, illustre descendant du plus chéri des Rois, auguste rejeton d'Henri IV, votre zèle patriotique vous confirme l'immortalité que votre âme élevée vous a déjà assurée. Comme guerrier, vous vengez la patrie opprimée ; comme excellent prince du sang royal, vous soutenez la classe infortunée de la nation, et un concours de cinq à six mille citoyens du troisième ordre et de cette même classe viennent aujourd'hui dans votre palais vous prouver, avec une effusion de cœur, que le nom français garantit combien ils sont respectueusement reconnaissants de l'intérêt que vous avez pris à établir son bonheur. Veuille le ciel perpétuer vos illustres rejetons ! Daignez, grand prince,

---

(1) Voir la *Révolution française* des 14 octobre, 14 novembre et 14 décembre 1892.

appuyer la nation de votre puissante protection : elle en portera le souvenir jusqu'à la postérité la plus reculée.

« Oh ! grande et vertueuse princesse ! digne épouse d'un prince chéri de la nation, daignez partager ces vœux, ils sont purs et sans mélanges. Vive monseigneur le duc d'Orléans ! »

Ce placard a été imprimé tout de suite et distribué avec profusion.

On ne parlait que du duc d'Orléans ; les uns voulaient le faire généralissime des troupes nationales, les autres voulaient en faire un roi, etc.

Le second placard est conçu en ces termes :

« 6,000 citoyens français se présentent à la porte du Contrôle général pour y contempler le nouveau Sully, l'ange tutélaire de la France, le restaurateur de la patrie et le gouvernail de la Nation.

« Veille l'Être suprême, conformément aux vœux de tous les bons citoyens, à la conservation du ministre incomparable ! Ces mêmes vœux seront à jamais gravés dans les cœurs de la postérité la plus reculée de la nation française. »

Il paraît décidé qu'on fera ce soir des feux de joie dans l'intérieur du Palais-Royal.

On a dit, et le fait paraît avéré, on a dit que deux compagnies de gardes-françaises étaient sorties de leurs casernes sans permission et s'étaient répandues, soit dans la ville, soit dans la campagne, dans la crainte d'être commandées, ne voulant pas servir dans les circonstances actuelles. Ce qu'il y a de bien positif, c'est que j'en ai vu plusieurs se promener sur les boulevards et au Palais-Royal suivis d'un concours prodigieux qui ne cessait pas de les applaudir ; j'ai été le témoin d'une scène bien extraordinaire au Palais-Royal.

Plusieurs gardes-françaises, qui s'y étaient rendus à dessein, ont été entourés par le peuple et conduits en triomphe au café, où on les a fait boire, peut-être plus qu'ils ne voulaient ; un particulier est monté sur une chaise dans le Palais-Royal, vis-à-vis le café du Caveau ; là, entouré de plus de dix mille personnes, il a prononcé hautement l'éloge des gardes-françaises ; il a été généralement applaudi ; on voyait de distance en distance des gardes-françaises se promener en triomphe ivres-morts.

Un particulier, qui gémissait de ce scandale, a eu l'imprudence de dire que la tête de cet orateur imprudent, qui s'élevait au-dessus des autres, pourrait bien sauter avant quinze jours ; il a été entendu et n'a dû son salut qu'à la fuite.

Un malheureux abbé, pour avoir lâché quelques mots contre le tiers état, a pensé perdre la vie ; il a été forcé de baiser la terre plusieurs fois, enfin il a été abîmé de coups.

Je ne serais pas surpris que la nuit fût très orageuse. Les nouvelles de Versailles ne sont pas moins alarmantes. Elles portent en substance que les gardes, les fusils et les baïonnettes, qui entourent la salle des États généraux, ont donné de l'humeur et du mécontentement ; qu'après plusieurs explications avec les sentinelles et l'officier de garde, le tiers état, considérant que le roi avait fait la convocation des États *libres* et généraux (1), que cependant rien n'était moins libre que l'Assemblée nationale, avait arrêté de faire à ce sujet une députation au roi, composée de 40 membres, pour se plaindre et déclarer que si, dans vingt-quatre heures, l'Assemblée nationale n'avait point une liberté entière, elle se transporterait dans un lieu où elle pût jouir pleinement de sa liberté.

Elles parlent pour la seconde fois de la réunion de la majorité du clergé composée de 151 députés, des motions rigoureuses faites contre les absents et particulièrement contre l'archevêque d'Aix, qui n'a dû son salut qu'aux instances de l'archevêque de Bordeaux. Elles rendent compte d'une scène bien malheureuse pour l'archevêque de Paris. Elles disent que ce prélat a été accompagné depuis sa sortie de la cour des Menus jusqu'à son hôtel à coups de pierres ; que les glaces de son carrosse et les vitres de son appartement ont été cassées, et qu'il a été frappé d'une pierre à l'épaule aussi bien que M. l'évêque de Senez (2). Elles ajoutent que les gardes-françaises et les gardes du corps sont accourus pour les secourir, mais que, loin de se porter à une voie de fait contre la populace, ils ne faisaient qu'en rire.

Elles disent encore qu'une foule immense a été en mouvement toute la nuit dans les rues et hors de Versailles, qu'on n'entendait que les cris : *Vive la nation, vive M. Necker, vivent les députés de l'Assemblée nationale !*

Elles nous apprennent que M. Necker a fait parvenir à l'As-

(1) « A ces causes, nous vous avertissons et signifions que notre volonté est de commencer à tenir les Etats *libres et généraux* de notre royaume au lundi 27 août prochain. » (*Lettre du roi pour la Convocation*, 24 janvier 1789.)

(2) Jean-Baptiste-Charles-Marie de Beauvais, ancien évêque de Senez, élu député aux États généraux par la prévôté de Paris hors les murs, décédé le 5 avril 1790.

semblée une lettre de sa part, adressée au Président, dans
laquelle il le prie d'être son organe auprès de l'Assemblée pour
lui témoigner sa sensibilité du vif intérêt que ses membres
avaient pris à lui, que la lecture de cette lettre a été suivie des
plus grands applaudissements, que M. Bailly a prié l'Assemblée
de permettre qu'il allât rendre compte à M. le Directeur général
de la vive impression que sa lettre avait faite à l'Assemblée,
que M. l'archevêque de Vienne avait demandé qu'il lui fût
permis de se joindre à M. Bailly, qu'un curé avait demandé et
obtenu le même avantage.

Elles nous apprennent enfin que la minorité de la noblesse
s'est réunie ce matin au nombre de 48 membres, précédés de
M. le duc d'Orléans et des acclamations du peuple.

On parle beaucoup d'un discours de M. de Clermont-Tonnerre
et du mépris général qu'on a témoigné pour le nom de M. d'E-
premesnil lors de l'appel.

On dit que le public voulait enfoncer les portes pour partager
la joie de l'Assemblée et que les sentinelles allaient être forcées.
MM. l'archevêque de Vienne, de Clermont-Tonnerre et Bailly
ont pris sur eux de l'apaiser et ils y ont réussi mieux que
n'auraient fait les houssards qui escarmouchaient à Versailles.
Ils ont promis au peuple qu'ils feraient en sorte qu'il eût demain
liberté entière d'entrer partout. On dit que, si cette permission
ne lui est pas accordée de bonne grâce, il la prendra de force.

Ces relations font le plus grand mal, elles achèvent de tourner
toutes les têtes.

Je vous adresse un ouvrage qui mérite d'être lu; c'est, suivant moi, ce qu'on a imprimé de plus fort dans ce genre.

N° 48.

Paris, le 26 juin 1789.

Les esprits sont toujours dans la même agitation, les attroupements continuent et le rendez-vous des têtes chaudes ou des
curieux est toujours au Palais-Royal.

M. Necker est considéré comme le sauveur de la patrie, on
ne parle que de lui, on prononce son nom avec attendrissement,
jamais ministre n'a joui plus complètement de l'estime et de la
reconnaissance de la nation.

La Ville de Paris a fait ce matin deux députations à l'Assemblée nationale. La première, de la part des électeurs.

M. Moreau de Saint-Mery (1), conseiller au Conseil supérieur de Saint-Domingue, a porté la parole; il a témoigné à l'Assemblée, dans un discours très bien ordonné, la satisfaction et la reconnaissance des habitants de Paris des mesures et des moyens employés par l'Assemblée pour le bonheur de la nation.

La seconde était une députation directe du Palais-Royal, marquée sous la dénomination des trois ordres. Elle avait le même but que la première. L'orateur, à ce qu'on dit, s'est très bien acquitté de sa commission ; je n'ai pas pu savoir son nom.

Les nouvelles de Versailles portent que Mgr l'archevêque de Paris, l'évêque d'Orange (2) et celui d'Autun, se sont réunis à la majorité du clergé dans l'Assemblée nationale. On publie à ce sujet la fin d'un discours de M. Bailly adressé à M. l'archevêque de Paris dans ces termes : « L'acte de réunion d'aujourd'hui est, monseigneur, la dernière couronne qui manquait à vos vertus. » On dit que ce passage a fait la plus vive sensation et que l'orateur a été fort applaudi.

Cette nouvelle paraît avoir calmé les esprits prévenus contre M. l'archevêque de Paris. Je crois m'être aperçu qu'on était beaucoup revenu sur son compte.

Les mêmes nouvelles nous apprennent que la noblesse a fait ce matin un arrêté et qu'elle l'a communiqué par une députation au tiers état. Cet arrêté est conçu dans ces termes :

« L'ordre de la noblesse, empressé de donner au roi des marques de son amour et de son respect, pénétré de reconnaissance des soins persévérants que Sa Majesté daigne prendre pour les ordres à une conciliation désirable, considérant combien il importe à la nation de profiter sans délai des grands bienfaits de la constitution indiqués dans la seconde déclaration des intentions de Sa Majesté lue à la séance du 23 de ce mois, pressé encore par son désir de pouvoir consolider la dette publique et réaliser l'abandon des privilèges pécuniaires aussitôt que le rétablissement des bases constitutionnelles lui permettra de délibérer sur ces deux objets, auxquels l'ordre de la noblesse attache l'honneur national, comme aussi le vœu le plus cher de ses commettants ; sans être arrêté sur la forme de ladite séance

---

(1) Méderic-Louis-Elie Moreau de Saint-Mery fut admis en octobre 1789 à l'Assemblée nationale comme député de la Martinique.

(2) Guillaume-Louis du Tillet, député du clergé de la principauté d'Orange, donna sa démission en octobre 1789.

pour cette tenue des États généraux seulement et sans tirer à conséquence pour l'avenir ; a accepté purement et simplement et sans aucune réserve les propositions contenues au 15ᵉ article de la susdite déclaration de Sa Majesté (1) à la séance du 23 de ce mois. En conséquence et pour exécuter l'article 5ᵉ de ladite déclaration (2), a arrêté que Sa Majesté sera suppliée d'assembler la noblesse des bailliages dont les députés se jugeront liés par des mandats impératifs, afin qu'ils puissent recevoir de nouvelles instructions de leurs commettants et prendre au plutôt en considération, en la forme indiquée par le roi, les articles contenus dans la seconde déclaration des intentions de Sa Majesté que l'ordre de la noblesse considère comme le gage le plus touchant de sa justice et de son amour pour son peuple. »

L'Assemblée nationale s'est expliquée sur cette députation. Elle a dit n'y voir autre chose que des nobles députés de leurs bailliages et qu'elle désirait ardemment de voir réunir à elle pour le grand œuvre de la restauration du royaume.

Au surplus, on a considéré cet arrêté comme un piège tendu aux dispositions de l'Assemblée nationale. Il paraît qu'elle n'y aura aucun égard.

N° 49.

Paris, le 27 juin 1789.

Les dispositions sont les mêmes, mais la journée a été plus paisible. Les attroupements étaient l'image de la joie et du contentement. Partout on chantait M. Necker et le duc d'Orléans. L'intérieur du Palais-Royal et les environs du Contrôle général ont été illuminés. On a tiré beaucoup de fusées ; plusieurs rues ont été illuminées de même ; la nuit a été presque aussi agitée que le jour.

Les gardes-françaises se conduisent toujours à l'ordinaire ; se

(1) Le manuscrit contient en cet endroit une erreur de copie, il faut lire : « les propositions contenues *aux quinze articles de la première déclaration de Sa Majesté.* »

(2) L'article V de la première déclaration du roi était ainsi conçu : « Le roi permet aux députés qui se croiront gênés par leurs mandats de demander à leurs commettants un nouveau pouvoir ; mais Sa Majesté leur enjoint de rester en attendant aux États généraux pour assister à toutes les délibérations sur les affaires pressantes de l'État et y donner un avis consultatif. »

répandent par pelotons, se soulent et crient : *vive le tiers état!*
Plusieurs d'entre eux s'étaient introduits dans l'Hôtel des Invalides pour haranguer les soldats et les attirer dans leur parti.
Le major de l'hôtel en a été instruit et les a fait charger ignominieusement.

J'ai vu une scène bien singulière. Environ 60 ou 80 particuliers de la lie du peuple s'étaient réunis et se promenaient dans l'intérieur et hors la ville ; un d'eux marchait à la tête et portait une bannière sur laquelle on lisait très distinctement : *Vive le Roi! vive M. le Duc d'Orléans! vive le tiers état!* Cette troupe s'arrêtait devant tous les corps de garde des gardes-françaises pour les saluer et là ils criaient à tue-tête *Vivent nos camarades!*

On dit publiquement que M. d'Epremesnil est sorti de France avec toute sa famille. On ajoute que c'est tout ce qu'il avait de mieux à faire.

Il existe très sérieusement le projet d'expulser toutes les troupes étrangères qui sont dans la ville ou dans les environs de Paris. Les bourgeois veulent former une troupe et se garder eux-mêmes. Je sais très positivement qu'on s'occupe de l'exécution de ce projet.

Vers les cinq heures du soir, on a publié dans le Palais-Royal une lettre manuscrite du roi à la noblesse. Elle est conçue en ces termes : « Uniquement occupé à faire le bien général de mon royaume et désirant par-dessus tout que les États généraux s'occupent des objets qui intéressent la nation, d'après l'acceptation volontaire de ma déclaration du 23, j'engage ma fidèle noblesse à se réunir sans délai avec les deux autres ordres (1). »

Cette lettre a été imprimée tout de suite. Peu de temps après on a publié que la noblesse s'était effectivement réunie. C'était la nouvelle d'une victoire sur les ennemis, la joie était universelle.

On a imprimé et distribué à profusion une lettre à Mgr le comte d'Artois sur la séance royale (2). Cette lettre vraiment extraordinaire mérite d'être connue. Je la joins à ma feuille et vous engage à la lire.

---

(1) Voir *Lettre du roi à M. le duc de Luxembourg, président de l'ordre de la noblesse*, 27 juin 1789. (Bib. nat. Lb^{39}/1886, s. l. n. d., in-4° pièce.)

(2) Bibl. nat., Lb^{39}/1858, s. l. n. d., in-8° pièce, signé : Un ami du tiers.

°Les orateurs du peuple font foule au Palais-Royal ; le nombre en augmente chaque jour ; hier, pour manifester les principes populaires de M. Necker, ils lisaient à haute voix la lettre de ce ministre à l'Assemblée nationale. Elle est imprimée et je la joins ici ; je le répète, jamais ministre n'a joui d'un plus grand triomphe, on le regarde comme un dieu descendu du ciel pour le salut de la patrie.

Sur le tout, nous en sommes au point qu'il est impossible de prévoir le terme de cette grande fermentation ; produira-t-elle le bien ? En général, on le désire plus qu'on ne l'espère.

N° 50.

Paris, le 28 juin 1789.

La nouvelle de la réunion totale a fait, s'il est possible, plus de sensation à Paris qu'à Versailles. Tout le monde est ivre de joie ; la satisfaction générale s'est manifestée par des illuminations et des réjouissances publiques. Les cris de *Vive le Roi, vive la Reine, vive M. Necker, vive M. le comte de Montmorin, vive M. le duc d'Orléans !* se sont fait entendre de toutes parts. Plus de tristesses, plus de craintes, plus de malheurs, tout annonce d'heureux jours, la paix et le bonheur ; les extrémités se touchent et les hommes sont presque toujours extrêmes dans tout ce qu'ils font.

Les gens sages se félicitent sur cette réunion, mais ils redoutent encore les nuages qui peuvent s'élever.

Les prétentions du tiers état sont-elles bien connues ? J'en suis instruit de bonne part. A tout événement j'en dois rendre compte et ceci mérite la plus sincère attention. En se constituant l'*Assemblée nationale*, son principal objet a été de dissoudre tous les ordres pour n'en former qu'un seul, de rétablir l'ancienne Constitution du royaume, qui proscrivait cette distinction et d'anéantir la nouvelle qui s'établit à l'époque du régime féodal. Telles sont les vues qu'on se propose et dont je donne l'assurance. Je la donne parce que j'ai assisté à une conférence où tous les *Mémoires* à l'appui de ce système ont été rédigés. On imprime actuellement un ouvrage qui en démontre la justice et la nécessité. Cet ouvrage paraîtra vers la fin de la semaine et je préviens que cette question, qui ne tardera pas à s'agiter, sera soutenue avec autant de fermeté que les précédentes ; on ne parlera plus d'États généraux, on veut en supprimer le nom et le remplacer par celui d'*Assemblée nationale* où tous les Français seront appelés, sans avoir égard aux rangs, ni aux distinctions.

Les deux premiers ordres, en se réunissant, ont-ils bien entendu se confondre avec le troisième et n'en former qu'un seul? C'est ce qu'on ne croit pas et qu'on veut cependant exiger d'eux. Il est peut-être temps encore de disposer les esprits à cette crise et de prévenir les discussions qu'elle fera naître. Je pense qu'on doit s'en occuper sérieusement et qu'il n'y a pas de temps à perdre. Au surplus, c'est au gouvernement à juger de l'importance de mes avis. Je remplis ma tâche en les donnant et je dois me borner à les garantir.

N° 51.

Paris, le 29 juin 1789.

J'ai déjà dit que les extrémités se touchent et que le peuple est toujours extrême dans tout ce qu'il veut comme dans tout ce qu'il fait ; les réjouissances continuent sans interruption, elles tiennent de la folie.

Il paraît aujourd'hui une *Lettre* imprimée *à MM. les Gardes françaises et les Gardes suisses* (1). Sans me permettre aucune réflexion, je crois devoir la joindre à ma feuille, j'y joins aussi un *Extrait de la motion des gardes françaises* (2).

J'avais prévenu que les électeurs de la ville de Paris devaient s'assembler à l'ancienne salle du Musée, rue Dauphine. Ils s'y sont effectivement réunis jeudi et vendredi dernier. La salle étant trop petite, ils se sont ajournés à l'hôtel de ville et ils y tiendront leurs séances. On a proposé de supprimer le lieutenant de police et d'établir une milice bourgeoise pour la garde de la ville. Ces deux propositions ont été admises et l'on travaille à réunir les titres de la ville qui établissent son droit sur ces deux points. On dit qu'elle en a joui jusqu'à Louis XVI et que ce prince est le premier que l'on ait dépouillé de sa propre autorité.

Après la vérification des pouvoirs, l'Assemblée nationale doit s'occuper de la déclaration des droits de la nation et de la cons-

(1) *Lettres à MM. les Gardes-françaises et Gardes-suisses* (S. l. n. d.) iu-8, pièce (Bih. nat., Lb 39/1865).
(2) Bib. nat., Lb 39/7338, 1 p. in-4.

titution de l'État. C'est, dit-on, sous l'empire de l'opinion publique, c'est par son activité et son influence qu'un si grand ouvrage doit être entrepris et exécuté. Je l'ai déjà dit et je le le répète : on se propose de confondre tous les ordres, de n'admettre ni rangs, ni distinctions dans l'Assemblée nationale et de supprimer jusqu'au nom d'États généraux. C'est une vérité dont il faut se pénétrer et qui mérite quelque attention. Cette prétention ne sera pas la seule qui donnera de l'embarras, elles se développeront successivement. En attendant, on se croit tout permis ; on dit et on imprime que la raison est la souveraine du monde et que les usages en sont les tyrans ; que le règne de ces usages est fini et que ce n'est plus le temps où une classe privilégiée pouvait s'opposer au bien général et la partie la moins nombreuse de la nation prévaloir sans cesse sur la nation entière ; que la force de l'opinion détruira enfin l'esclavage du despotisme comme celui des abus et que la justice naturelle mettra un terme à la tyrannie des usages.

Il y a sans doute beaucoup de bien à faire et ce bien pourrait s'opérer avec de la sagesse et de la modération, mais les prétentions exagérées sont à craindre et je pense qu'on ne peut rien faire de mieux que de travailler à calmer les esprits et les disposer même d'avance à ne pas sortir des bornes que la justice et la raison doivent prescrire.

Je suis fondé à donner cet avis d'après la connaissance que j'ai des dispositions de plusieurs membres de l'assemblée nationale.

N° 52.

Paris, le 30 juin 1789.

Plus de fêtes, plus de réjouissances, le délire de la joie a fait place à celui de la fureur : nous en sommes, à peu de choses près au point où nous en étions le 24.

Vers les sept heures du soir, un particulier, écumant de rage et de colère, a rassemblé autour de lui au moins trois ou quatre mille personnes dans le Palais-Royal. Il est monté sur une chaise vis-à-vis le café de Foy. Là, il a harangué le peuple, l'a pressé et vivement sollicité de se réunir à lui pour délivrer onze gardes françaises, ses frères et amis qu'on avait eu la témérité de conduire dans les prisons de l'Abbaye. Ce discours a fait la plus vive impression. Sur-le-champ, trois mille personnes au moins ont dirigé leurs pas vers l'Abbaye ; le nombre s'est accru dans la marche. Peu de temps après le bruit s'est répandu que les portes de la prison avaient été forcées et les soldats délivrés. On a ajouté que plusieurs autres prisonniers avaient profité de cette circonstance heureuse pour s'évader. Pendant que l'orateur disposait le peuple, on distribuait l'arrêté ci-joint des grenadiers aux gardes françaises.

A quelque distance de là et vis-à-vis la porte du Cirque, un autre particulier déclamait vigoureusement contre la conduite et les principes de M. d'Epremesnil. Il la peignait des plus noires couleurs ; c'est un monstre, disait-il, dont il faut purger la terre.

La nouvelle du jour est que la réunion du clergé et de la noblesse, loin de tendre au but de la constitution qu'on veut établir, est un piège dont on se sert adroitement pour river les fers du tiers état et le tenir dans l'esclavage. On crie de toutes parts : « Plus de rangs, plus de distinctions, nous n'aurons la paix qu'en détruisant nos tyrans, qu'ils meurent et nous serons libres. On cherche à nous tromper, tenons-nous sur nos gardes et vengeons-nous de nos ennemis par la mort et le carnage ! » Tel est le résultat de mes observations sur les dispositions de ce jour.

Dans la nuit, un suisse du Palais-Royal, tourmenté par les excès auxquels le peuple se portait, en a paru mécontent. Cet homme a été victime de son intolérance, il a eu le bonheur de s'échapper : mais tous les meubles de sa maison ont été brisés et rompus. On assure que M. le duc d'Orléans l'a fait mettre en prison.

N° 53.

Paris, le 1er juillet 1789.

L'agitation des Parisiens, loin de diminuer, paraît avoir pris de nouvelles forces ; les soldats délivrés des prisons de l'Abbaye sont gardés soigneusement au Palais-Royal par trois ou quatre mille hommes. En attendant le retour de la députation qui s'est rendue de Versailles pour demander leur grâce, on se propose bien de les garantir de force contre toute entreprise, si cette grâce leur était refusée ; mais on se flatte de l'obtenir et cet espoir est fondé sur l'impuissance du gouvernement et la nécessité de céder aux circonstances. On sait d'ailleurs que deux soldats du même régiment, arrêtés à Versailles, ont été rendus et mis en liberté ; exemple qu'on cite pour justifier la conduite qu'on a tenue et qu'on veut tenir jusqu'à ce que la grâce de ceux de Paris soit assurée. Ces soldats sont dans une chambre du Palais-Royal, on leur fera passer de l'argent et tout ce qui leur est nécessaire pour vivre, au moyen de quelques paniers attachés à des cordes qu'ils jettent et retirent tour à tour. Cette manière de les faire subsister n'annonce pas de grands moyens ; cependant on dit publiquement que l'Angleterre fait répandre beaucoup d'argent et soudoie un nombre considérable d'agents pour exciter les troubles. Le bruit en a couru depuis hier ; on a su qu'un particulier avait donné sept louis à un garde suisse et à peu près autant à beaucoup d'autres personnes. De là on a conclu qu'il n'y avait qu'une puissance qui pût soutenir cette dépense et les vues se sont fixées sur l'Angleterre.

On est informé que M. le maréchal de Broglie a pris le commandement de l'armée. La populace n'en a point été intimidée ; elle a dit et affiche partout que si on tirait un seul coup de fusil, elle mettrait tout à feu, à sang. Elle a dit beaucoup d'autres choses plus fortes encore ; dans sa fureur, elle ne respecte rien.

Les patriotes vont se faire inscrire au café du Caveau, on dit que la liste est déjà très nombreuse. Je n'ai pas été curieux d'aller vérifier le fait. C'est au point que les gens sages n'osent plus paraître, encore moins s'arrêter au Palais-Royal.

Nº 54.

Paris, le 2 juillet 1789.

Nous sommes dans des circonstances bien critiques ; les esprits, loin de se calmer, fermentent plus violemment que jamais ; les agitations populaires épouvantent tout le monde.

Les gardes-françaises sont toujours au Palais-Royal sous la sauvegarde du peuple. S'il n'obtient pas leur grâce il se portera aux dernières extrémités.

L'arrêté de l'Assemblée nationale n'a pas produit l'effet qu'on devait en attendre. Toute la journée s'est passée dans le trouble et le désordre ; ce matin les orateurs du Palais-Royal faisaient publiquement le procès de M. le comte D... et de Mme de P... et de beaucoup d'autres. Le premier surtout a été traité de la manière la plus cruelle et la plus extravagante. Il veut, disaient-ils, se retirer en Espagne s'il ne parvient pas à nous réduire, il n'en viendra pas à bout mais nous saurons l'arrêter en chemin et nous venger du mal qu'il veut faire.

Toutes ces scènes' se passent au Palais-Royal. Là on se plaignait de M. Bailly et des lenteurs auxquelles il paraît se prêter; on parlait d'un coup d'autorité vigoureux dont on prétend que le Gouvernement s'occupe depuis quelques jours dont on accuse M. le maréchal de Broglie. On se préparait à le parer et les dispositions ultérieures qu'on annonçait publiquement sont vraiment alarmantes. S'ils manquent leur coup, disaient-ils, nous brûlerons le château de Versailles, nous le mettrons pierre sur pierre, etc. On parlait ensuite de M. le duc d'Orléans, les uns le déclaraient généralissime des troupes nationales, d'autres... mais je me tais, tant je frémis des folies du jour, elles sont à leur comble.

Il est important de faire veiller soigneusement sur les canons distribués dans la ville; on pourrait s'en emparer par surprise et s'il faut en croire ce que j'ai entendu dans la foule, le projet en est formé.

On s'attend à voir former un camp dans les environs de la ville. On dit qu'il arrive beaucoup de troupes étrangères, que les ponts de Sèvres et de Saint-Cloud sont gardés. Toutes ces précautions, tous ces préparatifs n'épouvantent personne. Les attroupements deviennent plus nombreux, la fureur du peuple est inconcevable.

On persiste à croire que les Anglais ont ici des agents secrets; qu'ils distribuent de l'argent ; que ce sont eux, et eux seuls qui soulèvent le peuple. Il conviendrait sans doute de les faire surveiller de près et d'en faire un exemple si l'on parvenait à découvrir les auteurs du complot.

On pense assez généralement que, dans l'état des choses il y aurait de l'imprudence à tenter un coup d'autorité, d'autant plus dangereux qu'il pourrait mettre le feu aux quatre coins du royaume. On croit que tous ces grands mouvements s'apaiseront d'eux-mêmes, que le temps, le besoin, l'ennui et surtout quelques négociations heureuses feront rentrer dans le devoir ceux qui en sont sortis ; que les plus opiniâtres rougiront enfin de leur conduite et que l'Assemblée nationale, en donnant l'exemple de la concorde et du respect à l'autorité royale ramènera, par son influence sur tous les ordres de l'État, le calme et la paix qui paraissent en être bannies. Les Français chérissent leur

roi par excellence ; ils reviendront d'un moment d'erreur et ce
retour mettra le comble à la gloire et au bonheur du monarque.

Telle est l'opinion des gens sages, de ceux qui veulent le bien ;
d'autres, moins modérés et plus impatients, veulent brusquer
l'aventure et tous hasardent. Leur avis peut avoir des suites
funestes ; il doit en avoir nécessairement. Le plus doux, le plus
humain mérite la préférence.

N° 55.

Paris, le 3 juillet 1789.

La journée a été parfaitement tranquille ; les attroupements
n'ont pas cessé, ils sont même plus nombreux qu'à l'ordinaire ;
mais loin de manifester des alarmes ou des projets séditieux,
le public a paru porter et répandre partout des sentiments de
calme, de paix et d'union.

Ce changement que j'avais prévu, et ceux que nous éprouve-
rons, encore sont une suite naturelle des mouvements populaires ; partout et dans tous les temps la conduite du peuple a
été la même, partout et dans tous les temps, il a fallu la surveiller et la moindre négligence sur ce point a été funeste.

Dans sa tranquillité d'aujourd'hui, le peuple ne désempare
pas le Palais-Royal. Il sait que le roi a fait grâce aux soldats
enlevés des prisons de l'Abbaye. Le comte de Mirabeau l'a
annoncé publiquement. Il a paru ce soir au Palais-Royal.
Cependant le peuple garde ces soldats à vue et tout annonce
qu'il ne sera satisfait sur ce point que lorsqu'il les aura prome-
nés en triomphe dans les rues de Paris, à onze heures du soir
ces soldats n'étaient pas sortis de leur retraite ; on n'en publia
pas moins une *lettre* pour remercier le roi de la grâce qu'il
vient de leur accorder. Je la joins à ma feuille avec l'*adresse* de
leur part qui a précédé la *lettre*. Elle a paru ce matin (1).

La lettre du roi sur ce sujet à M. l'archevêque de Paris a été
publiée fort à propos. Elle a produit le plus grand effet. Tout le

---

(1) *Adresse des gardes-françaises enleves des prisons de l'Abbaye, au roi.*
12 *juillet*). — (S. l. n. d.) in-8° pièce. (Bib. nat., Lb³⁹/1888).
*Lettre des gardes-françaises au roi pour remercier Sa Majesté de la
grâce qu'elle vient de leur accorder* (2 juillet). — (S. l. n. d.) in-8° pièce
(Bib. nat., Lb³⁹/1889).

monde a fait l'éloge de cette lettre admirable et admire en même temps la justice et la bonté du roi (1).

La nouvelle de la formation de trente bureaux dans lesquels tous les ordres sont confondus, pour ne former qu'une même opinion et qu'un même esprit national, a paru faire le plus grand plaisir. On a fait quelques plaisanteries sur le sort qui a réuni dens le même bureau M. d'Epremesnil et le comte de Mirabeau.

On croit que cette division de bureaux décide la question sur la manière de délibérer et l'on dit que les ordres étant confondus, il ne peut plus être question de délibérer par ordre.

On a su que les protestations de M. le cardinal de la Rochefoucault sur cette matière avaient causé dans l'Assemblée un mouvement tumultueux d'improbation. Elles ont été généralement désapprouvées à Paris. Cette question, a-t-on dit, est décidée pour toujours par le fait et les circonstances. Plus d'ordres, plus de rangs, plus de distinctions. Parmi les membres de l'Assemblée qui ont soutenu l'affirmative, on distingue MM. de Clermont-Tonnerre et le comte de Mirabeau.

Les électeurs de cette ville continuent toujours leurs assemblées. On assure qu'ils s'occupent sérieusement de laisser aux soins de la ville, la police et la garde de Paris.

On soupçonne toujours les Anglais d'avoir ici des agents secrets qui répandent de l'argent et travaillent de concert à faire soulever le peuple. C'est un fait trop facile à vérifier pour qu'on ne sache pas déjà à quoi s'en tenir.

La cherté et même la rareté du pain a produit ce matin quelques petits murmures. Il paraît qu'un commissaire a été maltraité. Cette aventure heureusement n'a pas fait beaucoup de bruit.

N° 56.

Paris, le 4 juillet 1789.

Sans troubler la tranquillité publique, les attroupements continuent toujours. Hier au soir, un des orateurs du Palais-Royal fit une motion publique contre M. d'Epremesnil; lui, sa femme et ses enfants furent condamnés à mort; sa maison et

---

(1) La lettre du roi à l'Archevêque de Paris se trouve *in extenso* dans le *Moniteur*. (Réimpression, t. I, p. 117) et Bib. nat., Lb [39]/1886 : *Lettre au roi à M. l'Archevêque de Paris*. Du jeudi 2 juillet 1789 (s. l. n. d.) in-8°, pièce.

ses meubles au feu ; un autre orateur, sans doute d'accord avec le premier, s'éleva contre le dispositif de l'arrêt, en ce qui concerne la femme, les enfants et les meubles de M. d'Epremesnil. « Je vous abandonne, dit-il, cet aristocrate nouveau ; il a mérité la peine de mort, qu'il périsse ; j'y consens ; mais la maison qu'il habite n'est pas à lui, les meubles sont au tapissier, sa femme est au public et ses enfants aux voisins ; ne feriez-vous pas la plus grande injustice en détruisant des propriétés qui lui sont étrangères ? » Son opposition fut admise et ses réflexions aussi plates que satiriques furent fort applaudies.

Dans le même temps, un orateur dans un autre genre faisait ses parades au Luxembourg ; il sermonnait le peuple lui reprochait ses excès et ses entreprises contre la tranquillité publique. Il blâmait surtout l'indulgence de l'autorité et sa négligence sur les mesures vigoureuses qu'elle devait prendre pour maintenir l'ordre dans la capitale. Son beau discours eut le malheur de déplaire au public ; les auditeurs, les femmes surtout, tombèrent sur lui. Il fut écrasé de coups et conduit chez le suisse qui le mit à la porte. Quelques corrections dans ce genre aux orateurs modernes, les corrigeraient peut-être de la fureur de parler en public.

Une personne digne de foi, dont je ne garantis pas cependant le témoignage dans cette occasion, m'a assuré que M. de Calonne était à Paris logé au Temple dans le palais de M. le comte d'Artois.

Il est écrit que le peuple doit se plaindre et qu'il trouve toujours des prétextes de mécontentement. Ce ne sont plus les affaires du temps qui l'occupent, c'est la cherté, la rareté et la mauvaise qualité du pain. Il crie vengeance sur ce chapitre et s'en prend à tout le monde.

La constitution qu'on veut donner à l'État, tourne toutes les têtes, chacun la fait à sa guise, on espère que l'Assemble nationale commencera à s'en occuper lundi prochain. Alors nous serons inondés de brochures, quelles brochures ! Quoique détestables elles font malheureusement trop d'impression sur le public, toujours avide de nouvelles et de merveilleux.

A. Brette.

(*A suivre.*)

CHRONIQUE & BIBLIOGRAPHIE

M. Aulard vient de faire paraître le tome IV de son ouvrage intitulé : *la Société des Jacobins*, et le tome V de son *Recueil des actes du Comité du Salut public*. Le premier de ces deux volumes embrasse la période du 17 juin 1792 au 21 janvier 1793 ; le second, celle du 19 juin 1793 au 15 août suivant.

— M. Alfred Leroux, archiviste départemental de la Haute-Vienne, vient de publier une analyse des délibérations du Conseil général de ce département de 1800 à 1839 (1), avec une intéressante introduction sur les institutions départementales de 1800 à 1848. Espérons que M. Leroux sera mis à même de nous donner bientôt un travail analogue sur l'administration de la Haute-Vienne pendant la Révolution. Quant au volume que nous lui devons, il sera fort utile, parce qu'il est clair, bien ordonné, précis et sans détails fastidieux.

— Certains écrivains ont parlé de Mme Roland d'un ton si indécent, qu'un récent article du *Correspondant*, dont on vient de publier un tirage à part (2), nous est une agréable

(1) *Conseil général de la Haute-Vienne. Analyse des délibérations manuscrites de* 1800 à 1839. Limoges, Plainemaison, 1892, in-8.
(2) *Madame Roland d'après des lettres et des manuscrits inédits*, par Mme Clarisse Bader. Paris, de Soye et fils, 1892, in-8.

surprise. Nous voudrions n'avoir que des compliments pour
Mme Bader. Il nous est malheureusement plus facile de la
féliciter de ses bonnes intentions et de sa bienveillance pour
Mme Roland que de louer son travail. Les matériaux qu'elle
avait à sa disposition ne manquent pas de prix : rien de ce
qui vient de Mme Roland n'est à dédaigner. Mais outre que
Mme Bader paraît s'être exagéré l'importance de ses trou-
vailles, l'usage qu'elle en a fait en a diminué la valeur réelle.
Au lieu de nous donner le texte des manuscrits tel qu'elle
l'avait sous les yeux, elle le morcelle, l'interrompt par des
commentaires. Il semble même qu'elle ne le donne pas tout
entier. D'autre part, comme presque tous les écrivains
qui rencontrent une source inédite, elle a beaucoup trop
négligé l'étude des documents imprimés. A-t-elle jamais bien
lu la correspondance avec Mesdemoiselles Cannet? Quant
à celle avec Bancal, le peu qu'elle en dit est inexact. Elle
s'étonne (p. 37) qu'au lendemain des massacres de septembre, en désignant à Bancal les principaux septembri-
seurs, Mme Roland ne nomme pas Danton. Or à cet endroit
même, à la p. 346 des *Lettres à Bancal*, on lit que Danton
est le « chef de cette horde ». Le 9 septembre, à la p. 348,
Mme Roland dit encore : « Danton conduit tout. » Malgré
ces inadvertances, l'article de Mme Bader est à conserver. Il
y aura quelques textes à y recueillir quand on entreprendra,
ainsi que nous l'espérons, une édition des œuvres complètes
de Mme Roland. — EDME CH.

— M. Charles Furby, avocat général à la Cour d'appel
d'Aix, chargé de prononcer le discours de rentrée, a choisi
pour sujet les plaidoyers de Mirabeau devant la sénéchaussée d'Aix et le parlement de Provence (1). Ce travail

(1) *Cour d'appel d'Aix. Les plaidoyers de Mirabeau devant la sénéchaussée d'Aix et le parlement de Provence*. Discours prononcé à l'audience

nous a vivement intéressé et il est à consulter, puisque M. Furby n'a pas seulement mis en œuvre les documents connus, mais a utilisé quelques textes inédits qui lui ont permis de préciser certains détails curieux.

— On a déjà pu apprécier ici même le style et la méthode de M. Georges Renard, professeur à l'Université de Lausanne, et on a goûté ses *Notes sur la littérature thermidorienne* (voir la *Revue*, t. XII, p. 769). Ce n'est pas le seul service que M. Renard ait rendu à nos études : ses notices sur Rousseau et sur Voltaire ont apporté une contribution originale à l'histoire des idées de la Révolution française. Je recommanderai aux historiens de ces idées la lecture du récent opuscule du même auteur sur l'influence de la Suisse française sur la France (1). C'est une leçon d'ouverture du cours que ce Français éminent, ancien chef de section à l'École normale supérieure, professe à Lausanne. Il a jugé excellemment, avec une éloquence précise, sans préjugés français, sans flatterie pour son auditoire helvétique, cette influence de l'admirable pays à qui nous devons Rousseau, c'est-à-dire, à un moment de notre histoire, le renouvellement de notre âme. A lire ces pages sobres et entraînantes, on se prend à envier les étudiants de Lausanne à qui est donné cet enseignement si viril et si suggestif.

— M. G. Pacquement de Trooz nous prie d'annoncer qu'il prépare un ouvrage sur le général L.-N.-H. Chérin (1762-1799), à l'aide de nombreux et curieux papiers de

solennelle de rentrée, le 17 octobre 1892, par Charles Furby, avocat général, *Aix, Remondet-Aubin*, 1892, in-8 de 42 pages.

(1) *L'influence de la Suisse française sur la France*, par Georges Renard, professeur à la Faculté des lettres, *Lausanne, Viret-Genton*, 1892, in-4 de 23 pages.

famille. Ajoutons qu'en souvenir du séjour du général
Chérin à Montmorency, le Conseil municipal de cette ville
vient de décider, dans sa séance du 14 décembre 1892,
que le nom de cet illustre ami et chef d'état-major de
Hoche serait donné à une rue sur la nouvelle place de
l'Hôtel-de-Ville.

— M. Ch. Portal, archiviste départemental du Tarn,
vient de publier, dans la *Revue du Tarn*, une excellente
notice sur un des conventionnels les moins connus, Jean-
Baptiste Meyer.

Né à Mazamet le 13 octobre 1750, avocat, premier consul et maire, membre du Directoire du département du
Tarn, deuxième suppléant à la Législative, Meyer fut élu
député du Tarn à la Convention, le neuvième sur neuf et
au troisième tour de scrutin.

Il ne parla pas, ne se mêla activement de rien, mais,
dans le procès de Louis XVI, il vota pour l'appel au peuple,
pour la mort, contre le sursis.

Membre du Conseil des Cinq-Cents, puis du Conseil des
Anciens, il fit partie, après le 18 brumaire, du Corps législatif jusqu'au 4 août 1802. Cependant, je ferai remarquer à
M. Portal que, dans le Tableau des membres du Corps législatif depuis le 11 nivôse an VIII jusqu'au 30 brumaire
an IX, placé par Camus en tête de la table des matières de
la sixième Législature, je ne vois que deux Meyer : Meyer
(de l'Escaut) et Meyer (du Gers). Mais je crois que c'est
M. Portal qui a raison et qu'il y a ici, dans le texte de
Camus, une faute d'impression, puisqu'on ne trouve nulle
part ailleurs de député du Gers du nom de Meyer. Ajoutons
qu'il y a quelques traces de l'activité de Meyer au Conseil
des Cinq-Cents dans la table des procès-verbaux de la
deuxième Législature.

Rentré dans la vie privée au sortir du Corps législatif, il devint membre du Conseil municipal de Mazamet, par ordonnance royale du 16 décembre 1814. Pendant les Cents-Jours, il signa l'Acte additionnel, et il eut beau se rétracter ensuite devant notaire, le préfet du Tarn eut beau écrire qu'il n'avait reçu aucune plainte contre lui, il n'en fut pas moins atteint par la loi du 12 janvier 1816 contre les régicides. Il passa en Suisse, se fixa à Saint-Gall, et, accablé par l'exil, supplia humblement le gouvernement de la Restauration de le laisser rentrer. On ne peut lire sans pitié la lettre qu'il écrivit à Charles X, à l'occasion de son sacre.

On avait déjà un résumé exact de la biographie de Meyer, grâce au *Dictionnaire des parlementaires* de MM. Robert et Cougny : mais M. Ch. Portal a ajouté à ce qu'on savait d'intéressants détails inédits, et on consultera son travail avec fruit.

— M. O. Desmé de Chavigny vient de publier une *Histoire de Saumur pendant la Révolution* (Vannes, 1892, in-8). Nous en rendrons compte prochainement.

— Nos lecteurs savent déjà, grâce à une obligeante communication de M. le professeur Joseph Sarrazin, que la tombe de Mirabeau-Tonneau ne se trouve pas à Sasbach, comme on le dit généralement, mais au vieux cimetière de Fribourg-en-Brisgau (voir la *Revue*, t. XXI, p. 93). Il restait à se demander si ce frère du grand orateur avait péri de mort naturelle. M. Sarrazin a répondu à cette question en produisant l'extrait suivant des livres de la paroisse Saint-Martin à Fribourg, à la date du 15 septembre 1792 :

« Mort dans la maison 762 : André-Boniface-Louis de Riquette (*sic*), vicomte de Mirabeau, marquis de Mirabeau, chevalier de l'ordre royal et militaire, etc., etc. *Sepultus in cœmeterio militari.* — Agé de trente-huit ans. — Cause de la mort : *apoplexie*, attestée par le professeur Gebhardt, de la Faculté. — *Sancto oleo unctus.* »

Ce document, que M. Sarrazin avait bien voulu nous communiquer par avance, se trouve à la page 72 d'un intéressant opuscule qu'il vient de consacrer à Mirabeau-Tonneau (1). On y trouvera de curieux renseignements sur les faits et gestes de la « Légion noire », une vue du tombeau de Mirabeau, une reproduction d'une estampe du temps intitulée : *Mirabeau-Tonneau et son état-major,* le facsimile de la signature du vicomte et de celle du cardinal prince de Rohan.

Pour en revenir à la question de la mort de ce viveur, M. Sarrazin fait remarquer qu'il était à Fribourg depuis le 23 août probablement. Le 19, il avait été mis aux arrêts et révoqué de son commandement par Condé, pour cause de grave infraction à la discipline (échauffourée de Neuhæusel). Le 23 août, il était venu se présenter à Bühl devant le commandant en chef de l'armée des émigrés, pour repartir immédiatement. Il est plus que vraisemblable qu'il s'est rendu à Fribourg pour y passer quelques bonnes journées après les désagréments qu'il venait d'éprouver. Là, la bonne chère, le vin généreux du margraviat et d'autres plaisirs auront rapidement amené la catastrophe, car le gros vicomte de Mirabeau était de constitution apoplectique.

— M. C. Duval, député de la Haute-Savoie, maire de Saint-Julien, a publié deux opuscules sur l'histoire de la Savoie

---

(1) *Mirabeau-Tonneau, ein Condottiere aus der Revolutionszeit,* von Dʳ Joseph Sarrazin, mit 4 Abbildungen ; Leipzig, 1893, Rengersche Buchhandlung, 1893, petit in-8 de 85 pages.

pendant la Révolution. Dans l'un (1), il résume le registre du conseil général de la commune de Saint-Julien, du 25 frimaire an III au 24 vendémiaire an IV. (Les volumes antérieurs de ce registre ont disparu.) Il donne aussi une analyse du registre de l'agent municipal et de l'adjoint de Saint-Julien sous le Directoire, alors que cette commune faisait partie de la municipalité cantonale de Viry. Ce sont enfin des notices biographiques sur les volontaires que la patriotique commune de Saint-Julien envoya aux armées de la République. Un de ces volontaires est célèbre : c'est le général comte Pacthod, dont le nom est inscrit sur l'Arc de Triomphe. M. Duval publie ses états de service détaillés. Il a d'ailleurs réuni beaucoup de documents sur Pacthod, dont il prépare une biographie complète.

Le second opuscule de M. Duval est plus considérable. Il a pour objet l'histoire de l'invasion de la Savoie par l'armée sarde en 1793 (2). C'est à l'occasion des polémiques sur la neutralité du département de la Haute-Savoie et de quelques communes de celui de la Savoie que M. Duval a voulu ramener l'attention sur les événements militaires de 1793, sur le danger que fit courir à la France, à ce moment-là, cette invasion piémontaise, qui avait pour but de donner la main à l'insurrection lyonnaise. Il voudrait que le gouvernement français prît des mesures de défense pour protéger militairement la neutralité savoisienne. Mais son livre n'est pas une dissertation : c'est un recueil de documents, qui proviennent en grande partie des Archives de la guerre et de celles des Affaires étrangères. On y remarquera le précis et le mémoire de Kellermann sur cette cam-

---

(1) C. Duval, député de la Haute-Savoie : *l'Administration de la commune de Saint-Julien pendant la Révolution*, Saint-Julien, impr. S. Mariat, 1886, in-8 de 69 pages.

(2) *L'invasion de la Savoie par l'armée sarde en 1793. Mémoires et documents.* Saint-Julien, imp. S. Mariat, 1892, in-8 de 202 pages.

pagne, avec pièces à l'appui; la correspondance générale et les rapports d'ensemble sur les opérations militaires, qui eurent lieu dans quatre zones distinctes : le Faucigny, la Tarentaise, la Maurienne et le camp de Valloire; un intéressant rapport du citoyen Chastel, procureur-syndic du district de Carouge, et la correspondance diplomatique entre la France et la Suisse au sujet de la violation du territoire valaisan par les Piémontais, etc. — En réunissant ces documents utiles et curieux, M. C. Duval a fait œuvre à la fois de patriote et d'érudit. Nous sommes heureux de l'en féliciter et de l'en remercier.

— Dans un petit volume très bien documenté, M. C. Vuillame a raconté, d'après les archives judiciaires et municipales d'Aix, la sédition royaliste qui régna par le vol et l'assassinat dans cette ville, du 22 fructidor an V au 5 vendémiaire an VI (1). Quand on a lu ces textes, il n'est pas possible de douter qu'il n'y eût alors des conspirations royalistes. Les actes abominables dont M. Vuillame a fait un récit impartial ne furent l'objet que de poursuites dérisoires et les contre-révolutionnaires qui avaient tué et pillé à leur gré, pendant quinze jours, dans la ville d'Aix, en furent quittes pour quelques mois de prison.

— M. Bégis a publié, dans la *Nouvelle Revue* des 15 octobre, 1er et 15 novembre 1892, des mémoires inédits de Billaud-Varenne. Ceux que nous-même avons déjà donnés (voir la *Revue* des 14 mars, 14 avril, 14 mai 1888) ne se rapportaient qu'à la période antérieure à la Révolution. Les pages retrouvées par M. Bégis et dont l'original fait

(1) *Quinze jours de révolution à Aix*, par P. Vuillame, agrégé de l'Université, professeur au lycée d'Aix. Aix, imp. J. Remondet-Aubin, 1892, in-8 de 88 pages.

partie de sa collection ont été écrites par Billaud à l'âge
de cinquante-six ans, c'est-à-dire vers 1812, près de Sinnamary, dans son établissement de l'Hermitage, dont il
avait essayé de faire, dit-il, « un diminutif d'Ermenon-
ville ».

C'est à propos d'un passage de la *Description des cols ou
passages des Alpes* par le naturaliste genevois Bonnet, où il
était question du climat et des mœurs de Valorcine en
termes un peu sentimentaux que Billaud-Varenne prit la
plume. Il écrivit d'abord une trentaine de pages sur la vertu
et l'amour, où il paraphrase Jean-Jacques en mauvais
style : c'est insignifiant et fastidieux. Puis il en vint, tout
en moralisant, à raconter quelques souvenirs personnels.
Il insiste surtout sur le dévouement que lui témoigna, au
début de son exil, la supérieure de l'hôpital de Cayenne et
fait longuement l'éloge des sœurs grises. Il donne quelques
détails rétrospectifs sur la journée du 12 germinal an III,
où la jeunesse de Fréron, paraît-il, fut sur le point de
l'égorger avec Collot d'Herbois sur la place de la Révolution.
Il parle aussi (tout cela est à bâtons rompus) de ses liaisons
fortuites avec l'abbé Brottin en Guyane. « Point de doute
qu'en France, fidèle à mes devoirs, qui m'imposaient l'obligation de défendre, de tout le pouvoir qui m'était confié, la
sûreté du gouvernement dont j'étais membre, j'eusse traité
cet abbé Brottin en conspirateur. Brutus consul oublia
même qu'il était père. C'est le cercle de Popilius, et qui en
sort, n'est qu'un lâche, un traître à la patrie. Il faut, il est
vrai, des vertus romaines, pour s'élever à cette hauteur.
Mais, séquestré dans la misérable bourgade de Sinnamary,
qui n'a pu tenir à la politique que comme lieu de proscription, ce pauvre abbé n'avait que changé son ancien titre
de factieux en celui d'infortuné, et quand du reste son
esprit et ses connaissances le rendaient très aimable en

société, je n'ai pas refusé de goûter le mérite littéraire de ce savant dans plus d'un genre... »

Suivent quelques détails sur le rôle de Billaud au Comité de salut public, sur sa participation à la journée du 9 thermidor, mais sans nouveauté aucune.

Le passage le plus curieux de ces Mémoires est celui où Billaud-Varenne se proclame heureux dans son domaine de l'Hermitage et où il fait un bel éloge de son pays d'exil, avec un vif sentiment de cette nature magnifique. Il s'attendrit, il s'exalte, il oublie ses malheurs, il est heureux d'être enfin réhabilité, heureux des soins de sa négresse Virginie (dont cependant il ne parle pas ici). Ce n'est plus le farouche Billaud, qui réclamait jadis la tête de Danton.

Il y a donc dans ces Mémoires, au milieu d'un fatras illisible, quelques pages intéressantes et à conserver. Cela suffit pour que l'éditeur de ce manuscrit mérite notre gratitude.

— Les archives départementales du Gers sont très riches en documents relatifs à la Révolution et elles ont été longtemps aux mains d'un archiviste fort zélé pour nos études, le regretté A. Tarbouriech, auquel on doit trois opuscules intéressants et utiles : 1° *Bibliographie politique du département du Gers pendant la période révolutionnaire*, Paris, 1867, in-8; 2° *Histoire de la Commission extraordinaire de Bayonne*, Paris, 1867, in-8; 3° *Cahiers du Clergé et du Tiers État de la sénéchaussée d'Auch en* 1789, Paris, 1868, in-8. M. Tarbouriech avait préparé d'autres études analogues et, quand la mort le surprit, il avait imprimé sept feuilles d'un volume intitulé *Curiosités révolutionnaires du Gers*. M. Tierny, archiviste actuel du Gers, a eu l'idée de les réunir en brochure et de les publier, et M. Paul Bénétrix, dont nos lecteurs connaissent le nom, s'est chargé de cette publication (1). Ce sont trois monographies, l'une sur une réduction de la Bastille envoyée par Palloy au département du Gers, l'autre sur le procès de l'archevêque d'Auch, M. de la Tour du Pin-Montauban, réfractaire à la Constitution civile, la dernière sur la vie de l'évêque constitutionnel du Gers, Paul-Benoît Barthe. On trouvera là de curieux détails exposés avec une érudition précise et on lira avec profit la préface de M. Bénétrix, qui se termine par une utile bibliographie des imprimés relatifs à l'histoire de la Révolution dans le Gers.

— M. le professeur Alfred Stern, dont nos lecteurs connaissent bien les écrits et la méthode, vient de publier, dans la revue *Nord und Süd*, une intéressante étude sur les mémoires de Talleyrand, où il trouve, selon ses expressions, qu'il y a plus de sauce que de poisson. Abordant à son tour la question de l'authenticité, il croit lui aussi qu'il y a eu un manuscrit original, sous une forme quelconque, et que la copie de M. de Bacourt n'en est pas une reproduction fidèle. On sait que des morceaux lus par Talleyrand à des contemporains dignes de foi ne se retrouvent pas dans cette copie. Aux témoignages déjà cités à ce sujet, M. Stern ajoute celui d'Œlsner, qui écrivait, le 16 juin 1821, à son ami Varnhagen : « Als Meister-und Cabinetsstück rühmte Baron Vitrolles, der die Talleyrand'schen noch ungedruckten Memoiren gelesen, die Schilderung eines Concertes zu Valençay, wobei die spanischen Infanten den Tact schlugen, wie Leute pflegen, die zum ersten Mal Musik hören. Mit dem Geiste und dem Scharfblick einer spöttish-verschmitsten franzœsischen Soubrette beobachtete der Haus-

---

(1) *Curiosités révolutionnaires du Gers*, par feu A. Tarbouriech, archiviste du département avec une préface de M. Paul Bénétrix, *Auch, aux Archives départementales*, s. d., in-8 de xxiv-102 pages.

herr die Verblüfften. » (*Briefwechsel ŒElsners und Varnha-gens*, Stuttgart, 1865, tome II, p. 273). Assurément cette anecdote est plus amusante qu'importante, mais enfin elle ne se retrouve pas dans le texte que nous a donné M. le duc de Broglie. Comme il est difficile d'admettre que Vitrolles et Œlsner l'aient inventée, voilà M. de Bacourt convaincu une fois de plus d'avoir mutilé les mémoires de Talleyrand.

F.-A. AULARD.

Le Gérant : CL. CHARAVAY.

Paris. — Imprimerie L. MARETHEUX, 1, rue Cassette.

CATHELINEAU

M. Célestin Port, l'auteur du beau livre intitulé : *la Vendée angevine*, a entrepris de réfuter la légende de Cathelineau, qui, forgée de toutes pièces par l'abbé Cantiteau, s'était imposée à l'histoire. Ce prétendu initiateur de la « guerre sainte », ce prétendu généralissime de l'armée vendéenne, n'est en réalité venu qu'après Stofflet, d'Elbée et Bonchamps, il n'a joué qu'un rôle secondaire et obscur. Son brevet, cité en fac-simile par de crédules et pieux enthousiastes, n'est qu'une pièce apocryphe de grossière fabrication. Les faits et les textes démontrent en outre que jamais les Vendéens n'élurent Cathelineau général en chef. Mais il faudra lire tout le volume où M. Célestin Port a consacré à la réfutation de cette légende son érudition impeccable et sa verve éloquente. Ce volume paraîtra prochainement. L'auteur a bien voulu, sur notre demande, nous en communiquer par avance les bonnes feuilles. Il n'est pas facile de rien détacher d'une trame aussi serrée : cependant nous croyons que les pages relatives à la prétendue élection de Cathelineau offriront, même extraites, tout leur sens et tout leur intérêt, et nous sommes heureux de les reproduire. — F.-A. A.

... Les récits et le brevet fixent l'élection de généralissime au 12 juin. Le lundi 10 juin, je vois Cathelineau abordé sur la place de la Bilange (1) par le curé de Bagneux (2), Jean Allard, qui lui réclame la liberté de son neveu, pris à Saint-Florent-le-Vieil, et qui l'obtient avec

(1) C'est-à-dire vis-à-vis l'hôtel Blanclerc, où les chefs étaient installés.
(2) « Il vint à Saumur le lundi, 10 juin, où il parla au nommé Cathelineau, chef des brigands. »

celle de cinq ou six autres habitants du Craonnais pris au
même combat. — Le même jour ou le lendemain, Fran-
çoise Domaigné, veuve Bouchard, sœur du général vendéen, qui avait péri la veille, obtient des passeports pour
deux officiers patriotes, et de Cathelineau, « un des chefs
des rebelles », la grâce qu'on ne leur coupe pas les cheveux. — Et puis le rôle de Cathelineau est fini; il dispa-
raît; on ne le revoit plus à Saumur.

C'est le 12, le jour précisément indiqué pour l'élection,
que La Rochejacquelein, — avec les deux Beauvolliers, —
s'en va occuper Chinon, poussant une pointe au retour
jusqu'à Loudun (1); — et je me demande quelle fut l'urgence de fixer précisément au 12 ou l'expédition ou la réunion des chefs et combien il restait, au quartier général,
d'électeurs disponibles pour tenir cet important conseil (2).
D'ailleurs, à Saumur tout est calme est paisible. On n'imagine pas qu'un pareil événement soit autre chose qu'une
solennité, fêtée avec toutes les sonneries des cloches, des
tambours, des fanfares, des canons. On avait visé, dit-on,
à exalter ces paysans, par un calcul secret d'habile flatterie,
dans leur plus vif orgueil de fraternité populaire. C'est l'enthousiasme, ce sont les acclamations de joie, dont quelque
témoignage aurait dû nous conserver l'écho. Rien ! Pas un
document, pas un contemporain (3) même n'y songe et n'y

(1) Je raisonne à dessein sur les données de Mme La Rochejacquelein,
sur lesquelles s'appuie jusqu'à ce jour la légende; mais Mme de La Bouère,
qui a quelque autorité dans les actions de guerre, où a pris part son
mari, ne connaît ici, pour l'expédition de Chinon, que deux chefs,
MM. d'Armaillé et de La Bouère. — Et l'on verra que, le 12, La Rochejacquelein se trouvait à Saumur.

(2) A accepter même la liste telle qu'on la donne, avec les noms con-
testés, la majorité — 8 sur 15 — des prétendus signataires n'auraient
pas assisté à cette réunion apocryphe; — sans parler des nombreux
chefs présents qu'on n'y fait pas intervenir.

(3) Et c'est Johanet le premier, le seul d'ailleurs, qui en 1840 nous
raconte que « l'armée royale, en apprenant cette nomination, manifesta

a pu songer. J'en sais bien la cause. La journée s'y passe sans bruit, sans étonnement, inaperçue certes pour l'histoire (1). A partir de ce jour-là, rien n'est d'ailleurs changé dans les formules ni des proclamations générales, ni des ordres, ni des passeports, ni d'aucun acte public ou privé, — soit que le groupe des chefs y signe ou que l'acte émane d'un seul chef (2), — rien, si ce n'est qu'aucune trace n'y apparaît plus de l'existence de Cathelineau, encore moins d'un prétendu généralissime.

C'est qu'en effet, au grand détriment des récits connus, — Cathelineau est parti dès le 15. C'est le curé Cantiteau qui nous le raconte en toute naïveté, et, pour cette fois, on peut à jour fixe contrôler son dire. Il est parti, le grand général, « de qui tout le *mondre* devait prendre les ordres.» ! — parti le surlendemain du fameux jour où le sort des

le plus vif enthousiasme. Elle consacra un jour entier à des démonstrations de joie et prouva qu'elle sentait combien l'insigne honneur, dont Cathelineau était l'objet, rejaillissait sur elle. » I, 95.

(1) Je note, par exemple, la déclaration d'un Bruno-François *Morel*, qui déclare être venu *ce 12 juin* à Saumur : « Il s'adressa à l'état-major des rebelles, parla au sieur La Rochejacquelein, lui demanda à s'enrôler dans son armée; celui-ci lui dit qu'il n'enrôlait point, mais que les gens de bonne volonté suivaient l'armée; et on lui donna un fusil de chasse. » — Il aurait bien signalé, en passant, la fête inattendue, s'il s'était trouvé dans quelque cérémonie militaire ou autre. — Et encore ce qui est mieux, le 13, c'est-à-dire le lendemain de l'organisation qu'on dit nouvelle, le curé de Saint-Clément-de-la-Place, cité à Saumur, y comparaît devant « *les chefs* de la prétendue armée catholique ».

(2) « Nous, *commandans* des armées catholiques et royales, » signent le 15 Stofflet et de Laugrenière; — le 16, de la Ville de Baugé, tout seul; le 17, Drouault, secrétaire, tout seul; le 21, La Bigottière, tout seul; — « Nous, *commandant* des armées catholiques et royales », le 18, de la Ville de Baugé; le 24, de Laugrenière; — tous sur des formules imprimées, où ce dernier signe : *commandant en chef* à Saumur. — Dans les lettres, dans les rapports, on dit : *Les chefs* m'ont enjoint... Le secrétaire *des chefs*, dit Degouy l'imprimeur (requête du 2 juillet), faisant allusion aux ordres reçus les 14 et 15 juin; — « *Les chefs* nous ordonnèrent le 15 juin... » (lettre de Cochon, 4 juillet). — De loin et hors de Saumur il en est de même encore plus tard : « Nous, *commandans* des armées catholiques et royales », signe à Vezins, le 21, Bernard de Marigny, et à Cholet, le 22; — « de l'autorité *de Messieurs les commandants* de l'armée catholique et royale, » dit, le 21 juin, le Comité de Beaupréau, — et ainsi, partout, sans un indice contraire.

armées lui est confié! Tactique étonnante et assurément nouvelle! Mais qu'est-ce donc qu'un général en chef dont la présence est déclarée indispensable! qui n'en prend ni le titre ni la charge! qui en esquive les devoirs! et à l'heure où « tout le mondre » attend de lui acte d'autorité, se met en route — pour son pays (1)! Je le trouve sur le chemin le 15 avec Berrard et La Rochejacquelein, à Doué, où il signe un bon de fournitures (2). — Le dimanche 16 il est dans sa maison, au Pin (3), d'où il envoie « *A Messieurs, Messieurs les officiers du Conseil provisoire de Beaupréau* (4) » l'invitation qu'il dicte, se contentant, croyons-nous, de la dater et de la signer :

(1) L'auteur de la *Vie de Cathelineau*, M. de Genoude, qui n'est pas au courant ici plus qu'ailleurs, est ici plus qu'ailleurs amusant : « Le nouveau généralissime — dit-il — entra *de suite en possession de sa charge* et *se montra capable d'en porter le poids. L'armée prit une consistance* qu'elle n'avait pas encore pu avoir. On *forma des magasins* de subsistance et d'habillement; l'*apothicairerie* militaire fut abondamment pourvue; Beaupréau, Cholet, Mortagne devinrent les *arsenaux*. Il s'y établit des *fabriques* de poudre, » — etc., etc. — « Le grand nombre de déserteurs engagea Cathelineau à mettre *plus de mystère* dans les plans et les opérations de l'armée. Il ne confia *ses dépêches secrètes et importantes* qu'à ses frères et à ses anciens camarades » (1821, pp. 77-78). Qu'on se rappelle — ce à quoi ces panégyristes essoufflés ne pensent jamais — qu'à admettre même qu'il ait été élu le 12, — il a été blessé à mort le 29, devant Nantes, — en tout, dix-sept jours pour ces merveilles, — auxquelles en réalité, d'ailleurs, il reste absolument étranger.

(2) « Par ordre du commandant de l'armée catholique royale, que le nommé Martin vande cinquante parties (*sic*) de foin en paille au pri qu'il le vand. — A. Doué, 15 juin 1793.

        « CATHELINEAU;
           « BERRARD; DE LA ROCHEJACQUELEIN. »

(Collection Benjamin Fillon. — *Autogr.*, p. 76.) — Qu'on se souvienne, ici, que le titre de *commandant de l'armée catholique et royale* est le titre de formule que prend chaque chef agissant seul — ou tous ensemble.

(3) Huit grands jours se passent dans l'inaction. Le samedi suivant, 16 du mois, M. Cathelineau revint dans sa maison, au Pin. Le lendemain j'eus le plaisir d'aller dîner avec lui au château de Jallais. » C'est le 15 qu'il faut dire, quoique le manuscrit ait corrigé cette date pour le 16.

(4) Ceux-là mêmes, qui signent ci-dessus et agissent « de l'autorité de *Messieurs les commandants* de l'armée catholique et royale ».

Messieurs,

Vous recevrez ou vous avez déjà reçu deux mots que je vous ai fait passer à l'égard d'un rassemblement pour Angers. Jé appris qu'il y avait une grande cantité de vos gens à Saint-Florent, que je crois inutile; c'est pourquoi je vous prie, s'il était possible, de les faire transporter à la Jumelière, demain à huit heure du matin, comme je vous ai déjà marqué.

J'ai l'honneur d'être, Messieurs, Votre très humble et très obéissant serviteur.

CATHELINEAU (1).

Ce jour-là même, il dînait au château de Jallais, avec l'ancien régisseur Berrard, La Rochejacquelein, divers officiers secondaires et le curé Cantiteau, qui raconte la scène : « A la fin du repas, la conversation étant tombée sur les prêtres catholiques renfermés à la maison d'Angers, dite la Rossignolerie, quelqu'un observa que le lendemain, 17 juin, était l'anniversaire même de leur détention. M. de La Rochejacquelein en prit occasion de proposer à ses confrères d'aller les délivrer ce jour-là même. La proposition fut acceptée et la partie faite avec une gageure assez considérable des chefs entre eux. Elle s'exécuta comme ils l'avaient projetée. MM. Cathelineau, La Rochejacquelein et Berrard convoquèrent chacun quelques centaines d'hommes qui, au total n'allaient pas à quinze cents; et avec cette troupe ils s'acheminent le lundi 17, se rendant à la ville et délivrant les prisonniers au jour dit (2). » On voit que notre curé a l'imagination aimable et s'écoute pour son seul plaisir.

La lettre de Cathelineau est datée du Pin — et non de

(1) Original aux Archives nationales, Musée n° 1372. La copie m'en est adressée par M. Blachez.
(2) P. 24-25.

Jallais; ce n'est pas dans l'après-dîner qu'il eût suffi d'envoyer *à Beauprédu* l'ordre de rassembler le *lendemain matin à la Jumellière* le contingent qu'on savait disponible à *Saint-Florent.* D'ailleurs il rappelle un premier avis déjà adressé par lui au Conseil pour cette manœuvre, combinée certainement avec ses collègues avant son départ de Saumur.

Il faut épuiser jusqu'au fond le vide de ces historiettes, sans leur laisser faire illusion sur la fiction constante du récit et sur la vanité des circonstances les plus indifférentes dont il s'entoure. A cette heure-là pas un des convives n'eût fait honneur au pari, sachant bien qu'il n'enfonçait que portes ouvertes. Sur la décision d'un double conseil de guerre des 10 et 11 juin, la ville d'Angers était complètement évacuée le 13; et La Rossignolerie, dès le 14, avait rendu toute liberté aux vieux prêtres détenus (1). Une municipalité provisoire, élue par les sections (2), s'employait à rétablir l'ordre, en essayant de maintenir ses relations avec l'autorité fugitive, jusqu'à l'arrivée au moins de l'ennemi, incertaine encore, mais attendue par tous

(1) Ce jour-là même un détachement vendéen avait pris position aux Ponts-de-Cé, dépôt de toute l'artillerie de ville, sans que le mouvement parût encore s'accuser. On assurait à Angers qu'il ne menaçait que la Flèche (lettre de Beugnet, du 15 juin). — Dès le 16, les courriers étaient interceptés à quatre lieues d'Angers, vers Nantes. — « L'ennemi serait entré à Angers s'il n'était assuré de le faire quand il voudra, les habitants d'Angers ayant formé une municipalité provisoire qui est déterminée à traiter avec eux. » Lettre du directoire de Maine-et-Loire au département de la Sarthe (Sablé, 18 juin; minute).

(2) « Le mercredi, 12, veille de notre départ, cent soixante citoyens présentèrent à la municipalité une pétition tendant à obtenir l'assemblée des sections, pour délibérer sur les affaires du moment. Les officiers municipaux présents accordèrent la demande et indiquèrent l'assemblée pour le jeudi 13, à six heures du matin, dans la salle électorale. Les citoyens d'Angers, ne voyant plus d'officiers municipaux, avaient le droit de nommer des commissaires pour exercer provisoirement les fonctions de la municipalité; au lieu de cela, ils ont nommé une municipalité provisoire que nous ne pouvons connaître. » — Lettre du département au maire Berger (Sablé, 19 juin; minute).

avec anxiété. Quoi qu'on en raconte, le gros de l'armée royale s'attardait le 18 encore, avec tout son état-major, à Saumur. Elle en partit ce jour même en divers groupes (1), le principal sous la direction de « d'Elbée, *chef de la portion de l'armée catholique chargée d'aller occuper Angers* (2) ». Elle défilait de quatre à cinq heures du soir par Saint-Maur et la Ménitré, sur les deux rives, la cavalerie poussant une pointe jusqu'à Beaufort. Mais dès la veille, lundi 17, une avant-garde, arrivant « comme la foudre » à Angers, avait déjà dépassé « les trois quarts du Champ de Mars », sans qu'elle fût même annoncée à l'hôtel de ville. L'officier municipal Chesneau, qui se refusait à y croire, entendant enfin « très à clair leur caisse rapide », eut à peine le temps de s'enfuir, « comme l'éclair (3) », avant que la bande (4) n'eût pénétré par la porte Saint-Michel. Le lendemain, au matin, débouchait une nouvelle troupe, — celle que vit François Grille, alignée sur la place des Halles ; « et dans le cours de la journée (5) », comme il dit — « toutes les bandes vendéennes, successivement parurent ». Celle de ce matin, qui montait par le faubourg Bressigny, pouvait aussi bien qu'une autre à sa suite, avoir en tête Cathelineau (6).

Voici donc notre généralissime rentré en guerre, avec

(1) Lettre d'un officier municipal de La Flèche, en station à Baugé.

(2) Déposition de René Fêtu, apprenti imprimeur. Ce témoignage a peut-être même une portée particulière, d'autant qu'il qualifie ainsi d'Elbée, « dans les jours qui suivirent la prise de Saumur », alors qu'il recrutait pour l'imprimerie de Châtillon.

(3) Lettre de Chesneau, du 18, au département.

(4) A en croire une lettre de Cailleau, maire de Saumur, écrite le 18 de la Flèche, elle comptait au plus quatre cents hommes.

(5) Grille, *la Vendée* en 1793, I, 218.

(6) On estimait, le 20, à peine à deux mille quatre cents le nombre des « rebelles ». Ils se logeaient faubourg Bressigny, rue Baudrière et sur les ponts — et se plaignaient déjà bien fort, voulant retourner dans leurs foyers pour la récolte. *Lettre de Viaud*. Mais, à la date du 23, le département y signalait aux représentants la présence de quinze mille hommes, tant cavalerie qu'infanterie. — « Actuellement, ils portent le respect des

fa fameuse armée et tout le Conseil des grands chefs. Il va
reprendre son rang, diriger l'action, organiser la conquête,
faire acte de chef supérieur, donner « l'ordre à tout le
mondre », qui le doit prendre de lui. — Point ! — Au
rapport de l'hagiographe, il se rendit — un jour ou l'autre
— à la cathédrale et s'y saisit du « drapeau de la garde
nationale, brodé en bosse et avec de superbes glands d'or »,
qu'elle y avait laissé déployé dans sa fuite. Et il l'apporta
au Pin pour l'église ! — Mais ce drapeau-là, — s'il le prit ;
car au Pin ni ailleurs, nul jamais n'en entendit parler, —
ce n'était pas le drapeau des Nationaux de 1793, qui certes
ne l'oubliaient pas derrière eux, — mais bien cette bannière
des Jeunes Volontaires de 1789, qu'avaient tenu à honneur
de leur offrir toutes les grandes dames (1) de la noblesse
et de la bourgeoisie, associées en cette bienheureuse année
dans un même élan d'enthousiasme et de patriotisme (2).
Pour le certain, c'est qu'à cette heure-là même, où l'on
croit trouver notre généralissime en plein feu de conseils
et de commandement, il retourne là d'où il vient, — dans
son pays, — au Pin ! — On le retrouve pourtant à Angers
le 20, et il y signe, lui douzième, pêle-mêle avec treize
autres chefs plus ou moins connus (3), la sommation envoyée

personnes et des propriétés au plus haut degré, à l'exception des effets
appartenant aux administrations. » — L'expérience a modifié plus tard
ces sentiments : « Les brigands, malgré leurs promesses et leurs proclamations doucereuses, ont cependant pillé et fait beaucoup de mal. »
Lettre aux représentants, du 1er juillet ; minute ; Laval.)

(1) J'ai donné leurs noms dans ma *Vendée angevine*, I, 5 — et M. de
Villoutreys en a réimprimé la liste en fac-simile sur le seul exemplaire
connu.

(2) Et c'était probablement — sans aller jusqu'à la cathédrale — un
des deux drapeaux apportés dans la salle du département par le général
Gauvillier et dont le directoire, le 6 juillet, eut à constater la disparition.

(3) Bonchamps n'y figure non plus qu'ailleurs nulle part, n'étant pas
venu à Angers. Mais le nom de Cathelineau s'y lit, quoi qu'en aient dit
plusieurs — et notamment M. de la Sicotière, qui croit la pièce de date
postérieure et signée devant Nantes seulement. Il en tire un fort raisonnement : « En faut-il conclure qu'il n'était ni à Angers ni même à Nantes

du quartier général à la ville de Nantes, qu'emporte le même jour le corps d'armée en marche pour l'attaque (1). Il signe encore à Angers, le 21, un ordre pour le dépôt de Saint-Florent — et le signe après Donnissan, avec le chevalier de Fleuriot, Duhoux d'Hauterive et d'Elbée ; mais ce dernier y figure à part et comme en vedette, tandis que notre généralissime reste confondu en tête de la seconde ligne (2). Mais il ne signe pas — non plus d'ailleurs que plusieurs autres chefs et des principaux ; — la proclamation adressée ce même jour par « *Messieurs les généraux des armées catholiques et royales* », — il n'est pas question, comme on voit, d'une dignité nouvelle, — aux habitants d'Angers pour leur notifier la prise de possession de la ville par Sa Majesté Très Chrétienne le roi Louis XVII et ses officiers, à la tête desquels s'inscrit d'Elbée (3). De Cathe-

où il fut blessé mortellement? J'en tire seulement cette conséquence, qu'*il était peu disposé à écrire*, » p. 35. Un généralissime qui n'a pas même la force de donner sa signature! Il ne s'y sent pas *disposé!* Ça le fatigue! — La pièce est donnée pour la première fois par Beauchamp, I, 385-386, où, par une erreur de typographie, elle est datée du 2 juin ; — et à sa vraie date, par Mellinet, *Commune de Nantes*, vii, 302-304.

(1) L'armée, arrivée le 18, resta « deux jours francs » en ville. *Déposit.* de Bruno-François Morel, *Com. Rév. de Saumur.* Délib., II° vol., f° 7. Fr. Gelot, qui a suivi Stofflet, dit en effet que la marche sur Nantes dura environ huit jours, *Revue de l'Anjou*, 1852, t. II, p. 114-115.

(2) « *M. Michelin recevra tout ce qu'on enverra à Saint-Florent en dépôt et est autorisé à prendre toutes les précautions nécessaires pour la sûreté dudit dépôt. Il fera convertir en farine tout le bled qu'on lui envoie le plustôt possible.*

A Angers, le 21 juin. DONNISSAN, CATHELINEAU, chevalier DE FLEURIOT, DUHOUX DHAUTERIVE D'ELBÉE.

(3) *Au quartier général à Angers, le 21 juin 1793, l'an premier du règne de Louis XVII.* — D'ELBÉE, chevalier D'AUTICHAMP, chevalier DE FLEURIOT, DE BOISY, STOFFLET, DEHARGUES, DEFESQUE, chevalier DE FESQUE. *Par Messieurs du conseil de guerre*, BIRET, secrétaire. » — Affiche sur papier gris in-folio : « A Angers, de *l'imprimerie de Pavie*, 1793. » Savary en a donné le texte, t. I, p. 304-305. — Et après lui, Fillon, *Passage des Vendéens à Ancenis*, p. 6. — Voici un ordre du même jour, dont j'ai sous les yeux l'original : « *A Angers, le 21 juin 1793. Monsieur le Sieur Gardiataire du Château de Tibaudière rendra de suite les clefs du dit Château et tous les meubles et effets commis à sa garde par les agents de la nation, ainsi que*

lineau on ne rencontrera plus tracé. Sans doute il est parti le jour même avec son corps d'armée, continuant le mouvement sur Nantes ; mais les correspondances des agents administratifs, restés en communication avec le Directoire en fuite, les rapports royalistes et aussi les rapports patriotes mentionnent, selon les circonstances, les noms de la Rochejacquelein, de Desessarts, de Boisy, des de Fesque et d'autres officiers plus ou moins subalternes, — et surtout de d'Elbée, — nulle part une seule fois celui de Cathelineau.

Deux jours après l'entrée des brigands à Angers, — Cathelineau y est encore, — trois détenus du château demandent à parler à « leurs commandants ». C'est « au commandant d'Elbée (1) » qu'on les mène ; — à lui encore qu'on adresse l'aubergiste Jean Georget pour porter plainte contre les dragons (2). Le 22, — Cathelineau est-il parti ? — c'est d'Elbée qui signe avec Fleuriot, de Boisy, de Fesque, l'ordre pour l'approvisionnement du grand corps d'armée (3), à Ancenis. — Il logeait chez Mme de Villoutreys, et c'est là qu'on ramène, le dimanche 23, les mêmes détenus parler

---

l'état des effets qui ont été enlevé, il luy est enjoint dis-je remettre le tout à Madame de Jonchère. D'ELBÉE, DE BOISY, DUHOUX D'HAUTERIVE. » — L'acte est tout entier de la main de d'Elbée. — Un autre ordre, très court, de la veille : « *De par le Roy, il est enjoint à l'habitant qui a la clef de la grille du Roncé [sic, pour Ronceray] de la donner au commandant du détachement qui luy demandera. A Angers, le 20 juin 1793.* DUHOUX D'HAUTERIVE. Le chevalier D'AUTICHAMP. »

(1) *Comité révolutionnaire d'Angers.* Requête des détenus.

(2) *Comité révolutionnaire d'Angers.* Délits militaires.

(3) *De par le Roy et Monsieur Régent du Royaume et MM. les généraux des armées catholiques et royales, il est enjoint au comité provisoire d'Ancenis :* 1° *de faire cuire sur le champ, et autant qu'il sera possible, du pain pour l'approvisionnement de l'armée et de pourvoir à tout ce qui sera nécessaire pour le logement d'environ quarante mille hommes.* 2° *Prendre des précautions convenables pour la conservation des effets sequestrés... Fait au quartier général d'Angers ce 22 juin 1793, l'an Ier du règne de Louis XVII.* D'ELBÉE. *Chevalier de* FLEURIOT; DE BOISY; DE FESQUE. — B. Fillon, *les Vendéens à Ancenis (juin 1793),* p. 6. (Fontenay-le-Comte, Robuchon, 1847, in-8° de 8 p.)

au commandant d'Elbée (1). — Sommé de la part du nommé d'Elbée, « *se disant général de l'armée royale et catholique* (2) », Denis Évain, directeur de la Poste, dut se présenter de même « chez la femme Villeautreys », et, au sortir de l'entrevue, fut conduit au château. C'est ce même dimanche, jour du Sacre, la grande fête angevine, qu'officia à Saint-Maurice le fameux évêque d'Agra, et l'on eut la joie d'y voir à la consécration, « par une misérable farce (3) », le Saint-Esprit, sous forme d'un pigeon un peu trop grisâtre, s'envoler de l'autel vers la voûte du ciel ou de l'église ! — Ce même dimanche encore « le général Delbeq et Mgr l'évêque » avaient passé la revue des vétérans invalides (4).

Déjà d'ailleurs, depuis plusieurs jours, les détachements en ¦nombre filaient pour se concentrer autour de Nantes. A la veille du départ général, ici comme à Saumur, — le lundi 24, — une proclamation des « *chefs de l'armée catholique et royale* (5) », de Boisy, de Fesque et d'Elbée, enjoint aux habitants de se réunir — ainsi qu'ils firent — le lendemain, pour nommer un Conseil provisoire. C'était renouveler, en y ajoutant quelques noms, les pouvoirs de la municipalité (6), en fonction depuis seulement dix jours.

---

(1) *Comité révolutionnaire.* Requête des détenus.

(2) Délibération du département. 7 juillet.

(3) Lettre de l'ancien oratorien Héron, professeur de philosophie, 3 juillet. — Les *Mémoires* de la marquise ont oublié celle-là dans « l'espèce de mise en scène » qu'elle décrit (p. 87 de l'éd. or.); et M. de Barante a supprimé jusqu'à cette dernière expression, édit. de 1815, p. 165.

(4) Renée Manoir, couturière pour hommes, est dénoncée au comité révolutionnaire d'Angers pour avoir marqué la plus grande joie le jour que *le général Delbeq* et Mgr l'évêque d'Agra sont venus pour passer la revue des vétérans invalides et pour juger un invalide et emmener un officier et un sergent en otage. »

(5) Je ne l'ai pas vue. Elle est mentionnée dans la lettre écrite d'Angers, le 17, par Brichet, au département, siégeant à Laval.

(6) Le maire, M. de Ruillé, ne connaît dans ses actes officiels aucun généralissime, mais seulement « *MM. les commandants de l'armée catholique et royale* » — ou « *le Conseil de l'armée catholique et royale* », — et

— Le 25, l'évacuation est complète; tout ce qui restait de
l'armée vendéenne s'est mis en route (1) avec une précipitation et un désordre inexpliqués. Elle laissait dans les campagnes de nombreux recruteurs, qui, le 28 encore, osaient
avec leur troupe séjourner en ville. Le jour même du départ, d'Elbée fait acte de commandant en chef à Angers,
— sans en prendre autrement le titre, — au regard de
collègues, d'amis éloignés. Sa lettre s'adresse, sur un ton
d'égalité confraternelle mais qui n'exclut pas un certain
rappel de supériorité, aux commandants de garnison de
Saumur, pour leur recommander, s'ils ne peuvent s'y établir en force, de rejoindre l'armée qui marche sur Nantes.
Il faut la lire (2):

                              A Angers, ce 25 juin 1793.
    Messieurs,

    Lorsque vous restâtes à Saumur, nous (3) sentions l'im-
portance du poste dont vous vouliez bien vous charger; nous
sentions aussy toute l'étendue de la perte que faisait notre
armée en se séparant de vous. Personne ne vous quitta avec plus
de regret que moy (4), mais l'utilité du poste pour le bien de la
chose l'emporta sur la voye de nos cœurs; tâchez donc, messieurs, de vous procurer des forces dans les paroisses, entre
Saumur et Cholet, ou s'il est impossible, que vous en ayés de
suffisantes, venez rejoindre des frères, des amis, qui regarde-

plus tard, devant le Comité révolutionnaire, « *les chefs* des brigands, »
— comme les autres témoins et détenus, — ou tel et tel chef qu'il nomme,
— mais jamais Cathelineau.
    (1) Lettre de Brichet, du 27, au département.
    (2) Cette pièce n'est pas un original, mais évidemment une copie, dont
pourtant l'écriture vise à imiter celle de d'Elbée. Elle fait partie d'un
dossier adressé au comité révolutionnaire de Saumur : *Saumur, ce 8 juillet 1793. L'an 2e de la République. — Citoyens, composant le comité de
surveillance et Révolutionnaire, nous avons trouvez, derrière un Bureau,
des État, mémoires et autres pièce, qui peuvent vous estre utiles dans vos
recharches pour déjouer les malveillants.* Les officiers municipaux *Cailleau*, maire. *Loir-Mongazon.*
    (3) Ce mot est surchargé pour correction.
    (4) Ce n'est pas le premier venu qui parlerait ainsi.

ront comme un des jours les plus heureux de leur vie celuy qui nous réunira, mais en partant prenez quelques otages et détruisez les fortifications du château de Saumur.

J'ai l'honneur d'être, avec les sentiments de respect, d'estime et d'amitié les plus vrais, Messieurs,

Votre très humble et obéissant serviteur,

DELBÉE.

A MM. les commandants de la garnison catholique royale, à Saumur.

Si la date n'est pas en soi fautive, il faut avouer que la lettre arrivait un peu tard. Au témoignage de tous les rapports du temps, l'évacuation de la ville et du château (1) s'était opérée définitivement dans la nuit du 24 au 25. Elle laissait, il est vrai, comme à Angers, une arrière-garde et des fourrageurs qui coururent le pays pendant deux ou trois jours, — et emmenait avec elle comme à l'ordinaire, sous l'escorte des déserteurs de la légion germanique, une centaine et plus de prisonniers, liés deux à deux, dont le notaire Rossignol-Duparc, l'un des grenadiers du Boisgrolleau (2).

(1) M⁻ᵉ de La Rochejacquelein raconte : « On voulut mettre pour commander la place de Saumur M. de Laugrenière; mais comme c'était un officier très médiocre et point aimé des soldats, on engagea M. de La Rochejacquelein à y demeurer *quelque temps;* on promit à ceux qui y resteraient l'étape et quelques sous par jour. » Edit. orig., p. 185. — Ce qui peut être presque vrai; M. de Barante précise et dit : « Il fut d'abord question de laisser M. de Laugrenière pour la commander; mais il n'était pas assez connu dans l'armée... On invita alors de La Rochejacquelein à se charger de cette tâche. » — Ce qui bien certainement est inexact. (O. 1815, p. 163.) — Laugrenière signe jusqu'au dernier jour de l'occupation, le 24 juin, « commandant en chef à Saumur »; et je n'ai pas rencontré trace de la présence de La Rochejacquelein, s'il y est revenu, depuis le 15.

(2) Après deux mois de misère, « deux prêtres de l'armée catholique, le pistolet au poing », vinrent le chercher dans la prison de Mortagne — et à deux pas de là, dans un petit bois le firent fusiller avec un autre prisonnier, Martineau.

Le 25 juin, quand le dernier corps de l'armée royale quittait Angers pour aller prendre son rang aux abords de Nantes, il avait à sa tête l'évêque d'Agra, « avec ses trente tartuffes, tous « l'épée à la main (1) » — ainsi que d'Elbée, comme sa lettre l'atteste. Le lendemain, il séjournait à Ancenis et en désarmait les habitants (2). Le jeune Vendéen, dont la *Revue de l'Anjou* (3) publiait il y a quarante ans l'interrogatoire, avait suivi Stofflet. Il n'a vu que son chef et n'a gardé qu'un souvenir du combat : « Le commandant de la cavalerie » — dit-il « a eu la cuisse emportée d'un biscayen, de laquelle blessure il est mort depuis ; il ne se rappelle pas son nom. » Mais l'éditeur n'hésite pas à l'indiquer en note : « Cathelineau, généralissime des armées catholiques et royales. » Et il se trompe ici deux fois franchement ; car il s'agit sans aucun doute de Fleuriot. Ce que je veux surtout retenir de ce témoignage, c'est que la mort de Fleuriot l'a plus frappé que celle de Cathelineau. Détail d'autant plus remarquable, qu'il concorde absolument avec le sentiment de Mme de La Rochejacquelein. Le récit qu'elle en donne forme sur son manuscrit une addition de date postérieure (4), que de Barante n'a pas même connue ; et elle en a emprunté le détail soit à la *Vie* (5) imprimée, soit, ce qui est tout de même, directement à Cantiteau (6)... La rédaction primitive

(1) Lettre du département à Myonnet, 1er juillet, minute.
(2) *De par le Roi et Monsieur le Régent du Royaume, Nous, commandants des armées catholiques et royales, ordonnons aux habitants de la ville de faire la déclaration de leurs armes, de quelque espèce que ce soit, et de les apporter à la chambre du Conseil, s'ils ne veulent s'exposer à une visite très exacte, après laquelle, si on en découvre quelques-unes chez eux, on s'emparera de leurs personnes, et ils seront conduits à la tête de l'armée. Ancenis, ce 26 juin 1793.* — D'ELBÉE. — DONNISSAN. — B. Fillon, *Les Vendéens à Ancenis*, p. 7.
(3) 1853, t. II, p. 114-115.
(4) P. 189 de l'éd. or.
(5) P. 89-90.
(6) P. 29.

se bornait à dire : « Un des chevaliers de Fleuriot eut la
jambe cassée et mourut, ainsi que Cathelineau, quelques
jours après. Tous deux furent extrêmement regrettés de
toute l'armée (1) » ; — et elle continue en consacrant encore
cinq lignes, non pas à Cathelineau, mais aux deux frères
Fleuriot. Un fait plus certain encore et qui, dans la fiction
connue, serait d'autant plus étrange, c'est l'indifférence
absolue des Rapports républicains sur cette disparition d'un
si redoutable adversaire, qui accablait l'ennemi comme
« un grand désastre (2) ». Ils n'en triomphent pas! ils
l'ignorent (3); tant leur victoire s'est peu préoccupée de
compter avec la mémoire de ce généralissime posthume!

Un curieux témoignage (4) nous a dit plus haut sous
quel étrange aspect il apparaissait aux rares patriotes qui
ont pu entendre prononcer son nom. Vial, le maire de
Chalonnes, à deux lieues de Saint-Florent, — dont la
garde nationale n'avait cessé, pendant les deux années
avant la guerre, de courir les Mauges, — Vial, qui avait
dû fuir de sa mairie devant la première armée de Cathelineau et qui y rentrait à peine un mois après lui, Vial,
membre du Comité révolutionnaire d'Angers en juillet,
quelques jours à peine après l'évacuation d'Angers par
l'armée catholique, — Vial l'organisateur de la levée en
masse en septembre, — et du 6 octobre au 14 frimaire, le
procureur général syndic du Département en pleine guerre,
l'homme actif, intelligent, curieux, qu'on pourrait croire le
mieux informé des faits et des hommes, ne connaît pas

(1) P. 190 de l'éd. or.
(2) Expression des *Mémoires*, Ed. 1815.
(3) « Les brigands ont perdu plusieurs de leurs chefs, » dit Canclaux.
(Lettre du 2 juillet.) — « On dit plusieurs de leurs chefs tués dont un a été
pourfendu par le citoyen Dubreuil. » (Lettre du 30 juin.) *Moniteur*, p. 310
et 313.
(4) *Ci-dessus*, p. 20-21, note 2.

notre Cathelineau, comme le généralissime, qui triomphait la veille dans Angers vaincu, mais seulement — par un prestige [bizarre — comme l'horrible héros des massacres de Machecoul !

C. PORT.

DANTON

AU DISTRICT DES CORDELIERS

ET A LA COMMUNE DE PARIS

Nous avons montré, à propos d'Auguste Comte et de ses disciples (1) que, malgré tant de travaux estimables, la biographie politique de Danton était peut-être encore à écrire. Ce n'est pas que nos devanciers (2) n'aient singulièrement facilité cette tâche par l'heureux soin qu'ils ont pris de réunir une quantité de documents nouveaux; mais il en est d'importants qu'ils ont ignoré et, quant aux textes qu'ils ont donné, ils en ont tiré parfois des conclusions exagérées. Si nous écartons toute légende, bienveillante ou malveillante, voici, sauf erreur (3), ce que nous savons de certain sur les débuts de Danton dans la vie politique, — et hâtons-nous de dire que les résultats de nos recherches ne diminuent en rien la gloire de ce grand Français.

(1) Voir la *Revue* du 14 janvier dernier.

(2) Il n'est pas besoin de rappeler les remarquables travaux de M. Robinet : nos lecteurs en ont eu la primeur et ont pu en apprécier l'originalité. Quiconque écrit sur Danton est l'obligé de son distingué biographe : mais il est bien permis de différer d'avis sur quelques points importants et de ne pas accepter tous les résultats de la critique historique des positivistes religieux.

(3) Ce n'est pas là une façon de parler. Nous ne pouvons guère espérer d'éviter toute erreur dans un travail si complexe et nous appelons d'avance les rectifications.

I

Ces débuts, la vaine complaisance de quelques apologistes les ferait volontiers dater d'avant 1789, soit qu'ils nous montrent Danton s'exerçant à la politique dans la loge des Neuf-Sœurs, soit que, d'après Rousselin, ils rappellent avec orgueil que M. de Barentin, devenu ministre, offrit au jeune avocat aux Conseils de devenir secrétaire du sceau. Mais l'anecdote de Rousselin repose sur de telles erreurs chronologiques (1) qu'il est bien difficile d'en tenir compte et il me semble qu'il en ressort seulement ceci, que Barentin goûtait l'esprit de Danton et aimait à causer avec lui des affaires publiques.

Dès 1788, comme on peut le voir dans l'*Almanach royal* de cette année-là, Danton avait fixé son domicile dans la maison qu'il habita jusqu'à sa mort, passage et cour du Commerce, en plein district des Cordeliers. Cette résidence ne fut certainement pas sans influence sur quelques-unes des conditions de sa carrière.

Il n'est pas de ceux qui publièrent des brochures sur les Etats généraux : il n'écrivait guère.

Il ne fut même pas un des électeurs parisiens de 1789.

Ses biographes inclineraient volontiers à croire qu'il joua un rôle dans la rédaction du cahier de son district (2).

---

(1) Ainsi Rousselin (*Documents Saint-Albin*, p. 180) croit que Barentin devint garde des sceaux en 1787, au moment de l'exil du Parlement et, si Danton ne devint pas secrétaire du sceau, c'est qu'il aurait eu des idées très particulières sur cette question. Or, Barentin ne succéda à Lamoignon qu'en septembre 1788, longtemps après le rappel du Parlement.

(2) Les principales sources (imprimées) pour l'histoire du district des Cordeliers, outre les pièces conservées à la Bibliothèque nationale, sous les cotes Lb⁴⁰/250 à 260, 1370 à 1387, sont le *Journal de la municipalité et des districts*, Paris, 1789-1791, in-8 (Lc²/260-262), le *Journal général de la cour et de la ville*, rédigé d'abord par Brune, puis par Gautier, Paris, 1789-1790, in-8 (Lc²/237 à 242), les journaux de Fréron, de Camille Des-

Mais ce cahier a disparu. M. Chassin, qui l'a vu à l'Hôtel de Ville avant l'incendie de 1871, dit « qu'on y approuvait vigoureusement la destruction de la Bastille, réclamée en termes si remarquables par les districts de Saint-Joseph, Saint-Louis-la-Culture, Saint-Étienne-du-Mont, Mathurins, Théatins, et qui avait été précédemment demandée par la noblesse, le tiers et les trois ordres réunis de plusieurs bailliages de province (1). » Rien n'indique que Danton se soit mêlé en rien à l'expression de ce vœu du district des Cordeliers.

C'est le 21 avril que se réunirent les districts : beaucoup d'entre eux se rendirent permanents et contribuèrent ainsi au succès de la Révolution à Paris. Leur permanence devint générale par suite de l'arrêté des électeurs du 12 juillet suivant.

M. Bougeart affirme que Danton était président du district des Cordeliers dès le début (2). C'est une erreur. Nous avons les noms de deux des présidents à la veille et au moment de la prise de la Bastille : Timbergue et Archambault (3). La première fois qu'un texte nous montre Danton président, c'est au commencement d'octobre 1789 (4).

Dans sa circulaire aux tribunaux, du 19 août 1792, Danton déclarera que le district des Cordeliers avait pris une part importante à la journée du 14 juillet.

Mais fut-il lui-même un des combattants qui prirent la Bastille ?

moulins et de Prudhomme, le *Recueil des procès-verbaux de l'Assemblée générale des représentants de la Commune de Paris*, Paris, Lottin, 1790-1791, 8 vol. in-8 (Lb⁴⁰/20 A). Voir en outre la *Bibliographie* de M. Tourneux, et, pour les sources inédites, le *Répertoire* de M. Tuetey.

(1) *Les Élections de Paris*, t. II, p. 478.
(2) *Danton*, p. 17.
(3) C'étaient deux avocats au parlement. — Cf. Étienne Charavay, *Assemblée électorale de Paris*, 64, 159.
(4) *Extrait du registre des délibérations du district des Cordeliers*, s. l. n. d., in-8. — Bibl. nat., Lb⁴⁰/252.

Nous n'en savons rien, et, en tout cas, il ne joua dans cet événement qu'un rôle obscur.

Ce que nous savons, c'est qu'on le voit parmi ceux qui s'armèrent spontanément au moment où Paris se souleva contre la cour. Il était *capitaine* dans la garde bourgeoise du district des Cordeliers et, dans la nuit du 15 au 16 juillet, à trois heures du matin, il voulut, à la tête d'une patrouille, pénétrer dans la Bastille, dont l'électeur Soulès avait été nommé gouverneur provisoire. Soulès s'y opposa, montra sa commission, que le Comité des électeurs lui avait donnée dans la nuit du 14 au 15. Danton traita cette commission de *chiffon*, fit enlever Soulès, l'emmena au district des Cordeliers, puis à l'Hôtel de Ville au milieu d'un concours menaçant de peuple. Soulès fut relâché sur un discours de La Fayette, et, le 19, l'Assemblée des électeurs improuva formellement la conduite de Danton (1). C'est peut-être de là que date son animosité contre La Fayette,

Quant au district des Cordeliers, on voit que, dès le 14 juillet 1789, il se réunit tous les matins, à neuf heures, au son de la cloche. On y parle beaucoup : un règlement intérieur édicte, dès lors, une amende de 24 sols pour tout citoyen qui aura interrompu un orateur (2).

C'est, à Paris, le premier club important.

C'est même déjà en fait *la République des Cordeliers*, comme l'écrivent ironiquement les royalistes. Par un de ses premiers actes connus, il empiète hardiment sur le pouvoir central, quand il arrête, le 21 juillet, « que, sur tous les délits qui se commettraient *dans la ville*, le régiment du district des Cordeliers arrêterait tous les délinquants et les conduirait chez MM. les commissaires (3) ».

---

(1) Chassin, *Les élections et les cahiers de Paris*, III, 580, 581.
(2) *Extrait du procès-verbal de l'Assemblée du district des Cordeliers*, recueil factice. Bibl. nat., Lb⁴⁰/1374, in-8.
(3) *Arrêtés du district des Cordeliers*, recueil factice. *Ib.*, Lb⁴⁰/1380, in-8.

Ce district est tout d'abord un redoutable foyer d'opposition, non seulement pour l'ancien régime, mais pour la
politique modérée des Bailly et des La Fayette. Il était
dirigé par des hommes d'esprit habitués à se réunir dans
une sorte de club philosophique et politique, le café Procope, et Camille Desmoulins écrivait dans sa *Lanterne :*
« C'est un charmant district que les Cordeliers... On voit
que ce district se ressent du voisinage du café Procope. Ce
café n'est point orné, comme les autres, de glaces, de
dorures, de bustes ; mais il est paré du souvenir de tant de
grands hommes qui l'ont fréquenté, et dont les ouvrages
en couvriraient tous les murs, s'ils y étaient rangés, qu'on
n'y entre point sans éprouver le sentiment religieux qui fit
sauver des flammes la maison de Pindare. On n'a plus, il
est vrai, le plaisir d'entendre Piron, Voltaire, Jean-Baptiste Rousseau, mais les patriotes soutiennent encore sa
réputation. C'est à ce café que l'Assemblée nationale doit
d'avoir l'abbé Sieyès dans son sein. Il a la gloire unique
que jamais le langage de la servitude n'a osé s'y faire entendre; que jamais les patrouilles royales n'ont osé y
entrer; et c'est le seul asile où la liberté n'ait pas été
violée (1). »

Rien ne prouve que Danton ait joué, dès cette époque, un
rôle dans les débats et les actes du district des Cordeliers.
C'est plutôt au Palais-Royal qu'il débuta comme révolutionnaire militant.

Là s'étaient toujours tenus les politiques, les nouvellistes,
même après que le duc d'Orléans, en reconstruisant les
galeries et le jardin, eût abattu le fameux *arbre de Cracovie,*
à l'ombre duquel avaient chuchoté les sympathies polo-
naises des Parisiens.

---

(1) *Œuvres de Camille Desmoulins*, éd. Claretie, II, 44.

En 1789, le jardin devint un *forum* (1), une vaste assemblée populaire, dont le bureau et les commissions siégeaient au café de Foy.

C'est là, on le sait, que Camille Desmoulins cria son appel aux armes.

Plusieurs fois, le Palais-Royal envoya des députés à la Commune, à l'Assemblée nationale. Il fallut des décrets pour empêcher ce club en plein vent de prendre la direction générale de la politique : son rôle passa plus tard aux Jacobins et aux Cordeliers.

En juillet 1789, c'est au Palais-Royal que péroraient Camille Desmoulins, Fabre d'Eglantine, Linguet, Loustallot, Bentabole, Marat, Saint-Huruge et Danton (2).

On y dénonçait les serviteurs de l'ancien régime, on y condamnait en effigie.

En mai 1790, Danton y parlait encore, si l'on en croit un pamphlet intitulé : *Arrêt de la cour nationale du Palais-Royal de Paris*, où Marat et Danton sont appelés *présidents à mortier* de cette *cour nationale* (3).

Il faut arriver aux journées des 5 et 6 octobre 1789 pour trouver une trace de l'action de Danton au district des Cordeliers.

Au tribunal révolutionnaire, il s'écriera en réponse aux accusations de modérantisme : *Mon affiche pour insurger aux 5 et 6 octobre !*

En effet, le 4 octobre, les Cordeliers affichèrent un manifeste insurrectionnel, signé sans doute de leur président Danton (4) et probablement rédigé par lui. Nous n'en avons pas le texte. Mais Camille Desmoulins en parle ainsi :

---

(1) Expression du Dr Robinet, *Danton homme d'État*, p. 42.
(2) *Ibid.*, p. 43.
(3) *Ibid.*, p. 49.
(4) Danton présidait alors les Cordeliers, comme le prouve un arrêté de ce district en date du 7 octobre 1789. Bibl. nat , Lb 40/252, in-8.

« Danton, de son côté, sonne le tocsin aux Cordeliers. Le dimanche, ce district immortel affiche un manifeste et, dès ce jour, faisait l'avant-garde de l'armée parisienne et marchait à Versailles, si M. de Crévecœur, son commandant, n'eût ralenti cette ardeur martiale (1). »

Il ne semble point s'être rendu à Versailles avec la foule et il ne fut pas impliqué dans la procédure du Châtelet. Il fut même chargé par le district d'aller complimenter le roi sur son arrivée à Paris (2). Mais son affiche énergique l'a rendu populaire, et il devient la personnification du district des Cordeliers, dont il est réélu quatre fois de suite président, malgré les efforts des modérés et par un vote unanime (3).

La calomnie, qui dès lors s'acharnera après lui pendant toute sa vie et après sa mort, commence à l'attaquer. On répand le bruit qu'il a acheté les suffrages, et, le 11 décembre, le district proteste énergiquement contre ce bruit, exalte « le zèle pur et infatigable » de son président et déclare « que la continuité et l'unanimité de ses suffrages ne sont que le juste prix du courage, des talents et du civisme dont M. d'Anton (*sic*) a donné les preuves les plus fortes et

(1) *Révolutions de France et de Brabant*, nº 47, p. 359-360. — Il résulte de ce témoignage de Camille Desmoulins que le district ne marcha pas à Versailles. Croirait-on que M. Bougeart, dans son désir de grandir le rôle des Cordeliers, a supprimé la dernière partie de la phrase : *Si M. de Crévecœur*, etc.? Voir Bougeart, *Les Cordeliers*, Caen, 1891, in-8, p. 82. — Cependant il est possible que quelques Cordeliers aient pris part à l'expédition de Versailles. Car on lit dans le *Journal général de la cour et de la ville* du 10 octobre 1789: « Le district des Cordeliers a dans sa possession un étendard des ci-devant gardes du corps du roi. »

(2) « L'Assemblée générale du district des Cordeliers a nommé deux de ses membres pour se rendre en députation au château des Tuileries auprès du roi, pour faire agréer à Sa Majesté l'expression des sentiments d'allégresse et de reconnaissance que tous les citoyens de sa bonne ville de Paris, et particulièrement ceux du district des Cordeliers, ressentent de la résolution que Sa Majesté a prise d'habiter la capitale de son royaume. — MM. Danton et Dumesnil ont été députés. » (*Journal général de la cour et de la ville* du 11 octobre 1789.)

(3) *Révolutions de Paris*, nº XXIII, p. 20.

les plus éclatantes, comme militaire et comme citoyen ; que la reconnaissance des membres de l'Assemblée pour ce chéri président, la haute estime qu'ils ont pour ses rares qualités, l'effusion de cœur qui accompagne le concert honorable des suffrages à chaque réélection, rejettent bien loin toute idée de séduction et de brigue ; que l'Assemblée se félicite de posséder dans son sein un aussi ferme défenseur de la liberté et s'estime heureuse de pouvoir souvent lui renouveler sa confiance ». Et il fut arrêté que cette délibération serait communiquée aux 59 autres districts (1).

Ce sont sans doute les amis de La Fayette et de Bailly qui avaient calomnié Danton : aussi l'opposition des Cordeliers contre le maire et le commandant général devint-elle très vive. Le 15 décembre, le district décida de protester contre la municipalité, qui s'était permis d'enjoindre aux districts d'examiner en vingt-quatre heures une partie importante du projet d'organisation communale, et Danton est chargé d'aller avec Testulat, porter cette protestation à la barre de l'Assemblée nationale (2).

Danton fut aussi, à cette époque, l'âme de la résistance contre la Commune, à propos du conflit qui s'éleva, entre l'Hôtel de Ville et le district des Cordeliers, au sujet du mandat impératif. Mais c'est un sujet sur lequel nous reviendrons, à propos de l'élection de Danton à la Commune.

Un des incidents les plus célèbres de la lutte des Cordeliers contre Bailly, ce fut l'affaire des brevets d'officier de la garde nationale. Le maire les avait conçus dans l'ancienne forme et les avait libellés en termes peu démocra-

(1) *Révolutions de Paris*, p. 21. Cf. *Journal général de la cour et de la ville* (continuation ou concurrence par Brune), numéro du 18 décembre 1789, p. 724.
(2) *Ibid.*, p. 725, et Robinet, *Danton homme d'État*, p. 257.

tiques (1). Le district protesta, à la barre de la Commune, par l'organe de Danton. Celui-ci déclara que les brevets en question étaient contresignés par *Monseigneur le maire*, et cette grosse ironie ne fut pas du goût de ses auditeurs, qui le forcèrent à se rétracter. Voilà une scène curieuse, que les biographes de Danton ne relatent que d'après le *Moniteur :* elle se trouve décrite ainsi dans le procès-verbal de la Commune provisoire, séance du 26 décembre 1789 au matin'(2) :

« Une députation du district des Cordeliers a été introduite.

« Vérification faite du pouvoir de MM. les députés, un d'eux (3) a observé qu'il était chargé de dénoncer les brevets délivrés par M. le maire aux officiers de la garde nationale, comme étant conçus dans l'ancienne forme, qui ne pouvait plus convenir dans les circonstances actuelles.

« Il a de plus ajouté que ces brevets étaient contresignés par *Monseigneur le maire.*

« M. le maire ayant demandé la communication de l'un de ces brevets et vérification faite d'icelui, il s'est trouvé qu'il était contresigné par *Monsieur le maire.*

« Cette inexactitude dans le rapport du député a excité un mouvement général d'improbation.

« Quelques membres ont demandé que M. le président fût chargé de témoigner, au nom de l'Assemblée, au député qui avait porté la parole, son mécontentement sur la manière peu fidèle dont il avait rendu compte du contreseing du brevet.

« Ce député a demandé de nouveau la parole pour se justifier, et il a observé qu'il s'était trompé dans la lecture du contreseing, et que cette erreur était involontaire.

« D'après cette justification, un autre membre a demandé la question préalable sur la motion personnelle au député, et, cette question ayant été appuyée, il a été arrêté, à la pluralité, qu'il n'y avait lieu à délibérer.

---

(1) *Révolutions de France et de Brabant*, nº 6.

(2) Bibl. nat., Lb⁴⁰/20ᵃ, in-8, t. IV. — Ce procès-verbal imprimé de la Commune est une source précieuse, à laquelle peu de personnes ont puisé.

(3) Il n'est pas douteux que ce fût Danton. Voir le *Moniteur*, réimpression, I, 498.

« L'Assemblée, délibérant sur la dénonciation faite par le district des Cordeliers ;

« A arrêté que le brevet serait renvoyé au Comité des Vingt-quatre, à l'effet de présenter, s'il y avait lieu, un nouveau projet de rédaction, lors de la confection du plan de municipalité. »

Il faut l'avouer : Danton avait paru, ce jour-là, à la Commune, en assez mauvaise posture, et cette incartade permit à ses adversaires de le représenter comme un démagogue insolent et étourdi. Ils se trompaient : sa plaisanterie sur *monseigneur* Bailly avait porté et, toute grossière qu'elle fût, elle résumait à merveille les griefs populaires.

II

Les poursuites dirigées contre Marat au mois de janvier 1790, furent l'occasion qui mit en pleine lumière le personnage de Danton.

Dans son numéro 97 (décembre 1789), Marat avait dénoncé le sieur Boucher d'Argis, à la fois conseiller au Châtelet, membre de la Commune et commandant de la garde nationale, qui avait voulu le faire arrêter. L'Ami du peuple, dans un accès de bon sens, attaquait avec verve et justesse ce tribunal du Châtelet qui rappelait et personnifiait toute l'iniquité juridique de l'Ancien régime. En cela, il se bornait à faire chorus avec tous les écrivains patriotes, même modérés. C'est pourtant à l'occasion de ces attaques envers Boucher d'Argis et le Châtelet que la Commune de Paris ordonna, le 15 janvier 1790, des poursuites contre le virulent journaliste, dont le vrai crime était d'avoir, avec plus d'ardeur encore que Camille Desmoulins (1), reproché au maire Bailly son luxe, sa livrée, ses

(1) *Révolutions de France et de Brabant,* n° 6.

armoiries peintes sur son carrosse municipal, quand La
Fayette supprimait les siennes, ses cent mille livres
d'appointements, et surtout ses allures autoritaires déjà
dénoncées par un membre de l'administration communale,
Manuel.

En tout cas, l'opinion publique n'hésita pas à attribuer
à la rancune de Bailly, l'arrêté de la municipalité. Il faut
lire, entre autres pamphlets relatifs à cet événement, un
poème héroï-comique, publié en février 1790, sous ce titre :
La Guerre des districts ou la fuite de Marat. Bailly s'y plaint
à La Fayette :

> Que Marat, ce roi des sots,
> Insultait à tout propos
> Et son luxe et sa livrée.
> Digne d'un obscur mépris,
> Devrais-je sans étalage,
> Comme un mince personnage,
> Me promener dans Paris ?
> Le luxe m'est nécessaire
> Pour éblouir le vulgaire.
> Ainsi, sans bien raisonner,
> Il vous faut emprisonner
> Ce méchant folliculaire.

Déjà, le 28 septembre 1789, Marat avait été mandé à
l'Hôtel de Ville et on l'y avait tancé d'importance (1). Le
6 octobre, un décret de prise de corps avait été lancé contre
lui par le Châtelet : on n'osa pas l'exécuter dans cette
journée critique. Le 8, nouveau décret. La maison de
l'Ami du peuple, rue du Vieux-Colombier, est cernée. Mais
Marat s'échappe et va s'installer à Montmartre. Le 12 décembre, sa nouvelle retraite est découverte, et un détachement de garde nationale l'emmène au Comité de recher-

---

(1) Bougeart, *Marat*, I, 222.

ches et au bureau de police, où on le relâche (1). Il se cache de nouveau, et le Châtelet n'ose plus le rechercher.

Mais quand Bailly eût obtenu de la municipalité un arrêt. contre Marat, l'occasion parut favorable, et le second décret de prise de corps fut exhumé des cartons du Châtelet, sans que l'on prît même la précaution d'en changer la date. En voici le texte :

« Vous, le premier huissier ou sergent royal sur ce requis, à la requête du procureur du Roi, demandeur et accusateur, prenez et appréhendez au corps, quelque part que vous pourrez trouver, le sieur Marat, et le constituez prisonnier ès prisons du Châtelet pour être à droit ouï et interrogé sur les charges et informations contre lui faites. A ce faire, donnons pouvoir. Fait et ordonné au Châtelet de Paris, le 8 octobre 1789. — *Signé :* THORY. »

Marat habitait alors le district des Cordeliers, dont l'Assemblée générale s'émut aussitôt et chercha, sans s'approprier les doctrines de l'Ami du peuple, à le sauver du coup qui le menaçait. Sous l'influence de Danton (2), le district des Cordeliers chercha un moyen pacifique de faire reculer le Châtelet et la combinaison qu'il imagina porte la marque de l'habileté juridique de l'ancien avocat aux Conseils du roi.

L'Assemblée nationale avait rendu, les 8 et 9 octobre 1789, un décret sur la réformation de quelques points de la jurisprudence criminelle. Il y était dit qu'à l'avenir chaque commune nommerait des *notables-adjoints*, qui assisteraient à l'instruction des procès criminels et sauvegarderaient les droits des prévenus (3). En outre, l'article 9 de ce décret

---

(1) Bougeart, *Marat*, 231.

(2) C'est alors Paré qui préside le district : mais Danton en est plus que jamais le meneur.

(3) A Paris, ces notables-adjoints furent élus par les districts et Danton fut élu à ce titre par le district des Cordeliers, en mai ou juin 1790, fait

disait : « Aucun décret de prise de corps ne pourra désormais être prononcé contre les domiciliés que dans le cas où, par la nature de l'accusation et des charges, il pourrait échoir peine corporelle. »

Inspiré par Danton, le district des Cordeliers sollicita ce texte et y trouva (abusivement, mais avec un semblant de raison juridique) le droit d'empêcher l'arrestation de Marat. A cet effet, par arrêté du 19 janvier 1790, il nomma cinq commissaires : le président Paré, membre de droit ; Danton, Saintin, Cheftel et Lablée, qui furent appelés *conservateurs de la liberté* et eurent pour mission d'empêcher l'exécution, sur le territoire du district, de tout mandat d'arrêt qui ne serait pas revêtu de leur *visa*. Le commandant du bataillon du district et tous les officiers du poste furent requis de tenir la main à l'exécution de cet arrêté (1).

Le 22 janvier 1790, le territoire cordelier (quartier de l'Odéon) fut envahi par environ 3,000 hommes pris aux différents bataillons de la garde nationale soldée et prêtés par La Fayette. Des canons furent braqués sur la rue des Fossés-Saint-Germain-des-Prés, où demeurait Marat, et deux huissiers du Châtelet, soutenus par cet appareil imposant, se présentèrent chez l'Ami du peuple, dont la maison servait en même temps de corps de garde à la garde nationale du district. Ces gardes nationaux s'opposèrent-ils à l'exécution du mandat, en disant qu'il n'était pas revêtu de

---

qu'aucun de ses biographes n'a, je crois, relevé. — Voir le *Tableau des noms et demeures de MM. les notables-adjoints de Paris*, s. l., 1790, in-8. Bibl. nat., Lb ⁴⁰/219. Il y avait huit notables-adjoints par section ; les sept collègues de Danton pour le district des Cordeliers étaient Jean-François Prudhomme, Louis-Marie Guillaume, Charles-Louis Lerouge, André-François Knapen, Martin Marin, Jacques-Philibert Guellard–Dumesnil et Jacques Lablée. Danton n'exerça pas ces fonctions plus d'un an : en 1791, il n'est pas un des dix notables-adjoints nommés par la section du Théâtre-Français. — Voir la *Liste générale des notables-adjoints de la ville de Paris*, Imp. Lottin, s. d. (1791), in-4. Bibl. nat., Lb⁴⁰/1246.

(1) Voir le texte de cet arrêté ap. Robinet, *Danton homme d'État*, p. 259.

la signature des cinq commissaires conservateurs de la
liberté ? C'est ce qui semble résulter des récits des journaux.
Mais ils firent imprimer, quelques jours plus tard, une
déclaration portant qu'ils n'avaient tenté aucune résistance
et que, sur l'injonction de l'officier qui accompagnait les
deux huissiers, M. Plainville, aide-major général, le capitaine commandant le poste avait sur-le-champ fait placer
deux sentinelles à la porte de Marat. Toujours est-il que les
cinq commissaires vinrent arrêter les opérations des deux
huissiers, les sieurs Ozanne et Damien, et leur représen-
tèrent l'illégalité de leur mission. Cependant, on faisait
des perquisitions chez Fabre d'Eglantine et chez Brune (1).
Un membre du district, qui se trouvait dans la foule devant
la porte de Marat, était arrêté, conduit par quarante cavaliers au tribunal de police, puis relâché. — Sur ces entrefaites, l'Assemblée du district s'était réunie extraordinairement : les commissaires y menèrent les deux huissiers ; on
les étonna par la lecture de la loi du 8 octobre 1789 et de
l'article VII de la Déclaration des droits de l'homme ; ils
consentirent à surseoir à l'exécution de leur mission et à
en référer aux magistrats du Châtelet ; aveu et circonstances dont le malin Danton leur fit signer un procès-verbal.

Ensuite, le district envoya son vice-président, Fabre
d'Eglantine, au corps de garde en compagnie des deux
huissiers, afin d'obtenir l'éloignement des troupes, la levée
des sentinelles mises à la porte de Marat. Voilà le poète
guidant les deux recors et les protégeant contre les menaces
de la foule. Le commandant du détachement, le sieur
Carle, les reçut avec le plus vif reproche, les traita de
lâches, se fit huer par le peuple et, semble-t-il, se retira un
instant avec ses hommes, protégé par Fabre d'Eglantine.

(1) *Journal général de la cour et de la ville*, numéro du 24 janvier 1790,
p. 189.

Le but pousuivi fut atteint. Marat put se sauver et passer en Angleterre.

C'est alors que Danton montra toute sa souplesse, toute son habileté de légiste, pour sauver les formes et disculper les districts dont l'acte, très patriotique, était parfaitement illégal.

Le jour même, vers quatre heures, il se fit envoyer à la barre de l'Assemblée, avec Paré, Oudotte et Cheftel : Paré y lut une déclaration apologétique où les Cordeliers protestaient de leur innocence et de leur respect de la loi, qu'ils avaient cru servir, pendant que le district prenait un nouvel arrêté constatant que ce jour-là, « malgré l'affluence des hommes à pied et à cheval qui se sont présentés sur son territoire, il n'a pas été mis un homme de plus sous les armes que les jours précédents. »

L'Assemblée n'approuva pas la conduite des Cordeliers : elle chargea son président, Target, de leur écrire pour les désavouer, disant qu'elle s'adressait à leur patriotisme pour assurer l'exécution d'un jugement. La semonce fut très douce et fraternelle.

Aussitôt, nouvel arrêté du district envoyant MM. Testulat et Legendre auprès du commandant de la force armée qui avait réoccupé la rue des Fossés-Saint-Germain-des-Prés et lui faisant savoir qu'il pouvait mettre ses ordres à exécution. — Il s'aperçut alors, s'il ne le savait déjà, qu'il montait la garde devant une cage vide.

Mais déjà le bruit se répandait dans Paris que Danton s'était compromis par les propos les plus violents, que les huissiers du Châtelet avaient verbalisé contre lui, l'accusant d'avoir dit devant eux, soit au corps de garde, soit au district : « Si tout le monde pensait comme moi, on sonnerait le tocsin, et, à l'instant, nous aurions vingt mille hommes qui les feraient blanchir. » Ses amis et lui prétendaient qu'il avait ajouté cette restriction : « A Dieu ne plaise... il ne faut employer que les armes de la raison (1). »

Le district prit sur-le-champ un nouvel arrêté, le septième de cette journée du 22 janvier 1790, où il protestait contre les accusations intentées à Danton : « L'Assemblée... déclare qu'elle ne peut voir sans indignation et sans la douleur la plus extrême, à l'aspect des menées que peuvent pratiquer de vils agents, que ce soit avec des calomnies atroces que l'on cherche à étouffer le patriotisme pur et ferme de l'Assemblée, en attaquant les membres du district des Cordeliers; déclare encore, sur l'honneur et sur sa foi, à qui la plus haute confiance et le respect ne peuvent être refusés par tout bon citoyen, qu'il est faux que le sieur d'Anton (*sic*) ait tenu aucuns propos autres que ceux que peuvent et doivent avouer la liberté, la justice et la vertu, etc. » Trois cents citoyens du district se joignaient à leurs administrateurs pour signer cet arrêté.

De plus, le district fit imprimer toutes ces pièces en une brochure qu'il fit répandre (2); elle se termine par des observations juridiques que je n'hésite pas à attribuer, sinon à la plume, du moins à l'inspiration, presque à la dictée de Danton et dont toute la portée se résume dans cette phrase : « Nous ne jugeons, n'excusons, ni ne protégons M. Marat : nous invoquons la loi pour le citoyen. »

Le lendemain, Danton se présenta, avec deux de ses collègues, devant le conseil général de la Commune, dont il venait d'être élu membre (3), et expliqua sa conduite,

---

(1) Voir le rapport d'Anthoine, ap. Robinet, *Danton homme d'Etat*, p. 267.
(2) *Pièces justificatives, exposé de la conduite et des motifs du district des Cordeliers, concernant le décret de prise de corps prononcé par le Châtelet contre le sieur Marat, le 8 octobre 1789, et mis à exécution le 22 janvier.* Imp. de Momoro, s. d., in-8. — Bibl. nat., Lb. 40/1385.
(3) Nous parlerons plus bas de cette élection.

niant s'être déclaré *le chevalier de M. Marat* et avoir opposé
la force à la force. Le discours, tout juridique et fort malin,
qu'il prononça en cette circonstance, nous est connu par
une analyse sommaire du *Journal général de la cour et de
la ville*, dont ₁les renseignements sur ces incidents sont
assez détaillés, peut-être à cause des relations anciennes du
royaliste rédacteur de cette feuille avec le dantoniste
Brune (1), et par le *Journal de la municipalité et des districts* (2).

Toute cette affaire semblait presque oubliée, quand, en
mars 1790, le Châtelet lança un mandat d'arrêt contre
Danton lui-même, à la joie secrète de Bailly et de la Commune. Danton sut se soustraire à ce mandat, soutenu par
son élection à la Commune, fort de sa popularité et de ses
services. Il présidait alors le district et fit afficher, en sa
qualité de président, une proclamation laconique où les
Cordeliers affirmaient leur obéissance *aux décrets de l'Assemblée nationale* (3). Ce fut sa seule défense officielle.
Mais je trouve à la Bibliothèque nationale un pamphlet
apologétique, qu'on n'a pas encore remarqué, et dont
l'ironie forte et saine, quoique un peu grosse, porte l'empreinte du génie de Danton. Je demande la permission de
le citer intégralement : il est court et intéressant au plus
haut degré pour tout *dantonisant* :

(1) Brune rédigea ce journal jusqu'au 18 décembre 1789. Puis il en fit
une continuation qui dura peu. Même quand le *Journal général* devint le
royaliste *Petit-Gautier*, il continua à donner des renseignements sur le
district des Cordeliers. — En tout cas il est surprenant que les historiens
de Danton et des Cordeliers n'aient pas consulté cette feuille, notamment,
t. I⁰ʳ, pages 5, 21, 22, 38, 53, 102, 117, 125, 134, 175, 183, 299, 309, 333,
375, 411, 413, 444, 462, 468, 484, 491, 517, 518, 521, 540-542, 558, 582, 589,
621, 631, 693, 709, 830 ; t. II, 12, 124, 178, 188.
(2) Ces deux journaux ne disent pas expressément que ce fut Danton
qui parla. Ils disent que ce discours fut tenu par un des trois députés des
Cordeliers, mais ils ajoutent que Danton était un de ces trois. Il est plus
que probable que c'est lui qui prit la parole.
(3) *Révolutions de France et de Brabant*, n⁰ 24.

« GRANDE *motion sur le* GRAND *forfait du* GRAND M. DANTON, *per-pétré dans le* GRAND *district des* GRANDS CORDELIERS, *et sur les* GRANDES *suites d'icelui.*

> (..... *Quis talia fando*
> *Myrmidonum, Dolopumve, aut duri miles Ulyssis*
> *Temperet a lacrymis?...*)

« Citoyens,

« Je prends difficilement la plume : j'attends les occasions périlleuses pour me montrer, et les grands dangers pour écrire. Les crimes qui jusqu'à ce jour ont été produits ne m'ont paru que des bagatelles, et j'ai souri de pitié de voir prendre Favras pour une misère. Mais le forfait de M. Danton me laisse sans repos, je frémis. O citoyens! frémissez avec moi.

« Le jour de la capture de Marat, Danton a dit, en Assemblée générale : « Quoi! pour prendre un homme, on fait investir le « district par 3,000 hommes. Ne craint-on pas que, justement « alarmés, nous n'appelions nos frères à notre secours? Mais à « Dieu ne plaise que nous soyons assez *bêtes* pour cela, nous ne « mettrons pas un homme de plus sous les armes. » Eh bien, citoyens? Qu'en dites-vous? Ou toutes les règles de l'incendie sont fausses, ou voilà qui est *incendiaire* (1). Appeler le secours de ses frères! Le district des Cordeliers a donc des frères? Les frères des coupables sont des complices : il y avait donc un complot? Bénissons l'Etre suprême d'avoir échappé aux machinations qui se formaient contre nous dans le district des Cordeliers. C'est en vain qu'avec son *à Dieu ne plaise!* Danton prétend avoir trouvé un correctif à son *incendie.* Ne voyez-vous pas que par ce correctif il voulait faire entendre que l'on avait envoyé tant de monde pour prendre Marat que pour exciter le district à faire quelque étourderie? C'est un trait de méchanceté sans exemple, dans un siècle si fécond en *vertus.* Qu'importe à Danton que l'on envoie une armée de cavalerie et d'infanterie pour prendre le petit Marat? On a bien fait. Il n'y a jamais assez de gens et de bêtes pour saisir au corps un *incendiaire,* car Marat est aussi un incendiaire. Ne voyez-vous pas que, lorsque l'on crie au feu, tout le monde y court? Un *incendiaire* est-il autre chose qu'un homme qui met le feu quelque part? On a donc bien

---

(1) Le Châtelet avait, paraît-il, décrété Danton à cause de ses propos *incendiaires.*

fait d'envoyer une armée pour arrêter un *incendiaire*. On agira mieux encore, si pour exécuter le décret du Châtelet lancé contre Danton pour cause d'*incendie*, on fait marcher douze ou quinze mille hommes, et c'est là, citoyens, le but de l'arrêté que je vous propose.

« Projet d'arrêté :

« Rapport fait du criminel propos du sieur Danton, la nation française, considérant que l'Etat est perdu si ce forfait abominable n'entraîne pas un châtiment qui puisse effrayer tous les citoyens qui ont la langue dans la bouche, et qui, par conséquent, sont toujours exposés à la malheureuse tentation de parler ;

« Considérant qu'il n'est rien de meilleur, pour établir la liberté, que de forcer les citoyens au silence, parce qu'il est évident qu'alors les agents du pouvoir exécutif, n'étant pas gênés dans leurs opérations, appuieront plus promptement et avec plus d'efficacité le système de liberté publique et individuelle, projet et devoir essentiels dont ces agents sont uniquement occupés, car ils ne cessent de le dire, et nous devons les en croire, parce que c'est plus tôt fait que d'y voir ;

« Considérant que le Châtelet, qui vient de décréter Danton, est le plus ferme appui de la liberté, comme il l'était précédemment ; qu'il est très à propos d'encourager dans leurs *œuvres* les jeunes magistrats qui composent les deux tiers de ces Pères du peuple, a arrêté :

« 1° Que les représentants de la Commune, qui n'ont plus rien à faire, passeront leur temps à faire des discours académiques pour louer les vertus du Châtelet, à l'exception de M. l'abbé Fauchet, qui se taira, sous peine d'être répudié incendiaire.

« 2° Il sera nommé soixante barbiers par les soixante districts, pour aller raser, deux fois par jour, les imberbes du Châtelet, afin qu'avec un nouvel accroissement de barbe, ce tribunal obtienne la confiance de l'État.

« 3° Danton sera déclaré *incendiaire*, et on lui donnera le surnom d'Erostrate, lequel sera gravé sur tous les monuments de la liberté dont les places nous sont offertes, et desquels on raisonne si doctement à l'Hôtel de Ville.

« 4° Le décret contre Danton sera exécuté nonobstant toute appellation quelconque, et pour cet effet il sera commandé vingt mille hommes, dont la conduite sera donnée à M. Dières, l'*irréprochable*.

« 5° Ces vingt mille hommes occuperont le territoire des

Cordeliers et ne laisseront passer, ni dîner, ni souper, ni parler aucun citoyen de ce district, que l'*incendiaire* ne soit pris.

« 6° Il sera amené quatre-vingts pièces de canon, pour être placées à l'entrée de toutes les rues du district, et trente mortiers seront appointés de manière que la parabole vienne descendre directement au milieu de la salle de l'Assemblée générale de ce district.

« 7° Les sapeurs des douze districts qui sont contre la permanence seront placés sur les toits des maisons qui environnent le logis de l'*incendiaire*, afin que, s'il tentait de s'enfuir dans un ballon, ces sapeurs puissent couper à coup de hache la nacelle ou la galerie dudit ballon.

« 8° En cas que ledit ballon échappât aux sapeurs, l'astronome le plus subtil de l'Hôtel de Ville sera consulté pour savoir en quelle planète pourrait s'être réfugié l'*Incendiaire*, et il sera envoyé un détachement de cavalerie dans ladite planète pour arrêter ledit *incendiaire*, avec partie des susdits canons, pour y être braqués en équerre.

« 9° L'*incendiaire* pris, il sera chanté un *Te Deum* à Notre-Dame, auquel assisteront toutes les jolies femmes de Paris, ainsi que tous les plus jolis garçons de l'armée, en uniforme et en guêtres blanches, et surtout bien frisés, attendu que de tels vis-à-vis forment les vrais patriotes.

« 10° Le présent arrêté sera imprimé et affiché sur couleur de rose, à la satisfaction des jeunes Parisiens, les meilleurs politiques que je connaisse.

« *Signé :* Monsieur JOURDAIN. »

Quel est l'auteur de ce pamphlet si original, à l'ironie éloquente, encore qu'un peu laborieuse ? Ce n'est certes pas là le style précieux et contourné de Fabre d'Églantine ; ce n'est pas non plus la grâce attique de Camille Desmoulins, qui d'ailleurs, dans son journal, ne donne pas à cette affaire toute l'attention qu'elle aurait dû inspirer à un Cordelier. Il loua vaguement Danton, l'illustre pésident (*sic*), attaqua le Châtelet, mais ne mit pas au service de la gloire du tribun cette verve mordante et pénétrante, cette exquise précision de dialectique dont Robespierre, l'ingrat Robespierre, bénéficia trop souvent. En tout cas, Camille n'est pas l'auteur du pamphlet. Je l'attribuerais volontiers, pour ma part, à Danton lui-même : j'y retrouve le style des rares morceaux écrits que le grand tribun nous a laissés, toute la gaucherie lourde de l'orateur inhabile à manier la plume, mais aussi toute la force de pensée de l'homme d'État : chaque phrase de ce décret ironique est comme un argument politique, comme le résumé ou plutôt le thème d'une harangue de tribune. Il me semble que, si on faisait un jour une édition des œuvres complètes de Danton, on pourrait y inscrire ce factum.

Et qu'advint-il des poursuites intentées contre Danton ?

Le 18 mars, le district des Cordeliers présidé par Fabre, prit un arrêté de protestation. La Commune protesta à son tour le 28 mars. Le ministère n'osa pas presser des poursuites dont l'échec aurait été grave pour lui. L'affaire vint devant l'Assemblée nationale, qui entendait, le 18 mai, un rapport d'Anthoine à ce sujet (1). Au nom du Comité des rapports, Anthoine concluait contre le Châtelet en faveur de Danton. L'Assemblée n'osa pas admettre ces conclusions, et voici l'extrait de son procès-verbal sur cet incident :

« Il s'agissait d'un décret de prise de corps décerné contre le sieur Danthon (*sic*) par les officiers du Châtelet d'après des propos tenus dans une assemblée du district des Cordeliers de la ville de Paris, et le fait de la résistance apportée à l'exécution d'un autre décret émané du même tribunal, contre le sieur Marat.

« La question préalable a été proposée d'une part; mais, l'ajournement ayant été demandé d'autre part, l'ajournement a été mis aux voix et décrété... »

(1) M. Robinet, *Danton homme d'Etat*, p. 264, en a donné le texte, mais sans nommer l'auteur de ce rapport, dont le nom nous est appris par le journal de Le Hodey, t. XII, p. 416,

Il ne fut plus question d'arrêter Danton, mais ce décret de prise de corps servira d'argument pour le faire exclure, en septembre 1790, de la Commune constitutionnelle.

Tel fut exactement le rôle que Danton, nullement maratiste, joua dans cette affaire de l'arrestation de Marat. C'est ainsi qu'il gouvernait le district des Cordeliers en 1790, comme il gouvernera la France en août et en septembre 1792, à la fois hardi et avisé, cœur chaud et tête froide, cachant sous son verbe ardent toutes les habitudes d'un praticien consommé, et, sous sa bonhomie exubérante, sous sa brusquerie d'enthousiaste, une finesse champenoise, une prudence diplomatique, une ingéniosité d'homme de loi.

III

C'est au mois de janvier 1790, et non pas, comme l'ont cru ses biographes, en novembre 1789, que Danton entra à la Commune de Paris comme représentant du district des Cordeliers. L'erreur où sont tombés nos devanciers provient peut-être de ce qu'ils n'ont pas lu d'assez près les procès-verbaux de la Commune. La question de savoir comment les Cordeliers furent représentés à l'Hôtel de Ville en 1789 et en 1790 n'est pas d'ailleurs des plus simples, comme on va en juger.

On sait que, le 13 juillet 1789, l'Assemblé des électeurs, réunie à l'Hôtel de Ville, avait pris en main l'administration de Paris et formé un Comité permanent. C'est cette municipalité révolutionnaire qui consacra l'insurrection, nomma Bailly maire de Paris et La Fayette commandant de la garde nationale.

Le 23 juillet, les électeurs invitèrent les districts à nommer chacun deux députés, pour constituer une municipalité nouvelle. Ceux-ci élaborèrent un plan d'organisation communale, conformément auquel ils invitèrent, le 30 août, les 60 districts à élire chacun 5 députés. Ces 300 se réunirent le 18 septembre 1789 et formèrent ce qu'on appelle la Commune provisoire, qui siégea jusqu'au 8 octobre 1790.

Le plan de réorganisation communale était en même temps soumis par l'Hôtel de Ville aux districts. Mais plusieurs de ces districts se plaignirent que ce fût là, pour ainsi dire, une carte forcée, puisqu'on les invitait à discuter ce plan au moment même où on l'exécutait dans une de ses parties, c'est-à-dire en nommant 5 députés. Le district des Cordeliers protesta par un arrêté du 3 septembre, nomma des commissaires pour examiner le projet, et, sur leur rapport, déclara, le 12, « que n'ayant point à examiner la totalité du plan, il lui était impossible d'en adopter la moindre partie (1) ». Mais, comme les autres districts avaient déjà nommé leurs représentants à la Commune, il prit le parti de nommer néanmoins les siens, le lundi suivant, c'est-à-dire le 14, et il nomma MM. Peyrilhe, de Blois, de Graville, Dupré et Croharé.

Ces cinq représentants reçurent de leurs électeurs un premier mandat impératif, dont nous n'avons retrouvé que l'article 4, ainsi conçu : « Ils ne pourront entreprendre aucun travail sans avoir au préalable demandé et obtenu, de qui il appartiendra, le compte de la gestion et administration du fonds de la commune, par chapitre de recette et dépense (2). » Et nous voyons, par des arrêtés ultérieurs, que ce mandat primitif comprenait certainement des articles relatifs au plan de municipalité.

D'autre part, le 11 septembre, le district des Cordeliers

---

(1) Robinet, *Danton homme d'Etat,* p. 248.
(2) *Journal général de la cour et de la ville* (par Brune), t. I, p. 69.

avait invité les cinquante-neuf autres districts à s'unir à
lui pour engager la Commune à « solliciter ou le jugement
de M. de Bezenval (détenu à Brie-Comte-Robert) ou sa
translation dans quelque prison de la capitale ». En conséquence, il enjoignit à cinq représentants de présenter ce
vœu (1); il leur enjoignit aussi, le 22 octobre, par un arrêté
signé DANTON, *président*, de protester contre le projet de
former un Conseil de guerre et « pour juger des soldats
citoyens (2) ».

La Commune se fâcha : par arrêté du 29 octobre, elle
improuva la conduite des Cordeliers, leur concert avec les
autres districts et surtout les injonctions données à des
députés qui, une fois élus, n'avaient plus, lui semblait-il,
d'ordre à recevoir de leurs électeurs.

Les Cordeliers ripostèrent par une déclaration du
2 novembre, où, après avoir expliqué que le mot d'*injonction* n'avait rien d'injurieux, ils dénoncèrent l'arrêt de la
Commune aux autres sections. Ils firent plus : les 11 et
12 novembre, une formule de serment fut arrêtée par eux,
et leurs mandataires durent « jurer et promettre de s'opposer à tout ce que les représentants de la Commune pourraient faire de préjudiciable aux droits généraux des
citoyens constituants, de se conformer scrupuleusement à
tous les mandats particuliers de leurs constituants, de
reconnaître qu'ils sont révocables à la volonté de leurs
districts, après trois assemblées tenues consécutivement
pour cet objet (3). »

Ces arrêtés sont signés par le président Danton : il en est
probablement l'auteur, et, en tout cas, c'est lui qui mène
toute cette affaire.

(1) Robinet, p. 250.
(2) *Journal général de la cour et de la ville*, t. I, p. 299.
(3) *Journal de la municipalité et des districts*, n° du 16 novembre 1789,
p. 109. — Bibl. nat. Lc*/260-261, in-8.

Deux des cinq représentants des Cordeliers à la Commune, Peyrilhe et Croharé, prêtèrent ce serment : les autres démissionnèrent. Aussitôt, le district les remplaça et fit, entre le 12 et 16 novembre, une triple élection (1). Ces trois nouveaux élus, dont nous n'avons pas les noms, se présentèrent, le 16, à l'Assemblée de la Commune, présidée par Condorcet.

« Trois députés du district des Cordeliers, dit le procès-verbal, s'étant presentés pour remplacer MM. Dupré, de Graville et de Blois, l'Assemblée, après avoir entendu la lecture de leurs pouvoirs, a cru qu'il était convenable qu'elle entendît la lecture de la formule du serment exigé par ce district de ses cinq représentants, ce qui paraissait être la cause de la démission donnée par ceux que de nouveaux députés venaient remplacer. »

Après avoir entendu cette lecture, la Commune interrogea les deux représentants qui avaient prêté le serment. Peyrilhe s'excusa, dit qu'il n'avait pas pu faire autrement, et, séance tenante, donna sa démission. Croharé, au contraire, se vanta d'avoir, dans son district, provoqué la mesure en question.

La Commune annula et le serment et la nomination des trois nouveaux députés des Cordeliers et la démission de MM. Dupré, de Graville et de Blois, qu'elle invita à revenir prendre leurs fonctions.

Le lendemain 17, elle fit un coup d'État : par 31 voix contre 20, elle exclut Croharé de son sein.

C'était la guerre entre la Commune et le district.

Danton soutint cette guerre avec son énergie habile.

Il fit prendre au district, le 17, une délibération très serrée, très adroite où on distinguait entre le mandat des

_____

(1) *Journal général*, p. 518.

députés à l'Assemblée nationale et celui des représentants *provisoires* de la Commune de Paris, et il soutint, avec beaucoup de force, que, tant que la municipalité serait *provisoire*, tant qu'il y aurait une organisation à faire, les districts avaient le droit de donner à leurs élus tel mandat qu'il leur plairait. Quand la loi municipale serait faite, les Cordeliers s'y soumettraient : tant qu'elle serait à faire, ils resteraient libres de la critiquer et de dicter, en vue de cette critique, des injonctions à leurs mandataires. Et en même temps, Danton suggérait aux Cordeliers une respectueuse adresse à l'Assemblée nationale (1).

L'Assemblée fut très embarassée. Elle ajourna l'affaire à plusieurs reprises. Enfin, le 20 novembre, le Comité des rapports proposa, par l'organe d'Hébrard, de déclarer membres de la Commune les trois nouveaux élus, plus le démissionnaire Peyrilhe et l'expulsé Croharé. C'était donner raison aux Cordeliers. L'Assemblée n'y consentit pas, et, le 23, sur la proposition de Treilhard, elle rendit le décret suivant, dont j'emprunte le texte au procès-verbal :

« L'Assemblée nationale, considérant qu'elle s'occupe de l'organisation de toutes les municipalités du royaume et que les citoyens actifs de la capitale seront incessamment appelés à faire une élection nouvelle de leurs représentants, a décrété et décrète que la discussion relative à celle élevée entre quelques districts et les représentant de la Commune est ajournée, toutes choses demeurant en l'état où elles étaient au 10 de ce mois (2). »

(1) Robinet, 251-254; et *Journal de la municipalité et des districts*, numéro du 20 novembre 1789, p 123. On trouvera dans le même journal des détails sur les adhésions des autres districts aux arrêtés des Cordeliers.
(2) Pour les débats de l'Assemblée constituante sur cette affaire, voir le *Procès-verbal*, 17 novembre 1789, p. 9; 19 novembre, p. 8; 20 novembre, p. 9; 13 novembre, p. 9; 23 novembre, p. 17 et 18; les *Archives parlementaires*, X, 82, 83, 144, 145, 229, 230; le *Journal de la municipalité et des districts*, p. 140, 141.

Qu'est-ce à dire? Au 10 novembre, il n'y avait eu ni élection, ni démission, ni expulsion. En conséquence, le district
des Cordeliers restait légalement représenté à la Commune
par MM. Dupré, de Graville, de Blois, Peyrilhe et Croharé.

Mais ceux-ci ne crurent pas devoir garder leurs fonctions
malgré leurs électeurs ; ils démissionnèrent, à l'exception
de Croharé, et furent remplacés par quatre nouveaux représentants, dont trois étaient vraisemblablement ceux qui
avaient déjà fait une tentative pour siéger le 16 novembre.

Ces faits sont prouvés par le procès-verbal officiel des
séances de la Commune du 27 et 28 novembre 1789. En
voici des extraits :

27 *novembre*. — MM. Saintin, Chefvtet(1), Longuerue et Bec-
queret, nommés par le district des Cordeliers pour remplacer,
en qualité de représentant, MM. Peyrilhe, de Blois, de Graville
et Dupré, qu'on a dit avoir donné leur démission, s'étant présentés pour être admis, plusieurs opinions se sont élevées. Elles
ont été réduites à deux questions : Admettra-t-on les nouveaux
députés du district des Cordeliers, sauf les réclamations qui
pourraient être élevées par MM. Peyrilhe, de Blois, de Graville
et Dupré ? Ou bien prendra-t-on des moyens pour s'assurer
avant tout si MM. Peyrilhe, de Blois, Graville et Dupré ont
donné leur démission ?

La première question ayant été mise à l'opinion par assis et
levé, l'épreuve a été douteuse ; elle a été réitérée ; le doute ayant
subsisté, l'Assemblée s'est partagée, et, le compte des votants,
ayant été fait, il s'est trouvé 60 voix pour l'admettre et 66 voix
pour la rejeter. Elle a été en conséquence rejetée.

Alors, la seconde question ayant été mise à l'opinion, il a été
arrêté que les députés du district des Cordeliers seraient admis
dans l'Assemblée comme assistants ; que leurs pouvoirs seraient
remis au Comité de rapports, pour en rendre compte à l'Assemblée; et qu'il serait envoyé des députés à MM. Peyrilhe, de
Blois, de Graville et Dupré, pour savoir s'ils avaient véritablement donné leur démission et se procurer de leur part une
réponse par écrit.

(1) Il faut sans doute lire *Cheftel*.

Les nouveaux députés ayant été introduits, il leur a été donné connaissance de cet arrêté, et ils ont pris place dans l'Assemblée.

28 *novembre*. — A l'ouverture de la séance, M. Benoît, l'un des secrétaires, a rendu compte de la mission dont il avait été chargé auprès de MM. de Blois, Dupré et de Graville (1).

Il a rapporté qu'ils lui avaient dit que, ne voulant pas représenter le district des Cordeliers malgré lui, ils persistaient dans leur démission, et n'entendaient pas profiter du décret de l'Assemblée nationale.

M. Poujaud, membre du Comité des rapports, a fait ensuite la lecture des pouvoirs donnés par le district des Cordeliers à MM. Broutin de Longuerne, avocat au Parlement, rue des Poitevins, en qualité d'administrateur ; à M. Chaflet (1), docteur en médecine, rue des Fossés-Saint-Germain-des-Prés ; à M. Becquerel, maître en pharmacie, rue de Condé, et à M. Saintin, bourgeois de Paris, rue de Condé.

Après avoir subi l'épreuve de l'appel nominal, ils ont prêté le serment accoutumé.

C'est ainsi que se termina ce mémorable conflit entre le district des Cordeliers et la Commune. Danton y joua le premier rôle : il y essaya toute sa force et son habileté et peut-être put-on dès lors se douter, que, sur un plus vaste théâtre, il déploierait de plus grandes qualités encore et pourrait, lui aussi, jouer les premiers rôles. Mais il ne fit point partie alors de la Commune de Paris, et je me demande comment ses biographes ont pu commettre cette erreur, à laquelle le procès-verbal de la Commune ne donne aucun prétexte.

C'est dans le milieu du mois de janvier (je n'ai pu mieux préciser la date) que le district des Cordeliers eut à voter

(1) On remarquera qu'il n'est plus question de Peyrilhe, et il est bien possible qu'il n'ait pas maintenu sa démission, puisqu'il avait prêté le serment et se trouvait ainsi d'accord avec ses électeurs. D'autre part, dans la liste des membres de la Commune qui prêtèrent ou refusèrent de prêter le serment du 24 septembre 1790, je ne trouve pas le nom de Cheftel, qui n'a sans doute pas siégé : ce serment était demandé à tous ceux qui avaient fait partie de la Commune à un moment quelconque.

(1) Lire *Cheftel*.

encore et à remplacer ses représentants à la Commune, qui, sans doute, avaient donné leur démission : il élut Danton, Legendre, Testulat et Lablée et réélut Saintin.

Survient l'affaire de Marat, dont j'ai parlé et qui compromettait les nouveaux élus. La Commune hésite à les admettre. Le 22 janvier, après que La Fayette a fait le récit de la résistance du district à sa tentative pour arrêter Marat, le membre chargé du rapport sur l'élection de de Danton, Testulat et Lablée annonce « qu'il est survenu à sa connaissance des faits qui pouvaient suspendre l'admission au serment (1) ».

Le lendemain 23, une députation des Cordeliers vient lire des pièces relatives à l'attitude du district dans l'affaire de Marat et elle demande ensuite qu'on admette au serment les trois nouveaux élus. La Commune arrête « qu'il sera procédé de suite à la réception de ce serment, qui a été prêté en la forme accoutumée par MM. Danton, Testulat de Charnière et Ablée (*sic*) ».

Restait à admettre les deux autres représentants du district. L'un d'eux, Legendre, prêta serment dans la même séance. Je n'ai point trouvé mention de la réception du cinquième. Mais Godard, dans son *Exposé*, nous donne la liste des cinq députés des Cordeliers à la Commune en 1790, et nous voyons que Saintin en fait partie. Il faut donc admettre ou qu'il avait été réélu, ou qu'il n'avait pas donné sa démission (2).

---

(1) Cela ne se trouve pas dans le procès-verbal du 22, mais dans le discours de la députation des Cordeliers, séance du 23, p. 22 du *Procès-verbal*.

(2) C'est peut-être la liste de Godard qui a induit en erreur les biographes de Danton et leur a fait reporter indûment son élection au mois de novembre 1789. Cette liste est intitulée : *Représentants de la Commune nommés depuis le 18 septembre 1789, en remplacement de ceux qui ont donné leur démission.* Godard n'y donne que ceux qui étaient en exercice au moment où il imprimait son livre, c'est-à-dire en 1790, et il ne parle pas des élus de novembre 1789.

Ainsi, Danton ne siégea à la Commune provisoire, avec voix délibérative, qu'à partir du 23 janvier 1790.

Son rôle y fut très effacé.

Voici les principales indications que fournisse une lecture attentive du procès-verbal.

25 *janvier* 1790. Danton demande et obtient copie des procès-verbaux dressés contre lui dans la journée du 22, à propos de Marat.

28 *janvier*. Pétition des Cordeliers pour la défense de Danton, et réponse bienveillante du président de la Commune.

4 *février*. Danton demande, avec Barré et plusieurs autres, qu'on admette le public au serment civique.

16 *février*. Ici se place un incident assez curieux pour la biographie de Danton : il a à représenter la Commune dans un acte d'amour pour Louis XVI. Le président reçoit la lettre suivante du comte de Saint-Priest :

Paris, le 16 février 1790.
Monsieur,

Je me fais un plaisir de vous annoncer que le roi, sensible au désir de la commune de Paris d'obtenir son buste en marbre, a daigné y satisfaire en ordonnant à M. Houdon d'y travailler. Cette marque de la bienveillance de Sa Majesté offre à la capitale un monument flatteur, et je me trouve heureux d'être chargé de vous l'écrire.

J'ai l'honneur d'être, etc.

Le comte de Saint-Priest.

L'Assemblée arrête aussitôt « qu'il sera fait de très humbles remerciments au roi par une députation de 24 de ses membres, ayant M. le maire à leur tête ». Et, parmi ces 24, elle nomme Danton.

3 *mars*. — D'Anton (*sic*) est un des six commissaires

pour examiner un mémoire relatif à la réception des droits municipaux aux barrières.

5 *mars*. — Il est un des six commissaires chargés de rédiger une adresse à l'Assemblée nationale en faveur des habitants de Brives, vexés par leur seigneur (suit le texte de cette adresse).

13 *mars*. — Il est commissaire pour l'examen d'un autre mémoire (affaire insignifiante).

19 mars. — A l'occasion du décret de prise de corps contre Danton, un membre demande qu'il soit fait une députation à l'Assemblée nationale pour lui demander de remplacer le Châtelet par un *grand juré*. Cette motion est faite à la suite d'une démarche du district des Cordeliers. Mais, le 20, on la repousse.

15 *juin*. — Danton est un des commissaires nommés pour examiner les plaintes d'ouvriers renvoyés (ouvriers employés à la démolition de la Bastille). Il est aussi un des quatre commissaires nommés pour examiner une dénonciation et une demande du district des Cordeliers au sujet de l'affaire du baron de Menou.

19 *juin*. — Il est un des commissaires nommés pour présenter une adresse à l'Assemblée nationale au sujet des biens nationaux.

23 *juin*. — Il présente, concurremment avec Fauchet, le projet de cette adresse. Son projet est préféré à celui de Fauchet. Mais on lui adjoint Mulot et Godard pour le retoucher, et il n'en est plus question.

Enfin, Danton est un de ceux qui prêtèrent, le 30 septembre, le serment libellé par arrêté de la Commune du 24, et par lequel chaque membre de cette Commune jurait « qu'il n'avait reçu, touché, retenu directement ni indirectement, à quelque titre que ce puisse être, aucuns deniers

ni choses équivalentes, à l'exception des déboursés justifiés
nécessaires (1). »

Voilà tout ce que j'ai pu retrouver sur le rôle de Danton
à la Commune provisoire. C'est bien peu de chose. On sent
que ses collègues, qui sont en général des constitutionnels
modérés, ne lui laissent aucun rôle important dans les
affaires municipales. L'orateur cordelier n'est encore pour
eux qu'un démagogue dont ils subissent la présence et dont
ils redoutent la violence et les incartades. Ils ne se doutent
guère du grand rôle auquel leur collègue est destiné et
quelles qualités d'homme d'État il cache sous sa brusquerie
de tribun.

F.-A. AULARD.

---

(1) *Procès-verbaux de la Commune,* t. VIII, p. 140. Le Conseil de ville
prit, le 27, un arrêté pour déclarer que ce serment n'était pas obligatoire.
(Robiquet, *Le personnel municipal de Paris,* p. 383.) Des cinq représentants du district des Cordeliers, un seul, Lablée, refusa de prêter ce serment.

P.-B.-F. D'ALLEAUME

DÉPUTÉ DE LA SEINE-INFÉRIEURE EN L'AN XII

ET SA FEMME

Une très courte notice sur d'Alleaume, insérée dans le *Dictionnaire des parlementaires,* n'apprend pas autre chose que ceci : né à Trefforest (1) (Seine-Inférieure) le 8 novembre 1748, mort à une date *inconnue,* nommé en l'an VIII sous-préfet de Neufchâtel-en-Bray, désigné par le Sénat conservateur le 2 fructidor an XII pour représenter au Corps législatif le département de la Seine-Inférieure, mandat renouvelé jusqu'à la fin de l'Empire; se prononça pour la déchéance, soutint le ministère en 1814 et fut membre de la Légion d'honneur le 19 octobre. — Et c'est tout. C'est bien peu.

C'est bien peu et c'est beaucoup si l'on sait que nul biographe, même exclusivement normand (2), n'avait soufflé mot de ce citoyen, et que pas un seul nobiliaire (3)

---

(1) Ancienne paroisse annexée à la commune de Mesnil-Mauger, aujourd'hui canton de Forges-les-Eaux (Seine-Inférieure), par ordonnance royale du 24 décembre 1824.

(2) V. notamment la *Biographie normande* de Th. Lebreton et la *Nouvelle biographie normande* de Mme Oursel.

(3) V. les Nobiliaires de M. de Magny et de Milleville, les *Cloches du pays de Bray,* de M. Dergny, sorte de nobiliaire régional, et l'*Essai* sur le canton de Forges de M. l'abbé Decorde.

ne révélait l'existence de ce membre marquant d'une
famille noble connue, alors que ses ancêtres et ses descendants sans notoriété étaient cités avec leurs titres et
leurs fonctions.

Un récit complet de la vie publique de cet oublié serait
difficile et d'ailleurs sans grand intérêt. Mais les lecteurs
d'une revue consacrée à l'histoire de la Révolution ne
trouveront pas superflus des détails inédits sur un personnage du grand drame, ayant vécu et agi dans certaine
partie de la haute Normandie où l'on semble s'être concerté pour laisser ignorer les hommes et les faits de 1789 à
1820 (1).

Les d'Alleaume viennent de la basse Normandie (2).
Charles d'Alleaume, dont descendait le sous-préfet de
l'an VIII, était président de la chambre des requêtes au
parlement de Normandie en 1646 et seigneur — en
partie — de Trefforest, dont les Boulainvilliers de Saint-
Saire, ses voisins, se disaient aussi les seigneurs.

Pierre-Barthélemy-François d'Alleaume était l'aîné des
quatre fils du mariage célébré à Sommery (3) le 15 octobre 1744, de Barthélemy d'Alleaume, écuyer, seigneur
et patron honoraire de Trefforest et des fiefs de Passy, Bau-
dribosc, Grandpré et Sonnelle, avocat général en la cour
des aides et finances de Normandie, mort à soixante-douze
ans le 18 septembre 1788, et d'Anne-Marie-Thérèse-Fran-
çoise-Geneviève du Mesniel de Sommery, seconde des très

(1) Il y a deux ou trois ans seulement qu'on a *découvert* que deux conventionnels, Pierre Collombel (Meurthe) et Pierre Philippeaux (Sarthe),
sont nés dans l'arrondissement de Neufchâtel-en-Bray. V. à ce sujet la
Révolution, 1891, pp. 298 et 404, et le travail de M. Guiffrey.

(2) « D'Alleaume, marquis d'Alleaume, sieur de la Ramée, élection
d'Alençon, » qui renonça à la qualité de noble, portait les mêmes armes
que Charles d'Alleaume, sieur de Trefforest. (Recherche de la noblesse
de la basse Normandie, par Chamillard, 1666-1667. Bibl. de Rouen, manuscrit provenant de l'abbaye de Fécamp.)

(3) Registre de l'état civil.

nombreux enfants du marquis de Sommery et de Mlle Carrel. Une de ses sœurs, Angélique-Thérèse d'Alleaume, épousa François-Charles Lambert, comte de Frondeville; l'autre mourut à Neufchâtel-en-Bray, le 10 mai 1832. L'un de ses frères, Etienne-Augustin d'Alleaume, né en 1755, mort après 1832, avait été « capitaine commandant des troupes de la marine royale » et habita aussi Trefforest, qu'il laissa vers 1830 pour se retirer au Thil-Riberpré, à la suite du mariage de son neveu. E.-A. d'Alleaume était en 1810 chef de la 5e cohorte de la 19e légion de la garde nationale de la Seine-Inférieure. Si l'on en croit sa belle-sœur, Mme d'Alleaume, il avait émigré (1).

D'Alleaume aîné, lui, avait été capitaine d'artillerie. Il prit part aux délibérations de l'ordre de la noblesse du bailliage secondaire de Neufchâtel-en-Bray et, par suite, du grand bailliage de Caux, où il représenta, en même temps, Mme de Berville et M. Gallyc de Perduville (2). M. de Sommery fut l'un des douze commissaires chargés de la rédaction du cahier de la noblesse du bailliage de Caux; il émigra, et son château fut l'objet des premières perquisitions de la garde nationale du chef-lieu du district (3).

En l'an II, d'Alleaume était président de l'administration du district de Neufchâtel-en-Bray. Le 2 thermidor (14 juillet 1794), lors de la cérémonie de la Montagne, sur la place du Marquis, « après les hymnes et les chants patriotiques des citoyens Delestre (4), apothicaire, Petit (5), receveur, Lefebvre l'aîné et Couaillet, et des citoyennes

---

(1) *Complot contre Mme de X...*, p. 42.
(2) Arch. nat., reg. B_{III}, 43.
(3) Reg. de l'hôtel de ville de Neufchâtel-en-Bray.
(4) P.-E.-N. Delestre succéda à Coquet comme maire de Neufchâtel. Il était né à Rouen. A l'âge de soixante-dix ans, il était pharmacien-major de la 14e division de la grande armée et mourut de « consomption » le 2 avril 1814, à l'hôpital militaire de Raab.
(5) Le frère de ce Petit épousa une parente du conventionnel Guffroy.

Dulin et Picot (1) sœurs, et Cauchois, revendeur, formant
le coryphée », le citoyen d'Alleaume, publiquement, prononça un discours sur les bienfaits de l'égalité et prêta le
serment à la Constitution.

Sa mère et sa sœur furent arrêtées comme suspectes le
29 brumaire an II (19 novembre 1793) et détenues au
château de Mesnières-en-Bray, transformé en maison
d'arrêt. Le 9 janvier suivant, venaient les y rejoindre, le
marquis de Castellane de Lauris, la marquise, née de Porlier de Rubelles, leurs trois fils, Auguste-Fortuné, Louis-
Théophile et Auguste-Joseph, âgés de vingt-quatre ans,
neuf ans et six ans, et leurs deux filles, dont l'une, Louise-
Aglaé, âgée alors de quatorze ans, devint la femme du
marquis de Sainte-Marie-d'Aigneaux, plus tard sous-préfet
de Pont-Audemer, et l'autre, Marie-Henriette, Mme d'Alleaume. Ces sept personnes et deux de leurs domestiques
avaient été arrêtées au château de Saint-Saire (2), loué en
partie, avec son mobilier, au marquis, par Antoine Levas-
seur, régisseur-garde-chasse de Mme de Sesmaisons, le
10 novembre 1792 (3). Elles avaient fui Paris après le
massacre, à l'Abbaye, en septembre 1792, du chevalier
de Rubelles, beau-frère du marquis de Lauris.

Sur une pétition adressée par elle au conseil général de
la commune de Neufchâtel-en-Bray, Mme d'Alleaume, née
Du Mesniel, obtint, le 15 octobre 1794, un certificat de
civisme par 14 voix sur 19 votants. Elle fut mise en liberté,
ainsi que sa fille, probablement peu de temps après.

(1) L'une des demoiselles Picot épousa J.-F.-Dion, marchand filassier,
et l'autre Pierre Legay. Leurs maris s'étaient engagés dans les Hussards
de la Mort. Dion, qui devint capitaine, est mort à Dreux. M. Legay fut
commerçant, puis huissier et président du tribunal de commerce à Neufchâtel.
(2) Commune du canton de Neufchâtel-en-Bray, voisine de Trefforest.
(3) Note prise sur une quittance de loyer délivrée au marquis le 10 juillet 1793.

A peine les cent cinquante prisonniers politiques du château de Mesnières eurent-ils recouvré la liberté, que des manifestations réactionnaires se produisirent hardiment. L'une d'elles était dirigée surtout contre d'Alleaume, que sa situation fort délicate rendait plus vulnérable et contre lequel on était surexcité dans le camp royaliste.

Le 10 octobre 1795, à Neufchâtel-en-Bray, le peuple, assemblé et présent à la séance du conseil général de la commune, présidée par le citoyen Garin, « déposa sur le bureau, par le ministère du citoyen Coquet (1), artiste vétérinaire, une pétition d'un sieur Carton au représentant Casenave (2), contre les citoyens d'Alleaume, Martin, Lemaire, Boullais et Dufresnoy, tous ayant été administrateurs du district et susceptibles de partir le lendemain pour Rouen, à l'effet de nommer les représentants du département au Corps législatif, et vu que le juge de paix est saisi de cette affaire, qu'il continue la procédure, le peuple, ayant lieu de craindre qu'un mandat d'arrêt ne le prive de ces quatre membres, désire que le conseil appuie sa pétition auprès des représentants pour la suppression de cette procédure ». Ce Carton, arrêté le 9 novembre 1793 et détenu à Mesnières, était rentré au service de M. de Mercastel de Croixdalle, « frère d'émigré », arrêté lui-même comme suspect (3). Le conseil général, se fondant

(1) Maire de Neufchâtel, naguère condamné à la déportation et réintégré dans ses fonctions par la Convention. On a imprimé à tort qu'il avait été guillotiné. Il était encore maire sous l'Empire et il mourut à Neufchâtel-en-Bray, le 19 avril 1819, — dans son lit.

(2) Casenave était le beau-frère de l'avocat Vimar, petit-neveu d'un chapelain du château de Mesnières, lieu où il est né, et fils d'un huissier-greffier de l'élection de Neufchâtel-en-Bray. On sait que Vimar fut député, puis sénateur et pair de France. Son père mourut à Neufchâtel, âgé de quatre-vingt-trois ans, le 22 janvier 1792.

(3) Le *Magasin Brayon*, 1867. Les Mercastel et les d'Alleaume devaient être parents. Claire d'Alleaume était en 1700 femme d'un Mercastel de Doudéauville.

sur ce que Carton était « soutenu par l'aristocratie », dépêcha deux Neufchâtelois, Petit et Delestre, à Rouen, d'où
ils rapportèrent une lettre de Casenave au juge de paix,
suspendant les poursuites contre d'Alleaume et autres (1).

Six mois après, à Trefforest, alors commune du canton
de Gaillefontaine, le 18 avril 1797, à six heures du matin,
« jour et heure indiqués » en la ci-devant (?) maison commune, P.-B.-F. d'Alleaume, « âgé de quarante-sept ans
cinq mois et dix jours, ancien capitaine d'artillerie, vivant
de son revenu, demeurant en la commune de Neufchâtel »,
contractait mariage avec Marie-Henriette de Lauris (2),
« âgée de vingt-six ans trois mois et vingt-neuf jours ».
Celle-ci, née à Thury (Yonne) le 21 décembre 1769 (3),
était fille de Louis-Joseph-André-Gabriel de Lauris et de
Julie-Adélaïde Porlier de Rubelles, domiciliés à Neu-
ville-Ferrières (4). La famille de Lauris, en sortant du
château de Mesnières, où sa captivité ne fut pas très
dure, revint sans doute à son manoir bien délabré de
Houpillières (5), situé à Neuville, vers Saint-Saire. A ce
moment encore, le marquis préférait le séjour de la Normandie. où il était venu se réfugier dès qu'il ne s'était plus
trouvé en sûreté à Paris, au lieu de se rendre à ses domaines de Vacqueyras, dans le Comtat-Venaissin. Il n'eut

(1) Reg. de l'hôtel de ville de Neufchâtel-en-Bray.
(2) Le nom exact depuis le xviie siècle est de Castellane de Lauris. Fran-
çoise de Castellane de Girard (?) de Brancas, marquise d'Ampus, veuve
d'Emeric de Lauris, marquis des Taillades, en 1681, lors du mariage de
son fils avec Marie de Vassadel, âgée de douze ans, le dota sous la condition que lui et ses descendants porteraient le nom et les armes de la maison de Castellane *avant* tous autres nom et armes. (Arch. dép. de Vaucluse,
B. 1971 ; — *Ann. de la nobl.*, 1863, p. 154.)
(3) Reg. de l'état civil de Thury.
(4) Canton de Neufchâtel-en-Bray.
(5) Ce manoir, jadis possédé par les d'Antigny, les de Quesnel et les du
Deffand, ignoré des archéologues et des historiens parce qu'en notre siècle
il n'y avait pas de châtelain pour les recevoir, subsiste en partie. Ses
restes présentent de curieux enchevêtrements intérieurs de constructions
anciennes et des épis qui lui assignent la date de la Renaissance.

pas à le regretter, car Joseph-Barthélemy Gaudibert, son régisseur, notaire et viguier de Vacqueyras, fut, malgré des certificats de civisme, suspecté et finalement poursuivi comme étant l'agent « des despotes les plus acharnés (1) ». Dénoncé à l'accusateur public de Camaret où il s'était retiré, traduit devant la commission populaire d'Orange, emprisonné au fort d'Avignon, condamné à mort le 29 juillet 1794, il fut exécuté (2). Le même sort attendait là ses maîtres, s'ils avaient eu la mauvaise inspiration de s'y rendre.

De ce mariage naquirent plusieurs enfants parmi lesquels une fille, mariée en février 1822 à un Rouennais, et deux fils dont l'un fut licencié en droit de la Faculté de Paris après une thèse soutenue le 9 mars 1820 : *Du paiement, de la novation et de la remise de la dette*, avec cette dédicace : « *Dilectissimo et optimo patri* » (3).

M. et Mme d'Alleaume cessèrent de vivre en commun au mois de février 1812, et demandèrent réciproquement leur séparation de corps que prononcèrent un jugement du 12 février 1815 et un arrêt de la Cour de Rouen du 13 mars 1816, précédés d'enquêtes et d'incidents qui se renouvelaient en 1820. Au cours de ces procédures, Mme d'Alleaume résidait à Neufchâtel, à Forges, à Rouen, à Paris, puis dans une localité voisine de cette dernière ville et dans une autre près de Carpentras. Elle mourut non loin de la capitale, à un âge fort avancé.....

Cette arrière-petite-cousine de la duchesse de Châteauroux et petite-nièce de la marquise du Deffand, la célèbre épistolière, était-elle assez lettrée pour écrire seule l'au-

---

(1) La mère du marquis, Antoinette du Deffand, avait plaidé contre le consul de Vacqueyras. (Arch. de Vaucluse, B. 831.)

(2) Abbé S. Bonnel. *Les 332 victimes de la Commission populaire d'Orange*, t. II, pp. 283 et suiv.

(3) Note prise sur un exemplaire imprimé de la thèse.

tobiographie en vers, dont on ne connaît aujourd'hui qu'un seul exemplaire et qu'on ne voit figurer dans aucune bibliographie (1)? Le COMPLOT *contre madame de... mis en vers par elle-même*, in-octavo de 128 pages, fut imprimé et publié — vraisemblablement en 1816 — chez J.-G. Dentu, rue des Petits-Augustins, n° 5 (ancien hôtel de Persan), à Paris. Il n'est pas impossible que l'auteur apparent ait eu pour collaborateur quelque ennemi politique du député de la Seine-Inférieure. « Le manque d'argent » empêcha d'orner les quatre chants d'autant de gravures, remplacées par des descriptions. M. d'Alleaume, les magistrats du tribunal, clairement désignés ou nommés, divers témoins du procès de séparation, une maîtresse de pension de Rouen, « ancienne abbesse », d'anciennes religieuses, un chef d'institution à Rouen, « prêtre apostat », le sieur Requier, secrétaire de la sous-préfecture, des domestiques et des fermiers du député sont traités de la belle manière. A la suite de chaque chant sont des notes ou explications sur un ton fort vif. Celles du chant deuxième racontent le mariage de M. et Mᵐᵉ d'Alleaume, accompli après une promesse écrite signée de M. d'Alleaume, qu'il ne regarderait Mˡˡᵉ de Lauris comme sa femme que lorsqu'un prêtre non assermenté aurait béni son union. Le marquis de Lauris s'opposait à ce mariage, favorisé par la marquise : « Mon père, s'absenta, j'osai lui désobéir, ma mère facilita mon enlèvement (2). » A propos des souffrances morales que lui aurait causées son mari,

---

(1) Marie-Anne de Mailly-Nesle, duchesse de Châteauroux, était la femme de J.-B.-L. de la Tournelle, dont la mère, Jeanne-Charlotte du Deffand, était la fille de J.-B.-J. du Deffand, bisaïeule de Mᵐᵉ d'Alleaume. Le mari de Mᵐᵉ du Deffand était le fils de ce même J.-B.-J. du Deffand.

(2) P. 50. On a conservé dans le pays le souvenir d'un duel qui aurait été la conséquence du mariage. Le « Complot », qui parle de tant de choses et de tant de personnes, ne parle pas de ce duel.

Mme d'Alleaume, en termes assez mystérieux, fait allusion à la détention au château de Mesnières :

. . . .
Quoique à sa cruauté je serve d'instrument,
Le ciel pour le punir lui doit un châtiment.
Ce n'est pas d'aujourd'hui que je connais le sire,
Il m'employa jadis pour plus d'un martyre.
Au temps de la Terreur, il sut..... enfermer.
. . . . (1)

A titre de spécimen, voici le portrait de l'un de ceux contre lesquels s'exhale son ressentiment :

..... Autrefois s'il fut prêtre,
Renonçant à ses vœux, il a cessé de l'être.
La nature sur lui nous a fait le portrait
De son âme exécrable, et s'il n'est pas parfait,
Qu'on s'en prenne à celui qui la fit trop hideuse :
Sa main pour l'enlaidir ne fut pas paresseuse.
Le plus adroit pinceau ne pourrait approcher
De cette ressemblance; on ne peut qu'ébaucher :
D'abord, qu'on se figure en vis deux hautes quilles,
Bases d'un petit corps surchargé de guenilles,
La poitrine rentrée et l'épaule en cerceau,
Une tête monstrueuse, une bouche en museau,
Des dents de sanglier, la peau noire et livide,
Le ton d'un grenadier, le langage commun,
La trogne bourgeonnée; il n'est jamais à jeun;
Les yeux sont aussi grands que le trou des aiguilles;
Son visage est velu comme le sont les chenilles (2).

Malgré l'intérêt offert par la lecture de nombreux détails sur des notabilités de cette époque toujours obscure, il ne faut, bien entendu, voir dans ce livre qu'un libelle, œuvre d'une femme exaspérée d'avoir succombé. Son caractère, à

(1) P. 42. Les points suspensifs sont ainsi dans le texte.
(2) P. 43.

elle, se trouve d'ailleurs assez exactement dépeint dans les
vers qui suivent, extraits de la partie la plus modérée du
« poème ».

Je fus réduite à vivre en la petite ville
Où siégea mon procès; il m'y fut difficile
D'éviter les propos; que n'étais-je à Paris!
Il ·faut garder sa femme, *avis à tous maris* (1).
Le mien, tranquillement, seul dans la capitale,
Pensait que son affaire unique et principale
Consistait à savoir ménager ses ducats.
En emmenant sa femme, on l'eût vu dans le cas,
Comme vous pensez bien, d'augmenter sa dépense.
Le plaisir de m'avoir n'entrait pas en balance.
J'allais donc habiter le maudit Neufchâtel,
Ville où tous les caquets vous jugent sans rappel.
Comme des tourtereaux, deux à deux, l'on admire
Des couples d'amoureux; le mari, sans rien dire,
Sur sa belle voisine a de quoi se venger,
Et tout se passe au mieux; l'amour peut voltiger.
Mais si, dans cette ville, arrive une étrangère,
Chacun, pour la séduire, emprunte un caractère.
J'y reçus mille vœux; mon cœur s'en courrouça;
Aux hommes je plaisais et déplaisais aux femmes;
Contre eux tous je lançai de fortes épigrammes.
Ce moyen est peu propre à gagner les esprits.
Mais comment se venger envers des gens aigris?
Mon sexe, pour toute arme, eut toujours la satire;
Car le sabre ou l'épée en nos mains ferait rire.

. . . .

Neufchâtel est classé dans les petites villes,
Je crus trouver à Rouen des âmes moins viles;
Mais il fut impossible, et j'en gémis tout bas,
D'éviter les filets enlacés sous mes pas (2).

. . . .

En 1811, M. d'Alleaume était membre du collège électoral de la Seine-Inférieure, conseiller d'arrondissement et

(1) En italiques dans le texte.
(2) P. 101—102.

chef de la 18ᵉ légion de la garde nationale, dont l'adjudant était M. Lemercher de Longpré. Le maire de Neufchâtel était alors M. Le Mercher d'Haussez. M. d'Alleaume était encore conseiller d'arrondissement en 1823.

La date et le lieu de sa mort ne sont pas *inconnus*. Il est mort le 7 juin 1827, à Trefforest, âgé de soixante-dix-huit ans.

Il figure — à juste titre — dans le *Dictionnaire des Girouettes*, d'Alexis Eymery (1), ce recueil intéressant des défaillances ou des hardiesses, comme on voudra, d'un grand nombre de révolutionnaires. Il importe toutefois de faire remarquer qu'on lui accorde seulement deux drapeaux pour compter ses variations d'opinion. Peut-être un de plus ne suffirait-il pas!

FÉLIX CLÉREMBRAY.

(1) 2ᵉ édition, 1815, p. 113.

UNE LETTRE INÉDITE

DE JEANBON SAINT-ANDRÉ

La *Révolution française* a déjà publié de nombreux documents sur Jeanbon Saint-André (1); ses lecteurs seront curieux de connaître les appréciations de ce conventionnel sur les événements du 31 mai et le jugement qu'il porte sur la conduite de la Gironde.

A ce titre la lettre de Jeanbon à Filsac offre un intérêt de premier ordre; je viens d'en prendre copie aux Archives nationales (Série W, 368, dossier 822).

Jean Filsac, ancien secrétaire de l'administration centrale du département du Lot, fut arrêté et traduit devant le tribunal révolutionnaire. Dans les papiers saisis à son domicile se trouvait une correspondance qui, de 1789 à 1791, ne se montrait point favorable à l'établissement du nouveau régime.

Malgré la lettre de Jeanbon, dans laquelle l'attitude du parti girondin est appréciée avec une assez grande sévérité, Filsac fut condamné à mort le 20 mai 1794 (2). L'amitié du conventionnel du Lot ne put lui faire accorder les circonstances atténuantes, il mourut sur l'échafaud pour avoir conservé des lettres contre-révolutionnaires remontant aux premiers jours de la Révolution.

ARMAND LODS.

(1) Lettre à Lasource du 1er mars 1792, *Revue*, t. II, p. 619. — Lettre au Comité de salut public du 23 octobre 1793, t. VIII, p. 724. — Lettre à Barère du 26 mars 1793, t. XVII, p. 355. — La mort de Jeanbon, t. XVIII, p. 179. — Lettres à Lasource, t. XXI, p. 338.

(2) Consultez Wallon, *Histoire du tribunal révolutionnaire*, t. IV, p. 13.

Lettre de Jeanbon Saint-André à Jean Filsac, secrétaire de l'administration centrale du département du Lot.

Paris, le 18 juin 1793, an II de la République (1).

La lettre que vous m'avez écrite, mon cher Filsac, m'a fait plaisir en ce qu'elle est l'expression de votre patriotisme, mais les détails qu'elle contient m'ont affligé ; ils prouvent que l'intérêt personnel est le mobile le plus puissant du cœur humain et que tel, qui vante beaucoup son civisme en a tout juste autant qu'il en faut pour se soumettre à la loi tant qu'elle lui est avantageuse. Quoi qu'il en soit, on a tort de prendre l'alarme sur le discours de Chabot. Il a énoncé son opinion particulière, et certes il en était le maître, mais il n'a point énoncé celle de la Convention. Il est de fait, au contraire, que la proposition de supprimer le traitement des prêtres a été faite trois ou quatre fois par le côté droit et toujours repoussée par le côté gauche. Je m'abstiens de faire aucune réflexion sur ce fait, elles se présentent en foule, mais toujours est-il certain qu'il y a précipitation et injustice, pour ne rien dire de plus, à faire un crime à toute une Assemblée de l'opinion particulière d'un de ses membres.

Je ne suis pas surpris, qu'avec ces semences de mécontentement, on ait tâché d'entraîner votre ville et votre administration dans les fausses mesures adoptées par quelques autres. Le mal a jusqu'à présent été moindre qu'il n'aurait pu l'être, et, puisqu'on s'est borné à l'envoi de deux commissaires porteurs d'une pétition, ils pourront à leur retour vous donner pour votre argent la certitude qu'on ne s'égorge pas à Paris, que cette ville n'est pas tout à fait

---

(1) Archives nationales. W 368, dossier 822, 4ᵉ partie, pièce 100.

peuplée de cannibales, et que les patriotes de la Convention ont encore quelque chose d'humain. C'est à Marseille que l'orgueil de quelques marchands contre-révolutionnaires assassine les patriotes et outrage la République et la liberté. C'est à Lyon que de bons citoyens, pères de famille, artisans, vivant du travail de leurs mains ou d'une fortune médiocre ont été fusillés impitoyablement, que plus de 800 ont péri, que 1,200 gémissent dans les cachots et que des milliers d'autres fuient avec horreur une terre arrosée du sang de leurs frères barbarement versé, et ce sont pourtant ces villes qui donnent en ce moment l'exemple et le signal de méconnaître l'autorité de la Convention nationale, sous le frivole prétexte qu'elle n'a pas été libre quand elle a mis en arrestation 32 membres. Et les bons citoyens donnent dans ce piège grossier ! Ils ne voient pas qu'on appelle la division de la République par ces horribles manœuvres ! Et ils ne savent pas que les auteurs de ces désordres attachent bien peu d'importance aux 32 membres, mais qu'ils en mettent beaucoup à nous troubler et à nous armer les uns contre les autres, à nous porter à nous déchirer de nos propres mains !

Voilà donc l'autorité législative méconnue dans la Convention nationale ; elle a passé dans les administrations de départements qui, n'osant pas tout à fait se l'attribuer ouvertement, convoquent les assemblées primaires pour légaliser en quelque sorte leur usurpation. Nous avons donc autant de républiques particulières qu'il y a de départements qui ont pris ce funeste parti. On a beau débuter, dans toutes ces délibérations, par jurer l'unité et l'indivisibilité de la République, un serment n'est qu'un mot et le fait ici le contredit ouvertement. Il n'y a point d'unité sans un centre commun, sans un respect commun pour l'autorité légitime et les lois qui en émanent. Ceux qui lèvent des armées contre la Convention, qui arrêtent les caisses publiques sont, à mon avis, de vrais prédicateurs d'anarchie et des fauteurs de fédéralisme. Au surplus le peuple reviendra de cette erreur comme de beaucoup d'autres ; il ne peut pas méconnaître longtemps ses vrais intérêts, et la ville de Cahors, où j'ai vu régner un bon esprit, ne sera pas dupe de l'intrigue des grandes villes.

Un fait suffit à quiconque veut sincèrement le bien de son pays. Dans le nombre de ceux qui ont été mis en arrestation, plusieurs ont fui ; ceux-là sont les vrais coupables sans doute, car il serait affreux de penser qu'ils le fussent tous ou qu'ils le fussent également dans les conjurations politiques qui touchent de si près à des opinions métaphysiques sur la nature du gouvernement. Il est possible et même facile à des fripons adroits d'égarer les hommes systématiques, pour qui leurs lumières mêmes sont un piège de plus. Ceux-là méritent non seulement indulgence, mais justice ; ils sont innocents, car on n'est pas coupable pour des opinions. Mais ceux qui se sont soustraits à la loi, qui se sont évadés avec de faux passeports, qui ont été souffler dans les départements le feu de la révolte, qui ont fait arrêter les commissaires de la Convention, qui travaillent à former une armée en Normandie et ont, par cet acte arbitraire, paralysé leurs opérations et ouvert nos côtes à l'Anglais, qui, sous prétexte d'une force départementale, ont fait désigner pour marcher contre Paris des administrateurs du port de Brest, des forgerons, des charpentiers, des officiers de marine au moment où nos vaisseaux doivent sortir du port ; ceux qui complotent avec les rebelles de la Vendée, soit par eux-mêmes, soit par leurs frères, ceux qui se sont donné une garde prétorienne dans les départements de l'Eure et du Calvados et qui, escortés de ces satellistes, parcourent à cheval les villes et les villages, ferment les passages, arrêtent les communications, retiennent les subsistances; ceux-là, sont-ils innocents?, Doit-on, peut-on les envisager comme des représentants du peuple ou comme des conspirateurs?

La crise où nous sommes est la plus violente et la plus dangereuse que nous ait encore suscitée l'aristocratie; mais ce qui en fait surtout le danger, c'est que d'autres intérêts s'y mêlent, que d'autres personnages s'y montrent, et le peuple toujours bon et confiant qui voit difficilement le crime dans ceux où il a cru voir quelque vertu, balance, hésite, jusqu'à ce que sa propre expérience, c'est-à-dire son malheur, l'ait détrompé.

Je suis entré avec vous, citoyen, dans ces détails, parce votre lettre m'a paru l'exiger. J'aime ma patrie et je lui serai toujours fidèle. J'aime le département qui m'a honoré de sa confiance et je me ferai un devoir religieux de ne jamais l'induire en erreur. Au milieu des mouvements politiques qui en agitent beaucoup d'autres, je lui dirais, si ma voix pouvait être entendue : « Soyez spectateur attentif de tous ces débats; la vérité n'est pas encore bien connue, mais elle ne saurait tarder à l'être; ne sacrifiez pas votre repos au vain et stérile plaisir de jouer un rôle dans ces scènes malheureuses où, sans s'entendre, on déchire le sein de la patrie. Quand tout sera éclairci, que l'ordre sera rétabli, vous vous applaudirez de votre sagesse et le peuple vous en bénira. » Au reste, ce conseil ne peut en aucun cas être ni difficile, ni dangereux à suivre, et il vaut bien mieux que de prodiguer les trésors et le sang des administrés par des querelles dont l'aristocratie seule peut profiter. Réunissons nos forces pour exterminer l'ennemi commun : cet ennemi est la Vendée; c'est là qu'il faut que nous marchions tous, et promptement, si nous voulons sauver la République.

Je vous salue fraternellement et je vous prie de me rappeler au souvenir de tous les vrais amis de la liberté qui sont aussi les miens.

JEANBON SAINT-ANDRÉ.

P. S. — Vos envoyés sont arrivés. Je souhaite qu'ils soient entendus favorablement. S'ils parlent avec sagesse, ils se feront honneur et au département. Votre procureur général m'écrit; si j'ai le temps, je lui répondrai par le courrier; communiquez-lui ma lettre, qui répond en quelque sorte à la sienne, et faites-lui mille amitiés pour moi.

DOCUMENTS INÉDITS

RELATION DES ÉVÉNEMENTS
DEPUIS LE 6 MAI JUSQU'AU 15 JUILLET 1789.

BULLETINS D'UN AGENT SECRET.

Suite et fin (1).

N° 57.

Paris, le 5 juillet 1789.

Les Parisiens paraissent avoir oublié les affaires du temps pour ne s'occuper que de la cherté du pain et de la difficulté de s'en procurer. On a dit ce matin que la capitale eût manqué de pain sans les secours extraordinaires pris sur la provision des Invalides. On prétend qu'ils ont fourni 200 sacs de farine. Les alarmes qu'on répand à ce sujet multiplient les embarras ; on ne s'en tient pas à la provision du jour, on en prend pour deux ou trois dans la crainte d'en manquer le lendemain ; par ce moyen les fournisseurs sont épuisés dans la matinée et se trouvent hors d'état d'en donner dans le courant du jour. Le pain ne manque pas, mais la conduite qu'on tient et les plaintes indiscrètes qu'elle occasionne font le plus grand mal.

Sur ce point important, on attend avec impatience le résultat du travail confié au comité de subsistance.

Le rapport fait à l'Assemblée nationale par M. Dupont a été rendu public. On y a vu avec intérêt qu'elle est disposée à venir au secours de l'humanité souffrante et on a espéré que ces secours seront définitivement arrêtés lundi prochain.

Le peuple, toujours extrême dans ses jugements, sans chercher la vraie cause de la disette des grains, l'attribue tantôt au Parlement, tantôt à l'administration ; souvent il en accuse les deux

(1) Voir la *Révolution !française* des 14 octobre, 14 novembre, 14 décembre 1892 et 14 janvier 1893.

ensemble et sur ce point il se permet les déclamations les plus outrées.

En général, on désapprouve les ordres donnés par le gouvernement pour la réunion de la troupe qu'on voit arriver chaque jour. On veut donc nous affamer? dit le public. Nous n'avons pas de quoi vivre, comment fournir aux besoins de tant d'étrangers? Au surplus, à quoi bon tant de soldats? Si c'est pour nous en imposer, la précaution est inutile. Sous tous les autres rapports, c'est une fausse démarche.

Les attroupements au Palais-Royal sont toujours les mêmes. Les orateurs y déclament comme à l'ordinaire. Leurs motions sont constamment dirigées contre les mêmes personnes. Pour en donner une idée, je joins à ma feuille *La confession et repentir de M*^me *de Polignac ou la nouvelle Madeleine convertie* (1), avec la *Réponse à cette confession* (2). Ces deux pièces ont été lues publiquement. Je joins encore à ma feuille la douzième, treizième et quatorzième lettre du comte de Mirabeau à ses commettants.

Les Invalides, prévenus du projet d'enlèvement des armes déposées à leur Hôtel, se sont mis en état de défense et, à tout événement, dans la nuit il les ont fait transporter ailleurs et diviser dans divers magasins.

On dit toujours que M. de Calonne est à Paris et qu'il loge au Temple.

On n'est pas parfaitement rassuré sur la sincérité de la réunion des trois ordres. On dit que les deux premiers n'attendent, pour s'expliquer ouvertement, que la fin des préparatifs militaires dont on s'occupe et qu'on ne voit pas de bon œil. On se prépare à répondre à leur opposition et à leur résister par tous les moyens imaginables. Je l'ai déjà dit et je le répète, on ne veut plus entendre parler de la séance du 23. On ne veut plus d'ordres, de rangs et de distinctions.

N° 58.

Versailles, le 6 juillet 1789.

La subsistance de Paris inquiète bien du monde. On craint la famine et, parce qu'on la craint, le public alarmé se conduit de

(1) Bibl. nat., Lb^39/1996 (s. l.), 1789, in-8° pièce; autre édition (s. d.), Lb^39/1996 A.

(2) Réponse à la confession de Mme de P..., ou les mille et un *mea culpa* (s. l.), 1789, in-8° pièce. (Bibl. nat., Lb^39/1997).

manière à la produire. Ce matin, les boulangers de Paris ont adressé un mémoire à l'Assemblée nationale. Ce mémoire, sans être ouvert, a été renvoyé au Comité de subsistance. On a dit que les représentations des boulangers portaient moins sur la perte qu'ils éprouvaient dans la vente du pain que sur les difficultés de se procurer de la farine.

Un particulier, dont je n'ai pas su le nom, s'est présenté au Comité de subsistance. Il y a fait lecture d'un long mémoire, dans lequel il prétend prouver que l'administration a fait tout le mal et que MM. Leleu de Paris, dont elle se sert depuis trop longtemps, sont les agents qu'elle emploie pour couvrir ses manœuvres ; ce particulier a fait une sortie vigoureuse contre MM. Leleu. A l'en croire, pour s'enrichir, ils ont trompé en même temps le gouvernement et la nation. Ce mémoire a été pris en considération ; tous les chefs d'accusation doivent être examinés scrupuleusement. Mais toutes ces discussions ne donnent pas de pain et l'on assure toujours que nous en manquerons.

Ce matin, il est parti de Paris une députation des électeurs pour l'Assemblée nationale. Cette députation avait pour objet de remercier l'Assemblée des démarches qu'elle avait faites auprès du roi pour obtenir la grâce des gardes-françaises et la presser de solliciter de nouveau cette grâce qui, n'était pas encore donnée. Avant de se présenter, elle a reçu un courrier pour lui apprendre que cette grâce était enfin arrivée. Elle est entrée et s'est bornée à faire des remerciements.

A l'ouverture de l'Assemblée, on a fait courir le bruit que M. le comte d'Artois avait dit et même écrit que l'Assemblée ferait sagement de ne pas s'occuper de la constitution nouvelle, qu'on se disposait à l'en empêcher et même à la dissoudre. Cette nouvelle a échauffé toutes les têtes et c'est la principale cause qui a été agitée ; on a dit qu'il était urgent de travailler à cette constitution sans relâche ; pour y parvenir plus promptement, on a nommé un Comité de trente personnes, prises dans les trente bureaux déjà formés, chargé de classer les matières de cette constitution, d'en suivre l'ordre, de les diviser dans chaque bureau, de recueillir les opinions et d'en faire le rapport à l'Assemblée. On est convenu de suspendre toutes les opérations étrangères à cette constitution. Il faut remarquer que, pendant que les bureaux s'occupaient de la nomination d'un député pour former le Comité sur cette matière, M. le duc d'Orléans en personne les visitait tour à tour pour être informé

de ce qu'ils faisaient et les solliciter à ne pas perdre de temps.
Ce soir, au Comité des subsistances, M. l'archevêque de Vienne
et le duc d'Aiguillon ont assuré l'Assemblée que le gouvernement ne voulait pas entendre parler de nouvelle constitution et
qu'il avait arrêté la dissolution prochaine des États généraux.
Cette nouvelle, vraie ou fausse, a fait la plus vive sensation. Elle
a causé une telle fermentation dans tous les esprits qu'on va
prévenir les provinces des intentions du gouvernement et les
disposer à une résistance combinée, pendant qu'on est résolu à
lui opposer la plus forte.

Je l'ai dit bien des fois et je le répète. Je crois qu'il serait
prudent d'envoyer dans les provinces des gens instruits et bien
intentionnés pour calmer l'effervescence qu'on tâche d'inspirer
au peuple et le ramener aux vrais principes, s'il avait le malheur
de s'en écarter. Il est temps encore de prendre cette sage précaution. Les circonstances ne seront pas toujours aussi favorables.

Je ne dis rien de la petite émeute de ce soir. Elle est étrangère aux mouvements et à l'état actuel des dispositions du
peuple.

N° 59.

Paris, le 7 juillet 1789.

Les bruits répandus sur les projets de la dissolution prochaine
des États, afin de rompre les mesures sur la constitution nouvelle dont ils veulent s'occuper, n'ont fait que donner plus
d'ardeur à ceux des membres qui mettaient quelque importance
à ce travail; on ne parle que de constitution. Les gens intéressés
à fixer l'attention de l'Assemblée sur cette matière n'ont pas
manqué leur but. Ils agissent toujours avec la même chaleur et
suivent leur plan sans le perdre de vue.

Les ordres impératifs gênent la marche qu'on veut tenir. On
est résolu de les déclarer nuls par rapport à l'Assemblée nationale. M. l'évêque d'Autun a fait ce matin une motion à ce sujet
dont voici la teneur :

« L'Assemblée nationale considérant qu'un bailliage et, à plus
forte raison, une partie de bailliage, n'a que le droit de concourir par des députés à former la volonté générale et non celui
de l'arrêter ou de s'y soustraire, déclare que toute clause im-
pérative d'un mandat qui interdirait à un député de voter dans

l'Assemblée et lui ordonnerait de se retirer parce que son vœu particulier ne prévaudrait pas, est radicalement nul par rapport à l'Assemblée nationale ; que l'espèce d'engagement qui pourrait en résulter entre un député et ses commettants doit être promptement levé par eux et ne peut être ni supposé ni reconnu par l'Assemblée ; qu'une telle clause n'ayant pu sous aucun prétexte être apposée, toutes protestations faites en conséquence sont inadmissibles ; qu'elles ne peuvent suspendre un seul instant les opérations d'une Assemblée légitimement constituée et essentiellement active, et, par une suite nécessaire, malgré l'absence volontaire ou forcée de quelques députés, tout décret de l'Assemblée sera également obligatoire pour tout bailliage, lorsqu'il aura été rendu pour tous sans exception. »

Cette motion, généralement goûtée, a été combattue par les membres de la noblesse, mais faiblement et sans effet ; quelques députés du Tiers ont fait quelques légers amendements ; il paraît qu'elle passera à la très grande majorité sans permettre d'autres discussions sur cette matière. On ouvrira la séance de demain pour recueillir les voix.

On a senti la nécessité d'admettre quelques députés du clergé dans le Comité chargé de classer la matière pour la constitution ; il est décidé qu'il y en aura six ; la nomination en a été confiée au bureau de l'Assemblée.

Cette opération faite, le Comité doit entrer en activité et l'on peut compter qu'il mettra toute la célérité possible dans son travail ; on veut que les principaux points de la constitution soient arrêtés avant quinze jours ; c'est un prodige, mais nous sommes dans le temps où rien ne m'étonne.

Le Comité de subsistance est convenu de ne rien faire ; la récolte prochaine fournira des secours et l'on avisera aux moyens de prévenir pour la suite semblables malheurs.

L'arrêté du 29 novembre de la noblesse est tout au long dans le *Journal de Versailles*. Sa publication n'a fait aucune impression dans l'esprit de l'Assemblée. Elle n'en suivra pas moins le plan qu'elle s'est formé, et elle agirait de même quand tout l'ordre de la noblesse aurait souscrit cet arrêté. On en revient toujours aux principes qu'on veut établir : plus d'ordres, plus de rangs, plus de distinctions.

Les Parisiens, toujours alarmés sur la subsistance de la ville, ne voient pas de bon œil le camp qui se forme au Champ de Mars ; il y a déjà beaucoup de tentes de placées.

N° 60.

Paris, le 8 juillet 1789.

L'assemblée s'est occupée ce matin de la motion de M. l'évêque d'Autun; après bien des débats, on est convenu que les précédents arrêtés décidaient la question; il a été jugé à la très grande majorité qu'il n'y avait lieu à délibérer.

M. le comte de Mirabeau a fait une motion vigoureuse pour demander l'éloignement des troupes cantonnées dans les environs de Paris et de Versailles et que la garde de ces deux villes fût confiée à la bourgeoisie. Nous n'avons pas d'exemple de la force, de l'énergie et de la licence de son discours. Il a été généralement applaudi. Les gens sages voulaient remettre à des temps plus paisibles l'examen de cette motion. Ils cherchaient à gagner du temps en demandant qu'elle fût renvoyée aux bureaux pour avoir leur avis; il n'a pas été possible de l'obtenir; on criait sans cesse *aux voix*. Il a fallu y venir, mais avant on a proposé un amendement, qui a été admis; c'était de demander simplement l'éloignement des troupes sans parler de la garde bourgeoise. On a été aux voix et à la majorité a prévalu pour la motion avec l'amendement.

Il faut remarquer que personne n'a osé combattre cette motion; on n'a parlé que pour la soutenir. MM. Target et La Fayette se sont distingués dans cette occasion.

M. le comte de Mirabeau a fait une sortie très forte contre les personnes qui avaient méchamment induit le Roi à prendre des mesures si contraires à la liberté de l'Assemblée. Je les connais, a-t-il dit, et je prends l'engagement de les dénoncer au public. L'abbé Grégoire a traité cette matière plus vivement encore : « Il faut qu'ils soient connus, a-t-il dit, il faut les vouer à l'exécration contemporaine et à celle de la postérité. » Les esprits fermentaient violemment, l'Assemblée a été des plus orageuses. M. l'archevêque de Vienne a annoncé que le roi l'avait mandé pour ce soir à six heures; on attend avec impatience de savoir ce que Sa Majesté avait à lui annoncer.

On a fait courir le bruit ce matin que le roi devait tenir lundi prochain une séance royale, on dit que c'est pour annoncer que les trois ordres ont été assez longtemps réunis et que les deux premiers peuvent se retirer dans leurs chambres.

On va s'occuper tout de suite et sans interruption de la constitution du royaume. Pour ne pas perdre de temps, on est con-

venu de rejeter toute motion qui serait étrangère à cette constitution. Le clergé, offensé de ce qu'aucun de ses membres
n'avait été compris dans la nomination du Comité chargé de
cette partie, a refusé l'admission, faite après coup, de six de ses
membres.

On s'attend que le Roi se refusera à la demande qui va lui
être faite de l'éloignement des troupes qu'il a fait approcher de
Paris et de Versailles. Dans ce cas, il paraît que les dispositions
de l'Assemblée sont de suspendre toutes les délibérations et de
cesser même ses fonctions pour ne les reprendre qu'après avoir
été satisfaite sur l'objet de sa demande.

Sur la séance royale indiquée pour lundi, il paraît que l'Assemblée ne s'en alarme pas. Voici sa résolution à tout événement : « Si les deux premiers ordres se retirent, nous ferons
sans eux et nous agirons d'après nos principes consignés dans
l'arrêt du 17. »

Rien n'égale la fermentation des esprits que les vives alarmes
des bons citoyens sur le sort de la patrie. Ils font des vœux bien
sincères pour le retour du calme et de la paix.

N° 61.

Versailles, le 9 juillet 1789.

L'assemblée de ce matin a été très intéressante. Le jugement
des deux députations du bailliage d'Amont a été en faveur de la
première. Les discussions à ce sujet ont duré au moins trois
heures (1).

Le comte de Mirabeau a fait ensuite lecture de l'adresse au
roi sur sa motion d'hier. Cette adresse passe pour un chef-
d'œuvre en politique, en sentiment et en éloquence. Elle a été
généralement applaudie et admise par acclamation. La députation devait être reçue ce soir ; elle ne l'a pas été. M. le garde
des sceaux a fait demander par ordre du roi le nom des députés
et une copie de l'adresse ; on croit qu'elle sera reçue demain.
Ce retardement a excité quelques murmures.

(1) C'est la noblesse seule du bailliage d'Amont à Vesoul qui avait élu
une double députation, à la suite de divisions survenues au cours des
assemblées électorales. L'Assemblée nationale admit MM. de Toulongeon,
d'Esclans et Bureaux de Puzy et rejeta la députation des *protestants,*
composée de MM. de Beauffremont, le président de Vezet et de Moustier.

On a communiqué à l'Assemblée le discours du roi à M. l'archevêque de Vienne. Sa Majesté lui a dit que les troupes qu'elle faisait assembler n'étaient point destinées à gêner la liberté des États généraux; qu'elles n'avaient été mandées que pour maintenir l'ordre, la sûreté et la tranquillité de la capitale; qu'elles s'éloigneraient lorsque la fermentation serait apaisée. Le roi fit entendre à M. l'archevêque que ses intentions à ce sujet seraient rendues publiques. L'archevêque répondit au roi qu'il ne suffisait pas que les États généraux fussent effectivement libres, qu'il fallait encore qu'ils pussent le paraître aux yeux du public.

M. Mounier, un des députés du Comité de la Constitution, a fait un discours préparatoire sur cette matière, qui a fait la plus vive impression. J'en ai saisi les idées et le plan qu'il propose (1).

En voici la teneur :

1° Tout gouvernement doit avoir pour unique but le maintien des droits des hommes, d'où il s'ensuit que, pour rappeler constamment le gouvernement au but proposé, la constitution doit commencer par la déclaration des droits imprescriptibles de l'homme.

2° Le gouvernement monarchique étant propre à maintenir ces droits, a été choisi par la nation française. Il convient surtout à une grande société, il est nécessaire au bonheur de la France. La déclaration des principes de ce gouvernement doit donc suivre immédiatement la Déclaration des droits de l'homme.

3° Il résulte des principes de la monarchie que la nation peut assurer ses droits et concéder des droits particuliers au monarque; la constitution doit donc déclarer d'une manière précise les droits de l'un et de l'autre.

4° Il faut commencer par déclarer les droits de la nation française, il faut ensuite déclarer les droits du roi.

5° Les droits du roi et de la nation monarchique n'existent

(1) Le rapport du Comité chargé de préparer le travail de la constitution se trouve en entier au *Moniteur* (*Réimpression*, I, p. 141-142). Les lignes qui suivent sont la reproduction exacte de l'ordre de travail proposé par ce comité. (Op. cit., I, p. 143.) Voir sur le même objet : *Lettre à M. Mounier à l'occasion du rapport de son comité lu par lui dans la séance du 9 juillet* 1789 (s. l. n. d.), in-8° (Bibl. nat., Lb ³⁹/1816), et : *Vues sur le rapport de M. Mounier concernant la constitution* (9 juillet) par un député de l'Assemblée nationale (s. l. n. d.), in-8° pièce (Bibl. nat., Lb³⁹/1917).

que pour le bonheur des individus qui la composent. Ils conduisent à l'examen des droits des citoyens.

6° La nation française ne pouvant être individuellement réunie pour exercer tous ses droits, elle doit être représentée ; il faut donc fixer le mode de la représentation et les droits de ses représentants.

7° Du concours des pouvoirs de la nation et du roi doivent résulter l'établissement et l'exécution des lois. Ainsi il faut d'abord déterminer comment les lois seront exécutées.

8° Les lois ont pour objet l'administration générale du royaume, les actions et les propriétés des citoyens. L'exécution des lois qui concernent l'administration générale exige des assemblées provinciales et des assemblées municipales ; il faut donc examiner quelle doit être l'organisation des assemblées provinciales et municipales.

9° L'exécution des lois qui concernent les propriétés et les actions des citoyens nécessite le pouvoir judiciaire. Il faut déterminer comment il doit être confié. Il faut déterminer ensuite ses obligations et ses limites.

10° Pour l'exécution des lois et la défense du royaume, il faut une force publique. Il s'agit donc de déterminer les principes qui doivent la diriger.

J'avais annoncé qu'on s'occupait sérieusement de cette constitution. On assure qu'elle est déjà faite et que le travail présenté par M. Mounier est un beau cadre qui sera bientôt rempli ; il a été distribué dans tous les bureaux. Ils se sont assemblés ce soir ; ils s'assembleront chaque jour, et cette matière sera la seule dont ils s'occuperont sans interruption jusqu'à ce qu'elle soit terminée.

L'ordre de la noblesse s'est assemblé ce soir extraordinairement.

M. d'Epremesnil a eu des explications assez vives avec deux députés du Tiers état. Il a fini par leur dire : « Dispensez-vous, messieurs, de me prêcher votre morale, *je vous assure que je serai converti avant huit jours!* » Comme on ne compte pas sur cette conversion, la réponse de M. d'Epremesnil a fait naître des soupçons alarmants sur les intentions du gouvernement, mais ces inquiétudes n'arrêteront rien. On est résolu d'aller d'un pas ferme au but où l'on veut arriver.

Les nouvelles de Paris nous apprennent que la journée n'a pas été aussi tranquille que les précédentes. Le peuple est dans la plus vive agitation et le foyer du désordre est toujours au

Palais-Royal. On assure que M. le maréchal de Broglie a prévenu M. le duc d'Orléans que, s'il n'y mettait pas de l'ordre incessamment, il aviserait lui-même aux moyens d'y ramener le calme et la paix.

Il est arrivé à M. Dupont une aventure bien extraordinaire, et l'on trouve qu'il s'est conduit bien plus extraordinairement encore. Il a reçu une lettre timbrée de Lorient, dans laquelle on le prévient que les Bretons sont instruits de sa mauvaise conduite aux États généraux. On le prévient qu'il sera surveillé de près et que ses jours ne sont pas en sûreté, s'il persiste dans ses principes. Ces menaces ayant, sans doute, troublé le repos de M. Dupont, il a imaginé d'aller trouver les députés de Bretagne dans le lieu où ils tiennent tous les soirs leurs assemblées particulières, avenue de Saint-Cloud, et de leur faire la confidence, non seulement de la lettre, mais même de ses craintes. Ils étaient les auteurs de la lettre et ils se sont beaucoup amusés de l'effet qu'elle avait produit. Il a essuyé les reproches les plus amers; enfin, après bien des explications et des assurances de la part de M. Dupont d'un amendement sincère, les députés lui ont permis (1), s'il se réunissait à eux pour le bien de l'État, de désabuser leurs concitoyens de la mauvaise opinion qu'ils avaient conçue de lui et lui ont assuré qu'il ne lui arriverait rien de fâcheux. M. Dupont a paru tranquille et s'est retiré très satisfait.

Il faut remarquer que les députés de Bretagne ont admis dans leur assemblée beaucoup d'autres députés de différentes provinces et qu'ils reçoivent tous ceux qui veulent y assister : ils étaient environ cent lorsque M. Dupont s'est présenté.

On aura de la peine à croire à la réalité de cette aventure, mais c'est un fait positif. Je le tiens de plusieurs députés présents aux explications que cette lettre supposée et faite à plaisir a produites.

Les Français ont un caractère de gaieté qui se démasque toujours, même dans les affaires les plus sérieuses.

Je joins à cette feuille la quinzième lettre du comte de Mirabeau à ses commettants. Elle est faite pour dégoûter l'évêque de Châlons de publier d'autres mandements sur les États généraux.

----

(1) Le manuscrit porte bien : *permis*. Il faut vraisemblablement lire : *promis*.

N° 62.

Versailles, le 10 juillet 1789.

On a fait, ce matin, deux motions sur les finances; l'une est de M. Bouche, et l'autre de M. Target. Le reste de la séance s'est passé en vérifications de pouvoirs.

La députation de l'Assemblée a été reçue ce soir. La réponse du roi porte que les troupes cantonnées dans les environs de Paris et de Versailles n'ont été mandées que pour maintenir l'ordre, la sûreté et la tranquillité des habitants; que les États généraux ne doivent en prendre aucun ombrage et que, si ces précautions, que la prudence exige, leur causaient quelques inquiétudes, il leur donnerait son agrément pour qu'ils se transportassent à Noyon ou à Soissons; et que, dans ce cas, il irait à Compiègne pour être plus à portée de connaître leurs délibérations et de donner ses ordres.

En rentrant chez moi, je trouvai une lettre de Paris qui m'apprend que toutes les troupes de l'artillerie qui étaient à l'hôtel des Invalides ont forcé les sentinelles depuis onze heures du matin et se sont répandues au Palais-Royal. Au moment qu'on m'écrivait, elles étaient aux Champs-Élysées. Le public les a comblées d'honneur, d'argent et de fêtes. Toute l'artillerie des Invalides est à découvert; il y reste tout au plus des sentinelles. On croit que, sous peu de jours, peut-être même dans la journée, les troupes campées au Champ de Mars suivront cet exemple, et tout Paris est en l'air. On assure que la crainte a fait sortir beaucoup de monde.

Les bureaux se sont assemblés ce soir; ils travaillent sans interruption au grand œuvre de la constitution.

Nous sommes donc dans un moment de crise bien redoutable. Il est au point qu'il donne des craintes fondées sur l'impuissance de calmer l'effervescence de toutes les têtes.

N° 63.

Versailles, le 11 juillet 1789.

Ce matin, on a ouvert la séance par le rapport de la réponse du roi à la députation d'hier. On a fait trois motions à ce sujet, qui s'accordent à rejeter le déplacement proposé; mais toutes se réunissent à persister dans la demande de l'éloignement des troupes. On a renvoyé aux bureaux la discussion et l'examen de ce matin.

Pour la composition du Comité des finances, il a été décidé qu'on prendrait un député de chaque bureau et de chaque généralité. On est assez généralement convenu qu'on admettrait dans ce Comité des étrangers instruits dans la partie ; on parle de M. Panchaud (1) et je crois qu'il y sera admis.

M. de La Fayette a proposé ses idées sur le premier article du plan de travail relatif à la constitution. La définition du droit des hommes a été généralement applaudie. Il en sera remis des copies à tous les bureaux. M. de Lally-Tolendal a parlé à l'appui de cette motion avec autant de force que d'éloquence, mais il a observé que, tous les articles de la constitution devant avoir la liaison la plus intime, on ne peut en arrêter un seul avant d'avoir bien mûrement réfléchi sur tous ; que le dernier article peut faire naître des réflexions sur le premier, qui exigent qu'on y apporte des changements ou des modifications. Ses observations ont été goûtées et son discours a produit le plus grand effet.

L'opinion générale est que la restauration doit être universelle, mais on sent qu'elle ne peut s'opérer qu'insensiblement et par degrés, afin de ne pas épuiser le corps déjà trop affaibli de l'État par la multiplicité de remèdes indiscrets.

Il paraît donc qu'on se bornera, dans la présente tenue des États généraux, à poser les principales bases de la constitution. On laissera aux assemblées suivantes la gloire d'achever la grande œuvre de la rénovation publique et d'assurer à cette monarchie son lustre et sa splendeur.

Les principaux points dont il paraît qu'on veut s'occuper, sont : 1° les droits de la nation et ceux du roi ; 2° la responsabilité des ministres ; 3° les emprisonnements en vertu d'ordres du roi ; 4° l'obéissance passive des militaires ; 5° les entraves mises à la presse ; 6° la violation du secret des lettres ; 7° l'état actuel tant des juges que de la justice civile et criminelle ; 8° enfin le rétablissement des assemblées périodiques de la nation ou leur permanence.

---

(1) « M. de Calonne accordait une protection ouverte à M. Panchaud, homme de génie, auquel les envieux reprochaient des malheurs particuliers et que les gens impartiaux tenaient pour un véritable homme d'État. Le ministre n'eut qu'un tort, celui de n'avoir pas eu une confiance plus aveugle dans l'homme le moins propre à faire sa fortune personnelle et le plus capable de faire la gloire d'un État. » *Moniteur.* (*Introduction*, p. 140.)

Il me paraît que l'essai qu'on veut faire sur cette constitution est un coup de main.

On ne veut pas tout faire, mais sur ce point que restera-t-il pour les assemblées suivantes, si l'on peut parvenir à réaliser en si peu de temps la tâche immense qu'on s'est imposée? On dit que c'est tout au plus l'ouvrage d'un mois ; c'est [ce] que je ne puis concevoir.

Je n'ai pas de nouvelles directes de Paris, mais on assure que le trouble, le désordre et la confusion s'y manifestent plus que jamais.

N° 64.

Versailles, le 13 juillet 1789.

[La première partie de ce bulletin est consacrée à la reproduction *in extenso* de la *Réponse du roi* à la députation de l'assemblée nationale et de l'*Arrêté de l'Assemblée nationale rédigé par M. Target* (1)].

Nota. — Tous les nobles présents qui n'avaient pas assisté aux arrêtés précédents y ont adhéré; leurs discours à ce sujet ont fait la plus vive impression.

L'Assemblée est convenue de ne pas rompre la séance et de la continuer nuit et jour. Pour soulager M. l'archevêque de Vienne, elle est encore convenue de nommer un vice-président; il paraît que ce sera M. le marquis de La Fayette (2).

Les nouvelles de Paris portent que la garde bourgeoise est déjà établie. Leurs chefs (*sic*) sont d'anciens militaires. On assure que les Suisses et les gardes-françaises se sont réunis à elle sur l'invitation qui leur en a été faite.

Une députation des électeurs de la ville de Paris était présente à l'Assemblée. Cette députation, très satisfaite du courage

(1) Le texte des deux documents transcrit en cet endroit contient quelques inexactitudes; on en trouvera la version officielle au *Procès-verbal de l'Assemblée nationale du 1er juillet* 1789, n° 22, p. 7-9 de la collection Baudouin. (Bibl. nat., Le 27/10 in-8°).

(2) Voir : Procès-verbal de la Constituante du 13 juillet 1789, *in fine*, le discours de réception de La Fayette, élu vice-président. La fonction de vice-président fut supprimée par le *Règlement à l'usage de l'Assemblée nationale*, adopté le 29 juillet 1789. L'art. 5 du chap. 1er de ce règlement était ainsi conçu : « En l'absence du président, son prédécesseur le remplacera dans les mêmes fonctions. »

et de la fermeté de tous les députés, est repartie ce soir pour en rendre compte et disposer toutes choses d'après les principes de l'arrêté ; on est généralement convenu d'opposer la plus forte résistance aux mesures du gouvernement et tout annonce qu'on se portera à la dernière extrémité plutôt que de céder. Toutes les têtes sont exaltées ; on a expédié des courriers dans presque toutes les provinces.

Il paraît qu'on en veut particulièrement à M. le garde des sceaux et que l'intention de l'Assemblée est de le dénoncer comme traître au roi et à la patrie.

On a proposé et je crois qu'on ne tardera pas à déclarer toutes les troupes *nationales*. L'objet de cette déclaration est de les désarmer et de prévenir l'effusion du sang.

Les princes et les grands seigneurs qui approchent le roi, tous les aristocrates qui se sont montrés dans cette occasion, sont soupçonnés de faire agir le roi. Si le calme tarde à se rétablir, leurs maisons et leurs personnes sont en danger.

N° 65.

Versailles, le 15 juillet 1789.

Le roi, accompagné de Monsieur et de Mgr le comte d'Artois, sans cortège et sans suite, s'est rendu ce matin à l'Assemblée nationale.

Sa Majesté s'était fait annoncer par M. le marquis de Brézé ; en parlant à l'Assemblée au nom du roi, il se croyait autorisé à garder le chapeau sur la tête. L'Assemblée a exigé qu'il portât la parole chapeau bas ; il s'est soumis à cette décision (1).

On a mis en délibération si on devait applaudir le roi lorsqu'il se présenterait ; plusieurs membres ont soutenu la négative. Ils ont prétendu que la tristesse et la consternation étant l'image et une suite nécessaire des affaires du temps, il ne convenait pas à l'Assemblée de donner aucun signe de joie. L'évêque de

---

(1) Le procès-verbal du 15 juillet ne mentionne aucun incident relatif au chapeau de Dreux-Brézé, mais à la séance du 18 juillet le président dit à l'Assemblée : « M. le marquis de Brézé, grand maître des cérémonies, s'étant aperçu qu'à l'avant-dernière séance on avait improuvé qu'il eût parlé à l'Assemblée la tête couverte (quoique cet usage soit fort ancien) a résolu, pour ne pas lui déplaire, d'apporter les ordres du roi d'une manière plus convenable à la majesté du lieu. »

Chartres a dit que le silence était la première leçon des rois (1). Cependant Sa Majesté a été vivement applaudie.

Le roi est entré dans la salle à onze heures et demie, s'est couvert et, debout, a dit : Messieurs, je vous ai assemblés pour vous consulter sur les affaires de l'État. Il n'en est pas de plus instantes et qui affectent plus sensiblement mon cœur que les désordres affreux qui règnent dans la capitale. Le chef de la nation vient avec confiance au milieu de ses représentants leur témoigner sa peine et les inviter à trouver les moyens de ramener l'ordre et le calme. Je sais qu'on a donné d'injustes préventions. Je sais qu'on a osé publier que vos personnes n'étaient pas en sûreté. Faut-il détruire des bruits aussi coupables et

(1) Dans un ouvrage récemment publié, M. le marquis Costa de Beauregard, racontant la procession d'ouverture des Etats généraux, a écrit à ce sujet : *On n'avait pas inventé encore la formule que le silence des peuples est la leçon des rois.* (*Le roman d'un royaliste, Souvenirs du comte de Virieu*, p. 117.) Rappelons que la *formule* se trouve dans l'*Oraison funèbre de Louis XV le Bien Aimé prononcée dans l'église de l'abbaye royale de Saint-Denis, le 27 juillet* 1774, par *Messire J.-B. Charles-Marie de Beauvais, évêque de Senez* (Voir *Bulletin*, n° 47). Voici la phrase entière : « Alors quand le prince paraît ne l'entend plus retentir autour de lui les acclamations de ses sujets ; le peuple n'a pas sans doute le droit de murmurer mais sans doute aussi il a le droit de se taire et *son silence est la leçon des rois.* » (Paris, Desprez, 1774, in-8°, p. 35.) Il est assez difficile d'établir d'une manière certaine par qui le mot a été repris le 15 juillet. On n'en trouve aucune trace au procès-verbal. Mirabeau rapporta ainsi l'incident : « *Un des membres de l'Assemblée* modéra ces premiers mouvements en observant que cette allégresse formait un contraste choquant avec les maux que le peuple avait déjà soufferts. « Qu'un morne respect soit le premier accueil fait à un monarque dans un moment de douleur. Le silence des peuples est la leçon des rois. » (Dix-neuvième lettre du comte de Mirabeau à ses commettants, p. 485.) Mirabeau employait sans doute quelquefois cette forme : *un des membres de l'Assemblée* en parlant de lui, mais plus souvent il se désignait plus clairement il disait : le député qui avait fait telle motion, etc. Il ne ressort donc rien de précis de son récit. Le *Moniteur* (qui pour cette partie supplémentaire emprunte beaucoup à Mirabeau) raconte : *Plusieurs orateurs s'élèvent contre cette explosion de joie inconsidérée, ils demandent du silence.* Attendez, s'écrient-ils, que le roi vous ait fait connaître les bonnes dispositions qu'on vous annonce de sa part. Le silence du peuple est la leçon des rois. « Buchez et Boux reproduisent textuellement le *Moniteur*. Quant aux éditeurs des *Archives parlementaires*, ils ont simplement supprimé les mots ci-dessus soulignés et les ont remplacés, sans preuve, pensons-nous, par ceux-ci : *le comte de Mirabeau*. Il importe peu sans doute à la gloire du grand orateur qu'il ait prononcé ou non, le 15 juillet 1789, un mot célèbre depuis 1774 (et qui n'était peut-être même à cette date qu'une réédition), mais il ressort de cet exposé qu'il n'est pas invraisemblable non plus que ce soit l'évêque de Chartres qui l'ait repris à l'Assemblée nationale.

démentis d'avance par mon caractère connu? Eh bien! c'est moi qui ne fais qu'un avec la nation, c'est moi qui me fie à vous. Aidez-moi dans cette circonstance à assurer le salut de l'État, je l'attends de l'*Assemblée nationale*. Le zèle des représentants de mon peuple réunis pour sa conservation m'en est un sûr garant, et, comptant sur l'amour et la fidélité de mes sujets, j'ai ordonné aux troupes de s'éloigner de Paris et de Versailles. Je vous autorise, je vous invite même à faire connaître mes dispositions dans la capitale. »

M. l'archevêque de Vienne a rappelé au roi l'arrêté de l'Assemblée du 13. Sa Majesté a répondu qu'elle ne s'était jamais opposée à ce que l'Assemblée eût une libre communication avec sa personne et qu'elle ordonnerait qu'elle fût établie à l'avenir sans intermédiaires. Le président a vivement insisté sur les réclamations de l'Assemblée contre les ministres nouveaux. Il a dit qu'on ne devait attribuer les désordres de Paris qu'à la manière dont le ministère actuel avait été établi. Sa Majesté n'a rien répondu, ou, si elle a dit quelque chose, elle n'a pas été entendue.

Le roi est sorti de la salle et s'est retiré à pied au château, suivi de ses deux frères, de presque tous les membres de l'Assemblée et d'une foule immense de citoyens qui faisaient retentir l'air des acclamations de : *vive le roi!* On a remarqué que Sa Majesté était attendrie jusqu'aux larmes. La même sensibilité était dans le cœur de tous ses sujets.

Les députés se sont réunis dans la salle. On a fait l'appel de ceux qui devaient composer la députation de Paris. Ils se sont assemblés et ils sont partis dans les meilleures dispositions. Il ne faut pas se dissimuler que l'opinion générale de l'Assemblée est d'insister vivement sur l'éloignement des ministres actuels. Elle reviendra sur cette matière et ne la perdra pas de vue. Elle en veut particulièrement à M. le garde des sceaux et à M. de Villedeuil. Le premier surtout lui est en horreur. Elle parle de lui faire son procès et c'est très sérieusement qu'elle s'en occupe. J'ai cru remarquer dans les dispositions générales que l'Assemblée serait satisfaite si le roi se décidait sans autres explications à éloigner ces deux ministres. Si j'avais le bonheur d'approcher sa personne, pour le bien de la paix, je lui conseillerais de prendre ce parti. Elle ne réclame contre les autres ministres que relativement à la circonstance de leur entrée au ministère; les réclamations contre eux n'ont rien de personnel.

Les Parisiens ont arrêté plusieurs courriers de la cour et

saisi les dépêches. Elles doivent être remises à l'Assemblée nationale, qui se propose de les examiner et, dans le cas qu'elles contiennent des ordres violents, de poursuivre à toute rigueur les ministres qui les ont donnés.

Ici finissent, au dossier des *Archives des Affaires étrangères*, les bulletins d'un agent secret. Les documents du même genre que l'on trouve, dans cette série, à une date postérieure, ne sont ni de la même écriture, ni, de toute évidence, du même auteur. Peut-être découvrira-t-on quelque jour que ceux-ci commencèrent antérieurement au 6 mai 1789 et qu'ils eurent une suite. La date à laquelle ils cessent semble indiquer cependant qu'ils étaient adressés à l'un des ministres renversés au moment de la prise de la Bastille. M. Chassin qui, un des premiers, a signalé l'importance de ces notes secrètes et en a même reproduit plusieurs extraits (*Les élections et les cahiers de Paris*, t. III, p. 415-423) a publié *in extenso* en même temps (p. 417-418) une pièce du même dossier que nous avons seulement signalée à sa date (4 juin 1789, bulletin n° 29). Cet auteur attribue à Montmorin quelques lignes écrites en marge de cette *Note bien importante*, que nous avons données, sous réserves d'ailleurs, comme étant de Louis XVI. Une étude attentive du texte n'a pas modifié notre opinion. Il y a lieu d'observer en effet que cette *Note* était destinée au roi et qu'on lit en marge : J'ignore absolument... *d'où cela peut m'être adressé*. Si ce point de détail était fixé, ce document aurait son histoire éclaircie et il gagnerait encore en intérêt.

A. Brette.

CHRONIQUE & BIBLIOGRAPHIE

Dans les premiers jours du mois de janvier dernier, M. le docteur Robinet ayant adressé à M. le président de la Société de l'histoire de la Révolution sa démission de vice-président et de membre, le Comité ne crut pas devoir accepter cette démission, dont M. Robinet ne donnait pas les motifs. Il chargea M. le président d'insister auprès de M. Robinet pour qu'il la retirât. Voici un extrait du procès-verbal de la séance du Comité du 9 courant, qui fera connaître à nos lecteurs les motifs de cette regrettable démission et les sentiments du Comité :

« Il est donné lecture d'une nouvelle lettre de M. le docteur Robinet, adressée au président de la Société :

« Paris, 16 janvier 1893,
« 7, rue Littré.

« Cher Monsieur Claretie,

« Vous m'avez adressé ce matin un appel si amical et si affectueux, que je ne puis me dérober ni tarder à y répondre.

« Ne pouvant en aucune façon accepter et subir l'exécution que M. le professeur Aulard a bien voulu faire de ma personne et de mes modestes recherches historiques, en Sorbonne, dans son discours d'ouverture, j'ai pensé qu'il valait mieux me retirer de notre Société, que d'y risquer des contacts et des discussions pour le moins désagréables.

« Ai-je mal vu la situation ?

« Cela est très possible, car je ne me crois pas grand clerc.

« Cependant, j'ai beau le retourner sous toutes ses faces et le prendre par tous les bouts, le procédé de notre cher collègue ne me paraît ni juste, ni fondé, ni fraternel.

« Ne vous chagrinez pas, d'ailleurs, de ma séparation : un de perdu, dix de retrouvés! C'est pour moi que sera toute la peine.

« Mais, si quelque chose peut la diminuer, c'est bien la cordiale sympathie, la bonne affection que vous m'avez montrées ce matin et les regrets qu'ont bien voulu me témoigner nos collègues, sentiments dont je suis aussi touché que reconnaissant.

« Veuillez les en assurer de ma part et agréer vous-même, avec tous mes remerciements, la sincère expression de mes sentiments dévoués.

« ROBINET. »

Après la lecture de cette lettre et un échange d'observations diverses, M. Aulard proteste qu'il n'a nulle intention malveillante contre M. le docteur Robinet, dont il respecte la personne et dont il apprécie les travaux. Il fait savoir au Comité qu'il a écrit à M. le docteur Robinet les lettres les plus affectueuses, pour le faire revenir sur sa détermination. Enfin, il donne lecture de la partie de sa leçon sur Auguste Comte (reproduite dans la *Révolution française* du 14 janvier dernier), où il apprécie avec estime l'œuvre du docteur Robinet.

« Le Comité, affligé de la démission de son sympathique et distingué vice-président, déclare que la Société, fondée pour réunir des amis de la Révolution en vue de libres recherches historiques, ne saurait avoir pour but de préserver les travaux de ses membres de critiques mutuelles, qu'il faut seulement, que ces critiques soient courtoises et bienveillantes, et que cette règle a été observée par M. Aulard, dont d'ailleurs la Société ne s'approprie pas plus les théories que celles de toute autre personne ou école ; le Comité rappelle en outre que M. le docteur Robinet était libre de répondre dans la *Revue*, et il accepte avec regret la démission que M. le docteur Robinet persiste à lui offrir en sa double qualité de vice-président et de membre de la Société.

« Le Comité décide que la partie de son procès-verbal relative à la démission de M. le docteur Robinet sera insérée dans le prochain numéro de la *Revue* et qu'une copie en sera adressée à M. Robinet. »

Je n'ajouterai qu'un mot, pour prier nos lecteurs de se reporter à ma leçon sur Auguste Comte, publiée dans le der-

nier numéro. Ils verront s'il est vrai que j'y fasse une *exé-*
cution de la personne et des recherches de M. Robinet. Loin
de là : je n'y parle de lui qu'avec estime et respect. De
même j'exalte le génie de son maître Auguste Comte, mais
je relève ses erreurs et, au fond, c'est là mon vrai crime :
j'ai oublié qu'un fondateur de religion est infaillible et
qu'il ne faut pas dire que le Maître s'est trompé sur aucun
point. — Et voilà une preuve de plus que la science et la
religion ne peuvent se toucher sans se combattre.

F.-A. AULARD.

— M. le marquis de Beaucourt vient de faire paraître le
second volume de son recueil sur la captivité de
Louis XVI (1). Ce sont des pièces officielles, en partie inédites, avec des notes claires et précises. En appendice, on a
donné, outre le testament de Louis XVI, texte revu sur
l'original, et un extrait d'une curieuse brochure intitulée :
Détails intéressants relatifs à la captivité de Louis XVI et à
sa comparution à la barre, trois dissertations sur des points
obscurs : 1° L'officier municipal qui, le 3 septembre 1792,
au Temple, préserva Marie-Antoinette des insultes des sep-
tembriseurs était-il l'abbé Danjou ou le sculpteur Daujon?
C'était ce dernier, car l'abbé n'a pas fait partie de la Commune du 10 août. Les détails biographiques que nous
devons à M. de Beaucourt sur ces deux personnages nous
empêcheront désormais de les confondre l'un avec l'autre,
comme le faisaient sans cesse les contemporains, qui défi-
guraient habituellement ces deux noms; 2° L'abbé Edge-
worth a-t-il dit à Louis XVI : *Fils de Saint Louis, montez au*
ciel? Louis Combes s'est jadis prononcé pour la négative,

(1) *Captivité et derniers moments de Louis XVI*, par le marquis de Beaucourt (publication de la Société d'histoire contemporaine), tome II, Paris,
Alphonse Picard, 1892, in-8 de 414 pages.

se fondant sur le témoignage de l'abbé lui-même. Cependant, il résulte des témoignages contemporains réunis par M. de Beaucourt qu'au lendemain de l'exécution du roi, tout le monde, à Paris, répétait ce mot comme authentique. 3° Enfin, M. de Beaucourt discute les chiffres des dépenses occasionnées par le séjour de Louis XVI au Temple. Ce tome II et dernier d'un recueil qui sera fort utile se termine par une table alphabétique très bien faite, mais où, cependant, quelques noms propres sont défigurés. Si M. de Beaucourt avait consulté *les Conventionnels*, par M. Guiffrey, il n'aurait pas écrit *Billaud-Varennes* au lieu de *Billaud-Varenne*, *Borie-Camber* au lieu de *Borie-Cambort*, *Dussaulx* au lieu de *Dusaulx*, *Poulain de Grandpré* au lieu de *Poullain-Grandprey*. S'il s'était servi de la table de l'*Assemblée électorale de Paris*, par M. Etienne Charavay, il aurait imprimé *Dommanget* et non *Dommanger*, *Le Blanc* et non *Leblanc* (c'est le chimiste qui découvrit la soude), *Oudart* et non *Oudard*. D'autre part, il faut écrire l'*abbé Lenfant* et non *Lanfant*, *Lavoiepierre* et non *Lavoipierre*. Ce sont là des vétilles, et nous ne les relevons que pour montrer à l'auteur avec quelle attention nous l'avons lu. Il a rectifié bien plus d'erreurs qu'il n'en a commis, et, par exemple, il a eu raison de me reprocher d'avoir donné à Le Bois le prénom de *Charles* et non celui de *Claude* (*Comité de salut public*, I, 493). En terminant, je signalerai à M. de Beaucourt l'extrait suivant du registre des délibérations de la Commune du 10 août, qui me semble lui avoir échappé : « *Du 14 août* 1792, *l'an IV de la liberté, le Ier de l'égalité*. Le Conseil général arrête que MM. Jacob (*sic*), Cailleux, Friry et Moessard se transporteront sur-le-champ à la Commission extraordinaire de l'Assemblée nationale, pour lui déclarer que le Conseil persiste dant l'arrêté qu'il a pris hier relativement à la détention du roi à la tour du Temple.

Signé : PETION, maire ; TALLIEN, secrétaire-greffier. Pour extrait conforme de l'original : TALLIEN, secrétaire-greffier. » (Archives nationales, DXL, 14.)

— M. François Rouvière, dont nous avons déjà signalé les *Dimanches* et les *Lundis révolutionnaires,* vient de publier un volume de *Mardis révolutionnaires* (1). Ce sont des études sur divers points de l'histoire du Gard et de l'Hérault pendant la Révolution : 1° la fête de la fondation de la République ; 2° le régiment de Lyonnais dans le Gard ; 3° le poète François (de Sanilhac) ; 4° le bureau d'échange de Nîmes ; 5° le 2° bataillon des grenadiers du Gard ; 6° le 14 juillet 1791 à Montpellier ; 7° le journaliste Jacques Boyer. Nous retrouvons dans ces excellentes monographies la même érudition précise que nous avons déjà louée dans les précédents ouvrages de M. Rouvière.

— Dans notre dernier numéro, nous avons signalé une analyse des délibérations du conseil général de la Haute-Vienne de 1800 à 1839, que vient de publier M. l'archiviste départemental Alfred Leroux. L'histoire de la Révolution doit aussi beaucoup à cet érudit. Sous sa direction, il se publie à Limoges un excellent recueil intitulé *Archives révolutionnaires de la Haute-Vienne,* dont trois volumes ont paru : 1° *Doléances paroissiales de 1789, publiées conformément au vœu du Conseil général du département,* par M. Alfred Leroux (2) ; 2° *Inventaire des documents manuscrits et imprimés de la période révolutionnaire conservés aux archives départementales de la Haute-Vienne,* publié par M. A. Fray-Fournier (3) ; 3° *Inventaire des documents conservés aux*

(1) François Rouvière : *Mardis révolutionnaires,* études sur l'histoire de la Révolution dans le Gard, Nîmes, Catélan, 1893, pet. in-8 de 367 pages.
(2) Limoges, J.-B. Chatras, 1889, in-8.
(3) Limoges, Ussel frères, 1891, in-8.

Archives départementales et bibliographie de l'histoire de la Révolution dans la Haute-Vienne, par le même (1). Je ne saurais trop féliciter M. Leroux d'avoir trouvé en M. Fray-Fournier un collaborateur aussi actif et aussi érudit: ses répertoires sont très bien faits, ils rendront de grands services et nous aurons souvent occasion de les citer et de les signaler. Ce n'est pas tout : la Société des Archives historiques du Limousin, dont M. Leroux est l'âme, a imprimé 4 volumes d'*Archives historiques* (2), où il y a des pièces utiles à nos études. Dans le tome Ier, qui est l'œuvre personnelle de M. Leroux, je signalerai les *Doléances des corporations et corps constitués de Limoges en 1789;* dans le tome III, les comptes et budgets de la généralité de Limoges (1778-1790); dans le tome IV, un état par paroisses de la subdélégation de Confolens, par M. l'abbé Granet, les cahiers de doléances des prêtres d'Ussel et des paroisses de Pouzac en Bas-Limousin (1789), des extraits du journal de Génébrias de Gouttepagnon, qui fut membre du directoire du département de la Haute-Vienne, puis procureur de la commune de Limoges. — Il faut remercier et féliciter les auteurs de ces intéressantes publications, qui ont réuni avec tant de zèle et de soin des éléments utiles pour l'histoire régionale de la Révolution.

— On sait que le fonds d'Archives historiques conservé à l'Hôtel de Ville a disparu dans l'incendie de 1871. Mais il restait dans les mairies et dans divers dépôts un assez grand nombre de pièces, qui ont pris place aux Archives reconstituées de la Seine. M. Marius Barroux a entrepris le catalogue de celles de ces pièces qui se rapportent à la période

(1) Limoges, Ussel frères, 1891, in-8.
(2) Limoges, Ve Ducourtieux, 1887-1892, in-8.

révolutionnaire. Le fascicule qu'il publie aujourd'hui (1) a pour objet le fonds de l'administration générale de la commune et de ses subdivisions territoriales, c'est-à-dire les districts et les sections. Ce fonds n'est pas très riche; ce sont des reliquats, des résidus, mais il y a là plus d'un document utile, surtout pour l'histoire des sections. Le catalogue qu'on nous en donne est bien composé, facile à consulter et les historiens de la Révolution seront d'autant plus reconnaissants à M. Barroux qu'il ne s'est pas borné à mentionner les pièces : il les analyse et, en plus d'un cas, dispense ainsi de recourir à l'original.

— M. Soucaille a étudié l'histoire de la Société populaire de Béziers (2). La principale source de son étude est le registre des délibérations de cette Société populaire, conservé aux Archives municipales de Béziers et qui offre le tableau des séances du 3 juillet 1790 au 30 ventôse an II (20 mars 1795). Il manque un volume à ce chapitre, et c'est malheureusement celui qui se rapporte aux mois de ventôse, germinal, floréal, prairial, messidor; thermidor an II, c'est-à-dire à une période particulièrement intéressante. Mais M. Soucaille a pu combler en partie cette lacune avec le registre correspondant des séances du Comité de surveillance. Il ne s'est pas borné à analyser ces documents : c'est une véritable histoire des Jacobins de Béziers qu'il a voulu écrire, et il y a réussi. Il a mis en lumière le patriotisme impartial de ce club, qui refusa de prendre parti dans les discordes dont la Convention était déchirée et qui tourna

(1) *Inventaire sommaire des Archives de la Seine; partie municipale...*, par M. Marius Barroux, archiviste adjoint, Paris, Paul Dupont, 1892, in-4 de 116 pages à deux colonnes.

(2) *Historique de la Société populaire de Béziers*, par Antonin Soucaille, correspondant du ministère de l'instruction publique, Béziers, J. Sapte, 1892, in-8 de 102 pages.

surtout son zèle contre l'invasion espagnole et contre les manœuvres fédéralistes. Ces Jacobins de Béziers contribuèrent pour leur part à maintenir l'unité et l'indépendance de la patrie. Placés au centre même des tentatives anti-patriotiques qui se produisirent dans leur région en juillet 1793, ils furent du petit nombre des Français éclairés et énergiques qui, à cette heure critique de notre histoire, empêchèrent les séditions marseillaise, lyonnaise et bordelaise de se rejoindre au grand profit de l'ennemi du dehors. Par de courtes citations bien choisies et qui fortifient son récit sans le ralentir, M. Soucaille a fait connaître ce rôle des Jacobins de Béziers, sans nous priver de documents utiles qu'il rencontrait à côté de son sujet, comme ce tableau de la vente des biens nationaux dans le district, dont il nous a donné un extrait intéressant. C'est là une solide et neuve monographie, qui ne sera pas inutile à l'histoire générale.

— On sait que la table du procès-verbal de la Convention, rédigée par Camus, n'a jamais été imprimée. Elle existe à l'état manuscrit, en des milliers de fiches qui remplissent, aux Archives nationales, plusieurs caisses. Quand il fut question, il y a quelques années, de l'imprimer, on ne put obtenir des Chambres le crédit nécessaire. M. Servois, garde général des Archives, s'est préoccupé des moyens d'obvier à cet inconvénient et de remédier, dans la mesure du possible, à une lacune si vivement déplorée par les travailleurs. Il a entrepris de faire copier ce qui est indispensable dans ces fiches, c'est-à-dire chaque mot avec le renvoi à la page et la date de la séance. Il a fallu, faute de temps et d'argent, laisser de côté les phrases indicatives et explicatives. Mais, avec ce qu'on nous donne, on sera assuré de n'avoir rien omis, si on a la patience de recourir à toutes les pages du procès-verbal dont les chiffres sont rappelés. Cette copie est achevée jusqu'à la lettre *D* inclusivement, et la suite s'en poursuit activement, sous la direction de MM. Tuetey et Guiffrey, dont la tâche n'est pas médiocre, puisqu'ils ont à rétablir les innombrables noms de personnes et de lieux défigurés par la déplorable typographie d'alors. Cette copie forme déjà quatre volumes, qui ont été placés dans la salle de travail à la disposition du public. Nous ne saurions trop féliciter MM. Servois, Tuetey et Guiffrey, du réel service qu'ils ont ainsi rendu aux travailleurs. Nous espérons que les moyens leur seront donnés d'achever rapidement leur utile entreprise. Nous comptons bien qu'une fois achevé, ce travail sera imprimé, et, puisqu'on en est aux économies, on pourra peut-être se borner à l'imprimer tel quel. Mais nous reviendrons sur ce sujet en temps utile. Qu'il nous suffise aujourd'hui d'avoir signalé une des œuvres les plus méritoires de ces Archives nationales où, depuis quelques années, les études d'histoire contemporaine trouvent de si précieux secours.

— M. Paul Maillefer a raconté l'histoire du pays de Vaud pendant les trois premières années de la Révolution française (1). « A l'origine, dit-il, le peuple vaudois, dans sa majorité, ne comprit pas la Révolution française, et l'accueillit sans grand enthousiasme. Chacun des éléments de la population y puisait ce qui l'intéressait directement : les gentilshommes, l'accès aux charges ; les bourgeois, financiers et commerçants, la restauration des finances fran-

---

(1) *Contribution à l'histoire de la révolution helvétique. Le pays de Vaud de 1789 à 1791. Thèse de doctorat présentée à la Faculté des lettres de l'Université de Lausanne,* par Paul Maillefer, Lausanne, Ch. Vinet-Genton, 1892, in-8 de 174 pages. — Nous recevons également le premier numéro d'une *Revue historique vaudoise,* dirigée par M. Maillefer. En voici le sommaire : *Le pays de Vaud au* xviii° *siècle. — Necker et M*ᵐᵉ *de Staël en Suisse à l'époque de la Terreur. — Documents et anecdotes relatifs à la dîme.*

çaises ; les paysans, l'abolition des droits féodaux. Mais, à quelques rares exceptions près, les Vaudois ne songeaient point à changer de régime politique. La rivalité des villes et des campagnes, des gentilshommes et des bourgeois, le manque de cohésion entre les éléments du pays de Vaud rendait, en outre, toute tentative d'affranchissement impossible. » Le gouvernement aristocratique de Berne fit d'ingénieux efforts pour préserver ses sujets de la contagion révolutionnaire : il établit à la frontière une sorte de cordon sanitaire contre les journaux et les pamphlets. Mais le Club des patriotes suisses de Paris, dont M. Alfred Stern a jadis raconté l'histoire, trouva moyen, par sa correspondance, d'avertir et de solliciter les Vaudois. Leurs Excellences de Berne durent avoir à Paris un agent secret pour surveiller ces menées, et ce fut Mallet Dupan. En outre, le suisse Frédéric-César de la Harpe, qui résidait alors à Saint-Pétersbourg, s'occupa avec ardeur de propager les idées révolutionnaires dans le pays de Vaud. Il y eut quelques mouvements, mais le gouvernement de Berne maintint son autorité sans trop de peine. En résumé, selon M. Maillefer, les Vaudois n'étaient ni d'humeur ni de taille à s'affranchir par eux-mêmes. C'est l'invasion française qui amènera la chute du despotisme bernois.

Cet opuscule est bien composé, avec une érudition solide et claire. Les historiens de la propagande révolutionnaire le consulteront avec fruit. M. Maillefer se propose de raconter toute l'histoire de la révolution vaudoise jusqu'en 1803 : nous ne pouvons que l'encourager dans son projet.

F.-A. Aulard.

— M. Julien Tiersot, bibliothécaire au Conservatoire national de musique, et dont les travaux sur la Chanson populaire en France ont été justement distingués, nous a donné une étude approfondie, nouvelle sur beaucoup de points, définitive pour l'ensemble, sur *Rouget de Lisle, son œuvre, sa vie* (1). L'auteur de la *Marseillaise* a vécu soixante-seize ans. Etait-il juste de ne rien retenir pour l'histoire, dans une si longue carrière, que cette nuit d'inspiration à laquelle la France a dû son chant national? C'est donc avec une véritable piété que M. Tiersot a exhumé des œuvres poétiques, dramatiques et musicales oubliées de tous, mais dont quelques-unes ont de la valeur, et qui ont l'avantage de nous renseigner sur l'éducation, le caractère, les relations de l'auteur. Il a pu ainsi retracer agréablement cette vie de garnison, cette oisiveté de l'ancien régime, ces galanteries et ces amusements de province que trouble et qu'illumine tout à coup l'éclair de la Révolution. Ce n'est pas sans intérêt et sans pitié non plus que le lecteur suivra le musicien patriote, mais toujours royaliste constitutionnel, dans ses démêlés avec une République à laquelle il avait donné tant de soldats. Lui-même était d'un esprit indiscipliné, revêche, et, semble-t-il, sans grande aptitude (sauf la bravoure) pour la profession qu'il avait embrassée. On n'en plaindra pas moins sa triste vieillesse, tardivement réchauffée par le soleil de juillet 1830. M. Tiersot n'a pas seulement écrit une biographie. Il a repris et entièrement résolu la question de la paternité de la *Marseillaise*. « Par une fatalité singulière, nous rappelle-t-il, on a prétendu à plusieurs reprises disputer à Rouget de Lisle le mérite d'avoir été le créateur de l'œuvre qui seule a fait sa gloire. Plusieurs fois au cours de ce siècle des polémiques se sont élevées, parfois ardentes et acharnées,

---

(1) Paris (Delagrave), un vol. in-12. — L'ouvrage renferme un portrait de Rouget de Lisle en 1792 et le fac-similé du « Chant de guerre pour l'armée du Rhin, dédié au maréchal Lukner, » édition princeps de la *Marseillaise*.

attribuant tour à tour la composition de la *Marseillaise* à un
Kappelmeister allemand, à un faiseur de contre-danses
françaises, à un organiste, à un professeur de violon, assurant qu'elle était à l'origine un cantique, une chanson pro-
fane, un fragment de messe. Invariablement ces discussions
ont mal tourné pour ceux qui les ont soulevées. Qui songe
aujourd'hui à désigner comme auteur de notre chant national Holzmann, ou Dalayrac, ou Reichardt, ou Navoigille,
ou Alexandre Boucher? Seule, la plus récente de ces con-
testations a eu la vie plus dure : celle qui fait d'un obscur
maître de chapelle à Saint-Omer (Grisons), l'auteur du chant
de la *Marseillaise*. » M. Tiersot a peut-être fait beaucoup
d'honneur à des adversaires auxquels s'applique parfois le
proverbe : *Il n'est pire sourd que celui qui ne veut pas entendre*. Pour nous autres, il ne s'agit que d'établir la vérité,
nous serait-elle désagréable. Mais la « campagne contre
Rouget de Lisle » n'a guère été inspirée, en général, que
par des idées de parti ou par des... toquades. Quoi qu'il en
soit, ce sont des pages remarquables de critique historique
et musicale que celles où M. Tiersot réfute M. Arthur Loth,
lequel a découvert Grisons en 1886 (1). « La plus sommaire
comparaison des deux textes, conclut-il, démontre sura-
bondamment que la forme de l'oratorio est une forme secondaire et altérée. Il est inadmissible que le chant simple
et noble que nous savons ait été dégagé de ce fatras de
notes inutiles. La variation suit toujours l'original. De
plus et surtout, il n'est pas une seule des formes particulières à la première édition de Strasbourg qui n'ait disparu

(1) P. 351 à 371. — Voir aussi, pour le détail technique de cette comparaison, la plaquette intitulée : *Le chant de la Marseillaise de Rouget de
Lisle et l'Oratorio Esther, de Grisons; comparaison des textes musicaux*
par Julien Tiersot, *Extrait du Ménestrel*; pièce in-8, 7 pages. — Sur la
question du 7ᵉ couplet, dit *des enfants*, légendairement attribué à l'abbé
Pessonneaux, M. Tiersot donne un texte décisif (p. 397), en faveur de
Louis du Bois.

de l'oratorio : ni la chute sur la médiante à la fin du premier
vers, ni le dessin du cinquième vers, ni l'intonation du
mot *mugir*, ni le mouvement ascendant de tierce et le saut
de septième du refrain : *Marchons, qu'un sang impur*, ne
s'y retrouvent. » Bref, la variation de Grisons, « Marseillaise dévirilisée », n'a pu être faite que sur des éditions pari-
siennes, sur celle même que Servan envoyait à Kellermann
après Valmy. Pour les musiciens, la démonstration de
M. Tiersot est *mathématique*. De simples auditeurs, musiciens ou non, pourvu qu'ils aient un peu de goût et d'oreille,
sont parfaitement capables d'en juger. J'en ai fait moi-
même l'expérience dans une conférence que j'ai donnée
cette année pour le centenaire de la *Marseillaise*, le 25 avril,
et je remercie M. Tiersot de m'en avoir fourni les moyens
avant la publication de son livre... (1). Voilà donc Grisons
dépossédé..... de ce qu'il n'avait d'ailleurs jamais songé à
réclamer, même lorsqu'il dirigeait l'exécution des hymnes
décadaires. La succession est ouverte, et c'est avec une
entière confiance dans l'avenir que nous disons : A qui le
tour ?

— Il faut croire que M. Louis Damade, attaché à la Bibliothèque de l'Opéra, n'a pas été convaincu par les arguments de M. Tiersot, ou plutôt, il faut présumer qu'il n'en a
pas eu connaissance, dans sa récente publication intitulée :
Histoire chantée de la première République, 1789 (*sic*) à
1799 ; *chants patriotiques, révolutionnaires et populaires* (2). Il nous dit en effet dans une note (3) : « De nom-

(1) M. Tiersot a donné aussi à sa démonstration la forme d'une conférence faite le 17 mai au nom de la Société historique. Il a pu facilement
extraire de l'œuvre musicale ou poétique de Rouget de Lisle, neuf morceaux, conçus en général dans le style romantique, et dont l'exécution,
confiée à MM. Dimitri et Bouvet, à Mlles Créhange et Dubois, a charmé
un auditoire cependant difficile.
(2) Paris (P. Schmidt), 1892, un vol. in-12 de 545 pages.
(3) P. 145, note 1, *in fine* (p. 146).

breuses et longues discussions ont prouvé que si Rouget
de l'Isle (*sic*) a bien écrit les paroles de la *Marseillaise*,
il n'en a nullement écrit la musique ; il aurait pris le
thème à un oratorio d'un nommé Grison (*sic*), maître
de chapelle à Caen (*sic*), et composé en 1782. » C'est de
Grisons, maître de chapelle à Saint-Omer, que veut sans
doute parler M. Damade. Le titre de l'ouvrage qui place
en 1789 la première République, et la note que nous venons
de citer sont des spécimens suffisants de l'exactitude et
de la compétence historiques de l'auteur. Cependant, le
recueil assez considérable de chants et chansons qu'il nous
donne étant le seul de son espèce (depuis les *Chansons na-*
tionales et républicaines de 1789 à 1848, publiées par Du-
mersan) (1), est par cela même commode, et nous y avons
puisé pour de récents articles publiés ici même. Nous
regrettons que l'auteur, qui avait eu une bonne idée, n'ait
pas mis plus de temps et de soin à l'exécuter, et ne se soit
inquiété sérieusement ni de la bibliographie, ni de la chronologie de son chansonnier. La Chanson révolutionnaire,
qui n'a pas eu son Maurepas, attend encore son Raunié.

H. MONIN.

---

(1) Paris, s. d. (1848), Garnier frères; in-32 de 470 pages. M. Damade ne
le cite pas. Il n'a pas davantage dépouillé la *Bibliographie* de M. Tourneux, ni le *Catalogue historique* de la Bibliothèque nationale.

.

Le Gérant : CL. CHARAVAY.

Paris. — Imprimerie L. MARETHEUX, 1, rue Cassette.

SOCIÉTÉ DE L'HISTOIRE

DE LA RÉVOLUTION

ASSEMBLÉE GÉNÉRALE DU 5 MARS 1893

La Société de l'histoire de la Révolution a tenu sa séance annuelle le dimanche 5 mars 1893, à la Sorbonne, à 2 heures, sous la présidence de M. Noël Parfait.

M. Aulard, secrétaire général, a rendu compte en ces termes des travaux de la Société :

MESSIEURS,

M. Jules Claretie, subitement indisposé, m'a prié de l'excuser auprès de vous s'il ne vient pas présider notre réunion et il m'a demandé de vous exposer à sa place l'état de nos travaux et de nos projets. Ce sera pour vous un mécompte grave, parce que vous vous faisiez une fête d'entendre la parole éloquente et spirituelle de notre Président et que vous vous promettiez de le remercier par vos applaudissements du précieux et éclairé concours qu'il apporte à notre œuvre. Vous aurez aussi à vous plaindre de l'insuffisance et de la sécheresse du compte rendu ou plutôt de l'esquisse de compte rendu que vous allez entendre et que, pris à l'improviste, j'ai dû, ce matin même, improviser en quelques instants.

Vous avez vu, Messieurs, que notre Bureau ne se présente pas au complet devant vous. Un de nos trois vice-présidents, le distingué et sympathique docteur Robinet, nous a quittés volontairement. La *Revue* vous a appris pourquoi cette démission a été donnée et pourquoi, après d'amicales instances, nous avons dû l'accepter. Je serai votre interprète à tous en exprimant, au nom de la Société, le sincère regret qu'une différence de principes et de méthode nous ait privés d'un collègue éminent, aux travaux duquel nous continuerons à nous intéresser, comme sûrement il s'intéressera aux nôtres.

Pendant l'année qui vient de s'écouler, notre Société a continué ses travaux avec le même zèle, dans le même esprit d'impartialité scientifique et d'amour de la vérité.

Notre *Revue* est restée fidèle au principe de n'admettre que des articles inspirés par l'étude directe des documents. Le public et nos confrères de la presse veulent bien reconnaître qu'on peut avoir toute confiance dans l'authenticité des sources où puisent nos collaborateurs. Que ces sources soient neuves, chaque page de ce recueil l'indique, et pour ne citer qu'un exemple, un chapitre important de l'histoire de la Révolution ne se trouve-t-il pas renouvelé par l'étude qu'a publiée M. Douarche sur les tribunaux d'Agen? On sait maintenant, grâce à lui, et on sait d'original, ce que fut la magistrature élue pendant la Révolution. On ne contestera pas davantage la nouveauté et la sûreté des textes que M. Flammermont a produits au sujet de cette instructive querelle sur l'authenticité des mémoires de Talleyrand, qui, vous vous en souvenez, a eu pour point de départ une lecture faite ici même, à notre assemblée générale de 1891. La relation inédite des événements depuis le 6 mai jusqu'au 15 juillet 1789, trouvée aux Archives du Ministère des affaires étrangères par M. Brette, jette une lumière inattendue sur quelques points, au moins anecdotiques, de l'histoire des débuts de la Révolution. Enfin, continuant à donner une place aux réimpressions d'opuscules rares, nous avons reproduit l'autobiographie de Sieyès et l'adresse de Thibaudeau à ses concitoyens.

En dehors de la *Revue*, la Société a publié deux volumes : 1° *La journée du 14 Juillet 1789*, fragment inédit de Pitra, avec une longue introduction de M. Flammermont, qui forme une complète étude critique des divers récits de la prise de la Bastille, si bien que cet événement national se trouve aujourd'hui, grâce à notre collaborateur, dégagé des légendes ; 2° *Les Mémoires de Chaumette* sur la révolution du 10 août 1792, dont le texte, aux trois quarts inédits, a été publié par nous, avec une introduction où la biographie du célèbre procureur de la Commune se trouve rectifiée et à peu près fixée.

Deux autres volumes sont en préparation. Ce sont d'abord des procès-verbaux inédits de la Commune de Paris d'août 1792 à juin 1793. Mais il y a là un assez difficile et assez long travail critique, qui n'est pas encore achevé. L'autre publication est sous presse et paraîtra à la fin du mois : c'est le serment du Jeu de Paume reproduit en fac-similé, avec les signatures, et précédé d'une introduction de M. Brette et d'un avant-propos de M. Edme Champion. Vous aurez bientôt sous les yeux cet émouvant et admirable document, le plus pur et le plus noble titre des hommes de la Révolution, et vous l'aurez dans sa vérité originale, dans l'aspect dramatique d'une réalité que la haine ou la négligence ont trop souvent défigurée, mais que l'érudite patience de M. Brette a rétablie jusque dans ses plus petits détails. Notre Société sera fière d'avoir pu rendre à la science, à la patrie et à la République ce service de restaurer enfin pour l'histoire le grand acte de raison et de foi d'où est sortie la victoire de la Révolution, d'où est née la France nouvelle fondée sur le droit nouveau.

Tels sont les travaux et les projets de notre Société. Elle a connu au début trop d'heures difficiles pour que vous ne permettiez pas à votre Comité, aujourd'hui que notre œuvre est en pleine prospérité, de s'en réjouir, de vous en féliciter et, puisque nous sommes entre nous cette fois, vous ne m'en voudrez pas si j'ai hasardé, contrairement à nos habitudes, quelques mots d'éloge en faveur des vaillants et distingués collaborateurs qui se sont plus particulièrement signalés pendant l'année écoulée.

Quant aux travaux personnels de nos membres, je me bornerai, comme les autres fois, à en énumérer les principaux. Ce ne sera qu'une nomenclature de titres, par ordre alphabétique de noms d'auteurs.

M. Aulard a donné le tome IV de la *Société des Jacobins* et le tome V du *Recueil des actes du Comité de salut public*. Il vient de faire paraître un volume d'*Études et leçons sur la Révolution française*.

M. Bégis a publié d'intéressants Mémoires inédits de Billaud-Varenne, dont la *Revue* a déjà rendu compte.

M. Edme Champion a réfuté, dans son *Voltaire*, les légendes malveillantes et apporté ainsi une contribution indirecte, mais précieuse, à l'histoire de la Révolution.

M. Charavay continue la publication de la Correspondance générale de Carnot et des procès-verbaux des Assemblées électorales de Paris.

M. Chassin a donné, au grand profit de nos études, trois

volumes sur la préparation de la guerre de Vendée. La *Revue* de ce mois contiendra un fragment d'un tome IV, où est abordée l'histoire même de cette guerre.

M. Debidour prépare un important recueil de documents pour l'histoire (si mal connue) du Directoire exécutif.

M. Guillaume pousse avec activité la publication des procès-verbaux du Comité d'instruction publique de la Convention.

M. Th. Lemas a étudié les Commissions militaires révolutionnaires dans l'Ille-et-Vilaine, en 1793 et en 1794.

M. Célestin Port a réfuté la légende de Cathelineau dans un travail considérable dont notre *Revue* a eu la primeur.

MM. Tourneux et Tuetey continuent à publier ces deux Bibliographies, dont l'une est consacrée aux sources imprimées, l'autre aux sources inédites de l'histoire de Paris, et qui sont de véritables monuments d'érudition.

Messieurs, tous ces travaux de notre Société procèdent du même esprit de liberté et de sincérité scientifiques. Nos adversaires même sont bien obligés de nous rendre ce témoignage qu'il n'y a ni personnages ni dogmes dont l'autorité puisse réserver des terrains interdits à nos libres recherches, à nos libres critiques. Nous n'obéissons qu'à l'esprit laïque et scientifique de la Révolution, de cette Révolution dont nous sommes tous les partisans et les admirateurs. C'est le but de notre Société d'étudier l'histoire avec les seules lumières de la raison, pour dégager la réalité de la légende, et nous ne permettons à aucun *credo* d'opposer une barrière à notre critique. Nous sommes libres et nous resterons libres. Et, si j'insiste sur ce point, c'est que cette liberté est la condition même de notre méthode impartiale, — méthode qui nous a valu des adhérents comme feu Ernest Renan, lequel a été un de nos collègues de la première heure, — méthode qui nous a procuré peut-être quelque autorité sur l'opinion, qui a inspiré confiance, qui a fait tomber les préjugés et à qui nous devons enfin ce résultat, cette victoire, qu'aujourd'hui on n'ose plus calomnier aussi grossièrement la Révolution française, qu'avant de lancer ou de rajeunir une légende, on hésite, on se munit de textes, on se couvre d'érudition, parce qu'on sait bien qu'il y a un groupe de personnes prêtes et armées pour réfuter les fantaisies passionnées, et que la vérité a en nous des soutenants inexorables, libres de compromissions, sans attache à aucune église et à aucun fanatisme. Nous sommes et nous resterons au milieu de toutes les réactions mystiques, de toutes les agressions rétrogrades de l'esprit doctrinaire, les fils de la philosophie du xviii° siècle, les défenseurs obstinés des véritables principes de la Révolution française !

Messieurs, nous avons songé à associer plus étroitement tous les membres de la Société aux travaux du Comité, à rendre nos réunions générales plus fréquentes. Il nous a semblé que le meilleur moyen de préparer une collaboration plus active de tous à l'œuvre commune, c'était de nous réunir... à table, et le Comité a décidé de vous soumettre le projet d'un banquet annuel, qui sera un moyen de rapprochement fraternel, d'échanges d'idées, d'élaboration de projets nouveaux. Nous vous demandons seulement d'accepter notre idée en principe et chacun de vous recevra, en temps et lieu, une convocation.

La Société a ensuite entendu diverses communications de ses membres.

M. Dablin a parlé du rôle de Palloy lors de l'arrestation de Louis XVI à Varennes, d'après des documents inédits tirés de sa collection personnelle.

M. Monin a revendiqué entièrement pour Mirabeau les idées essentielles du discours sur les fêtes civiles et militaires, dont il a essayé d'établir la date de composition.

M. Aulard a donné communication d'une lettre de Beaumarchais, à propos de la scène de l'*Émigrette* ajoutée en 1792 au *Mariage de Figaro*.

La Société a ensuite admis, comme membres adhérents, M. Eugène Lantier, rédacteur au journal *le Temps*, présenté par MM. Chassin et Comte, et M. Roullet, secrétaire de la huitième chambre du tribunal de la Seine, présenté par MM. Charavay et Dablin.

Ont été élus ou réélus membres du Comité :

MM. Champion, Douarche, Dubost, Flammermont, Larroumet, Liard, Macé, C. Pelletan, Tourneux.

M. Étienne Charavay rend compte des recettes et des
dépenses.

Voici ce compte, qui est approuvé à l'unanimité :

COMPTE ARRÊTÉ AU 28 FÉVRIER 1893

	RECETTES	DÉPENSES
	fr. c.	fr. c.
Solde créditeur au 28 février 1892.	2.752 50	
« LA RÉVOLUTION » :		
Impression. Papier. Clichés. Brochage. Affranchissement, etc.		4.939 »
Frais divers :		
Copies. Articles. Imprimés. Correspondance.		1.526 65
Frais de gravure pour prochaines publications.		358 »
Indemnité à M. de Lamaestre (plan perdu).		50 »
Couronne (enterrement de Renan)		60 »
Le 14 Juillet (publication de la Société) . . .		2.016 45
Encaissements. Abonnés et sociétaires . . .	3.576 35	
Vente de numéros et volumes	642 25	
Intérêts.	700 »	
Subvention de la Ville de Paris. . . ·	5.000 »	
	12.671 10	8.950 10

Recettes	12.671 fr. 10
Dépenses	8.950 fr. 10
En caisse.	3.721 fr. »

Cotisations à encaisser : 700 francs environ.

La séance a été levée à 4 heures.

LA VENDÉE PATRIOTE

M. Ch.-L. Chassin continue, sous ce titre, en quatre volumes in-8° (Paul Dupont éditeur), le grand travail dont nous avons signalé l'intérêt en rendant compte des trois volumes de *La préparation de la Guerre de Vendée.*

Le tome Ier de la *Vendée patriote*, qui paraîtra le mois prochain, explique, au moyen de textes inédits d'une incontestable authenticité, d'une part, les causes des prodigieux succès des armées dites catholiques-royales jusqu'au mois de juin 1793, et, d'autre part, celles de leur impuissance à en profiter grâce au patriotisme héroïque des Sables et de Nantes, de toute la région maritime, gardant la côte fermée à l'émigration et à l'étranger ; grâce aussi à l'admirable conduite de Boulard, le seul des généraux républicains engagés dans cette terrible guerre qui ait vaincu méthodiquement, rendu ses trop faibles troupes inaccessibles aux déroutes et maintenu, durant plus de quatre mois, ses lignes impénétrables aux surprises. L'histoire générale de la Révolution tirera de ce volume, et encore mieux du suivant, des lumières nouvelles sur l'avortement successif des divers plans de répression de l'insurrection vendéenne combinés ou approuvés à Paris avant le décret du 1er août et l'envoi de la garnison de Mayence. Après avoir produit le livre d'ordres de Boulard, M. Chassin donne la correspondance de Biron, celle de Rousin et des extraits des Mémoires incomplets de Rossignol, documents capitaux qui changent l'aspect de l'une des scènes les plus intriguées du drame révolutionnaire.

LA PREMIÈRE CAMPAGNE DU GÉNÉRAL BOULARD
8-22 avril 1793

La première petite armée dénommée « de la Vendée », formée par le lieutenant général de Marcé, avait éprouvé le désastre du Pont-Charrault. Dans la nuit du 19 au 20 mars, au milieu de la déroute, les deux groupes de représentants en mission, qui se trouvaient au quartier général de Saint-Hermand, avaient destitué le malheureux de Marcé et appelé au commandement le lieutenant-colonel du 60° régiment d'infanterie, Henri-François Morille Boulard, proclamé général par les troupes elles-mêmes.

Cet excellent officier, de famille bourgeoise, était né à Paris, le 25 novembre 1746. Il avait commencé à servir dans le régiment du Périgord; il y était devenu enseigne en 1762, sous-lieutenant en 1762, sous-lieutenant en 1763, sous-aide-major en 1775. Passé dans le régiment de la Marche, le 29 mai de cette dernière année, il y avait obtenu le grade de capitaine en second. Depuis le 19 décembre 1782 décoré de Saint-Louis, le 31 janvier 1783, il était entré dans les rangs de Royal-Marine. Ce régiment ayant pris le n° 60, lors de la réorganisation des troupes de ligne, plusieurs officiers nobles refusèrent le serment et émigrèrent en 1791. Boulard en garda le commandement comme chef de brigade. Le 14 juillet 1792, le 2° bataillon avait été embarqué pour Saint-Domingue. Le reste de la troupe et le lieutenant-colonel étaient restés dans la 12° division militaire, estimés des supérieurs, pour leur discipline exemplaire, et aimés des populations, avec lesquelles ils ne s'étaient jamais trouvés en conflit.

Le 21 mars 1793, Boulard adressait au ministre de la guerre son rapport sur la malheureuse affaire qui l'avait fait investir d'un commandement qu'il n'avait pas sollicité. Il le termina ainsi :

.... Une terreur panique se répandit dans tous les bataillons flanqueurs, et se communiqua bientôt à toute l'armée. On employa tous les moyens pour les rallier, ce qui fut inutile, et l'armée revint à Saint-Hermand, sept lieues en arrière de l'endroit où s'était passée l'affaire. Il fut même impossible à ce point de penser à s'établir solidement, plusieurs bataillons des campagnes voulant absolument retourner dans leurs foyers, ce qui décida les commissaires de la Convention, réunis à Saint-Hermand, d'envoyer le reste de l'armée à La Rochelle, où je suis arrivé aujourd'hui avec 600 hommes, en ayant laissé pareil nombre à Marans, avec deux pièces de canon, sous les ordres du lieutenant-colonel du 4ᵉ régiment d'infanterie de la marine (Esprit Baudry), commandant en second l'armée.

Il doit arriver ici, sous deux jours, deux bataillons de troupes bordelaises avec 200 hommes de la Gironde ; il arrivera, à la même époque, un bataillon et 300 chevaux à Niort ; il se fait aussi, à Fontenay, d'autres rassemblements. C'est avec cette armée que je compte rétablir l'ordre dans le département de la Vendée.

Le 23, deux des trois représentants chargés de la défense des côtes de Lorient à Bayonne, Niou et Trullard, demandaient au ministre de la guerre, de la manière la plus pressante, la place de général de brigade pour le citoyen Boulard, qu'ils y avaient nommé provisoirement. »

Leur collègue, J.-B.-D. Mazade, s'était séparé d'eux pour aller faire appel aux patriotes de la Gironde. La ville de Bordeaux tira de sa garde nationale deux bataillons de volontaires, immédiatement armés et équipés, auxquels le département ajouta un 9ᵉ bataillon, qui venait de se former dans la campagne. Cette troupe, avec quelques cavaliers et quelques artilleurs, était, le 23 mars, à Saintes, sous les ordres de L. Dumas, chef de légion...

Appelée à La Rochelle, par Trullard et Niou, elle était embarquée, le 29, pour les Sables, qui, ce jour-là même, repoussaient un second assaut de Joly...

Entravé par l'opposition d'un général de brigade, Beaufranchet d'Ayat, envoyé de Tours par Goupilleau (de Montaigne), et auquel Carra et Auguis attribuèrent le commandant en chef de « l'armée de la Vendée », Boulard ne put

réunir que le 1ᵉʳ avril, à Luçon, un petit corps d'armée en
état de faire campagne. Au moment du départ, il lui donnait de minutieuses instructions sur l'emploi des armes, le
ménagement des munitions et l'ordre dans la marche. Il lui
communiquait aussi « ces réflexions qu'il avait faites, dans
la journée du 19 mars, lorsque les soldats en déroute
l'avaient proclamé leur général ».

Le vrai courage doit être accompagné de sang-froid… La force
armée doit faire respecter les personnes et les propriétés, *même
celles qui sont sous le glaive de la loi.* Jurons sur l'autel de la
patrie de regarder comme des traîtres et des malveillants ceux
qui seraient assez lâches pour commettre des vexations ; livrons-
les à la rigueur des lois et qu'ils soient privés de l'honneur
d'être compris dans le nombre des défenseurs de la patrie…

Boulard arriva aux Sables dans la matinée du 3 avril ; il
fut aussitôt appelé à discuter un plan d'offensive avec le
Comité militaire, que présidaient en ce moment les représentants Niou et Gaudin.

Le 4, il passa en revue les troupes venues par mer, celles
qu'il avait amenées, celles disponibles dans la ville. Elles
formaient un total de 4,000 hommes, qu'il divisa en deux
colonnes, la première sous ses ordres directs, la seconde
sous ceux d'Esprit Baudry.

Dans la matinée du 8, la petite armée entrait en campagne.

Boulard avançait, avec la première colonne de sa petite
armée, vers La Mothe-Achard, quartier général de Joly.
Entre une heure et demie et deux heures, tandis qu'il s'occupait de rétablir le pont de la Grassière, le 9ᵉ bataillon de
la Gironde, posté de l'autre côté de la rivière, pour garantir
les travaux, aperçut les rebelles accourant en bandes nombreuses et fut saisi de panique. Le bruit d'une défaite fut
très vite porté aux Sables. Niou, sans attendre une dépêche

du général, lui expédia un courrier avec de vives remontrances. Quelques heures plus tard, par ce même courrier, Boulard annonçait au représentant du peuple que son opération avait réussi, que l'ennemi était en fuite et que les troupes campaient à l'entrée du bourg de La Mothe-Achard.

On apprenait, d'autre part, qu'Esprit Baudry, à la suite d'une longue canonnade et d'une vive fusillade, avait refoulé les révoltés de leurs retranchements de la Grève.

A quatre heures et demie du soir, Niou répondait à une lettre un peu amère de Boulard, froissé du manque de confiance qui lui avait été témoigné.

Je reçois, dans l'instant, votre lettre de ce soir. La raideur de style de la lettre que je vous ai écrite ce matin, mon cher général, vous aura peut-être peiné. Mais, fidèle aux principes, inquiet sur le sort de ma patrie, sur celui de notre armée, ainsi que sur les côtes, livré à des visions de toute espèce, à des inquiétudes déchirantes ; car les uns disaient que vous étiez vainqueur, d'autres que vous étiez vaincu, j'avais infiniment d'humeur de ne point recevoir de vos nouvelles. Enfin, je respire, et je vous félicite de ce commencement de succès.

Punissez les fuyards, cher général ; que ceux qui se seront fait remarquer par leur lâcheté soient déshabillés, désarmés et chassés de l'armée avec ignominie. Cela en imposera à ceux qui pourraient penser comme eux. Le salut de la patrie dépend d'une mesure aussi vigoureuse. Je partage votre indignation et votre juste douleur d'avoir vu encore une fois des Français, des hommes libres, jeter leurs armes à l'aspect de quelques brigands. Néanmoins que votre courage, votre persévérance soient toujours les mêmes, et nous finirons par être victorieux. Assurez nos frères de Bordeaux, qui ont chargé les rebelles la baïonnette au bout du fusil, de la reconnaissance publique. Les vils coquins qui ont fui, comment osent-ils soutenir les regards de ces valeureux soldats !

Nous apercevons dans l'instant trois frégates ; si ce sont les nôtres, comme je l'espère, nous souperons ensemble demain au soir à Saint-Gilles.

On craint que les Sables ne soient attaqués. Si cela est, nous avons de bien mauvaises troupes, mais nous nous défendrons de

notre mieux. Il eût été très important que Baudry eût nettoyé
les postes de la côte, et notamment celui de la Gachère, avant
d'arriver à Saint-Gilles. Sans cela, la Chaume sera exposée à
l'incursion des rebelles, comme il paraît par leurs correspondances qu'ils en ont le dessein.

Adieu, cher Général, sauvons la République, ou mourons
pour elle.

NIOU.

J'envoie à Auguis et Carra copie de votre lettre. Si vous avez
besoin de quelque chose, demandez, et rien ne vous sera refusé
ni pour vous ni pour votre armée.

Le 9, Baudry, qui avait détruit les retranchements de
l'ennemi à la Gachère et à Vairé, lui avait tué beaucoup de
monde, et fait 27 prisonniers, s'avançait vers le petit port
de Saint-Gilles-sur-Vie ; il le trouvait évacué et l'occupait
dans la matinée. Dans la soirée, il y était rejoint par la première colonne, qui s'était emparée de la Mothe-Achard,
sans coup férir.

Le lendemain matin, apparaissaient devant la plage de
Saint-Gilles plusieurs frégates et corvettes. Un canot apportait cette dépêche à terre :

AU GÉNÉRAL BOULARD,

A bord de la frégate la Gracieuse, *rade de Saint-Gilles,*
le 10 avril, an 1ᵉʳ de la République.

Le citoyen Dumoulin, cher général, vient de me donner de
vos nouvelles et de m'apprendre que vous étiez à Saint Gilles.
Je vous en fais mon compliment. Trois frégates de première
force et une corvette sont dans cette rade ; deux autres sont dans
les environs de Noirmoutier, où elles seront encore à votre disposition, si, comme je me le persuade, vous n'avez pas changé
d'avis, et que vous veuilliez aller prendre cette île. Je vous
assure qu'avec la bonne volonté de nos hommes de mer, ce ne
sera pas une affaire bien difficile. Cette conquête vous ferait
cependant beaucoup d'honneur et vous rendriez un service
signalé à la patrie ; nous en étions d'ailleurs formellement con-

venus, et c'est ce qui m'avait fait requérir des forces de mer aussi imposantes. Veuillez me faire part avec confiance de vos intentions. Avant de faire l'expédition de Noirmoutier, il faut que vous vous abouchiez avec le commandant de la croisière. Alors je vous propose une entrevue à Saint-Gilles, demain matin à la pointe du jour, avec cet officier supérieur et moi.

Si vous avez besoin de vivres, de munitions, je vous en offre et vous en ferai porter demain matin. Si quelques renforts de troupes vous étaient nécessaires, je vous enverrais des détache-ments ; enfin toutes les ressources de notre armée navale sont à votre service. Mais prenons Noirmoutier, c'est là le repaire, le trésor et le chef-lieu de nos ennemis.

L'un des commissaires de la Convention chargé de la défense des ports et côtes de la République,

Niou.

Les vivres et munitions de la marine arrivaient d'autant plus à propos que Boulard se voyait forcé d'arrêter sa marche en avant, aucun des services de son armée ne se trouvant en mouvement, malgré ce dont l'administration militaire était convenue avec lui. Il venait d'écrire de Saint-Gilles :

AU COMMISSAIRE ORDONNATEUR LA SERRE.

Je suis arrivé hier en cette ville, mon cher commissaire, avec les deux divisions de l'armée. J'aurais bien désiré être prévenu plus à temps de la retraite des brigands qui n'ont pas voulu nous attendre et qui sont partis à neuf heures du matin. Alors j'aurais continé la grande route de Challans et me serait fait rejoindre par ma seconde division, la faisant passer par Saint-Hilaire et Riez. Cela aurait accéléré mes opérations d'un jour.

Je n'ai point encore reçu les 1,500 havresacs que vous m'an-noncez. Cependant j'en ai le plus grand besoin, puisqu'à défaut de cela je ne puis faire prendre des vivres pour deux jours, sans avoir la moitié et presque la totalité portée au bout des baïonnettes.

Vous m'annoncez particulièrement des culottes, des chemises et des souliers, desquels je commence à avoir fortement besoin... Je ne peux me flatter de faire sur les brigands aucune prise qui pourvoie à ces besoins, puisqu'ils ne portent que des sabots.

Je vais entrer dans un pays plus couvert que celui où j'ai passé ; par conséquent, les difficultés vont augmenter pour les attaques et pour les marches. S'il était possible de me diviser en quatre, je serais plus sûr de l'exécution de mes ordres, ayant avec moi beaucoup de citoyens remplis du plus grand zèle, mais ignorants absolument de la guerre de poste : ce qui emploie un temps infini à leur donner des instructions sur les missions dont je les charge.

Je suis dans ce moment et depuis mon départ des Sables sans commissaire, sans trésorier et par conséquent sans fonds.....

Adieu, mon cher commissaire ; j'ai des occupations par-dessus la tête, mais je trouve toujours un moment pour causer avec vous. Vous prenez tant d'intérêt à la mission dont je suis chargé.

Le chef de brigade, BOULARD.

Boulard s'était établi à Saint-Gilles avec sa première colonne ; il avait fait passer la seconde de l'autre côté de la rivière, à Croix-de-Vie.

Il avait reçu, dans la journée du 10, ces renseignements de deux administrateurs du district de Challans :

AU CITOYEN BOULARD, COMMANDANT L'ARMÉE
DE LA VENDÉE.

En conséquence d'une commission délivrée par le commissaire du département, nous partîmes d'ici, hier soir sur les cinq heures, quatre jeunes gens pour aller à Apremont, et nous saisir, s'il était possible, d'un sieur Mercier (du Pin), de ce même endroit, et qui se trouve commandant en chef d'une troupe de ces brigands qui ravagent ce département. Nous prîmes la grande route à l'Aiguillon et là, au jour tombant, on prit la traverse pour se rendre à Apremont, distant de près de trois lieues de Saint-Gilles. Lorsque nous nous fûmes un peu avancés, nous aperçûmes un très grand feu dirigé sur Apremont, et en approchant nous vîmes que les deux tours du château étaient illuminées. (Ces tours sont les plus fortes du département tant par leur position que par l'épaisseur des murs.) Nous parvînmes à approcher d'Apremont à peu près deux cents toises et nous. nous arrêtâmes à une métairie appartenant à l'un de nous. Là, nous trouvâmes les femmes à la maison, toutes remplies de frayeur, et hors d'elles-mêmes. Elles nous dirent que l'on était venu un soir, sur les six à sept heures, chercher leurs hommes pour faire la garde à Apremont ; on les menaçait de les tuer, s'ils se refusaient à marcher. Elles dirent aussi que cette garde était fort nombreuse. Elles nous apprirent pareillement que toutes les familles patriotes étaient prisonnières par ces brigands, tant dans le château que dans une autre maison appelée la Prairie ; dans ce nombre sont nos pères et nos femmes.

Ces brigands ont persuadé aux gens de la campagne que les patriotes devaient les exterminer jusqu'au dernier : ce qui fait que ceux qui ne les suivent pas se cachent et abandonnent leurs maisons.

En nous rendant, nous traversâmes différents villages ; les hommes en avaient tous déserté ; il n'y reste que les femmes.

La position de ces gens de la campagne est affreuse ; intimement persuadés par ces brigands qu'on les tuera tous, ils abandonnent tous leurs foyers, les uns pour se cacher, les autres pour suivre cette horde de monstres.

J'oubliais de vous observer que les gardes font fouiller tous ceux qui entrent à Apremont. Nous voulûmes donner aux femmes, à qui nous nous adressâmes pour avoir ces renseignements, des lettres à remettre à nos familles ; elles refusèrent formellement de s'en charger, en nous disant qu'étant fouillées en arrivant, on les tuerait si on trouvait des lettres sur elles ; nous ne pûmes leur donner que des commissions verbales qu'elles nous promirent de faire.

Sur la certitude que nous eûmes par ces renseignements d'un attroupement conséquent à Apremont, nous ne pûmes aller prendre le sieur Mercier, commandant de ces brigands.

Comme votre armée n'est en ce moment qu'à trois lieues de là, les renseignements que je vous donne peuvent vous être utiles ; ils sont très sûrs, vous pouvez y ajouter foi, et plût au ciel qu'ils puissent l'être aussi auprès de vous pour la délivrance de nos familles détenues prisonnières par ces forcenés !

Je suis fraternellement, citoyen général, votre concitoyen,

MERLET ; — P. JOUSSON, *compagnon de voyage.*

Dans la même journée du 10, Boulard fut averti d'un mouvement de plusieurs milliers d'insurgés, dans la direction de Saint-Hilaire, pour gagner la côte et se mettre en mesure d'aider à un débarquement de secours, qu'ils croyaient leur arriver d'Angleterre par les navires aperçus sur la mer. La division d'Esprit Baudry fut dirigée contre eux et les repoussa, en faisant une quarantaine de prisonniers, une soixantaine de morts, parmi lesquels le vicaire de Soullans, et beaucoup de blessés, dont leur principal chef, Joly père.

Le lendemain 11, l'armée se remettait tout entière en marche sur Challans, où, après deux engagements assez vifs au Pas-au-Peton et à Riez, elle entrait le 12.

Le 11, les membres du Comité de défense générale de la ville des Sables tiennent une assemblée extraordinaire avec les conseils généraux du district de la Commune.

Un rapporteur fait observer que, d'après les déclarations de plusieurs bons citoyens venant de la Mothe et de Grosbreuil, il paraissait que les ennemis, ayant appris l'évacuation de la Mothe par nos troupes, cherchaient à se rallier ; qu'un grand nombre d'entre eux occupaient de nouveau la Mothe ; qu'une autre partie, retranchée à Beaulieu, paraissait méditer une nouvelle attaque, ou tout au moins y interceptait nos convois de vivres ; que dans cette position, l'évacuation du poste de la Mothe était impolitique et dangereuse ; que, d'un autre côté, la garnison de cette ville était insuffisante pour résister en cas d'attaque ; que, dans cette position, l'assemblée devrait, comme il est de son devoir, écrire au général Boulard pour le prier, dans le cas où ses opérations ne s'en trouveraient pas contrariées, de détacher des deux colonnes avec lesquelles il marche, cinq cents hommes environ pour occuper les bourgs de la Mothe et Beaulieu ; que, d'une autre part, en supposant que le citoyen Boulard ne pût démembrer ses forces, il pensait qu'il était également sage de faire le tableau de la position des Sables au département et de le prier de faire marcher, s'il est possible, 600 hommes pour être placés, partie audit lieu de la Mothe, partie pour renforcer la garnison de cette ville.

Ces deux propositions, mises aux voix, ont été unanimement adoptées.

LES AUTORITÉS CONSTITUÉES, RÉUNIES EN CONSEIL GÉNÉRAL AUX SABLES, LE 11 AVRIL 1793, AU GÉNÉRAL BOULARD.

Citoyen général,

Votre armée, marchant sur deux colonnes dimanche dernier, nous procura une satisfaction générale, parce que, repoussant l'ennemi sur tous les points, elle laissait en même temps une communication libre, qui ne pouvait être interrompue.

Mais de vives inquiétudes ont bientôt succédé à cette satisfaction. La colonne que vous commandiez à la Mothe-Achard, ayant évacué ce poste important, a laissé à découvert toutes les communications, ainsi que les points de retranchement de l'ennemi. Ceux de la Grève et de la Mothe-Achard, que nos braves frères ont emportés de vive force, seront repris par les brigands ; rien n'y met obstacle, et nous nous trouverons encore cernés, comme avant les sorties. Notre position alors sera bien plus critique, attendu la faible garnison qui nous reste.

Mais ce qui est bien plus à redouter, c'est que, dans deux jours, nous ne pourrons plus convoyer les vivres de l'armée.

Dans ce moment nous avons la certitude qu'un grand rassemblement est formé à la Roche-sur-Yon, d'où il doit joindre celui que vous avez repoussé à la Mothe-Achard, où il est déjà rentré. Cette réunion opérée, ne doutez pas que les brigands ne s'emparent de la Grève et de la Gachère. Alors, plus de voies pour vous faire conduire des vivres. Le dernier convoi a même été inquiété par quelques brigands, qui heureusement n'étaient pas assez en force pour l'intercepter.

Pour éviter des inconvénients aussi funestes, nous pensons que vous ne pouvez vous dispenser d'envoyer un détachement fort au moins de 600 hommes avec deux pièces de canon, pour occuper le poste de la Mothe-Achard, qui couvre nécessairement celui de la Grève. Mais, pour que ce détachement ne soit pas exposé, il convient qu'il ne se rende pas directement à la Mothe, où l'ennemi serait en force au moment de son arrivée. Il faut, au contraire, que le détachement se rende aux Sables, pour se porter ensuite à la Mothe-Achard, où nous le ferons renforcer par la garnison, s'il est nécessaire, pour débusquer encore une fois l'ennemi.

Nous prions donc très instamment, citoyen général, au nom de la chose publique, de ne pas différer maintenant d'effectuer cette mesure. Autrement, nous vous déclarons que nous ne répondons aucunement de la substance de l'armée.

Signé : BOUHIER, *président du district ;* GALLET, *commissaire du département ;* ROBERT, P. JOUSSON, BODET, MERLET, MERCEREAU ; — BIRET, *procureur-syndic ;* — FERRY, *secrétaire.*

AUX ADMINISTRATEURS DU DÉPARTEMENT DE LA VENDÉE.

Le Comité de sûreté générale vient de nous représenter qu'il est instant de requérir une nouvelle force armée composée au moins de 600 hommes, tant infanterie que cavalerie, avec deux pièces de campagne.

La déposition de plusieurs bons citoyens dignes de foi nous a rendus certains que les brigands se rassemblent de nouveau à la Mothe-Achard et paroisses circonvoisines, pour venir fondre sur les Sables. Deux de ces brigands ont eu l'audace de dire à des voyageurs, qu'ils ont trouvés sur la route de Nantes, qu'ils voulaient profiter du moment où nos forces se portaient vers Saint-Gilles, Challans et Noirmoutier, où nous étions presque au dépourvu de secours. Un particulier nous annonce, dans l'instant, qu'il arrive de Gros-Breuil, village situé à deux lieues des Sables, où les habitants faisaient de nouveau leurs arrangements pour se réfugier ici ; que même, plusieurs d'entre eux le suivaient dans ce moment, annonçant que les brigands reprenaient encore leur poste dans ce dernier lieu.

Notre position devient aussi critique que jamais, et, attendu la difficulté de démembrer l'armée qui marche sur Challans et Noirmoutier, nous avons recours à vous, pour vous prier de faire partir sans délai, de Luçon ou de tout autre endroit, une force de 600 hommes, tant cavalerie qu'infanterie, avec deux pièces et leurs caissons.

Vous connaissez, Citoyens, l'importance de notre place pour la sûreté du département, peut-être même de la République entière.

Nos ennemis sont si persuadés de cette vérité qu'il paraît, par plusieurs dépositions des détenus, qu'ils sont prêts de tout entreprendre pour parvenir à nous conquérir. Nous espérons que notre constance à nous défendre de leurs entreprises, soutenus des forces que nous vous demandons, rendra vains tous leurs projets audacieux ; mais pour opérer efficacement, il nous faut une très prompte expédition.

Les citoyens administrateurs composant le Conseil général des autorités constituées, réunis aux membres du Comité de sûreté générale :

ROBERT ; MERCEREAU ; MERLET ; GRATTON, *lieutenant de la gendarmerie ;* M.-P. LUMINAIS ; BODET ; P. JOUSSON ; BOUHIER, *président du district des Sables ;* BIRET, *procureur-syndic ;* FERRY, *secrétaire.*

Les mêmes autorités réunies informaient, par exprès, le représentant Niou de l'envoi de deux canons à l'île d'Yeu, par la patache des Sables ; du départ des commissaires des guerres Richard, pour Saint-Gilles, porteur de l'argent dont l'armée manquait. Elles lui demandaient ses ordres relativement à une goélette, chargée de poudre pour Noirmoutier et retenue, malgré le capitaine, qui voulait retourner à la Rochelle. Enfin, dans leur lettre du 13, elles lui répétaient ce qu'elles avaient écrit au département, qui n'avait pas encore répondu, et se plaignaient de plus en plus vivement de « l'embarras dans lequel les avaient mises le général, en ne laissant pas à la Mothe-Achard un détachement suffisant à la garde de ce poste si intéressant pour en tirer leurs subsistances ».

De Fontenay-le-Peuple, 11 avril, est daté cet ordre au subordonné Boulard de rebrousser chemin au plus vite :

LES REPRÉSENTANTS EN MISSION DANS LES DEUX-SÈVRES ET LA VENDÉE, AU CITOYEN BOULARD, CHEF DE BRIGADE DE L'ARMÉE DE LA VENDÉE.

Nous concevons parfaitement, citoyen, qu'une division de l'armée des Sables se porte vers l'autre ville, après la victoire de la Mothe-Achard, pour délivrer ce port ; mais nous ne concevons pas que la division qui est sous vos ordres abandonne entièrement la Mothe-Achard et s'éloigne si considérablement de nous. Vous sentez que cet éloignement des Sables et du centre, où doit agir le général Beaufranchet d'Ayat, peut avoir les plus grands inconvénients, jusqu'à ce que nous soyons en mesure, avec le général Berruyer, qui s'avance vers Goron assez fort pour pousser les brigands de votre côté, et par une ligne parallèle à la vôtre (*sic*). Vous comprenez encore que, par cet éloignement inconsidéré et non concerté avec le général d'Ayat, vous vous mettez dans le cas d'être coupé par l'ennemi et responsable des événements. Je fais comprendre à Niou, par une lettre à lui adressée par ce même courrier, qu'il ne s'agit pas de courir en poste le long des côtes pour détruire les brigands, mais de les cerner dans une courbe, qui les ramasse tous devant elle et qui se corresponde par des intermédiaires entre la Mothe-Achard et Saint-Hermand, entre Saint-Hermand et La Châtaigneraie, entre La Châtaigneraie et Goron, et ainsi de suite.

Il est d'autant plus imprudent de rompre cette chaîne que *nous n'avons ici,* tant à Saint-Hermand, Fontenay et La Châtaigneraie, *que 4,000 hommes;* ce qui fait *une étendue de plus de 20 lieues jusqu'à la Mothe-Achard très mal gardée.*

Aussi, de concert et de l'avis du général Beaufranchet d'Ayat, *nous vous requérons de venir reprendre le poste de la Mothe-Achard,* avec une partie de votre division, et d'attendre là les ordres du général en chef, auquel vous ferez passer de suite le détail de vos nouvelles opérations.

Nous sommes bien fraternellement vos concitoyens,

CARRA, *pour lui et son collègue* AUGUIS, *de présent à Niort.*

Ci-joint imprimé un détail sur la défaite des brigands par le lieutenant-colonel Chalbos.

L'imprimé que Carra faisait passer à Boulard, comme pour lui prouver qu'il n'était pas seul à vaincre, contenait un rapport de Chalbos, d'un style très différent de celui des simples notes du vainqueur de la Grassière, de Vairé, de Saint-Hilaire, du Pas-au-Peton, de Challans et bientôt de Saint-Gervais...

Dans la nuit du 13 au 14, un courrier du département apportait, en placards, les bulletins trop triomphants des

deux engagements de Cheffois, avec la réponse aux autorités des Sables. Celles-ci se hâtaient de transmettre le récit
des succès de la division des Sables, beaucoup plus importants que ceux de la division de Fontenay.

LE DISTRICT DES SABLES AU DÉPARTEMENT DE LA VENDÉE.

C'est avec satisfaction que nous apprenons les nouveaux succès remportés par nos frères d'armes cantonnés à la Châtaigneraie sur la horde des brigands. Nous avons, de notre côté, à
vous entretenir de ceux que vient de remporter l'armée aux
ordres du citoyen Boulard. Vous êtes déjà prévenus, citoyens
administrateurs, des premiers avantages que nous avons obtenus ; nous devons vous faire part des ultérieurs.

La division de Baudry, arrivée mardi dernier à Saint-Gilles et
jointe par celle de Boulard, eut un choc le lendemain contre
une horde d'environ 800 scélérats campés à Saint-Hilaire-de-
Riez. Ces derniers, apercevant trois frégates mouillées près le
port de Saint-Gilles, s'imaginèrent *qu'elles étaient anglaises*, et
cela, à la suite de trois coups de canon tirés par nos frères
d'armes après le remplacement de l'arbre de la liberté, que les
brigands avaient coupé et mis en pièces à Saint-Gilles. Cette
horde de scélérats se présenta devant ce dernier lieu, le combat
s'engagea et les soldats de la liberté eurent promptement mis
en déroute ces vils esclaves. 40 à 50 mordirent la poussière, et,
la nuit suivante, il nous fut amené 83 prisonniers faits à la
suite de cette affaire.

Jeudi, nos troupes se mirent en route pour Chalfans et furent
de nouveau attaquées, au Pas-au-Peton, par un grand nombre
de ces brigands. On en tua plus de 300. A la suite de cette déroute la plus complète, on s'empara de leur artillerie, consistant en un canon de 18 et 3 pierriers, une quantité de boulets,
et beaucoup de provisions de bouche.

Enfin, hier matin, nos frères d'armes furent de nouveau attaqués à Challans par un attroupement très considérable de brigands, tant de Machecoul, Beauvoir, que d'autres paroisses
circonvoisines ; le combat fut des plus vifs et nos ennemis ont
laissé 5 à 600 hommes morts pour gages de leur imprudence ;
le nombre des blessés est considérable. La déroute la plus complète s'est mise parmi les insurgés ; ils ont été poursuivis jusqu'à la Garnache, en laissant leur artillerie, consistant en 2 pièces

de canon, etc. Les La Rochefoucauld père et fils ont été tués dans cette attaque ; il a été saisi sur le premier une valise fort riche.

Cette nouvelle, citoyens administrateurs, doit vous flatter d'autant plus, ainsi que les bons républicains, que nous n'avons pas perdu un homme dans toutes ces affaires.

Une lettre interceptée par un espion des brigands porte que nous recevrons demain une troisième attaque de la part de ceux qui commettent impunément leurs atrocités à Palluau et la Roche-sur-Yon. Malgré la faiblesse actuelle de notre garnison, nous les attendons néanmoins avec calme. Nos portes son hérissées de canons et nos frères animés du plus grand courage.

Ces faits étaient rapportés en des termes presque identiques dans une « Adresse des administrateurs des conseils généraux des districts des sables et de Challans aux représentants du peuple français ». Un seul fait y est rectifié : « Nous n'avons eu, dans ces différentes actions, qu'un homme tué et deux blessés. » La fin en est ainsi modifiée :

Nous apprenons dans ce moment, par une lettre interceptée sur un espion des brigands, que nous recevrons demain une troisième attaque de la part de ceux qui commettent encore impunément leurs atrocités à Palluau et à la Roche-sur-Yon, et dont les forces sont bien de 3,000 hommes. Mais nous les attendons avec calme. Notre garnison est très faible, puisqu'elle s'élève à peine à 600 hommes armés ; nous n'espérons pas moins repousser ces scélérats. Nos portes sont hérissées de canons et il leur faudra nous exterminer tous jusqu'au dernier avant qu'ils puissent fouiller notre enceinte. La devise sacrée des vrais républicains n'est pas un vain mot pour nous : *La liberté nous restera ou nous la perdrons avec nos têtes.*

La lecture de cette lettre, à la Convention, le 20 avril, provoqua une explosion d'enthousiasme. Gensonné fit « observer que l'armée des Sables-d'Olonne était presque toute composée de bataillons partis de la Gironde pour secourir leurs frères de la Vendée ». Il proposa de déclarer que *cette armée avait bien mérité de la Patrie*, ce qui fut décrété par une acclamation unanime.

Boulard était occupé, le ˙13ᵎ à repousser l'attaque de Challans par les bandes de Joly, Guerry du Cloudy et autres chefs de la tentative contre les Sables, auxquels, pour la première fois, semble-t-il, s'étaient jointes celles amenées de Machecoul par Charette. Le 14, il avait conduit sa première division à Beauvoir-sur-Mer, postant la seconde à Saint-Gervais. Le 15, il était allé reconnaître le chemin de Noirmoutier. A midi, la division d'Esprit Baudry, attaquée par trois mille hommes, conduits par Charette et Gaston. Les royalistes, vivement canonnés, finirent par être mis en pleine déroute et se retirèrent vers Palluau.

C'est dans cette bataille que périt le mystérieux perruquier de Saint-Christophe-du-Ligneron, qui passa, à la Convention, en Europe, pour le chef suprême des armées catholiques et royales, tant que le théâtre de l'insurrection vendéenne resta impénétrable aux émissaires de l'émigration et de l'étranger (1).

Extrait du procès-verbal dressé le 15 avril 1793, a sept heures du soir, en la maison du bourg de Saint-Gervais ou le commandant de la seconde division de l'armée des Sables s'était retiré, après le combat, pour passer la nuit (2).

... Dans la poursuite (de l'ennemi) un volontaire de (Barbezieux) (3) arriva près du village où était le canon ou longue couleuvrine de l'ennemi, et s'apercevant qu'un des brigands frappait d'un coup de plat de sabre le conducteur de son canon pour le forcer de fuir, il lui tira un coup de pistolet, le renversa et cria au conducteur du canon de se rendre ; celui-ci répondit qu'il ne

(1) Voir ce que nous avons déjà dit de Gaston Bourdic dans *La préparation de la guerre de Vendée*, t. III, p. 396.
(2) Copié sur la minute aux Arch. hist. de la guerre; armée de la réserve.
(3) Barbezieux est effacé, mais reste lisible sur la minute.

demandait pas mieux et que c'était pourquoi on le frappait ; il
se rendit avec son canon.

D'un autre côté, un autre volontaire entra dans le même village, prit et enleva un drapeau et un guidon de l'ennemi, l'un
et l'autre blancs, et échappa à un coup de fusil qui lui fut tiré.

Dans le village, entre une grande et une petite maison, où est
un pradeau fermé de fossés couverts d'une haie d'ajoncs, dans
lesquels plusieurs volontaires étaient accourus pour faire des
recherches, des volontaires trouvèrent dans les ajoncs un
homme de la taille de cinq pieds un ou deux pouces au plus,
bien fait, joli de figure et fort leste, vêtu d'un habit de drap
gris blanc, revers et parements rouges, ayant sur l'avant-bras
gauche deux galons bleus et sur les bras un galon d'or en che-
vron brisé, un gilet de soie à petits carreaux, culotté gris blanc,
bottes aux jambes, chapeau gansé bordé d'un galon blanc en
fil, cocarde de bassin blanche, armé d'un pistolet à deux coups
et d'un briquet pendant tout le long de la cuisse.

Il sortit des ajoncs où il était caché et franchit le fossé pour
se sauver. Trois volontaires le franchirent en même temps et
le terrassèrent. Accoururent alors des chasseurs du Midi et des
volontaires de Châteauneuf. Chacun le dépouillait de ses armes
et effets. Un volontaire de Châteauneuf lui ayant donné un coup
de sabre à la tête, il s'écria : *Quel est le j. f. qui me fait du mal?*
Il répéta plusieurs fois : *Ne me tuez pas ! ne me tuez pas !*

Chacun se disputa la gloire de l'amener. On le conduisit
au bourg de Saint-Gervais ; et, plusieurs particuliers du bourg
et des volontaires de l'armée ayant reconnu cet homme pour
être Gaston, on cria: *Gaston est pris!* Il convint lui-même qu'il
était *Gaston, de la paroisse de Saint-Christophe.*

Les uns disaient : *C'est celui qui m'a pillé !* D'autres disaient :
C'est celui qui a rançonné et persécuté tous les patriotes ! D'autres
disaient enfin : *Ce scélérat doit avoir plus de deux cent mille
livres en bourse ; c'est de son arrivée dont on nous menace toujours !*

Dans cet endroit, ayant aperçu une autre colonne de brigands
fort nombreuse, qui, à la faveur d'un taillis et futaie de large
étendue sur la droite dudit bourg, entrait en icelui, on fusilla
Gaston, de peur de le (laisser) échapper, et les volontaires de
notre armée n'eurent que le temps de se replier sur nos canons,
hors du bourg, sur le chemin de Beauvoir, parmi les fusillades
des brigands, qui étaient entrés dans plusieurs maisons et
tiraient par les croisées, tandis que d'autres, dans le bourg, *dont
un à cheval, grand homme sec,* criait aux volontaires : *Rendez-*

vous, malheureux, rendez-vous ! mais aucun ne fut pris ; un seul fut frappé d'un coup de baïonnette en traversant le fossé de la haie d'ajoncs....

Ont signé : BAUGIER, *commandant du détachement de Niort ;* E. QUICHAUD, sous-lieutenant de la compagnie de Barbezieux ; LÉTOURNEAU, fourrier ; DUMOULIN, capitaine ; GUILLONNET, lieutenant ; VERNIER, J. BORDAGE, GAILLARD, FR. LAGRANGE, ERINOUIL ;

LASSERRE certifie que c'est Gaston, le connaissant depuis huit jours ;

ANTOINE BOULET certifie avoir reconnu Gaston, et que, comme conducteur de canons des brigands, il était commandé par lui ; ne sachant signer, fait sa croix ordinaire + ;

MOREAU, LUCERAY, LOUIS DESLANDES, J. GENAT, J. FRIAUD, C. FOURNIER, lientenant d'artillerie ; CEZILLES fils, fourrier ; MONTEAU, capitaine de Châteauneuf ; VOLANT, LASSERANDE, CORBIN, DELRONDE, RAGUENAUD, DUVERGIER, DEMOULIN ;

PIERRE ARDOUIN certifie avoir reconnu Gaston pour être celui qui le déposa chez un boulanger, pour lui aider aux conditions qu'il dépendrait de lui ; il a fait une croix, ne sachant pas signer + ;

LOUIS et CONSTANT SIMONNEAU, certifient avoir reconnu Gaston pour être celui qui, comme chef de brigands, passa chez leur père, un mardi de mars, et prit son sabre, son pistolet, emmena son père et eux en prison, à la Garnache.

Nous, commandant de la seconde division des Sables, attestons que, pendant que nous combattions l'ennemi, on est venu me rendre compte que les citoyens soldats que je commande avaient tué Gaston ; conséquemment, à cet égard je réclame les six mille livres que la loi accorde.

Ce 22 avril 1793, l'an IIe de la République française.

ESPRIT BAUDRY.

Vu le procès-verbal, de l'autre part le certificat de Baudry, commandant de la deuxième division, nous requérons l'exécution de la proclamation qui accorde une récompense de six mille livres à ceux qui tueront les chefs qui y sont désignés.

Aux Sables-d'Olonne, le 25 avril 1793, l'an IIe de la République.

NIOU et PH.-CH.-AI. GOUPILLEAU,
commissaires de la Convention nationale.

· Auguis, « son collègue Carra étant à Paris, et son autre
collègue Goupilleau à l'armée des Sables », écrivait au
Comité de salut public, le 29 avril, au nom des « représentants du peuple français dans les départements des
Deux-Sèvres et de la Vendée » :

Lorsque nous avons rendu les proclamations si nécessitées
par les circonstances, nous en fîmes part à la Convention, en lui
demandant de les approuver. Nous vous envoyâmes celle qui
accordait 6,000 livres à ceux qui lui livreraient chaque chef de
révoltés. Nous venons de recevoir le procès-verbal, dressé à
l'armée de Boulard, qui constate que la division commandée
par Baudry a arrêté Gaston, l'un des plus remarquables, et qu'on
n'a pu empêcher qu'il ne fût tué sur-le-champ. Les 6,000 livres
sont réclamées par cette division, et nos collègues Niou et Goupilleau, qui sont sur les lieux, ont mis un réquisitoire au bas,
qui les accorde. Le tout nous a été envoyé et nous vous le faisons
passer pour que nous soyons autorisés par un décret de la Convention à faire compter cette somme ; la proclamation dit *livré*
et non *tué*, mais nous vous observons, citoyens nos collègues,
qu'il pourrait en résulter un mauvais effet, si on ne leur accordait pas ; car vous savez que la raison n'est pas partout où elle
devrait être, et qu'il faut quelquefois empêcher qu'elle ne
s'égare davantage (1).

Il est à remarquer que le commandant de l'armée des
Sables s'abstint de contre-signer la pétition de la division
d'Esprit Baudry. D'ailleurs, l'affaire, compliquée d'actes
d'indiscipline et même de désertions, eut, autant que l'inspection de la route de Beauvoir à Noirmoutier, pour effet
de décider le général, prudent autant que brave, à suspendre sa campagne si heureusement commencée, et à
revenir vers les Sables, et cela, au moment même où les
communications, jusqu'alors fermées avec Nantes, allaient
être ouvertes par la petite armée de Beysser, envoyée à la
rencontre de celle de Boulard par Canclaux.

(1) Proclamation de Carra et Pierre Auguis, du 30 mars, affichée à
Fontenay-le-Peuple.

« LA LIBERTÉ OU LA MORT

« Nous vous apprenons aujourd'hui que le complot de ces infâmes prêtres et émigrés est de se servir des malheureux rebelles pour livrer nos côtes aux brigands de l'Angleterre, de l'Allemagne et de la Russie, et pour y rétablir sur ces rebelles eux-mêmes le régime des coups de bâton et l'esclavage le plus odieux. Ce n'est point une chimère que ce projet enfanté par des traîtres ; l'auguste Convention nationale en a toutes les preuves, et la Nation tous les moyens de le faire échouer. Ainsi la Providence divine, dévoilant sans cesse à nos yeux tous les crimes et les trahisons des scélérats qui méditent la ruine de la France, il est de notre devoir de les arrêter par tous les moyens possibles. En conséquence, nous promettons, au nom de la République française et de la Convention nationale, dont nous sommes membres et commissaires, 6,000 livres de gratification, payées comptant, à ceux qui nous livreront chaque chef de révoltés, tels que les nommés *Verteuil, Gaston, D'Asson, Bulkeley, de Chouppes, Saint-Pal, Espinasseau, La Voyrie, Joly, Du Chaffault, Buor de la Grassière, Baudry de la Burcerie*, les *Rorthais, Leroux*, etc. Et, si ceux qui nous livreront ces chefs étaient trouvés eux-mêmes du nombre des révoltés, non seulement ils recevront les 6,000 livres par chaque chef livré, mais ils obtiendront sur-le-champ leur pardon et rentreront dans la (classe) des citoyens et dans leurs droits civiques sans être jamais recherchés. »

Le 15, de Challans, était expédiée cette lettre :

A Niou, commissaire de la Convention.

J'ai été ce matin reconnaître le chemin de Beauvoir à Noirmoutier. J'étais parti à cheval et j'ai été obligé de mettre pied à terre, ne pouvant faire deux pas de suite. J'ai donc laissé mon cheval, ainsi que Baudry, Dumas Baugier, tous les chefs de corps ; et tous sont convenus qu'il est impossible que l'artillerie puisse passer par cette route : ce qui est absolument nécessaire avec mes troupes pour enlever le retranchement que les brigands ont fait faire au bout du passage du Goua, comme je viens d'en être prévenu par un citoyen prisonnier à Noirmoutier, qui a trouvé le moyen de se sauver. D'après cela, et malgré le désir brûlant que moi et toute mon armée avions de faire la conquête de Noirmoutier sur les brigands, je regarde la chose comme impossible dans la situation actuelle du chemin des marais, lequel ne peut être praticable avant trois semaines ou un mois.

Dans ce moment, il est deux heures et je vais faire battre la générale, parce que la 2ᵉ division de l'armée, que j'ai laissée à Saint-Gervais sous les ordres de Baudry, a été attaquée par les brigands. Je remets après l'affaire de vous dire l'issue qu'elle aura.

Il est huit heures et demie du soir, au moment où j'arrive de Saint-Gervais, et je vous préviens que les ennemis, forts de 2,000 hommes marchant sur trois colonnes, ont d'abord eu quelques avantages sur ceux de nos gens à qui la garde du village était confiée, (*le bataillon de la Liberté*). Enfin, les ennemis sont entrés à moitié du village, d'où ils ont été chassés par le premier bataillon de Bordeaux, conduit par moi jusqu'à 400 toises du village. Suivant tout ce que j'ai pu juger par où j'ai passé, je crois que l'ennemi a perdu beaucoup de monde, et tout le reste a pris la fuite. Pour la 2ᵉ division de l'armée, elle a eu 2 tués et 10 blessés.

Malgré ce succès, puisque l'ennemi a été repoussé, croiriez-vous, citoyen commissaire, que la trop grande bonté de Baudry a gâté cette troupe, de laquelle on ne peut jouir. Après l'affaire de Saint-Gervais, cette troupe avait perdu la tête ; elle voulait, malgré mes ordres (qu'il était essentiel de tenir ferme), se retirer à Beauvoir. J'ai été obligé de proposer à plusieurs personnes d'obéir ou de leur faire sauter la cervelle.

Le général Baudry, gâté par le succès, avait aussi perdu la tête et disait que la troupe ne voulait point m'obéir. Je lui répondis : « Citoyen, si mon ordre, pour tenir ferme au poste de Saint-Gervais, n'est point exécuté, vous m'en répondrez sur votre responsabilité. »

Ensuite, je parlai à toutes les troupes séparées et leur dis : « Citoyens, vous venez de résister aux efforts de l'ennemi ; lui céder le poste serait un triomphe pour lui ; votre poste est Saint-Gervais, vous y resterez, et, si l'on vous attaque, vous saurez y mourir, en attendant que je vole à votre secours. »

Aujourd'hui, je me suis rendu à Challans. J'avais projeté, pour occuper ma troupe, ne pouvant rien entreprendre sur Noirmoutier, d'envoyer ma 2ᵉ division sur Machecoul, tandis que la mienne rétablirait la communication de la route et même pousserait jusqu'à Palluau. Je trouve tant de dégoût dans la 2ᵉ division que cela m'arrête et m'empêche de rien entreprendre ;

car une déroute perdrait la chose publique pour longtemps. En conséquence, j'attendrai ici le jour, et demain je prendrai un parti sur ma marche à venir; car je ne vois pas le détachement que je pourrais commander pour la Mothe-Achard. Baudry, dégoûté, veut quitter et personne ne peut le remplacer. Répondez-moi de suite à ce sujet. Il me semble que Vairé pourrait convenir mieux à la troupe, étant plus près des Sables; on mettrait un fort détachement à Pierre-Levée, route de La Mothe.

Après avoir examiné le genre de guerre que je fais, je suis convaincu, citoyen, que tant qu'on prendra des moyens partiels, l'on ne fera que des frais. Mon avis serait qu'il y eût *une armée de trente mille hommes,* afin de pouvoir contenir les bourgs et villages soumis. Car la crainte a tellement gagné les esprits que, sitôt qu'on voit un brigand, on croit en voir dix mille, et que tel, qui, le matin, était bon patriote, retourne à l'aristocratie sitôt que nous sommes partis, effet de la faiblesse et de la peur. D'ailleurs, notre position est fatigante, très pénible, et surtout pour des citoyens qui ont marché par zèle pour la chose publique et qui se rappellent avoir laissé leurs femmes, leurs enfants et leurs affaires.

Le chef de brigade, BOULARD.

Dans la journée du 19, le commandant de la petite armée des Sables était avisé que des bandes d'insurgés avaient repassé à la Mothe-Achard, que le pont de la Chaize-Giraud venait d'être rompu et que tous les convois de vivres et de munitions se trouvaient, par conséquent, interceptés.

Le 20 au matin, il envoya un détachement du 110° régiment réparer le pont de la Chaize, opération qui fut achevée à dix heures du soir. Quoique sur les neuf heures il eût entendu « une canonnade assez vive qui paraissait être du côté de Machecoul », il évacua Challans, repassa le Pas-au-Preton et expédia, pour renforcer la garnison de Saint-Gilles, quelques cavaliers et 150 hommes d'infanterie. Il atteignit l'Aiguillon-sur-Vie, à la tête de sa première colonne, tandis qu'Esprit Baudry, avec la seconde, gagnait Vairé. D'Olonne, où il s'arrêtait, le 21 au soir, un gen-

darme portait ces explications amères d'un officier général
dégoûté de ses troupes, et désespéré de n'avoir pu exécuter
son plan de campagne.

AU CITOYEN NIOU.

Je n'ai point hésité à me rendre ici avec ma division. Je
croyais y trouver de la paille pour coucher les hommes, du vin
pour leur nécessaire, du tabac (ce dernier objet leur manque
depuis plusieurs jours), du foin pour la cavalerie, l'artillerie et
les bêtes de trait, qui sont en grand nombre à ma suite. Au
lieu de cela je n'ai rien trouvé. Voilà bientôt trois heures que je
suis arrivé. La municipalité a fait plusieurs réquisitions sans
effet, et je crois impossible de pouvoir faire vivre toute cette
troupe, si l'on ne pourvoit promptement à tous ses besoins...

Je suis très persuadé que l'on aurait gagné infiniment à
pousser la marche de la troupe jusqu'aux Sables, pour reprendre
demain la route de la Mothe-Achard. Cela aurait, du moins,
évité d'entendre la troupe dire : *Allons aux Sables !* et peut-être
empêché beaucoup d'enfreindre l'ordre que je leur ai donné de
rester ici.

Il faut observer que la troupe que je commande n'est point
accoutumée à toutes les privations auxquelles elle est soumise
depuis quinze jours ; car nous faisons une guerre beaucoup plus
fatigante que celle d'une troupe qui campe, puisque nous bivoua-
quons presque tous les jours ; nos logements, depuis le départ
des Sables, ne sont communément que de la paille.

Un objet qui me fait ressentir bien vivement toutes les peines
que je me donne journellement, c'est l'état d'anarchie où est
plongée ma deuxième division. Les propos indécents qu'elle
tient sur son premier chef sont portés jusqu'à dire qu'*ils me donneront un coup de fusil.* D'autres propos encore que l'on répand,
aussi mal fondés et aussi dépourvus de vraisemblance, c'est
qu'on dit que *j'étais imputé dans l'affaire de Marcé !* Cela me
paraît d'autant plus étonnant, citoyens, qu'aucune des troupes
que j'ai ici n'était présente lorsque l'armée (de Marcé) m'a élu
son chef ; vous y étiez, citoyen, et vous devez savoir si j'ai fait
mon devoir dans les combats où je me suis trouvé depuis le
13 mars, et il est cruel, après cela, d'entendre de semblables
horreurs. Je suis dégoûté à un point extrême, ma santé en est
altérée et *je vous prie de vouloir bien pourvoir à mon remplacement.* Lorsque mes forces me permettront de reprendre mes

occupations, si je ne suis pas à même de commander, au moins je prouverai, en me mettant dans le rang avec mes frères d'armes, que je sais obéir et que j'étais digne de la confiance qu'ils m'avaient accordée.

A l'égard de toutes mes opérations militaires, je vous déclare, citoyens, que tant que l'on n'opérera que partiellement, on ne fera absolument rien ; qu'il faut des forces suffisantes pour pouvoir maintenir les différents endroits conquis, parce qu'un grand nombre de gens de la campagne, ne se voyant plus soutenus par la troupe patriote, sont forcés de suivre les brigands.

Les convois ont été interrompus par l'événement du pont de La Chaize, et j'ai été obligé de revenir sur mes pas pour son rétablissement. Voilà donc toute la route, jusqu'au Beauvoir, abandonnée aux brigands ; par conséquent, leur communication très libre avec Noirmoutier et les ennemis du dehors. Je vais passer demain à la Mothe-Achard, et, supposé que j'agisse du côté de Palleau, ils se jetteront sur ma gauche, attaqueront peut-être Saint-Gilles et forceront la troupe de cette place à se reployer, s'ils lui en donnent le temps. Ce poste peut être essentiel à garder, mais je n'étais pas en mesure de vouloir y laisser une garnison plus forte. D'ailleurs, un autre objet qui ne nuira pas moins à nos opérations militaires, si on n'y apporte le remède le plus prompt, c'est *le défaut de communication avec les armées agissantes dans les environs.*

Je n'ai rien négligé pour établir la discipline dans l'armée, j'ai parlé souvent à la troupe, j'ai donné plusieurs ordres pour empêcher le pillage qui était porté au plus haut degré et qui n'aurait pas manqué de faire regarder les troupes de la République pires que celles des brigands que nous devons chasser. Cet ordre a déplu, sans doute, à des gens malintentionnés ; ma consolation est dans mon cœur, parce que j'ai fait mon devoir.

Je suis seul et par conséquent point secondé ; ma responsabilité m'ordonne de prendre un parti, et le plus sage est de *céder le commandement à quelqu'un qui pourra le remplir mieux que moi.* Je vous prie encore de vouloir bien vous joindre à moi pour me donner bientôt un successeur. Je le verrai avec le plus grand plaisir et ferai des vœux pour la prospérité de ses armes, le bonheur et la paix de la République étant les seuls objets de mes désirs.   *Le chef de brigade,* BOULARD.

P.-S. — Vous me rappelez, citoyen, de me concerter avec le général Beaufranchet. Je lui ai écrit au moins sept lettres, et il ne m'a point écrit depuis Luçon. Je n'ai pas la prétention de compter infiniment sur mes talents militaires; pour peu que la chose mérite la peine d'être constatée, j'ai l'habitude de faire assembler les chefs de corps, et très certainement, si je pouvais communiquer plus facilement avec le citoyen Beaufranchet, je ne manquerais de le faire, très persuadé que dans ce moment-ci, un chef ne saurait mettre trop de précautions dans sa conduite.

Je garde copie de toutes mes lettres et encore plus exactement celles que je reçois (1).

Entré à la Mothe-Achard après un petit combat de son avant-garde, le détachement du 110*, contre une bande de 200 rebelles, qui étaient restés dans le bourg, et y établissant son quartier général, le 22, Boulard recevait la première nouvelle de la marche victorieuse de l'armée nantaise, commandée par Beysser, du Port-Saint-Père à Machecoul et vers Noirmoutier. C'était bien le canon républicain qu'il avait entendu lorsqu'il quittait Challans, contraint et forcé de revenir sur ses pas par les injonctions réitérées des autorités civiles et des représentants du peuple. Il écrivait à Niou :

La nouvelle de la prise de Machecoul, quoique fort agréable pour la République, augmente les regrets que j'avais déjà d'avoir quitté Challans à cause de la destruction du pont de la Chaize, persuadé que, si j'avais pu marcher sur Machecoul et porter mon détachement entre Machecoul et Palluau, la défaite des brigands aurait été plus complète. Le sort en a voulu différemment, je ne m'en plains pas; d'autres occasions se présenteront sûrement de prendre ma revanche et sûrement je les saisirai.

Le vieux soldat faisait vite savoir à Beysser, au camarade qui réalisait ce qu'il eût voulu faire, qu'il lui parais-

(1) Nous avons recherché « la correspondance reçue » par Boulard dans les archives de la Charente-Inférieure, où elle pouvait subsister, le général étant mort à La Rochelle, le 29 novembre 1793. Ce recueil, qui serait aussi précieux que son « livre d'ordre de correspondance », ne s'y trouve pas.

sait de toute nécessité de lier leurs opérations. Sans plus s'occuper de la démission qu'il avait offerte, il déployait une activité juvénile à remettre ses deux divisions en état de reprendre campagne au plus vite.

Le chef de légion L. Dumas, qui avait amené les deux bataillons de Bordeaux, dont Boulard avait composé le fond de sa première colonne, lui adressait, le 25, ces conseils amicaux :

> Je vais vous parler avec franchise. Vous êtes infiniment nécessaire à l'armée que vous commandez; l'indiscipline et la désorganisation exigent tout votre zèle. J'ai vu, avec douleur, s'établir entre les deux divisions de votre armée des jalousies propres à détruire toutes vos forces, et j'aurais désespéré de tout, si je n'avais compté sur votre sollicitude à prévenir les maux qui menaçaient l'armée. Tous vos soldats vous aiment, tous voudraient vous voir sans cesse, et, si la seconde colonne se plaint d'une prédilection particulière, c'est qu'elle voudrait aussi vous voir quelquefois auprès d'elle ; et je crois que, si vous y paraissiez de temps en temps, votre présence y ferait un bon effet; ce serait un moyen d'y ramener la discipline et l'ordre. Recevez ces conseils comme une marque d'amitié.

Ces conseils furent suivis. Baudry se réconcilia avec Boulard; le commandant en chef n'eut pas de peine à regagner la confiance de la seconde colonne. Par les soins de Niou et des deux représentants désormais attachés à cette armée, Gaudin (des Sables) et Goupilleau (de Montaigu), il s'opéra un raccommodement complet des autorités civiles avec les autorités militaires. Si bien que ce fut sous les auspices et aux frais de la Société républicaine des Amis de la liberté et de l'égalité que fut imprimé le compte rendu officiel de la première campagne de Boulard.

Ch.-L. Chassin.

DANTON
AU CLUB DES CORDELIERS
ET AU DÉPARTEMENT DE PARIS

Nous avons étudié les débuts de Danton dans la carrière politique, au district des Cordeliers et à la Commune provisoire. Nous avons tâché de rectifier quelques erreurs de ses biographes, de préciser les dates et les faits, autant que c'était possible pour une période mal connue et avec si peu de documents authentiques. Le chemin que nous allons parcourir aujourd'hui sera un peu plus solide, un peu mieux éclairé, et notre récit pourra s'appuyer plus souvent sur des textes officiels et sûrs.

I

On a vu quelle fut l'insignifiance du rôle de Danton comme membre de la Commune provisoire : il ne pouvait avoir grande influence dans cette assemblée, dont la majorité était formée de constitutionnels modérés, partisans de La Fayette et de Bailly. C'est au district des Cordeliers que s'exerça surtout son activité. Décrété de prise de corps à propos de l'affaire de Marat, non seulement il fut préservé de l'emprisonnement par sa qualité de membre de la Commune, mais il put même et il osa s'attaquer à ce

Châtelet qui l'avait décrété. Le 20 avril 1790, il signa comme président et rédigea sans doute une très remarquable adresse du district des Cordeliers, en vue de la suppression du Châtelet, qui serait remplacé par un *grand juré* chargé de connaître les crimes de lèse-nation. C'était déjà l'idée de ce tribunal révolutionnaire que Danton fera créer le 10 mars 1793. Cette adresse fut présentée à l'Assemblée constituante le 22 avril (1). Elle n'amena pas une solution immédiate de la question, mais ce fut une des plus caractéristiques manifestations du mouvement d'opinion d'où sortira plus tard la loi du 5 mars 1791, qui créa la Haute-Cour nationale d'Orléans.

Quoique membre de la Commune, il mène dans son district une guerre ouverte contre le maire Bailly, surtout aux mois de juin et de juillet 1790. A ce moment-là, c'est encore lui qui préside le district. Le vice-président est son camarade Paré. Les secrétaires sont Fabre d'Eglantine, Pierre-J.-Duplain et Laforgue (2). Le district des Cordeliers, c'est Danton.

Ce conflit entre le district et le bureau de ville a toujours pour objet le plan de municipalité définitive, préparé par la Commune provisoire, voté par l'Assemblée constituante le 21 mai 1790, sanctionné par le roi le 27 juin.

Il y avait désormais un conseil général de la Commune, formé de 96 notables, de 48 membres du corps municipal et du maire, tous élus. Il y avait aussi un procureur de la Commune et deux substituts.

Ce Conseil élisait, parmi les 48 membres du corps municipal, 16 administrateurs, qui, réunis au maire, formaient le bureau.

<hr />

(1) On en trouvera le texte dans les *Archives parlementaires*, t. XV, p. 251 et suivantes.
(2) Voir Bibl. nat., Lb⁴⁰/1373, in-8.

Ce qui irritait les patriotes avancés, c'était que la nouvelle Commune se trouvait placée par la loi sous l'inspection et l'autorité du département de Paris.

C'était aussi et surtout que la loi nouvelle supprimait les
soixante districts, ces soixante clubs démocratiques, et cela
au grand profit, à la grande joie des La Fayette et des
Bailly.

Les districts étaient remplacés par 48 sections, purement
électorales et judiciaires, sauf qu'elles nommaient chacune
16 commissaires, pour exercer dans chaque arrondissement des fonctions de police conjointement avec le commissaire de police. Elles n'étaient pas permanentes : toutefois, 50 citoyens actifs pouvaient demander la convocation d'une section, et 8 sections pouvaient demander la
convocation générale de toutes les autres.

De là vint la mauvaise humeur du district des Cordeliers,
qui s'opposa autant qu'il put à l'application de la loi nouvelle et entama un conflit obstiné avec le conseil de ville,
par ses arrêtés des 28 juin, 1er, 2 et 3 juillet 1790, tous inspirés ou signés par Danton (1).

Mais la suppression des districts n'eut pas les conséquences fâcheuses que redoutaient les Cordeliers et Danton.
Quant à la permanence des sections, il arriva qu'en fait

---

(1) Voir Bibl. nat., Lb⁴⁰/1373, recueil factice in-8, et Robiquet, *Le personnel municipal*, p. 320. (On sait que M. Robiquet a rendu le grand
service d'imprimer de nombreux extraits du registre du Conseil de Ville.)
Voir aussi la *Bibliographie* de M. Tourneux, t. II, à l'article *Districts*. C'est
pour moi une occasion de remercier M. Tourneux, qui a bien voulu me
communiquer les épreuves de la partie achevée de ce tome II, où on trouvera les districts, les sections, la Commune et les journaux. Il est bien
regrettable que la Ville de Paris, qui publie cet excellent recueil, ne le
donne pas par fascicules. L'œuvre de M. Tourneux est immense, complexe
à l'infini, et, quelle que soit la diligence de cet érudit bibliographe, il est
trop amoureux de l'exactitude pour qu'il lui soit possible d'achever aussi
vite qu'il le voudrait ce travail vraiment colossal de l'examen des journaux de la Révolution. Il serait donc fort utile que le public pût avoir
dès maintenant, en fascicules, les parties achevées de son tome II.

l'exception prévue par la loi devint la règle, et c'est précisément des sections que partit le mouvement démocratique qui amena la chute du trône. La tribune cordelière ne fut même pas renversée par la loi qui supprimait les districts. Aussitôt après cette suppression, Danton et ses amis fondèrent la célèbre Société populaire qui s'appela *Club des Cordeliers, Société des Amis des droits de l'homme et du citoyen* (1).

Ce club siégea d'abord dans le couvent de l'église des Cordeliers. Mais la municipalité l'en chassa le 21 mai 1791. Il s'installa alors dans la salle du Musée, rue Dauphine (2). Ses membres célèbres, outre Danton, furent Legendre, Marat, Fournier l'Américain, Hébert, Fabre d'Églantine, Desfieux, Vincent, Anacharsis Cloots, etc. La politique de ce club fut de surveiller minutieusement et de dénoncer les actes des ministres, du département, de la commune, et il symbolisa cette surveillance par un *œil* gravé en tête de ses arrêtés. Plus démocrates que les Jacobins, les Cordeliers se battirent contre le trône et l'autel, contre la politique constitutionnelle. Ce sont eux qui popularisèrent la devise : *Liberté, égalité, fraternité.*

---

(1) Voir le *Journal du club des Cordeliers, Société des Amis des Droits de l'homme et du citoyen,* par Sentues et Momoro, 28 juin-août 1791, Paris, Imp. de Momoro, dix numéros in-8. — Bibl. nat. Lc²/2510. — Voir aussi *L'Observateur du club des Cordeliers et de la section du Théâtre-Français,* Paris, imp. de Momoro, 1791, in-8. — Bibl. nat., Lc²/2489.

(2) Après avoir quitté le couvent des Cordeliers, le club résida un instant au Jeu de Paume du sieur Bergeron. Mais, dès le 18 mai 1791, il avait loué au sieur Metzinger la salle dite du Musée, rue Dauphine (depuis rue Thionville, n° 103). On trouvera le bail dans les papiers de Fournier l'Américain (Arch. nat., F⁷, 6504). Les Cordeliers y siégèrent jusqu'à la fermeture de leur club, dont nous ignorons la date précise, mais qui ne dut pas être de beaucoup postérieure à l'exécution des Hébertistes. — Ajoutons qu'il y eut aussi, en novembre 1790, un « club civique » qui s'assembla dans le même local que les assemblées du district des Cordeliers (Robiquet, *Le personnel municipal,* p. 549). Ne serait-ce pas le club même des Cordeliers, en quête d'un local avant d'avoir obtenu provisoirement l'église du couvent?

Et cependant il y avait alors si peu de partis tranchés, comme nous l'entendons, que tous les chefs du club des Cordeliers étaient également membres de la Société des Amis de la Constitution. Danton siégea aux Jacobins Saint-Honoré dès le mois de septembre 1790 ; il fut même, à cette époque, un des commissaires nommés pour faire cesser le schisme de la Société des Amis de la Constitution et du Club de 1789 (1).

II

D'après la loi municipale du 21 mai 1790, le maire, le procureur et les substituts devaient être nommés avant les autres membres de la municipalité.

L'élection du maire eut lieu le 2 août. Bailly fut élu par 12,550 voix. Danton n'eut que 49 voix. Mais il n'était certainement pas candidat. D'autre part, un fait significatif montre bien que, si Bailly était dépopularisé dans la masse de la population, le suffrage censitaire lui était fidèle, même dans les quartiers où dominait la politique avancée : ainsi, dans la section du Théâtre-Français, l'ancien district des Cordeliers, Bailly obtint 478 voix sur 580 votants (2).

Dans l'élection pour la place de gouverneur de la Commune, Boullemer de la Martinière fut élu par 3,452 voix sur 6,920 votants. Mais nous ne savons pas combien de suffrages se portèrent sur le nom de Danton. Il semble

---

(1) Camille Desmoulins, *Révolution de France et de Brabant*, t. IV, p. 269. La première mention d'un discours de Danton aux Jacobins se trouve dans le *Lendemain* du 2 avril 1791, à la date du 30 mars. Voir mon recueil, *La Société des Jacobins*, t. II, p. 221. D'après M. Robinet (*Danton homme d'État*, p. 74), Danton, à cette époque, aurait aussi fait partie du *Club des Bons-Enfants*.

(2) Robiquet, *Le personnel municipal*, 338, 339.

avoir été plus sérieusement candidat aux postes de premier et de second substitut. Dans le premier de ces deux scrutins (5 août), il obtint 193 voix ; dans le second (9 août), 197. C'était peu. Cahier de Gerville fut élu premier substitut par 2,961 voix ; Duport-Dutertre, second substitut, par 2,332 (1).

Mais, quelques jours plus tard, Danton fut un des trois notables élus par la section du Théâtre-Français (2).

Il ne siégea cependant pas à la Commune constitutionnelle.

Par une sorte de souvenir de la *dokimasia* des Athéniens, le législateur avait décidé que les élus de chaque section seraient ensuite soumis à la censure des autres sections, qui les accepteraient ou les rejetteraient (3).

Une campagne très vive et très habile fut menée contre Danton. On fit valoir contre lui le décret de prise de corps sous le coup duquel il se trouvait toujours. Plusieurs sections demandèrent même au Comité de constitution si Danton était vraiment éligible (4). On le représenta sans doute aux électeurs censitaires comme un démagogue brouillon (5), comme l'agent soudoyé et perfide du duc d'Orléans, et les accusations de vénalité durent se donner carrière, d'autant plus qu'on le disait mal entouré, peu scrupuleux dans le choix de ses relations.

Le résultat fut que, seul des 96 notables élus, il fut rejeté

---

(1) Robiquet, 345, 347.

(2) Cette section élut Jolly, Stoupe et Danton. (*Ibid.*, 366.)

(3) Cette censure des sections eut lieu du 8 au 15 novembre 1790. Voir l'imprimé intitulé : *Municipalité de Paris. Conseil de ville. Extrait du registre du Conseil de ville du 7 septembre* 1790. Imp. Lottin, s. d., in-4 de 2 pages. (Collection de M. Etienne Charavay.)

(4) Voir la lettre de la section de l'Observatoire à ce sujet. — Tuetey, *Répertoire*, t. I, n° 3568, et t. II, n° 1832.

(5) Depuis longtemps les pamphlets le désignaient comme un « crapuleux personnage, bouillant et emporté, et l'un des enragés à la solde des Jacobins. » (*La Société des Jacobins*, t. I, p. 191.)

par les sections, dont cinq seulement se prononcèrent pour
lui (1).

La campagne de diffamation menée contre Danton avait
influencé même les électeurs de la section du Théâtre-
Français. Aussitôt convoqués pour procéder à une nouvelle
élection, ils ne songèrent même pas à le réélire et le rem-
placèrent, le 17 septembre, par Garran de Coulon, que les
47 autres sections admirent par délibérations des 21 et
22 septembre.

Cette défaveur ne fut que passagère et Danton eut l'esprit de ne pas s'en irriter. Les intrigues injurieuses de ses
ennemis eurent au contraire l'effet de lui inspirer une attitude plus calme. On venait d'apprendre à Paris le massacre
de Nancy. Loin d'exciter l'indignation populaire, ce prétendu démagogue fit prendre au bataillon des Cordeliers
l'arrêté suivant :

« Quelque opinion que nous ayons de la valeur de toutes
les gardes nationales qui ont eu part à la malheureuse
affaire de Nancy, nous ne pouvons manifester d'autre sentiment que la douleur (2). »

(1) Quelles furent ces cinq sections? Dans le procès-verbal de la séance
du Conseil de ville du 16 septembre 1790, nous lisons : « Danton, de la
section du Théâtre-Français, a été rejeté à la majorité de 42 sections
contre cinq. » Suit la liste des 42 sections qui votèrent contre Danton
(Robiquet, p. 373). Si on la compare à la liste des 48 sections, on voit qu'il
y aurait eu non pas *cinq*, mais *six* sections qui auraient voté pour Danton,
à savoir : Postes, Fontaine-Montmorency, Mauconseil, Poissonnière, Invalides, Luxembourg. Mais, dans la liste des 42 sections opposantes, celle de
la Fontaine-de-Grenelle est mentionné deux fois, par erreur. Peut-être
la seconde fois, a-t-on fait confusion avec la Fontaine-Montmorency. En
ce cas, les cinq sections favorables à Danton seraient les Postes, Mauconseil, Poissonnière, Invalides, Luxembourg — Quoique les textes que donne
M. Robiquet soient très exactement transcrits, nous avons voulu recourir à
l'original, qui se trouve à la Bibliothèque nationale. Il nous a été répondu
que ce manuscrit avait été *prêté au dehors.*
(2) Cet arrêté ne nous est connu que par la citation qu'en fait Camille
Desmoulins dans ses *Révolutions de France et de Brabant*, t. IV, p. 171. Il
est sans date. Mais l'affaire de Nancy fut connue à Paris dans les premiers
jours de septembre 1790.

Camille Desmoulins déclare cet arrêté « comparable aux plus beaux monuments que l'antiquité nous ait transmis en ce genre » et il trouve « qu'il fait infiniment honneur à M. Danton ». « C'est la réponse du chancelier L'Hospital à l'éloge qu'on lui demandait de la Saint-Barthélemy : *Excidat illa dies ævo* (1). » Sans aller jusqu'au lyrisme de Camille, avouons que c'est là une preuve que Danton savait déjà modérer sa fougue.

A la suite de son échec électoral, il se fit presque oublier pendant deux mois, ne donna aucun prétexte à de nouvelles attaques et prit le temps de retremper sa popularité. Il la retrempa si bien que, le 10 novembre 1790, lui qui ne fait pas partie de la municipalité, il trouve moyen de paraître à la barre de l'Assemblée comme orateur d'une députation de la Commune de Paris, pour demander le renvoi des ministres.

L'affaire de Nancy avait mis le comble à l'impopularité du ministère. L'opinion parisienne en voulait surtout à Champion de Cicé, ministre de la justice, à La Tour du Pin, ministre de la guerre, et à Guignard de Saint-Priest, ministre de l'intérieur. Le 22 octobre 1790, la section de Mauconseil arrêta de dénoncer les ministres à l'Assemblée nationale et communiqua son arrêté aux autres sections. Le 25, celle de la Bibliothèque arrêta de demander le renvoi de tous les ministres et le rappel de tous les ambassadeurs : elle communiqua son arrêté au roi, à l'Assemblée nationale et aux autres sections. Le 27, la section de Mauconseil apporta au maire de Paris l'adhésion de 14 sections à son arrêté du 22 ; elle demanda la réunion du Conseil général de la Commune pour connaître les dénonciations, les réunir et les remettre à l'Assemblée nationale. Enfin les

(1) *Révolutions de France et de Brabant*, t. IV, p. 171.

48 sections nomment des commissaires qui se réunissent à
l'Archevêché; ils élisent Sergent, président; Danton et
Auchy, secrétaires; ils rédigent une adresse et, par deux
fois, sollicitent le maire de venir présider la députation qui
présentera cette adresse à l'Assemblée nationale. Bailly
hésite; il consulte le Conseil général de la Commune,
lequel, après un débat assez vif, arrête que le maire « présentera la députation à l'Assemblée nationale (1) ».

C'est ainsi que Bailly présenta à cette Assemblée « les
députés des 48 sections composant la commune de
Paris (2) », et que Danton fut l'orateur de cette députation.
C'est lui qui lut l'adresse, dont il était évidemment l'auteur,
et où il précisa le rôle de Paris dans la Révolution en termes
bien conformes à sa politique future :

« La commune de Paris, dit-il, plus à portée qu'aucune
autre commune d'apprécier la conduite des ministres, cette
commune composée de citoyens qui appartiennent en
quelque sorte aux 83 départements, jalouse de remplir au
gré de tous les bons Français les devoirs de première sen-
tinelle de la Constitution, s'empresse d'apporter un vœu
cher à tous les ennemis du despotisme, un vœu qui se serait
fait entendre de toutes les parties de la grande famille de
l'État, si les sections de l'Empire avaient pu se réunir aussi
promptement que celles de Paris. Ce vœu est le renvoi immédiat des ministres (3). »

Cependant il ne demanda que le renvoi de Champion de
Cicé, de Saint-Priest et de La Tour du Pin. Nous ne le suivrons pas dans l'énumération des griefs qu'il articula contre
eux. Notons seulement que l'apparition de Danton à la barre

(1) *Journal des municipalités*, octobre et novembre 1790, pp. 55, 64, 70,
71, 107. — Bibl. nat., Lc²/262, in-8.
(2) *Procès-verbal* de la Constituante. — Voir le petit discours de Bailly
dans le journal de Le Hodey, XVII, 368.
(3) *Moniteur*, VI, 345.

produisit un grand effet, que l'abbé Maury l'interrompit violemment et que toute l'Assemblée fut émue. Mais sa voix de stentor domina le tumulte. « M. Danton, dit le *Journal des municipalités* (1), a surmonté, par la force de son organe, le tumulte du côté droit et les longs et nombreux applaudissements du côté gauche de l'Assemblée. » Les pétitionnaires reçurent les honneurs de la séance, ils n'obtinrent pas de décret, mais quelques jours plus tard Champion de Cicé et La Tour du Pin démissionnèrent.

Fort de ce succès, Danton se fit élire, à peu près à la même époque (2), commandant du bataillon des Cordeliers. Son élection fut aussitôt et vivement attaquée. Par qui et pourquoi? Nous l'ignorons et nous ne connaissons cette affaire que par un assez vague procès-verbal du corps municipal, à la date du 19 novembre 1790 (3). Peut-être le commandant général La Fayette argua-t-il du décret de prise de corps lancé jadis contre Danton pour protester contre sa nomination. Toujours est-il que Danton donna sa démission : il ne commanda pas le bataillon des Cordeliers et c'est donc une hypothèse radicalement fausse que de dire, comme on l'a fait, qu'il a pu figurer à la tête de ce bataillon dans l'attaque du château le 10 août 1792 (4).

---

(1) P. 113-114.

(2) Nous n'avons pas la date précise. Ce fut probablement entre le 10 et le 15 novembre 1790.

(3) Robiquet. *Le personnel municipal*, 548, 549.

(4) Voici la pièce sur laquelle nous établissons le fait de la démission. C'est une copie de lettre, sans signature, mais en tête de laquelle on a écrit ces mots : *M. Gouvion*, 22 *novembre* 1790. « Monsieur, M. Danton a donné son désistement de sa nomination à la place de commandant du bataillon des Cordeliers, mais on se propose de convoquer demain une assemblée qui, probablement ne sera que partielle, afin de procéder à la nomination d'un autre commandant; et comme M. de Courtaumer n'a pas voulu permettre d'assembler et qu'on ne peut disposer de tambours sans son ordre, l'intention est de faire prendre une caisse par un citoyen qui sera escorté par huit volontaires, baïonnettes au bout du fusil. M. le commandant général, qui désire de mettre fin à toutes ces divisions, m'a chargé d'avoir l'honneur de vous demander une autorisation en vertu de

III

C'est peu avant cette époque, en octobre 1790, qu'il fut
nommé par la section du Théâtre-Français membre de
l'Assemblée électorale de Paris, le second sur 26 (1).

Cette nomination scandalisa les modérés, et, dans des
réunions officieuses tenues par les électeurs avant leur
constitution officielle en assemblée, la motion fut faite
d'expulser Danton.

« Nous assistâmes, il y a quelques jours, dit un contemporain, à une de ces assemblées bâtardes. Une des premières motions qui fut faite, tendit à l'expulsion du sieur
Danton de sa place d'électeur. L'honorable membre qui la
présenta n'osa l'attaquer qu'indirectement, et, pour ainsi
dire, par derrière; il craignit le *Veto polonais* que Danton
porte toujours sous le bras et à l'appui duquel il prétend
toujours avoir raison. Cette motion fut conçue en ces
termes : « Il est essentiel, Messieurs, de répandre dans le
public, par la voie de l'impression, des réflexions sur le
mode de la vérification des pouvoirs, de manière à ce
qu'elle porte, non seulement sur les pouvoirs, mais sur le
personnel (*sic*) de l'élu (2). »

Cet incident n'eut pas d'autre suite. Danton put siéger à

laquelle il convoquera demain le bataillon; il désire qu'elle porte qu'on s'y
rendra en uniforme et sans armes. Il vous demandera cette autorisation,
parce que l'affaire relative à cette nomination a été portée devant le corps
municipal. Je vous prie, Monsieur, de me la faire passer ce soir, s'il est
possible, parce que je n'ai pas de temps à perdre pour notifier les ordres
à M. de la Villette. » — Bibl. nat., manuscrits, fonds français, n° 11,
697. — Danton n'en conserva pas moins une grande influence sur le
bataillon des Cordeliers. Quand, en mai 1791, la minorité de ce bataillon
voulut qu'on prît le nom de *bataillon de l'Observatoire*, comme pour
désavouer le passé révolutionnaire, Danton s'y opposa victorieusement.
(*L'Orateur du peuple*, ap. Bougeart, p. 50.) Cf. Œlsner, *Luzifer*, p. 197.

(1) Etienne Charavay. *Assemblée électorale de Paris*, p. 63.

(2) *Journal électoral*, s. l. n. d., 1 numéro in-8. — Bibl. nat., Lc²/2545.

l'Assemblée électorale; il arriva même à la place honorable et en vue qu'il convoitait depuis si longtemps. Après
avoir été ballotté huit fois (1), il fut enfin, le 31 janvier 1791,
élu un des administrateurs du département de Paris (2),
le vingt-deuxième sur trente-six. Il n'obtint que trois voix
pour la place de procureur général syndic, à laquelle on
nomma Pastoret, le 15 février 1791, et il ne fut pas
membre du Directoire, quoi qu'en disent ses trop complaisants biographes (3).

Il fit partie du département jusqu'au 7 décembre 1791,
époque de son élection au poste de substitut du procureur
de la Commune.

Il y siégea peu, il n'eut aucune influence; il disait en
riant : « Je n'ai pas fait une recrue parmi les ânes du département (4). »

Son acte le plus important, comme membre du département de Paris, ce fut peut-être la lettre d'acceptation qu'il

(1) On trouvera le chiffre de voix obtenu par Danton, à différents scrutins et pour diverses fonctions, dans Etienne Charavay, *Assemblée électorale*, 103, 258, 260, 261, 381, 383, 385, 397, 407, 408, 414, 417, 418, 425, 430,
437, 464, 477, 471, 547, 549, 581, 615. — Le 15 février, l'Assemblée électorale le nomma scrutateur général, par 160 voix.

(2) Par 144 voix. — Les trente-six administrateurs du département de
Paris furent : Anson, Arnoult, Barré, Brierre de Surgy, Brousse-Desfaucherets, Cerutti, Charton, Cretté de Palluel, Daix, Danton, Davous, Jean
de Bry, De Fauconpret, De Mautort, Dumont, Dutramblay, Germain Garnier, Glot, Gravier de Vergennes, Incelin, Jussieu, Kersaint, Lacépède,
Alexandre de Lameth, La Rochefoucauld, Lefebvre, Lefèvre d'Ormesson,
Maillot, Mirabeau, Sieyès, Talleyrand, Thion de la Chaume, Thouin, Treil-
Pardailhan (en remplacement Pastoret, élu procureur général syndic le
15 février 1791), Trudon des Ormes et Vieillard.

(3) Les huit membres du Directoire, élus par le Conseil de département,
du 21 au 23 février, furent Dutramblay, Anson, Germain Garnier, Mirabeau, Sieyès, Cretté de Palluel, Davous et Glot. Le 2 mai suivant, Talleyrand et Thion de la Chaume furent nommés membres du directoire, en
remplacement de Mirabeau et de Dutramblay. Le président du département fut La Rochefoucauld. Danton ne fut pas même un des cinq commissaires élus, le 24 février, pour remplir, dans les cas prévus par la loi du
5 novembre 1790, les fonctions de directoire de district : ce furent Brierre
de Surgy, Trudon des Ormes, de Mautort, Thion de la Chaume et Maillot.

(4) Fréron, ap. Bougeart, p. 63.

écrivit, le 1er février, au président de l'Assemblée électorale. C'est aussi le premier texte authentique qui s'offre à nous dans la carrière politique de Danton, ce fut sa première profession de foi personnelle que nous connaissions d'original.

Voici cette lettre :

Monsieur le président, je vous prie d'annoncer à l'Assemblée électorale que j'accepte les fonctions auxquelles elle a cru devoir m'appeler. Les suffrages dont m'honorent de véritables amis de la liberté ne peuvent rien ajouter aux sentiments de mes devoirs envers la patrie : la servir est une dette qui se renouvelle chaque jour et qui s'augmente à mesure que l'on trouve l'occasion de la mieux acquitter. J'ignore si je me fais illusion, mais j'ai l'honneur d'avancer que je ne tromperai pas les espérances de ceux qui ne m'ont point regardé comme incapable d'allier aux élans d'un patriotisme bouillant, sans lequel on ne peut concourir ni à la conquête ni à l'affermissement de la liberté, l'esprit de la modération nécessaire pour goûter les fruits de notre heureuse Révolution. Jaloux d'avoir toujours pour ennemis les derniers partisans du despotisme abattu, je n'aspire point à réduire au silence la calomnie : je n'ai d'autre ambition que de pouvoir ajouter à l'estime des citoyens qui m'ont rendu justice celle des hommes bien intentionnés, que de fausses préventions ne peuvent pas induire pour toujours en erreur. Quels que doivent être le flux et le reflux d'opinion sur ma vie publique, comme je suis convaincu qu'il importe à l'intérêt général que la surveillance sur les fonctionnaires du peuple soit sans borne et son exercice sans danger, même pour ceux qui se permettraient des inculpations aussi fausses que graves, ferme dans mes principes et dans ma conduite, je prends l'engagement de n'opposer à mes détracteurs que mes actions elles-mêmes et de ne me venger qu'en signalant de plus en plus mon attachement à la nation, à la loi et au roi et mon dévouement éternel au maintien de la constitution.

J'ai l'honneur d'être, avec respect, Monsieur le président, votre très humble et très obéissant serviteur.

DANTON.

Paris, 1er février 1791 (1).

(1) Étienne Charavay. *Assemblée électorale*, p. 437.

Cette lettre n'est-elle pas un chef-d'œuvre de tact politique? Était-il possible de nier avec plus d'esprit qu'on fût
un démagogue et de repousser la calomnie sans la réveiller?
Mais l'attitude si convenable de Danton ne trouva pas
grâce auprès de ses nouveaux collègues. Leur froideur
l'écarta des séances du département, sans réussir cependant
à le rejeter dans la rue.

D'après les quelques procès-verbaux des séances du
département qui nous restent (1), Danton ne semble avoir
assisté qu'aux séances des 18 février, 28 avril, 5, 7 et
10 mai, et 9 juin 1791, c'est-à-dire à six séances. On ne le
nomme d'aucune commission, et même, dans la séance du
4 mai, quand le Conseil de département se divise en trois
bureaux, *Finances, Direction et surveillance des institutions
publiques, Protection à l'industrie nationale,* le nom de
Danton est omis. Et qu'on ne dise pas que cette omission
soit venue de l'absence de Danton. Six membres absents,
Cerutti, Dutramblay, Talleyrand, Maillot, Incelin et Charton n'en furent pas moins désignés. Danton vint à la
séance du 5 mai et se fit inscrire dans le bureau de la
direction et surveillance des institutions publiques (2).

(1) Le registre des délibérations du département de Paris (Conseil et
Directoire) a sans doute disparu dans l'incendie de l'Hôtel de Ville en 1871.
Mais on a aux Archives nationales, F 1º III, quelques copies de procès-
verbaux du Conseil de département certifiées conformes par le secrétaire
Blondel, à la signature duquel s'ajoute parfois celle du président La
Rochefoucauld. Ce sont les séances des 18, 19, 21, 23, 24, 25, 26 février;
1er et 2 mars; 28 avril; 2, 4, 5, 7, 10, 17, 23, 25, 31 mai; 3, 6, 7, 9, 21,
22, 23, 24, 25, 26, 27 juin; 4, 8, 12, 18, 21, 30 juillet; 6 août 1791. D'autre
part, M. A. Schmidt, dans ses *Tableaux de la Révolution* (Leipzig, 1867-
1871, 4 vol. in-8, dont un de tables), t. I, p. 11 et suivantes, donne en
partie ou en totalité les séances des 28 février, 28 avril, 7 et 10 mai, 21
à 27 juin, 21 juillet, 16 novembre, 9, 23 et 27 décembre 1791, 12 juin 1792.

(2) Dans la séance du 4 mai, il y avait vingt-cinq présents sur trente-
cinq (Mirabeau, décédé, n'avait été remplacé que comme membre du
Directoire et non comme membre du Conseil de département), et trente
et un membres furent répartis entre les trois bureaux. Trois furent omis,
Danton, Daix et Alexandre de Lameth. Ces deux derniers se firent inscrire dans le troisième bureau. Le président La Rochefoucauld ne fit

Il est très probable qu'il ne prit aucune part aux travaux de ce bureau. Il n'avait voulu que maintenir ses droits d'administrateur du département : l'antipathie de ses collègues et le sentiment de son isolement (1) au milieu de ces modérés lui semblaient le dispenser de ses devoirs.

IV

Pendant cette année 1791, ce n'est plus au club des Cordeliers ou à la section du Théâtre-Français qu'il exerce toute son activité. La tribune cordelière n'avait pour auditoire que Paris, c'était à la tribune des Jacobins qu'on parlait à toute la France. La Société des amis de la Constitution, par ses mille succursales, influait sur l'opinion des départements, l'interprétait, la régularisait, et, dans une certaine mesure, la dirigeait. Ce n'était que là que Danton pouvait se faire connaître du pays, se transformer, d'agitateur parisien qu'il était, en conseiller de l'opinion française, et jouer le rôle d'un Mirabeau ou d'un Robespierre. Nous avons vu que, dès septembre 1790, il siège aux Jacobins. Je doute qu'il y ait amené cette députation des Cordeliers qui, le 25 février 1791, vint proposer de démolir le donjon de Vincennes (2) : ces bruyantes fanfaronnades n'étaient plus

partie d'aucun bureau. Voici en résumé comment ces trois bureaux furent composés :

1° *Finances* : Arnoult, Cretté, De Faucoupret, d'Ormesson, Brierre de Surgy, Trudon des Ormes, Gravier de Vergennes, Anson, Jean de Bry, Davous, de Mautort.

2° *Direction et surveillance des institutions publiques* : Kersaint, Cerutti, Dutremblay, Lacépède, Brousse-Desfaucherets, Thouin, Sieyès, de Jussieu, Thion de la Chaume, Vieillard, Treil-Pardailhan et Danton.

3° *Protection à l'industrie nationale* : Glot, Talleyrand, Maillot, Incelin, Lefebvre, Dumont, Barré, Charton, Germain Garnier, Daix et Alexandre de Lameth.

(1) Cependant, il semble lié avec Kersaint. (*La Société des Jacobins*, II, 338.) Il l'était peut-être aussi avec Alexandre de Lameth.

(2) *La Société des Jacobins*, II, 94, 121.

de son goût. Mais, le 30 mars 1791, il prit la parole dans le club pour tancer Collot d'Herbois, alors modéré, qui avait rédigé le procès-verbal en termes élogieux pour Bonnecarrère, récemment nommé ministre auprès du prince de Liège. « Le fier Danton, dit le *Patriote français*, est monté à la tribune et a relancé, avec sa voix stentorale, le louangeur. D'après sa verte semonce, M. Bonnecarrère ne doit plus être regardé comme un ami de la liberté, parce qu'il est entré dans le corps ennemi, le pouvoir exécutif, et son éloge ne convient plus qu'à des esclaves. Grands murmures, grande colère de M. d'Herbois; et le tout s'est terminé par une mention pure et simple, dans le procès-verbal, de la communication faite aux Amis de la Constitution de l'enrôlement de M. Bonnecarrère dans la diplomatie... (1) »

Les *Sabbats jacobites* chansonnèrent Danton à cette occasion, sur l'air : *Quel désespoir.*

> Monsieur Danton,
> Quittez cet air farouche ;
> Monsieur Danton,
> On vous prendrait pour un démon ;
> Collot d'Herbois me touche,
> Baissez un peu le ton.
> . . . .
> Ou tort ou non,
> Collot d'Herbois aura raison (2).

Sa politique aux Jacobins semble alors avoir été celle-ci : sans attaquer la constitution, sans parler de république (il n'y songe pas), il essaie d'entraîner les Jacobins à une opposition plus vive contre la cour, de leur démontrer que de nouvelles journées populaires sont indispensables pour déjouer les intrigues de la contre-révolution et il leur

(1) *La Société des Jacobins*, II, 221.
(2) *Ibid.*, 222.

déclare « qu'il voit avec douleur qu'il faut un supplément de révolution (1) ».

Le 3 avril 1791, le club, à la nouvelle de la mort de Mirabeau, oublia ses griefs contre ce grand orateur. Voidel, Barnave, Dubois-Crancé improvisèrent un éloge funèbre. Danton fit de même. Mais il n'était pas homme à se complaire en vaines manifestations académiques. Son éloge de ce défenseur de la cour fut un acte de guerre contre la cour. « M. Danton, dit le journal *le Lendemain*, a profité très adroitement de cette occasion pour rappeler l'engagement de ce grand homme de poursuivre tous les factieux. M. Danton s'est élevé avec force contre eux, en désignant assez clairement quelques sujets qui se trouvaient parmi ses auditeurs ; il a fait sentir que cette perte rendait encore plus pressant le besoin d'une autre législature, et, par une éloquence à laquelle le sentiment communiquait la plus grande chaleur, il a entraîné toute la Société à arrêter unanimement que l'Assemblée nationale serait suppliée de faire convoquer la seconde législature avant le 15 mai prochain (2). »

Bientôt il contribua en personne à une de ces *journées* qu'il croyait utiles en vue d'un supplément de révolution. Le 18 avril 1791, le bataillon des Cordeliers figura dans le mouvement populaire qui empêcha le départ du roi pour Saint-Cloud. La Fayette va jusqu'à dire (3) que Danton amena lui-même *son* bataillon : il oublie que Danton avait donné sa démission de commandant. Mais, accusé au tribunal révolutionnaire d'avoir été royaliste, Danton rappela qu'il avait « empêché le voyage à Saint-Cloud en faisant hérisser de piques et de baïonnettes le passage de Louis XVI. »

---

(1) *La Société des Jacobins*, II, 262.
(2) *Ibid.*, 285, 290.
(3) *Mémoires*, t. III, p. 64.

Cependant, aux Jacobins, le soir de cette émeute, il se garda bien d'en revendiquer la responsabilité. Tout en excusant le peuple, il déclara ne pas approuver la violence exercée contre le roi (1).

Le directoire du département s'était réuni deux fois pendant cette journée. Il arrêta de convoquer le Conseil général en séance extraordinaire. Une adresse au roi fut décidée. Talleyrand et Pastoret la rédigèrent : elle était fort vive et on y reprochait vertement à Louis XVI de s'entourer de prêtres réfractaires (2).

Les amis de Danton ne voulurent pas laisser aux modérés le bénéfice de cette attitude populaire, et Camille Desmoulins écrivit dans son journal : « Le département de Paris présenta au roi une adresse, la première peut-être qui ait été écrite dans le style d'un peuple libre. Aussi avait-elle été rédigée par Danton et Kersaint (3). » C'était là une petite imposture amicale : les procès-verbaux du département, publiés par M. Schmidt, la démentent formellement.

Mais ce n'est pas tout. Fréron et Camille affirmèrent qu'à une des deux séances du directoire, tenues le 18 avril, Danton, qui s'y était rendu quoique n'en étant pas membre, avait, par son éloquence victorieuse, terrassé La Fayette et Bailly, qui demandaient à faire feu sur le peuple, à proclamer la loi martiale. La Fayette aurait parlé de donner sa démission, et Danton, d'un mot foudroyant, l'aurait cloué à son poste. Fréron en concluait qu'il fallait nommer Danton maire de Paris (4). Il y avait, comme on va le voir, de l'exagération, de la hâblerie dans ce récit et voici de quelle façon mortifiante, après l'avoir confirmé, Danton fut obligé de le démentir.

(1) *La Société des Jacobins*, II, 338, 339.
(2) A. Schmidt, *Tableaux de la Révolution*, t. I, p. 18.
(3) *Révolutions de France et de Brabant*, n° 74.
(4) Bougeart, p. 47, 49.

Pour calmer l'agitation populaire, le Directoire n'avait rien trouvé de mieux que de faire plébisciter les sections sur cette question : « Faut-il, dans les circonstances présentes, prier le roi d'exécuter son projet d'aller à Saint-Cloud, ou faut-il le remercier d'avoir préféré de rester pour ne pas compromettre la tranquillité publique ? »

La section de Danton, celle du Théâtre-Français, déclara que la question posée par le Directoire était « captieuse et malséante » et qu'il n'y avait pas lieu à délibérer. Presque toutes les autres sections accédèrent à cet avis (1).

Malheureusement pour lui, Danton ne s'en tint pas à ce succès. Il dénonça à la section la conduite tenue par La Fayette et Bailly dans la journée du 18 ; il leur prêta complaisamment et il se prêta une attitude conforme aux récits de Fréron et de Camille Desmoulins. Les amis de Danton furent maladroits : la section du Théâtre-Français fit poser dans tout Paris cette affiche en gros caractères :

« L'Assemblée générale donne acte à M. Danton de sa déclaration, qu'elle prend sur le pied de dénonciation, disant : *que le sieur La Fayette et le maire de Paris ont fait tous leurs efforts, les ont réunis pour inviter et exciter le département de Paris à leur donner ordre de faire tirer sur le peuple qui s'opposait au départ du roi* (2). »

Le procureur général syndic dénonça cette affiche au Directoire, qui convoqua le Conseil de département pour le 7 mai 1791. Danton assista à cette séance et il dut désavouer l'affiche en termes fort embarrassés. Il dit « que les termes qu'on lui imputait dans l'arrêté ne pouvaient pas être regardés comme ses propres expressions, puisqu'il ne les avait pas signés ; qu'il n'était pas responsable d'une rédaction qui lui était étrangère ; qu'au surplus il offrait de

(1) Schmidt, I, 17, 24.
(2) *L'Orateur du peuple*, t. VI, p. 4.

donner une déclaration par écrit, sur le fait dont il s'agissait, qui, sous des expressions différentes, aurait cependant,
dans son opinion, le même sens ».

Alors les membres du Directoire déclarèrent au Conseil
« que, le 18 avril, ils s'étaient réunis à deux époques différentes : la *première*, pendant qu'un attroupement considérable empêchait le départ du roi ; que *M. Danton n'était
point alors présent;* qu'il est *faux* que, dans cette séance,
le maire de Paris et le commandant général aient *demandé
à être autorisés à faire feu sur le peuple*, qui s'opposait au
départ du roi ; la *seconde*, après que le roi avait renoncé à
partir pour Saint-Cloud ; et qu'à cette seconde séance
M. Danton et plusieurs autres membres du Conseil étaient
présents; qu'il n'avait été demandé, dans cette séance,
aucun ordre de faire feu sur le peuple, et que, l'attroupement *étant alors dissipé*, il *n'y aurait pas même eu de motif*
de demander un pareil ordre. »

Puis on invita Danton à écrire et à signer la déclaration
qu'il avait offerte. La voici :

« Je déclare que, le 18 avril, étant réuni dans une des
salles de l'Assemblée nationale avec *plusieurs* membres du
département, dans les conférences qui eurent lieu tant avec
M. le maire que M. le commandant général, ils *m'ont paru*
l'un et l'autre, par leurs discours, être constamment *d'avis*
que le départ du roi *devait être protégé par la force armée.*
A Paris, le 7 mai 1791. *Signé :* DANTON (1). »

C'était, on le voit, une rétractation complète. Le départe-
tement s'en tint pour satisfait, et l'affaire n'eut pas d'autre
suite. Mais elle nuisit à la considération de Danton dans

---

(1) Pour le récit de cette séance du département, nous avons suivi le
procès-verbal officiel. On le trouvera dans Schmidt, *Tableaux de la Révolution*, I, 25-26. L'original de la déclaration de Danton est aux Archives, F⁷,
4385. — Cf. *Musée des Archives nationales*, Paris, Plon, 1872, in-4, n° 1217.

l'esprit des gens sérieux. Son crime n'était pas grand : il avait, en causant, exagéré, dramatisé le récit des faits (1). Les vrais coupables furent ses amis, ses maladroits amis, qui imprimèrent et firent afficher des fantaisies, des gasconnades échappées à une imagination échauffée par la bataille et sincèrement indignée de l'attitude antipopulaire des La Fayette et des Bailly.

Mais nous n'avons pas fini le récit de ce que fit Danton dans cette année 1791, alors qu'il était membre du département de Paris. De grands événements se préparent, la fuite à Varennes, un premier mouvement républicain, une réaction sanglante, un changement des partis, une orientation nouvelle de la politique. Nous consacrerons une prochaine étude au rôle de Danton dans cette seconde phase de la Révolution.

F-A. AULARD.

---

(1) Aux témoignages déjà cités, il faut ajouter celui de l'allemand Œlsner : « La Fayette a demandé au directoire du département de proclamer la loi martiale ; Danton et Alexandre Lameth se sont opposés avec raison à ce moyen désespéré. » (*Luzifer*, p. 193.)

ET LE RETOUR DE L'ILE D'ELBE [1]

Le retour de Napoléon de l'île d'Elbe, en mars 1815, est resté un des événements les plus curieux et les moins expliqués de notre siècle. Sans doute une part y doit être faite, et non la moins large, à la fortune qui aide toujours les audacieux. Elle le prouva du moins dans cette circonstance en favorisant une entreprise qui, après avoir failli tourner plusieurs fois au tragique, se dénoua le 20 mars, au soir, par une apothéose aux flambeaux. Aujourd'hui que près de quatre-vingts ans nous en séparent, ce qui nous paraît extraordinaire, ce n'est ni le départ de l'île d'Elbe, ni la navigation mouvementée de la flottille jusqu'en vue d'Antibes, ni le débarquement au Golfe Juan, mais la marche à l'intérieur, du Golfe à Gap. Supposez la plus petite troupe décidée à tenir tête à l'Empereur ; supposez un engagement, même incertain, même désastreux pour ses adversaires ; c'était peut-être l'avortement de l'expédition, moins par l'effet immédiat que par le découragement qui n'eût pas manqué de se glisser dans l'âme de ses soldats en présence de cette résistance inattendue. César et sa fortune eussent sombré avant d'atteindre la Durance et nous n'aurions pas eu Waterloo.

(1) Archives nationales, AA, 1 et 2. — Archives départementales des Bouches-du-Rhône.

Or, si j'en excepte le préfet du Var, M. de Bouthilier, en Provence nul ne bougea. Convient-il de rapporter l'inaction générale à la Providence? Les royalistes d'alors pensèrent que non, car il eût été scandaleux de voir la Providence favoriser l'usurpateur au détriment du roi légitime. En juillet 1815, ils voulurent rechercher quelle influence avait paralysé leurs velléités belliqueuses au mois de mars précédent. A Marseille, il n'y avait qu'une voix pour accuser Masséna. M. Decazes ordonna une instruction secrète sur les faits et gestes du Maréchal. Les pièces en sont restées aux Archives des Bouches-du-Rhône. Nous allons essayer, grâce à elles, de reconstituer le rôle de Masséna, de janvier 1815 au 12 avril, époque à laquelle il quitta Marseille pour aller à Paris rejoindre Napoléon.

I

Dès son retour en France, en avril 1814, Louis XVIII, avait confié au prince d'Essling le gouvernement de la huitième division militaire. Cette division comprenait les Bouches-du-Rhône, Basses-Alpes, Var et Vaucluse, mais son étendue seule n'en faisait pas toute l'importance. Elle était frontière, située à peu de distance de la Corse et de l'île d'Elbe, obligée en quelque sorte de surveiller incessamment les allées et venues de France dans ces deux îles.

En mettant Masséna à la tête de cette division, Louis XVIII voulait-il témoigner à tous qu'il le tenait pour un sujet fidèle et incapable de mentir au serment qu'il lui avait prêté, ou bien entrait-il un calcul secret dans ses vues? N'avait-il placé Masséna si près de son ancien maître que pour mieux le compromettre aux yeux de ses frères d'armes en faisant de lui une manière de geôlier? De la

part de ce]prince sceptique, une pareille supposition n'a
rien d'invraisemblable. Quel spectacle qui prêtât aux méditations du sage plus que celui de ce soldat, compagnon d'un
Empereur sur tant de champs de bataille, créé par lui duc
et prince, richement doté, comblé de faveurs et d'argent,
et que l'on chargeait après sa chute de tenir bien serrée
la clef de sa prison! Ce désir d'humilier ainsi le Maréchal
coûta cher à Louis XVIII, si tant est qu'il l'eût; car il
faillit perdre sa couronne. Combien fut-il mieux avisé, plus
soucieux de ses intérêts, en confiant la Corse au chevalier
de Bruslart! Ce ci-devant, émigré, vieux chouan, compromis dans les affaires de la Vendée, organisa en Corse une
véritable terreur. Napoléon ne pouvait songer à le corrompre. Du côté de Masséna, grâce aux imprudences du
roi, le terrain était mieux préparé. Y eut-il entente avant
le départ pour l'île d'Elbe entre le Maréchal et l'Empereur?
Je l'ignore et ne le crois pas. Ce qui est sûr, c'est qu'en
décembre 1814, ils étaient en relations suivies et que le
second savait qu'il pouvait compter sur le dévouement
absolu du premier.

Napoléon a affirmé le 25 février 1815 à M. de Chaboulon
qu'il n'avait pas d'agents secrets en France, que ceux qu'il
y entretenait autrefois trahissaient sa confiance et volaient
son argent. Nous ne pouvons contrôler cette assertion,
puisque M. Chaboulon l'a seul entendue et que seul il la
rapporte. Si elle est exacte, elle prouverait tout au plus que
Napoléon se défiait de lui et ne se souciait pas de divul-
guer le nom de l'homme sur qui reposait le succès de son
entreprise. Une imprudence pouvait tout perdre, causer la
disgrâce du Maréchal. Et le Maréchal eût été remplacé par
un royaliste qui n'aurait pas usé à l'égard de l'Empereur de
la même bienveillante neutralité.

Napoléon n'ignorait pas d'ailleurs la situation difficile de

Masséna. Le prince d'Essling n'avait dans son entourage que des gens bien pensants qui pouvaient à l'occasion surveiller ses démarches. Dans le monde officiel il rencontrait le préfet, marquis d'Albertas, fils du président de la Chambre des comptes d'Aix en 1789; le maire, M. de Montgrand; surtout l'Inspecteur des gardes nationales, le comte de Panisse. Ces messieurs pénétraient à toute heure dans son hôtel sous prétexte de service, et le visiteur le moins suspect aurait été bien vite dénoncé. La population marseillaise lui était franchement hostile; elle détestait en lui l'officier de Napoléon. Masséna le savait fort bien : « Dans ce maudit pays, dit-il un jour. dans un accès d'humeur, les cailloux eux-mêmes sont royalistes. » Aussi avait-il pris le parti de se commettre le moins possible. Il sortait rarement ; en dehors des relations obligées, on ne le voyait jamais dans les salons bon teint. Pour correspondre avec le prisonnier de l'île d'Elbe, il lui fallait user de la plus extrême prudence, ne se fier qu'à des gens d'une discrétion à toute épreuve. Heureusement il en avait trouvé dont le dévouement ne se trahit jamais et qui gardèrent plus tard sur leurs rapports avec lui un silence obstiné dont ni l'argent ni l'appât de places lucratives ne purent avoir raison.

Parmi ces hommes, celui qui me paraît avoir été le plus entreprenant, le plus hardi, est un certain Pons (1), de Cette. Dans ses voyages il prenait le titre de directeur des mines de l'île d'Elbe, arrivait, voyait le Maréchal et repartait sans plus se cacher, avec une tranquille audace. Il expédiait ensuite des caisses de citrons à l'adresse du grand maréchal Bertrand. Aussitôt que Napoléon était informé de leur arrivée, il les faisait porter dans son appartement et

_____

(1) Préfet du Rhône pendant les Cent jours.

procédait en personne à leur ouverture. On fit aussi à Porto-Ferrajo et dans le même temps, des consommations étonnantes de fromages. La plupart, destinés à la table de l'Empereur, étaient creux et renfermaient les instructions du prince d'Essling.

S'il est vrai que l'écriture aussi bien que le style trahisse l'homme, les deux lettres privées de Pons que la police du comte Decazes intercepta après Waterloo et qui sont restées au dossier, sont des plus explicites à cet égard. La main qui traça ces caractères était celle d'un homme à l'âme énergique et indomptable. Ces deux qualités malheureusement ne marchent pas toujours de pair avec la prudence. A son dernier voyage à Marseille, Pons eut la maladresse de se faire voir de trop près à deux généraux, de Bruges et Ernouf, qui le reconnurent. Masséna, prévenu, para le coup avec habileté. Par son ordre, Pons fut arrêté, gardé à vue dans l'hôtel où il était descendu et le lendemain expédié au château d'If. Mais pendant la nuit, un aide de camp du Maréchal pénétrait jusqu'à lui et recevait les avis que l'Empereur voulait faire passer au prince d'Essling.

Au château d'If, Pons trouva nombreuse compagnie. Les prisonniers y étaient tous ou à peu près coupables du même crime : on les tenait pour des bonapartistes impénitents. C'était, entre autres, un certain comte de Saint-Michel, portugais d'origine, colonel de profession, et que le général Maupoint, commandant la place de Marseille, avait fait incarcérer comme prévenu de faux. L'accusation ne devait pas être des mieux fondées puisque, après l'avoir transféré au fort Saint-Nicolas, puis aux prisons du Palais, on le mit dehors le 3 juillet. Quelque haute influence dut certainement intervenir. Tout détenu qu'il fût, le comte de Saint-Michel recevait force visites. Des officiers d'état-major du général Verdier le venaient voir à tout instant. Rien dans

les interrogatoires ni dans les dépositions n'a été dit qui
puisse nous éclairer sur ce qui se passa entre eux. Il me
paraît très difficile de préciser le rôle que joua le comte.
Ce qui est sûr, c'est qu'il était fougueux partisan de Napoléon et qu'il criait à tout propos : « Vive l'Empereur! »

Ce cri trouvait de nombreux échos dans la prison. Il y
avait là encore un Corse, Salvetti, ancien commandant de
place à Avignon, devenu suspect parce qu'il s'était un jour
vanté d'assassiner le duc d'Angoulême. C'est du moins ce
que formule un rapport de police que j'ai sous les yeux,
daté du 18 janvier 1816 et signé d'un nom que je tairai.
L'homme ne voulait pas seulement se donner de l'importance et faire sa cour aux puissants d'alors : je le soupçonne
d'avoir visé à la succession de celui qu'il chargeait, ce qui
est vil. Avec Salvetti, je trouve encore trois officiers de la
garde dont un capitaine, Demontet et deux lieutenants,
Beaucardi et Futorskoï; un capitaine d'artillerie, Courtier;
un capitaine marin, Policarcy; un capitaine mameluck,
Séraphin Paolé. Il y avait aussi un libraire, Amaréa; un
pharmacien, Bellorgeai; un secrétaire de je ne sais quoi,
Fourcin; jusqu'à Jean-Louis Chandellin, un cuisinier qui
faisait probablement trembler sur ses bases le trône de Sa
Majesté en salant son pot ou en tâtant ses sauces. Tout ce
monde-là vivait joyeux. Les portes des geôles n'étaient pas
toujours hermétiquement closes; le guichetier les laissait
souvent entrebâillées et on en profitait pour se voir et se
parler.

On déjeunait, on dînait tous ensemble à la cantine
du fort. L'ordinaire était convenable, le vin bon, et on
mangeait bien, et on buvait encore mieux. Puis les langues
déliées allaient leur train. On daubait ferme sur les royalistes. Salvetti appelait Louis XVIII « gros c..... » et autres
vocables aussi peu orthodoxes. Autour de lui on faisait

chorus. Le commandant du fort, Trahan, Breton de Belle-
Ile-en-Mer, ancien officier de gendarmerie, fermait les
oreilles sur tout ce tapage. Quand Pons arriva, il lui offrit
même son appartement.

Ces détenus avaient été plus ou moins mêlés aux conspirateurs de Marseille et des environs : ils s'étaient
fait prendre, les maladroits; mais la prudence de Masséna
leur avait trouvé un refuge aux Iles. Pendant leur séjour
en ville, ils fréquentaient deux rendez-vous. Une dame
Chollet, marchande de la rue Noailles, prêtait son arrière-
boutique à des commis qui voyageaient pour nouveautés à
leur façon. Là venaient Garrus, secrétaire du général Verdier; Labbé, officier d'infanterie en retraite; Alliès de
Saint-Maximin, qui fut plus tard commandant à Aix; Lar-
chier, officier de cavalerie légère. La police ne sut jamais
quels périls faisaient courir à l'ordre des choses ces cinq
redoutables conspirateurs. En revanche, elle tenait à l'œil
un autre groupe, « une réunion de mauvais sujets », dont
la tanière était sise dans une des traverses de la Plaine qui
descendent au Jarret. Un adjudant de la place, Forlin, s'y
rendait à plusieurs reprises. Un prêtre, nommé Campile,
y lisait des lettres venues, disait-il, de l'île d'Elbe. J'ai de
fortes présomptions de croire que Campile n'était qu'un
pseudonyme derrière lequel se cachait une personnalité
corse dévouée corps et âme à Napoléon et qui abritait son
nom véritable sous le couvert du village dont elle était
originaire. En tout cas, ce prêtre-là disait de singuliers
offices. Quand il avait semé la bonne parole, il congédiait
ses ouailles et Forlin les ramenait en ville à l'aide du mot
d'ordre qu'il avait eu l'adresse de se procurer. Un rapport
de police sur ce Forlin fut envoyé à Masséna qui l'égara
dans un tiroir; un autre au préfet d'Albertas qui agit. Une
perquisition fut faite chez le soi-disant prêtre, quelques

suspects arrêtés. Fort heureusement l'affaire s'assoupit, on n'alla pas plus loin.

Forlin fut une des chevilles ouvrières de la propagande napoléonienne. Le 58ᵉ, le 83ᵉ de ligne étaient casernés à Marseille. Il les travailla par des lettres. Des sergents lisaient à la chambrée des missives datées de l'île d'Elbe où l'on invitait les soldats à être toujours fidèles à leur Empereur et à attendre avec patience le printemps. Une d'elles fut saisie, un rapport transmis par le colonel Stevenot au duc de Maillé. Ce rapport alla rejoindre l'autre dans le tiroir aux oublis de Masséna. Plus les mois s'écoulaient, plus les signes de rébellion devenaient manifestes. Les officiers portaient des violettes à leur boutonnière. On pouvait dire, il est vrai, avec un peu de bonne volonté qu'elle fleurissait en même temps que les parterres et qu'il n'y avait là qu'une simple coïncidence. Mais les officiers attachaient aussi leurs rubans de la Légion d'honneur en forme d'N. Ils figuraient cette lettre « en portant deux doigts de la main gauche sur le front ». Ils avaient enfin un mot de ralliement, mais qui ne devait effaroucher personne : « Princesse » se rapportait aussi bien à la duchesse d'Angoulême qu'à l'une des sœurs de Napoléon.

Masséna ne se bornait pas à feindre d'ignorer le sentiment des soldats placés sous ses ordres. Il écartait ceux qu'il soupçonnait de tiédeur. Vers la fin de 1814, la garnison de Digne se composait d'un millier d'hommes appartenant au 87ᵉ régiment de ligne. Aux premiers jours de janvier 1815, le maréchal se fit adresser par le préfet des Basses-Alpes, visiblement gagné à sa cause, des demandes réitérées à l'effet de déplacer le régiment. Le Conseil municipal de Digne et les habitants réclamèrent, non qu'ils crussent leur sécurité menacée par le départ des soldats. Ils ne voyaient en eux que des hôtes qui leur servaient à

écouler leurs denrées et n'imaginaient pas que leur courage « pût servir un jour à leur défense ». Le général
Loverdo, qui commandait à Digne, appuya vainement ses
concitoyens. Il ne put y conserver que trois compagnies
qui formaient à peine un groupe de cent cinquante hommes. Masséna trouva-t-il cette force si réduite encore trop
redoutable? Une partie des cent cinquante fut disséminée
comme garnisaires dans les environs, sous le prétexte de
hâter la rentrée de l'impôt, le reste dans le département,
de-ci de-là, à Draguignan, à Antibes.

Tout était préparé pour le retour de l'île d'Elbe. Napoléon savait fort bien à quoi s'en tenir sur l'état de la Provence et les troupes qu'on pouvait lui opposer. La veille
de son départ, le grand maréchal Bertrand paraissait
inquiet. Il craignait que l'arrivée de Napoléon ne fût le
signal de la guerre civile. Il fit part de ses appréhensions à
l'Empereur. L'Empereur lui passa doucement la main sur
l'épaule et lui dit : « Ne vous chagrinez pas : nous irons à
Paris sans tirer un coup de fusil. » L'événement lui donna
raison.

II

Le 3 mars 1815, à deux heures du matin, la nouvelle du
débarquement au Golfe Juan parvint à Marseille. Il est pré-
sumable que Masséna en était déjà informé, mais il avait
fort prudemment gardé le silence. Quand il eut la certitude
que la nouvelle était ébruitée, il se renferma dans l'inertie
la plus complète. Gagner du temps, paralyser toute initiative qui pût contrecarrer Napoléon, tel fut le plan qu'il suivit malgré les dangers qu'il pouvait lui faire courir.

Ce même jour, à midi, Vincent, colonel de gendarmerie,
accourt en hâte chez le maréchal. Il lui offre d'aller trouver

le préfet d'Albertas. « C'est inutile, répond Masséna, je le
« ferai prévenir ». A cinq heures du soir, le préfet n'était
pas encore prévenu. Tout Marseille était en émoi, chacun
causait de l'événement; le représentant officiel du gouvernement était seul à ne pas le connaître. Ce fut le comte de
Panisse qui lui en parla le premier. A deux heures, il était
à Aix où le sous-préfet, Dupeloux, lui communiqua une
lettre de Cannes. M. de Panisse brûla les vingt-huit kilomètres qui séparent Aix de Marseille. Le Préfet, étonné, se
rend chez Masséna et lui met sous les yeux une copie de
la lettre de Cannes. Masséna répond « froidement qu'il a
« connaisssance d'un débarquement de soldats venant de
« l'île d'Elbe au nombre de quelques centaines, mais qu'on
« ne sait pas encore si l'Empereur (*sic*) est parmi eux, qu'il
« attend des nouvelles plus positives (1) ». A huit heures
seulement, son fils qui est en même temps son aide de
camp, annonce officiellement à M. d'Albertas « que Bona-
« parte a débarqué à Cannes ».

La nuit du 3 au 4 se passa en conférences du maréchal
avec MM. Granet et Mossy, en effervescence de la part de
la multitude. On se demandait quelles mesures avaient été
prises; on savait que le 83ᵉ de ligne était parti pour la
Durance; mais on ajoutait tout bas qu'il devait faire halte
à Aix. Pourquoi? Le 4 au matin, vers les huit heures, les
chefs du corps des portefaix de Saint-Pierre allèrent trouver
M. de Panisse. Ils lui demandèrent de porter leurs offres de
service au maréchal; ils mettaient à sa disposition mille
hommes armés et qui pourraient faire route de suite pour
couper le pont de Sisteron. M. de Panisse, escorté de quelques portefaix, s'en fut à l'hôtel du gouverneur. Masséna
témoigna de l'humeur « de ce qu'on venait en masse lui

---

(1) Déposition du comte de Panisse. Archives des Bouches-du-Rhône.

indiquer ce qu'il avait à faire ». Puis il se ressaisit, accueillit
l'offre qu'on lui faisait de marcher en hâte, adressa à M. de
Panisse quelques phrases banales sur son zèle. Avant de
se mettre en route, fallait-il savoir au moins de quel côté
se dirigeait « l'ennemi? »

De quel côté? — mais le maréchal le savait fort bien.
Son aide de camp qu'il avait dépêché à Napoléon était déjà
de retour. Il apportait même des nouvelles quelque peu
inquiétantes. M. de Bouthilier, préfet du Var, avait réuni
autour de lui quelques soldats, des gardes nationales surtout et il était venu se ranger dans la plaine de Fréjus.
Napoléon fut-il effrayé des préparatifs du belliqueux préfet?
Il fila sur Grasse. Le 3, il était déjà dans les Basses-Alpes,
à Castellane et on l'attendait de pied ferme sur les côtes de
Provence.

« L'ennemi » devait donc maintenant passer par Digne et
Sisteron. Masséna ne redoutait guère d'obstacle jusque-là.
Le préfet des Basses-Alpes ne donnait pas signe de vie. Il
s'était borné à diriger sur Valensole les fonds déposés dans
la caisse du receveur général du département, et à les faire
escorter par les cent hommes qui tenaient encore garnison
à Digne. Il n'y avait qu'un point noir à l'horizon. La cour
d'assises devait être tenue dans le chef-lieu des Basses-
Alpes vers le milieu de mars. Le conseiller à la Cour d'Aix,
délégué pour présider les débats, M. d'Autheman, pouvait
faire scandale; Masséna redoutait l'intempérance de son
royalisme. M. d'Autheman déclara que la Cour tiendrait
quand même séance. Napoléon le laissa dire et fit bien. Il
avait d'ailleurs d'autres soucis en tête. Sisteron tiendrait-il
contre-lui? Le pont sur la Durance ne serait-il pas coupé?

Sisteron pouvait se défendre. Il y avait alors dans cette
place, suivant un relevé officiel, 15 canons, un millier de
boulets ou d'obus, plus de 3,000 grenades à main, de quoi

pulvériser les huit cents hommes qui arrivaient. La cita-
delle était médiocre sans doute, mais fort suffisante ; trente
hommes résolus auraient arrêté une armée et on pouvait
faire sauter le pont en cinq minutes. Les bacs de la Durance
étant tous guettés, Napoléon se trouvait pris comme dans
un filet et réduit à la plus complète impuissance.

Mais pour cela, il n'y avait pas de temps à perdre. Il fallait faire partir en poste de Marseille les portefaix, les gardes nationales qui s'offraient et qui se seraient grossies
d'autres gardes sur leur passage. Le 5 mars était déjà arrivé
qu'on n'avait pris encore aucune décision.

Ce jour-là tombait un dimanche. La populace désœuvrée
profita de son repos pour promener dans les rues le buste
du roi. Une troupe sans armes, précédée d'un sergent,
Dupont, de deux tambours et d'un drapeau blanc se rendit
à l'hôtel du gouverneur. Le peuple suivait. Le maréchal,
averti, fit fermer en hâte les portes de son hôtel. Le peuple
insista pour entrer ; il demandait des armes et criait : « Vive
le Roi ! » Masséna parut au balcon. Il prêta le serment de
verser tout son sang pour le maintien des Bourbons ; comme
on ne l'entendait guère, soit que le bruit étouffât sa voix ou
que l'émotion la fît trembler, il baisa sa croix de Saint-
Louis. Quelqu'un cria qu'il promettait des fusils. Le peuple
redevint calme et le maréchal put se retirer. En rentrant
dans son appartement il jeta avec dépit son chapeau sur
une table et laissa échapper quelques interjections de
caserne. La leçon qu'il venait de recevoir ne fut pas perdue ;
cent hommes furent affectés à sa sûreté particulière et les
avenues de son hôtel gardées jour et nuit. Il permit cependant à la garde nationale de quitter Marseille.

A midi, M. de Panisse se rendait à nouveau auprès de
lui. Le bataillon de la garde n'avait pas bougé. Masséna fit
semblant d'en prendre humeur. « Quand on a annoncé avoir

tant de désir de marcher, dit-il, il est honteux d'être aussi
inexact. » Il n'ignorait pas que les hommes qui composaient ce corps étaient pour la plupart des chefs de famille.
Quelques-uns dirigeaient des maisons de commerce, et sentaient le besoin de mettre quelque ordre dans leurs affaires.
Peut-être encore leur enthousiasme était-il moins solide
qu'on ne le croyait. Sagement Masséna leur avait prescrit
de faire une étape à Aix. « Demain, dit-il, ils en auront
assez; ils n'iront pas plus loin. » Le 5 au soir, ils se mettaient enfin en route.

Le 6, nouvelle demande de fusils, nouveau refus du
maréchal. Il répondait qu'il n'en avait pas. Était-ce bien
croyable? Le fort Saint-Jean en possédait quelques centaines, on le sut plus tard. En admettant qu'il fût vide, l'arsenal de Toulon ne devait pas en être dépourvu. — Le 7 se
passa de même; le 8, on distribua deux cent dix fusils.
Le 9, comprenant qu'il ne pouvait jouer plus longtemps un
rôle aussi équivoque et que sa conduite ambiguë exigeait
une explication, Masséna lançait la proclamation suivante :

Habitants de la ville de Marseille :

L'Ennemi a passé avec trop de rapidité sur les frontières de
mon gouvernement pour qu'on pût s'y opposer. Mais j'ai prévenu en temps utile toutes les autorités qui peuvent l'arrêter dans
sa marche.

Toutes les mesures de précaution que les circonstances pres-
crivaient de prendre, je les ai prises. J'ai écrit au Gouverneur
général de Lyon, au Lieutenant général de la 8° division,
au Préfet de la Drôme. J'ai fait poursuivre même hors des
limites de la huitième division le corps débarqué de l'île d'Elbe
par un Lieutenant général qui a non seulement des forces suffisantes en troupes de ligne, mais encore des détachements des
braves gardes nationales des villes de Marseille, d'Aix et d'Arles
et qui a reçu l'ordre d'appeler auprès de lui toutes celles dont il
pourrait avoir besoin.

Les avis que j'ai donnés ont en tout le succès que je pouvais en attendre.

Ils ont empêché l'ennemi de trouver sur son passage les auxiliaires sur lesquels il comptait.

Je suis déjà prévenu officiellement que les débouchés du Val-Drôme et du Val de Nyons sont gardés ;

Qu'une correspondance a été établie de Gap à Valence par les montagnes du Diois pour diriger les troupes suivant l'occurrence ;

Que le Lieutenant général Duvernoi s'est porté de Valence au-devant de l'ennemi sur la route de Gap, après avoir concerté ses opérations avec le général Marchand ;

Que M. le Lieutenant général commandant à Lyon a réuni trois régiments d'infanterie et un régiment de dragons.

Toutes ces dispositions doivent vous rassurer. D'un autre côté, je veillerai à ce que la tranquillité des citoyens ne soit pas troublée, et je vous réponds que secondé de M. le marquis d'Albertas, votre Préfet, et de vos autres magistrats, je saurai la maintenir dans son intégrité.

Habitants de Marseille, vous pouvez compter sur mon zèle et sur mon dévouement. J'ai juré fidélité à notre roi légitime. Je ne dévierai jamais du chemin de l'honneur. Je suis prêt à verser tout mon sang pour le soutien de son trône.

> *Le Maréchal de France, duc de Rivoli,*
> *Gouverneur de la 8ᵉ division militaire,*
>
> Prince D'ESSLING.

Marseille, le 9 mars 1815.

On reste stupéfait en lisant ces lignes. Est-ce vraiment un maréchal de France qui rassure tout un peuple? Non, mais plutôt un accusé qui se défend devant ses juges et plaide les circonstances plus ou moins atténuantes. A quoi bon tant de détails? Pourquoi expliquer au peuple les marches et contremarches des troupes? A-t-il à apprécier des leçons de tactique? — Remarquez de plus que le nom de Napoléon n'est pas même prononcé. A la fin, quelques banales protestations de fidélité, de celles en qui l'on ne croit guère et qui n'engagent à rien. D'ailleurs au moment où paraissait cette proclamation, l'Empereur passait à Grenoble et poursuivait sa marche sur Lyon.

On continuait à Marseille de vivre dans l'attente. Le 10, M. de Panisse, comprenant un peu tard qu'il ne pourrait rien arracher de Masséna, prit le parti d'envoyer de son autorité privée à la garde nationale de Toulon une députation de la garde nationale de Marseille. Le prétexte avoué de cette visite était de lui offrir ses services en cas de troubles; elle avait un but caché. Le marquis de Rivière, ambassadeur du roi à Constantinople, résidait à Toulon. La députation était chargée de le voir, de lui faire part de l'état moral de Marseille, de lui demander aide et conseil, de voir aussi le comte de Lardenoy, commandant supérieur, et de s'enquérir auprès de lui s'il y avait ou non des armes à l'arsenal. Un des Marseillais, M. Rostan, était plus spécialement chargé de lui proposer des gardes sûrs au cas où il eût quelque doute sur le royalisme plus que suspect de sa garnison. La députation fut fort bien accueillie et M. Rostan revint avec la certitude qu'il y avait à l'arsenal huit mille fusils en bon état.

Masséna fut informé après coup de ce voyage. Il en pénétra facilement le motif. Devant le préfet et le maire ébahis, il apostropha vertement M. de Panisse « Je sais « pourquoi, lui dit-il, vous avez envoyé cette députation. « Vous soupçonnez ma fidélité et mon dévouement. Votre « devoir était de me demander la permission avant de la « faire partir. Je suis gouverneur et c'est à moi à vous y autoriser ».

M. de Panisse pris au trébuchet chercha une défaite. La garde nationale étant sous la dépendance du préfet, il croyait n'avoir à solliciter du maréchal aucune permission. Masséna était sans fiel et jouait son personnage avec une merveilleuse aisance. Comme M. de Panisse sortait de chez

lui, il lui tendit la main : « Sans rancune ! Je vous ai dit ce
que j'avais sur le cœur ; c'est fini là ». En même temps
qu'il lui prodiguait cette effusion facile, il lui déclara « qu'il
avait donné ordre à son bataillon de rentrer dans ses
foyers ».

Or, le commandant de ce bataillon, M. Borely, avisait le
lendemain M. de Panisse qu'il quittait Sisteron pour Gap.
Pourquoi ce mensonge ? — Des ordres étaient donnés,
prétendait le maréchal, pour le faire revenir sur ses pas, et
on l'envoyait en avant. Quel mystère couvait cet imbroglio ?
Gap était douteux, les paysans des environs franchement
bonapartistes. A quoi bon « fatiguer le zèle de braves gens
qui s'étaient dévoués et compromettre même leur existence ? » M. de Panisse prit encore sur lui de dépêcher un
courrier à M. Borely qui revint à Marseille sans plus de
retard.

Pendant tout ce temps perdu la foule attendait toujours.
Elle accueillait avec une incroyable bonhomie les sornettes
de toute sorte qu'on lui débitait. Le 11 mars, quelqu'un
s'avise de dire assez haut pour qu'on l'entende que Napoléon
est cerné dans un petit village, à Saint-Bonnet, sur la rive
droite du Drac, à une journée de Grenoble. Pour mystifier
davantage les badauds, une lettre que les royalistes exas-
pérés mirent plus tard à l'acquit de Masséna précisait les
faits. Le maréchal Bertrand avait lui-même arrêté l'Empereur et l'avait livré aux avant-postes de l'armée royale.
On eût dû faire à cette énormité l'accueil le plus réservé.
Point du tout. Il était huit heures du soir quand on l'apprit.
En un rien la ville fut illuminée, des feux de joie allumés
sur le cours. Masséna qui savait la vérité, tripla sa garde
et fit bien. Trois cents hommes veillèrent sur lui. Il craignait que le peuple, revenu le lendemain de son enthousiasme, ne lui fît payer cher la duperie dont il était victime.

Une diversion le sauva peut-être. Le 12, le marquis de Rivière et M. de Laboulaye arrivaient à Marseille. Ils y précédaient le duc d'Angoulême.

III

La marche si rapide de Napoléon avait fini en effet par inquiéter la cour; Louis XVIII envoyait Monsieur, son frère, prendre le commandement de ses armées à Lyon. Monsieur établissait son quartier général dans cette ville et détachait à Nîmes le duc d'Angoulême, son fils.

Le duc éprouva le besoin de réchauffer l'enthousiasme des Marseillais. Il fit pressentir son arrivée vers le 15 ou 17 mars. Le 16 il était à Aix.

L'avant-veille une proclamation attendrie annonçait aux Aixois de quel honneur ils étaient comblés. « Pressons-nous autour de cet Auguste Prince, disait-elle; n'ayons qu'un esprit et qu'un cœur. Vivent les Bourbons! ». — C'est signé du sous-préfet Dupeloux, du maire de Gras, des adjoints, le marquis d'Olivary et Dubourguet, du commandant de la garde nationale, Lethueur de Combremont. Remarquez que le nom de **Masséna** n'y figure pas. La réception fut chaude, nous apprend le Procureur général, Arnaud, dans une lettre confidentielle au grand chancelier. Le duc descendit de voiture et fit à cheval le tour d'une partie de la ville. Le cri de « Vive le roi! » sortait de toutes les bouches « avec l'accent de la sincérité et de l'attendrissement ». Phrases banales et mensongères! Arnaud l'avoue lui-même : quand le duc passa en revue deux régiments d'infanterie arrivés à Aix le même jour à midi, tous les officiers et « plusieurs soldats » firent entendre des acclamations. Combien étaient-ils?

D'Aix le duc partit en hâte pour Marseille. Le 17 au

matin, les autorités civiles publiaient une lettre qui annonçait l' « Auguste Visiteur ». Les artilleurs se rendirent à la
porte d'Aix et hissèrent là-haut deux pièces de canon, comme
s'ils avaient eu à se défendre. Masséna, escorté de son état-
major, remonta le cours. On lui cria : « Cessez de trahir
le Roi ! » Il renouvela, paraît-il, le serment déjà prêté de
rester fidèle aux Bourbons jusqu'à la mort.

Le duc d'Angoulême fit au maréchal le plus gracieux
accueil. Il l'invita à prendre place à sa droite et tous deux
descendirent jusqu'à la Canebière. Rue Saint-Ferréol, le
cortège passa devant la maison du docteur Niel. Le docteur
était à sa fenêtre toute pavoisée. Il cria : « Mon Prince, un
traître est à votre droite! » Masséna pâlit sous l'outrage ;
le duc le rassura et « pressa son bras ». Mais les cris ne
cessèrent plus jusqu'à son hôtel. La lie du peuple, le corps
des portefaix couraient derrière les chevaux, vociférant,
montrant le poing. A la préfecture Masséna réfléchit. Une
revue devait avoir lieu à la plaine Saint-Michel. Un aide de
camp dépêché sur l'heure fit rétrograder les troupes et la
garde nationale. Elles défilèrent au cours Bourbon. Le soir,
au gala du grand théâtre, le maréchal sentit la nécessité
d'être plus expansif. Au moment voulu, il tomba aux
genoux du duc qui le releva, s'avança ensuite seul sur le
devant de la loge et, tirant son épée, il jura encore qu'il
défendrait les Bourbons et leur dynastie jusqu'à la mort.
Le 18, le duc partait pour Toulon à la pointe du jour. A ses
oreilles vibrait le dernier écho du chant de la veille :
« Nous mourrons tous. » — Tous, c'était excessif. Le duc
était religieux; sa conscience lui aurait certainement
reproché la mort de tout Marseille. L'événement se chargea
de le rassurer. Il ne mourut personne pour lui.

Son séjour à Toulon ne fut pas de longue durée. La ville
n'était pas sûre. Les rares royalistes qui s'y montraient

lui firent craindre que le maréchal ne se portât sur sa personne à de fâcheuses extrémités. On prononça même assez
haut le nom du fort Lamalgue. Au bout de trois heures, le
duc repartait pour Marseille. Le soir, au théâtre, Masséna
renouvelait la scène de la veille.

Sa comédie n'eut pas cependant tout le succès qu'il en
attendait. Sur l'ordre du duc, 6,000 hommes étaient mis à
la disposition du marquis de Rivière pour en former des
compagnies franches. Les militaires en congé étaient partout rappelés sous les drapeaux. Des registres d'enrôlement furent ouverts : en deux jours les inscriptions s'élevè-
rent à plus de deux mille. Le lieutenant général Ernouf
était désigné pour se mettre à leur tête. Le 18, le duc
d'Angoulême faisait route pour Nîmes.

Ernouf et M. de Rivière dirigeaient ainsi toutes les
opérations. Que devenait Masséna? Son autorité se rédui-
sait à rien. M. de Panisse affirme, et il doit le savoir, que
le fils de Monsieur lui avait offert le commandement de
ces troupes nouvellement levées, mais qu'il se serait heurté
à un refus pour raison de santé. Masséna, depuis ce
moment, devint invisible pour le monde officiel, n'eut avec
les autorités locales que les rapports forcés et par la voie
de la correspondance. Il augmenta de nouveau sa garde.
Puis, comprenant à la fin de mars que sa position n'était
plus tenable, il partit un matin pour Toulon.

IV

A peine était-il arrivé dans cette ville qu'il apprenait le
départ de Louis XVIII pour Gand et l'entrée de Napoléon
aux Tuileries. L'Empire était de nouveau proclamé. Masséna
le servit avec résolution et vigueur.

Le comte de Bouthilier, préfet du Var, s'agitait désespérément pour réveiller les sympathies royalistes de ses administrés. Masséna dépêcha à Draguignan le baron de Sivray, son chef d'état-major général. Le baron fit appréhender au col et mettre au fort Lamalgne M. de Bouthilier. Et comme il fallait le remplacer, Masséna investit de ses fonctions le sous-préfet Ricard.

La dictature ne faisait que commencer. Une proclamation fut imprimée à Toulon, le 10 avril.

Aux Français :

Un événement aussi heureux qu'extraordinaire nous a rendu un souverain que nous avions choisi, Napoléon le Grand. Ce doit être un jour de fête pour tous les Français.

Il est remonté sur son trône sans verser une goutte de sang et revenu au sein d'une famille qui le chérit.

Français, il n'y a pas une ville qui n'atteste par ses monuments et sa gloire et ses bienfaits.

Bénissons le ciel qui nous l'a rendu; le militaire revoit un héros qui l'a souvent conduit à la victoire.

Les Français ont retrouvé leur protecteur; faisons des vœux pour la conservation de sa dynastie.

Le Prince d'Essling.

Cette proclamation fut portée par des estafettes dans les quatre départements de la division avec ordre de la faire « publier et afficher à son de trompe et au bruit de vingt et un coups de canon, de faire flotter le pavillon national sur les forts, les bâtiments de l'État, les municipalités, de faire reprendre la cocarde tricolore aux troupes de terre et de mer (1) ». Le même jour, 10 avril, les préfets de la division étaient invités à dissoudre les gardes nationales levées par le duc d'Angoulême, à réintégrer les armes dans les arse-

_____

(1) Archives des Bouches-du-Rhône. Rapport à Sa Majesté par le prince d'Essling.

naux de l'Empire et dans les magasins militaires les objets
d'équipement qu'ils avaient reçus.

Défense était faite aux préfets et aux receveurs généraux
de faire aucune solde aux gardes nationales et d'obtempérer
aux commandements du Roi. « Tous les actes judiciaires,
administratifs, contrats notariés, publications devaient
avoir lieu au nom de l'Empereur ainsi que les prières que
l'Église doit faire pour le souverain ». — L'état de siège
était proclamé à Antibes.

A Toulon, le contre-amiral de Gourdon parut suspect à
Masséna. Le commandant de Lardenoy était un ancien
émigré compris du reste dans le décret de Napoléon du
13 mars. Le contre-amiral fut débarqué, Le commandement des trois frégates et corvettes qui mouillaient alors
dans la rade fut donné au plus ancien capitaine de. vaisseau, M. Serre. Quant à M. de Lardenoy, le maréchal lui
fit délivrer un passe-port pour Nice. L'amiral Gantheaume
était prévenu d'avoir à se rendre à Toulon dans le plus bref
délai.

Le département du Var ainsi soumis, ce qui n'avait été
ni long ni difficile, Masséna songea à Marseille. Le 11 avril,
il n'avait reçu aucune nouvelle qui le rassurât. Il fit savoir
aux Marseillais qu'il attendait leur soumission pour le 12,
et que le 13, il se rendrait en personne à son ancienne résidence. La menace produisit son effet. Le 12, le conseil
municipal de la ville députait auprès de lui trois de ses
membres pour « lui porter leur soumission ». Le drapeau
tricolore fut arboré à la Préfecture. Masséna remplaça
M. d'Albertas, M. de Montgrand et ordonna qu'on se saisît
de MM. de Bruslart et de Rivière. Puis il lança de Toulon
une proclamation aux habitants de Marseille. Elle était
ainsi conçue :

Vous vous laissiez aller aux menées de quelques agitateurs qui troublaient votre repos.

Votre Préfet et votre Maire depuis plus d'un mois n'avaient d'autre pensée que celle de vous faire faire de fausses démarches et y mettaient tout leur soin. Je viens de les destituer pour le bonheur et la tranquillité de votre ville.

Ecoutez la voix de vos magistrats. Ils vous parleront avec le langage de la raison. Eloignez de vous les hommes perfides qui veulent prolonger vos inquiétudes, vous jeter dans l'anarchie et attirer sur votre ville tous les maux qui en seraient la suite.

Soyez désormais calmes; livrez-vous à vos occupations journalières. Suivez l'exemple que vous donne toute la France. Partagez son bonheur : le grand Napoléon tient les rênes du gouvernement. Vous serez heureux si vous êtes confiants et dociles.

Le Prince D'ESSLING.

Cette pièce est datée du 14 avril. Le 20, Masséna partait pour Paris.

V

Juin et juillet s'écoulèrent. Napoléon avait été battu, forcé d'abdiquer une seconde fois. Louis XVIII avait réintégré le trône de ses pères. Aussitôt s'organisa à Marseille et dans toute la Provence une pétition contre Masséna. « Les habitants des Bouches-du-Rhône surtout exposaient à la Chambre des députés la conduite du Maréchal à propos du débarquement de Bonaparte et demandaient qu'il fût signalé à la justice du Roi, comme le plus coupable de tous les chefs ». L'impunité de Masséna au moment où « un grand coupable (Ney) venait de satisfaire au juste ressentiment et aux douleurs de la France leur semblait le scandale des lois, l'espoir des factieux, la terreur des amis de la patrie ».

Le comte de Sainte-Aldegonde fut nommé rapporteur de cette pétition. « L'importance de cette pétition revêtue d'un nombre immense de signatures lui parut devoir fixer l'attention de la Chambre » et il en proposa le renvoi au ministre de la guerre.

C'était rouvrir un débat qu'on croyait épuisé. Le roi en rentrant à Paris avait proscrit trente pairs de Napoléon. Masséna y figurait-il? Si oui, il relevait des conseils de guerre. Sinon, c'est que Louis XVIII ne l'estimait pas coupable du crime dont on prétendait le charger. On eût dû s'en tenir à ce dilemme. Mais la passion politique ne réfléchit pas. Les efforts courageux, la parole modérée de Colomb (des Hautes-Alpes), de Serre (du Haut-Rhin), de Voysin de Gartempe, ne purent rappeler la Chambre à la raison et au respect des décisions royales. Il y eut là, dans cette séance du 6 février 1816, un député, Reynaud (de Trets) qui montra combien est puissante sur l'esprit de gens prévenus une rancune habilement exploitée. Grâce à lui, la pétition fut lue à la Chambre et le renvoi prononcé.

Heureusement pour Louis XVIII, il montra plus de sagesse que les ultras. La pétition fut déposée dans un carton et fort prudemment elle y resta.

VI

Un peu plus d'une année après, Masséna mourut sans avoir été inquiété.

Est-il coupable de haute trahison?

Le récit qu'on vient de lire a été fait, je l'ai dit et je le répète, à l'aide d'un dossier de police. Ceux qui seraient tentés d'y chercher la condamnation du maréchal savent quelle estime on en doit faire. Par cela seul que ce dossier émane d'une source suspecte, l'historien ne peut y prêter qu'une créance tout à fait relative, et ce n'est pas sur des rapports plus ou moins complaisants qu'il est permis

d'échafauder une accusation. Peut-on empêcher qu'un
commissaire, sollicité de près ou de loin par un ministre,
entre dans ses vues, et qu'un substitut apostille plus que
favorablement l'élucubration de son subordonné? Encore
pour ce magistrat craindrai-je une surenchère. Ces complai-
sances ne m'étonnent pas et je les trouve très humaines.
A une époque aussi tourmentée que celle-là, c'est une
manière pour l'un de solliciter une gratification, pour
l'autre de quémander un avancement.

Peut-être ont-ils été maladroits tous deux. Je ne prétends
pas me faire ici ni ailleurs l'apologiste du comte Decazes.
Mais dans cette circonstance il a été bon politique et
épargné une faute nouvelle aux pseudo-juges de Ney.
Remarquez que l'ordre qu'il donna de commencer une
instruction sur la conduite de Masséna ne fut donné qu'en
décembre 1815. Cinq mois s'étaient écoulés depuis les
premières proscriptions et les passions avaient dû se
calmer. Puis le maréchal était couvert par la loi d'amnistie
et toutes les discussions parlementaires, si violentes qu'elles
fussent, ne pouvaient aboutir. Je crois que M. Decazes fut
simplement poussé par les ultras dont la haine tenace
exigeait une nouvelle victime et à qui ne suffisaient ni les
exécutions de la plaine de Grenelle ni celle du Luxembourg.
Il leur donna ce semblant de satisfaction et s'en tint là.

En somme, on ne peut relever à la charge de Masséna
que deux pièces, ses proclamations; l'une du 9 mars, l'autre
du 10 avril. La première finit par le cri : « Vive le roi! »
la seconde par celui de « Vive l'Empereur! » Cela suffit-il
pour qu'on flétrisse un nom comme celui du prince
d'Essling, du duc de Rivoli, de l'épithète de traître? Je ne
le pense pas. Tout porte à croire que Masséna ne fut pas
plus coupable que tant d'autres. Il fut sincère au moment
où il jura de sauver les Bourbons, sincère quand il applau-

dit au retour de l'Empire. Il se trouva en présence de faits accomplis contre lesquels il jugea prudent de ne pas lutter ; il fut victime du même mouvement qui jeta Ney dans les bras de Napoléon.

Le prince d'Essling a d'ailleurs hautement protesté contre toute préméditation de sa part dans le retour de l'île d'Elbe. On l'injuriait de tous côtés ; des pamphlets couraient Marseille et Aix. L'autorité préfectorale les fit saisir ; on doit lui en savoir gré.

Lui-même écrivit un volumineux mémoire pour expliquer et justifier sa conduite. Le gouvernement de Louis XVIII sembla lui donner raison, puisqu'il le couvrit contre ses propres agents, après les avoir imprudemment déchaînés. Ne soyons donc pas plus royalistes que le roi. La trahison de Masséna ? Voilà un thème sur lequel on brodera longtemps encore. *Historici certant...* Qui clora le débat ?

JULES VIGUIER.

LES REPRÉSENTANTS DU PEUPLE

CHERRIER ET LAURENCEOT

EN MISSION DANS LE CHER

APRÈS LE 9 THERMIDOR

Après les événements de thermidor, deux représentants du peuple furent envoyés en mission dans le Cher, Laurenceot et Cherrier. Ils étaient chargés de rapporter toutes les mesures prises par les députés qui les avaient précédés dans ce département et de poursuivre tous ceux qui, de loin ou de près, avaient participé au gouvernement révolutionnaire.

Cherrier fut désigné le premier pour se rendre dans le Cher. Élu deuxième suppléant à la Convention par les Vosges, Jean-Claude Cherrier, ex-constituant, ne siégeait que depuis le 13 octobre 1793 en remplacement de Joseph Hugot, forcé par la maladie de résigner son mandat. Avant d'entrer à la Convention, Cherrier était président du tribunal de Neufchâteau. Sa mission s'étendait au Cher, à l'Indre et à la Haute-Vienne, et avait surtout pour but d'examiner la situation des détenus arrêtés par mesure de sûreté générale et de prononcer leur mise en liberté ou leur maintien en prison. Cherrier devait également signaler au Comité de sûreté générale ceux des détenus qui se trouvant dans les cas prévus par la loi du 17 septembre 1793, ne pouvaient être mis en liberté que sur un ordre même du

Comité. Il arriva à Bourges le 24 fructidor. Dès le 25, il prononçait sept mises en liberté. Les mesures de clémence se continuèrent les jours suivants : cinquante-deux détenus recouvrèrent leur liberté et parmi eux Dupré Saint-Maur, membre du Conseil du département qui avait été délégué en juin 1793 pour aller avec Torné (1) porter à la Convention l'adresse du département du Cher affirmant, après les journées du 31 mai et 1ᵉʳ juin, sa communion d'idées avec la Convention. De son côté, le Comité de sûreté générale, sur les rapports de Cherrier, avait prononcé, du 14 brumaire au 22 frimaire, treize mises en liberté.

Au cours de ses recherches sur la situation des détenus, Cherrier avait dû prendre des mesures de précaution contre la trop grande facilité avec laquelle les certificats de civisme étaient délivrés.

Considérant, arrêtait-il le 20 brumaire, que les détenus dans les différentes maisons d'arrêt de Bourges ont trouvé le moyen de se procurer des certificats de civisme et des réclamations de différentes communes où ils résidaient, de manière que tous paraissent devoir jouir de l'exception favorable prononcée par la loi du 17 septembre (2) ;

Considérant que ces certificats et ces réclamations sont le plus souvent le résultat de la complaisance de ceux qui les accordent et de vives sollicitations de ceux qui les obtiennent;

Voulant rendre justice aux détenus qui méritent leur liberté et cependant retenir dans les maisons d'arrêt ceux qui pourraient être dangereux pour la chose publique, le représentant du peuple a invité la société populaire de Bourges à nommer douze commissaires pris dans son sein et les autorités constituées à choisir chacun trois commissaires parmi les membres qui les composent afin d'examiner toutes les pièces justificatives produites en faveur desdits détenus, d'indiquer au repré-

---

(1) Pierre Anastase Torné, évêque constitutionnel du Cher, ancien membre de l'Assemblée législative, président du Conseil du département.
(2) Archives départementales du Cher. Série L.

sentant celles qui méritent confiauce et eufin lui donner des
renseignements sur la moralité des réclamants.

La commission fonctionna jusqu'à la fin de frimaire et
fut d'une précieuse collaboration pour Cherrier. Près de
quatre-vingts détenus furent ainsi mis en liberté. Quant aux
citoyens qui étaient consignés dans la commune de Bourges
par mesure de sûreté, le représentant du peuple chargea le
Comité de surveillance de leur accorder des congés « lorsque leur présence serait nécessaire dans leurs propriétés
pour l'activité de l'agriculture, de manière cependant qu'il
n'en résulte aucune inquiétude pour la tranquillité publique,
et pour un temps limité, en spécifiant le lieu où ils auraient
l'intention de se rendre et sans qu'ils puissent outrepasser
leur permission sous peine de détention. »

Cherrier, dans le cours de cette mission, de fructidor à
frimaire, n'avait pris aucune mesure administrative, destitué
aucun fonctionnaire, et vis-à-vis de la Société populaire,
du Comité de surveillance révolutionnaire, avait observé
une attitude tout à fait neutre. Avec son collègue Laurenceot la situation allait changer.

Obligé d'aller dans l'Indre et la Haute-Vienne, Cherrier
quitta le Cher au moment où sa présence y devenait indispensable. Malgré la belle récolte de l'année 1794, une
misère extrême se faisait sentir. Les vivres étaient hors
de prix et la fin de frimaire, les mois de nivôse et de pluviôse furent troublés par des émeutes dans quelques communes du département et notamment à Bourges où des
boutiques de boulangers furent envahies par la foule. La
loi du 3 ventôse, rétablissant la liberté des cultes, vint provoquer une nouvelle agitation dans ces mêmes communes
et le Comité de salut public dut adresser dans les derniers
jours de ventôse au représentant du peuple Laurenceot
l'ordre de se rendre aussitôt dans le Cher.

Le 9 germinal, Laurenceot écrivit aux administrateurs du département la lettre suivante :

Citoyens, le Comité de salut public m'a chargé de me transporter à Bourges pour y apaiser les troubles qui sont attribués à la prénurie des subsistances. Déjà j'aurais rempli cette mission importante, si la position du département où je suis ne m'y eût retenu forcément.

Cependant, votre situation n'en a pas moins occupé ma sollicitude. Déjà le Comité de salut public et la députation de votre département m'ont donné des renseignements précieux. Je désire y joindre encore ceux que pourront me fournir les administrateurs qui plus près du lieu où se sont passées ces scènes affligeantes, ayant nécessairement dû s'occuper des moyens de connaître les coupables et d'assurer la vengeance de la loi, sont à même de me fournir des détails essentiels à la règle de ma conduite.

Je compte, citoyens, sur votre exactitude et votre zèle à me dire la vérité tout entière. Le temps des faiblesses et des politiques est passé et, quelle qu'elle soit, je veux en être instruit.

Vous voudrez donc bien, citoyens, sitôt la présente reçue, m'envoyer les comptes de la situation politique de votre département, de l'esprit public qui y règne, et si déjà vous avez quelques pièces qui concernent les derniers événements, vous m'en ferez passer des expéditions.

J'attends de vous la plus grande célérité, parce qu'elle importe à l'ordre public. Attendez de moi la plus grande vigueur et la justice la plus impartiale.

Dès la réception de la lettre de Laurenceot, le Directoire en fit part aux officiers municipaux de Bourges en les invitant « à lui donner sans aucune perte de temps les renseignements les plus exacts sur l'objet de la lettre du représentant du peuple, et d'y joindre les copies de toutes les pièces qui seraient propres à l'éclairer sur les véritables causes des troubles et sur ce qui peut les avoir provoqués ou suivis. » Le Conseil général de la commune répondit le même jour en envoyant au Directoire les procès-verbaux des troubles et en relatant les incidents. Il faisait suivre cet envoi des réflexions suivantes :

L'attitude qu'a tenue pendant les troubles la municipalité en a imposé aux agitateurs et le calme a été rétabli. Si ces mouvements n'ont eu lieu que sous prétexte de manquer de subsistances, nous craignons maintenant que la disette réelle qui se fait sentir n'en amène de plus sérieux, et c'est ce qui a déterminé le Conseil à solliciter vivement la présence d'un représentant qui devient d'autant plus urgente que les moyens dont nous avons usé jusqu'à ce jour sont presque entièrement épuisés, et que nous sommes réduits, depuis plusieurs décades à ne donner à nos concitoyens qu'environ dix-sept livres de grains ; encore se trouve-t-il composé en grande partie d'avoine. La somme de 400,000 francs, qui nous a été accordée par la Convention, se trouve presque absorbée par les pertes énormes que nous faisons sur les distributions. Les grains nous coûtent actuellement les uns dans les autres de 30 à 40 francs le boisseau. L'impossibilité où se trouvent les trois cinquièmes de nos concitoyens d'atteindre ce prix nous force à le distribuer à seize livres. Voilà cinq décades que nous livrons à de grosses pertes. Jugez maintenant, citoyens, à quoi se réduisent nos moyens. Ajoutez à cela que les propriétaires de grains de la campagne ne veulent plus entendre parler d'assignats. Nous avons été obligés d'employer la voie des échanges. Elle est difficile, dispendieuse, et produit peu d'effets. Les cultivateurs des districts environnants qui nous présentaient quelques ressources, nous ont fermé leurs greniers, dans la crainte de ne pouvoir pas remplir les réquisitions tirées sur eux avec vigueur. Nous sommes réduits à notre district, qui soit défaut de ressources, soit cupidité, ne fournit presque plus de grains à la commune de Bourges, de manière que l'approvisionnement de la prochaine décade est à peine assuré.

Voilà notre position, citoyens. Déjà vous la connaissiez et nous vous la répétons. Si, sous peu de jours, nous ne possédons dans notre sein un représentant qui active les réquisitions qui sont devenues presque entièrement nulles, puisque sur 14 à 15 milliers de requis, à peine en vient-il maintenant cinq à six cents, nous ne répondons plus de la tranquillité publique. La faim est le fléau le plus dangereux et celui auquel l'autorité la plus active n'offre point de résistance. Faites, d'après cet exposé, les plus vives sollicitations auprès du citoyen Laurenceot pour le déterminer à arriver promptement à Bourges. Le peuple y est bon. Ne serait-il pas à craindre qu'il ne sortit de son caractère, surtout dans ce moment où le fanatisme relève la tête et pour·rait profiter des malheureuses circonstances où nous nous trouvons relativement aux subsistances pour l'égarer et le soulever contre les autorités (1).

Cette lettre, qui révélait une situation si grave, était signée des citoyens Pallet, Gay, Boin, Seguin, Thévenin, Doazan, Fouquet, Dumontier, Marcandier et Dumontet, tous officiers municipaux. Le Directoire transmit la réponse de la municipalité à Laurenceot en joignant ses prières à celles du Conseil de la commune pour lui demander de venir à Bourges sans retard.

Nous devons t'assurer avec la municipalité, ajoutait-il, que ta présence ici est très urgente pour procurer les moyens de faire exécuter les réquisitions. Les cultivateurs méprisent ouvertement les assignats ; le prix des grains est au-dessus des facultés des trois quarts des citoyens, les approvisionnements sont impossibles aux autorités constituées et nous touchons au moment où une disette absolue nous menace des plus grands troubles. Nous t'invitons, citoyen représentant, au nom de l'humanité et de la tranquillité publique si nécessaire dans ce temps où le fanatisme relève la tête et n'attend qu'un prétexte pour fomenter des troubles, de venir quelques instants empêcher l'incendie et faire bénir la représentation nationale sur laquelle repose entièrement le salut de la Patrie.

Se rendant à des désirs si énergiquement exprimés et d'une façon si pressante, Laurenceot avança sa venue dans le Cher. Il arriva à Bourges le 22 germinal.

Le représentant du peuple, qui allait appliquer dans le Cher une politique de représailles contre tous ceux qui avaient collaboré au régime de la Terreur, avant d'appartenir à la Convention, avait servi comme capitaine volontaire dans les bataillons du Jura. Il était entré à la Convention à peine âgé de trente ans. Il signa la protestation des soixante-treize contre l'arrestation des Girondins et des

(1) Archives départementales du Cher. Série L.

journées des 31 mai et 1ᵉʳ juin. Arrêté, il ne fut rappelé à son siège de député que le 18 frimaire an III. Victime de la Terreur, il en pouṛsuivit impitoyablement tous les anciens partisans.

Son premier soin en arrivant à Bourges fut d'adresser aux citoyens du département cette proclamation où il indiquait la conduite qu'il devait tenir et le but qu'il voulait atteindre.

Citoyens, le règne affreux de la Terreur et du brigandage n'est plus; à une longue et déplorable anarchie succèdent des lois justes et bienfaisantes. Le gouvernement tend tous les jours, par des efforts vigoureux, à s'affermir de la manière la plus solide et la plus respectable; la liberté des opinions vous a été rendue, parce que, sans elle, il n'est qu'oppression et tyrannie; enfin toutes les espérances que l'aurore de la Révolution vous avait fait concevoir sont sur le point d'être couronnées.

C'est sous ces heureux auspices que je viens au milieu de vous, citoyens; je vous apporte des paroles de consolation et de paix, l'inflexible résolution de vous tirer de la crise malheureuse où vous met la pénurie des subsistances, l'assurance que rien ne sera oublié de ma part pour déconcerter les efforts de la malveillance et de la cupidité, la haine profonde et éternelle des fripons et des assassins, le désir brûlant de les connaître et de les punir; enfin, l'espoir flatteur de ne pas sortir du milieu de vous, sans avoir fait quelque chose pour votre bonheur.

Cette tâche est immense, citoyens; j'en connais toute l'étendue, l'importance et la difficulté. J'y mettrai tout ce qu'il est possible de fournir de courage et de volonté. J'y réussirai, parce que les bons citoyens se réuniront à moi pour m'aider à réussir, et parce que la cause de la justice et de la liberté n'est pas faite pour être vaincue.

Venez donc, citoyens, venez avec confiance déposer dans mon sein vos inquiétudes et vos plaintes : que tous les secrets de l'injustice et de la dilapidation soient exposés au grand jour; que les forfaits de l'oppression soient publiés; que les considérations qu'enfantent les relations particulières ou la timidité disparaissent : Il n'en est qu'une pour le cœur d'un patriote : c'est le salut public. Surtout que la calomnie s'éloigne; elle était l'arme favorite des scélérats qui nous ont assassinés.

Après avoir ainsi fait connaître ses intentions, Laurenceot, qui avait reçu, dès le soir même de son arrivée, la visite de toutes les autorités et des corps constitués de Bourges, se rendit à la séance publique du Conseil de département. Après avoir pris la place du président, il remit ses pouvoirs qui consistaient en une lettre du Comité de salut public, en date du 10 ventôse, qui le chargeait de se transporter dans le département du Cher pour y apaiser les troubles, comprimer les efforts de la malveillance et procurer au district de Bourges les secours en grains que réclamait l'urgence de ses besoins.

La lecture de cette lettre entendue, « le représentant du peuple, dit le procès-verbal de la séance, a, dans un discours plein d'énergie et de fraternité, encouragé les citoyens à lui signaler les fripons, les terroristes et les buveurs de sang. Il a demandé au Directoire de lui fournir des renseignements sur les ressources en subsistances que peuvent offrir les districts de son ressort les mieux pourvus, et a annoncé la ferme résolution d'employer ses pouvoirs pour adoucir les maux du peuple et rehausser sa confiance, en lui faisant partager avec plus d'égalité les subsistances que cache la cupidité et en écartant des fonctions publiques les hommes connus pour avoir participé aux horreurs de la tyrannie qui a précédé le 9 thermidor ». La séance fut ensuite levée.

Laurenceot avait demandé à l'agent national du district de Bourges de lui fournir un rapport sur la situation du district. L'agent national était Labouvrie, qui, en septembre 1793, avait été délégué par le représentant du peuple, Laplanche, pour le remplacer, muni de tous ses pouvoirs, dans le district de Vierzon. Lors de la suppression, par la Convention, des procureurs généraux syndics de département et des procureurs syndics de district, Labouvrie fut nommé agent national du district de Bourges. Quelques extraits de son rapport à Laurenceot sont intéressants :

Citoyen représentant, écrit-il, c'est en t'éclairant sur l'esprit public de ce district, sur l'état des subsistances, sur les efforts du fanatisme et de la malveillance pour égarer le peuple, c'est en te rendant compte des différents objets de l'administration que je puis ainsi concourir au bien que tu te proposes de faire.

Esprit public.

Il est bon généralement; un attachement inviolable à la Convention et à la République une et indivisible, a principalement caractérisé les habitants de ce district. Les principes de justice et d'humanité, qui ont succédé au terrorisme et à la tyrannie de Robespierre, ont été embrassés avec enthousiasme et reconnaissance.

Fanatisme.

Le fanatisme se réveille; il existe beaucoup de prêtres dans ce district, surtout dans cette commune; un grand nombre, il est vrai, a donné depuis la Révolution des preuves de patriotisme en prêtant les serments exigés et en se conformant aux lois; beaucoup d'autres aussi n'ont prêté aucun serment et n'ont donné aucune preuve extérieure de patriotisme. Il serait bon de prémunir le peuple contre l'abus qu'ils pourraient faire de leur liberté.

La loi du 3 ventôse.

Beaucoup de communes, abusant de la liberté des cultes, se sont emparés des ci-devant églises, en ont jeté dehors des vases servant à la fabrication du salpêtre, sonnent les cloches, exigent de leurs municipalités le compte des ornements vendus ou envoyés à la Trésorerie nationale. L'indulgence, la faiblesse ou même la complicité des officiers municipaux ont enhardi à cet égard la malveillance ; l'administration et moi avons employé d'abord toutes les mesures de prudence, de modération et de persuasion pour éclairer le peuple, faire sentir aux officiers municipaux leurs obligations, enfin des actes de sévérité ont été pris : ils te seront communiqués. J'espère que l'ordre se rétablira et que la loi sera exécutée. Ta présence et les mesures que tu prendras l'assureront pour toujours.

Subsistances.

Cette partie intéressante ne prête que trop des armes à la malveillance pour n'être pas l'objet de la sollicitude des administrateurs. La pénurie se fait sentir chaque jour. Les réquisitions de l'administration sont sans effet; la cupidité du possesseur de grains est à son comble. Le malheureux ne peut trouver dans son travail ou dans son revenu les moyens de subsister.

Le 24 germinal eut lieu une nouvelle séance publique au Conseil du département, sous la présidence de Laurenceot.

Un membre lui a fait au nom du directoire, dit le procès-verbal, le rapport de plusieurs affaires qui avaient en leur faveur les principes de justice, mais dont la décision excède les pouvoirs de l'administration. Le représentant s'est chargé des pièces en disant que conformément aux instructions de la Convention nationale il prononcera ce qui lui serait inspiré par l'équité.

Il a chargé le directoire de prescrire au district de faire supprimer sur-le-champ par la municipalité les inscriptions qui subsistent à l'entrée du temple de la Raison et à celle du ci-devant Comité révolutionnaire de surveillance.

Il a prévenu le directoire qu'il lui ferait parvenir le soir des exemplaires d'un arrêté par lequel il charge les administrations de district, de l'exécution de la loi du 21 de ce mois relativement au désarmement des gens qui ont participé aux horreurs commises avant le 9 thermidor.

Ensuite le représentant a entendu la réclamation d'une citoyenne au nom des nourrices des enfants naturels de la patrie sur la modicité de leurs salaires et le retard qu'éprouve leur payement. Il a répondu que les demandes des nourrices lui paraissaient fondées et qu'il s'occuperait incessamment de leur rendre justice.

Le représentant du peuple a ensuite fait un discours dans lequel il a invité les citoyens à lui présenter les réclamations qu'ils pouvaient avoir à faire, en les assurant qu'il était prêt à leur procurer une prompte justice. Il a annoncé qu'il tiendrait une séance au temple de la Raison, dont il ferait connaître le jour très prochainement. Il a assuré qu'il y ferait justice des terroristes et des dilapidateurs, et a exprimé le désir d'y voir tout le peuple l'entourer de sa franchise et de son courage pour que rien n'échappe à la représentation nationale dans laquelle ils trouveront un juge aussi inflexible qu'impartial, un consolateur et l'ami le plus sincère de la justice et de la liberté.

La Convention, à la suite des troubles de germinal, avait ordonné le désarmement de tous les citoyens connus dans leurs sections « comme ayant participé aux horreurs commises sous la tyrannie qui a précédé le 9 thermidor (loi du 21 germinal). Elle chargeait en même temps les représentants en mission de prendre dans les départements les mêmes mesures qu'elle prescrivait à Paris. Pour se conformer à ces instructions, Laurenceot rédigea la circulaire suivante aux citoyens et administrateurs des différents districts. »

La grande et salutaire mesure que la Convention nationale vient de prendre, a été nécessitée par les mouvements insurrectionnels que se donnait la malveillance pour ressaisir la tyrannie, et pendant lesquels la résistance des patriotes a failli devenir insuffisante. Jusqu'ici, le gouvernement, s'en tenant aux principes stricts de la justice, que le peuple réclamait à grands cris, craignant d'exciter ou d'entretenir des haines toujours renaissantes, de marquer du sceau de la réprobation publique une classe nombreuse que l'on pouvait ensuite persécuter, sachant combien, dans un mouvement aussi impétueux, souvent l'arbitraire se substituait à la justice, les passions particulières empruntaient le langage du patriotisme, avait écarté des moyens qui lui paraissaient oppresseurs au milieu de la paix que *le 9 thermidor et la mort des Jacobins* permettaient d'espérer. Cette modération généreuse a disparu devant le salut du peuple; la liberté a manqué de périr, parce que personne ne pensait que les conspirateurs ne songeassent encore à leurs espérances coupables : au moment où on les croyait terrassés pour jamais, ils se sont remontrés avec audace. Alors il a fallu ressaisir la massue pour écraser cette hydre sans cesse renaissante ; il a fallu révolutionner contre eux, parce qu'ils allaient nous assassiner. Le combat à mort s'est engagé ; le peuple a vaincu ; et ce n'est que de cet instant mémorable, que l'on peut dire avec certitude que la Patrie est sauvée.

La proclamation était suivie de l'arrêté du représentant. Vingt-quatre heures après sa réception, les directoires des districts devaient remettre à Laurenceot la liste des citoyens dont le désarmement était prescrit par la loi. Aux administrateurs Laurenceot demandait de remplir une vraie tâche de dénonciateurs. L'exécution de ses ordres ne répondit pas à son attente. C'est en vain qu'il voulut activer le zèle des officiers municipaux des communes. Ceux-ci lui opposèrent la force d'inertie et, dans certains cas, n'agirent qu'avec beaucoup de réserve, redoutant un brusque retour au pouvoir des hommes qu'ils étaient chargés de signaler comme terroristes.

TH. LEMAS.

(*La fin au prochain numéro.*)

CHRONIQUE & BIBLIOGRAPHIE

M. Pingaud vient d'écrire une biographie étendue du comte d'Antraigues (1). A peine ce livre était-il paru, que la *Revue des Deux Mondes* et le *Temps* l'ont annoncé et en ont constaté l'insuffisance (2). Dispensé par ces comptes rendus bienveillants d'établir la nécessité d'une publication nouvelle, je me bornerai à indiquer quelques-unes des fautes qui devront être corrigées et les principales lacunes que je voudrais voir combler.

Un trop grand nombre de dates sont inexactes. Cela peut être, en certains cas, le fait des typographes ; mais d'autres erreurs n'ont pas cette excuse. A deux reprises, pages 83 et 409, le serment du camp de Jalès se trouve placé en l'année 1791 : il est en réalité du 4 octobre 1790. A deux reprises, nous voyons que le serment du Jeu de Paume fut prêté le 23 juin ; M. Pingaud, avec quelques autres écrivains fantaisistes, le prend pour une suite de la séance royale.

Les faits et les textes ne sont pas moins maltraités que les dates. On a relevé, dans le *Temps*, la singulière inadvertance qui transforme Mirabeau en défenseur du veto sus-

---

(1) *Un agent secret sous la Révolution et l'Empire. — Le comte d'Antraigues*, par L. Pingaud. Paris, Plon et Nourrit, 1893, in-8.
(2) Voir l'article de M. de Vogüé dans la *Revue des Deux Mondes* du 15 janvier et celui de M. Lantier dans le *Temps* du 18.

pensif. Il y en a bien d'autres, moins étranges en elles-mêmes,
mais qui, dans une étude sur d'Antraigues, paraissent
plus fâcheuses, parce qu'elles tirent davantage à conséquences. Le *Mémoire sur les États généraux* débute par ces
mots : « Ce fut sans doute pour donner aux plus héroïques
vertus une patrie digne d'elles que le ciel voulut qu'il
existât des républiques. » Au lieu de cela, M. Pingaud
met : « Que le peuple voulut qu'il y eût des républiques ».
Le *Temps* le répète, et la citation court bien des chances
d'être reproduite plus d'une fois avec cette altération. A la
page 63, il est dit que, dans le cahier de la noblesse de
Villeneuve de Berg, d'Antraigues a « gardé avec intention
le silence sur la question du vote par tête ». L'auteur aurait-
il donc négligé, non seulement de lire avec soin, mais
même de parcourir ce cahier dans lequel il prétend avoir
reconnu, d'un bout à l'autre, les idées et le style de son
personnage ? Les articles 2 et 46 traitent expressément de
la façon de voter dans les États généraux ; peu de cahiers
entrent sur ce point dans de plus grands détails que cet
article 2. — M. Pingaud raconte, p. 79, que, le 6 février 1790,
à la Constituante, « il fut décidé que le serment de d'Antraigues ne serait reçu qu'après avoir été prêté verbale-
ment à la tribune. » Il paraît, au contraire, que la lettre de
d'Antraigues eût le même sort que celles qui ont été lues
après elles et qui ne furent l'objet d'aucune résolution.
Selon le procès-verbal, « le président a fait lecture de
quelques lettres qui lui ont été adressées par des membres
de l'Assemblée concernant le serment civique qu'elle a
décrété et prêté dans la séance de jeudi. L'ordre du jour a
été réclamé et l'Assemblée a décidé que l'on passerait à
l'ordre du jour (1). » M. Pingaud croit que ce fut pour se

(1) Notre collaborateur, M. Brette, dont l'obligeance est aussi grande
que l'érudition, a bien voulu prendre la peine de copier ce texte sur le

dérober à l'accusation de plagiat, que d'Antraigues détrui-
sit un manuscrit de Rousseau (p. 93). Je ne vois rien qui
justifie cette hypothèse ; je crains que M. Pingaud ne se
soit mépris et sur le sujet traité par Rousseau et sur la
raison pour laquelle d'Antraigues supprima ce manuscrit.
Pourquoi ne pas admettre que, comme il le dit, il craignait qu'on n'en abusât ?

M. de Vogüé et M. Lantier ont, à bon droit, reproché à
M. Pingaud de n'avoir pas usé davantage des pièces inédites qui se trouvaient entre ses mains. Pour n'être pas
inédites, d'autres pièces ne méritaient pas moins d'être
étudiées de plus près, plus amplement qu'elles ne l'ont
été. L'idée que l'on donne du *Mémoire sur les États généraux* est très incomplète et peu fidèle. M. de Vogüé a
conclu de cette analyse que d'Antraigues était un féodal.
Se serait-il exprimé ainsi, s'il s'était douté de tout ce que
d'Antraigues a dit de la féodalité dans les pages 76 et suivantes ? — Mirabeau, dans les *Lettres à ses commettants*, a
consacré à d'Antraigues seize pages ; les pages 15-18
de la sixième lettre, les pages 11-23 de la huitième. Si
M. Pingaud avait assez insisté sur cette discussion, M. de
Vogüé n'aurait sans doute pas écrit que Mirabeau exécuta
d'Antraigues « en quelques phrases dédaigneuses ». —
M. Pingaud retire à d'Antraigues le manifeste du camp
de Jalès. Pourquoi ? Nous n'en savons rien. Or ce manifeste
n'est pas un acte négligeable. La fédération de Jalès ne
fut, selon M. Pingaud (p. 83), qu'un « complot inoffensif ».
Elle eut cependant pour résultat de mettre sur pied, sinon
cinquante mille hommes, comme le porte le titre du manifeste, tout au moins de six à sept mille ; elle inaugura une

procès-verbal manuscrit, conservé aux Archives nationales, et de s'assurer
en outre qu'il est bien conforme aux notes de Guillotin, le secrétaire de
la Constituante, à la date dont il est ici question.

révolte qui troubla profondément le Midi de la France. Ne
convenait-il pas, dans une biographie de d'Antraigues, de
dire pour quels motifs on lui retire l'écrit qui eut un si
grand retentissiment? L'importance de la *conversation*
avec Montgaillard est constatée par M. Pingaud au début
de son introduction. Cette pièce, trouvée à Venise dans le
portefeuille de d'Antraigues, devint « une pièce de conviction
fatale à son parti et à lui-même » (p. 151). Elle servit au
Directoire d'argument capital en fructidor. Elle a beau être
au *Moniteur* et ailleurs, il fallait la remettre sous nos
yeux : on ne nous en donne pas seulement une bonne analyse. Enfin, et des nombreuses lacunes que présente le
livre, celle-ci me semble la plus regrettable, l'auteur n'explique pas du tout quand et pourquoi d'Antraigues, qui
s'était annoncé avec tant d'éclat comme un adversaire de
l'ancien régime, en est devenu l'un des fervents partisans.
Ce n'était pas facile à dire, jen conviens, peut-être n'est-ce
pas possible ; au moins fallait-il essayer, ne pas s'en tenir
à quelques assertions vagues, incohérentes, contradic-
toires, poser le problème avec toute la précision qu'il com-
porte, en bien faire sentir la grandeur et la difficulté. Il est
considérable ; il se rattache d'une manière intime à des
questions du plus vif intérêt, qui, jusqu'à présent, ont été
trop négligées. J'y reviendrai prochainement.

EDME CHAMPION.

— M. Albert Vandal vient de publier le second volume
de son bel ouvrage sur Napoléon et Alexandre Ier (1). Dans
cette seconde partie, l'auteur retrace les événements qui ont
altéré .peu à peu l'intimité des deux empereurs, provoqué

(1) *Napoléon et Alexandre Ier*, *l'alliance russe sous le premier Empire*, par
Albert Vandal, tome II, Paris, Plon, 1893, in-8 de 570 pages.

leur brouille et préparé de longue date la guerre fatale de
1812. Après avoir montré comment l'alliance franco-russe
s'était faite en 1807, il indique comment elle s'est défaite,
et précise pour la première fois les responsabilités respec-
tives. Une partie importante du volume est consacrée au
mariage de Napoléon avec Marie-Louise et aux incidents
curieux qui amenèrent la substitution d'une princesse autrichienne à la grande-duchesse de Russie, sur laquelle
l'Empereur avait primitivement porté son choix. M. Vandal est un des narrateurs les plus brillants de notre époque
et, dans ce récit supérieurement composé, il a su mettre
autant d'art que d'érudition.

AVIS AUX MEMBRES
DE LA SOCIÉTÉ DE L'HISTOIRE DE LA RÉVOLUTION.

Les membres de la Société ont dû tous recevoir une
lettre circulaire, sur la présentation de laquelle il leur sera
délivré, 3, rue de Furstenberg (librairie Charavay), un
exemplaire de la dernière publication de la Société, *Le
14 juillet*, par M. Flammermont.

Ils recevront prochainement un avis semblable relatif
aux *Mémoires de Chaumette*, par M. Aulard.

Le Gérant : CL. CHARAVAY.

Paris. — Imprimerie L. MARETHEUX, 1, rue Cassette.

LES REPRÉSENTANTS DU PEUPLE

CHERRIER ET LAURENCEOT

EN MISSION DANS LE CHER

APRÈS LE 9 THERMIDOR

(Suite et fin.)

. Si, à Bourges, la liste des soi-disant terroristes, qui comprenait cinquante-trois noms et parmi eux, Labouvrie, agent national du district de Bourges, Rémond, Dessglises, Gambon, Chedin, père et fils, Joly, ex-vicaire général de Torné, receveur des domaines, Ruffray, président du tribunal criminel, Sifflet, etc., fut cependant dressée, il n'en fut pas de même dans le district de Sancerre. Les administrateurs de ce district écrivirent une lettre à Laurenceot, lettre qui honore les magistrats qui la signèrent. Courageusement ils répondirent « qu'ils ne connaissaient aucun citoyen qui eût participé aux horreurs de la tyrannie ».

La loi du 21 germinal, disaient les administrateurs, est sage : elle frappe les scélérats, les intrigants et les dilapidateurs. Mais cette loi trouve-t-elle au milieu de nous une application? Frappe-t-elle quelques individus dans ce district? Ces contrées ont-elles été affligées par les horreurs qui ont précédé le 9 thermidor? Ont-elles été ensanglantées par ces assassinats qui ont souillé la plus belle des Révolutions? Non, le glaive meurtrier n'a frappé aucune tête : la nature seule a promené sa faulx inévitable.

Il y a eu des arrestations, et quel est le point de la République

où il n'y en ait pas eu? Ici les lois révolutionnaires ne furent
exécutées qu'avec lenteur. Il paraissait cruel de priver de la
liberté ses concitoyens frappés par elle dans la plus grande
fureur de la tyrannie. Six particuliers furent arrêtés : les uns
parents d'émigrés, les autres dénoncés comme anti-révolution-
naires. Cette modération dans un moment où la modération était
un crime; cette modération dans un instant où les représentants
du peuple traitaient d'infâmes les modérés et les taxaient de
révolutionnaires, où l'on ne paraissait patriote qu'à force d'exagération, où la terreur rendait féroce, où l'on fuyait son ami,
dans la crainte de trouver un dénonciateur; cette modération,
qui tranchait si fort au milieu des ombres de ce terrorisme
sanglant qui passait sur les départements circonvoisins, était
l'heureux fanal qui guidait les âmes sensibles; la vue de nos
prairies riantes rappelait dans leurs âmes affligées le doux plaisir
d'être un peuple tranquille et humain et leur faisait oublier les
horreurs qu'elles fuyaient.

Et, énergiquement, les administrateurs du district rappelaient que la Société populaire de La Charité-sur-Loire proposait « d'envoyer mille hommes à Sancerre pour mettre
les esprits à la hauteur et enlever les aristocrates », con-
cluant que, n'ayant pas été dénonciateurs en pleine Terreur, ils ne voulaient pas jouer, au jour de la réaction, un
rôle qui leur répugnait. Cette lettre était signée Gressin,
Boisgirard, Bourguignon, Malfuson, agent national, Servois, Dumas et Martin.

Cette noble attitude déconcerta Laurenceot, et au lieu
de comprendre les motifs dignes et élevés qui faisaient agir
ces administrateurs, il leur répondit sur-le-champ en leur
exprimant son mécontentement et en blâmant leur faiblesse.

J'aurais désiré, disait-il, vous voir soutenir par une conduite
ferme et constante pour l'exécution de la loi les principes que
vous manifestez. Mais, citoyens, votre arrêté sur la loi du
21 germinal relative au désarmement, loin de me donner de
vous cette opinion, me laisse apercevoir au contraire une
grande faiblesse dans votre administration. Citoyens, des

administrateurs, sous le règne de l'impartiale justice, ne doivent plus voir les hommes, mais uniquement le salut du peuple. Plus de considérations particulières, plus de respect humain ne doivent trouver accès dans leur âme. Oui, citoyens, il faut, pour l'exécution de cette loi, que les administrateurs qui en sont chargés se mettent à la double responsabilité de *tout faire et de ne rien faire de trop*. Non, citoyens, elles ne sont point terribles ces paroles, mais justes, et elles ne doivent point du tout épouvanter des administrateurs.

Pour hâter l'exécution de la loi du 21 germinal, Laurenceot prit un arrêté ordonnant des visites domiciliaires chez tous les citoyens dénoncés comme terroristes et prescrivant que sur-le-champ ceux qui seraient trouvés possesseurs d'une arme quelconque seraient livrés aux tribunaux criminels et mis en arrestation immédiate. L'exécution de cet arrêté provoqua des troubles dans certaines communes du district de Libreval (Saint-Amand); dans d'autres communes, l'arbitraire en profita pour satisfaire des rancunes personnelles et des haines privées.

Les « terroristes » traqués et frappés, Laurenceot, pour les achever, prononça la dissolution de la Société populaire de Bourges. Depuis la fermeture des Jacobins, auxquels elle était affiliée, cette Société n'avait plus qu'un semblant d'existence. Ses réunions étaient devenues irrégulières et généralement troublées par des manifestations hostiles de la foule. Le 24 germinal, sous prétexte que les réunions de la Société populaire étaient un danger pour la tranquillité publique, Laurenceot fit prendre un arrêté à la municipalité suspendant les séances et ordonnant la fermeture du temple des Jacobins, que Laplanche avait affecté comme local à la Société. Le 25, Laurenceot, confirmant l'arrêté des officiers municipaux de Bourges, suspendant provisoirement sur son ordre la Société populaire, en prononça définitivement la dissolution. Il justifiait ainsi cette mesure :

Considérant que, dans les circonstances importantes où nous
sommes, le gouvernement doit s'opposer avec soin à ce qu'il
reste parmi les citoyens quelques prétextes d'exciter les troubles
et les dissensions ; qu'il paraît que la Société populaire de cette
commune aurait pu devenir entre les mains perfides des agitateurs une arme meurtrière pour la liberté ; que les citoyens qui,
à l'aide de dénonciations éternelles et de vociférations scanda-
leuses, ont su s'y procurer une influence funeste, ont perdu la
confiance de leurs concitoyens, indignés de l'acharnement avec
lequel ils cherchent à perpétuer leur domination ; que l'opinion
publique de cette commune de Bourges depuis longtemps lui
dénonce cette Société populaire comme usurpant tous les pouvoirs, envahissant toutes les places, comprimant tous les
citoyens par la terreur qu'elle a perpétuée dans cette ville
quoique partout elle fût anéantie ; qu'il est temps enfin de faire
rentrer dans le néant jusqu'au dernier partisan des *Royalistes*,
des *Anarchistes*, des *Jacobins* et de faire cesser cette lutte criminelle d'une poignée d'intrigants et de factieux avec un gouvernement de justice et de bienfaisance...

L'arrêté notifié aux membres de la Société populaire,
Laurenceot fit immédiatement fermer le lieu de leur réu-
nions et apposer les scellés sur tous les papiers des anciens
« *Amis de l'ordre* ».

Jusqu'à ce jour, Laurenceot avait exercé tout seul ses
pouvoirs dictatoriaux. Le 27, son collègue Cherrier venait le
rejoindre et collaborer avec lui au mandat dont la Convention les avait investis.

Les deux représentants décidèrent de tenir, le 28, une
grande réunion publique à laquelle seraient convoqués tous
les citoyens de la ville. Le lieu fixé pour cette séance
solennelle fut le temple des Carmes, dont les dimensions
spacieuses pouvaient contenir la foule qui devait s'y presser. Une tribune placée au fond de l'immense nef était
réservée pour les représentants du peuple et leurs secrétaires. Aux pieds de la tribune étaient des gradins destinés
aux autorités et aux corps constitués.

Laurenceot ouvrit la séance par un grand discours, violent réquisitoire contre les Jacobins, contre Robespierre, « cet astucieux hypocrite, soutenu par une grande réputation d'incorruptibilité, dénonciateur éternel, couvert du manteau de la popularité, sachant à propos se retirer de la mêlée pour éviter les risques que sa présence pourrait lui faire courir; haineux, vindicatif, cruel à l'excès, ruminant dans sa tête tous les vices, la disposition à tous les crimes » (1).

Puis, après avoir fait le procès de la Commune de Paris, de la Terreur, l'orateur s'écrie :

Partout s'est organisé ce système de terreur et de sang qui nous a si longtemps tyrannisés. C'est ainsi que partout des fripons sans connaissances, sans talents, sans moralité, ont été substitués aux gens probes, éclairés et vertueux, qui depuis le commencement de la Révolution servaient le peuple avec dévouement, zèle et intégrité. C'est ainsi que toutes les lois ont été méconnues, que l'arbitraire s'est audacieusement introduit dans leur sanctuaire; que les sociétés populaires, utiles et sages à leur naissance, se sont laissées empoisonner par cette influence monstrueuse, ont prétendu que le patriotisme s'était exclusivement réfugié dans leur sein, que celui qui ne venait pas vociférer à leur tribune était nécessairement suspect, que du milieu d'elles seules devaient sortir les dépositaires de la confiance publique !

Et plus loin :

C'étaient sur des cadavres et des ruines que le tyran et ses complices voulaient asseoir leur empire destructeur : des cités entières avaient été détruites, des générations immolées, la famine organisée partout et l'heure fatale était arrivée qui voyait l'accomplissement de ses complots criminels.

(1) Dans le *Procès-verbal de la séance publique tenue à Bourges par les représentants du peuple*, etc., *rédigé par la municipalité*, le discours de Laurenceot est précédé de cette phrase mise entre parenthèses : *Une révolution ne peut finir que quand il n'y a plus de coquins dans le pays où elle se fait.*

Laurenceot termine son discours en invitant les citoyens
à lui dénoncer les vexations ou les injustices dont ils ont
pu être l'objet :

Venez à nous avec empressement, citoyens ; que votre confiance soit entière, sans réserve, sans pusillanimité ; que nulle
considération ne vous arrête ; elles sont toujours un crime,
quand il s'agit du salut du peuple. Dites-nous toutes les vexations, toutes les cruautés, tous les forfaits ; que toutes les pages
de l'histoire de votre ville nous soient développées ; que le courage vous anime, que la vérité seule vous inspire ; vous n'êtes
pas faits pour être de lâches calomniateurs. Aidez-nous à connaître tous les scélérats, tous les intrigants, tous les agitateurs,
tous les fripons, nous vous promettons, au nom du peuple,
justice prompte, sévère, impartiale ; car une révolution ne peut
finir que quand il n'y a plus de coquins dans le pays où elle se
fait.

Après Laurenceot, Cherrier prit à son tour la parole.
Mais le procès-verbal de la séance ne reproduit pas son
discours. Il ne contient de ses paroles que cette courte analyse.

Cherrier s'est levé, il a dit qu'il venait se réunir à son collègue, pour ensemble détruire ici, jusque dans sa racine, la
tyrannie qui avait trop longtemps comprimé les bons citoyens,
les délivrer de ces terroristes qui les persécutaient ; qu'animé
des mêmes principes que son collègue, il suivrait ses opérations, tiendrait la même marche et montrerait la même fermeté dans l'exécution de ses mesures.

A la suite des discours, le procès-verbal contient la mention ordinaire : « Les discours des deux représentants du
peuple furent très applaudis ».

Mais après les paroles, Laurenceot et son collègue Cherrier passèrent aux actes. Dans cette séance, ils épurèrent
les unes après les autres toutes les autorités du département,
du district et de la municipalité. Le directoire du département fut composé des citoyens Beguin, Auclerc, Dumont-
Verville, Rousseau et Bienvenuat. Courtier, qui, depuis 1792,

occupait les fonctions de secrétaire général du directoire, fut maintenu. A l'administration du district, Rapin prit la vice-présidence, et le directoire eut comme membres : Dumontier l'aîné, Callande-Clamecy, Cottereau-Durocher. A la place de Labouvrie, agent national, Laurenceot appela Trottier, et à la tête de la municipalité il plaça Bonnardel comme maire. Le tribunal criminel fut complètement renouvelé. A la place de Ruffay, de sanglante mémoire, Augier prit la présidence et Pelletier fut chargé des fonctions d'accusateur public. Le tribunal du district subit le même sort que le tribunal criminel. Buchet y siégea comme président, Dumontel, Toubeau-Maisonneuve, Poncet et Boin, comme juges, et le citoyen Dubois, comme commissaire national.

La proclamation des nouveaux magistrats et fonctionnaires fut accueillie comme les discours des représentants du peuple « par des applaudissements et approuvée ».

Les tribunaux de commerce, les bureaux de conciliation, les justices de paix n'avaient pas été compris dans les remaniements et les « épurations » de Laurenceot. Ils furent renouvelés les uns après les autres. Tous ceux de leurs membres qui avaient appartenu « à la faction vaincue » furent révoqués. Ces mesures étaient prises par les deux représentants du peuple et exécutées sur-le-champ.

Mais l'application de la loi du 3 ventôse sur la liberté des cultes allait détourner un moment l'attention des représentants du peuple de l'objet principal de leur mission. En autorisant le libre exercice de tous les cultes, la Convention n'avait pas prévu que, profitant des dispositions libérales de la loi, les prêtres insermentés qui avaient réussi à se cacher allaient tenter de reprendre leur ancienne influence. Les troubles recommencèrent et dans beaucoup de communes la tranquillité des consciences fut troublée par des dissensions religieuses.

Laurenceot fit appel à la conciliation. Avant de sévir contre les troubles occasionnés par la loi du 3 ventôse, il essaya d'apaiser les esprits par une proclamation dont voici quelques extraits :

« Citoyens, y disait-il, l'homme a reçu de la nature le droit de fixer la manière dont il doit porter à l'Eternel le tribut de son amour et de sa reconnaissance. La tyrannie voulait tout asservir et dès lors il était de son intérêt d'empêcher l'exercice de ce droit sacré. Le règne de la justice, qui veut la liberté, vous l'a rendu et dorénavant vous en jouirez dans toute sa plénitude. Ce droit est le même pour tous : ainsi la loi ne pouvait souffrir qu'un culte particulier s'établit avec préférence, car un seul citoyen trouvant qu'il ne lui convenait pas, l'égalité sociale était détruite. Un culte particulier ne pouvant obtenir la préférence, la nation en les permettant tous ne pouvait faire les frais de chacun, chacun des citoyens restant le maître d'y consacrer la portion de son avoir qui lui convient.

« Cependant dans quelques parties de ce département il s'est manifesté de l'agitation. Quelques gens ignorants, égarés ou perfides, ont prétendu qu'avec la liberté des cultes devait renaître l'ancienne domination des catholiques et, se portant à des mouvements insurrectionnels, ont commis des attentats alarmants pour la liberté publique. La représentation nationale, en m'investissant de tous ses pouvoirs, m'a imposé la tâche honorable et difficile de maintenir la loi dans toute son intégrité. Je la remplirai tout entière. »

Et Laurenceot terminait en menaçant les agitateurs, s'ils ne se rendaient pas à ses conseils, de les poursuivre avec une implacable sévérité; car, disait-il, « il saurait bien les forcer à rester libres ». Joignant ses efforts à ceux de Laurenceot, Cherrier essayait aussi de calmer les esprits excités par les passions religieuses. Les insermentés avaient repris l'exercice de leur culte dans des chapelles particulières où ils s'étaient remis à rebaptiser, à remarier tous ceux qui, depuis 1791, avaient eu recours au ministère d'un prêtre constitutionnel. Entre les deux cultes la lutte s'envenima et les appels à la concorde, à l'apaisement, de Laurenceot et Cherrier, n'avaient pas grand effet. Car les prêtres insermentés ne voyaient pas dans la loi du 3 ventôse un régime de liberté religieuse, une sage et grande mesure de la Convention : ils n'y voyaient qu'un acte de faiblesse, de désarmement dont ils croyaient pouvoir profiter pour reprendre leur séculaire influence et attaquer la Révolution elle-même et tous ses partisans. Les lettres de l'époque signalent cette situation. Le 29 germinal, le conventionnel Dugenne écrivait à ses amis de Sancerre :

L'orage gronde sur les prêtres insermentés; leur imprudence, leur hypocrisie, leur mauvaise foi se manifestent de toute part et partout dans le même sens. Ils sont parvenus à corrompre l'opinion de quelques idiots au point de leur faire croire qu'ils sont les seuls, les vrais ministres d'un dieu dont ils avilissent le culte par leur cupidité et leur fourberie mensongère en dénigrant les prêtres patriotes et républicains. S'ils croient changer l'ordre de choses établi, ils se trompent lourdement. Ils en verront la preuve sous peu. En attendant, les autorités constituées doivent tenir la main et réprimer prudemment le désordre. Quels droits ont-ils acquis dans la République dont ils ont toujours affecté de mépriser les lois? Croient-ils faire un peuple à part? Je pense qu'ils ne se trompent pas sur ce point. Lorsqu'on a fait la faute de réchauffer des serpents dans son sein, il faut avoir le courage de leur ôter tous les moyens de pouvoir darder leur venin.

L'état des esprits était ainsi très inquiétant dans le Cher quand les graves événements du 1er prairial se produisirent à Paris. Cette journée, si sanglante et si fatale aux républicains, allait de nouveau servir de prétexte aux représentants Laurenceot et Cherrier pour poursuivre avec plus de rigueur leur œuvre de réaction.

Laurenceot était à Blois lorsque la nouvelle des événements du 1er prairial lui parvint. Sans retard il les porta à la connaissance des citoyens en les leur signalant « comme une rebellion la plus coupable et non comme une insur-

rection que l'oppression du gouvernement rend le plus
saint des devoirs ». Il prenait en même temps les mesures
les plus extrêmes : il mettait toutes les autorités constituées en permanence, toutes les gardes nationales en
réquisition. Il défendait « *à tous les gens désarmés* » de se
réunir en plus grand nombre que trois. Passé ce nombre,
tout groupe devenait nécessairement suspect et ceux qui le
formaient devaient être immédiatement mis en état d'arrestation. Les corps administratifs étaient investis des pouvoirs les plus absolus et les tribunaux avaient mission de
juger sur-le-champ tous ceux qui « directement ou indirectement » porteraient atteinte à l'exécution des ordres
du représentant du peuple.

Si dans certains départements le mouvement insurrectionnel du 1ᵉʳ prairial eut quelque répercussion, il n'en
fut pas de même du Cher, qui resta indifférent. Aussi
l'arrêté de Laurenceot n'eut-il d'autre effet que de permettre
contre les Jacobins de nouvelles vexations. Seuls les anarchistes, les terroristes furent poursuivis dans ce « combat
à mort » que leur livrait Laurenceot; mais, si on en juge
d'après les comptes rendus décadaires de l'époque, les
royalistes n'étaient pas compris dans ces mesures et
jouissaient d'une liberté suffisamment grande « pour invec-
tiver la Convention et dire qu'il faut un roi pour soutenir
la religion » (1).

Le Comité de sûreté générale n'en félicita pas moins Laurenceot de son arrêté. « Nous ne doutons pas, lui écrivit-il,
que ce ne soit à l'énergie de tes mesures que les communes
du Cher ne doivent aujourd'hui leur tranquillité. Nous te
remercions au nom de la patrie du dévouement que tu as
montré dans cette circonstance. »

(1) Archives départementales. Série L. Rapports décadaires du district
de Sancerre.

Nous avons déjà parlé de l'épuration des diverses administrations du département, du district et de la commune. Laurenceot ne s'en tint pas à ces premières modifications. Tous les jours il révoquait des fonctionnaires et, le 15 prairial, il remplaçait tous les membres du conseil du district, qu'il avait cependant investis lui-même de leurs fonctions le 28 germinal. « Considérant, disait-il dans son arrêté, que les fonctions publiques sont essentiellement temporaires », il nommait les citoyens Pomereau, Lubin de Marmagne, Anjorant, Bezave, Soumard-Villeneuve, Sabatier, Vergnes, notaire, et Clément Labrosse, membres du Conseil général du district; quant aux administrateurs remplacés, la notification de leur révocation était ainsi faite par l'arrêté : « Tous les citoyens qui ne sont pas compris dans l'article premier cesseront dès cet instant toutes fonctions administratives ». Le citoyen Joly, qui, après avoir été successivement vicaire général métropolitain, suppléant du procureur général syndic du Cher, membre du Comité de surveillance, et s'était fait nommer receveur des domaines nationaux, avait été désigné à Laurenceot comme un des plus ardents terroristes. A la suite de cette dénonciation, il avait été désarmé et destitué. Mais, sur ses vives réclamations au Comité des Finances de la Convention, il avait été sursis à son remplacement. Le 12 prairial, Laurenceot le mit en demeure « de faire juger dans les vingt-quatre heures par le département la légitimité ou l'illégitimité de son désarmement ». La décision du directoire n'était pas douteuse. Il déclara que Joly avait été légalement désarmé, — et Laurenceot prononça aussitôt sa révocation.

Considérant, dit-il pour justifier la mesure, que, si déjà le 17 floréal il avait cru dans les intérêts de la République d'éloigner de toutes fonctions celui que la prévention seule de ses concitoyens paraissait atteindre, cette nécessité devient plus

impérieuse encore lorsqu'un jugement solennel et réfléchi le
déclare solennellement du nombre de ces êtres méprisables
qui ont coopéré à toutes les horreurs de la tyrannie; que
l'arrêté du Comité des finances doit nécessairement cesser
d'avoir son effet à l'instant où les autorités constituées légitimes
ont levé le masque de patriotisme et d'utilité dont ce citoyen
avait affecté de se couvrir...

Cette révocation frappait un des hommes qui avaient le
plus lutté pour la cause de la Révolution dans le Cher et
qui, depuis 1790, avait joué un rôle important dans tous les
événements qui s'étaient produits à Bourges. Un autre
citoyen dont le rôle n'avait pas été moindre que celui de
Joly, le citoyen Sifflet, était également frappé. Sifflet,
après avoir rempli les fonctions de secrétaire particulier
auprès de Lamerville, procureur général syndic du département, fut désigné à Laplanche, pendant sa mission dans
le Cher, pour être son délégué dans certains districts. A
la suite de ces délégations, Sifflet fit partie du Comité de
surveillance. Nommé par le représentant Michaud greffier
du tribunal criminel du Cher, il fut inscrit parmi les terroristes. Laurenceot le révoqua et à sa place mit Pelletier.

Ce fut là une des dernières mesures prises par Laurenceot dans le Cher. Appelé dans le Loiret, la Haute-Vienne,
il ne reparut plus à Bourges. Mais son œuvre et la politique
personnelle et étroite qu'il avait suivie lui survécurent. Si
nous en jugeons par les rapports de l'époque, par les
comptes rendus décadaires des procureurs syndics de district au procureur général syndic du département, les résultats n'en furent pas des plus favorables pour la cause
républicaine. L'état des esprits se ressentit de la réaction
thermidorienne et les adversaires de la Révolution devinrent plus audacieux et plus entreprenants.

Le 6 thermidor, le procureur syndic de Libreval (Saint-
Amand) écrivait au procureur général syndic du Cher :

On paraît chérir sincèrement la Révolution dans mon ressort. Le peuple a la plus grande confiance dans la Convention nationale. Le royalisme et le terrorisme sont ici en exécration. Nul agitateur, nul intrigant n'y remuent maintenant la classe agricole, si aisée à se laisser influencer : mais les opinions superstitieuses travaillent nettement l'esprit public; et, sous le prétexte de la liberté des cultes, on semble soupirer ardemment pour le retour du pouvoir et des liturgies du sacerdoce.

Plus énergique était le rapport du procureur syndic de Sancoins le 11 thermidor :

Il est bien difficile, écrit cet administrateur, de déterminer aujourd'hui l'esprit public. Il nous semble que, plus nous nous éloignons des premiers instants de la Révolution, plus elle perd parmi nos concitoyens. Nous le voyons à regret : on n'aime pas la République pour elle-même : on ne l'aime pas pour le bien général, mais pour son intérêt particulier. L'esprit public se reconnait, dites-vous, soit aux mouvements du peuple, soit à sa tranquillité. Hélas! dans nos contrées, cette tranquillité n'est aujourd'hui que stupeur, abattement, indifférence, incertitude. Les ennemis du gouvernement républicain jouent toutes sortes de rôles, se revêtent de tous les masques pour en dégoûter le peuple. Les vrais patriotes, qui ont tant fait de sacrifices, qui aiment la République par haine des tyrans et pour le bonheur de leurs concitoyens, sont pour ainsi dire réduits au silence.

Et le rapport du district de Sancerre, plus complet que les précédents, les résumait tous les deux :

Il n'existera plus bientôt d'autre esprit public, disaient les administrateurs, que celui de la royauté et de l'esclavage. Un souffle invisible embrase au milieu des citoyens la division et la vengeance, tandis que des hommes qui ne sont que trop connus, dont la présence fatale entraîne la révolte et le mépris des lois, fléaux inconnus pendant cinq ans dans ce district naguère si heureux, sourient à la vue des effets de leurs insinuations liberticides. Le peuple égaré marche vers un abîme sans fond. Avec quel art perfide ils profitent du malheur des circonstances pour aigrir les douleurs et rejettent sur la Convention les maux dont ils sont les premiers auteurs!

L'esprit public est tellement perverti, que dernièrement un

habitant de la campagne disait, en faisant le payement d'un bien
d'émigré qu'il avait acheté : « Je voudrais que le seigneur fût
revenu, dussé-je y perdre mon argent ! »

Dans les rassemblements on ne se cache plus pour crier :
Vive Louis XVII! vive la religion! à bas la Convention!

Les arbres de la Liberté sont coupés dans les communes de.
Veaugues, Verdigny, Ménétréol, Saint-Bouize, Couarges et remplacés par des croix. Bientôt ils seront tous abattus. Les patriotes de 1790, ceux qui ont toujours aimé leur patrie trem-
blent. Le mot de terroriste, appliqué comme celui d'aristocrate,
a frappé de terreur ceux qui se sont montrés pour la Révolution.
Les autorités sont nulles, la loi l'est aussi ; les désordres s'aug-
mentent de jour en jour : la plus affreuse anarchie règne. Nos
yeux cherchent dans l'avenir un terme à tant de maux et ils
n'aperçoivent qu'une constitution ferme, un gouvernement
sévère et vigoureux. Mais d'aujourd'hui à son établissement, si
le gouvernement n'y fait attention, l'anarchie dévore tout.

Ce compte rendu si alarmant, Laurenceot en eut connaissance à Poitiers, mais au moment même où il était
rappelé par la Convention. De Poitiers il adressa ses adieux
aux administrateurs du Cher.

Citoyens, leur écrivit-il, j'ai l'honneur de vous prévenir que,
pour me conformer au décret de la Convention nationale qui
rappelle dans son sein tous les députés dont la mission est finie,
je me rends sur-le-champ à Paris où j'espère arriver le 19 du
courant.

Si mes occupations m'eussent laissé un seul moment de libre,
je me serais fait un plaisir de passer par votre département
pour renouveler les témoignages d'estime et de confiance que
vous m'avez inspirés ; mais je n'ai pu, malgré tout le désir que
j'en avais, me procurer cette jouissance. J'espère, citoyens, que
quoique ma mission soit finie dans votre département, vous
voudrez bien me continuer votre confiance et je vous prie d'être
intimement convaincus que vous ne pourrez me faire un plus
grand plaisir que celui de me mettre à même de pouvoir vous
être, près de la Convention nationale, de quelque utilité. L'empressement avec lequel j'en saisirai l'occasion vous prouvera
l'intérêt que je prends à tout ce qui peut contribuer au bonheur
de votre département. Veuillez être près du district et de la municipalité mon organe et les assurer de mon entier dévouement.

Connaissant votre sagesse, je laisse à votre prudence le soin de laisser subsister ou de faire cesser l'effet de mon arrêté tendant à empêcher toute communication avec les détenus. Je ne puis rien vous recommander, si ce n'est de surveiller plus que jamais les fripons, les terroristes, les dilapidateurs de la fortune publique ; vous savez ainsi que moi que c'est le seul moyen de parvenir à votre but.

Les administrateurs du Cher répondirent le 24 messidor à Laurenceot pour lui exprimer « leurs sentiments de sincère et inviolable attachement », et les électeurs du Cher le chargeaient quelque temps après de les représenter au Conseil des Anciens, mission qu'il n'accepta pas.

TH. LEMAS.

DANTON

EN 1791 ET EN 1792

LE MOUVEMENT RÉPUBLICAIN EN JUIN ET JUILLET 1791. L'AFFAIRE
DU CHAMP-DE-MARS. FUITE EN ANGLETERRE. LE DÉBAT SUR LA
GUERRE AUX JACOBINS. DANTON SUBSTITUT DU PROCUREUR DE LA
COMMUNE. SON PROJET D'UNE RÉVOLUTION LÉGALE EN JUILLET 1792.

Quel fut le rôle de Danton dans le mouvement républicain qui se produisit à Paris aux mois de juin et de juillet 1791 ? Prépondérant, disent ses apologistes ; et Auguste
Comte a cru que l'orateur cordelier avait été le premier à
comprendre la nécessité de substituer, dès lors, la république
à la monarchie. C'est là une vue qui est d'accord avec les
principes de la philosophie positive, mais que les faits me
semblent démentir. Il est bien vrai qu'il y eut, à cette
époque, un mouvement républicain ; mais ce n'est pas Danton qui l'inspira et le dirigea : il sortit spontanément de
l'accès d'indignation que causa la fuite du roi et, malgré
les efforts d'une élite d'ardents démocrates, parmi lesquels
on ne vit pas Danton, il cessa quand la colère populaire
fut apaisée.

I

Si les esprits perspicaces et informés ne conservaient plus
guère de doutes sur la mauvaise foi de Louis XVI, la
nation croyait à l'entière sincérité de son guide héréditaire.
La démarche spontanée qu'il avait faite le 4 février 1790,
quand il était venu protester devant l'Assemblée nationale
de son adhésion sincère et cordiale à la Révolution, avait
provoqué, dans toute la France, un élan d'allégresse et de
confiance. Sans doute les hésitations du roi à sanctionner
la constitution civile du clergé, et surtout l'ostentation avec
laquelle, aux Pâques de 1791, il avait reçu la communion
d'un prêtre insermenté, avaient causé quelques inquiétudes.
Mais le peuple se disait que le monarque était mal conseillé
et qu'on arriverait à le conseiller mieux. Il ne se doutait
pas que les réelles angoisses de sa conscience religieuse
l'avaient livré à jamais à l'influence des ennemis de la Révolution et qu'il machinait avec l'étranger la restauration de
son pouvoir absolu. L'opinion prit au sérieux l'indigne
comédie par laquelle, au moment même où les agents
secrets de Louis XVI coalisaient l'Europe contre nous,
une circulaire aux ambassadeurs (23 avril 1791) affirmait
solennellement la liberté, l'irrévocabilité de l'adhésion que
Sa Majesté avait donnée à la nouvelle forme de gouvernement et proclamait que, supposer que la volonté du roi eût
pu être forcée, c'était une *calomnie atroce.* Aussi, quand
Louis XVI eut jeté le masque, quand il se fut enfui dans la
nuit du 20 au 21 juin, laissant derrière lui ce manifeste où
il avouait sa mauvaise foi et son parjure, ce fut une explosion de colère et de douleur. Mais la nation ne se vit pas
seulement trahie, elle se sentit abandonnée, orpheline,
exposée sans défenseur à de mystérieux et terribles dan-

gers. Il lui sembla qu'en fuyant, Louis XVI avait emporté avec lui le talisman magique qui seul pouvait la protéger contre ses ennemis et contre la destinée. Quand elle eut ressaisi et ramené son roi, elle respira plus librement, elle se crut sauvée : sa colère de l'avoir un instant perdu et sa joie de l'avoir retrouvé furent des preuves éclatantes de la vivacité de sa foi monarchique.

Voilà quel fut le sentiment général en juin 1791, celui de la masse de la nation, de la population rurale, de la majeure partie de la bourgeoisie.

Mais à Paris et dans quelques grandes villes la colère raisonna plus hardiment : dans la rue, dans les journaux, dans les clubs on prononça des paroles républicaines, il se forma un parti républicain.

L'Assemblée constituante ne songea certes pas à faire la République : elle repoussait avec indignation le mot et la chose. Mais, par le fait qu'elle fut obligée de prendre en main le gouvernement, de s'improviser Convention, d'envoyer des commissaires, elle donna, malgré elle, une leçon de républicanisme. Quelques esprits furent frappés de voir, pendant cet interrègne, que la machine gouvernementale pouvait fonctionner sans roi. Le maintien de la suspension de Louis XVI, même après son retour, si bien que cette suspension dura du 21 juin au 14 septembre 1791, amena comme une république de fait, qui dura près de trois mois. La masse de la nation n'y prit pas garde, elle vit seulement que Louis XVI était sur le trône. Mais les conséquences de ce long interrègne, tirées déjà par les esprits réfléchis, porteront leurs fruits, deux ans plus tard, quand l'évidence de la coalition de Louis XVI avec les ennemis de la France aura enfin désabusé l'opinion.

Danton avait compris le caractère factice et provisoire du mouvement républicain qui éclata à Paris à la nouvelle de

la fuite du roi. Il s'y mêla si peu, qu'on pourrait presque le
raconter sans nommer l'orateur cordelier.

. Rappelons quelques traits de ce mouvement.

Le 21 juin, sur la place de Grève, on brise le buste de
Louis XIV. Sur les enseignes, on efface partout les attri-
buts et les mots royaux. Le Palais-Royal devient le Palais
d'Orléans. « Si le président de l'Assemblée nationale, écrit
un des rédacteurs des *Révolutions de Paris*, eût mis aux voix
sur la place de Grève, dans le jardin des Tuileries, ou au
palais d'Orléans, le gouvernement républicain, la France
ne serait plus une monarchie (1). » Et bientôt, dans le
même journal, on propose la République comme le meilleur moyen de défense nationale (2).

La *Bouche de fer*, rédigée par Bonneville et Fauchet,
mène une ardente campagne pour la proclamation immédiate de la République (3).

Brissot, Carra et Fréron, sans se prononcer aussi formellement, exposent avec bienveillance le système républicain (4).

Le théoricien le plus éclatant de l'idée républicaine à
cette époque, ce ne fut pas Danton, comme le veulent les
positivistes, mais Condorcet.

Déjà, en 1788, sous une étiquette américaine (5), il avait
mis en circulation des idées bien plus hardies que celles

---

(1) *Révolutions de Paris*, n° CII, p. 594.

(2) *Ibid.*, n° CIII, p. 601. — Les manifestations républicaines furent
rares en province. A Dôle, on inscrivit au bas de la statue de Louis XVI :
Premier et dernier roi des Français (*Ibid.*, n° CIV, p. 35).

(3) Voir tous les numéros de ce très curieux journal, du 21 juin à la fin
de juillet 1791.

(4) Voir surtout les *Annales patriotiques*, du 28 juin, p. 1599 ; l'*Orateur
du peuple*, n°ˢ XLIX, LIII, LXI et LXII ; et le *Patriote français* des 25 juin
et 17 juillet.

(5) *Lettres d'un citoyen des Etats-Unis à un Français sur les affaires présentes*, Philadelphie, 1788, in-8 ; *Sentiments d'un républicain sur les Assemblées provinciales et sur les Etats généraux*, Philadelphie, 1788, in-8.

de Sieyès. Depuis, partisan scrupuleux de l'observation du
pacte entre la nation et un roi qui avait spontanément convoqué les États généraux et fait des promesses généreuses,
on l'avait vu agir en faveur de la monarchie au club de 1789
et à la Commune provisoire. Il considéra que le parjure de
Louis XVI rompait le pacte (1), qu'on était libre maintenant de n'écouter que la raison, d'abattre l'idole vaine et
dangereuse. Le 4 juillet 1791 (2), au Cercle social de l'abbé
Fauchet, il prononça un grand discours en faveur de la
République, où il réfuta, en termes admirables, les objections courantes. Il demanda que le peuple élût une *Convention nationale*, qui trancherait la question.

Ce discours produisit une impression profonde, qui fut
encore accentuée par les articles anonymes que Condorcet
publia dans le *Républicain* (3), journal fondé par Achille du
Chastellet et dont le prospectus anti-royaliste était dénoncé à la tribune, le 1er juillet, par Malouet, comme ayant
été affiché le jour même à la porte de l'Assemblée. C'est
dans cette feuille que Condorcet proposa, le 23 juillet, les
moyens pratiques d'établir aussitôt la République, en rem-
plaçant le roi par un Conseil électif, « qu'on appliquerait
immédiatement à la constitution française ». Élu par les
assemblées électorales, ce Conseil serait composé de
sept membres, nommés pour dix ans, révocables tous

---

(1) *Œuvres*, XII, 264, 265.
(2) Et non le 12, comme on le lit dans les *Œuvres*, XII, 227. Voir la
Bouche de fer du 10 juillet 1791.
(3) *Le Républicain ou le Défenseur du gouvernement représentatif, par
une Société de républicains*. Paris, 1791, in-8. — Bibl. nat. Lc²/613. Ce sont
4 numéros sans date, sauf le premier, qui est daté de juillet. — Déjà, en
1790, avait paru *Le Républicain, journal libre des principaux événements de
la Révolution française et de l'Europe...*, par J. DUSAULCHOY DE BERGEMONT.
Paris, 1790, in-8. — Bibl. nat., Lc²/2365. — Le premier numéro est sans
date, le quinzième et dernier est daté du 7 septembre 1790. Ce journal
n'avait de républicain que le titre : il n'y est pas question de la forme du
gouvernement; c'est une feuille *patriote*, comme tant d'autres de la même
époque.

les deux ans, au début de chaque législature, et rééligibles (1).

II

Telle fut la manifestation républicaine de Condorcet (2). Il ne la concerta nullement avec Danton, qu'il affectait alors de ne pas connaître (3), ni avec le club des Cordeliers, qui pourtant avait demandé la République avant lui.

On sait en effet que, dès le 21, les Cordeliers adressèrent à l'Assemblée nationale, qui ne voulut pas l'écouter, une pétition républicaine.

« ... Les temps sont changés, disaient-ils. Elle n'existe plus, cette prétendue convention d'un peuple avec son roi. Louis a abdiqué la royauté; désormais Louis n'est plus rien pour nous, à moins qu'il ne devienne notre ennemi.

« Nous voilà donc au même état où nous étions après la prise de la Bastille : *libres et sans roi*. Reste à savoir s'il est avantageux d'en nommer un autre. »

(1) *Œuvres*, t. XII, p. 247. Lorsque Condorcet, élu à la Convention, réimprima les pièces que je viens d'analyser, il déclara qu'à la réflexion il préférait que ce Conseil fût élu immédiatement et il dit qu'il serait peut-être utile d'établir un président du Conseil. — Bibl. nat., Lb ³⁹/6156, in-8.

(2) Il soutint son idée par une polémique ardente, à l'encontre de l'abbé Sieyès, et, le 16 juillet, il écrivit au journal *Le Républicain* une lettre d'un « jeune mécanicien » qui se faisait fort de fournir en quinze jours et à bas prix, au Comité de constitution, un roi avec sa famille royale et toute sa cour, un roi qui paraderait, signerait, sanctionnerait constitutionnellement :

« Si l'on décide qu'il est de l'essence de la monarchie qu'un roi choisisse et renvoie ses ministres, comme on sait qu'en suivant la saine politique il doit toujours se déterminer d'après le vœu du parti qui a la majorité dans la législature et que le président est un des chefs, il est aisé d'imaginer une mécanique au moyen de laquelle le roi recevra la liste des ministres de la main du président de la quinzaine, avec un air de tête plein de grâce et de majesté. »

« ... Mon roi ne serait pas dangereux pour la liberté, et cependant, en le réparant avec soin, il serait éternel, ce qui est encore plus beau que d'être héréditaire. On pourrait même le déclarer inviolable sans injustice et le dire infaillible sans absurdité. » (*Œuvres*, XII, 241.)

(3) Voir plus bas, p. 331.

« La Société des Amis des droits de l'homme... ne peut plus se dissimuler que la royauté, que la royauté héréditaire surtout, est incompatible avec la liberté.

« Elle n'aurait peut-être pas de sitôt demandé la suppression de la royauté, si le roi, fidèle à ses serments, s'en fût fait un devoir, etc.

« ... Nous vous conjurons, au nom de la patrie, ou de déclarer sur-le-champ que la France n'est plus une monarchie, qu'elle est une république, ou au moins d'attendre que tous les départements, que toutes les assemblées primaires aient émis leur vœu sur cette question importante, avant de penser à replonger une seconde fois le plus bel empire du monde dans les chaînes et les entraves du monarchisme. »

De plus, ils firent une affiche tyrannicide, en tête de laquelle ces vers de Voltaire (1), arrangés et développés pour la circonstance :

> Songez qu'au Champ de Mars, à cet autel auguste,
> Louis nous a juré d'être fidèle et juste ;
> De son peuple et de lui tel était le lien ;
> Il nous rend nos serments lorsqu'il trahit le sien.
> Si, parmi les Français, il se trouvait un traître,
> Qui regrettât les rois et qui voulût un maître,
> Que le perfide meure au milieu des tourments ;
> Que sa cendre coupable, abandonnée aux vents,
> Ne laisse ici qu'un nom plus odieux encore
> Que le nom des tyrans que l'homme libre abhore !

Et les Cordeliers faisaient cette déclaration :

« Les Français libres, composant le club des Cordeliers, déclarent à leurs concitoyens qu'ils renferment autant de tyrannicides que de membres, qui ont tous juré individuellement de poignarder les tyrans qui oseront attaquer nos frontières ou attenter à notre constitution de quelque manière que ce soit. »

LEGENDRE, président.

COLLIN, CHAMPION, secrétaire.

_____

(1) Voir Voltaire, *Brutus*, acte I, scène II.

Mais le club des Jacobins ne veut pas entendre parler de république. Interprète fidèle de l'opinion moyenne, il écrit, dès le 21, aux Sociétés affiliées : « Le roi, *égaré* par des suggestions criminelles, s'est éloigné de l'Assemblée nationale... » « L'Assemblée nationale, voilà notre guide ; la Constitution, voilà notre cri de ralliement. » Le 22 juin, un cordelier, Robert, ayant voulu lire au club l'adresse républicaine, des cris d'improbation l'interrompent. On demande l'ordre du jour motivé sur ce que la monarchie est dans la constitution, dans cette constitution dont les Jacobins sont les amis, et le club se lève tout entier pour adopter cet ordre du jour (1).

Les Cordeliers essaient de faire adopter leurs arrêtés républicains par les sections : ils n'y réussissent pas. Leurs affiches sont lues avec plus de curiosité que de sympathie, et on s'amuse à y ajouter au crayon le quatrain suivant :

> Sur vos grands intérêts, peuple, instruisez-vous mieux.
> Pleins d'une égale barbarie,
> Deux sortes de tyrans menacent la patrie :
> Le despote et le factieux (2).

Dès le 25 juin, le *Patriote français*, tout en manifestant ses préférences pour la République, constate avec mélancolie que le mouvement républicain avorte : « *Plus de roi ! Soyons républicains !* Tel a été le cri du Palais-Royal, de quelques écrivains, de quelques sociétés. Mais leur enthousiasme pour le gouvernement républicain n'a pas fait, hors du Palais-Royal, tant de prosélytes qu'on pouvait l'attendre. Les Jacobins n'ont reçu qu'avec improbation une députation du club des Cordeliers, qui venait leur présenter cette idée. Il semblait que ce fût un blasphème à leurs yeux.

(1) *Société des Jacobins*, II, 541.
(2) *Chronique de Paris* du 27 juin 1792, p. 712.

Cette répugnance *pour le nom d'un état où l'on est* paraît
bien singulière aux yeux du philosophe ! »

L'oracle encore vénéré de la bourgeoisie, Sieyès, se prononce hautement pour la monarchie (1). Et l'oracle du
petit peuple, Marat, écarte avec dédain l'idée républicaine
pour demander un dictateur : « Un seul moyen vous reste,
écrit-il le 22 juin, pour vous retirer du précipice où vos in-
dignes chefs vous ont entraînés. C'est de nommer à l'instant un tribun militaire, un dictateur suprême, pour faire
main basse sur les principaux traîtres connus... Un tribun,
un tribun militaire, ou vous êtes perdus sans ressource (2)! »

Quant à Robespierre, il se tait, et, quelques jours plus
tard, il affiche, lui aussi, un grand dédain pour les formes de
gouvernement.

Et Danton?

Certes, son esprit est ouvert à l'idée républicaine ; mais
il voit que la France est encore monarchique : il craint que
la république ne soit irréalisable et il laisse ses amis les
Cordeliers s'engager seuls. Présent à la séance des Jacobins où l'adresse cordelière est lue et huée, il ne dit rien, et
le silence de l'ancien président des Cordeliers n'équivalait-il
pas à un blâme? — Fut-il gourmandé à ce propos par ses
amis ? Toujours est-il que, le lendemain 23, il fit aux Jacobins une motion peu monarchique.

Après avoir posé le dilemme de Louis XVI criminel ou
imbécile, il ajouta : « L'individu royal ne peut plus être
roi dès qu'il est imbécile, et ce n'est pas un régent qu'il
faut, c'est un *conseil à l'interdiction*. Ce conseil ne peut être
pris dans le Corps législatif. Il faut que les départements

---

(1) Sieyès écrivit aux journaux une lettre en faveur de la monarchie
(*Moniteur* du 6 juillet et *Perlet* du 7). Le *Moniteur* du 16 publia à la fois
une réponse de Paine et une réplique de Sieyès. Tout cela est à lire.
(2) *Ami du peuple du 22 juin* 1791, p. 6, 7.

s'assemblent, que chacun d'eux nomme un électeur, qu'ils nomment ensuite les 10 ou 12 membres qui devront composer ce conseil, et qui seront changés, comme les membres de la législature, tous les deux ans (1). »

Il faut remarquer que Danton ne prononce pas le nom de République et que ce conseil à l'interdiction aurait très bien pu, qu'il le voulût ou non, favoriser la candidature du duc d'Orléans au trône (2).

D'où vient donc la méprise des historiographes de Danton, qui font de lui le théoricien et le promoteur de la République en 1791 ?

Elle vient, je pense, de ce qu'ils ont pris pour une profession de foi républicaine les cris de colère qu'il poussa, avec le peuple, à la nouvelle de la fuite du roi.

Aux Jacobins, le 21, il tonna contre La Fayette, qui était présent, le traita de complice de la fuite du roi, rappela son rôle au 18 avril, son adhésion au bicamérisme de Sieyès (3), lui demanda de quel front il osait venir au club et le somma de donner sa démission de commandant de la garde nationale. La Fayette se déroba en quelques paroles insignifiantes et s'esquiva (4).

(1) *La Société des Jacobins*, III, 547.

(2) Ce n'est que le 26 juin que le duc d'Orléans publia sa renonciation à ses droits éventuels au trône, c'est-à-dire quand il vit bien qu'on ne songeait pas à le faire roi. — Je ne crois pas que Danton songeât au duc d'Orléans. Quant à sa motion, quoique n'étant pas nettement républicaine, elle n'en parut pas moins factieuse, et La Fayette fit arrêter et conduire à la Force des citoyens « pour avoir répété dans les places publiques le même raisonnement que Danton avait fait aux Jacobins » (*Révolutions de Paris*, n° CII, p. 552).

(3) L'abbé Sieyès, à la veille de la fuite à Varennes, avait fait une *Déclaration publique* où il demandait l'établissement de deux Chambres. Danton le dénonça violemment aux Jacobins, le 20 juin 1791, mais les questions de théorie gouvernementale l'intéressaient si peu qu'il n'opposa à l'abbé Sieyès que des raisons purement *littéraires* : « Il y aura toujours, dit-il, unité de lieu, de temps et d'action, et la pièce restera. » (*Société des Jacobins*, II, 523, 530 : *Révolutions de Paris*, CII, 554.)

(4) Œlsner, dans sa correspondance, dénonce à ce propos la vénalité de Danton. Il prétend que, ce jour-là, Danton voulait faire, à la barre de la

C'est plutôt contre **La Fayette** que contre la royauté que Danton essayait de tourner la colère du peuple, et il semblait suivre, lui aussi et à sa façon, la maxime monarchique que les conseillers du roi sont seuls responsables. Quand, dans cette journée du 21 juin, ses collègues du département se rendirent à la barre de la Constituante, appelés par un décret, il les rejoignit en route, escorté de quatre fusilliers, et, dans le jardin des Tuileries, s'associa aux menaces populaires contre La Fayette en criant de tous ses poumons : « Vous avez raison : vos chefs sont des traîtres et vous trompent! » Le peuple répondit : « Vive Danton! Danton en triomphe! Vive notre père Danton (1)! » Le bruit courut que quelques membres du département le dénoncèrent au Comité des recherches « comme étant à la tête d'une faction formidable et comme ayant tenté de s'emparer des hauteurs de Montmartre (2). » On répandit aussi, comme on le fera en septembre 1792, que le dictateur demandé par Marat, c'était Danton, et Gorsas, dans son journal, crut devoir mettre Danton lui-même en garde contre les éloges compromettants de l'Ami du peuple (3).

Constituante, la même dénonciation contre La Fayette. Frochot l'en aurait empêché en le menaçant, s'il le faisait, de révéler que lui, Danton, avait jadis reçu 30,000 livres de Talon, alors qu'il était au service de Mirabeau. On se demande alors pourquoi Frochot n'employa pas le même moyen pour empêcher Danton de parler aux Jacobins contre La Fayette. Ce sont là des fables ridicules (Voir *Luzifer*, p. 239). La même accusation se trouve dans les *Mémoires* de La Fayette, t. III, p. 83. On remarquera que je laisse de côté cette question de la vénalité. Il me semble, à première vue, qu'elle a été suffisamment élucidée par MM. Bougeart et Robinet. Si, chemin faisant, il me vient à ce sujet quelque doute ou quelque aperçu nouveau, je reprendrai la question dans un article à part.

(1) Schmidt, *Tableaux de la Révolution*, 1, 60.

(2) *Orateur du peuple*, t. VI, p. 446.

(3) « On assure que le patriote Danton, qui a beaucoup d'esprit, de sens et de pénétration, est indiqué dans ces cruels et sanguinaires éloges, qui le font passer dans l'esprit des honnêtes gens (qui ignorent qu'il en est profondément affecté) pour un scélérat combiné qui, couvert du masque du patriotisme, veut ramener le despotisme par l'anarchie » (*Courrier des départements*, 4 juillet 1791, p. 59).

Tel fut le rôle de Danton dans la crise amenée par la fuite à Varennes. Il se montra violent, injurieux, opposant farouche, irréconciliable adversaire des modérés; mais il, ne demanda pas la république et nous le verrons bientôt se déclarer monarchiste, au moins par tactique.

Quand, aux Jacobins, le 13 juillet, Robespierre eut déclaré que le mot de république lui paraissait vide de sens, qu'on pouvait être libre avec un monarque comme avec un sénat, Danton ne protesta pas : il se borna à flétrir la mauvaise foi des rois, à parler contre l'inviolabilité, contre l'idée de rétablir Louis XVI. Surtout il somma la Constituante de ne rien faire contre l'opinion : « Que l'Assemblée nationale tremble, dit-il. La nation, renaissant à la liberté, est cet Hercule qui écrasa les serpents qui cherchaient à le dévorer. Elle achèvera ses douze travaux, en exterminant tous ses ennemis (1). » C'était le langage d'un patriote avancé, mais non pas celui d'un républicain à la manière de Condorcet. Et comment Danton aurait-il pu poser la question de république dans un club qui, le 1er juillet, avait hué Billaud-Varenne pour avoir voulu parler de la république et de la monarchie?

En présence de cette attitude de leur ancien chef, les Cordeliers avaient, depuis longtemps, reculé. Ils ne demandent plus qu'une chose, c'est que la Constituante ne décide rien sur Louis XVI avant d'avoir consulté les départements. C'est là maintenant le principal vœu des patriotes avancés. C'est l'objet d'une pétition que 30,000 citoyens, réunis le 24 juin sur la place Vendôme, portèrent à l'Assemblée constituante, où un secrétaire la bredouilla, plutôt qu'il ne la lut, si bien que personne ne l'entendit (2).

Ces 30,000 étaient-ils républicains?

(1) *Journal de la Révolution*, cité dans la *Société des Jacobins*, III, 13.
(2) *Journal du club des Cordeliers*, p. 8, 9, 48.

Assurément non : leur président, Théophile **Mandar**, déclara au Cercle social qu'il était monarchiste, et il ne changea d'opinion que sous le coup de l'enthousiasme que provoqua le discours de Condorcet (1).

Le 9 juillet, les Cordeliers font une pétition dans le sens et à l'appui de celle des 30,000 : mais le président de la Constituante, Charles de Lameth, leur refuse de la lire (2). Ils s'indignent, mais n'insistent pas davantage, ne se sentant pas soutenus par l'opinion. Le 12 juillet, leur colère s'exhale dans une adresse à la nation, où ils l'invitent à annuler elle-même le décret qui suspendait la convocation des corps électoraux (3). Cette manifestation ne fut suivie d'aucun effet. Le mouvement républicain avorte décidément.

III

A ce moment-là, il semble qu'il se soit formé, entre les patriotes avancés, une sorte de pacte tacite : les républicains renonceraient à la République, tandis que les monarchistes abandonneraient Louis XVI, lequel serait déposé et jugé. Ce pacte met d'accord les Cordeliers et les Jacobins.

Mais l'Assemblée constituante suit une autre politique. Le débat sur l'inviolabilité du roi tourne contre les vœux des Jacobins, des Cordeliers et de Danton. Le 15 juillet, on apprend qu'elle va voter un décret qui innocente Louis XVI. Le soir, aux Jacobins, Choderlos de Laclos propose une pétition contre ce projet de décret et contre la théorie de l'inviolabilité du roi. Danton et Robespierre appuient éner-

(1) *La Bouche de fer* du 10 juillet 1791, p. 5.
(2) *Journal du club des Cordeliers*, p. 62.
(3) Le 24 juin 1791, l'Assemblée constituante avait suspendu le décret des 28 et 29 mai précédents qui ordonnait la convocation des électeurs pour nommer le Corps législatif.

giquement cette idée (1). Pendant qu'on la discute, la salle du club est envahie par une députation du Palais-Royal, soutenue de 8,000 manifestants. L'orateur de cette députation parle avec véhémence contre Louis XVI. La foule se montre menaçante. Pour la calmer, Anthoine, qui présidait, lui propose le projet de pétition de Laclos comme propre à remplir ses vœux. Il est décidé, par cette assemblée tumultueuse et mêlée, que cette pétition sera aussitôt rédigée et que les citoyens la signeront, le lendemain 16, au Champ de Mars. Des rédacteurs nommés : Lanthanas, Sergent, Danton, Ducancel et Brissot (2). Ce dernier tient la plume, et il est, de son propre aveu, l'auteur de la pétition (3), qui se terminait ainsi :

« Les Français soussignés... demandent formellement et spécialement que l'Assemblée nationale ait à recevoir, au nom de la nation, l'abdication faite, le 21 juin, par Louis XVI, de la couronne qui lui avait été déléguée et à pourvoir à son remplacement par tous les moyens constitutionnels ;

« Déclarant les soussignés qu'ils ne reconnaîtront jamais

(1) *La Société des Jacobins*, III, 18, 19. — Œlsner rapporte que, Robespierre ayant dit : « César fut assassiné parce qu'il était inviolable », Danton s'écria : « On aurait dû assassiner les scélérats qui osèrent le déclarer tel ! » (*Luzifer*, p. 275).

(2) *Déposition de* François-Paul-Nicolas Anthoine, *député à l'Assemblée nationale, au tribunal du VIe arrondissement, sur la pétition et sur l'affaire du Champ-de-Mars* (23 août). Paris, imp. du *Patriote français*, août 1791, in-8. — Bibl. nat., Lb39/5293.

(3) Interrogatoire de Brissot au tribunal révolutionnaire : « Passant à l'affaire du Champ-de-Mars, il avoue avoir rédigé la fameuse pétition... Mais il prétend que Laclos, qui y travailla avec lui, y ajouta la phrase dans laquelle on insinuait que, Capet étant censé avoir abdiqué par sa fuite, il fallait lui choisir un successeur. Dans cette phrase, dit-il, les amis de la liberté crurent voir une intrigue de Laclos, homme d'affaires de Philippe d'Orléans ; les Cordeliers en exigèrent la radiation, et la pétition que j'av rédigée fut purement et simplement adoptée. » (Buchez, XXX, 8.) On a vu cependant que Laclos n'était pas du nombre des commissaires rédacteurs. Il publia même une déclaration à ce sujet, quatre jours après l'affaire du Champ-de-Mars, où il affirmait n'avoir pas rédigé la pétition et s'être en outre opposé à ce qu'elle fût signée au Champ-de-Mars ou dans aucun rassemblement de citoyens. (Supplément au *Journal de Paris* du 21 juillet 1791.)

'Louis XVI pour leur roi, à moins que la majorité de la nation
.n'émette un vœu contraire à celui de la présente pétition (1). »

' La pétition fut portée au Champ de Mars le 16 juillet,
comme c'était convenu. « A midi, écrit un pamphlétaire
royaliste, quatre commissaires des Jacobins sont arrivés
portant des copies de la pétition qu'on doit adresser au
Corps législatif. Elle a été lue d'un côté par un anglais,
petit de taille, portant cheveux blonds et crépus ; de l'autre,
par un homme en habit rouge et cheveux roux, d'une taille
plus élevée que le premier... Le sieur Danton, monté sur
un des angles de l'autel, a fait une lecture très animée ; la
foule qui s'est pressée autour de son vertueux tribun, ne
nous a pas permis de l'entendre (2). »

Les citoyens viennent de signer la pétition ; ils ont
nommé une députation pour la porter à l'Assemblée constituante (3), quand ils apprennent que c'est trop tard et que
le décret qui innocente Louis XVI vient d'être voté. Que
faire? Faut-il envoyer la pétition tout de même? On consulte le club des Jacobins : il retire et désavoue la pétition.

Mais le mouvement (contre Louis XVI, et non contre la
monarchie) ne s'arrête pas ; les Cordeliers se refusent à
suivre les Jacobins dans leur marche légale. Le lendemain 17, les citoyens s'assemblent au Champ de Mars. Une
nouvelle pétition est improvisée par le cordelier Robert,
qui la signe avec Peyre, Vachard et Demoy. A ces quatre
signatures, il s'en ajoute aussitôt une foule d'autres, plus
de 6,000 (4). Les pétitionnaires demandaient à l'Assemblée
nationale de recevoir l'abdication de Louis XVI et « de

(1) On trouvera le texte complet de cette pétition dans *la Société des
Jacobins*, III, 19, 20.
(2) *Le Babillard*, numéro du 18 juillet 1791 cité dans *la Société des
Jacobins*, III, 24. Cet anglais était probablement Rotondo.
(3) *Annales* de Carra du 17 juillet 1791.
(4) Buchez, XI, 112.

convoquer un nouveau pouvoir constituant, pour procéder d'une manière vraiment nationale au jugement des coupables et surtout au remplacement et à l'organisation d'un nouveau pouvoir exécutif. »

Ni le mot ni l'idée de République ne se trouvaient dans cette pétition (1), qui parut pourtant républicaine. On sait comment les pétitionnaires furent repoussés à coup de fusils par Bailly et La Fayette, et je n'ai pas à raconter ici cette scène sanglante (2).

Quel fut le rôle de Danton dans cette journée célèbre du 17 juillet 1791 ?

Lui-même a déclaré publiquement et solennellement qu'il n'avait point participé « à une pétition trop tragiquement célèbre (3). » Ses apologistes ne veulent pas l'en croire et, d'après eux, là comme ailleurs, il aurait tout conduit. Cependant on ne le cite pas parmi les signataires et on peut presque affirmer qu'il ne signa pas (4). Il est même fort douteux qu'il ait paru aux Champ de Mars ce jour-là. Dulaure prétend qu'il lut lui-même la pétition d'une voix de stentor (5) : il confond évidemment la pétition du 16 avec celle du 17, et, comme il écrit plus d'un quart de siècle après l'événement, cette confusion n'a rien d'étonnant.

---

(1) Quelques citoyens essayèrent en vain d'y faire ajouter qu'on ne voulait ni de Louis XVI, *ni d'aucun autre roi.* — Voir à ce sujet *la Société des Jacobins*, t. III, p. 39.

(2) Voir mon article *Bailly* dans la *Grande Encyclopédie*.

(3) Discours d'installation comme substitut du procureur de la Commune, ap. Robinet, *Danton, homme d'Etat*, p. 298. — Cf. Bibl. nat., Lb ⁴⁰/1180, in-8.

(4) Le texte de cette pétition a disparu en 1871 dans l'incendie de l'Hôtel-de-Ville. Mais Buchez l'y a vu et il a relevé avec soin, parmi les signataires, tous les noms connus : il cite Chaumette, Maillard, Lemaire, Brune, Hébert, Hanriot, Sanson, etc. (*Histoire parlementaire*, XI, 112-114). Il n'aurait pas manqué de citer le nom de Danton s'il l'avait rencontré. Cf. Michelet.

(5) *Esquisses historiques des principaux événements de la Révolution*, 2º éd., Paris, 1823-1826, 6 vol. in-8, t. II, p. 19. — La première édition, en 4 volumes, avait paru de 1823 à 1825.

Nul témoignage contemporain n'affirme que Danton fût présent au Champ de Mars ce jour-là. Il n'y eut que des bruits vagues, une dénonciation anonyme contre Santerre, d'où il résulterait que peut être Danton l'accompagnait (1), et on lit dans le *Courrier français* du 22 juillet 1791 : « Nous apprenons que l'un des signes de ralliement des conspirateurs attroupés au Champ de la Fédération était une petite veste légère et un pantalon de toile. On assure que M. Danton s'y est montré sous ce costume. Nous ne publions ce fait que comme un bruit assez général ici. Ce qu'il y a de certain, c'est que, depuis dimanche, M. Danton n'a pas paru à Paris et que, pour faire cesser de tels bruits, sa présence n'y serait pas inutile. »

Voici une preuve certaine que Danton resta étranger à l'affaire du 17 juillet : c'est que le décret de prise de corps lancé contre lui le 4 août ne fut pas porté à cause de sa participation à la pétition. Nous n'avons pas ce décret, nous n'avons pas l'acte d'accusation contre Danton ; mais Danton, dans son discours d'installation comme substitut du procureur de la Commune, rappela en ces termes que d'autres prétextes avaient été mis en avant pour le poursuivre :

« Si, dit-il, fort de ma cause, qui était celle de la nation, j'ai préféré les dangers d'une seconde proscription judiciaire, fondée non pas même sur ma participation chimérique à une pétition trop tragiquement célèbre, mais sur je ne sais quel conte misérable de pistolets emportés en ma présence dans la chambre d'un militaire, dans une journée à jamais mémorable, c'est que je suis incapable de conserver des relations qui deviennent impures et d'associer mon nom à ceux qui ne craignent pas d'apostasier la religion du peuple qu'ils avaient d'abord défendue. »

Claires pour les contemporains, qui connaissaient l'acte

(1) Arch. nat., W 294, n° 235.

d'accusation contre Danton, ces allusions sont obscures pour nous, qui n'avons pas cet acte. Mais il en ressort évidemment que Danton n'était pas accusé de complicité avec les pétitionnaires du 17 juillet, et il fallait que sa non-participation aux événements du Champ-de-Mars fût évidente et notoire pour qu'on allât chercher les prétextes obscurs dont il parle.

Il y a pourtant un autre de ces prétextes qui nous est connu d'ailleurs, et qui est très clair. Le 21 juillet 1791, le Conseil de département de Paris dénonça Danton à l'accusateur public du tribunal du 6° arrondissement au sujet des propos séditieux qu'il avait tenus contre La Fayette dans la journée du 21 juin et que nous avons relatés plus haut (1).

Si donc Danton, et c'est chose prouvée, ne fut pas poursuivi comme complice de la pétition du 17 juillet, c'est qu'il fut étranger à cette pétition.

Ainsi, il y eut deux pétitions, l'une très constitutionnelle, monarchique, celle du 16 juillet 1791, et Danton en est sûrement un des auteurs responsables (2), l'autre constitutionnelle encore, mais violente, mais tendant à réorganiser la monarchie, n'excluant pas formellement la République, et Danton n'y est pour rien.

C'est donc une erreur de le présenter comme le fondateur du parti républicain en France, comme le premier qui ait voulu la République, qui l'ait demandée. Surtout c'est une erreur de le présenter comme le directeur suprême de

_____

(1) Voir le procès-verbal de la séance du Conseil de département du 21 juillet 1791, ap. Schmidt, I, 59, 60.

(2) C'est cette pétition dont il voulait parler au tribunal révolutionnaire quand il dit : « La pétition à laquelle j'ai concouru ne contenait que des intentions pures » (Buchez, XXX, 136). Saint-Just l'avait accusé d'avoir traîtreusement rédigé, avec Brissot, la pétition du 17, afin d'amener le massacre des patriotes (Ibid., 87).

la politique avancée en 1791 : je suis frappé de le voir, au contraire, à la remorque, au second plan. Il hésite, il ne croit pas l'heure venue, il n'est plus avec les Cordeliers, il n'est pas tout à fait avec les Jacobins, il suit prudemment l'opinion. Ces hésitations sont d'un sage, si vous voulez, et d'un homme d'État, mais permettent-elles de dire, comme on le fait, que Danton joua un rôle prépondérant dans la crise de juin et de juillet 1791 ?

IV

La victoire sanglante des modérés au Champ de Mars amena une réaction, une sorte de terreur. Quand les Cordeliers voulurent se réunir, le soir du 17, ils trouvèrent leur porte fermée et clouée (1). Bailly ordonna d'arrêter les colporteurs des journaux de Fréron et de Marat (2). On poursuivit les patriotes avancés, Camille Desmoulins, Marat, Hébert, Brune, Momoro, Santerre, Fauchet et beaucoup d'autres (3). Alexandre de Lameth avertit Danton qu'il eût à se cacher (4). Il se réfugia d'abord dans la maison de campagne de son beau-père, à Rosny-sous-Bois : une bande de coupe-jarrets l'y poursuivit (5). Il se rendit alors dans sa ville natale, à Arcis-sur-Aube, chez son ami Courtois, où il put défier pendant quelque temps les menaces de ses ennemis, comme le prouve cette lettre d'un

(1) *Ami du peuple* du 21 juillet 1791, p. 7.
(2) Arrêté de l'administration de police de la municipalité de Paris, du 27 juillet 1791. Arch. nat., AFıı, 48, dossier 167. On trouvera là une curieuse correspondance de Bailly avec La Fayette.
(3) Robinet. *Danton, homme d'État*, 83.
(4) *Revue rétrospective*, t. V, p. 284.
(5) *Révolutions de France et de Brabant*, nº 86. Danton dira au tribunal révolutionnaire : « J'étais à la maison de mon beau-père; on l'investit, on maltraita mon beau-père pour moi » (*Notes de Topino-Lebrun*, éd. Chardoillet, p. 19).

huissier, que je donnerai en entier parce qu'elle est inédite
et curieuse :

Arcis-sur-Aube, ce 29 juillet 1791.

Monsieur,

Je croirais manquer à mon patriotisme si je ne vous préve-
nais que, le 26 courant, le factieux Danton, administrateur de
Paris, est arrivé à Arcis. Le sieur Courtois, son ami, autre
factieux, trésorier de notre district, a facilité son départ en allant
le chercher à Paris. Danton est logé chez Courtois; les malles
les plus précieuses sont déposées chez lui. Le surplus est chez
le sieur Recordain, beau-père de Danton. On sait que Danton a
quitté Paris parce qu'il est décrété (1). Danton, à son arrivée à
Arcis, a donné un banquet aux maire, municipaux, président du
district, trésorier et autres factieux, pour avoir d'eux le passeport dont il avait besoin, passeport donné sous un autre nom.
Les feuilles publiques apprennent que Danton est décrété. On
en a même averti M. le commissaire du roi par une lettre particulière, pour qu'il eût à faire arrêter ledit Danton, ce qu'il n'a
osé faire, parce que Danton est dans son pays natal, que les factieux ont gagné la populace qui, sous le nom de la liberté, fait
journellement des sottises. Il faudrait beaucoup de monde pour
faire cette capture. J'estime qu'un détachement de la troupe de
Troyes serait très nécessaire. Il conviendrait faire saisir les
malles en dépôt chez Courtois et Recordain. Elles ne peuvent
renfermer que des choses qu'il serait bon de connaître. Danton
dit qu'on le demande à Paris : on pense qu'il prendra une autre
route. Il est pour le présent à Arcis. Je souhaite que mon avertissement vous soit agréable. Je me repose sur votre discrétion :
autrement ma vie est en danger.

J'ai l'honneur d'être, avec le plus profond respect, Monsieur,
votre très humble et très obéissant serviteur.

BOUICEAUT,
Huissier au ci-devant Châtelet de Paris,
à Arcis-sur-Aube (2).

On n'osa pas porter la main sur Danton ainsi protégé
par l'affection de ses compatriotes. Les Jacobins de Bar-

---

(1) C'était une erreur : il ne fut décrété que le 4 août.
(2) Arch. nat., DXXIX b, dossier 351. — On ne sait à qui cette lettre
était adressée.

sur-Aube lui ayant offert éventuellement un asile, ceux
d'Arcis leur répondirent en les priant « d'apprendre à qui
voudra l'entendre, qu'il faudrait écraser le ban et l'arrière-
ban d'Arcis » pour parvenir jusqu'à Danton (1). Le club
patriotique de Marseille, d'autre part, avait écrit aux Jacobins de Paris que les Marseillais étaient prêts à se porter
au secours de Robespierre et de Danton, si besoin en
était (2). Mais toutes ces manifestations désignaient Danton
aux vengeances des réacteurs. Le 31 juillet, un personnage
suspect s'introduisit auprès de lui, et il ne sut trop si c'é-
tait un espion ou un assassin (3). Il prit le parti de quitter
Arcis et se rendit à Troyes, où il se trouvait, quand le décret de prise de corps lancé contre lui par le tribunal du
6° arrondissement fut envoyé au procureur général syndic
du département de l'Aube pour être mis à exécution. Ce
magistrat était Beugnot. Il fit dire à Danton qu'il n'avait
rien à craindre (4). Mais la position n'était plus tenable
Danton profita de ce que son beau-père avait à faire un
voyage à Londres pour y acheter des métiers anglais, en
vue de fonder une filature à Arcis (5); il l'accompagna dans
ce voyage.

(1) Bougeart, 71, 72.
(2) *Ibid.*
(3) *Ibid.*, 74.
(4) « A la fin de l'Assemblée constituante, et après la triste exécution
du Champ-de-Mars, il avait été décrété de prise de corps. Le décret
m'avait été adressé, en ma qualité de procureur général syndic du département de l'Aube, pour que je le misse à exécution, et j'avais reçu en
même temps l'indication que Danton devait se trouver à Arcis, chez
Sannet, marchand, ou à Troyes, chez le procureur général Milard. C'était
bien chez ce dernier qu'il s'était réfugié. J'en fus instruit et je lui fis dire
qu'il pouvait rester tranquille et que je ne le ferais point arrêter. Bientôt
après, survint l'amnistie. » *Mémoires du comte Beugnot*, Paris 1866, 2 vol.
in-8, t. I, p. 249-250. — Je ne sais qui était ce Milard, *procureur général*.
Il n'y avait pas de fonctionnaire qui portât ce titre. Le procureur de la
commune de Troyes s'appelait Lefebvre, et le procureur-syndic du district
était Th. Gobin (Babeau, *Histoire de Troyes*, I, 285,325).
(5) Je dois ce détail à une obligeante communication de M. Sardin, juge
de paix à Arcis et petit-neveu de Danton.

On a donné beaucoup de détails sur les relations que Danton eut alors, à Londres, avec les libéraux anglais. Ce sont là pures hypothèses. Je n'ai trouvé, dans aucun document anglais, aucune trace de sa présence. Il n'était guère connu à l'étranger que par les calomnies de ses adversaires. Sa présence à Londres, en août 1791, ne produisit aucune sensation, au lieu qu'en novembre 1791 la Société de la Révolution de Londres accueillit Petion avec enthousiasme et solennité (1).

Il est fort possible, probable même, si l'on veut, que le francophile Thomas Christie, qui connaissait Danton, l'ait mis en relation avec des hommes politiques anglais : mais nous n'en savons rien.

En tous cas, son séjour à Londres lui permit de voir de ses yeux le mouvement de sympathie de quelques Anglais pour la Révolution française, et ce spectacle le confirma peut-être dans sa préférence pour cette alliance anglaise, qu'avait souhaitée Mirabeau et que Talleyrand songeait à réaliser. Peut-être aussi emporta-t-il de Londres un esprit de sagesse pratique, et un encouragement à son goût pour la positivité en politique (2).

D'ailleurs il séjourna très peu de temps en Angleterre. Il est impossible qu'il soit arrivé à Londres avant le milieu du mois d'août 1791, puisque Beugnot nous apprend qu'il était encore à Troyes quand le décret de prise de corps, qui est du 4 août, fut connu dans cette ville. Quant à la date de son retour en France, lui-même a dit, au tribunal révolutionnaire : « Je suis revenu lorsque Garran fut nommé (3). » Or, Garran de Coulon fut élu député de Paris à l'As-

---

(1) Voir le *Journal de Perlet* du 16 novembre 1791, p. 8.

(2) Ce séjour à Londres lui vaudra, au tribunal révolutionnaire, l'accusation d'avoir émigré : « Ne vous êtes-vous pas émigré au 17 juillet 1789 (sic)? N'êtes-vous pas passé en Angleterre? » (Buchez, XXXII, 136).

(3) *Notes de Topino-Lebrun*, éd. Chardoillet, p. 19.

semblée législative le 1er septembre 1791. Cette nouvelle
ne put guère être connue à Londres avant le 4. Danton
partit le 5 ou le 6 au plus tard, il arriva à Paris le 9, et un
contemporain bien informé écrit de Paris, à la date du
10 septembre : « M. Danton parut hier à l'Assemblée électorale : il est arrivé de Londres en moins de trois jours. Il
va publier un mémoire qui dévoilera les trames des chefs
de la coalition, notamment de M. Duport, qui a employé
toutes sortes de moyens pour l'attirer dans son parti (1). »

Ce qui permettait à Danton de rentrer en France malgré
le décret de prise de corps dont il avait été l'objet, c'est que
la section du Théâtre-Français venait de le nommer
membre de l'Assemblée électorale de Paris ; c'était aussi
que, d'après le bruit général, la Constituante allait voter
une amnistie. Cependant il y avait de sa part un certain
courage à revenir à Paris. D'autres citoyens, qui se trouvaient dans le même cas que lui, comme Santerre et Camille
Desmoulins, n'osèrent pas aller siéger à l'Assemblée électorale avant d'en avoir demandé la permission à l'Assemblée constituante. Celle-ci ne répondit ni oui et non : elle
passa à l'ordre du jour sur leur pétition, le 5 septembre 1791 ;
mais ce vote fut considéré comme une autorisation
tacite (2).

Danton soumit la question à l'Assemblée électorale elle-

(1) *Correspondance secrète inédite sur Louis XVI, Marie-Antoinette, la
cour et la ville...,* par M. de Lescure, Paris, 1866, 2 vol. in-8, t. II, p. 549.
(2) Dès la réunion de l'Assemblée électorale (26 août), il y avait eu un
mouvement d'opinion en faveur des électeurs qui se trouvaient empêchés
par des poursuites de remplir leur mandat. On lit à ce sujet dans le
Journal de Perlet du 29 août : « On cherche à intéresser le corps électoral à réclamer ceux de ses membres qui, impliqués dans l'affaire du
Champ-de-Mars, sont ou détenus ou décrétés. « Ces victimes de la ca-
« lomnie et de la persécution, dit-on dans une adresse au corps électoral,
« sont la propriété du peuple ; elles sont la vôtre. Vous n'êtes point ici un
« corps entier : une partie de vous-même vous manque ; elle est opprimée
« et elle semble menacée d'être flétrie. C'est à vous, Messieurs, ajoute-t-on,
« à défendre votre propre gloire, à justifier le choix du peuple, et à ré-

même, dans sa séance du 10 septembre et cet incident est
relaté comme il suit dans le procès-verbal de cette Assemblée (1) :

« M. Danton, électeur de la section du Théâtre-Français, a
observé qu'il désirerait bien avoir l'Assemblée électorale pour
juge, mais que la loi lui indiquait les tribunaux, que plusieurs
personnes prétendaient qu'il était retenu dans les liens d'un
décret de prise.de corps, qu'il demandait à l'Assemblée de vouloir bien nommer des commissaires pour examiner s'il devait
ou non continuer ses fonctions. Sur cette observation, un membre a représenté qu'il n'était pas question de savoir si M. Danton
devait ou non rester à l'Assemblée, que personne à ce sujet
n'avait fait de réclamation, qu'il n'y avait pas lieu à nommer
de commissaires, et a demandé de passer à l'ordre du jour.
L'ordre du jour appuyé et mis aux voix, il a été arrêté d'y
passer. »

Fort de l'appui des électeurs, Danton osa se présenter au
club des Jacobins le 12 septembre au soir : son entrée fut
vivement applaudie (2).

Mais cette audace réveilla celle de ses ennemis.

Le 13 septembre, on vit l'huissier Damiens rôder autour
de l'évêché, où siégeait l'Assemblée électorale, afin d'appréhender Danton au corps quand il sortirait. Las d'attendre, il se décide à entrer, s'installe dans un bureau, y
écrit au président de l'Assemblée électorale pour lui
demander les moyens de remplir son mandat. Quoique
modérés et nullement dantonistes (ils sortaient d'un
suffrage restreint et censitaire), les électeurs s'indignent,
se saisissent de l'huissier, l'interrogent et le font mettre en

« pondre à la patrie du dépôt qu'elle vous a confié. » On désirera peut-être
connaître quels sont ceux qu'on désigne comme la *propriété publique* : ce
sont MM. Danton, Legendre, Camille Desmoulins, Fréron et Veyrières,
auteurs des feuilles de l'*Orateur* et l'*Ami du peuple*, etc. »
(1) M. Etienne Charavay va publier ce procès-verbal dans un volume
qui est sous presse.
(2) *La Société des Jacobins*, III, 126.

prison à l'Abbaye par le commissaire du quartier (1). Le
17 septembre, l'Assemblée constituante improuva la conduite des électeurs quant à l'huissier Damiens : mais elle
n'ordonna pas et n'avait pas à ordonner l'exécution du
décret de prise de corps rendu contre Danton, puisque
celui-ci se trouvait compris dans l'amnistie générale qu'elle
avait votée le 13 septembre sur l'invitation du roi, quelques
instants avant la démarche de l'huissier Damiens : celui-ci
fut d'ailleurs bientôt mis en liberté à la demande de
Danton lui-même (2).

Danton ne fut pas élu à l'Assemblée législative : il eut
des voix dans plusieurs scrutins, mais jamais plus de 40.

Ces élections se firent sous l'impression d'une réconciliation complète de la nation avec Louis XVI. La plupart
des élus de Paris furent des modérés, Lacépède, Pastoret,
Bigot de Préameneu, Quatremère de Quincy, Ramond, les
futurs chefs de la droite à la Législative. Mais il y eut aussi
quelques patriotes avancés, Garran de Coulon, Brissot,
Hérault de Séchelles, Jean de Bry, Condorcet et Kersaint.
Dans cette minorité, deux membres se sont prononcés pour
la République au moment de la fuite à Varennes : Condorcet et Brissot. Mais tous deux ont renoncé provisoirement à leurs idées, et, puisqu'il y a un pacte nouveau entre
Louis XVI et la France, ils sont d'avis de faire un essai
loyal de ce pacte : ce sera aussi l'opinion ou plutôt la tactique de Danton.

---

(1) On trouvera les détails les plus circonstanciés sur cet incident dans
le procès-verbal de la séance des électeurs du 13 septembre, dans le
Moniteur, IX, 661, 666, 696, et aux Arch. nat., C 82, n° 807. Cf. Tuetey, t. I,
n°s 2989, 2990, 3567, 3568. Voir aussi le p tit discours de Danton à la
séance des Jacobins du 14 (*La Soc. des Jac.*, III, 129).
(2) Procès-verbal de la séance des électeurs du 17 septembre 1791.

V

Il y eut bientôt, à Paris, des élections d'une autre nature.

Le maire Bailly ayant donné sa démission, Petion fut élu à sa place le 16 novembre 1791. Danton ne fut pas candidat et, s'il obtint des voix, il en obtint si peu que les journaux n'en donnèrent pas le chiffre (1).

Il y avait aussi à remplacer le procureur de la Commune, Boullemer de la Martinière. Les amis de Danton se remuèrent beaucoup pour le faire élire à cette place importante. Le 16 novembre, le club des Cordeliers envoya une députation aux Jacobins pour leur demander de patronner la candidature de Danton. Mais Dubois-Crancé, qui présidait, repoussa ce vœu au nom de la liberté des suffrages (2). Le vote eut lieu le 17 novembre : il ne donna pas de résultats. Manuel avait le plus grand nombre de voix, Cahier de Gerville venait ensuite, puis Danton (3). Le scrutin de ballottage eut lieu le 2 décembre : Manuel fut élu par 3770 voix contre 1541 à Cahier de Gerville (4).

Cahier de Gerville était second substitut du procureur de la Commune. Il fut nommé ministre de l'intérieur. Danton fut élu à sa place, le 7 décembre 1791, par 1162 voix contre 654 à Collot d'Herbois, 599 à Girard de Bury, 279 à Hardy, une centaine de voix à Thomas et à d'autres (5).

(1) D'après l'*Auditeur national* du 18 novembre 1791, Petion fut élu par 6,708 voix (6,728 d'après M. Robiquet, p. 468), contre 3,123 à La Fayette, 100 à Robespierre, 187 à Fréteau, 158 à d'Ormesson, 77 à d'André, 44 à Camus et 18 à Tronchet. Total : 10,415. Or, d'après le même journal, il y avait 10,632 votants. 217 suffrages se dispersèrent donc, en outre, sur divers noms, parmi lesquels était peut-être celui de Danton.

(2) *La Société des Jacobins*, III, 210.

(3) *Ibid.*, 260.

(4) *Moniteur*, X, 529.

(5) *Patriote français* du 8 décembre 1791, p. 666. Cette date du 7 décembre est probablement celle de la proclamation officielle du résultat. Mais l'élection de Danton fut annoncée aux Jacobins dès le 6 (*La Société des Jacobins*, III, 274).

Les substituts étaient chargés de suppléer, en cas d'absence ou d'empêchement, le procureur de la Commune, dont les fonctions consistaient à « défendre les intérêts et poursuivre les affaires de la Commune (1). » Nul rapport ne devait être fait qu'après que l'affaire aurait été communiquée au procureur, ou, à son défaut, à un de ses substituts, et nulle délibération ne pouvait être prise sur aucun rapport sans qu'on eût entendu le procureur, qui était véritablement l'orateur de la Commune, le tribun du peuple de Paris.

Mais le procureur Manuel, qui était très actif et prenait ses fonctions à cœur, ne se laissa guère suppléer, et, quand cela lui arriva, c'est le premier substitut Desmousseaux qui le remplaça. En fonctions depuis le 30 décembre 1790, le modéré Desmousseaux s'appliquait à ne laisser à Danton, qu'il considérait comme un démagogue, aucune occasion de se mettre en avant (2).

Si ce fut là, pour Danton, une sinécure de fait, c'était une sinécure très honorifique, et cette élection fit du bruit. Brissot félicita chaudement le nouvel élu : « M. d'Anton (sic) est nommé substitut adjoint du procureur de la Commune. Ce choix fait le plus grand honneur au bon esprit des citoyens de Paris. Il prouve qu'ils ne se laissent pas égarer par les calomnies, quelque nombreuses, quelque soutenues qu'elles soient. Il prouvera au parti ministériel que, s'il est possible de corrompre ou de tromper la majorité d'une assemblée électorale, il est impossible de corrompre les assemblées primaires et de les tromper longtemps (3). » Mais Gorsas, avant de connaître le résultat du scrutin, s'in-

(1) Décret du 14 décembre 1789, art. 26.
(2) Dependant Desmousseaux prit un congé de trois semaines à la fin d'avril 1792 (*Moniteur* du 13 mai 1792).
(3) *Patriote français* du 8 décembre 1791, p. 666.

digna de la candidature de Danton : « D'autres suffrages,
dit-il, sont destinés à M. Danton ; mais la tranquillité
publique demande impérieusement qu'il soit écarté.
L'homme qui, dans tous les troubles, a été désigné pour
tribun du peuple, n'est point fait pour une place qui exige
le calme des passions (1). » Presque tous les journaux gardèrent un silence dédaigneux ou indigné. Les amis de
Danton réussirent à glisser dans la *Chronique de Paris*
cette note élogieuse : « Malgré toutes les intrigues du
ministère, M. Danton est nommé substitut adjoint du procureur de la Commune. Qu'on dise toujours que l'esprit
public se meurt! C'est à la garde nationale à le soutenir,
en conservant le bon ordre d'un peuple libre (2). » Condorcet était alors, depuis peu, le principal rédacteur de la
Chronique (3). Surpris et scandalisé de cet éloge de Danton
dans son propre journal, il y fit paraître, trois jours plus
tard, le désaveu suivant : « N'ayant aucune liaison avec
M. Danton et ne le connaissant pas, nous avons été étonnés
de l'étalage pompeux avec lequel sa nomination a été annoncée dans un de nos derniers numéros. Nous n'avons eu
aucune part à cette insertion ; mais, comme voilà déjà plusieurs fois que la chose arrive, et que c'est une contravention formelle avec notre traité, nous déclarons que nous
regarderons la première insertion de cette nature comme
une véritable rupture, et que nous nous pourvoirons en
conséquence (4). »

Si on veut sentir tout le dédain, toute la répulsion pour

(1) *Courrier des* 83 *départements* du 8 décembre 1791, p. 118.
(2) *Chronique de Paris* du 8 décembre 1791, p. 1378.
(3) Il y faisait l'article de tête, intitulé *Assemblée nationale*, depuis le
17 novembre 1791.
(4) *Chronique de Paris* du 11 décembre 1791, p. 1390. Cette note n'est
pas signée : mais à qui l'attribuer, sinon à Condorcet, principal rédacteur
du journal où elle paraissait?

Danton qu'il y avait dans ce désaveu, il faut se rappeler que
Condorcet avait été le collègue de Danton à la Commune
provisoire. C'est parce qu'il l'avait vu à l'œuvre qu'il ne
voulait pas le connaître. Il ne se doutait pas que, moins
d'un an plus tard, il s'apercevrait que ce démagogue était
un homme d'État, qu'il contribuerait à le faire élire ministre
de la justice et qu'il soutiendrait sa politique de sa plume
dans cette même *Chronique de Paris*.

VI

C'est seulement le 20 janvier 1792 que Danton fut installé
dans ses fonctions de substitut du procureur de la Commune. Dans l'intervalle avait eu lieu aux Jacobins le célèbre
débat sur la guerre. Devait-on déclarer la guerre à l'Autriche ou attendre qu'elle nous la déclarât ? Le 14 décembre,
Danton prit l'initiative de faire mettre cette question à
l'ordre du jour de la Société, en vue d'une discussion solennelle. Il annonça qu'il « peindrait les dangers de cette
guerre (1). » Le débat s'ouvrit le surlendemain, 16 décembre,
et Danton prononça un grand discours que nous ne connaissons que par un obscur résumé du *Journal des Jacobins*.
Autant qu'on peut en juger par ce compte rendu, qui est
visiblement infidèle et tronqué, il se déjugea et, au lieu de
combattre l'idée de déclarer la guerre, il donna à entendre
qu'il fallait la faire, mais après avoir pris ses précautions
contre le pouvoir exécutif, après l'avoir mis dans l'impossibilité de nuire, surtout après avoir déjoué les desseins des
modérés, des La Fayette, qui voyaient dans la guerre un
moyen de faire triompher leur politique rétrograde.

(1) *La Société des Jacobins*, III, 288.

Voici quelques-unes des expressions que lui prête le
Journal des Jacobins :

« Si la question était de savoir si en définitive nous aurons la
guerre, je dirais : Oui, les clairons de la guerre sonneront :
oui, l'ange exterminateur de la liberté fera tomber les satellites
du despotisme. Ce n'est point contre l'énergie que je viens parler. Mais, messieurs, quand devons-nous avoir la guerre? N'est-
ce pas après avoir bien jugé notre situation, après avoir tout
pesé? N'est-ce pas surtout après avoir bien scruté les intentions du pouvoir exécutif qui vient nous proposer la guerre?... »

« Nous avons à nous prémunir contre cette faction d'hommes
qui veulent mettre à profit une guerre générale, qui voudraient,
comme je l'ai déjà dit, nous donner la constitution anglaise,
dans l'espérance de nous donner bientôt le gouvernement de
Constantinople. Je veux que nous ayons la guerre; elle est indispensable; nous devons avoir la guerre : mais il fallait avant
tout épuiser les moyens qui peuvent nous l'épargner. Comment
se fait-il que ces mêmes ministres n'aient pas senti qu'ils sont
plus que suspects quand ils viennent nous dire que le moyen de
rendre à la France sa prépondérance dans l'Europe, c'est une
déclaration de guerre? Et que pourrait dire ce pouvoir exécutif,
qui reproche à l'Assemblée nationale de ne pas seconder ses
intentions, quand il aurait dû faire lui-même disperser les forces
des émigrants? Quand j'ai dit que je m'opposais à la guerre,
j'ai voulu dire que l'Assemblée nationale, avant de s'engager
par cette démarche, doit faire connaître au roi qu'il doit déployer
tout le pouvoir que la nation lui a confié contre ces mêmes
individus dont il a disculpé les projets et qu'il dit n'avoir été
entraînés hors du royaume que par les divisions d'opinion (1). »

On le voit : Danton n'est ni de l'avis de Robespierre, qui
ne veut pas la guerre, ni de l'avis de Brissot, qui la croit
sans danger et qui la réclame avec un enthousiasme opti-
miste. En réalité il hésite, il est perplexe : il sent les périls
de la guerre ; il en devine aussi les avantages possibles ;

(1) C'est ici pour moi une occasion de faire un erratum au tome III de la
Société des Jacobins, où ce débat sur la guerre se trouve écourté, contre
mes intentions, par la faute d'un collaborateur dont la négligence a omis
le second discours de Danton. Cette lacune et quelques autres seront
réparées dans les volumes suivants.

surtout il a conscience de la force du mouvement d'opinion
qui entraîne la France à une expansion militaire. Bon ou
mauvais, il lui semble que ce mouvement est irrésistible,
que l'homme d'État ne doit pas s'y opposer, mais tâcher de
le diriger et d'écarter de cette nouvelle marche de la Révolution les écueils et les pièges. Puisque la France veut la
guerre, il faut la faire, mais la faire au profit de la France,
et non au profit du roi.

Si le compte rendu du discours de Danton est obscur, c'est
peut-être que ce discours même n'avait pas été clair. Inter-
pellé à ce sujet au tribunal révolutionnaire, il fera une
réponse encore plus obscure, mais je crois y démêler qu'il
se justifia en disant qu'il avait conseillé de faire une guerre
nationale et non une guerre royale (1).

VII

Dans ce discours du 16 décembre 1791. Danton avait fait
allusion en ces termes à la modération d'attitude que lui
inspirait sa récente élection aux fonctions de substitut du
procureur de la Commune : « Le peuple m'a nommé pour
défendre la constitution, et quelles qu'aient pu être mes
opinions contre ceux qui en ont empêché l'étendue (*sic*), je
déclare maintenant que je ne défendrai le peuple, que je
ne terrasserai ses ennemis qu'avec la massue de la raison
et le glaive de la loi (2). » Ce caractère constitutionnel de

---

(1) Ce n'est que dans les notes de Topino-Lebrun (p. 19) que nous trouvons une trace, d'ailleurs obscure et tronquée, de sa réponse à ce sujet :
« Sous la législature, je dis : la preuve que c'est la cour qui veut la guerre,
c'est qu'elle a (mot illisible) l'initiative et la sanction; que les patriotes
se rallient, et alors, si nous ne pouvons vous vaincre, nous triompherons
de l'Europe. »

(2) Buchez, XII, 411, 412.

l'attitude qu'il entendait prendre, il l'accentua encore dans l'important discours qu'il prononça pour son installation comme procureur de la Commune (1).

« J'ai été nommé, dit-il, pour concourir au maintien de la constitution, pour faire exécuter les lois jurées par la nation. Eh bien, je tiendrai mes serments, je remplirai mes devoirs, je maintiendrai de tout mon pouvoir la constitution, rien que la constitution, puisque ce sera défendre tout à la fois la liberté, l'égalité et le peuple (2). »

Il déclare nettement qu'il ne songe pas à la République :

« Que la royauté se montre sincèrement enfin amie de la liberté, sa souveraine ; alors elle s'assurera une durée pareille à celle de la nation elle-même; alors on verra que les citoyens qui ne sont accusés d'être au delà de la constitution que par ceux mêmes qui sont évidemment en deçà, que ces citoyens, quelle que soit leur théorie abstraite sur la liberté, ne cherchent point à rompre le pacte social, qu'ils ne veulent pas, pour un mieux idéal, renverser un ordre de choses fondé sur l'égalité, la justice et la liberté. Oui, Messieurs, je dois le répéter : quelles qu'aient été mes opinions individuelles, lors de la revision de la constitution, sur les choses et sur les hommes, maintenant qu'elle est jurée, j'appellerais à grands cris la mort sur le premier qui lèverait un bras sacrilège pour l'attaquer, fût-ce mon frère, mon ami, fût-ce mon propre fils : tels sont mes sentiments. »

A quelles conditions la royauté, que la nation « a conservée sans la craindre et a épurée sans la haïr », pourra-t-elle se maintenir? Il faut qu'elle sacrifie ses conseillers impopulaires, « qu'elle livre elle-même à la vengeance des. lois tous les conspirateurs, *sans exception* ».

(1) Bibl. nat., Lb 40/1180, in-8. On trouvera aussi ce discours dans Robinet, *Danton, homme d'Etat*, p. 296.
(2) Sa pensée est peut-être que la nation peut jouer de la constitution contre le roi, comme le roi en joue contre la nation. — En décembre 1791, on lui prêtait ce mot : « qu'un monarque ambitieux peut en ce moment fonder le despotisme sur la constitution » (*Correspondance secrète inédite*, par M. de Lescure, II, 569).

D'ordinaire Danton s'efface dans ses discours et se garde de mettre en avant sa personne, comme le faisait Robespierre à tout propos. Cette fois, il parle beaucoup de lui et, avec un naïf orgueil, il se félicite de l'honneur qui lui vient après l'ostracisme dont, en 1790, il a été l'objet de la part des sections. Il réfuta aussi, en passant, les calomnies de ses adversaires et parla de cette métairie qu'il avait achetée à Arcis et qui, « quoique obscure et acquise avec le remboursement notoire d'une charge qui n'existe plus, n'en a pas moins été érigée par mes détracteurs en domaines immenses, payés par je ne sais quels agents de l'Angleterre et de la Russie ». Il osa tracer de lui-même ce portrait :

« La nature m'a donné en partage les formes athlétiques et la physionomie âpre de la liberté. Exempt du malheur d'être né d'une de ces races privilégiées, suivant nos vieilles institutions, et par cela même presque toujours abâtardies, j'ai conservé, en créant seul mon existence civile, toute ma vigueur native ; sans cependant cesser un seul instant, soit dans ma vie privée, soit dans la profession que j'avais embrassée, de prouver que je savais allier le sang-froid de la raison à la chaleur de l'âme et à la fermeté du caractère. Si, dès les premiers jours de notre régénération, j'ai éprouvé tous les bouillonnements du patriotisme, si j'ai consenti à paraître exagéré pour n'être jamais faible, si je me suis attiré une première proscription pour avoir dit hautement ce qu'étaient ces hommes qui voulaient faire le procès à la Révolution, pour avoir défendu ceux qu'on appelait les énergumènes de la liberté, c'est que je vis ce qu'on devait attendre des traîtres qui protégeaient ouvertement les serpents de l'aristocratie. »

Ce style parut de mauvais goût (1), mais on remarqua

(1) On lit à ce sujet dans les *Révolutions de Paris*, n° CXXXIV, p. 229 : « Dans les derniers jours de janvier, M. Danton a pris sa place au Conseil général de la Commune. Il a prononcé à cette occasion un discours un peu long peut-être ; mais on n'est jamais bref quand on parle de soi. M. Danton pouvait peut-être s'exempter de cette tâche. Le fait de son installation en disait assez à son avantage, et des phrases telles que la suivante purent paraître superflues, pour ne pas dire déplacées : *La nature m'a donné en partage les formes athlétiques et la physionomie âpre de la liberté.* »

surtout que Danton jetait enfin son masque de démagogue ; on remarqua aussi qu'il affectait, dans son discours, de s'adresser principalement aux modérés, qu'il appelait, avec courtoisie, cette classe de citoyens « aussi nombreuse que bien intentionnée, qui veut également la liberté, mais qui en craint les orages ». C'est ceux-là qu'il voulait rassurer.

Il termina par une ardente protestation de dévouement à la cause du peuple : « J'ai consacré ma vie tout entière à ce peuple qu'on n'attaquera plus, qu'on ne trahira plus impunément, et qui purgera bientôt la terre de tous les tyrans, s'ils ne renoncent pas à la ligue qu'ils ont formée contre lui. Je périrai, s'il le faut, pour défendre sa cause : lui seul aura mes derniers vœux, lui seul les mérite ; ses lumières et son courage le rendront éternel. » Cette péroraison excita un grand enthousiasme des tribunes qui avaient interrompu chaque phrase du discours par des applaudissements (1). Quand Danton déclara, « avec le ton mâle et l'organe foudroyant que l'on connaît à ce patriote (2) », qu'il périrait, s'il le fallait, pour défendre la cause du peuple, on entendit ce cri : « Et nous, nous périrons avec vous (3) ! » Un membre de la Commune en fut si scandalisé qu'il demanda que les tribunes fussent rappelées à l'ordre : mais les huées couvrirent sa voix (4).

Le maire Petion répondit très brièvement (5). Il para-

(1) *Thermomètre du jour* du 24 janvier 1792 (par Dulaure), p. 195.
(2) *Ibid.*
(3) *Ibid.*, et *Courrier des 83 départements* du 22 janvier 1792, p. 346. Les séances n'étaient pas encore complètement publiques, mais les sections y envoyaient des délégués.
(4) Nous ne savons pas le nom de ce membre. Le *Courrier* et le *Thermomètre* nous apprennent qu'il était apothicaire de son état et le plaisantent là-dessus.
(5) Il sembla que Petion donnait une leçon de goût à Danton : « M. Petion a mieux observé dans sa réponse ces convenances oratoires, qui, loin d'affaiblir le langage de la liberté, servent à le faire goûter et respecter même de ses ennemis » (*Révolutions de Paris*, n° CXXXIV, p. 229).

phrasa en quelques mots les déclarations constitutionnelles
de Danton : « Plus vous vous êtes montré l'ami de la
liberté, dit-il, plus vous vous montrerez l'ami de la loi,
parce que sans elle il n'est point de liberté ». Son petit
discours peut se résumer ainsi : *Soyez sage.*

Ce qui est certain, c'est que le substitut Danton vécut
dans un accord parfait avec le maire Petion et avec le procureur Manuel (1). Tous deux subirent son influence : il
excita le flegmatique Petion, il dirigea la fougue de Manuel,
il fit du bureau de la municipalité le centre de l'opposition
aux constitutionnels modérés. Le Conseil général de la
Commune était peu favorable à la politique de Danton.
Mais les élections partielles des 11, 15 et 20 février 1792
envoyèrent à l'Hôtel de Ville 24 officiers municipaux d'opinion démocratique, comme Clavière, Thomas, Sergent,
Boucher Saint-Sauveur, Osselin, Panis (2). Deux d'entre
eux, amis de Danton, Panis et Sergent, entrèrent au département de la police et y furent les maîtres. Le corps municipal (bureau et conseil) se trouva ainsi plus avancé d'opinion que la majorité du Conseil général, et Danton, par
Petion et Manuel, put exercer une sérieuse influence, sinon
sur les délibérations, du moins sur les actes de la Commune.

Cette influence fut encore accrue par la publicité complète des séances, que le Conseil général vota le 10 mars 1792,
sur le réquisitoire de Manuel. La présence du peuple dans
les tribunes donnera à Danton et à Manuel des arguments

(1) Le 16 janvier, aux Jacobins, Manuel se félicita que Danton dût être
installé avant lui et se déclara « charmé de l'avoir pour précurseur »
La Société des Jacobins, III, 321).
(2) Robiquet, *Le personnel municipal*, p. 472. Le détail de ces scrutins
nous manquent, sauf pour l'élection de Dusaulx, Clavière, Chambon,
Thomas, Sergent, Boucher Saint-Sauveur, Bidermann, Patris, Boucher-
René et Mouchet, élus les 10 et 11 février. On trouvera l'extrait (imprimé)
du procès-verbal de ce scrutin aux Arch. nat., T. 604-605.

irrésistibles pour entraîner la majorité modérée de la Commune.

Mais, pour des motifs que j'ai indiqués plus haut (1), Danton eut très peu d'occasions de se produire comme substitut du procureur. Je n'ai pu retrouver que trois exemples de son intervention en cette qualité dans les débats du Conseil général.

Le 19 avril 1792, il y eut à la Commune un vif débat sur l'enlèvement des bustes de La Fayette et de Bailly placés dans l'Hôtel de Ville. Cette question causa un vif tumulte de la part des gardes nationaux qui assistaient à la séance. C'est en vain que Danton, « avec un organe dominant », essaya de se faire entendre : il dut quitter la place et se retira au milieu des huées. Cette manifestation hostile ne nous est qu'imparfaitement connue par le compte rendu de la séance des Jacobins du lendemain (2).

Le 14 mai suivant, Manuel venait d'exposer comment il avait délivré un certain Escourbiac, détenu illégalement dans une pension bourgeoise :

« M. Danton a dit ensuite que, tandis que, d'un côté, M. le procureur-syndic (*sic*) de la Commune s'occupait à déterrer des victimes du despotisme, on s'occupe de l'autre à lui susciter des querelles antipatriotiques. On vient de le décréter d'ajournement personnel, à l'occasion d'un prétendu vol des *Lettres* de Mirabeau. On l'accuse d'avoir violé les greffes de la police, pour découvrir les lettres dans lesquelles cet homme célèbre disait la vérité. « Les ennemis de la chose publique, a dit Danton,
« n'osent pas attaquer la liberté; ils s'acharnent contre ceux
« qui la défendent. A peine eut-on appris la nomination de
« M. Manuel à la place de procureur de la Commune, que ces
« mêmes ennemis qui l'attaquent aujourd'hui firent leur possible
« pour l'empêcher d'y monter. On lui contesta son éligibilité,
« on fit une descente nocturne chez le libraire Garneri, etc., et

(1) Voir plus haut, p. 330.
(2) Discours de Raffron du Trouillet (*La Société des Jacobins*, III, 513).

« l'on enleva l'édition des *Lettres de Mirabeau*. Depuis ce temps,
« cette affaire était demeurée ensevelie ; mais aujourd'hui, au
« moment qu'un grand coup se prépare dans la capitale, on
« veut enlever au peuple ses meilleurs amis. C'est moi qui va
« (*sic*) être le défenseur de M. Manuel auprès du tribunal provi-
« soire, où cette affaire est portée. Nous nous transporterons
« demain ensemble pour cet effet au greffe, afin d'en prendre
« connaissance, etc. M. le procureur de la Commune aurait
« pu équivoquer sur un décret non constitutionnel ; mais il aime
« mieux se suspendre lui-même de sa place jusqu'au moment
« où cette affaire aura pris la tournure qu'elle doit prendre.
« Quant à moi, je prie le corps municipal de vouloir bien m'ac-
« corder un congé pour quelques semaines, afin d'avoir le
« temps de préparer la défense de M. Manuel. ».Sur la proposition de plusieurs membres, attendu l'importance de l'objet
dont est question, la demande de M. Danton est renvoyée au
Conseil général (1). »

Les patriotes s'émurent de cet abandon momentané que
Danton se proposait de faire de son poste, et Merlin (de
Thinville) l'adjura, dans une lettre publique, de ne pas
prendre de congé (2). Manuel annonça qu'il se défendrait
lui-même, « avec la sainte colère de la liberté » (3), et le

---

(1) *Thermomètre du jour* du 16 mai 1792, p. 365.

(2) Voici cette lettre : « *Antoine Merlin, député, à Danton, substitut du procureur de la Commune de Paris.* — Je lis, Monsieur, dans le *Thermomètre du jour* du 16 mai, que vous avez demandé un congé pour préparer la défense de Manuel, décrété d'ajournement personnel pour avoir donné au public, avec les lettres de Mirabeau, un supplément des crimes et des horreurs d'un siècle presque encore le nôtre et que mille despotismes nouveaux s'efforcent de ramener à la hâte après trois ans d'orages et de peines, que l'on veut rendre inutiles. Le décret lancé contre J.-Pierre Manuel le suspend de ses fonctions de procureur de la Commune, et vous suspendriez volontairement les vôtres !... Avez-vous oublié les sacrifices que vous avez faits à la patrie ? Après elle vient seulement votre ami : elle réclame dans ce moment l'union des forces de tous ses vrais défenseurs. Danton doit donc rester à son poste. — J'espère, Monsieur, que quand le public ne voit dans la persécution de Manuel qu'une lâcheté perfide, qui veut le distraire un moment de la crise, le Conseil de la Commune refusera à Danton un congé qu'il ne peut solliciter ni obtenir sans crime. — Je suis fraternellement votre concitoyen » (*Courrier* de Gorsas du 17 mai 1792 et *Thermomètre* du 18).

(3) *Thermomètre* du 16 mai, p. 365. Voir l'interrogatoire de Manuel dans le *Courrier* de Gorsas du 24 mai, p. 272. Cf *Moniteur*, XII, 397, 550.

projet de Danton n'eut pas d'autre suite : Manuel et lui restèrent à leur poste.

Le 6 ou le 7 juillet, à la Commune, après que Desmousseaux s'est donné le plaisir d'annoncer la suspension de Petion et de Manuel, et comme Petion vient d'annoncer qu'il va se rendre à l'Assemblée législative, Danton se lève « et, laissant à M. Desmousseaux des fonctions qu'il a paru n'avoir jamais remplies avec plus de plaisir, il s'écrie : *Citoyens, accompagnons M. le maire à l'Assemblée nationale.* Au même instant, tous les membres de la Commune sur qui la vertu persécutée a quelque empire, se lèvent et servent d'escorte à M. Petion... (1). »

VIII

Voilà tout ce que j'ai pu retrouver sur l'activité de Danton comme substitut du procureur de la Commune. C'est peu de chose. Si nous avions le registre des délibérations du Conseil général, peut-être pourrions-nous ajouter quelques faits à ceux que nous avons relatés. Mais, je le répète, l'assiduité de Manuel et de Desmousseaux ne laissa à Danton que l'honneur de sa fonction. C'est secrètement que s'exerça son influence sur Petion, sur Manuel et sur le Corps municipal. C'est surtout aux Jacobins qu'il se montra. Déjà il avait été nommé vice-président de la Société le 1er janvier 1792, et cette élection indique bien que les formalistes Amis de la Constitution ne tiennent plus l'orateur cordelier pour un méprisable démagogue. Mais on ne l'ac-

L'affaire des *Lettres* de Mirabeau n'était qu'un prétexte : on lui en voulait à cause de sa fameuse lettre à Louis XVI : *Sire, je n'aime point les rois...*; dont on trouvera le texte dans les *Révolutions de Paris*, n° CXXXIV, p. 221.

(1) *Courrier* de Gorsas du 8 juillet 1792, p. 114. Nous ne connaissons pas la date exacte de cette séance de la Commune.

cepte pas complètement; il n'est pas un des orateurs préférés; on le trouve encore trop violent : on semble regretter qu'il n'ait pas jeté toute sa gourme et, le 4 mars 1792, il scandalise les Jacobins par une sortie violente contre la famille royale qui avait envoyé une souscription en faveur des Suisses de Château-Vieux. « De quel front, dit-il, la famille royale ose-t-elle faire une telle aumône? Comment oseriez-vous ratifier cette insolence? » Robespierre rappela Danton aux convenances, tout en rendant hommage à son patriotisme, et la Société passa à l'ordre du jour (1).

A ce moment, la cour a peur de Danton. Est-il vrai que, quand Louis XVI se décida à former un ministère jacobin, il ait songé un instant à confier à Danton le portefeuille de l'intérieur? C'est peu probable, mais le bruit en courut (2).

C'est aussi l'époque où la calomnie s'acharne davantage après lui. Sans doute qu'on l'accusa, avec plus d'insistance que jadis, de vénalité, d'immoralité. Nous ne connaissons pas ces accusations, mais nous savons qu'elles ne furent pas sans effet, que Danton s'en vit un instant accablé et qu'il crut prudent de s'effacer, de se taire. C'est lui-même qui l'avoua indirectement, quand il dit aux Jacobins, le 10 mai 1792: « Je ne suis pas un agitateur et j'observe depuis longtemps un bien pénible silence. » Et, avec autant de prudence que de générosité, il se met au service de la gloire de Robespierre, accusé déjà de despotisme, mais dont la vertu est inattaquable: « M. Robespierre, dit-il, n'a jamais exercé ici que le despotisme de la raison; ce n'est donc pas l'amour de la patrie, mais une basse jalousie, mais toutes les passions les plus nuisibles, qui excitent contre lui ses adversaires avec tant de violence (3). »

(1) *Société des Jacobins*, III, 425.
(2) *Correspondance secrète* par M. de Lescure, II, 586.
(3) *La Société des Jacobins*, III, 576. ·

Le renvoi du ministère girondin délia Danton de son serment de fidélité monarchique et le rendit à son rôle de tribun du peuple de Paris. Le 13 juin, il s'engage « à porter la terreur dans une cour perverse (1). » Le 14, il prononce un discours foudroyant contre cette cour :

« Après avoir rappelé la loi rendue à Rome, après l'expulsion des Tarquins, par Valérius Publicola, loi qui permettait à tout citoyen de tuer, sans aucune forme judiciaire, tout homme convaincu d'avoir manifesté une opinion contraire à la loi de l'État, avec l'obligation seulement de prouver ensuite le délit de la personne qu'il avait tuée ainsi, M. Danton propose deux mesures pour remédier aux dangers auxquels la chose publique est exposée. La première est d'asseoir l'impôt d'une manière plus équitable qu'il ne l'est, c'est-à-dire en rejetant sur la classe riche la plus grande partie des contributions supportées par la classe des citoyens moins aisés et de sorte que celle-ci n'en payât qu'une excessivement petite portion. La seconde est que l'Assemblée nationale porte une loi fondée sur le bien de l'État, continuellement opposé à l'intérêt de la maison d'Autriche, qui toujours a fait le malheur de la France, loi qui forçât le roi à répudier sa femme et à la renvoyer à Vienne avec tous les égards, les ménagements et la sûreté qui lui sont dus (2). »

Le 18 juin, il tonna contre La Fayette, qui avait écrit une lettre séditieuse (3) et demanda qu'il fût mandé à la barre de l'Assemblée législative (4). Son discours menaçant exprima les colères d'où sortit la journée du 20 juin. On a dit que Danton avait *fait* cette journée ; il n'y a aucune preuve de cette assertion. Il la laissa faire, il se tint à l'écart, il ne regretta pas que Louis XVI fût si vivement averti par le peuple, mais il aurait voulu éviter les violences sanglantes, un coup d'état populaire à main armée. C'est une

(1) *La Société des Jacobins*, 699.
(2) *Ibid.*, III, 702, 703. Nous ne connaissons cet important discours que par cette insuffisante analyse du journal du club.
(3) Voir cette lettre dans le *Moniteur*, XII, 692.
(4) *La Société des Jacobins*, IV, 12.

révolution pacifique qu'il rêve. Le 13 juillet, aux Jacobins, il cherche à la préparer, cette révolution pacifique, pour la fête du lendemain, par les fédérés, qui manifesteront le vœu de la France contre Louis XVI et ne quitteront Paris qu'après la réalisation de ce vœu :

« Il existe dans la constitution, dit-il, un moyen d'exprimer, d'obtenir le vœu national, et le droit de pétition n'a pas été enseveli dans le Champ-de-Mars, avec les cadavres de ceux qu'on y a immolés. Qu'on présente donc, sur le sort du pouvoir exécutif, une pétition, et, quand la volonté souveraine sera ainsi mathématiquement démontrée, quel sera le constitutionnel qui voudra y opposer ses froids raisonnements? Je demande donc que, jusqu'à cette époque, on se conforme en tout à la loi ; que les fédérés ajoutent au serment qu'elle ordonne celui de ne pas se séparer jusqu'à ce que le vœu ait été manifesté au peuple des 83 département par une pétition qui le contienne et qu'ils aient reçu, par la même voie, la réponse du souverain (1). »

Ce programme de révolution légale n'était qu'une chimère, la chimère des hommes d'État. Au Champ-de-Mars, le 14 juillet 1792, on se contenta d'accueillir Louis XVI avec froideur. On le soupçonnait, ou se doutait de sa trahison : mais il fallait qu'un coup de théâtre fît éclater l'évidence de cette trahison pour qu'un mouvement de colère nationale se formât contre le roi. Ce coup de théâtre, ce sera le manifeste de Brunswick. Danton le prévoit, il se prépare à en diriger les conséquences, il organise d'avance la révolution du 10 août, dont il n'est pas l'auteur, mais où il joua un rôle considérable. C'est ce rôle, tour à tour exagéré et méconnu, que nous mettrons en lumière dans une prochaine étude.

F.-A. AULARD.

(1) *La Société des Jacobins*, IV, 102.

ENCORE
UN TEXTE FALSIFIÉ
PAR M. DE BACOURT

La *Revue historique*, qui a pris M. de Bacourt sous sa protection, ne veut pas reconnaître qu'elle s'est fourvoyée. Cependant M. Paul Bailleu, dont elle avait invoqué l'autorité (1), a loyalement déclaré que notre article de la *Révolution française*, du 14 novembre dernier, l'avait convaincu, et que l'authenticité des *Mémoires de Talleyrand*, publiés par M. le duc de Broglie, lui paraissait plus que douteuse (2). *L'Athenæum* s'est également prononcé en notre faveur (3) et le directeur de la *Revue critique*,

---

(1) *Revue historique*, t. XLIX, mai-juin 1892, p. 96.

(2) Ich bekenne, dass nach der ebenso scharfsinnigen wie urkundlich gesicherten Beweisführung Flammermont's, meines Erachtens, kaum noch ein Zweifel an der Unechtheit der von dem Herzog von Broglie herausgegebenen Memoiren Talleyrand's obwalten kann.

Paul Bailleu, apud *Deutsche Litteraturzeitung*, n° 49 du 3 décembre 1892, colonnes 1592 et 1593.

Ce que la *Revue critique* (n° 51 — 19 décembre 1892) résume de la façon suivante : *plus de doute sur l'inauthenticité.*

(3) M. Flammermont... proves that there was an original, on which M. de Bacourt worked and that in a previous work, the latter had completely altered letters, which afferred the character of Talleyrand, omitting, for exemple, such choice morsels as : « The bishop of Autun is a scoundrel, who would do anything for money » and substituting in some passages words of his own.

It is therefore, at least, likely, that M. de Bacourt altered Talleyrand's original memoirs and then destroyed them. The duc de Broglie's attempt

M. Chuquet, après avoir résumé notre article, sans y
opposer la moindre objection, a protesté contre les tentatives faites pour le classer lui-même parmi les partisans de
l'authenticité (1).

Seule (2), la *Revue historique* persiste à soutenir que nos
raisonnements et nos documents ne prouvent rien. A l'en
croire, l'attachement de M. de Bacourt à Talleyrand, qui
faisait de lui un éditeur infidèle de papiers hostiles à son
ami, devait en faire un copiste fidèle des mémoires confiés
à son honneur. « D'ailleurs, dit-elle, il ne suffit pas que
M. de Bacourt ait été capable d'altérer les *Mémoires* pour
affirmer qu'il les a certainement altérés (3). »

Nous ferons remarquer que nous n'avons jamais dit que
cela fût suffisant. Pour la plus grande commodité de la
discussion, la *Revue historique* a purement et simplement
mis de côté la partie principale de notre argumentation,
dont elle ne tient aucun compte. En effet, nous avons
d'abord prouvé que M. de Bacourt avait reçu de M. de
Talleyrand un manuscrit original de ses mémoires et que
c'était à tort que l'existence en avait été déclarée peu
probable par M. L. Farges dans le bulletin de la *Revue
historique* (4). Nous avons mis ensuite en pleine lumière

to prove the historical value of the work published by him has fallen
to the ground and the *Memoires* of Talleyrand become of not more value
than those of Fouché. *The Athenæum*, numéro du 3 décembre 1892,
p. 779.

(1) *Revue critique*, n° 51, 19 décembre 1892, p. 480-81.

(2) Pendant que cet article était à l'impression, M. P. Bertrand a publié
dans la *Revue d'Histoire diplomatique* une nouvelle étude sur *M. de
Bacourt et les Mémoires de Talleyrand*; il s'est proposé de démontrer que
M. de Bacourt n'a mérité aucun des reproches que nous lui avions
adressés et a rempli avec la loyauté la plus scrupuleuse ses obligations
d'exécuteur testamentaire. On sait que la *Revue d'Histoire diplomatique* est
l'organe d'une société présidée par M. le duc de Broglie.

(3) *Revue historique*, t. LI, janvier-février 1893, p. 212.

(4) « Les *Mémoires* de Talleyrand ont été imprimés, non sur un manuscrit autographe de Talleyrand, mais sur une copie léguée par M. de
Bacourt. Cette copie est-elle rigoureusement exacte, reproduit-elle abso-

les procédés que M. le duc de Broglie n'avait pas dédaigné d'employer, afin d'égarer l'opinion publique sur ce point capital et de faire croire qu'il n'avait jamais existé un manuscrit original de ces mémoires qu'il publiait sur une copie relativement récente. Cela fait, nous avons établi, d'une part, que M. de Bacourt avait eu en sa possession les grands cahiers dont parlait Vitrolles et, d'autre part, qu'il n'avait laissé, à sa mort, ni ces grands cahiers, ni tout autre fragment quelconque du manuscrit original. Nous en avons conclu que ce manuscrit avait été détruit, ainsi que M. Funck-Brentano l'avait révélé, en déclarant qu'il tenait, de première main et de source certaine, ce renseignement si précieux. Sur quoi, nous avons recherché quels pouvaient être les motifs qui avaient poussé les exécuteurs testamentaires de Talleyrand à détruire ce manuscrit, et nous avons reconnu que cette suppression n'avait eu d'autre but que de faire disparaître toute preuve directe des changements opérés dans le texte de Talleyrand par M. de Bacourt, qui avait pris la peine de substituer à l'original une copie entièrement écrite de sa main.

C'était pour rendre ce raisonnement encore plus solide que, recourant à l'analogie, nous avons rappelé les falsifications auxquelles s'était livré M. de Bacourt dans la publication de la *Correspondance de Mirabeau avec La Marck*, dont il avait pris soin de faire interdire à toujours la communication des originaux, que jamais historien,

---

lument le texte du fameux diplomate, ou bien a-t-elle été remaniée, peut-être raccourcie par les dépositaires des fameux manuscrits? Une seule chose permettrait de répondre à cette question, ce serait la comparaison, ou mieux la collation de la copie Bacourt avec le manuscrit original, et cette collation, il nous paraît difficile qu'elle ait jamais lieu pour cette bonne raison qu'il est possible, peut-être même probable, qu'un manuscrit original des *Mémoires* de Talleyrand n'a jamais existé. »

Revue historique, t. XLVI, mai-juin 1891, p. 85.

aussi bien Quinet (1) que M. A. Stern, n'avait pu voir.

Ce rapprochement ne formait donc qu'une sorte de confirmation par le fait de toute une série d'arguments. Cela ne veut pas dire qu'il n'ait aucune importance. Au contraire, et nos adversaires en ont bien compris la valeur, puisqu'ils ont fait les plus grands efforts pour disculper M. de Bacourt des reproches d'infidélité qui lui étaient adressés à propos de cette édition.

Dans sa lettre au directeur de la *Revue historique* sur *l'Authenticité des Mémoires de Talleyrand*, M. Pierre Bertrand a prétendu démontrer que « de toutes les accusations portées contre la probité d'éditeur de M. de Bacourt, il ne restait rien (2). » M. le duc de Broglie, répétant en d'autres termes ce qu'avait dit son défenseur officieux, déclarait que jamais méprise n'avait été plus complète que celle qui avait été commise par les accusateurs de M. de Bacourt (3). Néanmoins, nous avons pu prouver, sans trop de peine, que tous les reproches adressés par nous à M. de Bacourt étaient bien fondés. Et, pour achever cette démonstration de manière à convaincre les plus incrédules, nous sommes allé chercher à Vienne des preuves encore plus complètes, dont nous avons déjà donné deux échantillons, qui ont eu un certain succès. Cependant la *Revue historique*, avec une persévérance digne d'une meil-

---

(1) « Il est certainement impossible de douter des arrangements de Mirabeau avec la Cour. Ses lettres secrètes, publiées par les descendants du comte de La Marck, ne laissent aucune incertitude; pourtant n'est-il pas inconcevable que de pareilles pièces soient inaccessibles au public? Pendant mes sept années d'exil à Bruxelles, j'ai fait bien des efforts pour parvenir à voir de mes yeux les papiers manuscrits de Mirabeau qui se trouvent dans une bibliothèque particulière; je n'ai pu y réussir. Je n'ai connu personne à Bruxelles plus favorisé que moi, pas même le directeur des Archives. » Quinet. *Œuvres complètes. — La Révolution*. Paris, s. d. in-12. 8ᵉ édition, t. I, p. 365, n. 1.

(2) *Revue historique*, t. XLVIII (mars 1892), p. 316.

(3) *Mémoires de Talleyrand*, t. V, p. XVI, en note.

leure cause, n'en continue pas moins à défendre, envers et
contre tous cet éditeur dépourvu de scrupules. Elle va
même jusqu'à faire entendre que les documents, dont nous
avons donné le texte d'après les copies conservées aux
achives de Vienne, auraient bien pu être défigurés, non
par M. de Bacourt, dont la loyauté littéraire serait au-
dessus de tout soupçon, mais par le comte Florimond de
Mercy-Argenteau.

« On pourrait, dit-elle, répondre à M. F..., qu'enfin rien
ne nous prouve, ni que la copie de la lettre de Montmorin,
qui se trouve à Vienne, soit conforme à l'original que M. de
Bacourt a consulté, ni que la minute sur laquelle il a publié
la lettre de Pellenc, soit conforme à l'original et à la copie
des archives de Vienne (1). »

Faut-il discuter sérieusement ces objections? On pourrait,
croyons-nous, s'en dispenser. Mais, comme un examen
très sommaire sera plus que suffisant pour montrer toute
la faiblesse des arguments auxquels se trouvent réduits les
derniers défenseurs de M. de Bacourt, nous allons, quand
même, l'entreprendre.

Il est certain que l'original de la lettre de Montmorin à
La Marck, du 19 avril 1792, a été communiqué à Mercy.
En effet, Montmorin écrivait à La Marck : « Veuillez bien
que cette lettre vous soit commune avec la personne auprès
de qui vous êtes et me rappeler à son amitié. » Cette
recommandation fut suivie. Dans la dépêche accompagnant
l'envoi de la copie de cette lettre, Mercy disait : « La lettre
n° 1 est de M. de Montmorin à M. de La Marck, et c'est
moi qu'il désigne pour que cette lettre me soit communiquée (2). » Rien de plus simple que cette communication, puisque La Marck était alors à Bruxelles près de

(1) *Revue historique*, t. LI, p. 212.
(2) Mercy à Cobenzl, 9 octobre 1792. Archives de Vienne, *Belgien*, 38.

Mercy. Il aura remis à l'ancien ambassadeur impérial en
France l'original de la lettre en question, et celui-ci, après
en avoir fait prendre une copie par son secrétaire habituel,
aura rendu cet original à La Marck, qui l'aura classé dans
ses papiers, parmi lesquels.M. de Bacourt l'a trouvé. Tout
ceci est incontestable. Par conséquent, si l'on voulait
accepter la supposition émise par la *Revue historique*, il
faudrait admettre que Mercy, en haine de Talleyrand, se
serait amusé à changer les expressions de Montmorin et
par exemple à écrire : *l'évêque a menti*, au lieu de *l'évêque se trompe.* C'est plus qu'invraisemblable.

Quant à la lettre de Pellenc à Mercy, il ne me paraît
pas possible que M. de Bacourt en ait eu la minute à sa
disposition, comme le dit la *Revue historique* ; car lorsque
Pellenc écrivit cette lettre, le 29 décembre 1792, il était à
Londres, loin de La Marck, et on n'a jamais dit, du moins
à notre connaissance, qu'après sa mort, survenue en 1833,
ses papiers eussent été acquis par M. de Bacourt ou par la
famille d'Arenberg. Il est infiniment probable, sinon absolument certain, que Mercy, après avoir fait copier cette
lettre pour le cabinet de Vienne, en aura envoyé l'original à
La Marck, qui l'aura gardé ou l'aura retourné à son ami,
après en avoir fait prendre une copie ; mais la première de
ces deux hypothèses est la plus vraisemblable ; car les
lettres de Mercy à La Marck, du 20 décembre 1792 (1), et
du 28 janvier 1793 (2), nous prouvent qu'en ce moment,
ces deux amis se communiquaient réciproquement les
lettres qu'ils recevaient de Pellenc ; cette correspondance,
comme celle de Montmorin, leur était commune. Par conséquent si M. de Bacourt devait être tenu pour innocent des

---

(1) *Correspondance de Mirabeau avec La Marck*, édition de Bacourt, t. III,
p. 356.
(2) *Ibidem*, p. 368.

falsifications et des suppressions que nous lui avons repro-
chées, il faudrait en rendre responsables Mercy ou La
Marck ou leurs secrétaires, qui n'avaient pas le plus petit
motif pour noircir ou pour blanchir Talleyrand.

M. P. Bertrand n'hésite pas à accuser Mercy de cette fal-
sification de textes, et la *Revue Historique*, qui reproduit
cette accusation, lui donne son approbation (1). Or, en supposant Mercy capable d'envoyer à son chef, le vice-chancelier, une copie infidèle et fortement interpolée de la lettre
qu'il venait de recevoir de Pellenc, comment aurait-il pu
inventer tous les détails qui s'y trouvent sur les intrigues
de Talleyrand à Londres, et sur ses relations avec Dumouriez ? Pellenc seul pouvait connaître ces détails, et M. de
Bacourt seul avait quelque motif de les supprimer, en
raison de son attachement à Talleyrand. En outre, il faudrait pour rendre cette hypothèse acceptable, nous expliquer pour quelles raisons Mercy aurait eu recours à ce
subterfuge honteux, quand il pouvait écrire dans ses dépêches tout ce qu'il savait et tout ce qu'il pensait de Talleyrand et de ses adhérents, ce dont il ne se privait nullement.

On voit que les réserves et les insinuations de la *Revue
historique* sont inadmissibles. Cependant, comme l'autorité
dont jouit ce recueil pourrait laisser un doute dans l'esprit de certains de nos lecteurs, nous allons tenir la promesse que nous avons faite ici même dans notre article du

(1) « Reprenant un à un les arguments présentés par MM. Aulard et
Flammermont quant à la probité littéraire de M. de Bacourt et à l'authenticité des trop fameux Mémoires, il [M. P. Bertrand] montre que les documents produits récemment par M. Flammermont ne portent pas une
lumière décisive sur la première de ces questions parce que ces documents sont des copies et non des originaux, copies évidemment fautives
et probablement interpolées par M. de Mercy lui-même et par conséquent
ne prouvant rien contre la sincérité du texte produit par M. de Bacourt.....
Cette discussion, vivement conduite et poussée à fond, produira une
grande impression sur l'esprit de tout lecteur dégagé de parti pris. »
Revue Historique, mars 1893.

14 novembre et nous allons produire de nouvelles preuves à l'appui des accusations que nous avons lancées contre M. de Bacourt.

Il sera difficile d'en contester l'authenticité ; car c'est une note dont les archives impériales d'Autriche conservent l'expédition originale, écrite dans la chancellerie de Mercy par son secrétaire ordinaire. Suivant son habitude, l'ex-ambassadeur impérial en France, qui, le 13 septembre 1792 était rentré de Spa à Bruxelles où se trouvait La Marck (1), aura communiqué ce document à son confident, qui aura fait prendre la copie dont M. de Bacourt se sera servi.

Ce remanieur a traité ce morceau de la façon la plus étrange ; on ne devine même pas quel pourrait être le motif auquel il a cédé en se livrant à pareilles corrections, la plupart insignifiantes et de pure forme. Il fallait que cet homme fût possédé de la manie de récrire et de refaire à sa manière les textes qu'il publiait. Mais cela ne lui suffisait pas. Non content d'avoir ainsi démarqué cet important document, il en a supprimé une bonne partie, toute la fin.

Ces procédés permettent de conjecturer quel genre de toilette M. de Bacourt a fait subir aux *Mémoires de Talleyrand*. Ils expliquent en outre, pourquoi cet étrange exécuteur testamentaire a cru devoir supprimer le manuscrit que lui avait laissé Talleyrand. Aussi, tant que ce manuscrit n'aura pas été produit et reconnu conforme au texte publié par M. le duc de Broglie, nous aurons le droit de dire que M. de Bacourt était le moins fidèle des copistes et le plus maladroit des falsificateurs de mémoires et de documents historiques.

JULES FLAMMERMONT.

(1) *Correspondance de Mirabeau avec La Marck*, t. III, p. 342.

Remarques sur la Révolution Française
et sur la guerre à laquelle elle a donné lieu (1).

Bruxelles, le *9* (2) octobre 1792.

Il est temps, il est *peut-être bien tard de* (3) dire *les* (4) vérités qui pressent de toute la force de l'évidence et *déjà même* (5) de toute l'autorité de l'expérience.

Si le rétablissement de la monarchie française et du monarque est une entreprise possible (6), il y va de l'existence politique des puissances de changer au plus tôt les projets, les plans et les moyens *de l'exécuter* (7).

On est (8) bien éloigné de rechercher ici le facile avantage de raisonner victorieusement sur des *faits* (9) passés ; mais il faut bien *les rappeler pour en peser les effets* (10) et tirer au moins de l'expérience *des lumières* (11) salutaires.

---

(1) M. de Bacourt (*Correspondance de Mirabeau avec La Marck*, t. III, p. 347) a intitulé ce texte : *Dépêche adressée au cabinet de Vienne par le comte de Mercy-Argenteau.* C'est une erreur. Dans sa dépêche au vice-chancelier Cobenzl, du 9 octobre, Mercy annonçait son travail en ces termes : « La grande entreprise dont les deux cours alliées font tous les frais paraît encore fort éloignée de sa fin. Elle présenterait peut-être autant de dangers à l'abandonner qu'il y en aurait à la suivre sans en calculer les chances et sans en assurer les moyens. Cette matière est d'une si haute importance relativement à ses dangers et aux mesures qu'elle nécessite, qu'entraîné par mon zèle, je me suis permis d'exposer ici quelques idées séparées que je soumets aux lumières de Votre Excellence. Si dans cet écrit, je prends quelquefois un ton trop affirmatif, ce n'est pas que je méconnaisse le peu de poids que doivent avoir mes opinions ; mais je ne me suis exprimé ainsi que pour éviter des périphrases. »

Cette dépêche, et la note qui l'accompagne, sont conservées aux archives impériales de Vienne dans le dossier 38 de la série *Belgien.*

Nous donnons le texte original d'après la note écrite par le secrétaire habituel de Mercy et envoyée à Cobenzl.

Nous indiquerons soigneusement en note toutes les corrections faites par M. de Bacourt et, pour que la comparaison soit plus facile, nous imprimerons en italiques tous les passages modifiés.

(2) B : 3.

(3) B : trop tard peut-être pour

(4) B : des

(5) B : ces deux mots manquent.

(6) B : L'entreprise de rétablir d'emblée la monarchie et le monarque français est une chimère, une désastreuse folie ;

(7) B : d'exécution.

(8) B : certes

(9) B : fautes

(10) B : parler de ces fautes pour en éviter de nouvelles

(11) B : une leçon

Les puissances avaient à choisir entre deux sortes de guerre à faire aux Français.

La première *était* (1) une guerre motivée *de* (2) simple défense contre la *seule* (3) aggression et *contre* (4) la violation des traités, *guerre* (5) dans laquelle on aurait réglé sa marche *sur* (6) les événements *et on se serait plus ou moins avancé suivant* (7) les succès.

La seconde *consistait en* (8) une guerre de contre-révolution, mais *une* (9) guerre vraiment sociale (10) contre les ennemis de la société, au nom *et pour le bonheur* (11) de l'humanité entière, pour sauver l'Europe de l'anarchie. Il n'est plus question d'examiner maintenant jusqu'à quel point on aurait pu réussir dans une guerre *annoncée sous* (12) ces vues ; mais ce qui n'est que trop certain, c'est qu'en se décidant pour la guerre de contre-révolution, on s'y est embarqué sur de vaines et trompeuses espérances, *qui au lieu d'être appuyées sur un* (13) plan solidement combiné *ne l'ont été que* (14) sur des notions *inexactes* (15) et *sur* (16) des mesures qui (17) ont rendu *tout* (18) succès *presque* (19) impossible.

La circulaire *adressée à tous les cabinets de l'Europe* (20), en provoquant une ligue de rois en faveur d'un roi, a été le premier pas qui a engagé les puissances dans un *dangereux* (21) système, dans une *route épineuse* (22), où l'on n'a plus marché qu'en s'éloignant du vrai but.

(1) B : ce mot manque.
(2) B : par la
(3) B : ce mot manque.
(4) B : ce mot manque.
(5) B : ce mot manque.
(6) B : d'après
(7) B : en s'avançant plus ou moins selon
(8) B : ces mots manquent.
(9) B : ce mot manque.
(10) B : c'est-à-dire
(11) B : ces mots manquent.
(12) B : qui aurait été annoncée comme entreprise dans
(13) B : qu'on a mises à la place d'un
(14) B : ces mots manquent.
(15) B : fausses
(16) B : par
(17) B : en
(18) B : le
(19) B : absolument
(20) B : de Padoue,
(21) B : insoutenable.
(22) B : fausse route.

La déclaration de Pillnitz a confirmé, réalisé presque les menaces d'une croisade, d'une guerre de parti contre l'indépendance de la nation française. *Cependant les offices subséquents de notre cour rentraient dans la* (1) bonne voie, en annonçant *simplement une juste défense contre les factieux* (2) agresseurs et (3) contre le roi constitutionnel *lui-même* (4), s'il ne *savait pas parvenir* (5) à satisfaire à ce qu'exigeaient *de lui* (6) les traités, le repos de l'Europe et la dignité des *puissances* (7). Mais bientôt *la cour impériale et celle de Berlin furent ramenées par la trop funeste influence des émigrés, dans les* (8) vues, *les* (9) passions et *les* (10) intérêts particuliers *de ces derniers* (11). *Il en résulta* (12) le manifeste du duc de Brunswick, qui ne rallia personne parce qu'il ne présentait aucun point de ralliement, qui n'effraya personne parce qu'il annonçait *d'inexécutables prétentions* (13) et des rigueurs *exagérées* (14), qui enfin n'obtint rien parce qu'il demandait l'impossible. Une partie de la France resta muette à cet appel; l'autre y répondit par des cris de fureur et de vengeance. Malgré ce *fâcheux* (15) mécompte, on se flatta de suppléer à tout par la force, de réparer toute les fautes politiques *par des* (16) succès militaires; mais l'on est entré en France en quelque sorte *sous les conseils* (17), sous les auspices et les couleurs *d'un parti proscrit par toute la France* (18), d'un parti encore aveuglé par les mêmes passions, les mêmes prétentions qui avaient causé sa perte.

Nos armées (19) ont pris possession de quelques places au nom

(1) B : Les notes de la cour de Vienne étaient plus tard rentrées dans une
(2) B : qu'on voulait simplement se tenir sur la défensive contre d'injustes
(3) B : même
(4) B : de France,
(5) B : parvenait pas
(6) B : ces mots manquent.
(7) B : gouvernements.
(8) B : la funeste et trop puissante influence des émigrés rengagea les cours de Vienne et Berlin dans leurs
(9) B : leurs
(10) B : leurs
(11) B : ces trois mots manquent.
(12) B : et produisit
(13) B : des prétentions extravagantes.
(14) B : inouies, et
(15) B : terrible
(16) B : à force de
(17) B : ces mots manquent.
(18) B : ces mots manquent.
(19) B : Les armées alliées

du *Roi* (1) qui, par cette (2) contradiction *semblait* (3) se faire la.
guerre à lui-même, défendre et envahir son propre royaume,
tandis qu'il était sous le couteau des factieux, qui n'ont pas
manqué de saisir cette occasion de le punir de cet apparent et
prétendu parjure. Enfin on a essayé de rétablir un ordre de
choses détruit sans retour et de détruire des choses indes-
tructibles.

C'est *à la suite de ces opérations politiques et militaires, que
l'on* (4) est arrivé à une *misérable* (5) fin de campagne, dont le
non-succès est *une sorte de* (6) défaite.

Au bout de cinq mois, après une grande dépense *en* (7)
hommes et *en* (8) argent, on serait heureux de pouvoir se *reporter* (9) au point d'où l'on est parti et surtout au moment où,
*sous les ordres de M*ᵍʳ *le duc Albert* (10), le général de Beaulieu à
la tête de 3.000 hommes, par sa bonne contenance et sa pru-
dente audace, mettait en déroute 15.000 hommes de troupes
françaises et *plongeait* (11) cette nation dans la honte et la terreur.

*On ne peut se méprendre sur l'étendue et l'importance de ce
succès* (12); sans lui, les Pays-Bas seraient (13) perdus et *peut-être
une partie de l'Europe* (14) en combustion. *Ces mêmes* (15)
troupes françaises, il y a cinq mois, l'objet du mépris et de la
risée de l'Europe, font aujourd'hui *tristement* (16) avorter les tentatives de nos formidables armées sous les ordres du duc de
Brunswick. Elles nous ont contraints à lever le siège de Lille,
*qui n'avait eu pour objet réel que celui de faciliter l'entreprise sur
Paris* (17); elles ont détruit à Spire *un de* (18) nos plus riches

(1) B : roi de France
(2) B : absurde
(3) B : se trouvait
(4) B : par cette suite de fautes qu'on
(5) B : déplorable
(6) B : déjà une vraie
(7) B : d'
(8) B : d'
(9) B : retrouver
(10) B : ces mots manquent.
(11) B : jetait
(12) B : Les hommes à vue courte seuls n'apercevront pas l'étendue et
l'importance des services rendus par le général Beaulieu.
(13) B : déjà
(14) B : et une grande partie de l'Europe peut-être.
(15) B : Les
(16) B : honteusement
(17) B : ces mots manquent.
(18) B : ces mots manquent.

magasins; elles menacent l'Empire du côté de Heidelberg, *de Trèves et de Mayence* (1); elles sont maîtresses de toute la Savoie; elles se portent par mer sur le *comté de Nice* (2); *elles annoncent une nouvelle entreprise très prochaine sur les Pays-Bas* (3).

Quel est donc le parti (4), quelle sont les mesures à prendre dans *ces circonstances effrayantes* (5)?

D'abord le choix n'est pas douteux, ou plutôt on n'a pas le choix entre finir ou continuer la guerre. Le parti du courage est ici celui de la prudence, celui de la nécessité. Reculer, ce serait attirer l'ennemi sur ses traces et lui ouvrir le chemin de tous les États environnants pour y porter le fléau de l'anarchie et le feu d'une conflagration universelle. Les Pays-Bas (6) *seraient* (7) les premiers engloutis *dans* (8) la République Française, s'ils *n'étaient* (9) puissamment défendus contre l'invasion, *jointes aux tentatives* (10) sourdes des factieux énivrés de leurs succès. *Il conviendrait donc de* (11) s'emparer *de quelques* (12) forteresses qui bordent *ce pays, alors elles nous serviraient* (13) de digues contre le débordement (14) ou *elles deviendraient bientôt contre nous les dangereux arsenaux et les inexpugnables repaires d'où les brigands sortiront pour nous envahir* (15). Il faut donc continuer la guerre; mais il faut renoncer *à l'espoir* (16) d'enchaîner une nation entière, de comprimer par la force une masse de vingt-quatre millions d'hommes; il faut enfin abandonner et la contre-révolution *et les idées d'un retour à l'ancien ordre de choses, soit à l'égard de la monarchie ou du monarque, enfin et plus que tout, il faut écarter les émigrés, parce qu'ils sont la cause de nos fautes, de nos malheurs, de nos embarras, parce*

(1) B : ces mots manquent.
(2) B : Piémont;
(3) B : toute cette phrase manque.
(4) B : ces cinq mots manquent.
(5) B : d'aussi effrayantes circonstances.
(6) B : par exemple
(7) B : seront
(8) B : par
(9) B : ne sont
(10) B : et les menées
(11) B : Il faut
(12) B : des
(13) B : les frontières, pour qu'elles nous servent
(14) B : de la révolution
(15) B : bien elles deviendront les abris et les arsenaux d'où l'ennemi s'élancera pour nous attaquer.
(16) B : au fol espoir

qu'ils sont un obstacle à tout et qu'ainsi il importe, à quelque prix que ce soit, de les éloigner et de se garantir de leurs prestiges.

La contre-révolution, tentée sans succès, paraît impossible, même sur de nouveaux plans et par de nouveaux moyens (1).

Une contre-révolution se fait d'emblée ou ne se fait plus (2) du tout. C'est la crise de l'opinion qui décide du sort des révolutions; elles se soutiennent par elle ou tombent avec elle et la présence seule (3) des armées produit ordinairement cette crise décisive. Les Liégeois, les Brabançons, les Polonais, ont quitté les armes à la vue seule des armées contre-révolutionnaires.

Mais si l'opinion soutient le premier choc, alors il ne faut plus espérer de conversion politique, ni même aucune composition avec un peuple nombreux, combattant pour son indépendance et surtout enivré par le fanatisme d'une idée chimérique d'égalité et de liberté (4). Alors réduit (5) à se compter par tête, on (6) se trouve nécessairement inférieur par le nombre (7) à une nation entière en armes et l'on oppose vainement la discipline et l'expérience militaires à ce délire, à cet enthousiasme qui supplée à beaucoup, et au (8) désespoir qui se fait des ressources et des armes de tout.

C'est ainsi que les Suisses (9), les anciens (10) Hollandais (11),

---

(1) Tout ce passage a été fortement remanié; la construction des phrases a été changée, tout en en conservant des fragments entiers et beaucoup de mots.

B : et les émigrés et pour le moment le projet de rétablir la monarchie en France.

La monarchie, parce qu'elle ne renaîtra qu'après que l'anarchie aura fatigué tous les partis, que lorsque les factieux seront sans force; et ce temps sera précédé par d'incalculables événements.

Les émigrés, parce qu'ils sont la cause de nos fautes, de nos malheurs, de nos embarras; parce qu'ils sont un obstacle à tout et qu'ainsi il faut, à quelque prix que ce soit, les éloigner et se garer d'eux.

Enfin la contre-révolution, parce qu'une fois tentée sans succès, elle est impossible, même sur de nouveaux plans et par de nouveaux moyens.

(2) B : pas
(3) B : ce mot manque.
(4) B : de la liberté.
(5) B : Réduite
(6) B : l'armée d'invasion
(7) B : inférieure en nombre
(8) B : fanatisme de liberté, à ce délire qui entraîne et à cette espèce de
(9) B : et
(10) B : ce mot manque.
(11) B : et de nos jours.

les Américains, *soutenus de* (1) l'opinion seule, *de* (2) leur union et *de leur volonté de* (3) liberté, n'ont pas cédé à des armées *formidables* (4), nombreuses, disciplinées et aguerries.

La nation française a *aussi* (5) franchi la crise décisive au moment de l'entrée des armées (6) sur son territoire et *du* (7) depuis encore *ses chefs* (8) ont tenté avec hardiesse, et avec succès, l'épreuve *de l'opinion dans* (9) la nouvelle révolution du 10 août (10). Cette nation a vu les armées étrangères *dans son sein* (11) et elle est restée unie (12), inébranlable dans ses idées.

(1) B : puissants par
(2) B : par
(3) B : et par l'amour de la
(4) B : ce mot manque
(5) B : ce mot manque.
(6) B : alliées.
(7) B : ce mot manque.
(8) B : les chefs du gouvernement
(9) B : devant l'opinion publique à
(10) B : dernier.
(11) B : sur son territoire
(12) Mercy a mis ici la note suivante : « Il y a certainement (*a*) un grand nombre de mécontents en France, *mais ce nombre n'est ni assez fort, ni assez hardi pour erciter la moindre division, ni pour allumer la guerre civile* (*b*) ; *elle était ci-devant possible et probable, ainsi que plusieurs de mes dépêches l'ont démontré dans le temps ; maintenant cet objet a changé de face* (*c*). *Les chefs habiles ont su disposer les esprits de manière à prévenir contre eux cette guerre civile ; ils sont maintenant certains de leurs vues en ce genre* (*d*) et la résistance des mécontents n'a servi *qu'à fournir le prétexte de* (*e*) confisquer leurs biens *immenses* (*f*) au profit et pour le soutien de la *guerre de la liberté et de l'égalité* (*g*). On vend, on pille partout les biens des émigrés, on a supprimé pour 60 millions de pensions aux ecclésiastiques ; on ne paiera plus de culte, plus de dettes publiques ; *tout cela fournira des moyens incalculables* (*h*).

M. de Bacourt a intercalé dans le texte (voir plus loin, p. 360, n. 5) cette note qu'il a d'ailleurs fortement modifiée ; nous indiquons ci-dessous les changements qu'il s'est permis de faire :

(*a*) M. de Bacourt a mis ici les deux mots *en France* qui, dans le texte, sont à la fin de la phrase après le mot *mécontents*.
(*b*) B : mais ils ne sont ni assez forts, ni assez hardis pour faire la guerre civile en tentant une diversion à main armée.
(*c*) B : toute la phrase depuis *elle était* est supprimée.
(*d*) B : Les habiles chefs de la révolution ont su disposer les esprits de manière à empêcher une guerre civile contre eux ; ils sont maintenant à peu près sûrs du succès de leurs plans.
(*e*) B : jusqu'à présent que de prétexte pour
(*f*) B : ce mot manque.
(*g*) B : de la cause révolutionnaire.
(*h*) B : et on peut se procurer ainsi d'incalculables ressources.

Ce n'est (1) pas lorsqu'elle *les voit* (2) rétrograder *devant elle* (3), s'avouer presque *éconduites* (4) dans l'entreprise qu'elles avaient tentée et reconnaître elle-même l'impossibilité de la poursuivre qu'on pourrait se flatter d'arrêter l'impétueuse impulsion sous laquelle se rallie de plus en plus cette nation égarée (5).

Il faut le répéter et ne cesser de le répéter :
La contre-révolution est impossible par l'opinion ;
Elle est impossible par la force ;
Tout entreprendre, c'est risquer de tout manquer ;
Il faut donc raccourcir le but pour être sûr de l'atteindre (6).

Le (7) seul parti à prendre, le seul moyen de réussir, c'est de convertir la guerre politique en guerre purement militaire. Il convient de faire, non une guerre de parti contre la nation entière, ni contre sa constitution, quelle qu'elle puisse être, mais une guerre méthodique d'armée contre armée, de puissance à puissance. Par là on reprend toute la supériorité naturelle des armées bien disciplinées et bien commandées contre des hordes désordonnées, qui ne savent ni commander, ni obéir. En n'attaquant que les frontières de la France, il est facile d'entamer son territoire et de s'y établir dans des parties bien choisies. Toute place est prenable, surtout quand on n'a pas en face une bonne armée à combattre dans la plaine. Il ne s'agit, pour des sièges, que d'y employer des gens de l'art avec la mesure nécessaire de force et de moyens. Louis XIV, Louis XV ne manquaient presque jamais aucun siège. Mais on ne saurait trop le répéter; il est d'une nécessité urgente, absolue, dût-il en coûter quelques millions aux puissances coalisées, d'écarter au plus loin possible les émigrés, pour qu'ils ne puissent exercer aucune espèce d'influence, directe ou indirecte,

(1) B : donc
(2) B : verra ces mêmes armées.
(3) B : ces mots manquent.
(4) B : vaincues
(5) B : ici se trouve intercalé le passage que Mercy avait placé en note et que nous avons signalé plus haut, p. 359, n. 12.
(6) B : « Je veux donc le répéter en finissant; la contre-révolution a manqué par l'opinion publique aussi bien que par la force des armes; il faut donc y renoncer et raccourcir le but afin de pouvoir l'atteindre. »
(7) Tout ce qui suit jusqu'à la fin est supprimé dans l'édition de M. de Bacourt.

sur les opérations politiques et militaires; qu'ils aillent soit du côté de Bâle ou de Genève, qu'ils s'emparent même de cette ville, s'ils peuvent de là avec leurs seuls moyens faire des excursions sur Lyon et une diversion favorable aux Piémontais. De ce côté, ils n'ont point de siège à former et des montagnes leur offrent un genre de guerre dont leur désordre est susceptible.

Revenons encore à dire que, s'il faut renoncer au projet de reconquérir toute la France, il faudra aussi que les Français à leur tour renoncent à celui d'en conserver tout le territoire.

Ils sont forts contre nous de l'impossibilité de reconstituer la monarchie sur l'étendue entière de cette vaste contrée.

Nous serons forts contre eux de l'impossibilité d'y constituer de leur part une seule république.

Nous aurons pour nous et l'opinion générale qui a dès longtemps prononcé cette impossibilité et la force des choses, plus puissante que celle des hommes.

Mais, pour que ce plan réussisse, il est important d'en suivre l'exécution avec célérité et avec vigueur. Aucun sacrifice ne doit être épargné; l'économie serait ruineuse et funeste. Il est pressant d'éloigner et de resserrer le foyer qui menace d'embraser successivement l'Europe, de restreindre promptement les ressources des factieux qui professent hautement la haine des rois et qui, dans la Convention nationale même, s'occupent journellement des moyens de désorganiser tous les gouvernements, de renverser tous les trônes et de bouleverser la société entière.

D'ailleurs il importe, plus qu'on ne pense peut-être, que nos troupes respirent le moins longtemps possible l'air de la contagion dans l'état où il est maintenant.

Les cours alliées ne doivent jamais perdre de vue un instant que la défection d'un seul régiment met en danger toute une armée; la défection dans une armée peut perdre l'Europe; et qui sait si les factieux ne sacrifieront pas, s'il le faut, dix millions pour désorganiser un de nos régiments?

Il s'agit donc de rectifier au plus tôt les idées, de convenir d'un nouveau point de départ, tout à fait opposé à celui qui portait l'empreinte de la cause des émigrés; et pour se résumer brièvement sur les objets essentiels de ces remarques, elles tendent à démontrer :

1° Que d'après l'état actuel de l'opinion, il faut renoncer à une contre-révolution par les effets de l'opinion;

2° Que 24 millions d'hommes ne peuvent être comprimés par

la force des armées, puisqu'elles ne sauraient agir partout, ni rester partout.

3° Qu'il n'y a plus à opter entre le parti d'abandonner ou de continuer la guerre, parce qu'il faut la faire en France ou la soutenir chez soi;

4° Que le but de cette guerre doit être moins éloigné afin d'être sûr de l'atteindre, d'où il suit qu'il convient de convertir la guerre politique en guerre purement militaire;

5° Qu'autant il serait difficile aux puissances confédérées de reconquérir toute la France, autant il sera impossible aux Français d'en conserver le territoire ;

6° Que dans l'exécution de ce plan, qui exige de la célérité, de grands moyens et une sage profusion dans les frais de première mise, il est important de bien choisir les cantons à occuper, c'est-à-dire les provinces les plus riches, les plus avantageuses aux opérations militaires et les plus propres à servir de gages aux dédommagements que les puissances auront à prétendre ;

7° Que du coté des Pays-Bas des points de force, des villes de guerre sont nécessaires à tout prix pour se mettre à couvert des invasions, auxquelles ces provinces se trouvent entièrement ouvertes;

8° Que ce sera seulement à partir d'une pareille position que l'on pourra raisonnablement entreprendre de gagner du terrain pied à pied, en rétablissant l'ordre et la tranquillité dans chaque canton subjugué ;

9° Qu'il faut achever progressivement chaque canton avant de s'étendre plus au loin, en chassant devant soi soldats, volontaires, factieux, et ne laissant derrière soi que des hommes paisibles, contents ou soumis;

10° Que ce plan, qui n'offre d'abord que des succès partiels et successifs peut seul conduire à un succès complet, avec l'avantage présent et certain de fournir au moins en partie aux frais de la guerre, à en diminuer les dangers et à resserrer les républicains dans des contrées dépourvues de forteresses, où leur système insensé et atroce leur fera éprouver des maux plus pressants, plus destructifs peut-être que ne leur en préparent les armées destinées à les combattre.

ALQUIER

ET

LES MASSACRES DE VERSAILLES

Dans son *Histoire de la Terreur*, Mortimer Ternaux a consacré cinquante pages aux massacres de Versailles, où il ne semble pas avoir apporté assez de sang-froid dans l'examen des accusations qu'il a formulées contre Danton.

Voici comment, à ce sujet, il mit en scène un témoin qui, d'après lui, corrobore la déposition d'Alquier :

Pendant ce temps-là (c'est-à-dire, tandis que les corps administratifs correspondent avec Roland), Alquier, le président du tribunal criminel, ancien Constituant, court à Paris avertir le ministre de la justice de ce qui se passe. Mais ce ministre était Danton (1), ce représentant de la justice était le chef des assassins. Alquier parvient à grand peine jusqu'à lui, il expose les dangers que présentent ces attroupements d'hommes armés, mêlés d'agents provocateurs, qui depuis quelques jours arrivent à Versailles, *il demande s'il doit interroger les accusés aussitôt leur arrivée :* « Que vous importe? l'affaire de ces gens-là ne vous regarde pas », répond brusquement le ministre, remplissez vos fonctions et ne vous mêlez pas d'autre chose. « Mais, Monsieur, objecte le magistrat, les lois ordonnent de veiller à la

(1) Ternaux ignorait, sans aucun doute qu'Alquier, depuis l'ouverture de la session de l'Assemblée électorale à Saint-Germain, n'avait plus paru à Versailles. Président de cette assemblée, il espérait être nommé député, comme il le fut, en effet. Sa présence dans les corps administratifs de Versailles n'est mentionnée ni avant ni après la journée du 9 septembre.

sûreté des prisonniers. » — « Que vous importe, s'écrie Danton,
sans répondre directement aux paroles d'Alquier, et ayant l'air
de se parler à lui-même, et en marchant à grands pas, il y a
parmi eux de bien grands coupables; on ne sait pas encore de
quel œil le peuple les verra et jusqu'où peut aller son indignation ». Alquier veut encore parler, mais le terrible ministre lui
tourne le dos et le magistrat sort de l'hôtel de la place Vendôme,
désespéré, avec la certitude que les prisonniers sont perdus. »

Et Mortimer Ternaux, satisfait de la petite scène dramatique qu'il vient de composer, ajoute en note : Tous ces
détails sont tirés d'une lettre datée du 25 nivôse an V,
écrite par Gillet, qui, d'accusateur public près le tribunal
de Versailles, devint député de Seine-et-Oise au Conseil
des Cinq Cents (1).

On voudrait croire à l'existence de cette lettre; à qui
était-elle adressée?

Ce n'est pas une analyse que réclame l'histoire, c'est le
texte même de Gillet; mais ce dernier n'avait pas besoin
d'éclaircissements postérieurs de plusieurs années; il était
venu habiter Versailles un an avant les funestes journées;
comme accusateur public, il avait forcément dû être mis au
courant de tout ce qui se disait sur ces massacres; il
n'ignorait pas qu'Alquier n'avait pas paru à Versailles

---

(1) Il faut faire connaître un peu mieux la personnalité de Gillet, dont
le témoignage épistolaire est invoqué par Ternaux :

« Gillet (Jean-Claude-Michel), dit le *Dictionnaire des Parlementaires*,
naquit à Argenteuil en 1759, où il succéda à son père, en qualité de procureur fiscal (1783). » — Ces fonctions, à demi-féodales, s'achetaient et se
transmettaient comme un bien patrimonial. — Adoptant les principes de
la Révolution, Gillet fut élu, en 1790, procureur-syndic du district de
Saint-Germain-en-Laye, fonctions qu'il occupa jusqu'en novembre 1791,
où il fut nommé accusateur public près le tribunal criminel de Seine-et-
Oise. C'est à ce titre qu'il eut à instruire peut-être l'*affaire des chauffeurs*,
dont parle le *Dictionnaire des Parlementaires*; mais surtout celle des
massacres du 9 et 10 septembre, à Versailles, en l'an III et en l'an IV,
affaire dans laquelle il y eut dix condamnations capitales de prononcées.
En l'an VII, Gillet était élu, le 29 germinal, membre du Conseil des
Cinq Cents pour trois ans.
. Comme Alquier, il se rallia au 18 brumaire.

depuis le 2 septembre jusqu'au 12; car c'est seulement
dans la séance du mercredi soir que le président de l'Assemblée électorale obtient un congé ainsi motivé : « Le
président Alquier a demandé pour aller à Versailles y remplir ses fonctions au tribunal criminel, relatives aux événements récents qui ont eu lieu dans cette ville, un congé, qui
lui a été accordé (Séance du 12 septembre, 3 heures de
relevée). » On se demande si Lavallery, secrétaire de l'Assemblée électorale, n'a pas eu, en précisant cette autorisation à s'absenter, le dessein de persiffler le président, d'autant plus que, dans la séance permanente du 11 septembre,
à 1 heure après minuit, il avait été dit : « L'un des citoyens
envoyés sur les routes a rapporté que tout était calme à
Versailles; son récit a été confirmé par celui d'un autre
citoyen arrivant de Versailles. » Mais, admettons un
moment comme authentiques les propositions faites par
Alquier à Danton : le ministre pouvait-il autoriser le président du tribunal criminel à connaître de cette affaire?

Alquier n'était ni haut-juré, ni grand procurateur, il
n'avait aucun titre à être chargé d'une semblable mission.
Danton pouvait-il de sa propre autorité l'investir d'un
pouvoir extraordinaire? Mais il y avait un décret de l'Assemblée législative qui renvoyait les prisonniers d'Orléans
devant la Haute-Cour, dont le siège était transféré à Saumur.
Pourquoi ce transfert? probablement parce qu'on craignait que les hauts-jurés ne fussent l'objet d'obsessions de
la part de la population d'Orléans, et Saumur, ville d'une
moindre importance, offrait plus de sécurité. Le ministre
pouvait-il changer la juridiction et substituer un tribunal
ordinaire à un autre d'un ordre plus élevé? Mais c'était violer
la Constitution. La Haute-Cour, siégeant à Orléans, était déjà
accusée de faiblesse et même de trahison. Remettre l'instruction d'une affaire d'une telle gravité à un simple tri

bunal de département, c'était encourir l'accusation de crime
d'illégalité et de lèse-révolution ; voilà ce qui expliquerait
les réponses brusques et dédaigneuses de Danton à Alquier,
s'il était prouvé qu'Alquier eût sérieusement proposé au
ministre de la justice les moyens qu'on lui attribue de protéger la vie des prisonniers d'Orléans.

Mais Gillet lui-même avait étudié l'affaire dans tous ses
détails, lors de l'instruction des poursuites de l'an III et de
l'an IV ; et c'est le moment de citer quelques lignes d'une
pièce inédite, qui est rentrée depuis peu dans les archives
de Seine-et-Oise, grâce aux démarches et aux soins de l'archiviste M. Couard-Lüys.

Le directeur du jury (Vincent-de-Paule Barbier), juge du tribunal civil du département de Seine-et-Oise, de l'arrondissement de Versailles, déclare en conséquence que, de l'examen
qu'il a fait des pièces et notamment des procès-verbaux de
l'Assemblée du Conseil général de la commune de Versailles,
séances des 8, 9 à 10 septembre 1792, lesquels, comme constatant les délits demeurent joints et annexés au présent acte, il
résulte ce qui suit :

« Un premier décret de l'Assemblée législative qui avait
ordonné la translation des prisonniers de la Haute-Cour à Versailles ayant été successivement réformé par deux autres décrets
qui indiquaient Saümur comme le lieu de leur translation, au-
cunes dispositions n'avaient été préparées à Versailles pour les
recevoir, lorsqu'une lettre du ministre de l'Intérieur, en date du
8 septembre 1792, annonça qu'ils arriveraient dans cette commune dès le lendemain 9 du même mois.

« Cette mesure, déjà inquiétante dans des temps difficiles, le
devenait encore davantage par la situation où se trouvait alors
la commune de Versailles. Depuis quelques jours les massacres
impunis qui avaient été commis dans les prisons de Paris,
étaient présentés dans les journaux comme l'exercice public de
la justice populaire. On faisait circuler parmi le peuple les
récits de ces scènes sanglantes, comme un exemple qui devait
être imité dans toutes les prisons de la France. C'était au milieu
de ces rumeurs que tous les jeunes gens du département, au
nombre de plus de six mille, étaient réunis à Versailles pour

organiser les troupes de volontaires destinées à la défense des
frontières. Nouveaux encore au métier des armes, sans règle et
sans chef, ils avaient toute l'impétuosité de leur vocation, et
n'en avaient pas la discipline; il ne fallait que quelques scélérats au milieu d'eux pour dénaturer leur zèle en frénésie et leur
énergie en fureur. »

Si, à la date où ce réquisitoire fut écrit et prononcé,
c'est-à-dire le 28 brumaire an IV, Alquier eût déjà fait connaître ses démarches auprès de Danton, il n'est pas douteux
que le directeur du jury n'y eût fait allusion, car alors on
commençait à ne pas user de ménagements à l'égard des
principaux acteurs de la Révolution.

Bien plus, dans les dernières pages du document dont
j'ai parlé, on lit :

« Le lendemain 10, à trois heures après midi, arrivent à la
maison commune (mairie) environ 200 hommes armés de
fusils, de baïonnettes, de sabres et d'épées : plusieurs disent
qu'ils prétendent vider aujourd'hui les prisons... « Que M. Gillet,
accusateur public, demande des officiers municipaux pour être
témoins... »

Ainsi Gillet était déjà accusateur public, et, si son nom
est honorablement cité pour le dévouement dont il a fait
preuve en cette circonstance, avec quels éloges n'eût-on
pas inscrit celui d'Alquier, si sa présence eût été signalée
dans ces heures néfastes ; et je le répète, parce que c'est la
seule conclusion qu'on puisse tirer de son récit, s'il eût jugé
telle qu'il l'a racontée la situation des prisonniers à Versailles, il se serait rendu à son poste où ses fonctions le
rappelaient; or, tout concourt à prouver qu'il était absent.
Donc la saine critique autorise à rejeter ses allégations
justificatives, fussent-elles même reproduites par Gillet,
l'accusateur public.

Et enfin, pour explication probable de la lettre de Gillet,

vue par M. Ternaux, on peut supposer qu'un an après le procès au criminel, l'accusateur public de Seine-et-Oise se soit rencontré avec Alquier et lui ait rapporté les diverses péripéties de cette lugubre affaire, où aurait dû paraître le président du tribunal criminel, s'il eût été à son poste. Et alors Alquier aura imaginé cette très ingénieuse entrevue avec Danton. Voilà, à mon avis, l'origine du récit confidentiel d'Alquier, accepté sans contrôle par Gillet comme épisode épistolaire.

F. THÉNARD.

DOCUMENTS INÉDITS

UNE LETTRE DE PHILIPPEAUX

Nous avons plus d'une fois remarqué combien sont rares les manifestations républicaines entre le 10 août et le 22 septembre 1792. C'est pourquoi il nous paraît intéressant de reproduire la lettre suivante de Philippeaux, qui est inédite. On remarquera que, sans prononcer le mot de République, il présente l'Assemblée électorale de la Sarthe comme animée de sentiments très nettement antiroyalistes, et cela à une époque où la France n'a pas encore cessé officiellement d'être un « royaume ».

Saint-Calais, 6 septembre, l'an Ier de l'Égalité.

Monsieur le président (1),

Voulez-vous bien annoncer à l'Assemblée nationale que le corps électoral du département de la Sarthe a déjà nommé trois de ses membres députés à la Convention nationale ? Ces citoyens sont : MM. Richard, (de la Flèche), François-Primaudière et Salmon. Moi-même, qui étais proscrit, il y a un mois, par la tyrannie infernale de l'ancien pouvoir

(1) Cette lettre est adressée au président de l'Assemblée législative.

exécutif, pour mon *Défenseur de la vérité* (1), je me trouve élu quatrième député ; le cinquième est M. Boutroué, administrateur *patriote* du département. Si nous continuons de même jusqu'au bout, nous n'enverrons, j'espère, à la Convention ni aristocrate, ni modéré, ni royaliste. Que les autres départements fassent de même, et on pourra mettre dans les affiches : *Trône à vendre*.

Le président de l'assemblée électorale,

PHILIPPEAUX (2).

(Arch. nat., C₁, 33. — *De la main de Philippeaux.*)

---

(1) Philippeaux fit paraître au Mans, du 5 janvier au 30 novembre 1792, un journal hebdomadaire intitulé : *Le Défenseur de la vérité, ou l'ami du genre humain.*

(2) Sur la députation de la Sarthe à la Convention, voir *Les Conventionnels*, par M. Guiffrey, pp. 53, 54, 155, 156.

CHRONIQUE & BIBLIOGRAPHIE

Une des grosses difficultés des études sur l'histoire de France, c'est l'extrême dispersion des sources manuscrites en une infinité de dépôts souvent fort éloignés l'un de l'autre. Il n'existe même pas d'état sommaire général de l'ensemble de ces dépôts. Comme ils contiennent souvent des documents que n'annoncent ni le titre des archives, ni leur lieu, ni leur destination officielle, on ne peut traiter aucun sujet sans avoir à se demander anxieusement si on n'a pas omis un texte capital, faute d'en avoir soupçonné l'existence. MM. Ch.-V. Langlois et H. Stein ont essayé de combler cette lacune et, disent-ils, « d'opérer un commencement de centralisation des renseignements épars qui existent à présent » sur les archives de l'histoire manuscrite de la France. Ils ont entrepris un manuel intitulé les *Archives de l'histoire de France*, dont les deux premiers fascicules viennent de paraître (1). Ils y donnent aux travailleurs les renseignements élémentaires qui sont indispensables pour utiliser les Archives nationales, celles des ministères, les Archives départementales, municipales et hospitalières, dont chacune a sa notice particulière, enfin ce qu'ils appellent les *Archives diverses*, à savoir : cours d'appel, tribu-

(1) *Manuels de bibliographie historique.* — *Les Archives de l'histoire de France*, par Ch.-V. Langlois et H. Stein. Paris, Alphonse Picard, 1891-1892, in-8 en deux parties (la troisième est sous presse).

naux de première instance, tribunaux et chambres de commerce, bureaux de l'enregistrement et des domaines, inspections des forêts, ponts et chaussées et bureaux de navigation, bureaux de la marine et des arsenaux, prisons, sous-préfectures, archevêchés, évêchés et chapitres, fabriques et presbytères, congrégations religieuses et confréries, consistoires et églises protestantes, familles et châteaux, notaires, académies et établissements divers. A la description sommaire de ces diverses archives, MM. Langlois et Stein ont joint une bibliographie des inventaires manuscrits ou imprimés et ils ont signalé les principaux livres ou recueils auxquels chacune de ces archives a servi de base. Le fascicule troisième et dernier aura pour objet les manuscrits conservés à la Bibliothèque nationale et dans les bibliothèques de France et de l'étranger.

C'est là un plan simple, clair, excellent, et qui a été suivi avec exactitude. Sans doute il serait facile de critiquer beaucoup de détails dans cette œuvre si complexe. Par exemple, je regrette qu'on n'ait pas un peu mieux indiqué les moyens d'utiliser, aux Archives nationales, cette série F qui est si considérable et où il est si difficile, vu l'état actuel des inventaires, de s'orienter. A propos des archives départementales de la Lozère, il eût fallu signaler avec précision les volumes où M. André a donné les délibérations de l'administration de ce département pendant la Révolution, d'autant plus que l'original de ces délibérations a disparu, je crois, dans l'incendie de 1887. L'énumération des archives de familles devait forcément être incomplète ainsi que celle des archives municipales ; cependant, pour ces dernières, il eût peut-être été nécessaire de pousser un peu plus loin les recherches. Je laisse de côté de menues erreurs : ce serait donner une idée fausse du résultat obtenu par MM. Langlois et Stein que de dresser ici un erratum de leurs deux gros fascicules (1). Ce sont des savants : ils n'ont pas espéré pouvoir réunir tant de renseignements minutieux sans se tromper en plus d'un cas. Ces lapsus proviennent de la hâte qu'ils ont mise à aboutir, et je crois qu'il faut les féliciter grandement de s'être ainsi hâtés. Il était urgent de nous donner ce manuel, et, puisqu'il est aux deux tiers achevé, nous pouvons dire qu'on nous l'a donné. Tel qu'il est, il rendra les plus grands services, il l'emporte sur la plupart des répertoires analogues, surtout étrangers, par la clarté de la méthode; il fait le plus grand honneur aux personnes qui ont osé l'entreprendre et l'achever vite, malgré tant de difficultés décourageantes. Je suis sûr que le succès récompensera cette utile audace, et, quant aux imperfections du travail, ce n'est pas ici une banalité que de dire qu'on les pourra corriger dans une seconde édition: car c'est là un livre indispensable, unique, et dont ne pourront se passer, dans les recherches sur l'histoire de France, ni les étudiants, ni les maîtres.

— L'histoire provinciale de la Révolution est de plus en plus l'objet de recherches dont les résultats seront un jour très précieux pour l'histoire générale. J'ai à signaler aujourd'hui deux monographies nouvelles. M. Albert Denis a publié le premier volume d'une histoire de Toul pendant la Révolution (2). Son récit commence à la convocation des États généraux et s'arrête au moment de la réunion de la Convention nationale. M. Denis a utilisé les documents originaux dont plusieurs sont cités par lui en entier. Il a reproduit des portraits peints ou gravés des citoyens de Toul qui

---

(1) Il y aurait surtout à rectifier, pp. 5 et 6, l'analyse des décrets constitutifs des Archives nationales. Dans la bibliographie des imprimés, les formats ne sont pas toujours exactement indiqués, etc., etc.

(2) *Toul pendant la Révolution*, par Albert Denis. Toul, Lemaire, 1892, in-8 de 419 pages.

ont marqué dans la Révolution, et il a consacré des notices
biographiques aux députés·Maillot, François de Neufchâteau, Chatrian, Carez, Le Vasseur et Jacob, aux généraux
Jean-Baptiste Gouvion et Louis-Thomas Gengoult, à Bic-
quilley, maire de Toul, et à Claude Gérard, procureur-syndic.
Il est regrettable que M. Denis n'ait pas eu à sa disposition
tous les secours qui pouvaient faciliter sa tâche : s'il s'était
servi de la *Liste des conventionnels* de M. Guiffrey, il aurait
mieux orthographié (p. 329) les noms des conventionnels
de la Meurthe et il n'aurait pas omis le député-suppléant
Victor-Nicolas Moures. Mais son travail, qui est sérieusement fait, sera consulté avec fruit pour tout ce qui concerne
directement l'histoire de Toul de 1789 à 1792.

La petite ville dont M. G. Baudens s'est fait l'historio-
graphe est loin d'avoir l'importance et la célébrité de Toul.
C'est Castelnau-Magnoac, chef-lieu de canton des Hautes-
Pyrénées (1). Avant 1789, cette bourgade, qui ne comptait
qu'un millier d'habitants, était une petite capitale. « C'est
dans cette ville, dit Robert de Hesseln que le sénéchal du
pays des Quatre-Vallées tient son siège et que s'assemblent tous les ans les députés de chaque ville et lieu des
pays, qui ont droit d'envoyer aux Assemblées générales. »
Les contre-coups de la Révolution se firent vivement sentir
dans cette commune si éloignée de Paris, mais si voisine
de l'Espagne et où, par conséquent, les dangers et les passions de la défense nationale agitèrent la vie locale.
M. Baudens a tiré un fidèle récit des documents que lui
offraient les archives municipales. Ce récit est spirituel,
ému, émouvant : on le lira avec autant d'intérêt pour le
sujet que de sympathie pour l'auteur. Lui aussi, comme
M. Albert Denis, s'est mépris sur quelques points d'histoire

---

(1) *Une petite ville pendant la Révolution*, par G. Baudens. Toulouse,
Edouard Privat, 1891, in-8 de 173 pages.

générale, faute d'instruments de travail. Par exemple, il a daté (p. 83) des 24 et 25 septembre 1792 le décret d'établissement de la République. Mais ces quelques lapsus ne diminuent guère le mérite et le prix de cette agréable narration.

— Qu'il me soit permis d'annoncer moi-même le volume d'*Études et leçons* que je viens de publier à la librairie Alcan. Voici la liste des morceaux dont il est formé : 1. Leçon d'ouverture du cours d'histoire de la Révolution française à la Faculté des lettres de Paris (12 mars 1886). — 2. Le programme royal aux élections de 1789. — 3. Le serment du Jeu de Paume. — 4. Le club des Jacobins sous la monarchie. — 5. André Chénier homme politique. — 6. La proclamation de la République en 1792. — 7. Les comptes de Danton. — 8. La statue de Danton. — 9. Les responsabilités de Carnot. — 10. Une gazette militaire en l'an II. — 11. La presse officieuse sous la Terreur. — 12. L'art et la politique en l'an II. — 13. Aux apologistes de Robespierre. — 14. Robespierre et le gendarme Méda. — A ce volume sont joints six fac-similés d'arrêtés et de signatures des membres du Comité de salut public.

F.-A. AULARD.

— M. A. Mazon, bien connu par une série, déjà considérable, d'ouvrages sur le Vivarais, vient de consacrer à son compatriote, Soulavie l'aîné, deux beaux volumes (1), qui méritent d'attirer l'attention des historiens de la Révolution. C'est peut-être un peu trop pour l'importance de ce personnage, qui, même aux époques les plus heureuses de sa vie, ne joua jamais qu'un rôle de troisième ordre et qui

(1) *Histoire de Soulavie (naturaliste, diplomate, historien)*, par A. Mazon. Paris, Fischbacher, 1893, 2 vol. in-8°.

ne nous a laissé que des œuvres nombreuses, mais presque
toutes plus que médiocres. M. Mazon, d'ailleurs, reconnaît
loyalement dans sa préface qu'on pourra, sans doute, lui
reprocher quelques longueurs et il plaide, en fort bons
termes, les circonstances atténuantes. Il est certain qu'il a
eu parfois le tort de se laisser entraîner à écrire l'histoire
de Soulavie à la façon dont usait habituellement son pro-
lixe héros ; mais les érudits passent volontiers sur ce
défaut ; ils sauront le plus grand gré à M. Mazon de leur
avoir révélé un grand nombre de pièces intéressantes, in-
connues jusqu'ici, au risque d'alourdir la marche de son
récit, dans lequel il a cru devoir les intercaler.

Cela ne veut pas dire, cependant, que M. A. Mazon n'ait
laissé, sans l'éclaircir, aucun point obscur dans l'histoire
de la vie et des œuvres de l'ex-abbé Soulavie. J'aurais,
pour ma part, bien des réserves à faire et bien des objections à présenter sur tout ce qui concerne la critique des
nombreux ouvrages publiés par Soulavie sur la fin du
xviiie siècle. C'est assurément le point faible de l'œuvre, à
tous égards importante, de M. Mazon. On voit qu'il n'est
pas très familier avec ces questions. Il a presque complètement laissé de côté la discussion de l'authenticité des
ouvrages ou des documents isolés, édités par Soulavie.
Cependant c'était un sujet intéressant. Moi-même, j'ai déjà
eu l'occasion d'en signaler l'importance dàns un article (1)
que M. Mazon paraît n'avoir pas connu. Par exemple, il ne
dit rien de la remise, faite par Soulavie à la Bibliothèque
nationale, d'un fragment du prétendu manuscrit original
des mémoires du duc d'Aiguillon et de la note si curieuse
qui l'accompagne. Il ne croit même pas devoir discuter
sérieusement l'accusation portée contre Soulavie, qui a été

(1) *A propos d'une fausse lettre de Mme de Lamballe*, dans la *Revue historique*, t. XLIII, p. 77 et suiv.

soupçonné d'avoir fabriqué lui-même bon nombre des pièces prétendues autographes qu'il a publiées pour augmenter l'autorité insuffisante de ses assertions.

On pourrait encore reprocher à M. Mazon de n'avoir pas cherché à savoir ce que sont devenus les nombreux papiers que Soulavie avait rassemblés, soit en les fabriquant, soit en les achetant, soit enfin en les volant dans les dépôts publics ou privés. Il se contente de dire : « Les manuscrits, provenant de la collection de Soulavie, qui furent transportés aux archives du ministère des Affaires étrangères ont été disséminés dans divers fonds, où il serait facile de les retrouver »; mais il n'en indique que quelques-uns. Puisque la recherche était facile, pourquoi ne pas l'avoir faite?

Ces lacunes, pour regrettables qu'elles soient dans une étude qui aurait pu être définitive, ne doivent pas faire oublier les mérites très réels et très considérables du travail de M. A. Mazon. Le premier, il nous a donné de Soulavie une bonne biographie ; le premier, il a mis en pleine lumière le rôle, parfois peu honorable, joué par Soulavie dans les affaires de Genève, pendant les quinze mois (juin 1793-septembre 1794) que l'ex-abbé, devenu diplomate, passa dans cette ville en qualité de résident de France ; le premier, enfin, il a fait ressortir la valeur des travaux d'histoire naturelle et de géologie, qui commencèrent la réputation de Soulavie et qui sont encore aujourd'hui sa meilleure recommandation près de la postérité. C'est un service dont tous les historiens seront fort reconnaissants à M. Mazon.

JULES FLAMMERMONT.

— M. L. Samion vient de publier une notice sur Kellermann, et sur le rôle de ce général à la bataille de

Valmy (1). Nous rendrons compte prochainement de cet
intéressant travail.

— Le centenaire de la victoire de Jemappes a inspiré
le projet d'élever un monument commémoratif à un des
plus modestes héros de cette bataille, Baptiste Renard,
valet de chambre de Dumouriez. Ce Renard, qui prit une
part si active au succès du combat, eut son heure de célébrité et la Convention lui fit remettre une épée d'honneur.
C'était un paysan normand, né à Brestot (Eure) le 1ᵉʳ octobre 1768. Dumouriez, qui s'était marié à Pont-Audemer
et qui venait souvent dans cette contrée, l'avait engagé
comme valet de chambre. Renard accompagna son
général à l'armée et devint son aide de camp après
Jemappes. Il le suivit dans sa fuite, mais, quand il s'aperçut
de sa trahison, il le quitta et voulut revenir en France ; il
ne le put pas et s'installa à Hambourg. En l'an VIII, il
rentra dans son pays, fut arrêté et emprisonné à Pont-
Audemer, puis à Paris. Un député de l'Eure, Crochon,
publia un mémoire justificatif pour Baptiste Renard et le
fit mettre en liberté (2). Depuis, l'ancien valet de chambre
de Dumouriez vécut pauvre et ignoré, faisant les métiers
les plus divers. Enfin, pour échapper à la misère, il se
noya dans la Risle, le 9 mai 1827. Telle fut l'odyssée de ce
malheureux paysan, qui paya cher quelques moments de
popularité. Un comité s'est formé sur l'initiative de M. A.
Montier, un érudit avocat de Pont-Audemer, et sous la
présidence de M. Loriot, député, pour recueillir des souscriptions. Le monument projeté doit être élevé sur la place

(1) L. Samion, *Kellermann, l'homme du 20 septembre*. Paris, bureaux du
Spectateur militaire, 1, rue Cassette, in-8.
(2) Le mémoire de Crochon est très rare, à ce que nous écrit M. A. Montier ; il a 14 pages in-4. On n'en connaît qu'un exemplaire dans la bibliothèque normande de Canel.

du village de Brestot. Si cet honneur posthume peut paraître excessif, il n'en est pas moins touchant, et ce ne sera point en vain que le Comité sollicitera une obole pour un humble citoyen, pour le brave Baptiste, ainsi que l'appelait la Convention (1). ;E. C.

— M. Léon Hennet, sous-chef du bureau des archives administratives de la guerre, s'est consacré, dès longtemps, à l'étude de notre histoire militaire. Ses ouvrages sur les *Drapeaux français, les milices et les troupes provinciales, les compagnies de cadets gentilshommes et les écoles militaires*, sont classiques dans l'armée, mais peu connus du public et des travailleurs. M. Hennet vient de publier un nouveau volume intitulé: *Notices historiques sur l'état-major général* (2). On y trouve les renseignements les plus circonstanciés et les plus exacts sur l'origine et les fonctions des maréchaux de France, des lieutenants généraux et généraux de division, des maréchaux de camp et généraux de brigade et des brigadiers. C'est un travail solide, accompli avec la compétence et le soin qui caractérisent son auteur. Nous nous faisons un devoir de le signaler à nos lecteurs. ,E. C.

— Un *Dictionnaire de la Révolution française* est depuis longtemps le *desideratum* de tous ceux qui travaillent sur cette époque; mais c'est l'œuvre la plus difficile à entreprendre et à mener à bien. Aussi les hommes les plus compétents en la matière ont-ils reculé jusqu'ici devant cette immense tâche. Une maison de librairie, justement estimée, a montré plus d'audace en publiant un *Dictionnaire de la Révolution française, institutions, hommes et faits*. C'est

(1) Les souscriptions doivent être adressées à M. Roussel, greffier de la justice de paix, à Montfort-sur-Risle (Eure).
(2) Paris, Baudoin, 1892, in-8 de 160 pages.

un volume in-4 de 935 pages, imprimé sur deux colonnes et sur le titre duquel se lisent les noms de deux auteurs responsables, M. E. Boursin et M. Augustin Challamel. Le premier de ces noms est, croyons-nous, inconnu dans le monde des études révolutionnaires ; le second, au contraire, est celui d'un vétéran respecté pour ses convictions politiques et pour ses travaux sur la Révolution. Sur l'annonce de cette publication, je me suis empressé de l'acheter. A dire vrai, je n'espérais pas rencontrer dans ce *Dictionnaire* l'œuvre dès longtemps rêvée, car, si jamais le rêve se réalise, ce ne sera qu'avec la collaboration de tous les érudits compétents et sous la direction d'un des plus autorisés d'entre eux ; mais je pensais y trouver une compilation honnêtement faite des travaux les plus récents sur la Révolution. Aussi étais-je plein de sympathie et d'indulgence en ouvrant ce *Dictionnaire*. Aux premières pages, j'ai éprouvé la plus désagréable des déceptions ; j'ai voulu poursuivre et j'ai fermé le livre avec dépit. Il a fallu toute la force du devoir professionnel pour le rouvrir et pour en couper les pages jusqu'au bout. Cette dure besogne achevée, j'ai considéré comme un cas de conscience de mettre en garde nos lecteurs contre un ouvrage que son sujet et son étiquette recommandent à leur attention.

L'introduction contient une sorte de programme résumé par ces mots : « Le Dictionnaire que nous publions forme le complément indispensable de toutes les histoires parues jusqu'à ce jour ou qui paraîtront par la suite. » Mais bien fin qui reconnaîtra dans l'ouvrage un plan quelconque et se rendra compte pourquoi on a mis ou omis certains faits ou certains noms. Que ce soit dans le domaine des faits et des choses, ou dans la partie biographique, les omissions sont de telle nature et si nombreuses qu'il vaut mieux n'en pas parler.

L'esprit critique n'a pas présidé à l'enfantement de cette œuvre et je ne crois pas que, dans un dictionnaire, son absence ait été jamais si complète. Est-il croyable, en effet, que nulle part on n'y trouve trace de références ? C'est donc en vain que, depuis des années, une légion d'érudits d'opinions différentes étudie et renouvelle l'histoire de la Révolution, puisque les auteurs d'un *Dictionnaire de la Révolution* ignorent le premier mot de leurs travaux et en sont restés, comme sources, au *Moniteur* et à la *Biographie de Leipzig* (1).

Dans les notices, non seulement les erreurs et les inexactitudes autrefois courantes sont consciencieusement reproduites, mais il y en a d'inédites (2) ; c'est une fourmilière dans laquelle grouillent à chaque page les erreurs de dates, d'orthographe des noms, les confusions de faits ou de personnes. Jamais on n'avait poussé aussi loin le mépris de l'exactitude. Ne cherchez pas de dates précises, non plus que les prénoms et jours de naissance ou de mort des personnages ; vous perdriez votre temps, car on n'a cure de détails aussi vulgaires et que fournissent les autres répertoires.

Il eût semblé *a priori* qu'un tel dictionnaire eût dû donner les listes exactes de tous les représentants aux diverses législatures pendant la Révolution. Or, après chaque département, les auteurs mettent simplement une rubrique intitulée : *Principaux députés.* Pourquoi les principaux, et pas tous ? Quelle critique (si ce mot ne jure pas trop à l'occasion de cet ouvrage) a présidé au choix ? Dans le

---

(1) La table du *Moniteur*, hâtons-nous de le dire, est bien plus sûre et bien plus complète que le *Dictionnaire*, et la *Biographie de Leipzig* n'est pas exactement copiée. Je citerai comme exemple l'adjudant général *Mangin*, dont la notice a été prise dans la susdite biographie, mais en transformant ce personnage en général.

(2) L'orthographe des noms propres est défigurée dans nombre de cas, et les auteurs du *Dictionnaire* ne connaissent ni les *Conventionnels* de M. Guiffrey, ni le *Dictionnaire des Parlementaires*. Parmi les erreurs inédites figure *Bailly*, le maire de Paris, transformé en *Bailli*.

Pas-de-Calais, par exemple, pourquoi avoir supprimé, dans les députés de la Législative, le premier élu d'entre eux, Carnot-Feulint? Ne serait-ce pas qu'on ignorait l'existence de ce frère cadet de Lazare Carnot, dont la notice d'ailleurs manque dans le dictionnaire? La liste des députés de Paris, si facile à se procurer, n'est pas meilleure. Si pour la Constituante elle est complète, plusieurs noms y sont écorchés (1). Pour la Législative on mentionne vingt-deux noms sur vingt-quatre, plus le suppléant Lacretelle, qui siégea au cours de la législature (2). Parmi les conventionnels on omet le vénérable Raffron du Trouillet et on ajoute Tallien, qui fut élu par Seine-et-Oise (3). Quant aux Anciens et aux Cinq-Cents la liste est d'une fantaisie absolue.

» La rédaction des notices n'est pas moins défectueuse. Même absence de plan et de méthode (4). Mais là où l'incohérence atteint ses dernières limites, c'est dans l'article consacré aux personnages nés à Paris. Les auteurs disent gravement : « Dans un livre qui s'occupe exclusivement de l'histoire de la Révolution, on comprend aisément qu'il nous faut commencer notre liste plus de cinquante années auparavant pour pouvoir faire vivre, agir et souvent monter les gens sur l'échafaud, à l'époque si passionnante et si troublée de la Révolution. » Après cette déclaration,

---

(1) On écrit *Luzignam* au lieu de *Luzignem*, *Dossaut* au lieu de *Dosfant*.

(2) Il faut lire *Thorillon* au lieu de *Morillon* et *Robin* au lieu de *Robins*.

(3) Il faut lire *Dusaulx* au lieu de *Dussault*.

(4) Voici comme spécimen l'article Coffinhal : « COFFINHAL (DUBAIL) (Jean-Baptiste). — Médecin, puis homme de loi, juge et vice-président du tribunal révolutionnaire de Paris, né en 1746 à Aurillac, remplit ses terribles fonctions de juge avec une rigidité, on pourrait dire avec une cruauté sans exemple : il refusa un sursis de quinze jours au savant Lavoisier, qui le demandait pour terminer une expérience utile à la science. Au 9 thermidor, il parvint à se cacher dans l'île des Cygnes pendant deux jours, mais, pressé par la faim, il se réfugia chez un ami qu'il avait autrefois aidé de sa bourse; celui-ci le livra et Coffinhal fut condamné à mort et exécuté le 18 thermidor an II. Il monta sur l'échafaud sans aucune émotion ; c'était un homme très instruit. »

qui croyez-vous voir figurer dans cette liste ? Probablement des personnages qui, ayant terminé leur carrière sous la Révolution, appartiennent à l'ancien régime. Il y en a bien quelques-uns, mais à côté d'eux vous trouverez dans cette liste alphabétique Alexandre Dumas, Béranger, Eugène Cavaignac, Corot, Déjazet, Gavarni, Ledru-Rollin, Littré, Mérimée, Alfred de Musset, Scribe, Viollet-Leduc et autres célébrités du xixᵉ siècle. Ce n'est pas le seul étonnement de ce genre que procure ce *Dictionnaire*. Il est difficile de comprendre à quel titre y figurent un certain nombre de noms tels que le capitaine Cook, l'empoisonneur Desrues, le bienheureux Labre, les Mémoires de Saint-Simon, Mozart, O'Méara, le médecin de Napoléon Iᵉʳ à Sainte-Hélène, le régent Philippe d'Orléans, Gaston d'Orléans, frère de Louis XIII, le sculpteur Pigalle, Piron, Lefranc de Pompignan, Regnard, Poton de Xaintrailles, le compagnon de Jeanne d'Arc ! Peut-être a-t-on, par une regrettable confusion, mêlé aux fiches du *Dictionnaire de la Révolution* celles d'un autre dictionnaire en cours de publication dans la même maison de librairie.

Le classement cause aussi des surprises inattendues : les frères et les sœurs de Napoléon Iᵉʳ et divers autres personnages (entre autres Anacharsis Clootz, Adam Lux, Hubert Robert, Bernardin de Saint-Pierre) figurent à leurs prénoms. Qui irait chercher à la lettre L *Le Concordat*, *Les Trois Évêchés*, *Le Vengeur*, et à *Auvergne* le premier grenadier de la République ?

Souvent les auteurs donnent deux formes d'un même nom : *Nerwinde* ou *Neerwindein* (ce n'est ni l'un ni l'autre, mais Neerwinden), *Pétion* ou *Phetion de Villeneuve* (cette dernière version est inédite). C'est là un scrupule bien singulier chez des auteurs dont le rôle est de nous fixer sur les points litigieux au lieu de nous laisser dans le doute.

Leur étourderie n'est pas moins inconcevable. Le conventionnel Lasource figure à son nom patronymique *Alba*, sans qu'on nous prévienne qu'il avait pris celui de *Lasource*, et à son surnom de *Lasource*, sans qu'on y mentionne qu'il s'appelait *Alba*. C'est là un dédoublement fâcheux du personnage. Le général de Flers a deux notices à *Deflers* et *Flers*. Un conventionnel très obscur, Goudelin, a le même privilège à *Gondelin* et *Goudelin*. L'article Dejabin contient cette information toute nouvelle : « Peintre connu par sa collection de portraits de députés à la Législative. » Nous avions cru jusqu'ici que Dejabin était l'éditeur d'une collection de portraits des députés à la Constituante.

Mais c'est assez insister sur cette pitoyable publication. En résumé, c'est un ouvrage non seulement inutile, mais nuisible, et qui ne peut qu'induire en erreur ceux qui auront l'imprudence de le consulter. Les renseignements les plus élémentaires y font défaut et on ne peut accepter, sans un contrôle sévère, une seule des assertions qui y sont contenues. On nous permettra de regretter qu'un historien de l'autorité de M. Augustin Challamel ait consenti à prêter son nom (car c'est là, j'imagine, son unique collaboration) à une compilation qui dépasse en faiblesse tout ce qui a été écrit jusqu'ici sur la Révolution, et qu'une maison de librairie considérable ait pris la responsabilité d'une telle opération, sans se renseigner auprès des érudits compétents. Il faut répudier hautement ce détestable livre, indigne de la science française, et qui compromettrait son bon renom, si l'ignorance la plus grossière ne s'étalait à chaque page de ce dictionnaire avec une ingénuité qui désarme presque la critique.   Étienne CHARAVAY.

Le Gérant : CL. CHARAVAY.

Paris. — Imprimerie L. MARETHEUX, 1, rue Cassette.

DANTON

ET

LA RÉVOLUTION DU 10 AOUT 1792

On dit souvent, et je crois bien l'avoir dit moi-même :
Danton fit le 10 août. Cela ne signifie pas que cette révolution soit sortie tout armée du cerveau de Danton, et que,
sans Danton, elle ne se fût pas produite, de même que, sans
les Bonaparte, on n'aurait pas eu les journées du 18 brumaire
et du 2 décembre. Il n'y a que les coups d'État rétrogrades
qui puissent être considérés comme l'œuvre d'un seul
homme : les révolutions dans le sens du progrès sont plutôt anonymes, je veux dire nationales. On ferait rire en
attribuant la révolution de 1789 uniquement à Necker, à
Mirabeau ou à Sieyès, ou celle de 1830 à Louis-Philippe,
ou celle de 1848 à Ledru-Rollin ou enfin celle du 4 septembre 1870 à Gambetta. C'est l'opinion qui opéra ces
révolutions, et les hommes dont je viens de rappeler les
noms ne furent que les guides, non les inspirateurs de
l'opinion. C'est aussi l'opinion, éclairée et irritée par le
manifeste de Brunswick, qui renversa du trône le roi complice de l'étranger. Il n'y eut pas de chef unique du parti
populaire, pas de dictateur de l'insurrection. Mais Danton
me semble avoir été un des acteurs les plus énergiques et
les plus habiles de cette journée, et voici quelques-uns des
faits qui prouvent l'importance de son rôle.

I

On a vu que Danton aurait préféré une sorte de révolution pacifique et presque légale par le moyen des fédérés réunis au Champ-de-Mars, le 14 juillet 1792. L'événement le désabusa de cette chimère. Il vit bien qu'on n'en finirait avec Louis XVI que par un coup de force, et il fut un de ceux qui s'occupèrent activement à préparer les voies à cette insurrection, puisqu'elle était devenue, dans l'état de l'opinion, le seul moyen d'annihiler la trahison du monarque et d'assurer la défense nationale. Il s'efforça de persuader Petion et ses amis de la nécessité de cette insurrection, et Fabre d'Églantine a parlé, au tribunal révolutionnaire, d'un dîner où Danton adjura les Brissotins et les Girondins de se rallier au mouvement populaire d'où allait sortir la journée du 10 août (1). S'il ne réussit pas à transformer le maire de Paris en insurgé, du moins il obtint de lui, comme l'événement le prouva, qu'il laisserait faire.

De même, il est plus que probable que Danton ne fut pas étranger à l'arrêté du 17 juillet 1792 par lequel la Commune établit à l'Hôtel de Ville un bureau central de correspondance entre les 48 sections, sous la direction et la surveillance du procureur de la commune, et il y a lieu de croire que le substitut Danton se mêla personnellement de cette direction et de cette surveillance. Le 25, l'Assemblée législative décréta la permanence des sections, et c'est là bien plutôt que dans le Comité secret dont Carra a conté l'histoire, que s'organisa l'insurrection. Or, il est peu douteux que Danton n'ait été l'âme de ce Comité.

Sans doute, les textes nous manquent pour établir cette

(1) Buchez, XXX, 83.

influence de Danton sur l'ensemble du mouvement sec-
tionnaire. Mais les journaux patriotes pouvaient-ils dévoiler tout le détail de cette organisation, nommer les meneurs,
désigner à la cour les véritables guides de ce grand complot ? En tout cas, il y a un acte de Danton qui est public,
avoué, certifié : c'est l'établissement révolutionnaire du
suffrage universel dans la section du Théâtre Français.

Le 30 juillet 1792, cette section déclare « que, la patrie
étant en danger, tous les hommes français sont de fait
appelés à la défendre, que les citoyens vulgairement et
aristocratiquement connus sous le nom de citoyens passifs,
sont des hommes français, partant qu'ils doivent être et
qu'ils sont appelés, tant dans le service de la garde nationale pour y porter les armes, que dans les sections et dans
les assemblées primaires pour y délibérer. En conséquence,
les citoyens qui ci-devant composaient exclusivement la
section du Théâtre-Français, déclarant hautement leur
répugnance pour leur ancien privilège, appellent à eux
tous les hommes français qui ont un domicile quelconque
dans l'étendue de la section, leur permettent de partager
avec eux l'exercice de la portion de souveraineté qui appar-
tient à la section, de les regarder comme des frères, concitoyens, cointéressés à la même cause et comme défenseurs nécessaires de la déclaration des droits, de la liberté,
de l'égalité et de tous les droits imprescriptibles du peuple
et de chaque individu en particulier. »

Cette déclaration est signée : Danton, président ; Anaxa-
goras Chaumette, vice-président ; Momoro, secrétaire (1).

(1) Je ne donne pas tout le texte de cette remarquable pièce, qui a déjà
été imprimée plusieurs fois et qu'on trouvera dans mon édition des
Mémoires de Chaumette, p. 42. La déclaration de la section du Théâtre-
Français ne resta pas lettre morte. « Elle fut affichée, dit Chaumette,
et, dès le lendemain, la section reçut dans son sein une colonie d'hommes
libres, une armée de patriotes, qui n'attendaient que le moment de rentrer
dans tous leurs droits. »

Il n'est guère douteux que Danton n'ait rédigé cet arrêté : c'est son style, c'est son éloquence, c'est sa dialectique fougueuse et triomphante.

Il ne me semble pas qu'on ait assez signalé l'importance de cet arrêté, qui réalisait, par avance, un des résultats les plus importants de la révolution du 10 août. Celle-ci n'a pas seulement détrôné Louis XVI et préparé l'avènement d'une autre forme gouvernementale : elle a été l'achèvement démocratique de l'œuvre de 1789, en ce qu'elle a établi le suffrage universel. Oui, l'arrêté cordelier du 30 juillet 1792 a été la charte du suffrage universel, et cette charte, que nous devons à Danton et à ses amis, ne devrait-elle pas tenir une place d'honneur dans les archives de notre démocratie ? Et remarquez le raisonnement de Danton, qu'en peut résumer ainsi : tout Français, ayant une part égale des charges, doit avoir une part égale des droits. C'est déjà le langage de la révolution de 1848.

Nul doute que le génie de Danton ne prévît les grandes conséquences historiques de l'acte révolutionnaire auquel, ce jour-là, il attacha son nom. Mais il en voyait surtout les effets immédiats, et à l'assaut du trône il convoquait la *plèbe*, tous les dédaignés et les disgraciés que la constitution censitaire de 1791 avait mis hors du pays légal. Grâce à lui, ces insurgés furieux allaient se sentir citoyens.

II

C'est aussi la section du Théâtre-Français qui, quatre jours plus tard, porta au trône de Louis XVI un coup non moins terrible. Ce trône reposait en partie sur l'appui de la garde nationale, dont l'état-major était tout dévoué à la politique constitutionnelle. La section de Danton osa demander, par un arrêté retentissant, la suppression de

. état-major. Voici le texte de cet arrêté, que je donne en entier parce que je le crois inédit ou du moins oublié.

SECTION DU THÉATRE FRANÇAIS

Séance permanente.

Extrait du registre des délibérations de la section du Théâtre Français du vendredi 4 août, l'an 4e de la liberté.

L'Assemblée générale, légalement convoquée et composée d'un très grand nombre de citoyens, attendu l'importance de la matière, après avoir pris lecture de l'arrêté de la municipalité, en date du 31 juillet, et remis à la délibération des quarante-huit sections, et entendu la discussion contradictoirement faite sur cette matière, considérant que l'état-major de la garde nationale de Paris est inutile et très coûteux, qu'il n'a servi jusqu'à ce jour qu'à former un corps permanent de courtisans plus empressés à complaire aux hommes puissants qu'à rendre des services à la commune et à la patrie: que l'expérience lui a prouvé que ce corps isolé était un foyer de corruption dont l'effet se répandait sur la garde nationale parisienne ou y fomentait la division ;

Considérant que ce serait un abus des plus dangereux que les officiers de la garde nationale puissent, de leur chef, donner des ordres extraordinaires et faire sonner l'alarme sans la participation de l'autorité civile; qu'il serait, par ce moyen, facile de causer les troubles que l'on voudrait avoir l'air d'apaiser ou de faire naître de véritables émeutes,

Considérant que ce n'a pu être que par une politique perfide, que certaines personnes, dont l'influence a été et est reconnue aujourd'hui dangereuse, ont travaillé à l'effet de laisser subsister soixante bataillons, au milieu de quarante-huit sections, que cette disproportion dans la conscription des citoyens choque le sens et la raison, puisqu'il est évident que les citoyens délibérant, ne pouvant être et n'étant que les citoyens armés, rien ne les appelait plus à la division que de s'armer dans un quartier et de délibérer dans un autre;

Considérant que toutes les distinctions connues dans la garde nationale sous le nom de grenadiers et chasseurs, et encore dans les épaulettes, bonnets, ceintures et autres ornements de ce genre, sont des inventions aussi dangereuses que puériles, qui ne tendent qu'à porter à l'orgueil les citoyens, et à persuader aux faibles qu'il existe une distance entre eux et ceux qui ne sont pas revêtus de ces signes et prérogatives ;

Considérant, enfin, que les bases et l'esprit de la garde nationale sont la Liberté et l'Égalité :

Arrête comme suit son vœu :

1° La suppression totale de l'état-major ; que les seuls officiers supérieurs de la garde nationale seront les quarante-huit commandants de section, qui, à tour de rôle, commanderont en chef ; que le service d'aides de camp ou d'estaffettes sera fait par un piquet d'ordonnance de la gendarmerie nationale, journellement commandé à cet effet ;

2° Que, conformément à son précédent arrêté, nul chef de la garde nationale ne pourra exécuter aucun ordre sans le mandement exprès de l'autorité civile et par écrit ;

3° Que les bataillons seront réduits au nombre de quarante-huit sections et porteront le nom de *sections armées* ; que le nombre des compagnies en sera limité, de sorte qu'il y en aura autant que de centaines de citoyens, et qu'il sera donné un nombre égal de canons à ces sections, selon la répartition qui paraîtra la plus juste à la municipalité ;

4° Qu'il n'y aura plus ni grenadiers, ni chasseurs, plus de distinctions en bonnets, en ceintures, en épaulettes ni de quel genre que ce puisse être, et que le hausse-col, différencié selon le grade, ou un panache, sera la seule marque distinctive des officiers et seulement en état et cours de service ;

5° Que le service des parcs d'artillerie et celui de Henri IV sur le Pont-Neuf sera fait par toute la section ;

6° Que le présent sera communiqué à l'Assemblée nationale, aux sections, à la municipalité, imprimé et affiché, et porté par une députation.

LEBOIS, *président ;* CHAUMETTE, MOMORO, *secrétaires* (1).

On remarquera que Danton n'a pas signé cet arrêté, n'étant plus membre du bureau de la section. Il est cependant probable qu'il ne fut pas étranger à ce nouvel acte de guerre des ex-Cordeliers contre la Cour, d'autant plus que cet acte n'est que la conséquence naturelle de l'arrêté dantonien du 30 juillet.

(1) Arch. nat., DxL, 14, papiers de la Commission extraordinaire de l'Assemblée législative.

Ce n'est cependant pas Danton qui élabora la fameuse
pétition par laquelle quarante-sept sections sur quarante-
huit demandèrent la déchéance de Louis XVI. L'auteur en
est peut-être Collot d'Herbois, qui, du 1er au 3 avril, présida,
à l'Hôtel de Ville, la réunion des commissaires des sections (1). Mais il est fort possible que ce soit Danton qui
ait décidé le maire de Paris, Petion, à la présenter à la
barre de la Législative, le 3 août.

Ce qui donnait cette audace aux chefs de l'insurrection
projetée, c'était l'arrivée du bataillon de Marseille, et il est
certain que Danton et ses amis armèrent et placèrent ce
bataillon de façon à décider de la victoire. C'est Panis et
Sergent, administrateurs de police, qui, risquant leur tête,
signèrent, le 4 août, l'ordre de délivrer des cartouches à
balle aux Marseillais (2). C'est Panis qui prit l'initiative de
faire transférer du faubourg Poissonnière au couvent des
Cordeliers, c'est-à-dire dans une redoutable position stra-
tégique, le bataillon de Marseille (3). Ce transfert eut lieu
dans la nuit du 4 au 5 août (4), et Chaumette nous apprend
que Danton, payant de sa personne, était un de ceux qui
servirent de guides au bataillon (5).

Après avoir ainsi contribué, par une intervention personnelle et énergique, aux préparatifs de l'insurrection, Danton
montra lui-même qu'il ne se considérait pas comme l'unique
et indispensable organisateur du mouvement, puisqu'il
choisit ce moment-là pour s'absenter. « J'avais préparé le
10 août, dira-t-il au tribunal révolutionnaire, et je fus à Arcis,

(1) Mortimer-Ternaux, II, 170.
(2) Pollio et Marcel, *Le Bataillon du 10 août*, p. 238-240.
(3) Discours de Panis à la Convention, 25 septembre 1792. *Moniteur*,
XIV, 48.
(4) Pollio et Marcel, p. 243.
(5) *Mémoires de Chaumette*, p. 43. « Les signataires de la délibération (du
30 juillet) leur avaient servi de guides, avec un officier municipal, et leur
avaient rendu tous les devoirs de l'hospitalité. »

parce que Danton est bon fils, faire mes adieux à ma mère et régler mes affaires ; il y a des témoins. On m'a revu solidement. » En effet, M. le Dr Robinet a trouvé, chez un notaire d'Arcis-sur-Aube, un acte notarié, en date du 6 août 1792, par lequel Danton fait donation à sa mère et à son beau-père Recordain, de la jouissance d'un logement dans sa maison (1). Cette absence de Danton à un tel moment est une preuve de plus de la bonté de cœur de ce prétendu forcené et le caractère presque testamentaire de cette donation montre bien qu'aux yeux de tous la bataille décisive était imminente. Les royalistes prédisaient hautement la contre-révolution, leur principale gazette, le *Petit Gautier*, annonçait comme prochain un combat suprême, et les émigrés publiaient follement qu'ils étaient sûrs de réduire Paris dans peu de jours (2).

---

(1) *Danton, homme d'État*, p. 95.

(2) On lit en effet dans le *Thermomètre du jour*, du 15 août 1792, p. 362. « Voici le libelle, en forme d'affiche de spectacle, que les aristocrates de Genève ont fait placarder dans plusieurs quartiers de leur ville. Il prouve que ces afficheurs ne doutaient pas que la contre-révolution ne s'opérât du 15 au 20 août. Ainsi les patriotes ont bien fait de prendre les devants.

« THÉATRE DU GRAND MANÈGE
« *Le roi, la loi, la nation.*

« On fait savoir au public que la clôture de ce spectacle se fera du « 15 au 20 août 1792, par *La France sauvée*, tragédie en 5 actes, de *Monsieur* « et de messeigneurs comte d'Artois, prince de Condé et compagnie. « Cette pièce sera suivie des *Émigrés*, opéra-comique en 1 acte, paroles « de M. le vicomte de Mirabeau, musique de M. le marquis de Bouillé. Le « spectacle sera terminé par un ballet, de la composition de monseigneur « le duc de Brunswick et du maréchal Bender, dans lequel les célèbres « Basire, Isnard, Chabot, Fauchet, Merlin, d'Orléans et quelques autres « doivent exécuter les pas les plus difficiles. Plusieurs puissances étran- « gères honoreront de leur présence ce spectacle. Il commencera par « l'air des *Trembleurs* et sera terminé par celui des *Pendus* : Ah ! ça ira, « ça ira, les démocrates à la lanterne ! Ah ! ça ira, ça ira, les démocrates « on les pendra. »

« On peut répondre à ces messieurs qu'une autre tragédie a été jouée le 10 août à Paris, également intitulée : *La France sauvée*, et que la grande indisposition de plusieurs acteurs empêcha le spectacle annonce d'avoir lieu : en attendant, ils donnèrent *relâche*... »

III

Pendant l'absence de Danton, la section du Théâtre-Français continua à se signaler par son attitude militante. Le 6 août, elle afficha un arrêté belliqueux, qui est une nouvelle preuve que le souci de la défense nationale fut la pensée commune des insurgés. Après avoir repris les vers de Voltaire qui avaient déjà été inscrits sur l'affiche tyrannicide du 21 juin 1791, les citoyens de la section répondaient longuement et ardemment au manifeste de Brunswick, assurant « qu'à l'exemple des Athéniens, des Romains, des habitants de Numance et de nos frères du bataillon de Seine-et-Oise (1), ils entraîneront tous leurs ennemis dans la ruine commune, qu'ils mourront vengés, qu'ils n'expireront que sous les ruines de cette cité embrasée, dont la destinée est inévitablement d'être ou le berceau de la liberté ou le tombeau des ennemis de la liberté. Ce qu'a pu Néron dans son aveugle fureur, nous jurons de l'exécuter dans notre sainte vengeance (2) ».

Si Danton eût été présent, il est peu probable qu'il eût conseillé à ses amis cette inutile déclamation : les arrêtés qu'il inspira sont tous des actes, et des actes de guerre.

Quand revint-il d'Arcis ?

On ne le sait pas au juste : mais ce ne fut ni avant le 8 août, ni après le 9. Disons qu'il rentra à Paris la veille de la bataille.

En absolvant La Fayette, l'Assemblée législative avait fermé aux patriotes toute voie légale et pacifique. La cons-

---

(1) Ce bataillon, en garnison à Rodemack, frontière du Rhin, avait juré de faire sauter le château, plutôt que de le rendre. Il ne tint pas sa promesse. Cf. Chuquet, *Première invasion prussienne*, p. 164.

(2) *Thermomètre du jour* du 10 août 1792. Cette proclamation est signée : Lebois, président ; Chaumette et Momoro, secrétaires.

titution avait prévu des cas où Louis XVI serait censé avoir abdiqué : mais, parmi ces cas, il n'y avait pas celui où le roi de France serait convaincu d'intelligence avec les ennemis de la France. La nation se trouvait donc prise dans un piège constitutionnel, et il n'y avait qu'une insurrection populaire qui pût briser ce piège.

Dès le retour de Danton, cette insurrection s'annonce ouvertement. Le 9, au soir, une affiche, *le Tocsin de la Liberté*, instruit les citoyens de tout ce qui doit se passer (1).

On sait ce qui advint.

Sur l'initiative de la section des Quinze-Vingts, les sections nomment chacune trois commissaires pour aller à l'Hôtel de Ville remplacer la commune légale (2).

Ils la remplacent sans violence et ne conservent de l'ancienne commune que le maire Petion, le procureur Manuel et le substitut Danton.

Le lendemain matin, 10 août, la bataille s'engage, Louis XVI se réfugie à l'Assemblée, les Tuileries sont prises, les défenseurs du roi massacrés.

L'Assemblée vote, non la déchéance, mais la suspension du roi : il n'est pas question de république.

Les vainqueurs se contentent de ce vote et organisent leur victoire : c'est le règne de la commune insurrectionnelle.

Que fit Danton le 9 et le 10?

Son nom ne paraît pas dans les récits des journaux, et il est plus que probable qu'il ne prit pas personnellement part à l'attaque du château.

---

(1) *Chronique de Paris* du 22 août 1792.
(2) Pour diminuer le rôle de Danton, on a fait remarquer qu'il n'était pas au nombre de ces commissaires. On oublie que Danton était substitut du procureur de la commune, et que les insurgés étaient bien décidés à le maintenir dans ces fonctions. Ils n'avaient donc pas à le déléguer à la commune, puisqu'il y siégeait déjà, et dans un poste important.

Il dira au Tribunal révolutionnaire : « Je ne me suis point couché. J'étais aux Cordeliers, quoique substitut de la Commune. Je dis au ministre (1) Clavière, qui venait de la part de la Commune, que nous allions sonner l'insurrection. Après avoir réglé toutes les opérations et le moment de l'attaque, je me suis mis sur un lit comme un soldat, avec ordre de m'avertir. Je sortis à une heure, et je fus à la Commune devenue révolutionnaire. Je fis l'arrêt de mort contre Mandat, qui avait ordre de tirer sur le peuple (2). »

Buchez a vu le procès-verbal du club des Cordeliers, dans la nuit du 9 au 10 août : Leroy père présidait, et il n'est question ni de Camille, ni de Danton (3). Mais cela ne prouve pas que Danton ne fût pas présent : il assistait sûrement à une partie de la séance, et la seule présence du substitut de la Commune, dans ce foyer de l'insurrection, était éloquente.

Lucile Desmoulins confirme en partie les assertions de Danton : « Danton, dit-elle, vint se coucher (chez lui). Il n'avait pas l'air fort empressé et ne sortit presque point. Minuit approchait. On vint le chercher plusieurs fois : enfin il partit pour la Commune. Le tocsin des Cordeliers sonna : il sonna longtemps (4) ».

Danton fit-il *l'arrêt de mort contre Mandat*, comme il s'en vanta au tribunal révolutionnaire ?

Mandat, commandant général de la garde nationale et partisan de la Cour, se trouvait, à ce moment-là, dans les bureaux de l'état-major de la garde nationale à l'Hôtel de Ville. Danton va le chercher, le prend au collet et l'amène

(1) Il veut dire : *Au futur ministre*.
(2) Topino-Lebrun.
(3) *Histoire parlementaire*, XVII, 55.
(4) *Œuvres de Camille Desmoulins*, éd. de 1838, t. II, p. 135.

devant la Commune insurrectionnelle (1). On lui présente
un ordre signé de lui, pour attaquer *par derrière* la colonne
des insurgés. Était-ce la félonie, comme le veut Louis
Blanc? Cette ruse de guerre n'était-elle pas permise, puisqu'on était en état de guerre? En tout cas, la Commune se
borne à arrêter que Mandat sera conduit à l'Abbaye,
« pour sa plus grande sûreté ». Sur les marches de l'Hôtel
de Ville, un inconnu lui cassa la tête d'un coup de pistolet.
Mais aucun des chefs de l'insurrection n'avait songé à le
faire périr, et, à en juger par le procès-verbal de la séance (2),
Danton n'intervint même pas dans le débat. Sans doute, en
l'amenant devant la Commune, il avait exposé Mandat à la
mort. Mais quel avait été son but? De faire massacrer un
adversaire? Non. Il avait voulu désorganiser la résistance
de la Cour en annihilant le chef militaire de cette résistance.
S'il eut plus tard le triste courage de se vanter d'un meurtre auquel il avait été réellement étranger (3), c'est qu'il
parlait au tribunal révolutionnaire, c'est qu'il défendait sa
tête.

Voilà tout ce qu'on sait de certain sur le rôle de Danton
dans la révolution du 10 août. Ainsi, il fit établir révolutionnairement le suffrage universel dans la section du
Théâtre-Français, il fut un de ceux qui transférèrent le
bataillon des Marseillais au couvent des Cordeliers, il siégea
à l'Hôtel de Ville, dans la nuit du 9 au 10, comme substitut
du procureur de la Commune, maintenu par les insurgés,

(1) Déposition de Villain-Daubigny, ap. Robinet, *Danton, homme d'État*,
p. 97.
(2) Outre ce procès-verbal, nous avons le récit de Mortimer Ternaux
(II, 268-277). Ce récit est important parce que l'auteur a eu entre les mains,
aux Archives de la Seine (aujourd'hui disparues) « les minutes des ver-
sions successives, préparées pour arriver à la rédaction du procès-verbal
officiel ».
(3) Est-il bien vrai que Danton ait réellement prononcé ces paroles?
Nous n'avons, sur son procès, que les notes de Topino-Lebrun, qui sont
informes, et que le *Bulletin du tribunal révolutionnaire*, qui est menteur.

il contribua à faciliter aux commissaires des sections leur installation en forme de commune, il arrêta de sa main le chef militaire du parti de la Cour. Il eut donc raison de dire au tribunal révolutionnaire : *On m'a revu solidement.* Il n'est pas l'auteur, le chef unique de l'insurrection, et, sans lui, le trône n'en aurait pas moins été renversé à cette époque. Mais il est permis de croire que, si Danton n'avait. pas mis son énergie et son esprit pratique au service de cette révolution, elle eût été plus violente, plus hasardeuse, plus sanglante. C'est pour ces motifs et dans cette mesure qu'il convient de l'appeler *l'homme du 10 août.*

IV

Si quelqu'un doutait encore de l'importance du rôle de Danton dans cette journée fameuse, c'est qu'il oublierait que l'Assemblée législative prit elle-même le soin de désigner Danton à l'opinion et à l'histoire comme le héros de la victoire populaire, par le fait même qu'aussitôt après la prise des Tuileries, elle l'appela au poste de ministre de la justice.

On sait que, dans la journée même du 10 août, la Législative, en considération « des défiances qu'avait inspirées la conduite du chef du pouvoir exécutif, dans une guerre entreprise, en son nom, contre la constitution et l'indépendance nationale », avait convoqué une Convention nationale et suspendu provisoirement Louis XVI, en attendant que cette Convention prononçât définitivement (1).

---

(1) On a souvent dit que tout le côté droit était absent à cette séance du 10 août. C'est une erreur. Un député de la droite, Turquet de Mayerne (de l'Indre), protesta publiquement contre cette assertion dans le *Journal des débats et des décrets* du 2 septembre 1792. Voici sa lettre : « *Paris, 29 août, l'an IV de la liberté.* — Monsieur, on lit dans votre journal, n° 321, p 3°, qu'aucun membre du côté droit n'était présent à la mémorable

Pour cet intérim, elle établit, sans détruire l'ancienne organisation ministérielle, un Conseil exécutif provisoire, formé de six ministres. C'était l'ancien conseil du roi, sans le roi.

Après avoir décrété que le ministre qui serait nommé le premier aurait la signature pour tous les départements du ministère, tant qu'ils resteraient vacants, — et cela indiquait, par avance, de quel degré exceptionnel de confiance elle honorerait ce premier élu, — elle nomma Danton en premier lieu (1). La majorité était de 143 voix : il y avait 282 votants. Danton fut élu ministre de la justice par 222 voix, tandis que Monge, élu après lui, n'en obtint que 154, et le Conseil se trouva ainsi composé : *Justice*, Danton ; *Marine*, Monge ; *Affaires étrangères*, Le Brun ; *Intérieur*, Roland ; *Guerre*, Servan ; *Contributions publiques*, Clavière.

Ces nominations étaient si bien d'accord avec le vœu public, que les journaux les mentionnèrent sans les com-

séance du 10, lorsque l'Assemblée s'est levée et a répété : *Vive la nation!* Cette assertion est une erreur. Je me place dans cette partie de la salle, et j'y étais en ce moment avec plusieurs de mes collègues. J'ai à cœur que cette vérité soit connue et que quelques membres du Corps législatif ne soient pas défavorablement désignés dans une circonstance aussi marquable (*sic*). J'espère, monsieur, que vous voudrez bien insérer cette note dans votre prochain numéro. *Signé :* MAYERNE, député à l'Assemblée nationale. »

(1) M. Chardoillet a dédié son édition des *Notes de Topino-Lebrun* à la mémoire de Danton, *président du Conseil exécutif provisoire de la République française*. Cette désignation pourrait faire croire qu'il y avait un président permanent du Conseil exécutif, analogue à notre président actuel du Conseil des ministres. Il n'en était rien, comme cela ressort de l'article 3 de la loi du 15 août 1792, qui est ainsi conçu : « Chaque ministre remplira, à tour de rôle, semaine par semaine, les fonctions de président du Conseil. » Danton exerça ces fonctions pendant une semaine, à partir du 9 septembre 1792. Ses cinq collègues présidèrent de même tour à tour, chacun pendant sa semaine. Il n'y a donc aucune raison de lui donner ce titre de président du Conseil, plutôt qu'à Roland, à Clavière, à Le Brun, à Servan ou à Monge. Remarquons en outre que la République ne fut établie que le 22 septembre 1792, quand Danton ne siégeait plus au Conseil qu'à titre de ministre démissionnaire qui attend la nomination de son successeur. C'est donc une double erreur que d'appeler Danton président du Conseil exécutif provisoire de la République française.

menter. Mais le plus illustre des électeurs de Danton, Condorcet, a expliqué ainsi son vote dans un écrit posthume :

« On m'a reproché d'avoir donné ma voix à Danton pour
être ministre de la justice. Voici mes raisons : il fallait, dans
le ministère, un homme qui eût la confiance de ce même
peuple dont les agitations venaient de renverser le trône ; il
fallait, dans le ministère, un homme qui, par son ascendant,
pût contenir les instruments très méprisables d'une révolution utile, glorieuse et nécessaire, et il fallait que cet
homme, par son talent pour la parole, par son esprit, par
son caractère, n'avilît pas le ministère ni les membres de
l'Assemblée nationale qui auraient à traiter avec lui. Danton
seul avait ces qualités ; je le choisis, et je ne m'en repens
point. Peut-être exagéra-t-il les maximes des constitutions
populaires dans le sens d'une trop grande déférence aux
idées du peuple, d'un trop grand emploi, dans les affaires,
de ses mouvements et de ses opinions. Mais le principe de
n'agir qu'avec le peuple et par lui, en le dirigeant, est le
seul qui, dans un temps de révolution populaire, puisse
sauver les lois ; et tous les partis qui se sépareront du
peuple finiront par se perdre et peut-être par le perdre avec
eux (1). »

Nous voilà loin de l'époque où la *Chronique de Paris* se
vantait dédaigneusement de ne pas connaître Danton !

D'autre part, nous savons qu'au moment du vote, Fabre
d'Eglantine dit à Brissot : « Les patriotes veulent porter
Danton au ministère : vous opposerez-vous à sa nomination ? » Brissot répondit : « Non, au contraire : ce doit être
le sceau de notre réconciliation (2). »

L'élection de Danton fut donc le résultat d'un double
sentiment. D'une part, l'Assemblée législative, malgré

(1) *Œuvres de Condorcet*, I, 602.
(2) Procès des Girondins, ap. Buchez, XXX, 84.

laquelle s'était faite l'insurrection du 10 août, voulait, en nommant un des chefs de cette insurrection, se réconcilier avec le parti populaire et se garantir elle-même contre les violences de ce parti. D'autre part, cette élection indiquait à la France et à l'Europe que tous les patriotes, modérés ou avancés, étaient unis contre l'étranger. Et il faut ajouter que ce vote de la Législative, si peu conforme à ses antécédents conservateurs et constitutionnels, lui avait été en quelque sorte facilité par l'idée, encore confuse, mais répandue, que Danton n'était pas le démagogue forcené qu'on avait cru, mais qu'il y avait en lui des qualités d'organisateur et d'homme d'État.

V

On ne saurait trop le répéter : ce qui fit l'importance de l'élection de Danton, c'est que l'Assemblée le nomma en premier lieu, par une forte majorité et malgré tant de préjugés contre sa personne. Si elle lui attribua le portefeuille de la justice, c'est qu'il avait été avocat aux Conseils, et c'est uniquement pour cela. Car les fonctions d'un ministre de la justice, en 1792, n'étaient pas en rapport avec l'importance du rôle que Danton avait rempli et qu'il était appelé à remplir.

Selon la constitution de 1791, le ministre de la justice n'avait que des attributions restreintes, si on songe à celles qu'il possède aujourd'hui.

Il ne nommait aucun juge : tous étaient élus par les citoyens actifs.

Quant au ministère public, le pouvoir exécutif n'en nommait qu'une partie, c'est-à-dire les officiers appelés *commissaires du roi*, qui n'avaient d'autres fonctions que de requérir l'observation des lois dans les jugements à rendre, et de faire exécuter les jugements rendus (1). La constitution disait expressément qu'ils n'étaient pas accusateurs publics : ceux-ci étaient élus comme les juges. Il y en avait un près de chaque tribunal criminel. S'il recevait une dénonciation du pouvoir exécutif, il veillait à ce qu'elle fût poursuivie par les voies et les formes légales (2). Mais il n'était en rien sous les ordres du ministre de la justice. Celui-ci n'avait guère que des fonctions de surveillance : il voyait si les lois étaient bien exécutées dans son ressort, il rappelait à l'ordre les magistrats qui y manquaient, il avertissait l'Assemblée. En outre il avait la garde du sceau de l'État, il l'apposait sur les lois.

Ces fonctions furent encore amoindries quant au ministère public. Une loi du 18-30 août 1792 suspendit (3) les commissaires du roi, et les remplaça par des commissaires du pouvoir exécutif, élus par les Conseils de district pour les tribunaux civils, et par les Conseils de département pour les tribunaux criminels. C'était là une mesure qui affaiblissait le pouvoir central, si faible déjà : mais elle était à tel point conforme aux idées du temps que Danton écrivit, le 29 août, à l'Assemblée législative pour en presser l'exécution (4). Enfin, le 20 octobre 1792, une loi supprima tous ces commissaires et attribua leurs fonctions aux accusateurs publics et aux agents nationaux près des districts.

Danton avait donc peu à faire comme ministre de la justice, et il réduisit encore ses occupations au minimum,

---

(1) Lois des 8 mai-27 sept. 1790; 16-24 août 1790; Const. de 1791, titre III, chap. 1er, art. 25 et 26.

(2) Loi du 16-29 septembre 1791, 2e partie, titre IV, art. 2.

(3) Cette suspension fut changée en suppression par la loi du 30 août-3 septembre 1792.

(4) *Moniteur*, XIII, 576; *Journal des débats*, 192. — Il faut dire, à la décharge de Danton, qu'à ce moment-là, les commissaires du roi étaient encore en fonctions, et qu'il n'avait pas le droit de les remplacer. C'est précisément à propos de la conduite antirévolutionnaire d'un de ces commissaires qu'il écrivit cette lettre du 29 août.

laissant aller les bureaux, usant et abusant de la griffe, se consacrant presque tout entier à la politique générale, à la défense nationale, à la diplomatie, — au grand profit de la France, dont son génie organisateur préserva l'indépendance et prépara la grandeur.

On raconte que, le 11 août, à trois heures du matin, Camille Desmoulins et Fabre d'Eglantine allèrent réveiller Danton pour lui annoncer sa nomination. « Il faut, lui dit Fabre, que tu me fasses secrétaire du sceau. — Et moi, ajouta Camille, un de tes secrétaires. » Danton, à moitié endormi, leur répondit : « Mais êtes-vous bien sûrs que je sois nommé ministre? — Oui (1). »

L'ancien secrétaire du sceau avait reçu, sous le nouveau régime, le titre de *secrétaire général du département de la justice et du sceau de l'État*, avec des appointements de 12,000 livres (2). Danton partagea ces fonctions et ce traitement entre Fabre d'Eglantine et Camille Desmoulins. On ne sait pas quels furent au juste le titre et les attributions de ces deux secrétaires, mais il semble que Camille ne joua qu'un rôle effacé. C'est Fabre qui, en fait, eut la haute main sur les affaires du ministère de la justice.

Il eût été très difficile à Danton de choisir pour auxiliaires des hommes plus spirituels que l'auteur du *Philinte* et que l'auteur des *Révolutions de France et de Brabant*. Il pouvait se vanter d'avoir mis à la tête de ses bureaux le dramaturge le plus original et le pamphlétaire le plus vigoureux de ce temps-là. C'était se conserver à lui-même une société agréable. C'était ne rien changer à ses habitudes de familiarité avec deux esprits brillants et amusants,

.

---

(1) Prudhomme, *Histoire générale et impartiale*. IV, 75.
(2) Avant le 10 août, le titulaire de ces fonctions, Duveyrier, gardait personnellement son traitement antérieur de 18,000 livres. — Bibl. nat., Lf. 106/1, in-4.

mais c'était aussi une impardonnable faiblesse et un grave
manque de tact de s'être laissé imposer, à titre de collaborateurs officiels, précisément les deux personnages les plus
incapables de tenue et de caractère qu'il pût rencontrer
dans son entourage. Le bon Camille faisait l'effet d'une
girouette et il semblait qu'il eût été toujours le séide de
quelqu'un, avant-hier de Mirabeau, hier de Robespierre.
Tous deux étaient nerveux, sensibles à l'excès et bavards.
Fabre compromettra Danton à propos des massacres de
septembre, lui jouera par étourderie un tour pendable lors
de l'arrestation d'Adrien du Port, et contribuera à donner à
son patron une réputation de cruauté qu'il ne méritait certes
pas, lui dont la politique avait tendu à empêcher les vengeances populaires. On verra que le bon et insouciant Danton pardonna ces sottises et ne fit qu'en rire. Mais elles
nuisirent à sa mémoire comme à sa politique, et il expia
cruellement la légèreté et l'indiscrétion de ses aimables
compagnons.

Il y avait au ministère de la justice un Comité judiciaire
de quatre hommes de loi chargés de préparer les décisions du ministre (1). C'étaient, avant le 10 août, MM. Les-
parat, Leroy, Moreau et Serson. Danton les remplaça par
Collot d'Herbois, Paré, Barère, — et Robespierre (2). On

---

(1) « Ce Comité est composé de quatre hommes de loi, qui d'abord
s'assemblèrent trois fois par semaine, et qui furent bientôt forcés, par la
multitude toujours croissante des difficultés à résoudre, de s'assembler
tous les jours. Ils examinèrent les questions sur l'ordre judiciaire, dis-
tinguant celles qui tendent à l'interprétation des lois, pour être soumises
à l'Assemblée nationale, et celles qui, purement relatives à l'exécution,
peuvent être résolues par le ministre. Ils préparent, sur ces dernières
questions, les décisions qui deviennent, lorsqu'il les a adoptées, les décisions personnelles du ministre. Ils sont, en outre, chargés d'examiner la
légitimité et la nécessité des renvois à faire au tribunal de cassation. »
Etat des bureaux du département de la justice... Paris, imp. royale, 1791.
— Bibl. nat., in-4. Lf. ¹⁰⁶/1, — Malheureusement, il n'existe pas d'état
semblable pour l'époque de l'administration de Danton.

(2) *Chronique de Paris* du 20 août 1792.

voit qu'il restait fidèle à la politique de concentration entre
les patriotes. Mais il commit, ou ses amis lui firent commettre, la faute de nommer Robespierre sans le consulter.
Celui-ci refusa aigrement de se laisser subalterniser dans
des fonctions qui le plaçaient sous les ordres de son rival (1).
Ce fut un incident désagréable pour Danton, qui parut
avoir manqué de tact.

Quant à l'histoire du ministère de Danton, si on considère son administration proprement dite, en tant que
ministre de la justice et indépendamment de la politique
générale, on en trouvera un résumé dans le compte qu'il
rendit à la Convention le 6 octobre 1792 (2).

Cette administration ne fut pas nulle, ainsi qu'on a affecté
de le croire. Outre ce compte rendu, je signalerai, comme
preuve de l'activité de Danton, même en tant que ministre
de la justice, deux lettres qu'il adressa au président de
l'Assemblée nationale le 7 et le 13 septembre 1792.

La première a pour objet les élections des commissaires
du pouvoir exécutif :

> Monsieur le Président,
>
> Des réclamations sans nombre me sont adressées, chaque
> jour, sur les difficultés qu'éprouvent les administrations dans le
> choix des commissaires du pouvoir exécutif. Une des plus
> grandes, sans contredit, est l'âge fixé pour être admis au titre
> d'éligibilité.
>
> Une réflexion, Monsieur le Président, fondée sur l'expérience
> et sur l'étude du cœur humain, semble prouver qu'à vingt-cinq
> ans on convient mieux aux emplois publics, quand on réunit
> d'ailleurs l'étude et les connaissances nécessaires pour les bien
> remplir, que dans un âge plus avancé. Si l'homme, alors en
> butte aux nombreuses passions qui l'assiègent, peut quelquefois

---

(1) Voir sa lettre de refus dans le *Courrier* de Gorsas du 24 août 1792.
Cf. Hamel, II, 386.

(2) On trouvera ce compte dans mes *Études et leçons sur la Révolution*,
p. 140 et suiv.

se laisser entraîner à leur violence, n'est-ce pas cette même violence aussi qui entretient le feu de son génie, qui agrandit ses idées et qui donne à son caractère cette force et cette énergie nécessaires, surtout dans des temps de révolution?

L'amour de la liberté ne peut entrer que dans des âmes ardentes; il faut du courage pour la défendre, et c'est à la jeunesse principalement que sont réservés les succès dans cette lutte possible.

Je propose donc à l'Assemblée, Monsieur le Président, de fixer à vingt-cinq ans l'âge compétent pour être admis aux fonctions de commissaire du pouvoir exécutif. Les tribunaux y gagneront de bons citoyens, nourris dans les principes de la liberté et de l'égalité, et plus propres à les bien soutenir que des hommes vieillis dans les préjugés de la servitude.

Un second avantage qu'on retirerait de cette disposition, c'est que, les choix étant plus prompts et plus faciles, la marche de la justice ne sera pas plus longtemps entravée.

Je suis avec respect, Monsieur le Président, votre très humble et très obéissant serviteur.

Le Ministre de la Justice,

Danton.

Paris, ce 7 septembre 1792, l'an 4ᵉ de la liberté et de l'égalité le 1ᵉʳ (1).

La seconde lettre se rapporte au Tribunal de famille :

Monsieur le Président,

La loi du 24 août 1790 sur l'organisation judiciaire ne contient que deux articles sur le *tribunal de famille*. Et tous les jours on fait de nouvelles épreuves de l'insuffisance absolue de cette loi. Il est, surtout, deux questions qui entravent principalement l'institution du tribunal de famille et je crois devoir les proposer, dès à présent, à l'Assemblée nationale.

La première : Que doit-on faire, lorsqu'un juge de famille refuse ou néglige de juger, et ne veut pourtant pas se départir?

La seconde : La récusation, applicable aux juges donnés par la loi, peut-elle être étendue aux juges de famille qui ne sont institués que par la confiance?

(1) Arch. nat., C. 164, 2ᵉ liasse, pièce 12. — La signature seule est autographe.

S'il était possible, Monsieur le Président, qu'au milieu des grands intérêts qui l'occupent, le Corps législatif donnât, par une loi précise, la solution de ces deux questions, des affaires particulières qui restent en souffrance depuis longtemps seraient bientôt terminées; et il résulterait la paix et l'union dans beaucoup de familles divisées par des discussions d'intérêts.

Je suis avec respect,

Monsieur le Président,

Votre très humble et très obéissant serviteur,

Le Ministre de la Justice,

DANTON.

Paris, ce 13 septembre 1792, l'an 4ᵉ de la liberté et de l'égalité le 1ᵉʳ (1).

Les autres actes de l'administration de Danton se rapportent à la politique générale, même sa circulaire aux tribunaux, même les mesures qu'il prit, comme ministre de la justice, à l'occasion des massacres de septembre et pour empêcher la continuation de ces massacres. Ce sera l'objet d'une étude d'ensemble sur le ministère de Danton, — et disons dès maintenant que ce ministère de deux mois est son titre le plus considérable à la reconnaissance de la France et à l'admiration de l'histoire.

F.-A. AULARD.

(1) Arch. nat., CI, 30.

LES

GÉNÉRAUX DE LA RÉPUBLIQUE

LE GÉNÉRAL DUMESNY

Sous cette rubrique paraîtront des notices sur les généraux de la République dont les noms ne figurent pas dans les dictionnaires biographiques. Appelé par l'édition de la correspondance de Carnot à étudier le personnel militaire de la Révolution, j'ai recueilli sur ces guerriers inconnus des notes que je publierai ici. Je commence aujourd'hui par le général Dumesny, qui se distingua à l'armée du Nord en 1792 et 1793 et fut un des collaborateurs de Hoche dans la pacification de la chouannerie. Le nom de Dumesny est presque constamment orthographié *Dumesnil* dans les rapports officiels et par les historiens, même les plus exacts. La présente notice est composée d'après les documents des archives administratives et historiques du Ministère de la guerre et des Archives nationales.

Le général Dumesny s'appelait Pierre-Marie-Joseph Salomon; il était né à Angoulème le 17 janvier 1739, d'une famille noble, comme le prouve l'acte de baptême suivant (1):

(1) Cet acte et le dossier du général Dumesny m'ont été obligeamment communiqués par M. Léon Hennet.

« Extrait des registres de la paroisse de la Peine déposés à la municipalité d'Angoulême.

« Le dix-huit de janvier mil sept cent trente-neuf a été baptisé, dans l'église de Notre-Dame de la Peine, Pierre-Michel-Joseph Salomon, né d'hier, fils naturel et légitime de monsieur Salomon fils aîné, écuyer, seigneur de Bourg-Charente, et de dame Thérèse Bourée, ses père et mère. Ont été parrain M. Charles-Joseph Salomon, officier de l'Auxerrois, et marraine dame Marie Cazaud, veuve de M. Bourée, écuyer de Balzac et secrétaire du Roi, le baptême fait en présence des soussignés.

« J. Salomon, Salomon, M. Cazaud Bourée, Maulde de Marsac, curé de la Peine. »

Il entra au service comme lieutenant dans le régiment de Mailly le 10 octobre 1755 et prit le surnom de *Dumesny*, sous lequel il fut désormais connu. Promu capitaine le 5 avril 1762, il fut réformé en 1763, après avoir fait les campagnes de 1757, 1761 et 1762, en Allemagne, et de 1758 et 1759 sur les côtes de Bretagne. Il avait reçu une une blessure à la fameuse bataille de Rosbach le 6 novembre 1757. Dumesny reprit du service le 4 août 1770 comme capitaine commandant du lieutenant-colonel du régiment de Guyenne, devint capitaine titulaire le 16 octobre 1771, capitaine en second de la compagnie lieutenant-colonelle le 8 juin 1776, commandant de cette compagnie le 30 janvier 1778, et reçut la croix de Saint-Louis le 27 septembre 1781. La Révolution le trouva capitaine et lui donna un avancement rapide. Lieutenant-colonel du 90e régiment le 6 novembre 1791, Dumesny passa au 54e le 23 mars 1792 et fut promu colonel le 27 mai suivant. C'est à la tête de ce régiment qu'il fit la campagne de 1792 et se distingua à la bataille de Valmy, où il combattit sur l'Yvron avec Stengel (1), et à celle de Jemappes (2). En décembre 1792 il fut nommé commandant temporaire d'Aix-la-Chapelle. Quand le 2 mars 1793, Dampierre et Stengel, attaqués par le prince de Wurtemberg, durent abandonner cette ville, Dumesny et son régiment luttèrent avec courage, notamment le 4 au combat du Haigneux, près de Herve (3). Le 8 il fut désigné pour commander une brigade et, le 18 mars, à Neerwinden, il conduisit une colonne, eut son cheval tué sous lui et fut atteint d'une blessure dont il resta estropié. Le 7 avril 1793, Dampierre le nomma général de brigade provisoire (4), et, le 15 mai suivant, le Conseil exécutif le confirma dans ce grade. Dumesny, que sa blessure retint quatre mois inactif, reprit son service le 1er juillet 1793. Le 8 août il soutint la retraite du camp de César. Le 8 septembre il alla attaquer Ypres, mit le feu à cette ville, mais dut se retirer devant des forces supérieures. Le 13, il prit une part active, sous les ordres d'Hédouville, à l'heureux combat de Wervicq. Le 25, il fut arrêté avec son chef et suspendu de ses fonctions, le 27. Transféré à la prison de l'Abbaye à Paris (5), il y resta onze mois. C'est de là qu'il adressa au Comité de salut public, le 20 thermidor an II (7 août 1794), le mémoire

---

(1) Cf. A. Chuquet, *Valmy*, 216 et suiv. M. Chuquet a fait ressortir l'importance du rôle de Stengel dans cette bataille. Kellermann signala, dans son *Mémoire historique sur la campagne de* 1792, la belle conduite de Dumesny. (Cf. L. Samion, *Kellermann*, p. 79.)

(2) Cf. A. Chuquet, *Jemappes*, 92.

(3) Dans les états de service de Dumesny donnés par lui-même, il dit qu'il fut légèrement blessé dans cette affaire.

(4) Le 9 avril 1793, Dumesny écrivit de Valenciennes qu'il venait de recevoir son brevet de général de brigade, daté du 7 avril, mais il fit observer qu'il exerçait ces fonctions depuis le 8 mars et qu'il avait été blessé en cette qualité à Neerwinden. Néanmoins, c'est la date du 15 mai 1793, époque de sa confirmation, qui figure sur ses états de service.

(5) Dumesny fut transféré à l'Abbaye, le 2 octobre 1893, avec les généraux Beysser, Hédouville et Demars. (Cf. *Moniteur*, XVIII, 17.)

suivant (Orig. aut., Archives nationales, AFII 306, à la
date du 5 fructidor an II) :

« Paris, à l'Abbaye, le 20 thermidor, l'an II de la République.

« Le général de brigade Dumesny aux citoyens représentants du peuple composant le Comité de salut public.

« Pierre-Michel-Joseph Salomon Dumesny, général de
brigade, âgé de cinquante-six ans, sert sa patrie depuis le
10 octobre 1755, sans nulle interruption (1). Il a servi pendant trente-six ans dans le 21° régiment (ci-devant Guyenne).
il a été porté au grade de lieutenant-colonel le 10 novembre 1791, colonel du 54° régiment le 27 mai 1792 et fait
général de brigade le 14 mai 1793.

« *Détail de la conduite du général Dumesny depuis le
1er mai 1793 jusqu'au 25 septembre 1793 (vieux style),
époque de sa détention à l'Abbaye.*

« Depuis que je suis attaché au service, j'avais fait de
mon régiment ma patrie d'habitude ; je n'ai presque point
profité de mes semestres, et je ne l'ai quitté que pour passer
aux grades supérieurs.

« A l'époque du 1er mai 1789, j'étais en garnison à Nîmes,
attaché au 21° régiment d'infanterie. Ce régiment se conduisit parfaitement bien dans le combat malheureux qu'il
y eut alors dans cette ville entre les protestants et les catholiques.

« Le 8 octobre, nous quittâmes Nîmes pour nous rendre
à Villefranche, près de Lyon. Le régiment, disséminé dans

---

(1) Cette assertion est inexacte, puisque, comme on l'a vu plus haut,
Dumesny ne servit pas de 1763 à 1770.

plusieurs cantonnements, se réunit à Lyon le 20 novembre 1791. J'ai participé à mériter avec lui les bons certificats de conduite qu'il a obtenus.

« Le 20 mars 1792, je partis de Lyon pour me rendre à Paris auprès du ministre de la guerre, qui, m'ayant promu au grade de lieutenant-colonel, ne m'en avait point donné l'avis officiel. Je justifiai de ma présence continue à mon corps, je prouvai l'erreur des bureaux, et le ministre, pour réparer cet oubli, me nomma à la lieutenance-colonelle du 54ᵉ régiment. Je partis de Paris, le 3 avril 1792, pour aller joindre ce régiment à Longwy. Le 27 mai suivant j'en fus nommé colonel, et c'est avec le 1ᵉʳ bataillon que j'ai fait la campagne de 1792 et partie de celle de 1793. Cette même année 1792, nous avons combattu à Saint-Juvin, près de Grandpré, à Valmy, à Jemappes, et placés à l'avant-garde nous attaquions souvent l'ennemi.

« Au mois de décembre 1792, je fus nommé commandant temporaire à Aix-la-Chapelle. J'y suis resté avec mon bataillon jusqu'au 1ᵉʳ de mars 1793. Mon séjour dans cette ville ne fut qu'une suite pénible de travaux. Partagé entre les soins du service militaire et l'ordre civil de la place, je n'avais aucun repos ni jour ni nuit.

« Le 1ᵉʳ de mars, l'armée française, forcée d'opérer sa retraite par le mouvement et la supériorité des forces ennemies, nous abandonnâmes Aix-la-Chapelle en combattant tous les jours. Le 4, mon bataillon soutint, au combat du Haigneux, près de Herve, le choc des ennemis toute la journée, sans perdre son terrain. Le 8 mars, je fus désigné par le général en chef pour faire le service de général de brigade et commander une division. Le 18, je commandai à la bataille de Neerwinden une colonne chargée d'attaquer et repousser l'ennemi d'une hauteur qu'il occupait. Je parvins à l'en chasser, mais ayant eu mon cheval tué sous moi et blessé grièvement, la retraite fut forcée. J'ai été près de quatre mois à me rétablir.

« Le 1er juillet 1793, j'ai repris mon service. Le 3 ou 4 août, j'ai fait la retraite du camp de César ; n'étant qu'officier général de jour, j'ai soutenu l'attaque des ennemis, et malgré leur supériorité j'ai sauvé à la République la nombreuse artillerie qui servait à la défense de ce camp.

« Le 27 août, je combattis avec succès à Wervicq-le-Franc, depuis les six heures du matin jusqu'au soir.

Le 8 septembre, je reçus l'ordre d'aller attaquer les ennemis dans les environs de la ville d'Ypres, de les en chasser et d'aller même brûler cette ville, si cela se pouvait. J'y ai combattu deux jours de suite, j'ai mis le feu à la ville, et je me suis retiré, pressé par l'ennemi.

« Le 13 septembre, placé sous les ordres du général d'Hédouville, j'attaquai et je remportai le poste important de Wervicq impérial.

« Le 18, on me chargea du commandement des flanqueurs de gauche de l'armée du Nord.

« Le 25, je fus arrêté et conduit à l'Abbaye. Détenu depuis cette époque dans cette maison, je n'ai jamais pu, ni être entendu, ni savoir pourquoi on me privait de ma liberté.

« C'est donc, après tous ces services rendus à la République et ce zèle soutenu pour les intérêts de la nation, que j'ai reçu cet ordre rigoureux. Persuadé qu'une mesure de sûreté générale en était seule l'objet, j'attendais de la sagesse de la Convention qu'elle voulût faire reconnaître mon innocence et ordonner mon élargissement, mais dix mois passés se sont écoulés dans la peine et la douleur. J'ose cependant tout espérer des mesures nouvelles et des décrets de la Convention, qui, se faisant éclairer sur les motifs qui ont fait prononcer par son Comité de salut public ma détention, verra qu'une cruelle erreur, sans doute, m'a plongé dans cette prison.

« Toujours attaché à mon service, je l'ai suivi et fait exécuter avec zèle ; je n'ai été chargé ni de finances ni de correspondances. Placé avec mes soldats, je cherchais à les bien connaître et à les pénétrer de cet amour de la liberté pour laquelle nous avons combattu ensemble avec succès ; ils m'ont vu arrêter avec peine, et je n'ai pas eu moins de regret de ne pas finir la campagne avec eux et d'en recommencer une qui est plus généralement glorieuse pour la France.

« J'ignore qui a pu me dénoncer, et je ne croyais pas avoir d'autres ennemis que ceux de la patrie.

« Veuillez, citoyens représentants, examiner ma conduite et prononcer le plus promptement possible sur mon sort.

« Salut et fraternité,

« Le général de brigade,

« DUMESNY. »

Les protestations du général Dumesny ne furent pas vaines cette fois. Le Comité de salut public le fit mettre en liberté le 5 fructidor an II (22 août 1794), ainsi que le montre l'arrêté suivant signé de Carnot (Arch. nat., AFII 306) :

« Le Comité de salut public arrête que Dumesnil (sic), ci-devant général de brigade, détenu dans la maison d'arrêt dite l'Abbaye, sera sur le champ mis en liberté.

« 5 fructidor an II.

« CARNOT. »

Dumesny fut réintégré dans l'armée et promu divisionnaire le 25 prairial an III (13 juin 1795). Envoyé à Alençon en qualité de commandant de la **grande** division de l'Est, il coopéra, sous les ordres de Hoche, au **désarmement des Chouans** (1). Le 1ᵉʳ jour complémentaire an IV (17 septembre 1796) il fut appelé au commandement de la **14ᵉ** division militaire (2) et transféra, le **22** vendémiaire an **V** (13 octobre 1796), son quartier-général d'Alençon à Caen (3).

— Le général Dumesny fut réformé par le Directoire exécutif le 5 frimaire an VI (25 novembre 1797). Il avait alors cinquante-neuf ans. Il se retira à Angoulême, demanda vainement à être employé à l'intérieur et obtint sa retraite en février 1801 (4). J'ignore ce que devint ensuite Dumesny et quand il mourut. Je laisse aux érudits charentais le soin de compléter cette notice de leur compatriote.

ÉTIENNE CHARAVAY.

(1) Cf. Savary, *Guerres des Vendéens et des Chouans*, VI, 327. Dans cet ouvrage l'orthographe du nom de Dumesny est exacte. — Cf. aussi une lettre de Dumesny dans le *Moniteur*, XXVIII, 293.

(2) Cf. aux Archives administratives du ministère de la guerre une lettre de Dumesny au ministre, en date d'Alençon, le 8 vendémiaire an V, pour accuser réception de sa nomination. — Hoche mit, le 1ᵉʳ vendémiaire an V, cette nomination à l'ordre du jour de l'armée : « Le général Dumesny commandera la 14ᵉ division militaire; il aura sous ses ordres les généraux de brigade Cambray, Baillot et Delarue... »

(3) Cf. lettre de Dumesny au ministre de la guerre, en date du 22 vendémiaire an V.

(4) Le 22 pluviôse an IX (11 février 1801), Dumesny écrivit d'Angoulême au ministre de la guerre pour demander sa retraite.

QUELQUES RECHERCHES

SUR JEANBON SAINT-ANDRÉ

Il a déjà paru dans cette Revue, des lettres de Jeanbon
Saint-André; récemment encore, M. A. Lods en a publié
quelques-unes adressées à Lasource, une autre sur le
31 mai (1). De notre côté, en vue d'une thèse de doctorat
dont le sujet serait la biographie de ce personnage, nous
avons essayé de recueillir des documents sur son compte.

I

En dehors de ce que l'on trouve aux Archives nationales,
aux Archives du ministère de la marine, parmi les manuscrits et imprimés de la Bibliothèque nationale, nous avons
cherché dans le Midi, à Montauban surtout qui fut la ville
natale et un des principaux théâtres de l'activité de Jeanbon Saint-André. Nous n'avons pu, comme nous l'espé-
rions, retrouver la famille même de notre personnage, en
obtenir des lettres, des souvenirs relatifs à lui : il ne reste
que des alliés de la famille de Jeanbon, entre autres des
beaux-frères d'un de ses petits neveux, et, quoique ceux-ci

(1) *Révolution française*, 14 octobre 1891 ; 14 février 1893.

aient pieusement gardé tout ce qui leur rappelait le conventionnel, c'est là peu de chose, comme le faisait d'ailleurs
prévoir M. Nicolas dans sa consciencieuse monographie de
Jeanbon Saint-André (1).

Néanmoins nous avons trouvé un certain nombre de
documents, et nous avons pu constater que si, lors de la
réaction thermidorienne, des Montalbanais se joignirent
aux ennemis de leur représentant dans la Convention,
aujourd'hui, dans sa ville natale sur les bords du Tarn autant
qu'à Mayence, son souvenir est respecté ; son nom a été
donné à une rue de Montauban, c'est lui certainement qui
nous a fait accueillir avec tant de bonne grâce par tous
ceux à l'érudition desquels nous nous sommes adressés.

De ce que nous avons recueilli nous pouvons, d'ores et
déjà, publier quelques pièces : l'acte de baptême de Jeanbon
par exemple.

André, fils du sieur Antoine Gembon, foulonnier, et de Marie
Molles mariés, né le 25 février 1749 a esté baptisé le jour suivant, parrain André Molles représenté par André Rivière foulonnier, marraine Rachel Laynié présens les soussignés avec
moy.

JEANBON père.

MOLLES.   MOLLES.
   LANIÉ.   RIVIÈRE.

GRASSET, vicaire (2).

On remarquera que Jeanbon fut baptisé à l'église. La condition précaire des religionnaires à cette époque explique
suffisamment ce fait; en 1781 même son père ne pourra
être inhumé que conformément à l'article 13 de la déclara-

(1) Michel Nicolas. *Jeanbon Saint-André, sa vie et ses écrits.* Montauban,
1848, in-12.

(2) Registre des baptêmes, mariages et enterrements de la paroisse
Saint-Jean, faubourg de Villenouvelle, du 1er janvier 1740 au 28 décembre
1749. Archives de l'État civil à la mairie, Montauban.

tion royale d'avril 1736, c'est-à-dire, en présence de deux témoins catholiques se portant garants qu'aucune cérémonie contraire à la religion établie, n'aura eu lieu (1).

On voit aussi que son père était un foulonnier du quartier de Villenouvelle. L'étude de sa famille nous a montré que tous les siens étaient dans l'industrie de la laine, alors très florissante à Montauban, et dont il utilisera plus tard le matériel tout pacifique pour la défense nationale (2) ; tous les siens étaient également groupés, à quelques exceptions près, faubourg de Villenouvelle, la maison paternelle y existe encore au numéro 40, maison que d'ailleurs il n'habita pas quand il revint à Montauban comme pasteur (3) et où rien ne rappelle plus son souvenir.

C'est au lendemain du 14 juillet 1789 que son nom se trouva mêlé pour la première fois aux événements politiques, nous l'avons relevé avec celui de son frère aîné « Jeanbon aîné », celui du peintre Ingres, père du grand artiste dont Montauban s'enorgueillit, mêlé à ceux d'un millier de personnes : magistrats, bourgeois, négociants, ouvriers, tous signataires de l'adresse suivante :

Les citoyens de Montauban, réunis le 22 juillet 1783 dans le couvent des Carmes, après avoir entendu lecture de l'arrêté de l'Assemblée Nationale du 15 du même mois, et pénétrés de la reconnaissance, du respect le plus profondément sentis et excités

(1) Registre des ordonnances permettant l'enterrement des religionnaires (1716-1760) folio 145, recto. Archives de l'état civil, à la mairie, Montauban.

(2) Lors de sa mission dans le Lot, il installe une fonderie de canons à Montauban. « Nos foulons et nos machines à ratiner les étoffes nous offrent des moyens préparés d'avance et qu'on peut adopter très promptement et à peu de frais pour forer les canons. » (Lettre au Comité de salut public datée de Montauban, 15 mai 1793. V. Aulard. *Recueil des Actes du Comité de salut public*, t. IV, p. 180-183.)

(3) Dans le « Catalogue général par lettre alphabétique des membres composant le Club des Patriotes de Montauban » (Archives municipales, Montauban) on lit « André, Jeanbon Saint-André, rue de l'Ancienne-Trésorerie ».

dans tous les cœurs par la sagesse, le patriotisme et la courageuse persévérance de cette auguste assemblée ont arrêté :

1° de faire le serment solennel et inviolable de garder à jamais fidélité et obéissance au roi Louis XVI dont Dieu daigne prolonger la carrière;

2° De soutenir de toute leur force et par le sacrifice de leurs biens et de leur vie les intérêts et la gloire de notre auguste monarque, les principes, délibérations, arrêtés, décrets de l'Assemblée nationale;

3° De travailler avec la plus vive ardeur au maintien de toute police et de l'ordre public, et de donner constamment l'exemple de l'union, de la concorde, de la paix et de l'obéissance aux lois (1).... »

Le premier acte politique de Jeanbon Saint-André, comme du reste de tous les patriotes à ce moment, a donc été une profession de fidélité, une manifestation de foi et d'espérance dans Louis XVI.

D'autres documents révèlent quel empire Jeanbon exerçait sur ceux qui étaient à portée de le connaître et quels admirateurs passionnés il comptait bien avant qu'il se fût lancé dans la vie politique, bien avant son installation à Montauban, dès 1778, alors qu'il était simple pasteur du désert dans le pays de Castres, et n'avait d'autres juges de sa valeur que les fidèles. Ce sont les archives du Consistoire de Bordeaux qui nous ont donné les renseignements qui suivent et dont nous remercions MM. Cadène, président, et Fauré, archiviste du Consistoire.

Le 23 juin 1778, le Consistoire de Bordeaux ayant besoin d'un troisième pasteur, reçoit une pétition signée de soixante-huit notables de l'église qui demandent que ce troisième pasteur soit Jeanbon « Les talents de M. Saint-André, ministre du saint Évangile à Castres, son zèle, ses vertus qui sont particulièrement connues des soussignés

---

(1) Plaquette de 15 p. in-8° imprimée chez Fontanel. Archives municipales. Montauban.

leur feraient désirer que vous voulussiez lui adresser une vocation pour l'appeler ici, et si la recette ordinaire ou celle qui pourra se faire à l'avenir ne suffisait point à l'entretien de notre Église, nous offrons de remplir le vuide (1). » Le Consistoire accueille favorablement cette pétition, mais il y a des fidèles qui tiennent pour M. Pomier, pasteur à Montpellier (c'est Rabaut Pomier, que Jeanbon retrouvera à la Convention) et le Consistoire hésite. Sur quoi les partisans de Jeanbon écrivent au Consistoire, le 21 juillet 1778, « que, du moment où quelques-uns des signataires (de la pétition) ont parlé en particulier à plusieurs de MM. les Anciens de l'admission de M. Saint-André, et l'ont proposée comme un avantage inappréciable pour cette Église, MM. les Anciens ont paru penser de même, étant reconnu avec eux que M. Saint-André est un sujet rare, doué de grands talents, et tel en un mot que les Églises réformées ont peu de pasteurs d'un mérite aussi éminent ; — qu'un pasteur qui n'est pas connu à Bordeaux ne peut pas raisonnablement entrer en concurrence avec M. Saint-André qui s'y est fait connaître de la manière la plus avantageuse, puisque c'est en sa faveur uniquement, que les signataires ont offert et offrent encore une augmentation de contribution — que le vœu de l'Église pour qu'il soit adressé à M. Saint-André une lettre de vocation, ayant été manifesté par une bonne partie de ses membres, on a lieu d'espérer que le vénérable Consistoire voudra bien y accéder, à moins que les fidèles qui ont fait cette demande ne fussent dans l'erreur sur les vie et mœurs du pasteur désigné, ou sur l'orthodoxie de sa doctrine dont ils ont, quant à présent, soit par eux-mêmes, soit par le témoignage public, l'opinion la plus favorable, — que comme les pasteurs d'un

---

(1) L'original aux Archives du Consistoire, à Bordeaux.

vrai mérite sont malheureusement rares en France et que ceux dont le mérite est reconnu sont très recherchés, il serait à craindre que l'Église de Bordeaux ne fût privée du bonheur de posséder M. Saint-André si le vénérable Consistoire tardait encore à lui adresser la lettre de vacation que les fidèles sollicitent, etc. (1) »

Le 6 août, en séance, le Consistoire persiste à examiner concurremment les candidatures de Jeanbon Saint-André, « dont les talents justifient les sentiments des fidèles à son égard » et de Rabaut Pomier « qui jouit aussi d'une réputation très méritée ». Il nomme une commission dans ce but et décide que, pour la mettre « à portée de concourir à cette élection avec connaissance de cause, il sera fait un précis de toutes les notions qu'on aura acquises sur le talent, les lumières, le caractère et les mœurs de ces deux pasteurs, lequel précis sera lu par le secrétaire du Consistoire (1) ».

Nous n'avons pu retrouver ce précis, qui certainement aurait été intéressant pour l'étude qui nous occupe. Le 13 août 1778, le Consistoire nomma pasteur à Bordeaux Rabaut Pomier, qui du reste ne put venir. L'élection paraît avoir été faite avec toutes les garanties désirables, mais Jeanbon avait des partisans bien opiniâtres, à en juger par une protestation très longue de l'un d'eux, dont nous détachons quelques fragments : « J'ai été étonné de ce qui s'est passé dernièrement dans le Consistoire, et si peu content d'une décision qui, au mépris de la demande (faite par un certain nombre de personnes respectables) d'un pasteur tel à beaucoup d'égards que nous devions le désirer, avait fait prévaloir l'opinion de quelques individus qui en voulaient un autre, ou qui pour mieux dire ne voulaient pas celui-là...

(1) Original aux Archives du Consistoire. Bordeaux.
(2) Registre des délibérations du Consistoire. Ier vol. 1753-1797.

que je m'étais bien promis de ne me mêler en aucune manière de ces sortes d'affaires ». Après ce début, l'auteur de la
protestation compare M. Saint-André et M. Pomier : « Tous
deux méritent les plus grands éloges par la régularité de
leur conduite et la pureté de leurs mœurs : mais quelle
différence dans l'éloge qu'on fait de leurs talents ! Certainement, si les personnes qui m'ont parlé de M. Saint-
André sont des gens sensés et si leur admiration pour ses
talents n'est point le fruit de l'enthousiasme, ce pasteur
méritait bien la préférence sur son concurrent, sur tous les
ministres que je connais. J'ai vu quatre lettres différentes
dans lesquelles on parle de lui comme d'un génie de premier
ordre. » Il attribue l'insuccès de Jeanbon aux manœuvres
d'un ennemi personnel : « On m'assure que c'est M. Gâches
qui a calomnié M. Saint-André, l'a aussi perfidement que
faussement accusé de mysticisme. M. Gâches est l'ennemi
juré de M. Saint-André. Soit jalousie de ses talents, soit
par des motifs plus bas encore, il nourrit contre son
confrère une haine implacable. » Il est vrai que le protes-
tataire ajoute : « Je vous prie d'observer que mes raisonnements ne sont fondés que sur une supposition ; ces mêmes
raisonnements tombent si ma supposition est fausse, et
tout ce que j'ai dit de M. Gâches doit être considéré comme
non avenu. » Et qu'il ne signe pas sa lettre autrement que
des initiales L. L. (1). Il n'en reste pas moins que ce factum
survenu près de six mois après le fait accompli (il est daté
du 13 décembre 1778) nous montre, en dehors de certaines
indications que nous ne négligerons pas dans notre travail,
la foi profonde de son auteur dans la valeur de Jeanbon
Saint-André.

(1) L'original, sans nom de destinataire, est aux Archives du Consistoire
à Bordeaux.

II

Cette foi profonde, douze ans après, les fidèles de Bordeaux l'avaient encore : en 1790, Jeanbon, pour fuir la haine des catholiques de Montauban, pour éviter le sort de quelques-uns de ses coréligionnaires massacrés par eux dans l'émeute du 10 mai, s'est réfugié à Bordeaux; immédiatement une pétition signée de 49 fidèles, est adressée au Consistoire de Bordeaux.

Instruits que la Providence qui dispense à son gré les événements a conduit dans notre sein un pasteur dont le mérite et les vertus sont généralement reconnus, que ce pasteur victime de son zèle et de son dévouement à la chose publique, expatrié des lieux qui l'ont possédé depuis plusieurs années, est à Bordeaux sans occupation, nous venons, Messieurs, comme chefs de famille, comme chrétiens et comme citoyens enfin, vous demander de saisir cette occasion d'attacher à l'Eglise un pasteur duquel elle se promet son édification. Ce pasteur est M. Jeanbon Saint-André (1). » Cette nouvelle tentative ne fut pas plus heureuse que la première. « Le Consistoire assemblé le 13 janvier 1791, sur la pétition des fidèles il a été résolu à l'unanimité des voix que l'on répondra aux pétitionnaires que leur vœu pour qu'on appelle un troisième pasteur ne peut être admis que du consentement de tous les chefs de famille du troupeau qu'il faudrait convoquer à cet effet, ce qui ne serait pas prudent dans les circonstances actuelles, qu'une pareille assemblée de protestants pourrait porter ou causer de l'ombrage aux catholiques romains..... Que lorsqu'on jouira d'un temps moins orageux la pétition sera reprise en considération (2).

Peut-être est-il heureux que l'affection des fidèles de l'Église de Bordeaux pour Jeanbon n'ait pas obtenu gain de cause : à Bordeaux où la bourgeoisie protestante fut girondine, où déjà notre personnage avait comme hôte et

---

(1) L'original aux Archives du Consistoire.
(2) Registre des délibérations du Consistoire, Ier vol. 1753-1797.

ami le grand armateur Pierre Sers, le futur président du directoire du département de la Gironde en 1793, il serait resté attaché aux idées, à la politique de la Gironde ; le Comité de salut public n'aurait pas profité de ses talents d'organisateur et de sa vigueur.

A Montauban, au sein de la communauté, il excite les mêmes admirations, exerce le même prestige, mais ici les circonstances sont critiques, l'Église dont il est le pasteur subit le contre-coup de toutes les agitations politiques ; aussi dans les documents que nous tenons de la bienveillance de M. le pasteur Rabaut, président du Consistoire, son caractère s'affirme, ses qualités se montrent en pleine lumière. A la suite du massacre d'un certain nombre de leurs frères dans la journée du 10 mai 1790, les protestants de Montauban ont un instant la velléité d'envoyer un des pasteurs à Paris « pour porter devant le trône de Sa Majesté et au tribunal suprême de la justice et de la raison nos justes plaintes (1) ». Si ce projet se fût réalisé, Jeanbon aurait été mêlé dès 1790 à la vie politique de Paris. On ne voit pas qu'il y ait été donné suite, mais, de Bordeaux où il s'était réfugié chez Pierre Sers, en réponse à une lettre que lui écrivaient le 26 septembre ses fidèles de Montauban et où ils exprimaient dans quel désarroi son départ les avait mis (2), Jeanbon adresse au Consistoire de Montauban quelques pages bien curieuses sur la situation.

La Providence a jugé à propos de m'arrêter dès le commencement de ma carrière, elle a élevé contre nous un de ces orages violents que nous avions presque perdu l'habitude de redouter : les ennemis du bien public se sont déclarés les nôtres et renouvelant la politique du xvi° siècle, ils ont voulu intéresser le ciel à la conservation de l'autorité et des richesses

(1) Brouillon d'un projet de résolution du 14 mai 1790. Archives du Consistoire, Montauban.
(2) Archives du Consistoire, Montauban.

qu'ils ont usurpées sur la terre. C'est ainsi que la cupidité, l'ambition, l'hypocrisie se liguent pour combattre la vérité qui tend sans cesse à les démasquer, c'est ainsi que, suivant l'expression d'un apôtre, ceux qui vivent selon la piété en Jésus-Christ souffriront persécution. Si, dans ces circonstances, notre doctrine eût été moins pure, si au lieu de recommander la soumission à l'autorité légitime, elle eût autorisé la révolte, favorisé l'insubordination et prêché la guerre civile, nous aurions été traités avec moins de rigueur; ou plutôt nous aurions été vantés, flattés, caressés, par les chefs du parti contraire à la justice, à la régénération du royaume et à la tranquillité publique. Heureusement nous n'avons pas donné dans ces pièges; nous avons préféré pour la millième fois de ne conserver que notre âme pour butin, plutôt que de manquer aux saintes obligations que nous impose notre qualité de citoyen, qui pour les esprits éclairés et les cœurs droits se confond avec celle de chrétien... Quant à moi, messieurs, je ne murmure point des sacrifices qui me sont imposés; forcé de fuir, d'abandonner un troupeau auquel la plus tendre charité m'avait lié, errant pour sauver ma vie, réduit par la précipitation même de ma fuite au plus affreux dénuement, je n'ai pas été cependant tout à fait destitué de consolations et de ressources. De bons Samaritains ont versé du baume sur mes blessures... je dois encore à mes malheurs le témoignage très agréable pour moi que vous me donnez de vos sentiments (1).

Rien de plus instructif pour saisir l'évolution des idées de Jeanbon Saint-André que de comparer cette lettre où il professe encore la soumission « aux puissances établies de Dieu », mais où il trahit sa haine vis-à-vis de ceux « qui veulent intéresser le Ciel à la conservation de l'autorité et des richesses qu'ils ont usurpées sur la terre », avec les sermons prononcés par lui à Montauban durant cette même période (2), avec les écrits et discours politiques de sa carrière à la Convention.

(1) Lettre écrite de Bordeaux le 7 octobre 1790 à MM. les Anciens du Consistoire de Montauban. Archives du Consistoire, Montauban.

(2) Sermon d'actions de grâces prononcé le 26 juillet 1789 à l'occasion de la fin des troubles de Paris et de l'éloignement des troupes de cette capitale. Sermon sur la vocation à la liberté et sur les devoirs qu'elle impose. 9 octobre 1791.

III

Revenu à Montauban quand l'émoi se fut apaisé (décembre 1780), porté au corps municipal par les électeurs grâce à la réaction grandissante contre les fauteurs du 10 mai, Jéanbon, le 29 mars 1792 est député à Paris auprès de l'Assemblée nationale par le conseil général de la commune et pour défendre les intérêts de Montauban.

C'est de Paris qu'il écrit au Consistoire, à propos d'une affaire dont il est déjà question dans sa correspondance avec Lasource publiée par M. Lods; l'église des ci-devant Carmes de Montauban était devenue, lors de la mise en vente des biens nationaux, la propriété d'une Compagnie par actions, et le consistoire était en pourparlers avec cette Compagnie pour acheter l'église et en faire le temple de la communauté protestante; il avait chargé Jeanbon de suivre cette affaire à Paris ; mais dans une ville où les passions religieuses, moins de deux ans auparavant, avaient amené un massacre, nombre de personnes s'émurent de voir passer aux mains des réformés une église catholique. « Des bruits calomnieux se répandirent; les uns disaient que les protestants voulaient égorger les catholiques, partie de la garde nationale déclara être fort éloignée de donner main-forte en cas qu'il arrivât quelque événement fâcheux dans cette église (1). » Ce Consistoire effrayé mit aux voix parmi les fidèles la question du transfert du culte dans l'église des Carmes et les fidèles se partagèrent. Ces hésitations valurent au Consistoire la lettre suivante de la part de Jeanbon (2).

(1) Passage raturé d'un brouillon de lettre préparé par le Consistoire pour Jeanbon à Paris. Archives du Consistoire, Montauban.
(2) Lettre écrite de « Paris, le 27 avril 1792, l'an IV de la liberté » pour « MM. le Pasteur et anciens de l'Église réformée de Montauban ». Archives du Consistoire, Montauban. « Le Pasteur », c'est Fonfrède-Robert collègue de Jeanbon.

Messieurs et chers frères, j'avais pris, comme vous me l'aviez ordonné, des informations sur la solidité de l'acquisition de l'église des ci-devant Carmes ; ces informations étaient satisfaisantes et j'allais vous les transmettre, lorsque j'ai appris que quelques personnes, dans de bonnes vues sans doute, mais avec peu de fondement, travaillaient à renverser le plan qui avait été formé avant mon départ. Permettez-moi, messieurs, de vous en témoigner mon étonnement et ma douleur. Le parti que l'on veut prendre n'est ni honorable ni prudent. Il n'est point honorable, car il suppose dans nos décisions une versatilité peu digne d'hommes qui réfléchissent. Il n'est point prudent, car il annonce aux ennemis de la chose publique que nous croyons la loi impuissante pour nous protéger, et dès lors c'est leur dire qu'ils peuvent nous attaquer impunément au lieu où nous nous rassemblons comme dans l'église des Carmes et partout. Ce n'est pas l'édifice où vous vous renfermerez qui fera votre sûreté, c'est la force de la loi et la loi certainement assez forte pour que vous n'ayez rien à craindre. Je n'ignore point que quand la frayeur s'est emparée des esprits, on ne les rassure pas par des raisons. Aussi suis-je loin d'espérer que ma lettre opère quelque chose sur les personnes prévenues, mais j'ai dû l'écrire afin de vous faire connaître que, fidèle à mes principes, je ne m'en écarterai jamais, afin même, j'ose le dire, de vous donner, en ma qualité de pasteur, l'exemple d'une courageuse fermeté et d'un attachement inviolable aux engagements déjà contractés.

Le Consistoire ayant répondu (1) : « Nous sommes convaincus ainsi que vous que la loi est en notre faveur, mais il est des temps et des circonstances qui doivent empêcher des gens prudents de jouir du bénéfice de la loi, » Jeanbon affirme que dans la situation où se trouvent les protestants toute timidité est déplacée, dangereuse, c'est le ferme attachement aux nouveaux principes, la constance à poursuivre l'entière application de la loi qui seuls peuvent les sauver.

Vous me faites la grâce de me dire qu'il est des temps et des circonstances qui doivent empêcher des gens prudents de jouir

---

(1) Lettre à Jeanbon Saint-André envoyée de Montauban le 8 mai 1792, l'an IV de la liberté. Archives du Consistoire. Montauban.

du bénéfice de la loi...'ne nous abusons point, ne nous faisons point illusion. Depuis le commencement de la Révolution jusqu'à présent, les malintentionnés n'ont cessé de rejeter sur les protestants le blâme de tout ce qui s'est fait; le Journal général de France, le *Mercure* et tous les journalistes aux gages de l'aristocratie répètent jusqu'à satiété cette inculpation. Ils la répéteront encore et elle ne sera abandonnée que quand l'espoir d'une contre-révolution sera entièrement dissipé. Jusque-là, votre sort sera incertain, ou pour mieux dire si la contre-révolution se faisait, vous en porteriez la peine, vous et le clergé constitutionnel. Victimes désignées vous n'échapperiez pas au fer meurtrier, et ceux de nous qui auraient la préférence dans cette horrible catastrophe, seraient ceux qui auraient exercé des fonctions judiciaires, administratives ou militaires. On ne vous demanderait pas si vous avez été ou non dans telle église : ce serait pour nos ennemis la chose du monde la plus indifférente, et leur grand objet serait de se débarrasser de vous, en quelque lieu que vous eussiez caché votre culte ; car ce n'est point du tout à votre culte qu'on en veut, mais à vos principes. Ce que je vous dis là, messieurs, je ne vous le dis pas tout à fait par conjecture. A portée de m'instruire sur un point qui me touche si intimement, j'ai voulu fixer mes idées et j'y suis parvenu. Maintenant je vous demande où est cette grande prudence qui ne vous donne aucune sûreté, qui ne diminue aucun danger, et qui, au contraire, les aggrave tous, parce qu'elle révèle aux ennemis de la constitution le secret de votre faiblesse et de votre timidité (1).

Il est impossible de résumer plus clairement la situation faite aux protestants par les événements politiques, la conduite à tenir pour eux. On remarque également ici quelle action le protestantisme a eue sur la marche de la Révolution, quelle vigueur il a donnée aux convictions, aux idées de ses pasteurs déjà préparés pour la lutte par leur pénible et dangereux apostolat au désert ; combien il est naturel qu'il y ait eu nombre de ministres du culte évan-

(1) Lettre adressée de « Paris, le 15 mai mai 1792, l'an 4 de la liberté » à « MM. le Pasteur et anciens de Montauban ». Archives du Consistoire, Montauban.

gélique à la Législative, à la Convention, dans les sociétés populaires. Enfin, au point de vue particulier qui nous occupe, ces lettres marquent bien le contraste entre un homme de caractère viril, auquel la vision très nette des dangers à courir n'enlève rien de son audace, et la foule qu'étreint la défiance de l'avenir, que paralysent le souvenir des souffrances subies, le retour récent des persécutions. Rien d'étonnant dès lors que celui-ci se soit imposé à ceux-là, qu'ils lui aient remis leurs destinées.

Le 13 septembre 1792, l'an 4 de la liberté et le 1er de l'égalité, le Consistoire extraordinairement assemblé, M. Jeanbon Saint-André l'un des pasteurs a dit qu'ayant été nommé par l'assemblée électorale du département du Lot député à la Convention nationale, il était sur son départ et qu'il désirait que l'Eglise lui accordât un congé. Le Consistoire prenant en considération la demande de M. Jeanbon Saint-André lui a témoigné les regrets qu'il a de perdre pour un temps le ministère d'un si digne pasteur ; mais il se félicite en même temps du choix que MM. les Electeurs ont fait de sa personne pour la Convention nationale persuadés qu'ils ne pouvaient faire un meilleur choix, et que la chose publique ne pouvait être en de meilleures mains. C'est pourquoi le Consistoire lui accorde un congé illimité, le priant de vouloir bien, après qu'il aura rempli sa mission, venir de nouveau exercer parmi nous son ministère, sa place lui étant toujours réservée (1).

On sait que ce ministère, Jeanbon ne revint jamais l'exercer ; ses destinées devaient le conduire de la Convention à Alger et Smyrne, puis après une longue captivité sur la mer Noire, à Mayence, qui garde encore aujourd'hui son tombeau.

_____

(1) Registres des délibérations du Consistoire. Registre n° 18, p. 94. Archives du Consistoire, Montauban.

IV

A côté de ces quelques documents les Archives départementales et municipales de Montauban en offrent un certain nombre se rapportant surtout à la gestion municipale de Jeanbon Saint-André, à ses relations avec ses commettants durant son séjour à la Convention. Nous nous contenterons ici d'ajouter deux mots sur un portrait déjà signalé par M. Nicolas à la fin de son article relatif à Jeanbon-Saint-André dans la « Biographie de Tarn-et-Garonne ».

Le petit-neveu du conventionnel, M. Émile Jeanbon, mort il y a quelques années, possédait un portrait appartenant aujourd'hui à ses beaux-frères, qu'avec leur agrément nous avons pu voir chez M⁸ Croc, notaire à Caussade, et qui date du temps où, à la suite du 1ᵉʳ prairial, les membres des anciens comités, et parmi eux Jeanbon-Saint-André furent décrétés d'arrestation et emprisonnés (9 prairial). David, compagnon de captivité de Jeanbon, fit alors son portrait au lavis, sur une coiffe de chapeau avec cet exergue.

> *Donum amicitiæ, amoris solatium.*
> *David faciebat in vinculis anno R.p. 3 messidoris 20.*

La signature : F. DAVID, se trouve de plus sur la manche du vêtement de Jeanbon. Celui-ci est représenté de profil, les bras croisés ; un haut chapeau mou à larges bords enfoncé en arrière jusqu'aux oreilles couvre sa tête, une cravate mal nouée fait plusieurs tours autour de son cou, il porte l'habit à larges revers, il est complètement rasé comme la plupart des hommes du temps. Le portrait est un des plus beaux qu'il nous ait été donné de voir dans l'œuvre de David, les teintes plates du lavis accentuent les traits tourmentés de la physionomie : les cheveux longs, bouclés, tombant en désordre sur l'oreille, les joues creuses et où une ride au-dessous des pommettes très saillantes met une grande tache d'ombre, donnent une impression poignante de lassitude physique ; mais le nez allongé, grêle, aux lignes très arrêtées, aux ailes frémissantes, le regard perçant, la bouche un peu railleuse, aux lèvres minces, la mâchoire énorme font penser à un homme à la vision nette, à la clairvoyance impitoyable, et qui, sa décision prise, l'exécute avec une volonté froide, une résolution imperturbable. L'ensemble est d'une puissance inouïe. C'est bien là le personnage que, d'après nos premières études, nous nous étions figuré.

Léon Lévy.

UN

AGENT NATIONAL A ALENÇON

PENDANT LA TERREUR

(DU 27 NIVOSE AN II AU 14 BRUMAIRE AN III)

La Constituante avait établi dans chaque district un directoire de quatre membres, un conseil de douze membres, un procureur-syndic : tous étaient désignés par les électeurs. Le procureur-syndic, dont les fonctions étaient mal définies et qui ne représentait même pas le pouvoir exécutif, requérait l'application des lois.

Les événements de 1792-1793 ne détruisirent pas officiellement cette organisation constitutionnelle; mais elle fut complétée, ou, pour mieux dire, modifiée dans son essence même, par des institutions nouvelles, d'un caractère plus militant. Il y eut, au district d'Alençon par exemple, un comité de surveillance, de bonne heure affilié aux Jacobins de Paris, un tribunal révolutionnaire, avec son accusateur public, Bourdon, ami de la grande éloquence où il ne manquait pas de maladresse Des représentants du peuple, envoyés en mission dans les départements, eurent la haute main sur tout et exercèrent un pouvoir discrétionnaire : Garnier (de Saintes) fut le dictateur ou, comme disaient ses adversaires, le petit tyran du département de

l'Orne ; il nomma les membres du Directoire et fit ainsi de
ce conseil primitivement élu un organe purement révolutionnaire.

Le 27 nivôse an II, Garnier fit une épuration complète
de tous les fonctionnaires du district d'Alençon, révoqua
les modérés, mit à leur place des hommes « de bon esprit »,
leur donna ses instructions, dont il assura l'observation
par une correspondance active et de nombreux séjours
dans la ville (1). En particulier, conformément au décret
de la Convention du 14 frimaire an II, il remplaça le procureur-syndic par un agent national, Chauvin. Comme son
nom l'indique, ce personnage devait être le représentant
direct de la nation, c'est-à-dire de la Convention, le héros
de la politique révolutionnaire dans le district.

Chauvin se montra digne de la confiance qui lui était
témoignée ; il mit toute sa passion, tout son zèle sincère et
un peu étroit à l'exécution des ordres qui lui venaient de
Garnier ou de la Convention ; il eut une physionomie originale entre tous les agents du département de l'Orne ; elle
vaut la peine d'être précisée en quelques traits.

Il prit vraiment pour devise l'en-tête de quelques actes
officiels du temps : *Liberté, Égalité, Énergie. Le gouvernement est révolutionnaire jusqu'à la paix. — Guerre aux
modérés. Mort aux tyrans. Paix aux chaumières. La République ou la mort.*

Il resta en relations incessantes, presque quotidiennes,
avec la Convention et les Jacobins. A partir de messidor
an II, il envoya au Comité de salut public un état décadaire
de la situation du district (2) ; sa correspondance remplit

---

(1) Cf. aux Archives de l'Orne, les cartons des représentants en mission,
série L, n° 3.
(2) Par arrêté du Comité de salut public, en date du 1er thermidor an II,
les agents nationaux devaient adresser, chaque décadi, un état par questions et par réponses, sur la situation de leurs districts, sur les autorités

deux volumineux cahiers conservés aux Archives départementales de l'Orne. Il fut l'inspirateur du Comité de surveillance et l'agent le plus actif de ses enquêtes; il désigna les vingt-six jurés de jugement et les seize jurés d'accusation; il fut le pourvoyeur du tribunal révolutionnaire, un moment même il faillit l'être de la guillotine de Sanson; il fut l'indicateur de l'accusateur public, dont il eut maintes fois à stimuler le zèle. Il fut l'homme de Garnier, le bras droit du jacobinisme à Alençon, où il établit pendant près d'un an le règne de la Terreur.

Nous le suivrons dans l'application des lois et décrets, dans la lutte contre les suspects et les ennemis du gouvernement, jusqu'à sa chute au moment de la réaction thermidorienne.

I

La majorité de la population alençonnaise, était au début « dans le sens de la Convention ». Était-ce prudence ou conviction? C'était l'un et l'autre. Elle ne se mêla ni au mouvement girondin du Calvados, ni à l'insurrection des chouans, ni à la guerre de Vendée. M. de la Sicotière exprime (1) l'opinion qu'Alençon ne se désintéressa des événements de Caen que dans la crainte de ne plus recevoir de subsistances du département d'Eure-et-Loir. Il cite un décret des administrateurs d'Eure-et-Loir et de Chartres ainsi conçu : « Les Alençonnais ne peuvent espérer aucun secours en farines ou grains du département d'Eure-et-Loir, jusqu'à ce que la commune d'Alençon ait prononcé son vœu sur la Révolution du 31 mai et ait adhéré à tous

constituées, sur les sociétés populaires, sur les écoles primaires, sur les maisons d'arrêt, sur les journaux et brochures, les malveillants, les ci-devant nobles, les subsistances, l'esprit public. (A quelle hauteur est-il ?) etc., etc.

(1) *Orne pittoresque*, p. 286.

les décrets de la Convention. » Les sections électorales
d'Alençon déclarent en réponse « qu'elles ne sont point en
état d'insurrection, qu'elles reconnaissent et adoptent les
lois émanées de la Convention, comme celles qui en éma-
neraient ». La faim, ajoute M. de la Sicotière, parla plus
haut que la sympathie politique, sans doute trop faible
pour résister à l'inquiétude, au souci de la vie matérielle.
Il faut dire encore que les populations catholiques de
l'Ouest étaient en général mal disposées pour les Girondins, qui avaient inauguré la persécution contre les prêtres
insermentés, et que du reste, pendant les premiers mois du
gouvernement montagnard, Alençon en particulier l'accepta très volontiers, comme il avait accepté en 1789 les
nouvelles idées.

Le rôle de Chauvin fut ainsi d'abord assez aisé ; dans ses
premières proclamations, il se contenta d'exprimer son
enthousiasme révolutionnaire, pressant les timorés, rassu-
rant les craintifs, inquiétant les récalcitrants. Et il ne rencontra au début que peu d'opposition, l'exécution des
ordres venus de haut lui fut facile.

Il encouragea et ordonna la formation de sociétés populaires dans tous les cantons, et en outre dans la commune
de Sarthon-libre, ci-devant Saint-Denis-sur-Sarthon ; il en
surveilla soigneusement la composition. Il fonda, partout
où il le put, des écoles primaires et y mit des instituteurs
patriotes ; il leur distribua des livres et brochures révolutionnaires, pour en instruire le peuple et diriger l'opinion
publique. Les hôpitaux de la ville prirent les noms de
Lepeletier-Saint-Fargeau, de Marat.

Les fêtes républicaines furent exactement célébrées et
elles présentèrent quelque éclat. Déjà la fête du 10 août
1793 avait été belle. Garnier (de Saintes) présida, le 30 nivôse an II, à la première fête de la Raison. Elle eut lieu à

l'église ci-devant Notre-Dame : un ex-prêtre, nommé Ségaux, curé de Saint-Aubin-d'Apponai, y brûla solennellement ses lettres d'obédience. Un mariage civil fut célébré entre Gaignard Vildé, curé de Montsort (un faubourg d'Alençon), et Jeanne-Marie Paulus, et Garnier lança du haut de la chaire d'énergiques paroles contre le célibat des prêtres (1).

La fête de l'Être suprême, au printemps de 1794, fut manifestement inspirée du goût de Rousseau et de la poésie révolutionnaire. Elle fut annoncée à l'aurore par des chants populaires et notamment par celui-ci : *Où peut-on être mieux qu'au sein de sa famille?* « Les échos d'alentour, dit un témoin oculaire, ravis de ces doux accents, emportent l'harmonie de valons en valons aux paisibles habitants des campagnes. »

Sur la place d'Armes, à l'entrée de la rue du Collège, avait été dressé un orme, au pied duquel un cube portait cette inscription : *A l'humanité.* Au-dessus, deux enfants abandonnés étaient couchés dans un berceau. Une longue procession, comprenant toutes les autorités et suivie de la population alençonnaise, s'y rend, précédée d'un char où se tient la déesse de la Montagne, au milieu de rochers pittoresques. Des vieillards lui présentent ces deux enfants, en la priant d'en avoir pitié ; elle les prend, les serre contre son sein, leur prodigue mille caresses. Mais deux vertueuses républicaines se précipitent vers la déesse et aspirent à l'honneur de nourrir et d'élever les deux pauvres petits ; elles les reçoivent, et « les deux enfants, épanchés sur leur sein palpitant, sont bientôt abreuvés des bienfaits de la nature » (2).

---

(1) *Représentants en mission*, L. n° 3.
(2) D'après un témoin oculaire, cité par M. de la Sicotière, *Orne pittoresque*, p. 286, note.

Pour ces fêtes, et surtout pour les décadis, qu'il fut à peu près impossible de faire observer régulièrement, Chauvin forma une association de musique. Il demanda pour elle à Paris des concessions de morceaux, d'instruments, exigea qu'elle donnât des concerts tous les décadis; mais ces efforts eurent peu de succès; on continua en général à se reposer le dimanche et à travailler les jours de décadis. Là déjà, l'agent national se heurta à des habitudes, à des préjugés, comme il disait, qui triomphèrent des lois.

Il établit encore une Société philanthropo-dramatique, pour donner au théâtre des pièces patriotiques, et nourrir les sentiments républicains de la population. Les acteurs de bonne volonté ne lui manquèrent pas; quelques pièces lui furent envoyées par le Comité de salut public (1).

Il eut enfin le projet de donner aux fêtes républicaines un cadre plus digne d'elles que la ci-devant Notre-Dame, où l'on respirait malgré tout une atmosphère de fanatisme et de superstition. Il fut question d'élever sur la place d'Armes un autel de la patrie, à la mode du Champ de Mars de Paris. Diverses plates-formes y devaient être réservées à la musique, à la tribune aux harangues. L'autel devait être entouré de bustes de grands hommes. Un vaste fronton, élevé sur colonnades, à la manière antique, et portant cette inscription :

Les mortels sont égaux : ce n'est pas la naissance,
C'est la seule vertu qui fait la différence.

aurait été couronné d'une merveilleuse composition : un vaisseau ailé, orné à son bord de deux drapeaux tricolores et à son mât d'un bonnet phrygien, paraît emporté au-dessus d'un nuage orageux par un aérostat. L'auteur se

---

(1) *Correspondance de Chauvin*, 2 fructidor an II, au Comité de salut public.

félicite de son imagination : ce motif fera le plus grand
effet, car il a de la nouveauté, les aérostats étant d'invention toute récente. Le projet pourtant ne fut pas exécuté (1).

Chauvin fit donc de son mieux pour conserver, pour for-
tifier l'esprit révolutionnaire de la population de son district, par l'instruction, par les fêtes, par une intervention
incessante dans toutes les occupations, dans toutes les pensées des habitants ; il voulut changer les habitudes, les
mœurs, car il fallait des habitudes, des mœurs nouvelles
au nouvel état de choses ; mais il y fallait un autre homme
que Chauvin et surtout beaucoup de temps : on ne modifie
pas en quelques mois des traditions séculaires.

II

Du moins l'agent national put obtenir de ses administrés
tous les efforts nécessaires dans les circonstances difficiles
que traversait la France. Le district d'Alençon, grâce à lui,
contribua pour sa bonne part aux charges imposées par la
guerre étrangère et par la guerre civile.

Il fallait continuellement de l'argent, des vivres, des troupes, pour subvenir aux besoins des armées de la frontière
et de l'intérieur. Chauvin fit appel aux bonnes volontés,
demanda des dons patriotiques : il obtint des sommes importantes, et des partisans sincères du gouvernement révolutionnaire, et des opposants qui désiraient prudemment
détourner tout soupçon.

Ainsi un certain Lescale, ex-noble d'Alençon, après avoir
renoncé à tous ses droits féodaux attenants à son fief de
Bonneval, donna successivement à la patrie 1,020 livres,

(1) Archives de l'Orne, Fêtes républicaines, carton 3.

puis 500 livres pour les parents de volontaires, 120 pour
l'équipement des volontaires, 110 pour les volontaires de
la commune des Landes, 75 pour la construction d'un vaisseau. Cela n'empêcha pas Chauvin de le faire rechercher
dans une commune voisine et emprisonner comme suspect, sous prétexte qu'un de ses fils, officier aux armées
républicaines, avait quitté son corps, sans doute pour
émigrer (1).

De nombreux prêtres apportèrent les boucles d'argent de
leurs chaussures : on signale en particulier le civisme de
Gautier, prêtre du diocèse d'Avranches, de Gibault de
Champeaux, ex-curé de Saint-Ouen de Rouen, tous deux
retirés à Alençon. Quelques administrateurs même ne se
crurent pas sacrilèges en offrant des objets précieux employés dans les cérémonies du culte (2).

Un décret de la Convention du 23 juillet 1793 ordonnait
de ne laisser qu'une seule cloche par paroisse et de nommer
des commissaires pour transporter toutes les autres aux
fonderies. L'ordre fut exécuté par Chauvin dans toute sa
rigueur ; une fonderie établie aux faubourgs de Montsort
fabriqua de nombreux canons. Du reste, conformément au
décret de la Convention du 5 août, les ouvriers travaillè-
rent pendant presque toute l'année 1793 et l'année 1794
aux piques et aux baïonnettes ; les maîtres de forges s'y
adonnèrent avec une ardeur que l'agent national reconnaît
à maintes reprises et vante au gouvernement central.

Les caves et tous les lieux propres à la production du
salpêtre furent mis à la disposition de l'autorité publique
pour être lessivés, et Chauvin y mit beaucoup d'amour-
propre : d'ailleurs, il était obligé d'envoyer chaque décade

---

(1) *Représentants en mission*, L. n° 3 : ordre d'élargissement de Lescale,
signé Génissieu, 17 brumaire an III.
(2) Comité de surveillance du district d'Alençon, carton n° 2.

au Comité des poudres et salpêtres le chiffre des livres de salpêtres produites (1). Il y avait quinze ou vingt colombiers dans l'étendue du district d'Alençon qui contenaient des terres riches en salpêtre. Il demande au Comité de salut public s'il ne doit pas considérer ces colombiers comme « signes ou restes de la féodalité », et par conséquent sujets à la proscription. Car, dit-il, comme ils ne servent plus à rien, ils ont l'air d'attendre la résurrection de l'ancien régime (2).

A plusieurs reprises, des sacs de farine furent envoyés d'Alençon à l'armée du Nord (3), au grand détriment des habitants eux-mêmes qui se trouvèrent un moment sans blé.

Les levées des volontaires se firent aussi sans difficulté. De nombreux jeunes gens quelque peu instruits se présentèrent à Chauvin pour être envoyés à l'Ecole de Mars ; car c'étaient les agents qui nommaient les élèves de cette ancêtre de Saint-Cyr : on n'avait pas le temps de préparer ni de passer des examens. Et Chauvin, qui ne pouvait en choisir que six pour le district, tout en se félicitant de cet enthousiasme juvénile, exprime aux malheureux tous ses regrets, en termes très patriotiques (4).

Chauvin put faire exécuter tous les ordres de la Convention en matière de fournitures et de levées ; toutes les charges qu'imposaient les circonstances furent supportées sans murmures. Le plus grand mérite en revient à son

---

(1) *Comité de surveillance du district d'Alençon* : 6 germinal, au II, proclamation de Chauvin sur les salpêtres et sur les baïonnettes, états décadaires.

(2) *Corresp. de Chauvin*, au Comité de salut public, 20 messidor an II.

(3) 400 sacs, dès le 7 nivôse an II (Représentants en mission, L. n° 3). Auparavant encore, le 7 brumaire, Letourneur ordonnait des réquisitions dans l'Orne et la Sarthe pour l'armée républicaine de Mayence (*id.*)

(4) *Corresp. de Chauvin*, 19 messidor, regrets à la Société populaire de Carrouges de ne pouvoir désigner le jeune Besnard comme élève de Mars. Les six jeunes gens choisis sont déjà partis pour Paris.

activité infatigable et à son influence chaque jour grandissante.

III

Il rencontra pourtant à travers sa carrière d'agent national des difficultés qu'il n'eut pas le temps de vaincre. Le pays normand, comme toute la région de l'Ouest, fut agité plus gravement que le reste de la France par la question des prêtres.

Tout d'abord, beaucoup de prêtres de l'Orne avaient prêté le serment civique de fidélité à la nation et à la constitution, la plupart ayant accueilli la Révolution avec les plus vives espérances. Plus tard seulement, des excitations étrangères à tout intérêt religieux, en firent les agents principaux de la Contre-Révolution, de la guerre aux Jacobins. Alors ils se dépouillèrent de l'esprit révolutionnaire, prétendirent à tort que la Convention était athée, niait l'immortalité de l'âme : à la faveur de ces bruits habilement répandus, à la faveur aussi des graves imprudences commises par des agents nationaux comme Chauvin, la lutte éclata entre le gouvernement et les prêtres ; un grand nombre d'évêques et de curés rétractèrent leur serment civique, abandonnèrent leurs fonctions ; ils furent persécutés.

Nous ne voyons pas néanmoins que les prêtres du pays d'Alençon aient tenu quelque complot contre la sûreté de l'État, ni qu'ils aient entretenu des relations avec les ennemis de la Convention, ni avec les Vendéens, ni avec les chouans. Les registres du Comité de surveillance du district ne portent aucune trace de menées séditieuses de leur part, et Chauvin dans sa Correspondance n'y fait nulle allusion, du moins pendant le temps qu'il fut agent national. Il semble qu'il ait uniquement voulu satisfaire ses ressentiments personnels contre la religion et les maux qu'il lui attribuait.

Dans sa première proclamation, lors de son entrée en fonctions, il manifestait à cet égard une liberté de jugement qui ne manqua pas d'effrayer et d'irriter les catholiques et leurs pasteurs. Après avoir établi à sa façon l'inutilité, la sottise des enseignements chrétiens, ils concluait que le temps était venu de s'en défaire et de passer à d'autres croyances : « La religion, terminait-il, est une pomme pourrie (1). »

En cela, il ne faisait qu'exagérer les opinions émises par son chef, le représentant Garnier (de Saintes); Garnier déclarait la guerre aux prêtres : « Le ciel a créé l'homme, disait-il dans une proclamation aux habitants de Château-du-Loir, le crime a créé les prêtres; leur lugubre morale est sinistre comme leurs vêtements et criminelle comme leurs âmes; l'homme vertueux les abhorre, la divinité les repousse (2). » Pour prouver son zèle, Chauvin, outre les prêtres, attaqua la religion, et par là souleva un mécontentement plus vif et plus général. On dirait qu'il fut heureux d'avoir des obstacles à renverser, et il se jeta dans la lutte avec toute son ardeur jacobine.

Il frappa les prêtres à tort et à travers ; beaucoup quittèrent la ville et le district et allèrent se réfugier à Vigo (3), dans la province espagnole de Galice. Il ordonna à son collègue d'Argentan, en stimulant son zèle avec une certaine

---

(1) *Comité de surveillance du district d'Alençon*, II : 7 pluviôse an II.
(2) *Représ. en mission* : L. n° 3 : 5 nivôse an II.
(3) *Comité de surv. du distr. d'Alençon*, II, Notons à ce sujet qu'il y eut longtemps entre la région de l'Orne et l'Espagne de curieuses relations; beaucoup de Français se retirent alors en Espagne; plus tard, beaucoup de Carlistes viendront établir leur résidence à Alençon et dans les environs.

hauteur, de poursuivre et d'arrêter Blot, ex-curé du Mesle-sur-Sarche (1); il emprisonna Broquet, curé d'Aunai (2), le curé de Saint-Sauveur (3). Il poursuivit partout, jusqu'en dehors des limites de sa circonscription administrative, toutes les personnes tenant de près ou de loin à l'église.

Il vanta lui-même son activité au Comité de salut public; en brumaire, toutes les cloches ont été descendues et transportées au district, « premier coup de massue, dit-il, porté au fanatisme ». En pluviôse, il se fait livrer « tous les hochets de la superstition : deuxième coup de massue ». Fin ventôse, il va dans les cantons et prononce d'ardents discours contre le fanatisme. Les Sociétés populaires prirent un arrêté par lequel elles invitaient tous les prêtres qui n'avaient pas encore remis leurs lettres de « bêtise », et qui n'étaient pas domiciliés dans la commune où ils demeuraient, à « déguerpir » de ces communes : « troisième et dernier coup de massue qui a terrassé le fanatisme ». Tous les prêtres qui espéraient ou attendaient la contre-révolution ou la résurrection de l'ancien régime dans le district d'Alençon où ils venaient de cesser d'exercer leur métier « de charlatans et d'empoisonneurs, » se retirèrent ou y restèrent « coits et sans souffler ». Et Chauvin se félicitait des résultats obtenus : « Avec de la fermeté, du courage, de l'énergie, disait-il, ça ira de mieux en mieux (4). »

En somme, au milieu de l'année 1794, Chauvin était parvenu à faire détester la Révolution de tous les esprits religieux. Il avait chassé ou emprisonné les prêtres, enlevé les trésors des églises; il avait enfermé à Bicêtre, prison cen-

---

(1) *Corresp. de Chauvin*, 12 messidor an II.
(2) *Reg. des arrêtés* (du 14 juin 92 au 15 niv. an II) : feuillet 141.
(3) *Représentants en mission*, L.. nº 3.
(4) *Correspondance de l'agent national Chauvin* : au salut public, 21 therm. an II : état décadaire.

trale du district, 61 religieuses de la ville (1), sous prétexte qu'elles n'avaient pas prêté le serment requis par la loi du 9 nivôse an II.

De ce fait, une bonne partie de la population s'éloignait avec dégoût du régime·politique que pratiquait l'agent national : premier groupe d'ennemis qu'il devait retrouver devant lui quelques mois plus tard.

IV

La question du maximum portait atteinte, en Normandie, à des intérêts plus nombreux encore et plus pressants.

· L'accumulation des troupes aux frontières nécessita l'envoi continuel de blés et de farines, et beaucoup de marchés de l'intérieur furent épuisés. La guerre elle-même arrêta le commerce extérieur : toutes les denrées renchérirent. Des ennemis de la Convention, et elle n'en manquait pas, ou tout simplement des commerçants peu scrupuleux, en profitèrent, achetèrent des quantités considérables de produits, les « accaparèrent », pour les revendre à des prix élevés, lorsque la famine serait menaçante. Les pactes de famine n'avaient pas été rares au xviiie siècle.

La loi du maximum, votée pour y remédier le 29 septembre 1793, fut appliquée à Alençon comme ailleurs; les directoires déterminèrent dans le détail les prix que ne pouvaient dépasser toutes les sortes de marchandises; au moment de son entrée en fonctions, ce fut une des questions qui nécessitèrent de Chauvin les soins les plus attentifs.

Car le maximum rencontra dans son district de sérieuses

---

(1) *Corr. de Chauvin* : au salut public, 21 thermidor.

difficultés. De nombreux commerçants refusèrent de vendre leurs denrées aux prix légaux, qui n'étaient pas toujours rémunérateurs. Pour n'être pas poursuivis, ils cachèrent leurs produits. Les agents de la Convention firent des visites domiciliaires, exigèrent la déclaration des denrées et des fruits possédés par chacun, arrêtèrent les auteurs de déclarations inexactes.

La ville d'Alençon en particulier souffrait gravement de cette situation. Elle est aux confins méridionaux du département de l'Orne. Son marché est approvisionné en partie par les communes de son canton, en plus grande partie par quelques communes de la Sarthe et de la Mayenne. Pour les raisons indiquées, ce marché vint à manquer de tout, de blés, de légumes; la ville fut menacée de la disette. D'après la loi, il fallut employer la force pour obliger les cultivateurs à y porter leurs produits. Or Chauvin n'avait aucune autorité pour poursuivre les cultivateurs des deux départements voisins : ils étaient en dehors de son domaine administratif, et gardaient leurs denrées pour les vendre ensuite à meilleur compte. Chauvin atteignit du moins les cultivateurs du canton d'Alençon (1), et les persécuta d'autant plus qu'il ne pouvait inquiéter le plus grand nombre : ils payèrent pour tous. Ils sont forcés d'apporter au marché tout ce qu'ils ont; s'ils vendent trop cher, ils sont dénoncés, arrêtés, emprisonnés; s'ils n'amènent pas tout, ce qu'ils ont réservé est recherché, confisqué, et les délinquants mis en prison de même. Des ouvriers sont réquisitionnés pour le battage des grains (2).

Et, malgré cela, les derniers mois de 1793 et les premiers de 1794 furent très pénibles. Alençon manqua de

---

(1) *Com. de surveillance du district d'Alençon*, II, cote 26 ; — Arrêté du salut public, 3 thermidor an II: — Corr. de Chauvin, au salut public, 20 messidor an II.

(2) *Registre des arrêtés* (4 juin 1792 — 15 nivose an II) : feuillet 154

pain (1). Chauvin, à chaque instant, supplie le Comité
de salut public de prendre des mesures pour améliorer cet
état de choses. Il réclame des secours à ses voisins qui souvent sont aussi embarrassés que lui. A l'agent national du
Mans, il demande du suif; car il n'y a plus de chandelles à
Alençon, et, ajoute-t-il, « la fraternité est à l'ordre du
jour » (2). Il n'obtient rien. Il demande du blé aux districts
d'Eure-et-Loir; ils répondent qu'ils ont tout envoyé aux
armées et qu'ils n'ont pas assez pour eux. Les communes
les plus populeuses de la circonscription, Séez, le Mesle-
sur-Sarthe, Carrouges furent dans la même situation critique.

Du fait du maximum, il y avait, en juin 1794, plus de
cent cultivateurs emprisonnés à Bicêtre, pour désobéis-
sance à la loi ou refus de se rendre aux réquisitions. En
brumaire an II, Chauvin dénonçait encore à l'accusateur
public vingt-cinq à trente municipalités et plus de deux
cents personnes malveillantes. Et par là la population des
campagnes d'Alençon n'avait aucune raison pour désirer la
prolongation indéfinie du régime de la Terreur. L'opposition y trouva des auxiliaires nombreux et dévoués.

V

Chauvin du reste ne manqua pas de personnages illustres à qui s'attaquer; il eut la chance de rencontrer des
adversaires dignes de lui. A mesure en effet que les dangers de la guerre civile et de la guerre étrangère disparais-
saient, les ressorts du gouvernement révolutionnaire naturellement se détendaient; et l'opposition, contenue par la

(1) Même encore le 27 pluviôse an III, le représentant Dubois du Bais
fait appel pressant aux cultivateurs et les prie, au nom de la fraternité,
de porter leurs denrées aux halles à des prix convenables.
(2) Corresp. de Chauvin, 20 messidor an II.

Terreur, reprenait courage et tirait profit du mécontentement de la population catholique et des paysans.

En messidor an II, Chauvin dévoilait au Comité de salut
public les agissements suspects de ceux qu'il appelait les
républicains de 93, c'est-à-dire les républicains de fraîche
date : ils essayaient de dépouiller les fermes « républicains
de 89 » de l'estime et de la confiance du peuple. Pour lui,
les républicains de 93 étaient des traîtres cachés, et il jurait
qu'ils ne parviendraient pas à triompher des vieux républicains, des républicains de 89. On le voit, l'agent national
ne se mettait pas en peine de savoir s'il y avait en 89 beaucoup de républicains de son tempérament.

De bonne heure, il faisait allusion dans sa correspondance, à certains personnages hostiles qu'il surveillait de
près. C'est dans le canton de Carrouges que le « modérantisme » s'était renfermé ; c'est là que l'agent résolut de le
forcer dans ses derniers retranchements. Dès le 14 frimaire
an II, encore simple membre du Comité de surveillance, il
y signalait de sourdes menées. « Il s'y lève, disait-il, au nom
de la religion, de petites Vendées, qu'il faut faire disparaître au plus vite. » Il y va, délégué par ses collègues pour
une enquête. A Joué-du-Bois, des femmes, fanatisées par
les prêtres, se sont emportées contre un citoyen « qui prê-
chait obéissance, paix et confiance en la Convention ».
Elles l'ont frappé, grièvement blessé et ont voulu le noyer.
Le maire, qui a voulu intervenir, a été menacé du même
sort. Chauvin, ayant obtenu ces renseignements, prononce
un grand discours, proteste que personne ne songe à les
troubler dans l'exercice de leur religion et calme toute
cette émotion (1). Il le dit du moins : mais il se vante : les
troubles recommencèrent après son départ.

(1) Reg. des arrêtés (4 juin 1792, 15 nivôse an II), feuillets 189, 192 et s.

Il passa de même à Carrouges sans y rien voir. Les municipalités de Fontenay et de Saint-Martin des Landes lui parurent mal composées. Celle-ci en particulier avait commis le crime de donner asile à un certain Lescale, père d'émigré, suspect recherché à Alençon. Elle était accusée de recéler aussi un prêtre insermenté et l'ex-maire de Mamers. Elle semblait vouloir se faire le refuge de tous les ennemis de la Convention. Chauvin demanda qu'on prît des mesures contre ces administrations mal pensantes : il n'eut aucun succès, le Comité du salut public n'eut pas le loisir de l'entendre (1).

E. Driault.

(*A suivre.*)

(1) Reg. des arrêtés (4 juin 1792, 15 nivôse an II), feuillets 189, 192 et a.

DOCUMENTS INÉDITS

LETTRES DE NOEL A DANTON

Je trouve aux Archives nationales, AFⅢ, 84, dossier 335, huit lettres de Noël à Danton, qu'il m'a paru intéressant de publier, parce qu'elles n'ont peut-être pas été sans influence sur la politique de Danton et aussi parce qu'il s'y rencontre quelques faits curieux pour l'histoire diplomatique de la Révolution. On remarquera qu'il y est peu question de Venise, où Noël avait été envoyé comme ministre : ce sont des conseils de politique générale que Noël donne à Danton, et c'est en Angleterre qu'il voudrait revenir pour y renouer les négociations secrètes dont il avait été jadis un des agents.

F.-A. A.

Baden, le 25 mai 1793, l'an 2e de la République française.

J'ai attendu jusqu'à présent à vous écrire, mon cher Danton, jusqu'à ce que j'eusse pu recueillir quelque chose de positif sur l'état et les dispositions de ce pays.

J'ai eu occasion de me convaincre, soit dans mes conversations avec des gens éclairés sur les véritables intérêts de la Suisse, soit d'après ce que m'a dit notre ambassadeur, qu'en général les dispositions sont telles que nous pouvons le désirer.

Le canton de Berne, un des prépondérants, travaillé justement par nos ennemis, nous a été longtemps peu favorable. Mais enfin la sagesse de Zurich et la prudence du citoyen Barthélemy ont triomphé de tous les obstacles. Berne a reconnu la République française. Il ne reste plus que quelques petits cantons catholiques où l'ignorance, la superstition, une belle passion pour le pape et les menées fanatiques de nos prêtres déportés l'emportent encore sur les considérations de l'intérêt personnel. Mais, outre que le sentiment de ces petits cantons pris isolément a peu d'importance relativement à nous, il est vraisemblable que l'exemple des cantons prépondérants ne tardera pas à les décider.

Je n'ai pas besoin d'insister auprès de vous sur la nécessité de conserver la Suisse. Sa neutralité est pour nous une véritable alliance, une alliance vraiment active, puisqu'elle nous défend soixante-dix lieues de terrain et nous épargne dix forteresses et trois armées, et qu'en outre, c'est en ce moment la seule porte par où l'on puisse sortir de France et recevoir des secours de grains, d'armes et de bestiaux; et, à cette occasion, je ne puis trop vous exhorter à laisser Barthélemy dans ce poste important. Il jouit ici d'une considération générale et méritée, et on fait honneur à sa prudence de la continuation de la paix.

Beaucoup de causes ont contribué à ramener la Suisse à des dispositions plus favorables. Mais la plus forte, à ce qu'il paraît, est le partage de la Pologne. J'ai trouvé dans tous les esprits une profonde impression de terreur, que je crois partagée par tous les États libres et toutes les puissances secondaires de l'Europe. Je suis bien informé que la Hollande est extrêmement inquiète, que l'Angleterre même n'a pu voir sans une sorte de jalousie cet agrandissement monstrueux. Pitt n'a pu s'empêcher d'en parler avec humeur en plein Parlement.

Pour la Suisse, elle se trouve, ainsi que l'Italie, personnellement intéressée aux succès de la France. Déjà cernée aux trois quarts par la maison d'Autriche, elle voit avec effroi s'approcher cet échange de la Bavière que les politiques prévoient depuis longtemps, comme ils ont prévu le partage de la Pologne, longtemps avant qu'il eût lieu, et qui rapprocherait encore les possessions de la maison d'Autriche et donnerait à la Suisse de nouvelles inquiétudes. D'un autre côté, il y a toute apparence que cette maison adroite et ambitieuse n'est pas loin d'avoir la Valteline, qui la rendrait maîtresse des passages de l'Italie et de tout le commerce qu'on fait par cette voie. Le mécontentement des habitants de la Valteline, *catholiques* et traités avec hauteur par les Grisons qui sont leurs souverains *protestants*, le peu d'intimité qui règne entre les Grisons et les Suisses qui pourraient ramener ceux-ci aux principes d'une plus sage politique pour la maison d'Autriche, l'habitude où ils sont de tirer des États autrichiens ce qui est nécessaire à leur subsistance, tout annonce cette réunion comme prochaine et comme inévitable, si la France n'est pas assez forte pour l'empêcher.

Les circonstances sont donc extrêmement favorables à l'ancien, au véritable système politique de la France, celui de l'alliance avec les États libres et les puissances du second ordre. Le partage de la Pologne leur annonce le sort qui les attend : la refonte du corps germanique suivant les vues des maisons d'Autriche et de Brandebourg, la sécularisation des puissances ecclésiastiques, la suppression des petites principautés qui viendront se perdre dans ces deux gouffres, comme les ruisseaux dans un grand fleuve, l'oppression du reste de l'Italie, etc.

D'un autre côté, ou je me trompe fort, ou l'Angleterre n'est pas loin d'avoir quelque fermentation. La guerre lui fait perdre un immense débouché, les banqueroutes sont monstrueuses et multipliées, le commerce souffre, la cité crie, le lord-maire a été tout récemment obligé d'aller présenter une adresse relative à cet état de choses, et, comme en ce pays tout le monde a sa fortune engagée dans le commerce ou dans les fonds, il se trouve que les pertes occasionnées par la guerre atteignent presque tous les individus.

Je le répète, voilà le moment d'agir; mais, pour présenter à l'Europe, consternée à l'aspect de la tyrannie qui s'avance et se prépare à l'envelopper d'un vaste filet, un point d'appui et un centre de ralliement, il faut se hâter d'avoir un gouvernement. Je vous adjure, mon ami, au nom de cette liberté que vous avez si bien servie, de travailler de toutes vos forces à ce grand ouvrage. Il n'y a pas un moment à perdre. La France peut encore ressaisir et régler les destinées de l'Europe. Soyez sûr, mon ami, que le jour où l'on vous verra vous prononcer avec l'énergie qui vous caractérise en faveur d'un gouvernement, toute la France se ralliera autour de vous. Ce jour-là vous aurez pour vous la toute-puissance de la raison et la dictature de la nécessité. J'ai parcouru plusieurs départements : l'esprit en est excellent, on y veut bien la liberté; mais on désire un gouvernement, on y est affligé des divisions qui règnent dans la Convention, et cependant on est partout plein de respect pour ses décrets. Un peu moins d'orages et de personnel, et sa force est incommensurable.

Dans l'étranger, l'impression de peine et d'anxiété est plus forte. Je n'omets rien pour éclairer et rassurer les esprits, et leur présenter les objets sous leur véritable point de vue, et je crois avoir eu quelque succès.

J'ai demandé à notre ambassadeur s'il y avait moyen de tirer des bœufs de la Suisse, comme vous l'aviez désiré. Il lui paraît que c'est une transaction qui ne peut prendre le cours diplomatique, mais qu'il faut livrer à l'industrie particulière, parce que sur-le-champ le ministre de l'empereur réclamerait la neutralité et qu'alors les cantons se verraient, contre leur gré, dans la nécessité de faire une défense qui nous serait très préjudiciable. Il en faut dire autant des grains, des riz et des armes. Tous ces objets sont susceptibles de la même application. Aussi tâchez que la municipalité de Strasbourg, qui s'est brouillée à cet égard avec le canton de Bâle, raisonne un peu mieux la position des Suisses, et en même temps tâchez que vos commissaires ne détruisent pas en détail les mesures sages qu'a prises le Comité de salut public pour contenter les Suisses. Cela est de toute nécessité.

En attendant la création d'un gouvernement, il est important de conserver le Comité de salut public. Sa formation a été du meilleur effet dans l'étranger. On y a vu au moins un principe d'action et un centre d'opérations plus sûres. Seulement on est fâché que le renouvellement s'en fasse à de si courtes époques. On rit des craintes puériles que certaines personnes ont affecté d'en concevoir, et l'on sent bien que la connaissance des affaires ne s'acquiert pas dans un mois. Ce serait le tonneau des Danaïdes, ou la toile de Pénélope.

Il paraît décidé que Dumouriez va à Vienne. Est-ce librement? Je l'ignore. Ce qu'il y a de sûr, c'est qu'il n'eût pas été reçu ici et que le magistrat et le peuple se seraient réunis pour lui refuser un asile.

Adieu, mon cher Danton, donnez-nous un gouvernement et vous donnerez la liberté et la paix à la France et à l'Europe, et c'est alors qu'il vous sera permis de vous reposer.

Je vous embrasse cordialement,

F. NOEL,
Ministre plénipotentiaire de la République française à Venise.

P.-S. — Faites donc décider par Cambon les traitements des ministres en pays étranger. Imaginez que 20,000 livres produisent ici 10,000. Il est incroyable quel mauvais effet cela produit et combien nos agents ont l'air pauvre et souffreteux. *Addio.*

II

Coire, le 27 mai 1793, l'an 2ᵉ de la République Française.

Vous m'avez paru désirer, mon cher Danton, qu'il fût possible de renouer quelque négociation avec les Suisses relativement aux régiments qu'ils pourraient nous fournir. Je vous ai dit dans ma dernière lettre que le désir de voir reprendre les capitulations à cet égard était général. J'ai trouvé ici (chez les Grisons) le même vœu et même plus fortement exprimé. Observez que ce pays est pauvre, qu'il a une grande population, qu'aucun service, même celui de Hollande, ne vaut celui de France, et vous ne serez pas étonné de l'empressement qu'on mettrait à le reprendre.

Il me semble que, quoiqu'un décret ait supprimé les troupes étrangères, nous n'irions pas contre nos principes et qu'il serait possible de tout concilier. Seulement, et en cela nous favoriserions, comme nous devons le faire, le parti démocratique, il faudrait avoir grand soin de ne plus laisser subsister dans les régiments suisses ces compagnies de famille, qui deviendraient une espèce de noblesse, et établir le mode d'avancement par ancienneté, tel qu'il a été déjà demandé par le parti démocratique des Grisons à l'Assemblée législative, pour rabaisser la prépondérance de quelques familles aristocratiques, les Salis et autres, etc. Ce serait, avec le soin de faire payer exactement les pensions des officiers et invalides grisons, un moyen sûr de faire échapper cette République à l'influence autrichienne qui la travaille déjà fortement et qui, si elle lui prend la Valteline, finirait par la dominer entièrement. D'ailleurs, la nécessité de priver nos ennemis de renforts considérables nous fait une loi peut-être de revenir sur ce décret.

Depuis Lausanne jusqu'ici, c'est-à-dire dans une étendue d'environ 68 lieues que je viens de parcourir, j'ai vu un grand nombre de recrues qui prenaient la route du Piémont. Cela me paraît mériter la plus sérieuse attention de la part du Comité de salut public. Enfin, il existe encore des noyaux entiers de régiments, de bons soldats, de bons officiers; on aurait soin de les choisir. Tout cela, à son grand regret, mais forcé par la nécessité, est prêt à prendre du service chez nos ennemis. Barthélemy a besoin d'être accrédité spécialement pour cette négociation, et vous voyez que cela presse.

Je vous répète, mon ami, que le partage de la Pologne est du plus heureux effet pour nous, ainsi que le sort des contre-révolutionnaires polonais, dépouillés de leurs biens par les mêmes Russes qu'ils ont eu la lâcheté d'appeler dans leur patrie. L'épouvante est dans tous les États libres. Profitons du moment. Jamais notre position ne fut plus belle, si nous avons promptement un gouvernement et si nous étouffons les troubles de la Vendée. Les étrangers qui s'intéressent à notre sort pour leur propre intérêt redoutent bien plus ces mouvements que les despotes combinés. Il faut marcher du même pas à l'extinction de ces troubles et à la confection de notre constitution. Alors, non seulement la République est victorieuse, mais la paix est certaine et la France en règle les conditions, ainsi qu'elle fixe les destinées de l'Europe en les établissant sur des bases bien plus sûres que cette balance tant vantée.

Vous pouvez, mon ami, environner votre nom d'une grande gloire bien plus digne de vous toucher que toutes ces rêveries de dictature que vos ennemis ont eu la sottise de vous jeter à la tête.

Je pars demain, et je vais m'engager dans une route longue et difficile. Heureux si j'échappe aux Autrichiens, que mon passage là où ils ont un résident (le baron de Cronthall) va sans doute fort intriguer. Je me fie en ma fortune et à celle de la République. J'ai pris pourtant toutes les précautions que la sagesse prescrit, et n'ai donné ma confiance à mon hôte, qui me fournit mes guides, qu'après m'être assuré de mon mieux qu'il la méritait.

Adieu, mon cher Danton, je vous embrasse. Dites bien des choses à Benoist.

Le ministre plénipotentiaire de la République à Venise,

F. NOEL.

III

·   *Venise, 24 août 1793, l'an 2ᵉ de la République française.*

Le bruit court ici que les Suisses ont très mal pris la violation du territoire grison (1), et qu'ils ont déjà fait des représentations au gouvernement général du Milanais. Avec quelle chaleur se proposent-ils de les suivre? C'est ce que j'ignore, n'ayant point reçu le courrier de lettres de Barthélemy. Il y a quelque apparence pourtant qu'ils ne leur donnent pas de suite si leur intérêt n'est pas échauffé. Un million ou deux distribué dans ces circonstances en Grison et en Suisse pourrait faire sortir du malheur de nos ministres un événement fatal à la maison d'Autriche en nous donnant un allié très important qui pourrait faire une diversion utile dans le Milanais.

Si la Suède, si la Porte, qu'il ne faudra pas presser beaucoup, se déclaraient en même temps, la face des affaires changerait bientôt. Je sais de bonne part que l'empereur est épuisé d'argent et qu'il a tellement pressuré ses peuples qu'ils sont actuellement dans une véritable impossibilité de faire aucun don ni de fournir à aucun emprunt. Il voit la Turquie armer avec une grande activité et faire filer des troupes d'Asie en Europe, sans qu'on sache encore le but de tous ces mouvements.

Quoique la Suède ait fait mettre dans les *Gazettes* qu'elle était en bonne intelligence avec toutes les puissances, on n'est pas très rassuré sur ses dispositions. Peut-être est-ce là le véritable moment de négocier.

On parle ici d'un événement assez singulier qui donne beau champ aux conjectures des raisonneurs politiques. On veut que Mᵐᵉ de Polignac et compagnie aient un ordre secret de s'éloigner de Vienne. Ce qu'il y a de sûr, c'est qu'elle est attendue près d'ici à Vérone dans le mois de septembre. Cet événement, joint à la nouvelle de la hausse extraordinaire de nos assignats à Genève (de 45 p. 100) et qui se trouve en concurrence avec la perte de nos places, donne à penser à ceux qui nous regardaient comme abîmés.

Je suis obligé de m'en tenir aux conjectures, ne recevant plus rien de Paris depuis l'enlèvement de Sémonville, tandis

---

(1) Il s'agit de l'arrestation de Maret et de Sémonville sur territoire neutre. Voir la *Revue*, t. xviii, p. 251.

qu'avant tous mes paquets m'arrivaient par la Suisse. Je n'ai plus ni lettres, ni journaux, ni dépêches. Heureusement il en a passé une, le courrier dernier, qui m'annonçait de l'argent.

J'ai cru reconnaître dans la détermination du ministre l'offre de vos bons offices, et je vous en fais mes remerciements. Cependant, si l'on ne prend pas la précaution de m'envoyer la lettre de change par duplicata et sous l'adresse d'un banquier de cette ville, comme j'ai la certitude que les Autrichiens interceptent tous les paquets qui me viennent par la Suisse, il ne m'arrivera rien et je perdrai le fruit de votre bonne volonté.

Je ne reçois rien de B... et je suis fort inquiet de lui. Il doit être bien affligé du malheur de nos amis. Je n'ai aucun détail sur leur sort que ceux qui sont contenus dans les papiers publics. Si j'en crois les gazettes et quelques rapports indirects qui me sont parvenus, ils sont assez bien traités. S... (1) a quatre chambres, Maret deux, les secrétaires une et les domestiques une pour deux. Ces papiers ajoutent que S... paraît le plus affligé et qu'il mange très peu.

Je crains que la nouvelle du décret contre la reine n'ait rendu leur captivité plus rigoureuse. Car elle a fait un effet terrible à Milan. L'archiduc s'est enfermé et n'a plus paru en public.

Quel parti prenez-vous à l'égard de Constantinople? C'est un point très délicat et qui mérite un sérieux examen. J'attends toujours un courrier du ministre, car sûrement il aura jugé à propos d'en expédier un pour mettre en ordre cette importante résidence.

Le décret sur les étrangers est bon, très bon, mais, mon ami, qu'il est tardif! Il y a longtemps que je vous dis que ces malheureux Anglais, Prussiens, Italiens, etc., sont les vrais émissaires des puissances ennemies. Votre mesure n'est pas encore assez générale, et au moyen de la clause : *Avec laquelle la France est en guerre*, les plus dangereux vous échapperont. Tâchez donc d'y pourvoir.

Je m'ennuie ici à périr et je me consume dans une situation qui me tue. D'ailleurs n'étant pas reconnu comme ministre, je m'y vois assez inutile, d'autant plus que le chargé d'affaires est un homme de mérite. S'il y avait sur le tapis quelque négociation de paix, j'imagine que vous ne me laisserez pas dans une oisiveté qui me pèse. Le seul embarras sera de savoir par où passer.

(1) Sémonville.

Votre frère (1) se porte bien. Mais ce n'est pas ici qu'il pourra se former aux affaires.

Adieu. Si mes fonds arrivent, j'établirai de mon chef le courrier que j'ai proposé au ministre, sans quoi il faut que je renonce à toute communication avec mon pays.

Jugez de mon inquiétude en voyant la date de cette lettre et en apprenant que j'ignore encore si Lyon, Marseille et Toulon sont réunis et acceptent la constitution.

Vous avez su sans doute que Dumouriez est devenu suspect à Bruxelles. Ses papiers ont été saisis chez La Soude et sa personne n'a été manquée que de deux heures. Berneron et Marassé sont en état d'arrestation chez eux. On ignore ce qu'est devenu le *Petit Tigre*. Digne fin de tous ceux qui trahissent leur pays ! Si pourtant ce diable d'homme pouvait gagner la Turquie, il pourrait passer en Pologne et travailler à réparer son irréparable démarche.

Bruxelles couve encore quelque fermentation. L'excellente imprudence des Autrichiens d'avoir pris possession de Condé, etc., au nom de l'empereur ! Ne profiterons-nous jamais des fautes de nos ennemis ?

IV

Venise, 31 août 1793, l'an 2ᵉ de la République.

Mon ami, l'horrible mystère est éclairci, ou est bien près de l'être. Ysabeau a passé en avant sur le territoire autrichien. Il y a passé suivant toutes les apparences, en s'en retournant. Écrivez à Barthélemy, il vous donnera des renseignements qui exciteront au moins chez vous de violents soupçons. Pour moi, les miens sont changés en réalité. Voyez ce que votre prudence et ce que l'amitié que vous devez à votre neveu vous dicteront. Adieu, mon ami, j'ai le cœur navré de la plus amère douleur.

V

Venise, 14 septembre 1792, l'an 2ᵉ de la République.

Occupez-vous, mon cher Danton, des subsistances pour cet hiver. Le projet de nos ennemis est clair. Ils veulent affamer la

---

(1) Il s'agit du jeune Recordain, qui accompagnait Noël.

France, ne pouvant la vaincre à force ouverte. Remarquez toutes leurs mesures ; elles tendent évidemment à ce but. Pour y parvenir complètement, il leur faudrait surtout Gênes, et c'est probablement pour l'intimider qu'ils ont répandu avec tant d'affectation et de détails la nouvelle de la tradition de Toulon. Cette nouvelle est crue dans toute l'Italie, et nous sommes peut-être les seuls qui en doutions. Notre principale raison est la fuite des chefs des rebelles à Gênes, qui seraient en sûreté à Toulon, si elle était au pouvoir des Anglais.

Mais revenons au projet de famine qui existe incontestablement.

Vous devez donc ménager singulièrement Gênes et les Suisses, que nos ennemis travaillent avec la plus grande activité. Comment n'avez-vous pas un homme intelligent près des puissances barbaresques, dont les vaisseaux pourraient vous porter des grains, car ces pays en sont de riches greniers, de l'autre (*sic*) de décider la Barbarie à déclarer la guerre à l'Espagne et à faire la course contre ces petites puissances d'Italie que les grandes entraînent comme des satellites dans leur tourbillon ? Vous pouvez compter que les grandes puissances ne se soucieront jamais d'avoir la guerre avec les Barbaresques, parce qu'il n'y a rien à gagner et que la paix leur coûte toujours 12 à 15 millions.

Autre considération qui ne paraît pas moins importante. Vous n'ignorez pas que le commerce anglais est réduit aux abois par la cessation du débouché immense que la France offrait à ses manufactures. Il en résulte que le cabinet de Saint-James fera les derniers efforts pour assurer au duc d'York la gloire d'un succès, et par conséquent prodiguera les guinées pour acheter la conquête de Dunkerque. Que ce siège appelle donc toute votre attention ! La levée de ce siège serait un coup de parti dont le contre-coup serait vivement senti en Angleterre, redonnerait cœur aux mécontents et force à l'opposition, etc. Vous n'avez pas besoin que je vous détaille tous les avantages.

Quel parti prenez-vous par rapport à Constantinople ? Vous y avez maintenant deux hommes intelligents, Hénin et Descorches, quoiqu'ils ne vaillent pas le malheureux S... (1). Il est inutile d'envoyer de nouveau, au hasard de faire encore intercepter un ambassadeur. Mais tâchez de remédier à la prise des présents.

(1) Sémonville.

Car vous savez que c'est le seul moyen d'aborder cette cour et de traiter avec elle.

Au nom de l'intérêt le plus cher pour nous, celui de la patrie en danger, défiez-vous de ces malheureux étrangers qui sont venus à bout de s'insinuer dans toutes nos affaires. Vous les connaîtrez quand vous voudrez; ainsi il est inutile que je vous les nomme. Soyez sûr qu'ils sont le canal de la corruption et l'instrument de la trahison. Comment se fait-il que toute la sévérité du tribunal se porte sur des Français et laisse ces malheureux agents de Pitt et de la maison d'Autriche dans un calme dont ils profitent pour ourdir de nouvelles perfidies ? Il en est temps encore; écartez-les de toutes les places, ne leur confiez aucun grade militaire; le salut de la République est attaché à cette mesure.

Si vous ne pouvez rien pour nos malheureux ministres qui expient à Mantoue la scélératesse de quelques personnes de Paris, empêchez au moins qu'on le calomnie dans la *Gazette nationale*, imprimée par et chez Le Brun, où on dit formellement qu'ils ont été pris sur le territoire de Milan. C'est une horrible fausseté, ainsi que tout le paragraphe qui montre un peu trop le bout d'oreille. Laisserez-vous imprimer une si horrible perfidie dont votre malheureux neveu est une des victimes ?

Adieu, mon ami, vous connaissez la sincérité de mon attachement à la cause que nous défendons. C'est vous dire assez quelle part vous avez dans les vœux que je fais pour elle.

Fʀ. N.

Ma lettre de change n'ayant point encore passé, je suis dans le plus cruel embarras; et cependant le service languit et la correspondance très importante de T. P. est en souffrance, faute des fonds nécessaires.

P. S. — Il serait bon de faire des provisions de riz pour l'hiver, de recommander l'usage des pommes de terre, d'arrêter par quelques mesures sages et d'une manière détournée le gaspillage de la farine dont il se fait une grande consommation dans la parfumerie et dans la pâtisserie, etc.

Dites bien des choses à Benoist. Je suis privé de ses lettres et c'est pour moi une privation trop douloureuse.

Pourquoi l'instruction publique ne marche-t-elle? Mon ami,

le plus sûr moyen de rattacher tous les esprits à la Convention, c'est de lui voir faire des décrets utiles qui forcent au silence ceux qui l'accusent de ne savoir que détruire et désorganiser, et qui versent le ridicule sur la Pétionade (*sic*).

Je joins ici un des journaux italiens pour que vous jugiez comme nous y sommes traités. Vous remarquerez cependant que c'est la première fois que j'y vois le mot de *paix*. Ce sont là les papiers auxquels je suis réduit pour toute nourriture.

VI

Venise, 20 septembre 1793, l'an 2e de la République.

Je m'empresse, mon cher Danton, de vous faire part d'une idée qui est venue à l'un de nous sur l'affaire de Toulon, qui j'espère, aura une issue très malheureuse pour MM. les Anglais. C'est que, depuis le commencement de la Révolution, on a mis très peu d'exactitude dans le payement des ouvriers de l'arsenal de cette ville, ce qui les aura rendus plus accessible aux guinées de l'amiral Hood. Il serait possible que les ouvriers de Brest fussent dans le même cas, et je me hâte de vous en prévenir, pour que vous soyez à temps d'empêcher la même chose dans ce dernier port. N'oubliez pas ce que je vous ai dit au sujet de Dunkerque. Houchard doit tout tenter pour faire lever ce siège, sans quoi l'or du duc d'York pourrait racheter la perte qu'il vient de faire devant cette place. Il est bon que vous sachiez que dans cette perte est comprise celle d'officiers supérieurs très estimés chez les Anglais, et, ajoute-t-on, celle des deux plus beaux régiments de l'armée anglaise. Aussi les lettres diplomatiques portent qu'on est très mécontent du duc d'York à Londres. Les lettres particulières annoncent qu'il y a eu une pétition présentée au roi, appuyée par 200,000 signatures, et contre la guerre.

On ajoute que le pensionnaire Puget est passé de Hollande en Angleterre pour y parler de paix.

Une nouvelle non moins importante, si elle se vérifie, c'est la brouillerie du roi de Prusse avec l'empereur, fondée sur ce que ce dernier a refusé son adhésion au partage de la Pologne. Suivant cette nouvelle, le roi de Prusse aurait refusé d'agir de concert avec les Autrichiens et annoncé qu'il se bornerait à repousser les Français s'ils attaquaient ses troupes. La consternation est dans toute l'Allemagne, la pâleur est sur les visages et le deuil dans toutes les familles. Il est donc important de tenir bon et de soutenir les efforts expirants de l'ennemi. Mais surtout ne laissons pas l'infâme perfidie des Toulonnais dégénérer en guerre de la Vendée.

Voici mes idées sur la campagne prochaine, si elle a lieu : hérisser les frontières de lignes semblables à celles de Weissembourg, réparer et garnir toutes les places de 2ᵉ et 3ᵉ ligne, concevoir un système général dont chaque chef militaire n'ait à exécuter qu'une partie, tâcher de décider les Barbaresques à faire la course contre l'Espagne et les petites puissances de l'Italie, finir l'affaire de Toulon afin d'envoyer une flotte aux Dardanelles, sans quoi vous pouvez compter que les Turcs ne se décideront pas, travailler les Suisses par la considération du danger qui menace leur indépendance, en Amérique décider les États-Unis à attaquer d'un côté le Canada, de l'autre la Louisiane, pendant que notre flotte bloquerait la Jamaïque, faire quelque tentative sur l'Islande, mais sur toute chose ne pas oublier que c'est dans les Grandes Indes qu'il faut attaquer la puissance anglaise et par conséquent faire déclarer Tippoo-Saïb, qui porte impatiemment le joug du dernier traité fait avec cette impérieuse nation, et le secourir d'hommes et de vaisseaux.

Ces idées sont si simples que votre ci-devant Conseil ne se justifiera jamais de ne pas les avoir exécutées, et d'avoir envoyé une flotte se briser contre une roche, au lieu de décider les Turcs, par sa présence aux Dardanelles, à faire une puissante diversion.

S'il y a jour aux négociations, voilà ce qu'on pourrait tenter. Tâcher de profiter du mécontentement du roi de Prusse et le détacher de la coalition en lui garantissant ses conquêtes de la Pologne et lui faisant entendre que jusqu'ici il n'a eu qu'un camp, et que maintenant il a un royaume ; il est temps de cesser de faire le capitaine pour faire le roi ; autant l'Espagne, par la considération de l'esclavage anglais où elle est prête à tomber et du danger où elle est de devenir une province anglaise comme le Portugal, ainsi que d'être forcée à ouvrir les ports de l'Amérique méridionale à ces dangereux amis ; aborder l'Angleterre en lui faisant espérer de lui sacrifier l'Espagne, quoiqu'en bonne politique il n'en faille rien faire, lui présenter l'appât du renouvellement du traité de commerce, en se réservant le dessein imperturbable de l'amender notablement, surtout en ce qui concerne l'article des soieries, sur la réintégration duquel il ne faut entendre à aucune composition. Je me flatte que, s'il y a lieu, vous m'y enverrez, car je me rouille ici et je m'y consume dans l'inaction et dans l'ennui. Je ne vous parle pas des autres puissances qui suivront en satellites la Prusse et l'Angleterre.

Voilà en gros mes idées, mon ami. On peut faire marcher de front les opérations militaires et diplomatiques, qui se secondent ordinairement. Votre tête et vos réflexions vous en suggéreront sans doute bien d'autres ; mais vous n'oublierez pas sans doute qu'on ne peut inspirer de la confiance aux étrangers que du moment où la France aura un gouvernement, et vous vous empresserez d'en faire organiser un par la Convention le plus promptement possible. Il tient à vous de couronner votre ouvrage en sauvant votre pays et en lui faisant reprendre son rang en Europe. Surtout, mon ami, défiez-vous des étrangers et de ces Français non moins dangereux qui, après avoir roulé en pays étrangers en aventuriers, à l'aumône des cours étrangères, reviennent dans leur pays pour y être accessibles à toutes les corruptions et y devenir peut-être l'organe et l'instrument de toutes les perfidies et de toutes les trahisons. Vous m'entendez sans doute ; mais ne négligez pas cet avis et écoutez avec attention M. de P... à son retour à Paris. Adieu. Votre frère vous embrasse. Il est bien portant. Et moi je vous recommande la France, sa liberté, sa gloire et son bonheur.

FR. N.

P.-S. — Vous savez qu'un de nos malheureux prisonniers est mort à Mantoue dans sa prison. C'est le citoyen Mongeroult. Il laisse sa pauvre femme ruinée et dépouillée de tout. Vous savez pourquoi elle allait à Naples. Est-ce qu'on ne fera rien pour elle ?

Je n'ai encore rien reçu de Paris. Rien ne passe, on me fait espérer cependant d'après mes plaintes que je serai mieux servi. Mais je suis toujours sans argent, sans nouvelles, sans instructions, sans lettres de parents, d'amis ni de Bureau. Je sais que ce n'est pas la faute de Paris, mais je souffre cruellement. L'affaire de Toulon nous a ôté à tous le sommeil. Nous ne respirons que depuis les nouvelles de Gênes reçues aujourd'hui. On dit que Nayac avait reçu 50,000 guinées pour mener cette horrible intrigue. Les lâches! Aucun procédé n'excuse

cette infime trahison. Bien des choses à Benoist, si vous le
voyez. Je suis bien inquiet de lui. Souffrez mon ami que je
vous recommande aussi Mᵐᵉ de Villette, dans le cas où on voudrait la chicaner. Je ne puis cesser de penser à mes pauvres
amis et entr'autres à mon pauvre Mergez. Je vous recommande
leur sort à tous, si vous y pouvez quelque chose.

Le bruit court que le numéraire commence à être très rare
en Angleterre. Comment votre Conseil n'a-t-il pas fait prendre
le cap de Bonne-Espérance, il y a six mois? N'oubliez pas ce
que je vous ai dit des Barbaresques, relativement aux grains
qu'ils peuvent vous fournir.

J'oubliais de vous dire que les Anglais retiennent encore,
contre la teneur des traités, les forts qui appartiennent aux
Américains, sur la frontière du Canada, pour les priver du commerce de fourrures. Cela, joint aux insultes que reçoit journellement leur pavillon à notre occasion, pourrait décider la rupture
et nous valoir une bonne diversion. Mais il faut aider à la lettre.

Enfin voilà mon argent qui arrive. Je ne crois pas me tromper
en reconnaissant là votre amitié. Me voilà donc un peu plus
tranquille. Mais les lettres ministérielles du citoyen Deforgues
n'ayant pas passé, dites-lui qu'il ne fasse point un crime d'ignorer ses instructions et ses ordres.

Recordain vient de recevoir une lettre de notre pauvre Mergez. Il supporte sa prison avec courage et se porte assez bien.

Je vois avec douleur dans les papiers publics qu'on remet
encore une armée entre les mains d'un étranger. C'est un
Niçard, disent ces coquins de journaux italiens, qui va commander l'armée de Nice. C'est donc vouloir livrer Nice au roi
sarde. Défiez-vous des étrangers, au nom de la patrie. Adieu
pour cette fois; santé, force et sagesse. Ne laissez pas les Anglais
vieillir à Toulon.

VII

Venise, 8 nivose an 2ᵉ.

Il y a bien longtemps que je ne t'ai écrit, citoyen. Je n'ai pas
voulu troubler ta convalescence. Aujourd'hui que tu as repris
tes fonctions et que ta force physique se retrouve de niveau
avec ta force morale, je reprends la plume, d'abord pour me

réjouir de la vigueur avec laquelle tu as confondu ces calomnies des mauvais citoyens et des émissaires des puissances étrangères. Tu vois que je n'avais pas si tort en te signalant les hommes que je vois depuis démasqués par Robespierre. Quand je disais qu'il fallait se défier de ces exagérateurs, qui ne sont que de faux patriotes et des émissaires soudoyés par l'or étranger, peu s'en fallut qu'on ne me traitât d'aristocrate, quoiqu'en particulier tu pusses mieux que personne rendre justice à la pureté de mes intentions et à la sincérité de mon amour pour la liberté. Je me flatte qu'on me rend à Paris un peu plus de justice, et je compte sur ton équité et ton amitié pour me faire juger comme je dois l'être.

Je n'accuse pas Le Brun, mais tu conviendras que la conduite de Genet en Amérique a été un peu différente de celle que j'y aurais tenue. Qu'on nous juge sur les faits. Il allait dans un pays bien disposé, il a révolté les esprits et a pensé nous faire perdre une neutralité qui équivaut presque à une alliance. Je suis bien près d'un Sénat aristocratique, dans un pays où le cœur n'était pas pour nous, et qui se voyait d'ailleurs pressé par le voisinage de l'Autriche. J'ai maintenu la neutralité, j'ai veillé, je n'ai laissé rien échapper et je suis venu à bout, du moins jusqu'à présent, de triompher de tous les obstacles.

Aujourd'hui il se présente un incident qui ne m'étonne nullement et dont je te fais part, en te recommandant le secret. Un anglais nommé Miles (1), dont tu m'as entendu parler à mon retour d'Angleterre, et qui avait travaillé fortement à la continuation de la paix, m'écrit cette semaine. Après des réflexions philanthropiques et des doléances sur les plaies de l'humanité, sans avouer qu'il a un ordre formel, il me propose de me rendre moi-même en Angleterre, de débarquer à Douvres, et de là d'aller droit à Londres où je descendrai chez lui. Il a, dit-il, espérance que tout pourra s'arranger. Il parle de l'estime qu'on a pour mon caractère. Il désire que la paix soit mon ouvrage, etc. Comme je connais les liaisons de Miles, que je devine la situation de l'Angleterre, l'embarras de Pitt, les fermentations sourdes qui ont lieu, je ne puis douter que cet Anglais n'ait un ordre secret de m'écrire, et je juge par là de la détresse où est le gouvernement anglais. Une autre considération qui ne m'échappe pas, c'est que cette lettre, appuyée par une seconde qui est arrivée hier, est d'une date antérieure à la prise de Tou-

___

(1) La correspondance de Miles a été récemment publiée.

lon, que nous avons apprise hier avec le transport que tu **peux** imaginer et qui a produit ici le plus grand effet. Juge, mon cher Danton, de celui qu'il produira à Londres.

Je fais part de cette nouvelle au ministre, pour qu'il la communique dans l'instant au Comité de salut public. J'eusse bien désiré envoyer un courrier extraordinaire, mais tu sais sans doute à présent que nos lâches ennemis ont aposté des assassins sur tous les points de la Valteline où nous pouvons passer. Cette trame a été conduite par les légations d'Angleterre, d'Espagne, de Vienne, de Russie, le d'Antraigues et un escroc français nommé d'Hancarville. Ce danger me force de retenir chez moi le citoyen Sicard, qui revient de Constantinople.

A ce propos, mon cher Danton, il est bon de te dire que cette légation est dans le plus grand désarroi. Descorches et Hénin n'ont pu s'entendre. Ils écrivent à Paris l'un contre l'autre. Je ne puis les juger, mais tu dois sentir combien cette situation est nuisible aux affaires. Il faut que le Comité de salut public ordonne aux ministres d'organiser sans délai cette partie intéressante de notre diplomatie.

Tu auras appris aussi que nous sommes personnellement menacés par les mêmes complots dont je viens de te dire un mot. Mais, quoique nous ne doutions pas que la prise de Toulon ne leur cause une nouvelle rage, nous avons de fortes raisons de croire que le gouvernement vénitien veille sur nous et nous sommes tranquilles.

Ton frère n'est pas reconnaissable. Il s'est développé au physique et au moral. Il se conduit à merveille, et quoique ce ne soit pas ici une légation très importante, comme je ne lui cache rien, il se forme insensiblement aux affaires et au secret. Je ne veux pas qu'il oublie son latin. Nous nous y sommes remis ensemble. Il a de plus le bonheur d'avoir pour confrère un homme plein de connaissances, du commerce le plus doux et une âme des plus candides que je connaisse, en même temps que c'est un déterminé patriote. Jacob, c'est son nom, a pris ton frère en amitié, et lui est très utile au reste. Il faut rendre justice à Recordain : il ne demande pas mieux que de travailler et d'apprendre. Adieu. Porte-toi bien.

Fr. N.

P.-S. — Fais en sorte, je te prie, qu'on ne me laisse pas manquer d'argent. Voilà mon troisième trimestre expiré. Les com-

munications étant trop difficiles, je me vois obligé de prendre
de l'avance. Et tu sais qu'obligé de soutenir la correspondance
importante de T.-P., de rembourser le vice-consul établi à
Sebenico, de fournir aux frais des courriers qui passent, j'ai
besoin de fonds. Je ne demande pas des sommes. Tout ce que
je désire, c'est qu'on prévienne toujours le moment du besoin,
qui serait affreux pour nous et pour les affaires.

VIII

Venise, 26 nivôse an 2ᵉ (16 janvier 1794).

La personne qui te remettra cette lettre est le citoyen Sicard,
qui revient de Constantinople. J'ai cru que tu ne serais pas
fâché de causer avec lui sur l'état des affaires de la République.
Dans cette résidence, pour le peu de séjour qu'il y a fait, il a
bien vu, il est en état de donner des idées justes. Je profite en
même temps de l'occasion pour te recommander ce brave sans-
culotte, mon camarade aux affaires étrangères et qui a des
titres à l'intérêt des bons patriotes. Étranger à toute intrigue,
chargé de missions de confiance qu'il a remplies avec fidélité,
intelligence et désintéressement, exposé à différents périls
pour les intérêts de la République, jeté dans les prisons autri-
chiennes dont il a eu le bonheur de se tirer, il retourne dans
son pays après une longue absence, qui l'a peut-être fait oublier
aux affaires étrangères. Je l'ai gardé quelques jours pour le
mettre à l'abri des assassins qui l'attendaient dans la Valteline.
Mais son zèle l'a emporté et, quoique je ne sois pas pleinement
rassuré, cependant, ayant pris toutes les mesures que ma situation me permet, j'ai cru devoir l'expédier. Si par hasard il
s'était fait des changements dans les bureaux, je ne crois pas
commettre une indiscrétion en te le recommandant. Tu obser-
veras que, malgré ses services, Le Brun ne lui avait jamais
accordé ni gratification, ni avancement.

Eh bien! Danton, mes Almanachs étaient-ils bons? Que ne
t'ai-je pas dit, écrit, rabâché sur ces perfides étrangers? Me
trompais-je sur leur compte? L'expérience nous a enfin à tous
dessillé les yeux. Robespierre les poursuit avec une juste colère.
Vous voilà dans la bonne route. Son expression de *patriotique-
ment contre-révolutionnaire* et la tienne de *mesures ultra-révo-*

lutionnaires ont heureusement détrompé bien du monde. Mais tu as eu raison d'observer que, si c'est avec la pique que l'on détruit, c'est avec le compas qu'on édifie. Voyez, depuis que vous avez un centre de gouvernement, comme tout vous réussit! Avais-je tort quand je t'écrivais de Suisse : ayez un gouvernement, et la France va donner encore la loi à toute l'Europe? Aussi j'entre en colère toutes les fois que je vois attaquer le Comité de salut public, et c'est là mon thermomètre pour juger le vrai patriotisme.

Cependant, comme un peuple libre est nécessairement défiant, je conçois qu'il serait possible que le Comité, trop longtemps conservé, pût donner de l'ombrage même aux meilleurs citoyens. Dans ce cas, ne serait-il pas sage de le renouveler par tiers? C'est une idée que je vous soumets à vous autres qui, voyant de plus près, devez être à portée de mieux juger que moi. Mais, au nom de la liberté, que le gouvernement marche, et que l'ordre et la sagesse soient à l'ordre du jour, ainsi que la force et la terreur.

J'espère que le dernier effort de nos ennemis, les extravagances antireligieuses, auront elles-mêmes un bon effet. Car il semble qu'il soit de la destinée de cette étonnante Révolution que toutes les trames ourdies contre elle tournent à son plus entier développement. Cet effet sera de détromper plus de prêtres *de toutes les sectes* et de leurs momeries.

Ce qu'il y a de plaisant, c'est que nos ennemis qui ont tous crié à l'impiété, à la profanation, sont eux-mêmes obligés de porter la main sur l'arche du seigneur. Leur détresse et leur consternation va en croissant. Les Anglais commencent à être abhorrés en Italie. Cette Italie tremble, on sait ici la prise de Mayence et celle de Saorgio. Les rois italiens se regardent d'un air consterné, et Voltaire trouverait peut-être dans ce carnaval un chapitre de plus à *Candide*. Mais, Français, ce n'est pas assez de vaincre, il faut profiter des victoires. Il faut fonder sur la raison et la sagesse le gouvernement le plus digne des hommes rendus à la liberté et aux bonnes mœurs. Adieu. C'est assez bavarder. Tu as autre chose à faire que de lire ce rabâchage. Je finis en te recommandant toujours les étrangers. Ou je suis bien trompé, ou tous ne sont pas encore démasqués. Prenez-y garde et veillez. Car c'est là le suprême talent et la dernière ressource de Pitt. Adieu.

Encore un mot. Une preuve de ce que je dis là, est la complaisance avec laquelle les gazettes étrangères s'appesantissent

sur tes prétendues brouilleries avec Robespierre et sur les dénonciations faites contre Barère. C'est là la dernière planche
que les rois embrassent dans leur naufrage.

Quand le juif Ephraïm, émissaire du roi de Prusse, était à
Paris, à l'époque du massacre du Champ-de-Mars, l'universel
Cloots n'a-t-il pas eu quelques rapports avec lui? *ad Referendum.*

Ton frère se porte bien et se forme de jour en jour.

Souviens-toi que, si nos soldats entrent dans l'étranger, la
politique et l'humanité exigent que nous traitions les peuples
avec égard, mais en pays de conquête.

CHRONIQUE & BIBLIOGRAPHIE

Nous ne saurions trop recommander la lecture de l'excellent rapport que M. Alfred Lamouroux vient de faire au conseil général sur les Archives de la Seine (1). Ce rapport, qui forme un gros volume, est un des plus remarquables travaux d'érudition bibliographique qui aient paru depuis longtemps. On sait que l'incendie de 1871 a détruit les Archives municipales et départementales qui, depuis 1860, avaient été transférées dans l'annexe de l'avenue Victoria. On savait peu de choses sur le contenu de ces Archives, dont il n'avait jamais été publié d'inventaire méthodique. M. Lamouroux a comblé cette lacune, autant que c'était possible, avec les éléments dont on dispose aujourd'hui.

Voici les divisions de ce rapport :

Première partie : Notice historique (p. 2 à 102) ;

Deuxième partie : Partie administrative (p. 103 à 118).

Projets de délibérations (p. 119 à 124) ;

Pièces justificatives (127 à 290).

(1) *Conseil général de la Seine*, 1892. *Rapport présenté par* M. ALFRED LAMOUROUX, *conseiller général, au nom de la 4e commission, sur la situation des Archives.* Paris, impr. municipale, 1893, in-4 de 291 pages à 2 col. et 4 planches hors texte.

La *Notice historique* est subdivisée en trois périodes :
1° Archives anciennes, de l'origine à la Révolution. On
trouvera sur les origines des Archives et de la Commune,
sur les locaux, sur le personnel, des détails précis et instructifs, dont la lecture sera utile à tout historien de la
Ville de Paris (p. 2 à 30); 2° Archives pendant la Révolution,
de 1789 à l'an VIII. M. Lamouroux y raconte la « fin des
anciennes Archives » et y décrit les diverses Archives révolutionnaires des districts, des sections et de la Commune
(p. 31 à 66); 3° Archives modernes, de l'an VIII à 1870
(p. 66 à 79) et de 1871 à 1892 (p. 79 à 102). Il y a là une
intéressante description des Archives de la Seine et de la
ville de Paris, telles qu'on a pu les reconstituer, et qui se
trouvent aujourd'hui dans l'établissement situé quai
Henri IV) n° 30. Signalons (p. 85-86) un tableau sommaire
des séries de documents antérieurs à l'an VIII, conservées
dans ces Archives. On y a joint, et c'est une heureuse idée,
l'inventaire sommaire des documents analogues qui se
trouvent aux Archives nationales (p. 87 à 95), à la Bibliothèque nationale (p. 95-96), à la Préfecture de police
(p. 96-97). Suivent des notices sur les Archives des Domaines, de l'Enregistrement, de la Banque de France, de
l'Archevêché, du temple de l'Oratoire, du temple de la
Rédemption, de la Monnaie, des familles, des notaires, de
l'Opéra, de la Comédie-Française, du Conservatoire de
musique, du musée du Louvre, de la Légion d'honneur, de
l'Institut, de l'Ecole de droit, des communes de la Seine,
d'après le livre de MM. Langlois et Stein, que nous avons
signalé dans le dernier numéro.

La *Partie administrative* est un examen de l'état de situation des Archives du quai Henri IV. 1° Local (p. 104);
2° Réintégration et dans d'anciennes Archives (p. 105);
3° Acquisitions (p. 110); 4° Versements de papiers admi-

nistratifs (p. 111); 5° Vente de papiers inutiles (p. 113);
6° Classement et inventaire (*ib*.); 7° Recherches et expéditions (p. 114); 8° Personnel (p. 115); 9° Bibliothèque spéciale (p. 116); 10° Inspection des Archives communales (*ib*.).

La conclusion du rapport est que, « malgré la capacité et
le zèle de son personnel, ce rouage important de l'organisme administratif ne rend pas tous les services qu'on
pourrait en attendre, et qu'il y a lieu de mettre immédiatement à l'étude la question de sa réorganisation ».

Suivent des projets de délibération, en vue d'enrichir les
Archives de la Seine des documents anciens conservés
dans les études de notaire, les justices de paix, les direc-
tions départementales de l'Enregistrement et des Domaines,
les services de la Préfecture, les communes du département.

Un appendice donne de nombreuses pièces justificatives,
dont les plus importantes sont un inventaire sommaire,
rédigé vers 1850, par M. A. Aubert, archiviste (p. 151 à
165), et surtout l'inventaire sommaire des papiers de la
Commune, fait après le 9 thermidor, par Lesèvre et Martin,
sur l'ordre de l'agent national du district (p. 175 à 285).
Cet important document (Arch. nat., F¹ 4430), découvert et
communiqué par M. A. Tuetey, n'est pas seulement un
catalogue : il s'y trouve des citations textuelles de pièces
curieuses. C'est là une contribution considérable à l'histoire
de la Révolution.

Le volume se termine par une vue et des plans du bâtiment du quai Henri IV.

Il est regrettable qu'on n'ait pas cru y joindre une table
des matières, qui serait indispensable. Mais nous comptons
bien qu'un travail aussi considérable, aussi neuf et aussi
instructif que celui de M. Lamouroux, ne restera pas enfoui
dans la collection des rapports au conseil général et qu'en

l'imprimant en un volume accessible au public, on y ajou-
tera une table détaillée.

— Le général Marbot, dans ses *Mémoires*, a réédité
quelques accusations graves contre Jomini. On sait qu'après
la bataille de Bautzen (21 mai 1813), à l'heureux succès
de laquelle il avait contribué, comme chef d'état-major du
maréchal Ney, le général de brigade Jomini fut proposé
pour général de division. Mais Berthier le fit mettre aux
arrêts, sous un prétexte quelconque. Irrité de cette injustice, Jomini, qui était Suisse, passa au service de la Russie.
On prétendit qu'il avait communiqué aux alliés le plan de
campagne de Napoléon et des états de situation de l'armée
française. Il protesta plus tard contre cette assertion, et,
en 1819, M. Cassaing, secrétaire général du ministère de la
guerre et ancien secrétaire de Ney, lui écrivit pour reconnaître qu'il n'avait eu, avant de quitter l'armée française,
communication d'aucun plan de campagne, et Napoléon
lui rendit le même témoignage, dans ses dictées au général
Montholon. Cependant Marbot, dans ses retentissants Mémoires posthumes, a donné à la famille de Jomini occasion
de réfuter encore une fois cette légende. Elle l'a fait dans
une intéressante brochure (1), qui contient une esquisse de
la biographie de Jomini et une lettre écrite par ce général
à Thiers, en 1846. On y explique comment Jomini, « abreuvé
d'amertumes, résolut, exaspéré par l'injustice, de quitter à
jamais les drapeaux qui, en définitive, n'étaient pas ceux
de sa patrie, et où il trouvait tant d'humiliations ». On
ajoute : « Que ne s'est-il borné à cette résolution, en rentrant simplement en Suisse, au moins pendant quelque
temps ! » Cette réflexion est fort juste : le tort de Jomini fut

(1) *Le général Jomini et les Mémoires du baron de Marbot.* Paris,
L. Baudoin, 1893, in-18 de 36 p.

de servir dans les rangs des envahisseurs d'un pays au service duquel il avait fait ses premières armes. Mais il semble bien prouvé qu'il ne communiqua aux Russes ni plan de campagne, ni états de situation. — La brochure que nous venons d'analyser est signée des noms suivants : baron Nicolas de Jomini ; baron Eugène de Jomini, lieutenant de hussards de la garde russe ; comte Maurice de Courville, ingénieur de la Marine française ; Mme de Zinovieff, née de Jomini et ses fils ; Mme Paulmier-Baroncourt, née de Jomini ; comtesse de Courville, née de Jomini ; Mme Adélaïde Youchkoff, née de Jomini ; Mme d'Albénas de Sullens, née Jomini ; Mlle Mary Cooke, alliée Jomini.

— M. Paul Cottin est un adversaire déterminé de l'idée de l'alliance anglaise, qui fut chère à Mirabeau, à Talleyrand, à Danton et à Gambetta. Il croit que la France n'a à attendre de l'Angleterre que des procédés perfides et haineux, et il cherche à le prouver par l'histoire. Son petit livre (1) est formé de six récits : les Anglais au siège de Toulon (1793) ; les Anglais et les Flamands (1794) ; l'Angleterre et les émigrés (1795) ; les Anglais et les Turcs (1798-1800) ; les Anglais et les Italiens (1799) ; les Anglais en Espagne (1808-1814). Cette contribution à notre littérature anglophobe n'est pas un pamphlet déclamatoire : M. Cottin raconte avec clarté, avec érudition, et on lira son livre avec plaisir, même si on ne partage pas les idées de l'auteur sur l'alliance anglaise.

— En rendant compte des volumes de M. Albert Denis sur Toul pendant la Révolution, nous avons reproché à

---

(1) PAUL COTTIN. *L'Angleterre devant ses alliés*, 1793-1814... Paris, aux bureaux de la *Revue rétrospective*, 1893, in-8 de 100 p.

l'auteur d'avoir omis, dans sa liste des conventionnels de la Meurthe, le suppléant *Moures*. Il nous écrit, sans nier cette omission, que ce Moures s'appelait en réalité *Mourer*, qu'il refusa les fonctions de suppléant et qu'il préféra celles de procureur général syndic du département de la Meurthe, auxquelles il avait été élu en même temps. En 1798, il devint député au conseil des Cinq-Cents.

— Notre collaborateur M. Th. Lemas, sous-préfet de Fougères, vient de raconter, d'après les documents originaux, l'histoire des commissions militaires révolutionnaires dans l'Ille-et-Vilaine, en 1793 et en 1794 (1). Il y eut trois commissions. La première fut créée par le représentant en mission Pocholle, le 17 brumaire an II, à la suite de l'armée des côtes de Brest, à Rennes. On l'appelle la commission Frey, du nom de son président. La seconde fut créée à Saint-Malo, le 27 brumaire, par Jeanbon Saint-André, à la suite des armées de l'Ouest : c'est la commission O. Brien. La troisième fut établie à Autrain, à la suite des deux armées de l'Ouest et des côtes de Brest, le 1ᵉʳ frimaire an II, par Prieur (de la Marne), Bourbotte et Turreau. Elle fut présidée par Brutus Magnier, que M. Claretie a rendu célèbre. M. Lemas a composé un récit clair, fidèle et impartial des opérations de ces trois tribunaux d'exception, et son petit volume est rempli de pièces intéressantes. On y voit que cette justice trop sommaire, nécessitée hélas ! par les horreurs de la guerre civile, ne fut pas aussi barbare qu'on l'a dit. M. Th. Lemas va publier bientôt une histoire du district de Fougères, que nos lecteurs n'accueilleront pas avec moins de plaisir ; car l'auteur est au premier

(1) *Études documentaires sur la Révolution.* TH. LEMAS. *Les commissions militaires révolutionnaires dans l'Ille-et-Vilaine en* 1793-1794. Paris, Fischbacher, s. d., in-8 de 129 p.

rang des érudits qui ont entrepris de faire connaître l'histoire provinciale de la Révolution.

—M. J.-B.-V. Salle, petit-neveu du conventionnel Salle, a consacré une brochure apologétique à la mémoire de son grand-oncle (1). Il y a là des sentiments généreux et un accent ému. L'auteur cite quelques fragments de la correspondance de Salle pendant la Constituante, et ces fragments ne sont pas sans intérêt. Mais je me vois obligé de dire à M. J.-B.-V. Salle qu'il ne possède pas tous les éléments de la biographie de son parent. Il le fait naître en 1760 : il est né le 25 novembre 1759. Il semble ignorer qu'il se fit recevoir docteur en philosophie à l'université de Pont-à-Mousson, avant d'étudier la médecine à Nancy. Il aurait dû savoir et dire que la biographie de Salle avait été déjà écrite avec détail et précision par le regretté Ch. Vatel, dans son livre *Charlotte Corday et les Girondins*, Paris, 1864-1872, in-8°. Cependant l'opuscule de M. J.-B.-V. Salle aura pour effet de rappeler l'attention sur la figure un peu oubliée d'un des acteurs intéressants de la Révolution et nous espérons qu'il décidera la commune de Saint-Émilion à voter, comme le demande l'auteur, une plaque commémorative à apposer sur la maison de l'infortuné proscrit, le 19 juin 1894, date anniversaire de sa mort. En terminant, nous demanderons à M. J.-B.-V. Salle s'il a eu entre les mains les papiers que, d'après Vatel, possédait M. le Dr Contal, et s'il s'en est servi.

—Il vient de paraître un opuscule anonyme intitulé : *Auguste Comte et M. Aulard, à propos de la Révolution*. C'est

(1) *Notice historique et biographique sur J.-B. Salle... par* J.-B.-V. SALLE, *son petit-neveu...* Paris, Nancy, Bar-le-Duc, Épinal, chez les principaux libraires, 1893, in-8 de 208 pages.

une réponse à ma leçon du 7 décembre dernier, qu'on a
pu lire dans la *Revue* du 14 janvier 1893, et où, tout en
rendant hommage au génie et à la méthode d'Auguste
Comte, je relevais quelques-unes des erreurs où ses disciples et lui avaient été entraînés par l'esprit de système,
alors que leur doctrine était devenue une religion. Cette
réponse n'est pas polie. Il y est dit (p. 7) que mon cours de
cette année, sur Danton, « n'est que le commentaire envieux
et malveillant jusqu'au ridicule, d'ouvrages de mes prédé-
cesseurs dans la même voie ». On ajoute (p. 93) « qu'il n'y
a, dans mon caquetage superficiel et décevant, parfois même
impertinent et grossier, qu'un trompe-l'œil et un leurre des
plus fâcheux pour ceux qui le subiraient». J'omets d'autres
aménités du même genre, dont la plus amusante est peut-
être l'accusation de plagier feu Avenel. J'ai écrit à M. le
Dr Robinet pour lui demander quel était l'auteur de cette
brochure : il m'a répondu que c'était lui. Avis aux Barbiers
de l'avenir. A la réponse du Dr Robinet, je ne répondrai rien,
parce que son âge et ses travaux le rendent infiniment respectable à mes yeux, parce que son siège est fait, parce
qu'il n'admettrait jamais qu'Auguste Comte ait pu se tromper en rien, enfin parce que son esprit n'est pas libre. Mais
je prie mes lecteurs de lire sa brochure. C'est un in-12 de
115 pages, publié chez M. Ernest Leroux, 28, rue Bonaparte.
Il faut acheter et méditer ce factum, auquel je me propose
de faire une réclame effrénée : nulle part on ne verra aussi
bien à quel point les dires d'Auguste Comte sont devenus un
dogme religieux pour ses honorables apôtres de la rue
Monsieur-le-Prince. J'oubliais de dire que, dans le dernier
numéro de la *Revue Occidentale*, M. Emile Antoine m'a
répondu avec beaucoup de courtoisie et d'ingéniosité. Voilà
un écrivain distingué, un dialecticien habile et précis. C'est
avec une bonne grâce parfaite qu'il m'a enterré et a gravé

sur ma tombe des vers de l'*Imitation* traduits par Corneille.
J'ai lu tout cet article avec le plus vif plaisir. Mais pourquoi M. Émile Antoine m'accuse-t-il d'avoir voulu concentrer chez moi tous les documents sur la Révolution que
possède la ville de Paris? Qu'est-ce que cette légende? Je
me rappelle vaguement avoir demandé, en 1886, si je ne
pourrais pas emprunter quelques volumes à la bibliothèque
Carnavalet : cette autorisation me fut refusée. Je n'en ai
pas gardé rancune à l'obligeant et érudit M. Cousin, qui
dirige si bien ces belles collections de la rue Sévigné et qui
a eu raison de maintenir un règlement dont j'ignorais
l'existence. Mais qui donc a pu faire croire à M. Antoine
que j'avais voulu emporter chez moi et Carnavalet et le
quai Henri IV? Mes moyens ne me permettent pas d'avoir
un appartement assez grand pour cela. On me reproche
d'être encombrant, d'écrire dans trop de *Revues*, de collaborer, en outre, à la *Grande Encyclopédie*. C'est vrai :
j'écris beaucoup trop. Mais M. Antoine omet de dire que
c'est moi qui ai confié à M. le Dr Robinet la rédaction de
l'article *Danton* dans la *Grande Encyclopédie*. Voilà comment je persécute les positivistes. Mais que ces querelles
personnelles ou anonymes sont fastidieuses ! Retournons
au travail, à la science, à la vérité. Pour ma part, je me
promets de louer très haut, malgré tout, les écrits historiques des positivistes religieux, quand ils me paraîtront
bien faits, et cela sans espérer, sans demander qu'ils me
rendent la pareille !

F.-A. AULARD.

— M. Ch.-L. Chassin continue ses intéressantes études
sur l'histoire de la Vendée. Nous avons signalé les trois
volumes déjà parus : *La préparation de la guerre de la
Vendée*. Le tome Ier de la *Vendée patriote* vient de paraître

chez Dupont. Nous ne saurions mieux faire que de citer ce que M. Chassin en dit lui-même dans son avertissement :

.

Dans ce tome I, nous donnons le premier plan de répression des insurrections de l'Ouest, les ordres et instructions du ministre Beurnonville à La Bourdonnaye et à Berruyer, généraux en chef des armées des Côtes et de la Réserve, à la fin du mois de mars 1793. Nous y ajoutons l' « Exposé succinct des mesures prises par le Conseil exécutif provisoire à l'égard des troubles de Bretagne et de Vendée, » que Le Brun faisait expédier aux administrations départementales juste le jour où le ministère des affaires étrangères lui était enlevé par l'insurrection de Paris contre les Girondins, le 2 juin.

Sur la 35ᵉ division de gendarmerie, dite des Vainqueurs de la Bastille, et son chef, Jean Rossignol ; sur la Légion du Nord, de Westermann ; sur la Légion germanique et les autres corps irréguliers, seuls envoyés au secours des patriotes de l'Ouest, quand toutes les forces militaires sérieuses étaient occupées à boucher la frontière du Nord, ouverte par la trahison de Dumouriez ; ainsi que sur les bataillons de Paris et ceux de « la formation d'Orléans », opérée par les soins du ci-devant prince de Hesse, nous offrons des détails précis et nouveaux.

On se rappelle qu'un des épisodes les plus intéressants de la *Préparation de la guerre de Vendée*, c'était l'histoire des supercheries du pseudo-évêque d'Agra, M. l'abbé Bossard, ayant contesté, dans une brochure récente, les assertions de M. Chassin, celui-ci réplique en ces termes :

M. l'abbé Bossard (1) n'oppose pas de pièces nouvelles à celles que nous avons accumulées sur la tragi-comédie de Guillot de Folleville. Il se sert des nôtres exclusivement, pour essayer de démontrer qu'il n'y faut pas voir ce que nous y avons vu : la complicité, non de tous (2), mais de plusieurs des

----

(1) *L'invention de l'évêque d'Agra de M. Ch.-L. Chassin*, par l'abbé Eug. Bossard, docteur ès lettres (extrait de la *Revue des Facultés catholiques de l'Ouest*, Augers, 1893, in-8º de 48 pages). — Voir ce qu'a dit de cette brochure M. Edmond Biré, dans le journal *l'Univers* du 25 avril 1893.

(2) Voir ce que nous avons dit du généralissime d'Elbée, p. 604-605 du tome III de *La préparation de la guerre de Vendée*.

chefs religieux et militaires de l'insurrection, et le silence politique de la plupart des autres.

« Quand, s'écrie-t-il, j'ai lu pour la première fois cet acte d'accusation, j'avoue que je n'ai pu me défendre d'un sentiment de stupeur craintive; j'ai eu peur qu'il ne fût fondé sur d'incontestables preuves, et j'ai tremblé pour nos gloires vendéennes... J'aime tant la vérité que, si l'auteur de *La Vendée patriote* avait prouvé la culpabilité des chefs et des prêtres insurgés contre les persécuteurs, de quelque amour que j'entoure Lescure et ses compagnons d'armes, j'aurais, la honte au front, le froid au cœur, répudié sans hésiter leur coupable et sacrilège supercherie, et pleuré en silence sur cette vilenie de plus dans cette pauvre humanité. »

Pour dissiper ce mauvais rêve, pour réfuter « cette suprême attaque à l'honneur... de héros qui, s'ils ne sont pas sans reproche, n'ont pas du moins encouru cette honte sans nom de s'être faits les complices d'une si indigne comédie », notre critique déshonore, avec une cruauté impitoyable, ce malheureux abbé Guillot, dont l'imposture ne fut pas un instant nuisible et fut, au contraire, d'une utilité capitale pour la cause catholique.

Sans l'exhibition opportune du pseudo-prélat à Châtillon, aussitôt après la déroute du 16 mai, Fontenay n'aurait pas été pris le 25. Sans la fameuse messe pontificale d'Angers, l'énorme rassemblement contre Nantes n'aurait pas pu être déterminé à la fin du mois de juin. Mme de la Rochejaquelein, veuve de Lescure, le reconnaît elle-même, en fournissant les seules objections romanesques, qui puissent être opposées à nos textes positifs.

L'un de ces textes est recueilli avec soin par notre critique, « l'amère et poignante ironie » du frère d'un des cinq jeunes patriotes qui périrent sur l'échafaud pour avoir été les parents ou les amis intimes du faux évêque, jacobin comme eux à Poitiers :

« Conneau est devenu digne de mort pour avoir eu un scélérat dans sa famille; Clergeau, pour avoir été le neveu de Conneau; Saboureau, pour avoir eu un pensionnaire perfide; Tabart, pour avoir habité avec lui, et Chauveau, pour avoir été trompé par celui qui avait trompé toute la ville. »

M. l'abbé Bossard reprend pour conclure :

« Les Filles de la Sagesse sont suspectes pour avoir eu
« confiance dans un imposteur; les missionnaires de Saint-

« Laurent, pour avoir cru aux éloges des Filles de la Sagesse;
« Lescure, pour s'être fié aux missionnaires de Saint-Laurent;
« tous les chefs, pour avoir été trompés par celui qui avait
« trompé tout le monde, patriotes et royalistes. »

Par malheur, il n'est guère possible d'admettre si général un
aveuglement qui, d'ailleurs, se prolongea pour le peuple, après
avoir été dissipé pour les chefs. Comment expliquer que,
« l'usurpation sacrilège des titres d'évêque d'Agra et de vicaire
apostolique » ayant été dénoncée et annulée par Bref du Souverain Pontife, l'usurpateur, au lieu d'être chassé et puni immédiatement par ses dupes, ait continué à promener sa crosse de
bois doré au milieu des armées catholiques royales, surexci-
tant le fanatisme des paysans entraînés vers Granville pour
ouvrir la France aux Anglais?

C'est un fait avéré que le Bref du Pape fut gardé secret, et
« la fraude pieuse » tolérée par politique. « La complicité »,
dès le début de la prodigieuse aventure, ne serait-elle pas
prouvée, s'il y avait eu des ecclésiastiques et des chefs militaires se doutant de la supercherie, se refusant à l'accepter, la
signalant même à ceux qui l'utilisaient avec une habileté, qu'ils
n'osaient soupçonner, ou avec une candeur, qui les faisait
rire?

Or, il y en eut, et c'est à un royaliste des plus notables qu'est
dû ce dernier argument.

« L'abbé de Montgazon, rapporte M. Amédée de Bejaray (1),
d'après son père, avait été condisciple de l'abbé de Folleville.
Le prétendu évêque d'Agra lui proposa d'être son grand vicaire.
M. Montgazon, qui l'avait perdu de vue et qui n'était pas
convaincu de son caractère épiscopal, refusa nettement. »

Pris à Thouars, « sous l'uniforme républicain », raconte
encore M. de Bejarry, Guillot de Folleville « exhiba des lettres
de prêtrise qui furent reconnues authentiques, puis des preuves
apparentes du titre d'évêque d'Agra *in partibus*. Le Conseil
fut-il convaincu? Sans doute, puisqu'il les admit; *mais beaucoup d'officiers, et mon père entre autres, en plaisantaient tout
bas.* »

S'ils en avaient « plaisanté tout haut » que serait-il advenu?
Les insurgés auraient perdu la foi en leurs prêtres et la confiance en leurs seigneurs, trop naïfs ou trop fourbes; ils

(1) *Souvenirs vendéens*, Nantes, 1884, in-8°, p. 67. — A rapprocher du
passage des *Mémoires du comte de Puisaye* que nous avons cité dans *La
préparation de la guerre de Vendée*, t. III, p. 601.

seraient rentrés dans leurs chaumières, scandalisés d'une si forte mystification épiscopale, et la guerre civile aurait été finie avant le passage de la Loire et les horreurs qui suivirent.

Non, Guillot de Folleville ne gardera pas seul, devant l'Histoire, la responsabilité grave de l'invention de l'évêque d'Agra. Ce que disent de la médiocrité de son intelligence et de son absence d'initiative ceux dont il servit la cause par « sa belle représentation » (1), prouve qu'il ne fut qu'un instrument, aussi souple que discret dans « la mécanique de l'enthousiasme (2) ». Nul ne réussira à faire passer pour dupes, et non complices, les habiles agitateurs religieux, qui se vantent encore aujourd'hui « d'avoir fait la Vendée » ce qu'elle fut à l'époque de la Révolution : les Révérends Pères de la Compagnie de Marie, les Prêtres missionnaires de Saint-Laurent-sur-Sèvre.

(1) Le mot est de Mme de La Rochejaquelein.
(2) Le mot est de notre illustre maître et ami J. Michelet.

Le Gérant : CL. CHARAVAY.

Paris. — Imprimerie L. Maretheux, 1, rue Cassette.

DANTON

MINISTRE DE LA JUSTICE [1]

Nous avons vu comment Danton fut élu, au 10 août, ministre de la justice, comment il organisa ses bureaux et quelle fut son activité dans son administration proprement dite. Il reste à examiner les actes de son ministère au point de vue de la politique générale, dont il tâcha de se rendre maître et qu'il dirigea en effet, soit comme ministre de la justice, soit comme chef moral du Conseil exécutif provisoire.

I

Son programme comme ministre de la justice a trait à la politique générale. Il l'exposa à deux reprises. Le 11 août 1792, quand il se présenta avec ses collègues devant l'Assemblée législative pour prêter le serment de maintenir la liberté et l'égalité, il prononça le discours suivant (2) :

La nation française, lasse de despotisme, avait fait une révolution; mais, trop généreuse, elle a transigé avec les tyrans. L'expérience lui a prouvé qu'il n'est aucun retour à espérer des

---

(1) Sur Danton, voir la *Revue* depuis le 14 janvier dernier. En outre, j'ai raconté l'enfance et la jeunesse de Danton dans la *Revue encyclopédique* du 15 mai 1893.
(2) *Journal des Débats et des Décrets*, p. 183.

anciens oppresseurs du peuple : elle va rentrer dans ses droits...
Mais, là où commence l'action de la justice, là doivent cesser
les vengeances populaires. Je prends devant l'Assemblée nationale l'engagement de protéger les hommes qui sont dans son
enceinte; je marcherai à leur tête et je réponds d'eux. (*Vifs
applaudissements.*)

Par cette promesse, le nouveau ministre de la justice
répondait aux sentiments intimes de l'Assemblée, qui, en
le nommant, n'avait certes pas été insensible à l'espérance
de se protéger ainsi elle-même contre le peuple victorieux
et furieux.

Le 19 août, Danton envoya aux tribunaux une longue et
remarquable circulaire, qui est surtout une profession de
foi politique :

Dans une place, disait-il, où j'arrive par le suffrage glorieux
de la nation, où j'entre par la brèche du château des Tuileries,
et lorsque le canon est devenu aussi la dernière raison du peuple,
vous me trouverez constamment et invariablement le même
président de cette section du Théâtre-Français, qui a tant contribué à la révolution du 14 juillet 1789, sous le nom de district
des Cordeliers, et à la révolution du 10 août 1792, sous le nom
de section de Marseille. Les tribunaux me trouveront le même
homme, dont toutes les pensées n'ont eu pour objet que la
liberté politique et individuelle, le maintien des lois, la tranquillité publique, l'unité des quatre-vingt-trois départements, la
splendeur de l'État, la prospérité du peuple français, et, non
l'égalité impossible des biens, mais une égalité de droits et de
bonheur.

Puis, il exaltait Mably et Rousseau, « ces flambeaux
immortels de la législation (1), » il gourmandait les tribunaux, dont les opinions n'étaient guère d'accord avec la
révolution nouvelle, il leur faisait l'éloge des Sociétés

---

(1) On a vu que ses préférences étaient plutôt pour Diderot et l'Encyclopédie : mais il n'y avait pas, dans la Révolution, d'école exclusive, et
on s'y réclamait volontiers de tous les philosophes du siècle.

populaires, il leur dévoilait les trahisons de Louis XVI et
il les engageait, en termes éloquents, à répandre la vérité
sur la journée du 10 août, sans leur cacher qu'une attitude
franchement favorable au nouvel état de choses était la condition même de leur propre maintien :

> Maintenant que la vérité des trahisons que nous avions
> dénoncées brille dans tout son éclat; maintenant que vous êtes
> pénétrés et comme investis de la lumière, maintenant que vous
> voyez, empressez-vous d'éclairer ceux à qui vous êtes chargés
> de dispenser la justice sur ces faits dont la connaissance vous
> est transmise ministériellement. Il est encore en votre pouvoir
> de reconquérir la bienveillance nationale. Imitez le tribunal de
> cassation et les tribunaux de Paris. Jurez l'égalité, félicitez
> l'Assemblée nationale de ses décrets libérateurs, tournez contre
> les traîtres, contre les ennemis de la patrie et du bonheur public
> le glaive de la loi qu'on avait voulu diriger dans vos mains
> contre les apôtres de la liberté. Que la justice des tribunaux
> commence, et la justice du peuple cessera!

Mais Danton ne réussit pas à décider les tribunaux à ce
zèle révolutionnaire qui aurait pu seul donner au gouvernement la force et le goût de résister au vœu général de
l'opinion, si hautement prononcée pour le remplacement de
toutes les autorités existantes, et les décrets des 22 septembre
et 19 octobre 1792 invitèrent les électeurs à renouveler tous
les corps administratifs, municipaux et judiciaires.

Un des premiers soins du nouveau ministre de la justice,
ce fut de s'occuper de changer le sceau de l'État. « Il sollicita des artistes pour lui présenter un type qui fût adapté
aux circonstances. On lui en présenta un, qu'il adopta : c'était
un Hercule terrassant le royalisme, entouré de 84 étoiles,
symbole de l'amitié qui liait les 84 départements de la
France. » C'est Fabre d'Églantine qui fit connaître cette
circonstance dans le procès des Girondins (1). Il ajoute que

(1) Buchez, XXX, 85.

la commission extraordinaire de la Législative « fit retrancher les étoiles et tout signe d'union ». Il voit là un indice des projets fédéralistes de la Gironde. Il est plus vraisemblable que cet Hercule terrassant le royalisme, alors que la France était encore légalement une monarchie, leur parut indiscret, et le décret du 15 août 1792 ordonna que le sceau de l'Etat « porterait la figure de la Liberté, armée d'une pique surmontée du bonnet de la Liberté, et pour légende : *Au nom de la nation française.* »

Mais Danton ne renonça pas à son idée d'un symbole antifédéraliste, et, le 22 septembre 1792, en même temps qu'elle proclamait la République, la Convention changea de nouveau le sceau de l'État : il eut pour type une femme qui tenait aussi une pique surmontée du bonnet de la liberté, mais qui, de l'autre main, s'appuyait sur un faisceau, en signe d'union de tous les départements.

II

Si on compare les antécédents et le caractère de Danton à ceux des autres ministres, ses collègues, il semble qu'il dût être isolé et peu influent dans le Conseil exécutif provisoire, comme il l'avait été à la commune et au département. C'était un démocrate exalté au milieu de modérés, c'était aussi un homme d'action parmi des gens de lettres ou de plume. Le ministre des affaires étrangères, Le Brun, est un journaliste ; le ministre des contributions, Clavière, s'est signalé surtout comme publiciste ; le ministre de la marine, Monge, est un mathématicien ; le ministre de la guerre, Servan, est plus connu comme écrivain militaire que comme soldat ; enfin, le ministre de l'intérieur, Roland, c'est Mme Roland, et Mme Roland est le type de la femme de lettres. Mais c'est précisément parce que Danton est le seul

homme d'action de ce ministère qu'il le domine. A ces théoriciens irrésolus, scrupuleux, timides de corps, nés pour la
vie académique et dont l'assiduité à un bureau semble être
la vraie posture, ce brutal actif, sans cesse debout, né pour
le geste et la marche, impose sans discuter, et par le fait
même qu'il ne discute pas, ses impérieuses volontés de victorieux. Il ne leur propose pas des systèmes, il leur donne
des ordres. Il se garde bien de leur dire : Délibérons; il
leur crie de sa voix rude : Il faut faire cela, et ils le font, et
ils suivent Danton, bon gré mal gré, quittes à le calomnier
plus tard quand ils ne seront plus sous le charme de son
énergie, quand la besogne sera accomplie et la patrie
sauvée.

C'est par cet ascendant presque physique que Danton
amena ces indécis et ces discoureurs à suivre une politique
décidée, positive, réaliste, qui chassa les Prussiens de
France, en évitant l'extension de la guerre civile, en faisant concourir les opérations diplomatiques avec les opérations militaires, en sacrifiant jusqu'à leur renommée pour
maintenir à tout prix l'unité du gouvernement et de la
défense nationale.

Valmy et septembre, voilà les deux mots où se résume,
dans l'imagination populaire, l'histoire du ministère de
Danton.

On veut qu'il soit étranger à la victoire de Valmy et complice des massacres de septembre.

C'est tout le contraire.

Après les beaux travaux de MM. Chuquet et Sorel, il
n'est plus douteux que Danton n'ait eu une part prépondé-
rante dans le succès de la défense nationale, dans l'expulsion des envahisseurs hors de France.

Quant aux massacres de septembre, sa politique, à mon
avis, n'eut pas d'autre but que de les prévenir, quand c'était

encore possible, et d'en empêcher la continuation et l'extension quand le sang eut commencé à couler. Si le premier résultat fut manqué, l'énergie habile de Danton fit en sorte que ce tragique mouvement parisien ne dégénérât pas en guerre civile.

Il ne s'agit pas de refaire le récit de ces tristes événements, mais d'en rappeler ce qui est indispensable pour connaître et comprendre la véritable attitude de Danton, si défigurée par une légende calomnieuse.

Les causes des journées de septembre sont complexes, mais la principale est l'invasion prussienne.

A la nouvelle de la révolution du 10 août, le roi de **Prusse** décide de marcher sur Paris. Il entre en France le 19. Nos avant-postes sont culbutés. Longwy capitule le 23. Verdun est investi le 30. On l'apprend à Paris, le 2 septembre au matin, et on sait que Verdun ne peut pas tenir longtemps. La route de la capitale est ouverte, l'ennemi n'est plus qu'à quelques jours de marche. Nous avons aujourd'hui le secret de l'incertitude et de l'anxiété des ennemis : cette résistance, dont l'insuccès désespérait la France, les avait épouvantés, eux qui croyaient, sur le dire des émigrés, que la majorité saine de la nation leur ouvrirait les bras et que ce serait une promenade militaire. Mais les Parisiens se voyaient déjà aux prises avec l'ennemi; leur imagination réalisait les menaces du manifeste de Brunswick et ils étaient fous de colère.

Et puis, l'accord de l'ennemi du dedans avec celui du dehors éclatait tout à coup par une insurrection royaliste dans la Vendée, qui coïncidait avec la prise de Longwy.

D'autre part, si l'armoire de fer ne fut découverte que le 20 novembre, on trouva aux Tuileries, dès le mois d'août, des papiers qui établissaient déjà les manœuvres, la trahison de la cour. On eut la preuve qu'une partie de la liste civile servait à payer, non seulement d'ignobles libelles contre-révolutionnaires, mais les chefs et les troupes de l'émigration (1). Des pièces confirmèrent le soupçon populaire qu'il y avait aux Tuileries une sorte de Comité autrichien, où siégeaient les Barnave, les Lameth, les ci-devant Feuillants.

Il devint évident, pour le peuple de Paris, que Prussiens, Autrichiens, émigrés, royalistes et modérés du dedans, formaient depuis longtemps une ligue pour le trahir et le remettre dans l'esclavage, après un massacre.

Mais, dans l'explosion de colère folle qui amena l'égorgement des prisonniers, il y avait aussi un souvenir du combat du 10 août. Ce jour-là, les assaillants avaient compris que les Suisses les invitaient à s'approcher pour fraterniser, et la décharge meurtrière par laquelle ils furent accueillis, quand ils s'approchèrent en effet, leur parut une odieuse trahison. Cette croyance était générale. On croyait aussi que la cour s'était armée, ce jour-là, pour mettre Paris sous le joug. On était persuadé qu'il y avait eu une conspiration pour attirer l'ennemi à Paris, et, sur ce point, on n'avait pas tort. C'était le cri universel du peuple de Paris que, sinon les soldats, les simples agents, du moins les chefs de cette conspiration, qu'on appelait la conspiration du 10 août, fussent jugés et punis, et que cela fût fait sévèrement et aussitôt. Autrement, on saurait se faire justice soi-même.

Si on voulait éviter un soulèvement et un massacre, il semblait donc qu'il fallût sacrifier tout de suite à la vengeance populaire les personnes les plus coupables du crime de lèse-nation et ôter ainsi tout prétexte à un second soulèvement populaire.

(1) Voir surtout le rapport de Gohier du 17 août 1792. (*Moniteur*, XIII, 445.)

Ce fut la politique de Danton, qui n'était pas haineux, qui n'était pas sanguinaire, mais qui ne voyait que ce moyen, cet affreux moyen, de maintenir l'unité de la défense nationale en prévenant la guerre civile.

C'est d'ailleurs à cette condition que les survivants des défenseurs du château avaient pu être protégés, sauvegardés, et l'Assemblée législative avait décidé, le 11, la formation d'une cour martiale pour juger « sans désemparer » les officiers et les soldats suisses. La Commune avait aussitôt placardé cette adresse : « Peuple souverain, suspends ta vengeance, la justice endormie reprendra aujourd'hui ses droits : tous les coupables vont périr sur l'échafaud. »

C'était donc là une sorte de pacte entre l'Assemblée et le peuple de Paris.

Celui-ci va être d'autant plus ardent à en réclamer l'exécution, que le lendemain de sa victoire ne lui paraît pas assuré. Si, par les fédérés alors réunis à Paris, il a l'assentiment moral de la France, plusieurs administrations départementales refusent de reconnaître la révolution du 10 août. La Fayette, qui commande l'armée du centre, se révolte ; les commissaires de la Législative sont jetés en prison ; tous les généraux, sauf Dumouriez, semblent prêts à se prononcer pour Louis XVI. Sans doute, cette résistance est vite brisée. Mais, à Paris, on s'indigne, on a peur, on se voit pris dans un piège mortel.

D'autre part, il y a maintenant dans les prisons d'autres conspirateurs que les Suisses. Conformément à un décret du 11 août, qui avait confié aux corps municipaux la recherche des crimes contre la sûreté intérieure et extérieure de l'État, la Commune de Paris, fermant les barrières, avait pris, dans un grand coup de filet, une quantité de suspects. Qui jugerait cette masse de prévenus ? La Haute-

Cour d'Orléans? C'était un tribunal monarchique. La cour martiale décrétée le 11 août? On ne l'avait [pas] formée et d'ailleurs elle n'eût pu connaître que des [faits militaires.

Le vœu des sections se prononce pour l'établissement d'un tribunal extraordinaire qui jugerait en dernier ressort tous les conspirateurs arrêtés. L'Assemblée hésite, mais elle cède, et, le 17 août, sur les sommations réitérées de la Commune, elle institue un tribunal criminel pour juger en dernier ressort les crimes relatifs au 10 août et autres crimes connexes.

Ce tribunal, qui siégea jusqu'au 30 novembre 1792, parut trop faible, trop indulgent. Sur 61 accusés, il n'en condamna à mort que 20, dont 7 seulement pour crimes politiques. Il y eut deux acquittements qui parurent scandaleux et ne contribuèrent pas peu à armer les meurtriers de septembre, à contrarier la politique de Danton. Le 27 août, le jury reconnut coupable un sieur Dossonville, officier de paix, impliqué dans la conspiration de Dangremont, mais déclara qu'il avait agi « sans dessein de nuire. » Le 31, Luce de Montmorin, gouverneur de Fontainebleau, fut reconnu coupable d'avoir composé un écrit séditieux, un plan de conspiration, et d'avoir été « l'un des principaux agents des complots et machinations tendant à allumer la guerre civile et à désorganiser le corps législatif et à armer les citoyens les uns contre les autres, lesquels complots et machinations ont amené les crimes commis le 10 août 1792. » Mais le jury déclara qu'il ne l'avait pas fait « méchamment et à dessein », et il fut acquitté.

Ce verdict parut dérisoire; le public murmura, menaça. Une voix cria : « Vous le déchargez aujourd'hui et dans quinze jours, il nous fera égorger. » Pour préserver Montmorin, le président Osselin dut le prendre sous le bras et le mener lui-même à la Conciergerie (1). Telle fut, à ce sujet, l'explosion de la colère publique (2), que Danton ordonna la revision du jugement (3). De plus il destitua et fit poursuivre le commissaire national Botot, qui avait paru favoriser l'inculpé (4).

Vint l'affaire de Bachmann, major général des Gardes-Suisses, un des prévenus dont les vainqueurs du 10 août demandaient la tête, pour les motifs exposés plus haut. Mais les officiers suisses opposaient le déclinatoire. Ils déclaraient le tribunal incompétent, objectant les capitulations. Les Suisses devaient être jugés par les juges de leur pays.

L'accusateur public Réal écrivit, le 31 août, à Danton. Celui-ci ne répondit pas. A une seconde lettre plus pressante, écrite le lendemain, 1ᵉʳ septembre, Danton répondit enfin, le même jour, qu'il allait en conférer avec son collègue des affaires étrangères et avec la Législative. Mais il ne croyait pas que le déclinatoire fût admissible. Si les capitulations excluent le crime de lèse-majesté, à plus forte raison doivent-elles exclure le crime de lèse-majesté nationale, l'assassinat du peuple. « J'ai lieu, ajoutait Danton, de croire que le peuple outragé, dont l'indignation est soutenue contre ceux qui ont attenté à la liberté et qui annonce un caractère digne enfin d'une éternelle liberté, ne sera pas réduit à se faire justice lui-même, mais l'ob-

---

(1) Mortimer Ternaux. *Histoire de la Terreur*, III, 117, 118, 462.
(2) On s'imaginait que ce Montmorin était l'ex-ministre.
(3) *Moniteur*, XIII, 596.
(4) Mortimer Ternaux, III, 463. — A ce propos, qu'il me soit permis de rectifier une erreur que j'ai commise dans mon précédent article et qu'un de nos lecteurs me signale. Je disais (p. 401) que la loi du 20 octobre 1792 supprima *tous* les commissaires nationaux (élus) près des tribunaux. On me fait observer avec raison que cette loi supprima seulement les commissaires près les tribunaux *criminels*. Ceux des tribunaux *civils* subsistèrent jusqu'en brumaire an IV, époque de l'établissement des tribunaux de département.

tiendra de ses représentants et de ses magistrats (1). » Ce
qui revenait à dire : Condamnez-le, si vous voulez éviter un
massacre.

Sans attendre l'opinion du ministre des affaires étrangères et de l'Assemblée, le tribunal jugea Bachmann
le 1ᵉʳ et le 2 septembre. Les meurtriers envahirent en armes
la salle des séances. Mais le président les décida à se retirer. Bachmann fut condamné à mort et exécuté. On ne
peut s'empêcher de faire cette remarque douloureuse, que,
si cette sentence avait été rendue vingt-quatre heures plus
tôt, le massacre des prisons n'aurait peut-être pas eu lieu.

III

Dans la crise terrible amenée par l'invasion prussienne,
ce n'est pas seulement le peuple qui avait perdu la tête,
c'est aussi le gouvernement qui délirait. Croirait-on qu'à
la nouvelle de la prise de Longwy, les collègues de Danton
au Conseil exécutif voulurent quitter Paris et se réfugier à
Blois? Écoutons la déposition d'un témoin oculaire, Fabre
d'Églantine : « Je me trouvais un jour, dit-il dans le procès
des Girondins, chez le ministre des affaires étrangères, où
étaient rassemblés Roland, Servan, Clavière, Le Brun, Danton et Petion. Au bout du jardin, une espèce de conseil fut
tenu. Roland prit la parole (2) et dit : « Les nouvelles sont
très alarmantes, il faut partir. » Danton lui demanda où il
comptait aller?« A Blois, reprit Roland, et il faudra, ajouta-
t-il, emmener avec nous le trésor et le roi. » Clavière appuya
la proposition de Roland. Servan dit qu'il n'y avait pas
d'autre parti à prendre, et Kersaint, qui arrivait de Sedan,

_____

(1) *Ibid.*, 501.
(2) Il était « pâle, abattu, la tête appuyée contre un arbre ». Discours
de Fabre aux Jacobins, le 5 novembre 1792. (*La Soc. des Jac.*, IV, 462.)

ajouta : « Il faut absolument partir, car il est aussi impossible que dans quinze jours Brunswick ne soit pas à Paris, qu'il est impossible que le coin n'entre pas dans la bûche quand on frappe dessus (1). »

Cette fatale résolution allait être prise, quand Danton intervint et soutint avec véhémence que le gouvernement ne devait pas quitter Paris : « J'ai fait venir, dit-il, ma mère qui a soixante-dix ans ; j'ai fait venir mes deux enfants ; ils sont arrivés hier. Avant que les Prussiens entrent dans Paris, je veux que ma famille périsse avec moi ; je veux que vingt mille flambeaux, en un instant, fassent de Paris un monceau de cendre. » Et se tournant vers Roland, il lui dit : « Roland, garde-toi de parler de fuite, crains que le peuple ne t'écoute (2). »

Le projet de fuite, un instant ajourné, fut repris quelques jours après, à la nouvelle de la prise de la Croix-aux-Bois (3). C'est sans doute l'influence de Danton qui décida, une seconde fois, le maintien du gouvernement à Paris (4).

Si la capitale eût été alors, comme le voulait Roland, abandonnée par le Conseil exécutif et par l'Assemblée,

---

(1) Buchez, XXX, 34.

(2) Discours de Fabre d'Églantine aux Jacobins, le 1er mai 1793, p. 20. — Bibl. nat., Lb 40/752, in-8. — Fabre ajoute : « Roland, tremblant, devient furieux de l'ascendant de Danton. Je rends justice à Petion : il fut courageux et calme, il s'indigna du projet de fuite... »

(3) Chuquet. *La retraite de Brunswick*, p. 12.

(4) Le fait de l'intervention de Danton dans ces circonstances graves n'est pas douteux. Lui-même, dans son discours du 29 septembre, y fit allusion clairement. Le 3 avril 1793, Robespierre en fit honneur à Danton (*Moniteur*, XVI, 53). On lit dans la *Correspondance secrète*, éd. Lescure, II, 619, à la date du 30 août : « M. Servan a opiné dans le Conseil des six ministres pour transporter l'Assemblée nationale hors Paris ; mais M. Danton, ministre de l'intérieur (*sic*), a combattu cet avis, qui a été rejeté. M. Danton est peut-être le seul homme capable de s'élever à la hauteur du danger et de la Révolution. » Enfin, Collot d'Herbois dira aux Jacobins : « Roland avait concerté avec ses partisans cette fuite criminelle ; mais Danton, le robuste républicain Danton, les devina, leur opposa d'énergiques résolutions et sauva la chose publique. » (*Journal des Jacobins*, n° 365.)

l'invasion et la guerre civile auraient certainement compromis l'indépendance de la France. En maintenant le siège des pouvoirs publics à Paris, on peut dire sans exagération que Danton, à la fin d'août 1792, sauva la patrie. N'eût-il rendu que ce service, son nom mériterait, selon le mot qu'il osa prononcer au tribunal révolutionnaire, d'être inscrit « au panthéon de l'histoire ».

Ce n'était pas seulement la peur des Prussiens qui poussait Roland à quitter Paris : il voulait se soustraire à la dictature de la Commune.

On sent que Danton, au contraire, voyait, mais sans le dire, dans la dictature de la Commune, l'indispensable condition de la Défense nationale. En présence d'une Assemblée virtuellement abolie et qui se survivait à elle-même, la Commune pouvait seule exercer cette dictature nécessaire, parce que seule elle était vivante et forte. Il fallait que l'Assemblée eût la résignation et le patriotisme de se plier à cette dictature parisienne, en sauvant tout ce qui pouvait être sauvé de la légalité et de l'ordre, et que le Conseil exécutif fît de même, tout en gardant figure de gouvernement et en conservant la haute main sur les affaires militaires et diplomatiques.

Voilà, quant au conflit de la Commune et de l'Assemblée, quel fut le fond, le secret de la politique de Danton, en août et en septembre 1792.

Il parvint donc à maintenir les pouvoirs publics à Paris, et à les y maintenir dans une unité apparente.

Déjà les députés s'enfuyaient un à un. La Commune vint s'en plaindre à la barre, le 26 août. D'autre part des adresses circulaient dans les départements, pour demander que la future Convention ne se réunît pas à Paris. Séance tenante, les députés jurèrent de rester à leur poste jusqu'au 20 septembre, date de l'arrivée de leurs successeurs à Paris.

Puis on vota des mesures énergiques, entre autres que
Paris et les départements voisins fourniraient 30,000 volontaires.

Cependant la Commune de Paris se montrait digne de
sa dictature de fait, et elle prenait d'admirables mesures
patriotiques (1).

Un instant le gouvernement sembla paralysé. Les commissaires de l'Assemblée législative contrariaient ses opérations, la Commune fermait les barrières, ce qui empêchait
l'approvisionnement de Paris. Prisonnier de la Commune,
annihilé par l'Assemblée, Danton sut se dégager. Il fit décider par le Conseil exécutif, le 28, de demander à l'Assemblée qu'elle fît ouvrir les barrières, qu'elle modifiât les
pouvoirs de ses commissaires, qu'elle autorisât la Commune à faire des visites domiciliaires pour se procurer des
armes et pour arrêter les suspects. Lui-même, le même
jour, soutint ces mesures dans l'Assemblée par un discours
énergique. Il déclara qu'il parlait *en ministre du peuple, en
ministre révolutionnaire :* Ce n'est, dit-il, que par une grande
convulsion que nous avons anéanti le despotisme dans la
capitale ; ce n'est que par une convulsion nationale que
nous pourrons chasser les despotes. » Et plus loin : « Vous
n'avez eu jusqu'ici que la guerre simulée de La Fayette ;
il faut avoir aujourd'hui la guerre de la nation contre les
despotes. Il est temps de dire au peuple que le peuple en
masse doit se précipiter sur ses ennemis. Quand un vaisseau
fait naufrage, l'équipage jette à la mer tout ce qui l'expo-
sait à périr. De même, tout ce qui peut nuire à la nation
doit être rejeté de son sein, et tout ce qui peut lui servir
doit être mis à la disposition des municipalités, sauf à in-
demniser les propriétaires (2). »

(1) On en trouvera l'énumération dans Mortimer Ternaux, III, 124.
(2) *Journal des Débats et des Décrets*, p. 127.

L'Assemblée vota les mesures proposées par Danton, et la Commune put emplir les prisons de suspects. De plus, sur la motion de Thuriot, on accorda au Conseil exécutif un million pour dépenses extraordinaires, et un million pour dépenses secrètes. Enfin, un membre ayant proposé de désigner des députés pour surveiller la levée d'hommes, l'Assemblée s'y refusa et invita le Conseil exécutif à nommer lui-même des commissaires pour cet objet, ce qui fut fait le lendemain.

La politique de Danton semblait donc triompher, quand éclata entre la Commune et l'Assemblée le conflit qu'il s'était efforcé de prévenir. Le 29 août, les sections des Lombards et de la Halle-au-Blé viennent dénoncer la Commune comme usurpant les pouvoirs et en abusant. Le 30 août, Girey-Dupré rédacteur du *Patriote français* de Brissot (1), dénonce à son tour la Commune qui a lancé contre lui un mandat d'amener. L'Assemblée mande la Commune à sa barre, pour qu'elle justifie des pouvoirs qu'elle a reçus des sections : c'était remettre en question la révolution du 10 août. Quelques instants après, on apprend que la Commune a arrêté toutes les personnes qui se trouvaient dans la maison où s'imprimait le *Patriote*. Alors, *ab irato*, l'Assemblée casse la Commune et ordonne de nouvelles élections dans les vingt-quatre heures : chaque section nommera deux députés. Puis, reprenant son sang-froid, elle déclare, tout en maintenant son décret, que la Commune a bien mérité de la patrie (2).

Conseillée sans doute par Danton, qui veut à tout prix éviter la guerre civile, la Commune fait semblant de céder. Elle enguirlande Petion, le place à sa tête, se présente à la

---

(1) A ce moment-là, Marat et Robespierre excitaient l'opinion contre les Girondins et contrecarraient la politique conciliatrice de Danton.
(2) *Procès-verbal*, XIV, 66, 73, 108.

barre (31 août) et se justifie. Le 2 septembre, un ami de
Danton, Thuriot, fait voter un décret qui sauve la Commune : chaque section nommera, non plus deux députés,
mais six ; les membres actuels de la Commune resteront en
exercice, si les sections ne les remplacent pas. En réalité, il
ne s'agit plus de supprimer la Commune, mais de la renforcer (1).

C'est la nouvelle de l'investissement de Verdun qui avait
amené ce revirement de l'Assemblée.

Le 2 septembre au matin, la Commune avait fait une
proclamation aux Parisiens pour leur annoncer cette nouvelle et les inviter à former au Champ-de-Mars une armée
de 60,000 hommes, et non plus de 30,000, comme le
portait le décret. Elle ordonnait de tirer le canon d'alarme,
de sonner le tocsin, de battre la générale. A une heure, ses
députés sont reçus à la barre et soulèvent l'enthousiasme.
C'est alors que Vergniaud s'écrie : « Il faut piocher la fosse
de nos ennemis, ou chaque pas qu'ils font en avant pioche
la nôtre ! » C'est aussi alors, et avec raison, que l'Assemblée rapporte implicitement son décret de cassation de la
Commune.

Après divers décrets militaires, le Conseil exécutif est
entendu. Danton est son orateur et il prononce, « d'une
voix formidable (2) », le célèbre discours que voici :

Il est satisfaisant, Messieurs, pour les ministres d'un peuple
qui veut être libre d'annoncer à ses représentants que la patrie
va être sauvée. (Applaudi). Tout s'émeut, tout s'ébranle, tout
brûle de combattre. Vous savez que Verdun n'est point encore
au pouvoir de nos ennemis. Vous savez que la garnison a juré
d'immoler le premier qui proposerait de se rendre. Une partie
du peuple va se porter aux frontières, une autre va creuser des
retranchements, et la troisième, avec des piques, défendra l'in-

(1) *Procès-verbal*, XIV, 159.
(2) *Annales patriotiques* du 2 septembre 1792, p. 1101.

térieur de nos villes. Paris va seconder ces grands efforts. Les commissaires de la Commune vont proclamer, d'une manière solennelle, l'invitation aux citoyens de s'armer et de marcher pour la défense de la patrie. C'est en ce moment, Messieurs, que vous pouvez déclarer que la capitale a bien mérité de la France entière. C'est en ce moment que l'Assemblée nationale va devenir un véritable Comité de guerre. Nous demandons que vous concouriez avec nous à diriger ce mouvement sublime du peuple, en nommant des commissaires qui nous seconderont dans ces grandes mesures. Nous demandons que quiconque refusera de servir de sa personne, ou de remettre ses armes, soit puni de mort. (*Applaudissements.*)

Nous demandons qu'il soit fait une instruction aux citoyens pour diriger leurs mouvements. Nous demanderons qu'il soit envoyé des courriers dans tous les départements, pour les avertir des décrets que vous aurez rendus.

Le tocsin qu'on va sonner n'est point un signal d'alarme, c'est la charge sur les ennemis de la patrie. (*Applaudissements.*) Pour les vaincre, Messieurs, il nous faut de l'audace, encore de l'audace, toujours de l'audace, et la France est sauvée. (*Applaudi*) (1).

Bien que Danton, dans ce discours, ne parlât que du péril extérieur, on voit qu'il voulait prévenir les excès auxquels allaient se porter les Parisiens. Ces épées déjà tirées contre les prisonniers royalistes, il voulait les tourner contre les Prussiens. A ceux que la colère égare, il montre la frontière violée. Il me semble que cette véhémente harangue peut être considérée comme un des efforts les plus remarquables de Danton pour empêcher les massacres.

Delacroix formula ce discours en projet de décret. Il demanda la peine de mort contre quiconque, directement ou indirectement, contrarierait les opérations des ministres.

L'Assemblée décréta le principe, mais chargea sa Com-

---

(1) Nous reproduisons le texte du *Journal des Débats et des Décrets*. Il est à peu près identique à celui du *Moniteur*. Cependant le *Journal des Débats* déclare qu'il ne donne qu'un « précis ».

mission extraordinaire de rédiger le décret. On n'osa pas,
à la réflexion, investir le gouvernement d'une telle dictature. On décréta seulement, dans la séance du soir et sur le
rapport de la Commission, la peine de mort contre « tous
les agents de l'administration et de la force publique qui
résisteraient ouvertement au pouvoir exécutif, en refusant
d'exécuter les mesures qu'il aurait prises pour la sûreté de
l'État » (1). Et, faisant une infraction indirecte au principe
du *volontariat*, l'Assemblée déclara « infâme et traître à la
patrie tout citoyen qui, ayant un fusil, refuserait de marcher à l'ennemi, ou de remettre son fusil, sur une réquisition légale, pour armer ceux qui marcheraient » (2). Aussitôt après le discours de Danton, elle avait nommé, comme
il le demandait, 12 commissaires « à l'effet de se réunir au
pouvoir exécutif pour faciliter ses opérations » (3). C'étaient
pour la plupart des hommes énergiques : Thuriot, Lecointe-
Puyraveau, Garrau, Jard-Panvillier, Grangeneuve, Granet, Chabot, Auguis, Delacroix, Ducos, Bréard et Archier.
Mais il n'y a nulle trace de leur action.

IV

C'est une tradition que, ce jour-là, en descendant de la
tribune, Danton alla au Champ-de-Mars et, debout sur
l'autel de la patrie, harangua le peuple. Ce qui est sûr,
c'est qu'il se rendit à la maison commune pour faire sonner
le toscin (4).

Nul doute qu'en des allocutions familières il n'ait para-
phrasé, dans cette journée du 2 septembre, son discours

(1) *Procès-verbal*, XIV, 204.
(2) *Ibid.*, 203.
(3) *Ibid.*, 170.
(4) Discours de Robespierre du 5 novembre 1792, ap. Buchez, XX, 210.

de l'Assemblée et montré du doigt le Prussien au peuple, afin de le détourner de l'idée obsédante des prisonniers à tuer. Mais il ne fut pas écouté. Son éloquence, toute moderne, touchait moins le peuple que la phraséologie classique de Robespierre. Peut-être aussi la colère était-elle trop forte pour qu'on revînt aussitôt à la raison et au sang-froid. D'ailleurs, presque tout le monde avait prononcé des paroles imprudentes, propres à affoler. On a entendu Vergniaud conseillant de creuser une fosse. Le Conseil exécutif lui-même avait dit, dans sa proclamation du 25 août : « Vous avez des traîtres dans votre sein. Eh ! sans eux, le combat serait bientôt fini. » Certes, le gouvernement ne disait pas, ne voulait pas dire qu'il fallût tuer ces traîtres. Mais aux imaginations simples et brutales il ne s'offrit d'autre moyen de les empêcher de nuire que celui de les supprimer. Le 1ᵉʳ septembre, on avait lu sur les murs de Paris une véhémente proclamation de Roland contre les conspirateurs (1). En même temps, les journaux (2) publièrent un « plan des ennemis », qu'on disait tenir d'Allemagne et d'une main sûre : « Quand on entrera dans Paris, les habitants en seront rassemblés en pleine campagne. On en fera le triage. Les révolutionnaires seront suppliciés. Les autres, on jette un voile sur leur sort ». Et notez qu'à Paris on ne doutait guère de la prochaine arrivée des Prussiens : on se croyait à la dernière convulsion. D'autre part, les pamphlets annonçaient un complot dans les prisons : quand les Prussiens entreraient dans Paris, les prisonniers poignarderaient les patriotes par derrière (3).

Toutefois, la colère populaire se serait peut-être exhalée

----

(1) *Fastes de la Révolution*, p. 346.
(2) *Moniteur*, XIII, 573, et Gorsas du 2 septembre.
(3) Voir par exemple, Bibl. nat., Lb ³⁹/10880, in-8.

en vaines menaces et la vie des prisonniers aurait peut-être
été respectée, s'il ne s'était pas rencontré alors un homme,
adoré de la foule, qui eut la triste audace d'exciter, d'exas-
pérer l'ardeur de vengeance et les instincts sanguinaires.

Je veux parler de Marat.

Il pensait, il disait qu'avec les ennemis du peuple il n'y a
pas à raisonner : il faut les tuer. Et le peuple, élevé à l'é-
cole de l'ancien régime, accoutumé à la raison du plus
fort, écoutait Marat, le croyait son ami.

Dès le 10 août, il placarda d'affreux conseils : « Trem-
blez de vous laisser aller à la voix d'une fausse pitié....
Vos ennemis ne vous épargneront pas, si le dé leur revient.
Ainsi point de quartier... Personne plus que moi n'abhorre
l'effusion du sang ; mais, pour empêcher qu'on le fasse verser à flots, je vous presse d'en verser quelques gouttes. Pour
accorder les devoirs de l'humanité avec le soin de la sûreté
publique, je vous propose donc de décimer les membres
contre-révolutionnaires de la municipalité, des juges de
paix, des départements et de l'Assemblée nationale.... »

Peut-être endoctriné par Danton, qui le morigéna plus
d'une fois, il se rétracte à demi dans son numéro du 13
août 1792 : « Si le glaive de la justice frappe enfin les
machinateurs et les prévaricateurs, on ne m'entendra
plus parler d'exécutions populaires, cruelle ressource que
la loi de la nécessité peut seule commander à un peuple
réduit au désespoir et que le sommeil des lois justifie toujours. »

Puis la colère le reprend en face des hésitations de l'Assemblée à créer un tribunal révolutionnaire. Il lui semble
(numéro du 19 août) qu'elle cherche à faire traîner le jugement des traîtres jusqu'à l'arrivée de La Fayette avec son
armée. Et il s'écrie que le parti « le plus sûr et le plus sage
est de se porter en armes à l'Abbaye, d'en arracher les traî-

tres, particulièrement les officiers suisses et leurs complices, et de les passer au fil de l'épée. Quelle folie de vouloir
faire leur procès! Il est tout fait : vous les avez pris les armes à la main contre la patrie, vous avez massacré les soldats : pourquoi épargnez-vous leurs officiers, incompara-
blement plus coupables? La sottise a été d'avoir écouté
les endormeurs qui ont conseillé d'en faire des prisonniers
de guerre...... Debout, Français, qui voulez vivre libres !
debout! debout! Et que le sang des traîtres commence à
couler! C'est le seul moyen de sauver la patrie. »

Quelle différence entre les conseils de Marat et ceux
de Danton! Quel service ne rendait pas celui-ci en tournant
la colère des Parisiens contre les Prussiens ! Alors les Girondins le sentaient, lui en étaient reconnaissants, même
après les massacres, et Vergniaud, dans son discours du
16 septembre 1792, établit un éloquent parallèle entre Danton et Marat (1) : « Citoyens, dit-il, lorsque l'ennemi s'a-
vance et qu'un homme, au lieu de vous inviter à prendre
l'épée pour le repousser, vous engage à égorger froidement
des femmes ou des citoyens désarmés, celui-là est ennemi
de votre gloire, de votre bonheur : il vous trompe pour
vous perdre. Lorsque au contraire un homme ne vous parle
des Prussiens que pour vous indiquer le cœur où vous
devez frapper, lorsqu'il ne vous propose la victoire que par
des moyens dignes de votre courage, celui-là est ami de
votre gloire, ami de votre bonheur, il veut vous sauver (2). »

Mais Marat n'avait plus seulement son journal comme
moyen d'influence : il se procura un *poste d'action*, il entra
au Comité de surveillance de la Commune, quoiqu'il ne fît

(1) Il ne les nomme pas, mais ses paroles ne peuvent s'appliquer qu'à
eux.
(2) *Moniteur*, XIII, 719. Le *Journal des Débats* ajoute que ce parallèle
fut vivement applaudi.

pas partie du Conseil général. En effet ce Comité, profitant
d'un arrêté de la Commune qui l'avait autorisé à s'adjoindre
des membres nouveaux, s'adjoignit, le 2 septembre, Lenfant, Guermeur, Leclerc, Duffort, Marat, Desforgues (1).

L'idée populaire d'une exécution prévôtale et en masse
souriait au Comité de surveillance (2). Le 31 août et le
1er septembre, il avait fait un premier triage parmi les détenus, ne gardant en prison que les plus compromis.

Une fois renforcé de Marat, son premier acte fut de lancer des mandats d'arrêt contre Roland, Brissot et une trentaine de députés girondins. Mais Danton se rendit à
L'Hôtel de Ville et supprima lui-même le mandat contre
Roland (3).

C'était se mettre courageusement en opposition, non
seulement avec Marat, mais avec Robespierre qui, la veille,
à la Commune, avait violemment signalé les Girondins à la
colère du peuple. Robespierre n'oublia pas que Danton avait
préservé Roland et les Brissotins. « On serait bien étonné,
écrira Courtois, si je disais qu'une des sources de haine
qu'ils vouaient à Danton ne venait que de ce qu'il n'avait
pas joué, dans les journées des 2 et 3 septembre, le rôle
qu'on désirait qu'il jouât et que, dès ce moment, il fut
regardé comme un homme sans caractère révolutionnaire.
Beaucoup de patriotes doivent se rappeler que ces plaintes
sortaient fréquemment de la bouche de Billaud et de Robespierre (4). »

(1) Mortimer Ternaux, III, 216, a donné cet arrêté d'après l'original. —
Le Comité de surveillance essaya de justifier sa conduite à la barre de la
Convention, le 7 octobre 1792 (*Moniteur*, XIV, 147).
(2) Buchez, XVII, 403.
(3) Cf. Mme Roland, *Mémoires*, II, 35, et Pétion, *Moniteur*, XIV, 429.
Pétion reporte cette scène au 4 septembre.
(4) Dr Robinet, *Danton, Mémoire sur sa vie privée*, 3e éd., p. 187.

V

Bien que le Comité de surveillance, inspiré par Marat, ait une forte part de responsabilité dans les massacres, le signal n'en fut pas donné par lui, mais par la section Poissonnière. Elle arrêta, le 2 septembre, « que tous les prêtres et personnes suspectes, enfermés dans les prisons de Paris, Orléans et autres, seraient mis à mort ». D'autres sections adhérèrent, notamment celle des Postes, celle du Luxembourg, où il fut arrêté « de purger les prisons en faisant couler le sang des détenus de Paris avant de partir » (1).

Le canon d'alarme, le tocsin, la générale, l'immense drapeau noir qui enveloppe pour ainsi dire la façade de l'Hôtel de Ville, avec cette inscription : *La patrie est en danger*, tout est affolant (2). La même phrase se trouve au même moment sur beaucoup de lèvres : « Nos ennemis les plus cruels ne sont pas à Verdun : ils sont à Paris, dans les prisons. Nos femmes, nos enfants, laissés à la merci de ces scélérats, vont donc être immolés, disent quelques hommes. Eh bien! ajoutent d'autres, frappons avant de partir! »

« Ce cri terrible, dit un témoin, j'en atteste tous les hommes impartiaux, retentit à l'instant, d'une manière spontanée, unanime, universelle, dans les rues, dans les places publiques, dans tous les rassemblements (3). »

Vers deux heures, les massacres commencent aux Carmes. Le soir, c'est le tour de l'Abbaye. Le Comité de surveillance intervient, et, en régularisant cette tuerie, en prend la responsabilité devant l'histoire : « Au nom du peuple. Mes camarades, il vous est enjoint de juger tous les prisonniers

(1) Mortimer Ternaux, 218, 353, 477, 479. Buchez, XVII, 410.
(2) *Fastes de la Révolution*, 352.
(3) *La vérité tout entière*, par Méhée fils.

de l'Abbaye sans distinction, à l'exception de l'abbé Lenfant, que vous mettrez dans un lieu sûr. A l'Hôtel de Ville,
le 2 septembre. *Signé :* Panis, Sergent, administrateurs (1). »
Alors se forment à l'Abbaye et à la Force des tribunaux
populaires et on sait comment ils fonctionnèrent.

Les massacres eurent lieu du 2 au 6, mais surtout le 2,
le 3 et le 4. Je n'ai pas à les raconter. Parmi les nombreux
récits dont ils ont été l'objet, j'en signalerai deux, qui, établis sur de bons documents et conçus chacun dans un esprit
opposé, donneront au lecteur, s'il les compare, une idée
assez exacte de ce qui se passa : je veux parler du récit de
Mortimer Ternaux, dans le tome III de son *Histoire de la
Terreur* et du récit d'Armand Marrast et Dupont dans
leur livre trop peu connu, *les Fastes de la Révolution*
(Paris, 1836, in-8). On trouvera là des éléments suffisants
pour critiquer les autres narrations de ces faits si complexes.

Quant à Danton, avant d'expliquer son rôle personnel
dans ces journées tragiques, et de réfuter des légendes
encore accréditées, il faudra se rendre compte de l'attitude
vraie des autres hommes d'État dirigeants, de la Commune,
de l'Assemblée, des ministres. Ce sera l'objet d'un prochain
article.

F.-A. Aulard.

(1) *Fastes*, 360.

LA
JOURNÉE DU 29 JUIN 1793

A NANTES

Les Nantais se préparent à célébrer dignement la date séculaire du 29 juin 1793.

M. Chassin a réuni les pièces qui mettent en lumière les actes tant des soldats que des chefs.

Ce côté de l'histoire de la guerre contre la Vendée ne pouvait être traité par une plume plus habile et plus compétente. M. Chassin a consacré de longues années à l'étude des hommes et des faits de la Révolution, et un des premiers, il a ouvert une nouvelle voie dans le champ si vaste de cette histoire ; c'est avec preuves à l'appui que M. Chassin procède : la légende n'a pas d'adversaire plus redoutable que lui. Il a interrogé les papiers officiels, les morts ont répondu, et l'on peut dire qu'une histoire d'un nouveau genre s'impose à l'attention publique.

Je profite de cette date séculaire pour faire voir le jour à quelques notes recueillies dans les archives de Seine-et-Oise sur cette première campagne de la guerre vendéenne en 1793. Je ne veux pas enlever aux Nantais la gloire de leur brillante défense, car eux-mêmes conviennent que leurs concitoyens sont accourus de tous les points de la France, pour combattre avec eux et repousser les rebelles ; mais, que de noms oubliés, que de morts glorieuses restées ignorées, parce que telle ou telle page a échappé à la curiosité d'un chercheur !

Nos archives départementales n'ont pas encore donné toutes les réponses qu'on peut attendre d'elles.

Par exemple, qui s'imaginerait qu'on puisse trouver sur la guerre de Vendée en 1793 des renseignements très curieux dans les archives de Seine-et-Oise? Et ces renseignements ont la valeur de pièces officielles.

Au début du soulèvement, on fit appel aux enrôlements volontaires ; plusieurs départements levèrent des bataillons pour étouffer l'insurrection vendéenne : Seine-et-Oise en forma trois, les 11e, 12e et 13e, ou, comme on les désigna bientôt, les 1er, 2e et 3e bataillons révolutionnaires. Mais ce qui rend ces bataillons intéressants au point de vue de l'histoire, c'est que chacun d'eux était, en dehors de leurs officiers, placé sous la surveillance ou direction morale d'un commissaire civil, choisi parmi les administrateurs du département ; ces commissaires tenaient correspondance active avec le directoire du département, qui était informé au jour le jour de la situation des bataillons.

Or, de ces trois bataillons de Seine-et-Oise, deux ont pris part à la terrible lutte du 29 juin, le 11e et le 13e. Quant au 12e, il se trouvait dans les environs de Brest, et l'on se proposait de l'embarquer, mesure insensée qui n'échoua que sur les vives et énergiques protestations de son commissaire Le Turc.

Avant de transcrire les lettres des deux commissaires de Hodanger, près du 11e bataillon, et de Gastinel, près du 13e,

je placerai sous les yeux du lecteur cette page du général
Turreau-Linières (1) :

Le siège de Nantes est peut-être l'événement militaire le
plus important de notre Révolution. Peut-être les destinées de
la République étaient attachées à la résistance de cette ville.
Tout ce qui avait précédé cette mémorable journée semblait
garantir le succès au parti royaliste : Nantes, ouvert de tous
côtés en deçà de la Loire, présentait une contrevallation de
deux lieues d'étendue, et semblait ne pouvoir faire aucune
résistance. Ses seules fortifications étaient quelques bouts de
fossés, quelques parapets ou épaulements faits à la hâte.

On avait augmenté le nombre des bouches à feu de quelques
pièces de gros calibre, empruntées à la marine ; mais les dehors,
les avenues de la ville ne présentaient pas de position, d'empla-
cements avantageux pour attendre un grand effet d'artillerie.

La garnison, dont la majeure partie était composée de gardes
nationales, comptait environ 10,000 hommes. L'armée assié-
geante, par la rive droite, était de 40,000 hommes, auxquels la
victoire n'avait pas manqué d'être fidèle depuis le commencement de la guerre. Une armée d'égale force aux ordres de Charette investissait Nantes par la rive gauche ; de nombreuses
intelligences dans la ville semblaient encore en faciliter l'entrée
aux rebelles. Cependant Nantes fut sauvé et, il faut en convenir,
jamais attaque ne fut plus mal combinée et plus mal dirigée
que celle-là. Il y eut au contraire de l'ordre, de l'accord, de
l'ensemble dans l'exécution des mesures défensives. On sut
contenir les malveillants et opposer sur tous les points une
résistance victorieuse à la fureur et à l'opiniâtreté des assaillants.

On doit le salut de Nantes au général Canclaux, qui y commandait. On le doit particulièrement au zèle, aux talents et à
l'incroyable activité du général Bonvoust, qui dirigeait l'artillerie. On le doit surtout à l'intrépidité de nos volontaires qui,
privés de la protection, des secours de toute espèce de fortifications, n'eurent pour moyens de défense que leur courage à
opposer aux moyens multiples d'attaque et aux terribles efforts
des rebelles. Gloire immortelle à ces généreux enfants de la
patrie dont le dévouement héroïque a empêché que Nantes ne
fût le tombeau de la liberté !

(1) *La guerre de Vendée.* Livre II, pages 2 et 3, édit. Didot, 1877.

Turreau-Linières ajoute en note : « Je regrette de ne pas me rappeler les noms des différents corps qui ont défendu Nantes. Je sais que le 109ᵉ régiment s'y est couvert de gloire. L'affaire de Nantes a duré depuis trois heures du matin jusqu'à quatre heures du soir. »

Il n'est jamais trop tard pour réparer un oubli, quand il s'agit de faits honorables et glorieux. La page enthousiasmée du général Turreau semble inviter tous ceux qui savent quelque chose sur la journée du 29 juin à produire leurs pièces pour cette pieuse fête séculaire. Tous *les enfants de la Patrie* qui ont combattu dans cette affaire ont droit à un souvenir de la postérité reconnaissante.

II

Je commencerai par la lettre de Gastinel, commissaire civil près du 13ᵉ bataillon de Seine-et-Oise. Sa correspondance, pendant une campagne de trois à quatre mois, ne comprend que quelques lettres. Gastinel n'aimait pas à écrire ; d'ailleurs, la discipline un peu relâchée des volontaires, des réclamations sans cesse renaissantes sur la solde, sur l'habillement, etc., semblaient fatiguer sa plume et sa tête ; et puis on sent qu'il n'avait pas la facilité, l'abondance intarissable de Le Turc, commissaire du 12ᵉ, ni le style sérieux d'Hodanger, commissaire du 11ᵉ ; mais Gastinel a été témoin oculaire, et, à ce titre, sa lettre est un précieux document.

Les archives du département conservent heureusement cette lettre, datée du 9 juillet 1793.

Gastinel annonçait au directoire du département que ses hommes, après avoir reçu ordre de se diriger sur Brest, avaient été tout à coup appelés à Nantes :

A Noiré, dit-il, nous reçumes de nouveau le contre-ordre pour suivre notre route pour Brest, première destination, et on nous donna une marche forcée de 15 lieues de poste, et nous fûmes coucher à Redon, sur la route d'ici à Vannes et à Brest. Là, nous eûmes un séjour bien mérité et bien nécessaire à nos frères bien fatigués.

Mais, pendant ce séjour, nous reçumes de nouveau l'ordre de revenir à Nantes, et de partir le même jour encore, ce que nous n'exécutâmes pourtant que le lendemain après une route de plus de 120 lieues, pour en faire 90, si nous avions pris la route directe; mais tels étaient les ordres et il faut qu'ils soient exécutés.

Arrivés ici le mercredi, nous n'eûmes que le jeudi de séjour. Le vendredi 28, nous eûmes ordre de nous rendre au camp de Saint-Georges, distant d'une grande lieue de la ville. Nous y arrivâmes à midi. A deux heures, on battit la générale. Notre bataillon fut commandé pour faciliter la retraite d'un bataillon de la Seine-Inférieure et partie du 11ᵉ de Seine-et-Oise, qui faisaient ensemble environ 600 hommes, alors aux prises avec les rebelles, à deux lieues du camp, depuis le matin; ce que nous exécutâmes bien. Nous avons perdu un seul homme dans cette affaire, du 11ᵉ bataillon, Lehardi, de Versailles. Ce fut pour la première fois que nos *clarinettes* jouèrent au moment que nous approchions de nos frères qui canonnaient vivement et que l'ennemi supérieur tâchait de leur couper la retraite : nous la fimes ouvrir par quelques coups de canon, nous fimes notre jonction et rentrâmes à dix heures passées du soir au camp, que l'on avait entièrement levé à cette époque.

Nous bivaquâmes sans être trop nourris jusqu'à deux heures du matin où l'ordre de rentrer à Nantes arriva et fut exécuté de suite. Il était temps. A trois heures et demie, nous étions rentrés. On n'eut que le temps de déjeuner, et pendant ce temps-là la foudre de la Liberté commençait à gronder fort sur les Ponts, du côté des redoutes.

A cinq heures et demie, notre bataillon eut ordre de se rendre à la porte de Rennes, ainsi que le 11ᵉ, et plusieurs autres corps; on n'eut que le temps de distribuer quelques portions d'eau-de-vie à la troupe, dont plusieurs n'eurent pas même le temps de boire.

L'on vit paraître l'ennemi sur une forte colonne, avec l'artillerie à sa tête, et il commença par nous saluer de deux coups de boulets, et de suite le combat s'engagea, de manière qu'à

sept heures et demie la ville était attaquée par huit colonnes et
par huit points différents. Les rebelles étaient en très grand
nombre, puisque l'on fait monter leurs forces à 40,000 hommes.
Ils avaient partout du canon et de la cavalerie. Le feu fut très
vif de part et d'autre. L'ennemi avait embusqué derrière les
haies et les foins, comme d'ordinaire, en se recommandant à
saint Pierre, ainsi que l'ordre leur en avait été donné.

Son infanterie commençait à dépasser nos premières batteries et se disposait à nous les enlever, lorsque l'on fit marcher
la nôtre, qui eut assez de peine à la repousser, vu qu'elle était
plus faible.

Cependant l'ardeur et le désir de la liberté triomphèrent du
nombre des rebelles que saint Pierre abandonna à leur malheureux sort. Cependant l'action fut générale depuis sept heures du
matin jusqu'à la nuit close, mais nous eûmes toute la journée
l'avantage. La victoire fut complète. On estime la perte des
ennemis à 4,000 hommes, une pièce de canon de 4, et beaucoup de chevaux. Ils ont perdu beaucoup d'officiers parmi lesquels on compte des chefs. De notre côté, on compte notre perte
à 200 hommes tués, environ 400 blessés, dont nos bataillons
ont perdu environ vingt hommes tués et 40 blessés. Ce qui fait
que cette victoire me paraît moins belle, ayant vu couler le
sang de nos frères que je regrette sincèrement, quoique je sache
bien qu'on ne peut charpenter *sans copeaux*, puisqu'il est incom-
préhensible qu'avec si peu de monde on ait fait tant d'ouvrage
sans avoir été trop malheureux ; c'est-à-dire que nous aurions
pu perdre plus que nous n'avons fait. Mais nos volontaires se
sont bien mieux battus que l'on ne pouvait espérer des hommes
qui ne sont ni aguerris, ni exercés. Tous les corps en général
ont bien donné et en particulier le 109ᵉ régiment, qui a perdu le
plus, et les chasseurs de la Charente, qui ont peu perdu, mais
qui se battent en déterminés : ce sont tous jeunes gens lestes
et déterminés.

Puis suivent quelques détails administratifs sur le bataillon : le commissaire recommande de veiller à ce que la
solde soit payée exactement. Il prévient aussi le département qu'au bout de trois mois, terme de l'engagement, il
ne restera que bien peu de monde.

Gastinel continue en ces termes :

Tous ne respirent que le retour; il est vrai que jusqu'à présent ils ont bien fatigué et ont été mal nourris; du mauvais pain. Tout est ici au prix de l'or : le pain à 7 sous la livre, la viande à 22 sous, les cerises quoique abondantes, à 10 sous la livre, et tout en proportion. Ce qui fait que l'on est mécontent. Mais ils disent presque tous que leurs trois mois faits..... Pour votre gouverne ; et d'ailleurs je vous tiendrai avisé de ce qui se passera.

Je crois que nous ne serons pas longtemps à poursuivre l'armée *brigantesque*, dite catholique, mais je ne sais encore de quel côté notre sortie se fera : il nous arrive tous les jours des forces, et en comptant tous les citoyens armés de Nantes, on peut compter à présent ici 30,000 hommes, et le général Canclaux à leur tête.

Mais nous ne sommes pas certains de ce que font nos armées de Biron et de Santerre, n'y ayant pas de communications par les routes, lesquelles se trouvent toujours barrées par les rebelles. On nous assure que Saumur est repris, ainsi que Chinon, mais nous n'en savons pas davantage. Si Biron peut marcher de ce côté, les *bons prêtres* auront chaud ; mais le mal est que le matin il y a une armée et que le soir on ne la voit plus ; deux jours après, elle reparaît plus forte. Ce que l'on a peine à comprendre. Mais avec de la force on pourra en venir facilement à bout.....

Votre concitoyen et collègue,

GASTINEL le jeune.

Mon adresse est chez le citoyen Boyé, négociant à Nantes, pour me remettre.

Ce récit simple et de bonne foi ne peut tenir lieu d'un rapport officiel ou militaire, mais il est peut-être aussi attachant, et le lecteur en reçoit des impressions généreuses et patriotiques.

III

Du 13ᵉ bataillon, passons au 11ᵉ, dont va nous parler son commissaire Hodanger.

Nantes, 2 juillet 1793, l'an 2 de la République, à midi.

Chers collègues,

Je vous ai écrit ce matin et j'ai remis une lettre à quelqu'un qui m'a promis de vous la faire parvenir par une voie particulière et sûre.

Tout à l'heure, on vient de publier dans la ville que la poste partirait aujourd'hui : il paraît que les routes de Rennes et de Vannes sont à peu près libres.

Je me trouve en ce moment à l'état-major de l'armée ; les généraux expédient leurs dépêches et vont faire partir un courrier pour Paris.

Cette occasion, et plus sûre et plus prompte que toutes les autres, se présente trop à propos pour que je n'en profite pas.

Je vais donc vous réitérer les mêmes détails contenus dans ma première lettre, dont celle-ci n'est que le duplicata (1).

Le vendredi 28 juin, la petite ville de Nort, attaquée la nuit par les brigands, fut prise à trois ou quatre heures du matin. Cette nouvelle nous parvint sur les dix heures et demie et on nous instruisit en même temps qu'ils se disposaient à marcher sur Nantes, qu'ils croyaient emporter d'emblée. Nous levâmes le camp de Saint-Georges, et nous mîmes en bataille au bas de la plaine dans une superbe position. Nous restâmes ainsi jusqu'au samedi 29, une heure du matin, que nous reçûmes l'ordre de rentrer à Nantes, où nous arrivâmes à deux heures. Déjà la canonnade se faisait entendre du côté du pont par la route de Port-Saint-Père et Machecoul. Ce n'était là qu'une fausse attaque.

Bientôt la ville fut assaillie de tous côtés et les batteries ennemies dirigées sur onze points différents. La plus vive de toutes les attaques fut à la porte de Rennes. Nos deux bataillons étaient à ce poste, le 3e (13e) étant arrivé à Nantes le 26. Nous étions 5 à 6,000 à défendre ce poste et nous avions en tête 14 à 15,000 brigands. Rarement vit-on une attaque aussi longue et aussi meurtrière : elle dura depuis sept heures précises du matin jusqu'à neuf heures du soir, avec la même vivacité. Notre artillerie fut supérieurement servie. Nos pièces de 18 firent

---

(1) Ce duplicata est devenu l'original, car la première lettre d'Hodanger n'est pas parvenue au département, du moins elle n'est pas dans le carton. (Archives de Seine-et-Oise.)

un ravage incroyable et démontèrent deux pièces aux brigands. La fusillade et les combats corps à corps ne furent pas moins vifs et durèrent le même temps. Les ailes de l'armée des brigands s'étaient avancées au delà de notre grande batterie, de manière que nos bataillons furent obligés de se diviser par escouades. L'opiniâtreté des brigands fut égale au courage de nos volontaires. La persuasion que quelqu'une de leurs attaques réussirait les faisait tenir bon. Mais dès le milieu de la journée ils étaient repoussés sur les autres points. Enfin, à neuf heures du soir, ils ont battu en retraite, après avoir fait une perte considérable qu'il est difficile d'évaluer. La victoire nous a coûté cher, malheureusement plusieurs de nos volontaires ont péri de la main de leurs camarades; le malheur était presque inévitable dans la position et le genre de combat.

Les coquins étaient cachés dans les blés, retranchés derrière les bois et les jardins et se ralliaient sous des moulins et des maisons de campagne, ce qui occasionnait beaucoup de confusion et produisait de funestes erreurs. Nos deux bataillons ont eu environ 60 blessés chacun, le 3ᵉ a perdu trois ou quatre hommes, et le nôtre douze à quinze, parmi lesquels se trouve le citoyen Michaut, capitaine de la 3ᵉ compagnie.

Au moment où le bataillon marchait au combat, Perrod, en disposant un de ses pistolets, s'est passé une balle à travers le mollet, de sorte qu'il n'a pu se trouver à l'action. Quelques-uns cherchent à donner une maligne interprétation à cet accident; mais j'espère qu'on finira par lui rendre justice. Sa blessure n'aura pas de suites bien graves.

Il ne m'est rien arrivé fort heureusement. Je me suis trouvé pendant plus d'une heure exposé à une horrible fusillade, sans voir d'où les coups partaient, et sans pouvoir riposter, n'ayant pas de fusil.

Le second boulet tiré par les brigands, avant que le bataillon fût arrivé à la porte de Rennes, faillit m'emporter la jambe droite et n'en passa pas à plus d'un pouce. Celle de nos compagnies qui a le plus souffert est la 3ᵉ. Je vous enverrai au premier jour l'état nominatif des blessés et tués, ainsi que nos contrôles.

Les brigands se sont retirés de tous les côtés, excepté du côté des ponts, d'où ils ont envoyé hier et avant-hier et même ce matin quelques boulets. Ils ne sont point à craindre par là! Il nous arrive des renforts incessamment. Nous ne savons encore où est Biron. Je vous embrasse fraternellement. Gastinel et tous nos frères en font autant.

HODANGER.

La bravoure de nos bataillons a mérité les éloges du général Beysser.

Dans une lettre datée du 8 juillet, Hodanger consacre sa correspondance aux intérêts de ses hommes. Cependant il s'y trouve un paragraphe concernant l'affaire du 29 ; on y lit quelques lignes que je relève :

La journée du 29 a jeté la terreur parmi les brigands. Les routes sont libres. Nous avons fait dernièrement une sortie au-delà des ponts, dans laquelle nous avons fait une vingtaine de prisonniers et emmené bon nombre de bestiaux. Plusieurs de nos bataillons viennent de rejoindre Nort et Ancenis ; ils marchent sur Angers où Biron doit se rendre. Après-demain peut-être partons-nous pour reprendre Montaigu, où les rebelles sont fortifiés. Boulard s'avance de ce côté. Ils seront entre deux feux. J'ai la ferme persuasion qu'avant la fin du mois, les rebelles seront anéantis.

Le département de la Loire-Inférieure a pris le 30 juin un arrêté par lequel il désavoue ses députés extraordinaires à Paris d'avoir adhéré aux journées des 31 mai et 2 juin. Il promet des secours d'argent, à défaut d'hommes, à ceux qui marchent sur Paris. On ne voit ici que des affiches approbatives des départements insurgés, des panégyriques des députés arrêtés. On a, dit-on, consigné les députés que la Convention envoie à Nantes. Ils n'y seront pas reçus.

Ainsi on méconnaît ici l'autorité nationale ! Ainsi nous sommes venus défendre ceux qui veulent déchirer la patrie !

La crainte de compromettre les intérêts du bataillon que l'on regarde déjà comme *maratiste*, et de nuire aux volontaires, me force de garder le silence. On dit que Beysser partage l'opinion du département. Je l'ignore, mais je sais qu'il est mal entouré.

HODANGER.

Écrivez-moi toujours à Nantes.

Hodanger mérite plus que la mention de sa signature au bas de sa lettre. Né en 1760 à Ecquevilly (Seine-et-Oise), la Révolution le trouva clerc de procureur. En 1790, il fut élu un des trois juges de paix de Versailles. En 1792, élu ad-

ministrateur du département et substitut du procureur
général syndic, il partit pour la Vendée en qualité de commissaire civil près le 11ᵉ bataillon. Les archives de Seine-
et-Oise possèdent sept lettres de lui fort intéressantes. Le
18 juillet, Hodanger fut surpris par des Vendéens rebelles,
au moment où il revenait de visiter, à Ancenis, un poste
occupé par des hommes de son bataillon. On le crut mort
jusqu'au 16 octobre, date où il put miraculeusement s'é-
chapper des mains de ses ennemis qui le conduisaient au
supplice.

Il rentra à Versailles, au directoire du département, où il
remplaça, comme procureur général syndic, son ami Gou-
jon.

IV

Il ne serait pas juste de laisser dans l'oubli le nom du
troisième commissaire civil, l'administrateur Le Turc.

Le 29 juin, il se trouvait avec le 12ᵉ bataillon à Saint-
Brieuc ou à Lamballe, comme on peut le supposer par sa
correspondance. Ce bataillon n'arrivait à Nantes que vers
le 22 ou 23 août, pour remplacer sans doute le 11ᵉ bataillon
qui venait de partir pour retourner à Versailles.

Le Turc, en apprenant la grande lutte du 29, avait manifesté ses regrets de n'avoir pas vu figurer ses hommes parmi
les heureux combattants. Nantes, toujours le point de mire
des rebelles, devait présenter une occasion de se distinguer
à ceux qui n'avaient pas assisté à la journée de juin. Le
Turc a aussi son bulletin de guerre, mais je préfère lui
emprunter un autre récit dans lequel il trace le tableau
d'une fête patriotique et militaire. Il écrit au département
de Seine-et-Oise.

*Nantes, ce 12 septembre 1793, l'an 2 de la
République française.*

Je conviens que j'ai le petit défaut de n'être point laconique,
mais aussi en entrant dans les plus petits détails je vous informe
de tout ce qui se passe ici, et aussitôt vous en saurez autant que
moi.

Toute l'armée de Mayence est passée ici; son nombre se porte
à 16,500 hommes, compris l'artillerie. Quelle belle contenance
cette armée avait! Quel malheur que de pareils hommes aient
été trahis!

Nantes les a fêtés et reçus, comme autrefois le père fortuné
et tendre recevait son fils arrivant des îles. Rien n'a été épargné.
Ce n'a pas été par des fêtes, des bals, de la musique, mais en
se les partageant sur réquisition. Celui-là qui ne pouvait être
tenu que de loger un officier, en demandait deux, trois et quatre,
celui-là qui ne devait loger que deux soldats, en demandait
quatre, six, huit et dix. On a exigé par un accord, qui a fait le
vœu général, qu'ils ne fussent logés que chez des personnes
assez aisées pour les recevoir. Chacun chez son hôte était l'invité, le retenu si désiré, et comme étant le motif du repas, il
avait, à la table, la place de l'ami chéri, de celui qui flatte infiniment son hôte; amitié sans gêne, déférence sans apprêts, simplicité sans épargne et liberté entière.

Les Nantais ont été demander la dispense du service pendant
les trois ou quatre jours que cette armée a resté dans leurs
murs; mais eux-mêmes sont allés au général porter leurs
plaintes, et leur service s'est fait avec une exactitude qui m'a
fait le plus grand plaisir.

Pour eux, quelqu'un a demandé la pièce de l'*Attaque de
Nantes;* les prix ont été aussi diminués.

A la fin il a été ajouté un couplet sur l'armée, dont le sens
était de la présenter à l'armée de Mayence, et, des deux n'en
faisant qu'une, on la rendait invincible.

Le génie de l'auteur s'est épuisé à faire un charmant morceau et il a réussi. Les Mayençais et toute la troupe a répondu:
« Non, point de flagorneries, vous chanterez ceux qui mourront
à leur poste, et alors il sera temps. » Cette armée s'est dispersée
dans le camp et portée sur divers points.

Si celle-là est bonne, les chasseurs de la Charente, le n° 109,
les grenadiers du Calvados dont le capitaine est un vicaire
épiscopal de Fauchet, et la légion américaine ne sont pas

moins bons; et je vous avoue que du tout j'ai la plus haute
opinion.....

J'aurais pu extraire de la longue et verbeuse correspondance de Le Turc, des pages élogieuses pour le 12ᵉ bataillon ou 2ᵉ révolutionnaire de Seine-et-Oise ; mais je n'ai
voulu, pour le moment, que tirer d'un oubli ingrat le nom
de ce dévoué patriote dont le souvenir est peut-être éteint
à Montmorency même, son pays natal, où Le Turc, né le
28 mai 1753, est décédé le 12 mai 1811. — Il était notaire.

F. Thénard.

UN

AGENT NATIONAL A ALENÇON
PENDANT LA TERREUR
(DU 27 NIVOSE AN II AU 14 BRUMAIRE AN III)
Suite et fin (1).

VI

A Carrouges même, Chauvin, devenu agent national, se heurta à une influence puissante contre laquelle il engagea la principale lutte de sa carrière. Le général Le Veneur habitait alors le château de Carrouges. Il avait joué un rôle important dans les premières guerres de la Révolution ; il avait été un des lieutenants de Dumouriez pendant la campagne de Jemappes, et le véritable instructeur militaire du général Hoche, qui manifesta toujours à son égard une profonde vénération.

Plus tard, il fut compromis au moment de la fuite de La Fayette. Il ne fut pas inquiété, mais quitta l'armée et vécut dans ses terres, où il tint la conduite la plus régulière à l'égard du gouvernement révolutionnaire. Chauvin, aidé du juge de paix de Carrouges, Chauvière, s'attaqua au général, en rappelant ses relations avec le traître La Fayette, et prétendit en outre que, pendant les réquisitions, il faisait livrer par son intendant Tartarin des grains avariés qui répandaient la maladie dans le peuple.

(1) Voir la *Revue* du 14 mai.

Chauvière se chargea de la première entreprise contre
« Sa Majesté Veneurienne » (1). Il adressa une dénonciation à Chauvin, le sommant de détruire « ce loup qui
domine tout le pays, et qui tient encore sous ses griffes
tous les habitants de Carrouges ». Il ne réussit pas (2). La
Société populaire de Carrouges força Chauvière à avouer
par écrit qu'il n'avait avancé que des calomnies (3). Chauvière était d'ailleurs un intrigant très méprisé ; une enquête
ouverte par deux membres de la Société populaire de Carrouges aboutit à ces conclusions : La majorité des habitants du canton de Carrouges ne connaît pas Chauvière
pour bon patriote et « se refuse, en cas de réélire un juge
de paix, de lui donner sa voix » (4). Cette première attaque,
repoussée avec perte, est du 12 prairial.

Le 13 messidor, Chauvin dénonça lui-même Le Veneur
à Garnier (de Saintes), à propos des « malveillants qui
veulent perdre la liberté, briser la roue du char révolu-

•

(1) *Com. de surveillance du district d'Alençon*, II.
(2) Le Veneur au Comité de surveillance et à la Société populaire de
Carrouges (lettre autographe) :
« Citoyens, j'apprends que le juge de paix de Carrouges m'a dénoncé,
j'ignore pourquoi, à l'agent national du district, et que celui-ci a envoyé
la dénonciation au Comité de surveillance d'Alençon. J'ignore sur quoi
porte cette dénonciation, et je désire la connaître pour la détruire. Ce
que je sais, c'est que ce juge de paix est le même homme qui fit, il y a
huit jours, mon éloge en pleine Société populaire à Carrouges, qui a
rédigé l'honorable pétition que cette Société m'a accordé (*sic*) pour
obtenir la prolongation de mon séjour en cette commune, et cette pétition est une espèce de certificat de civisme. D'après cela, je n'eus pas cru
que l'on cherchât à m'assassiner dans les ténèbres. J'espère trop de votre
équité pour croire que vous ne m'aidiez pas à connaître cette dénonciation, qui vous offense, puisque vous aviez énoncé votre opinion sur mon
compte d'une manière toute différente, et à laquelle je suis empressé de
répondre, tant pour justifier l'opinion que vous avez énoncée en ma
faveur que pour détruire la calomnie, toute dénonciation contre moi ne
pouvant, j'ose le dire, être que cela.
                    Salut et Fraternité, LE VENEUR.
(3) Comité de surveillance du district d'Alençon, II, registre de Carrouges, 9 messidor.
(4) *Id.*

tionnaire, agents de l'infâme Pitt, conspirateurs de l'intérieur » (1).

Un arrêté du Comité de salut public, du 27 messidor,
chargea Chauvin d'arrêter et de faire conduire à la prison
du Luxembourg, à Paris, Le Veneur, « ci-devant vicomte
de Carrouges, ci-devant maréchal des camps et armées du
tiran, et ex-général de l'état-major de La Fayette et de
Dumouriez, accusé, entre autres faits, de s'être absenté ou
émigré pendant quatre à cinq jours, lors de la fuite du
traître La Fayette, et de n'avoir repris le commandement
de troupes républicaines que par le canal du scélérat Dumouriez » (2).

L'arrestation eut lieu le 5 thermidor, au moment où tant
d'exécutions marquaient les derniers jours de la toute-
puissance de Robespierre. A la même date, Hoche aussi
était emprisonné. Mais quand Le Veneur arriva à la prison du Luxembourg, la tête de Robespierre était tombée, la
Convention allait se diriger suivant d'autres maximes.

Chauvin pourtant crut triompher définitivement. La disparition de Le Veneur effraya les « modérés » et fit régner
partout la petite terreur du tyran alençonnais. Il se félicite
de son succès, il s'en réjouit, il est le maître unique de tout
son district; il n'y a plus d'ennemis redoutables, plus de
célébrités pour ternir l'éclat de son nom. Il exprime de toutes
façons, dans ses lettres au Comité de salut public (3), la
satisfaction qu'il éprouve et le mérite qui lui revient. Il est

(1) *Corresp. de Chauvin*, au Salut public, 26 messidor an II.
(2) *Id.*, a la date du 5 thermidor an II.
(3) Notamment dans sa correspondance du 15 thermidor : « Depuis le
départ de Le Veneur, ses partisans nombreux ou plutôt ses créatures
n'osent plus élever hautement la voix » Mais il a peur que Le Veneur ne
soit pas puni comme il le voudrait : prévoyait-il la lassitude où l'on était
du terrorisme de Robespierre? Il presse la Convention de frapper fort.
Qui de plus intrigant, de plus astucieux, plus perfidement trompeur que
les gens de la ci-devant cour du tyran Capet?... Le Comité (de salut public)
s'en convaincra en réfléchissant quelle peut être l'influence du Veneur

donc arrivé au couronnement de son œuvre, comme Robespierre devenu le grand prêtre de la Révolution, à la fête de l'Être Suprême, après l'exécution de Danton.

Comme Robespierre, Chauvin, à l'apogée de sa gloire, touche à l'instant de sa ruine.

VI

Dans la même lettre où Chauvin expose au Comité de salut public la joie que lui a causée l'arrestation de Le Veneur, il s'exprime en ces termes au sujet de la journée du 9 thermidor, qu'il vient d'apprendre : « La tranquillité règne ; cependant la nouvelle conjuration qui a éclaté le 9 de ce mois a sensiblement affecté, même consterné les patriotes et fait rire les aristocrates ; mais les mesures sages, promptes et vigoureuses prises par la Convention ont rassuré les républicains et confondu les malveillants et les contre-révolutionnaires, qui espéraient profiter de cette crise... La république est impérissable, et la liberté triomphera malgré les efforts de tous ses ennemis et de tous les traîtres qui veulent l'assassiner! (1) » Là se mêlent singulièrement la consternation qui l'a ému à la nouvelle de la chute de Robespierre et le respect prudent qu'il conserve à l'égard de la Convention.

La Convention ne se contenta pas de renverser et d'exécuter Robespierre ; elle mit bientôt fin à la Terreur, et inspira à ses commissaires dans les départements un esprit

---

(ex-vicomte, de 30 à 40,000 livres de rente), notamment sur Carrouges, chef-lieu d'un canton de 14 à 15,000 individus, gens peu instruits, peu éclairés, accoutumés à marcher sous le joug d'un ci-devant grand seigneur, qui a beaucoup de partisans et de créatures dans ce pays, et peut-être même quelqu'un dans le sein de la Convention qui pourrait s'intéresser à lui. »

(1) *Corresp. de Chauvin*, au Comité de salut public, 15 thermidor.

nouveau. Le farouche Garnier (de Saintes) fut remplacé
dans la région de l'Orne par le juste et généreux Génissieu,
qui appliqua les mesures de clémence on plutôt d'équité
votées par ses collègues.

Guesno, Guerneur et Brue, représentants du peuple près
l'armée des Côtes de Cherbourg, firent d'abord mettre en
liberté tous les laboureurs, cultivateurs, manouvriers,
moissonneurs, brassiers, artisans, soldats, marins, ouvriers
des ports (1), emprisonnés lors des réquisitions de la loi du
maximum. Hoche, de retour au commandement en chef de
l'armée de l'Ouest, félicita les trois conventionnels de cette
mesure.

Sur les ordres de Génissieu, les prisons furent presque
entièrement vidées (2). Non seulement les religieuses em-
menées à Chartres et Rambouillet furent relâchées et ren-
voyées dans le département ou dans leurs familles; mais
les prêtres, les nobles suspects profitèrent du même traitement et rentrèrent chez eux. Beaucoup de prêtres âgés ou
infirmes reçurent à leur sortie de prison une pension nationale de 4 francs par jour, afin de réparer dans la mesure du
possible les torts qu'ils avaient soufferts (3). Le Veneur,
acquitté à Paris, revint à son château de Carrouges.

On comprend quels sentiments dut éprouver Chauvin en
présence d'une telle débâcle où sombraient ses plus chères
opinions. Beaucoup d'agents nationaux, aussi jacobins que
lui au moment de la Terreur, furent assez habiles ensuite
pour se donner des airs de modération et sauver ainsi leur
place. Chauvin n'eut pas cette souplesse: il eut le mérite
au moins de rester jacobin quand il y avait quelque danger

---

(1) 14 nivôse an III, *Représ. en mission*, L. n° 3.
(2) 17 nivôse an III, élargissement du ci-devant noble Lescale, dont il
est parlé plus haut comme d'un suspect (*Repr. en mission*, L. n° 3).
(3) 26 prairial an III, *Repr. en mission*, L. n° 3 (Du Bois du Bais).

à une pareille constance. Et il s'éleva ouvertement contre la nouvelle politique de la Convention (1).

Il écrit le 30 thermidor au Comité de salut public que l'aristocratie, le modérantisme, le fédéralisme relèvent « leurs têtes hideuses » (2). De faux bruits circulent que tous les détenus sans exception vont être libérés. Le 20 fructidor, lorsque les prisons sont en effet largement ouvertes, il se plaint encore : « Depuis que les prisons sont ouvertes, l'esprit public a extraordinairement baissé. Les patriotes sont ulcérés, un orage gronde; il est grand temps que le gouvernement révolutionnaire reprenne toute sa force et son activité; ou, sans cela, de grands malheurs sont à craindre; à force d'agiter le peuple en sens contraire, on pourrait venir à bout de lui faire faire des mouvements rétrogrades » (3). Il déclare qu'il existe une vaste conspiration des prisons, d'un bout de la France à l'autre; les royalistes veulent que les plus coupables prisonniers soient aussi rendus à la liberté, et partout ils prennent des manières arrogantes, un langage menaçant en face des républicains. « Si cet état de déchirement continue, la patrie est perdue, la Révolution rétrogradera. » Les lois les plus justes et toutes les conquêtes de la Révolution sont attaquées par les nouveaux conspirateurs de l'intérieur; ils font courir le bruit que ce sont Robespierre et tous les députés tombés sous le glaive de la loi, qui ont fait le maximum, institué les décades, détruit les prêtres et désigné les gens suspects, et qu'ainsi, ces représentants n'étant plus, ces lois doivent disparaître avec eux » (4).

(1) Dès le 21 thermidor, il écrit au Comité de salut public : « Le gouvernement révolutionnaire les fait marcher au pas (les autorités constituées) : si le gouvernement révolutionnaire venait à cesser, on obtiendrait difficilement les mêmes résultats. »
(2) *Corr. de Chauvin*, état décadaire du 30 thermidor.
(3) *Id.*, 20 fructidor.
(4) *Corr. de Chauvin*, état décadaire du 10 vendémiaire an III.

Aussi, Chauvin se débat-il vaillamment contre cet état de choses. Il fait appel au président de la Convention, aux Jacobins de Paris : « Que votre courage et votre énergie, leur dit-il, ne cessent pas d'être la boussole et l'égide des patriotes ! (1) »

La loi du maximum est partout violée, sauf dans le district d'Alençon. Les départements de la Sarthe et de la Mayenne sont animés d'un mauvais esprit : « une ignorance stupide y règne, un fanatisme virulent y domine. » Les arbres de la liberté sont profanés par des horreurs en vers que les malintentionnés y attachent. Il se produit même des troubles à Fresnay, à Mamers. Chauvin se charge de maintenir la tranquillité dans le district d'Alençon, tant que « la gangrène aristo-fanatique » qui ravage les départements voisins ne se développera pas. « Les patriotes, ajoute-t-il, ont de rudes combats à soutenir ; mais

A vaincre sans péril on triomphe sans gloire (2). »

Tous ces efforts furent inutiles. La Convention se refusa à revenir aux principes de Robespierre, et Chauvin finit par s'apercevoir qu'il risquait, à parler trop haut, de se compromettre sans profit pour sa cause. Il le comprit surtout lorsque le représentant Génissieu arriva dans l'Orne, à Alençon même. Le ton de Chauvin change. Il raconte au Comité de salut public le bon effet produit par la première proclamation « du vertueux représentant Génissieu », et il semble reprendre les plus grandes espérances : les patriotes, de nouveau réunis et animés du même esprit, vont faire « rentrer dans leurs tanières toutes les vermines populicides » ; le peuple conçoit un avenir plus flatteur et crie avec assurance : « *Vive la République et la Convention !* (3) »

---

(1) *Id.* à la Société populaire des Jacobins, à Paris, 22 fructidor an II.
(2) *Corr. de Chauvin*, état décadaire du 2 vendémiaire an III.
(3) *Id.*, 30 vendémiaire an III.

Son enthousiasme s'exalte à la nouvelle que Génissieu ordonne l'arrestation de Jacques-André Simon Lefessier, ex-évêque du département de l'Orne (1).

Chauvin apprend, le 9 brumaire, que ses ennemis l'ont calomnié auprès du représentant et que beaucoup de personnes demandent sa destitution. Il s'adresse à Génissieu et se défend : « Ayant, à l'exemple de nos braves défenseurs, marché au pas de charge sur les ennemis de la Révolution, la loi à la main, il est évident que je dois avoir une masse d'ennemis bien considérable. Mais qu'ils n'espèrent pas pour cela me faire reculer : un républicain ne recule jamais, et la vertu ne sait pas composer avec le crime. » Il rappelle ses services : selon la loi du 9 nivôse, il a fait arrêter 60 ou 80 religieuses qui n'avaient pas prêté serment, et, dit-il, « je me suis attiré la haine de leurs parents, amis et adhérents. Ainsi, rien qu'à vingt par tête de religieuse, j'ai pêché d'un coup de filet 1,600 ennemis. J'ai requis l'exécution de la loi du 17 septembre contre un individu de haut parage (Le Veneur), à grande influence, ayant beaucoup de partisans ou, pour parler plus correctement, de créatures, et, au nom de la loi, je me suis mis tous ces gens-là sur les bras (2) ».

Chauvin n'évita pas, par cette crâne profession de foi, le sort qui lui était réservé. Le 14 brumaire an III, Génissieu fit une épuration de fonctionnaires analogue à celle qu'avait faite Garnier (de Saintes), le 27 nivôse an II, mais en sens inverse : les fonctionnaires que Garnier avait choisis pour leurs idées jacobines, furent destitués pour ces mêmes

(1) *Corr. de Chauvin*, 10 brumaire : à Jacques-André-Simon Lefessier, ex-évêque du département de l'Orne : « En exécution de l'arrêté de ce jour du représentant du peuple Génissieu, je t'adresse ci-joint copie de cet arrêté, qui te met en état d'arrestation, et ordonne que les scellés seront apposés sur tes papiers à Séez. »

(2) *Corr. de Chauvin*, 9 brumaire an III, à Génissieu, représentant du peuple.

idées. L'agent national était tout désigné pour être compris dans ce remaniement : Génissieu lui fit du moins l'honneur d'assez longues explications particulières dans son arrêté (1).

Chauvin ne fut pas soumis à l'application des lois révolutionnaires portées contre les fonctionnaires destitués ou suspendus ; mais il resta longtemps sous la menace d'une enquête ; elle n'eut aucune suite, car il reparut en l'an IV comme commissaire du directoire exécutif, à Alençon même.

La révolution thermidorienne ne fut donc pas très dramatique à Alençon. Chauvin avait été l'homme d'une situation difficile ; il tomba lorsque les circonstances nouvelles rendirent possible un gouvernement moins violent.

E. DRIAULT.

(1) *Représentants en mission*, L, n° 3 : « Après tous les renseignements que nous avons pris sur Chauvin, agent national, nous nous sommes convaincu qu'il ne jouit pas de la confiance des administrés, et que, quand même il en serait privé injustement, il n'est pas moins vrai qu'il ne se trouve pas en mesure de faire le bien dont il peut être capable : par ce motif d'intérêt public, il sera remplacé, sans que ce remplacement puisse par lui-même, et indépendamment de tout autre fait, le faire considérer comme suspect ni le soumettre à l'application des lois révolutionnaires portées contre les fonctionnaires destitués ou suspendus, nous réservant néanmoins de rapporter cette restriction, si, par suite de l'examen que nous faisons de sa conduite administrative et politique, des faits allégués à sa charge viennent à se vérifier. »

L'ASSEMBLÉE

DU DISTRICT DE SEDAN

ET SON BUREAU INTERMÉDIAIRE

(1787-1789)

Les deux dernières années du gouvernement absolu de
Louis XVI ont été marquées par une tentative, fort timide
et encore trop peu connue (1), de décentralisation administrative, dont le grand ministre Turgot avait conçu l'idée,
quand il projetait la création de ses municipalités (2). Le
marquis de Mirabeau venait justement de rappeler cette
vérité, inquiétante pour la sécurité future du gouvernement : « Une nation qui n'est pas représentée est semblable
à un homme privé de la parole ; il ne lui reste que les bras
pour faire connaître ce qu'il demande. » Les ministres

---

(1) Malgré les études de Léonce]de Lavergne, *Les Assemblées provinciales sous Louis XVI*, Paris, 1864, in-8°. Le chapitre xxi de cet ouvrage,
pp. 284-293, est consacré à la Généralité de Metz.

(2) On peut consulter sur ce point P. Foncin, *Essai sur le ministère de
Turgot*, 1877, in-8°. — Calonne s'inspirait visiblement de Turgot lorsqu'il
déclarait, dans un style assez pénible, que « la gradation des trois
genres d'assemblées élémentaires les unes des autres, dont chacune sera
à portée de bien connaître ce qui l'intéresse, et d'éclairer celle qui lui
sera supérieure, fera arriver le vœu commun relativement à la répartition des charges publiques ». Voir le *Mémoire sur l'établissement des
Assemblées provinciales*, lu dans la deuxième séance de l'Assemblée des
notables, le 23 février 1787, dans Mavidal et Laurent, *Arch. parlem.*, t. I,
p. 202.

Calonne et Brienne jugèrent donc nécessaire de rendre à
la France la parole ou du moins quelque chose d'approchant, de peur qu'elle ne mît trop vite ses bras en mouvement pour faire connaître ses désirs et peut-être ses volontés.

Déjà Necker (1), en 1778, avait établi des Assemblées
provinciales dans le Berry et dans la Haute-Guyenne,
d'après un plan moins large que celui de Turgot, mais qui,
somme toute, constituait un progrès réel pour l'époque.
Cette modération eut pour résultat de ne point trop alarmer
les ennemis des idées nouvelles et de faciliter la création
d'Assemblées analogues dans toutes les provinces où il n'y
avait point d'États provinciaux. Les lettres patentes (2),
données à cet effet en juin 1787, portaient en outre que
dans chaque délégation, « suivant que les circonstances
locales l'exigeront », on pourrait établir des Assemblées
particulières de district et de communautés. Or, si l'on
possède quelques données précises sur les Assemblées provinciales proprement dites, on en est réduit à deviner le
rôle joué par les Assemblées de district. Le lecteur est donc
prié pour ce motif de réserver un peu de son indulgence
aux pages qui suivent, où l'on se propose de retracer brièvement les travaux de l'Assemblée du district de Sedan,

(1) Necker visait surtout à ruiner l'autorité des intendants. « Dans la
Généralité d'élection, disait-il, un intendant paraît bien plus un vice-roi
qu'un lien entre le souverain et ses sujets. » Voir l'*Extrait du mémoire
de M. de Necker*, *présenté au roi sur l'établissement des Ass. provinciales*,
dans Mavidal et Laurent, t. I, p. 556.
(2) Voir le *Recueil général des anciennes lois françaises*, t. XXVIII,
p. 368. On les trouve aussi dans l'*Introduction au Moniteur* et dans le
recueil de Mavidal et Laurent. — Dans son *Histoire générale de la Champagne et de la Brie*, 1886, t. III, pp. 488-494, M. Maurice Poinsignon a étudié
très rapidement les travaux de l'Assemblée provinciale de la Champagne,
dont l'histoire est « une véritable idylle administrative ». Il a donné en
appendice, pp. 576-580, la liste des membres des trois ordres, députés à
cette assemblée et aux assemblées des élections de Reims, Troyes, Rethel,
Vitry-le-François, Châlons, Langres, Bar-sur-Aube, Sainte-Ménehould,
Épernay, Joinville, Chaumont et Sézanne.

d'après le compte rendu de ses séances, qui est conservé
aux Archives départementales des Ardennes (1).

Et d'abord, en quoi consistait la subdélégation de Sedan?
On a justement critiqué la constitution de ce monstre
géographique, qui s'appelle le département du Nord, de
cette bizarre unité administrative, qui est trente fois plus
longue que large, en sa moindre largeur. La subdélégation
de Sedan formait un tout aussi incohérent que le département du Nord, puisqu'elle pouvait mesurer 70 kilomètres de long sur une largeur moyenne de 10 à 12 kilomètres.
Son noyau avait été constitué par les principautés de Sedan
et Raucourt, à l'époque de leur réunion au domaine royal,
en 1644. On en fit même une intendance particulière, sous
le nom de *frontière de Champagne*, et l'on y adjoignit
successivement l'ancienne prévôté royale de Mouzon, puis
les terres d'Yvois-Carignan, de Montmédy et de Château-
Regnault. Mais elle ne conserva pas longtemps son indépendance administrative ; elle fut incorporée à l'intendance de
Châlons, en 1692, et, sur la demande des Sedanais, à celle
de Metz, par un arrêt du Conseil d'État, en date du
11 juillet 1730 (2). Elle bénéficiait de nombreux privilèges

(1) Voir, aux *Arch. départ. des Ardennes, C.* 545, un registre in-folio,
comprenant 232 feuillets et intitulé : « Procès-verbaux de l'Assemblée de
district et de la Commission intermédiaire de Sedan ».
(2) Voir *Arch. départ. des Ardennes, C.* 1. — De même, le présidial de
Sedan relevait du Parlement de Metz. Or, en 1770, ce Parlement prétendit
que les Trois-Évêchés n'étaient pas assez étendus pour la dignité et le
ressort d'un parlement, et demanda la réunion, à son ressort, de la Cour
souveraine et des Chambres des Comptes de Lorraine et de Barrois. Le
Conseil du roi se rendit à ces raisons : le Parlement de Metz fut supprimé
par un édit du mois d'octobre 1771 et son ressort fut réuni à la Cour
souveraine de Nancy, mais il fut rétabli par un autre édit du mois de
septembre 1775, à la grande joie des Sedanais. En effet, le corps de ville,
le bailliage et siège présidial députent, peu après, les sieurs Husson et
Javaux, maire et lieutenant de maire, les sieurs Pillas et Dourthe, lieu-

écouomiques. Toute la généralité de Metz était exempte des droits d'aide, à l'exception des droits de courtiers-jaugeurs et d'inspecteurs aux boissons. Mais, tandis que le pays messin faisait partie des gabelles de salines et que le sel s'y vendait environ trente-huit livres le quintal, les principautés de Sedan et Raucourt étaient franches de gabelles et la ferme devait les approvisionner de tabac à 42 sols la livre, c'est-à-dire à des conditions modérées. Ainsi les habitants de l'ancienne frontière de Champagne auraient eu mauvaise grâce à se plaindre de la lourdeur des impôts : ils étaient des privilégiés dans une province privilégiée. En effet, la moyenne d'impôt (1), daus la généralité de Metz, était estimée à 19 livres 9 sols par tête d'habitant, lorsque la moyenne était de 23 livres, 13 sols, 8 deniers pour la France et de 26 livres 14 sols (2) pour la généralité de Châlons. Disons cependant, pour finir, que le traité de commerce conclu en 1786 entre la France et l'Angleterre avait gravement lésé les intérêts de la draperie sedanaise (3).

Le règlement royal du 5 juillet (4) fixait la composition

tenant général et procureur du roi, vers le parlement rétabli, pour le féliciter. Voir *Arch. mun. de Sedan*, BB. 27.

(1) Voir les tableaux qui figurent dans l' « Aperçu de la balance du commerce de la France, année MDCCLXXXIX ; ensemble le relevé de la population, des finances et forces militaires des principales puissances ».

(2) Le Rethelois était un pays de gabelles de salines, bien qu'il fît partie de la Généralité de Châlons, pays de grandes gabelles.

(3) Le traité de 1786 était une application assez étendue de ce qu'on a, depuis, appelé le système libre-échangiste. Or les manufactures anglaises avaient, à cette époque, une supériorité marquée sur celles de la France, grâce à leurs capitaux plus nombreux, au perfectionnement de leur outillage, et surtout au bon marché du charbon. Le ministre Pitt déclara d'ailleurs au Parlement que, si le traité offrait des avantages aux deux contractants, l'Angleterre y gagnait beaucoup plus que la France. Voir Dansin, *Observations sur le traité de commerce de* 1786, *passim*. — « N'est-il pas évident, ajoutait le ministre anglais, que ce traité, en nous apportant de nouvelles richesses, nous donnera de nouveaux moyens de résister aux Français, s'il faut un jour les combattre ? » Voir J. Droz, *Histoire du règne de Louis XVI*, t. I, p. 352.

(4) Il est reproduit dans le procès-verbal de la séance du 24 janvier 1788. — Le lecteur est prévenu que, dans les références qui suivent, il sera renvoyé, non aux feuillets du registre, mais aux séances.

de l'Assemblée du district de Sedan qui devait comprendre seize membres, sans compter le président et les deux syndics. La moitié des membres, savoir 2 ecclésiastiques, 2 seigneurs laïques et 4 représentants du tiers état, fut désignée par l'Assemblée provinciale de Metz (1), et cette première moitié devait nommer l'autre. Quant au président, qui devait être de la noblesse ou du clergé, il fut nommé par le roi.

Le président fut l'abbé de Laval-Dieu (2), Remacle Lissoir. C'était un homme de valeur, qui, successivement maître des novices de son abbaye, professeur de théologie et prieur, avait été, à l'âge de trente-neuf ans, élu abbé par le vote unanime de ses confrères. Depuis 1779, il faisait partie du Conseil des abbés de Prémontré. En dehors de ses travaux de pure théologie, on lui attribuait, à juste titre, un abrégé anonyme de Febronius (3), où la théocratie romaine

---

(1) Le président de l'Assemblée provinciale de Metz était l'évêque de Metz, M. de Montmorency-Laval, grand aumônier de France et frère du maréchal duc de Laval (gouverneur de Sedan depuis 1764). — Le district de Sedan avait pour représentants à l'Assemblée de Metz : comme membre du clergé, M. Remacle-Lissoir, abbé de Laval-Dieu, vicaire général de l'ordre des Prémontrés; comme membre de la noblesse, messire Jean-Maurice, chevalier de Vissec de La Tude, chevalier de l'ordre royal et militaire de Saint-Louis, seigneur de Maugré, Rubécourt et autres lieux; comme membres du tiers, Me Nicolas-Joseph Pillas, conseiller du roi, lieutenant général civil et criminel au siège présidial et maire de Sedan, et Me Charles-Joseph de La Haut, avocat en parlement, conseiller du roi, son procureur au bailliage de Carignan, avocat et procureur général fiscal de S. A. S. Mgr le duc d'Orléans, au bailliage ordinaire de la même ville. Voir les *Procès-verbaux de l'Assemblée provinciale des Trois-Évêchés et du Clermontois*, en novembre et décembre 1787; Metz, 1787, in-4°, 505 pages. Ce fut l'abbé Lissoir qui fut chargé de corriger les épreuves de ce volume.

(2) L'abbaye de *Laval-Dieu* (aujourd'hui section de Monthermé, chef-lieu de cant., arr. de Mézières), fondée vers 1130, était de la commune observance de Prémontré. Elle était célèbre par sa pêcherie de saumons. — Sur Remacle Lissoir, voir l'Abbé Boulliot, *Bibliographie ardennaise*, t. II, pp. 106-116.

(3) Intitulé : *De l'état de l'Église et de la puissance légitime du Pontife romain*, Wurtzbourg (exactement Bouillon, chez Brasseur), 1766, 2 vol. in-12. — Lissoir s'appropriait dans cet ouvrage les idées de Justinus Febronius, pseudonyme de Jean de Hontheim, coadjuteur de Trèves,

était vivement attaquée. Il y déclare en effet, avec les doc-
teurs gallicans, que l'Église primitive ne reconnaissait nullement la suprématie et l'infaillibilité du Saint-Siège, et que
ces doctrines ultramontaines constituent des nouveautés
dangereuses, exclusivement fondées sur les fausses décré-
tales. Par suite, il convient de rétablir l'antique autorité des
évèques, qui sont les vrais successeurs des apôtres — le
Christ leur ayant donné, aussi bien qu'au pape, le pouvoir
souverain de lier et de délier — et de tâcher de faire rentrer
les protestants dans le sein de l'Église catholique, ramenée
à ses premiers principes. L'ouvrage, soumis à la Sorbonne,
fut en partie censuré et l'on imprima des cartons pour
remplacer le texte condamné. Mais les cartons arrivèrent
trop tard : presque tous les exemplaires étaient vendus (1).

Le second représentant du clergé était Nicolas Philbert,
prêtre de la Congrégation de Saint-Lazare et curé de Sedan
depuis 1762 (2). Il était gagné aux idées libérales comme

évèque *in partibus* de Myriophite, qui dut plus tard se rétracter, en 1778.
Seulement, comme il le dit lui-même, « il adoucit les expressions trop
dures et omit entièrement des sorties trop vives contre la cour de Rome ».
L'épuration fut sans doute insuffisante, puisque la Sorbonne le condamna.
Voici, par exemple, l'une des phrases qui ont été censurées (t. 1, p. 401) :
« Les ultramontains ne prétendent pas que le pape soit au-dessus de Dieu,
et cependant, ils lui attribuent le pouvoir de dispenser des lois divines,
dans certains cas. » Voir la curieuse *Étude historique sur Febronius et le
Febronianisme*, par J. Kuntziger. Bruxelles, 1889, 1 vol. in-8°.

(1) Lissoir avait des idées libérales. On le retrouve, en 1790, électeur
du canton de Monthermé et administrateur du département des Ardennes.
En 1791, il est élu député suppléant pour la Législative. En 1792, il préside l'Assemblée des électeurs pour la Convention. Cette même année, il
est appelé par l'évêque Philbert à la cure importante de Charleville, qu'il
occupe jusqu'au mois d'octobre 1802. Cependant, en 1797, il assiste comme
député du presbytère des Ardennes au Concile des prêtres assermentés.
Depuis l'année 1802, il fut aumônier des Invalides jusqu'à sa mort,
13 mai 1806.

(2) La cure de Sedan avait été concédée aux Lazaristes par l'abbé de
Mouzon, le 6 décembre 1643. Voir J. Bourelly, *Le maréchal de Fabert*,
t. I, p. 224, n° 1. — Nicolas Philbert, né le 31 octobre 1735 à Sorcy (cant.
de Void, arr. de Commercy, Meuse), mourut le 22 juin 1797, à Villette
(section de Glaire, cant. de Sedan-Nord). Sa dalle mortuaire a été placée
sous l'autel de la chapelle de Villette. On peut lire dans l'*Almanach
Matot-Braine*, Reims, 1891, le procès-verbal de l'Assemblée électorale,

l'abbé Lissoir et aussi — on peut l'affirmer sans crainte de se tromper — comme beaucoup de curés de la région ardennaise (1). En novembre 1790, il sera nommé évêque

tenue à Mézières pour la nomination de l'évêque du diocèse des Ardennes, fixé à Sedan (21-23 nov. 1790) et la proclamation de Nicolas Philbert, curé de Sedan, en qualité d'évêque du département des Ardennes (24 nov. 1790). Ces deux curieux documents ont été publiés par M. Paul Laurent, *Archiv. des Ardennes*.

(1) Nous avons relevé, pour la curiosité de nos lecteurs, les noms des vingt-sept membres du clergé ardennais, qui ont rempli une fonction publique, en 1790, non compris ceux qui furent notables dans leurs communes. On trouve ces noms dans l'*Almanach historique, civil, ecclésiastique, militaire et topographique du département des Ardennes pour l'année* 1791, publié à Sedan chez Morin, imprimeur (par Mathieu Bouhon, secrétaire du Conseil des Prud'hommes, à Sedan).

Ce sont : Lissoir, membre du directoire de district de Charleville ; Alexandre, curé depuis 1763, et maire de Jandun, en outre, électeur du canton de Jandun ; Wattier, curé depuis 1784, et maire de Gruyère, cant. de Jandun ; Druart, curé depuis 1761, et maire de Baulny, cant. de Châtel ; Jacquet, curé depuis 1763, et maire de Fléville, en outre, électeur du cant. de Châtel ; Sellier, curé depuis 1786 et maire de Cornay, en outre, électeur du cant. de Châtel ; Ansart, curé de Grandpré, en 1790, électeur du cant. de Grandpré ; Mabelle, curé depuis 1778, et maire de Chevières, cant. de Grandpré ; Robert, curé depuis 1770, et maire de Remonville, cant. de Nouart ; Lefort, curé depuis 1781, et procureur de la commune de Vaux-en-Dieulet, cant. de Saint-Pierremont ; Didier, curé d'Asfeld depuis 1756, électeur du canton d'Asfeld ; Laigner, curé depuis 1773, et maire de Nanteuil, cant. de Château-Porcien ; Ludinat, curé depuis 1754, et maire d'Aubencourt-lès-Vauzelles, cant. de Sauces-aux-Bois ; Grenier, curé depuis 1782, et maire de Justine, cant. de Wassigny ; Monin, curé d'Hargnies depuis 1771, électeur du canton de Fumay, président du Conseil et du Directoire de district de Rocroy (successeur de Nicolas Philbert, comme évêque constitutionnel des Ardennes) ; Jacquemart, curé de Chilly depuis 1780, membre du Conseil de district de Rocroy ; Minet, curé de Revin depuis 1774, électeur du canton de Revin, et membre du Conseil de district de Rocroy ; Gauthier, curé d'Haibes depuis 1785, électeur du canton de Fumay ; Regnier, prieur des dominicains de Revin, électeur du canton de Revin ; Beaudesson, curé de Rocroy depuis 1788, électeur du canton de Rocroy ; Malinet, curé de Connage depuis 1785, électeur du canton de Chémery ; Wilmet, curé depuis 1782, et maire de Bosséval, canton de Sedan ; Vallet, curé depuis 1761, et maire de Signy-Montlibert, électeur du canton de Margut ; Geniu, curé, de 1783, et maire de Bièvre, électeur du canton de Margut ; Bonnay, curé de Mouzon depuis 1770, électeur du canton de Mouzon ; Deheppe, curé depuis 1781, et maire de Sauville, cant. du Chesne ; Hervieux, curé depuis 1771, et maire de Cauroy, électeur du canton de Machault.

Nous avons donné l'année au cours de laquelle les curés politiques des Ardennes ont pris possession de leur cure, pour montrer que ce n'étaient pas des jeunes gens, grisés par les idées nouvelles, mais plutôt des hommes mûrs et réfléchis, sachant bien ce qu'ils faisaient. En outre, constitutionnel du département des Ardennes, après une lutte électorale des plus vives. En attendant, il va jouer un rôle actif dans l'Assemblée du district.

Les deux représentants de la noblesse étaient : le vicomte Bernard de Vissec de La Tude, chevalier de Saint-Louis, ancien capitaine de cavalerie, seigneur des villages de Pouru-Saint-Rémy et des fiefs de Maugré, Tassigny et Tubion (1), demeurant à Carignan (et dont un frère puîné faisait partie de l'Assemblée provinciale de Metz), et Nicolas-François de Prez (2), baron de Barchon, seigneur de Neufmanil, qui démissionna aussitôt pour cause de santé.

Quant au tiers état, il était représenté par Louis Desrousseaux, l'un des plus riches manufacturiers de Sedan, ancien membre du tribunal de commerce, et qui était alors lieutenant de maire de sa ville ; Charles-Joseph de La Haut, procureur du roi au bailliage d'Yvois-Carignan, et qui faisait en outre partie de l'Assemblée provinciale de Metz ; François Tabouillot, ancien lieutenant particulier du baillage de Sedan, demeurant à Montmédy ; et le sieur Mangin, maire de Mouzon.

---

plusieurs avaient déjà exercé en d'autres cures, entre autres les curés de Rocroy et de Grandpré Rappelons aussi que la Constituante avait voté, en 1790, la suppression des ordres religieux et décrété, en juillet, la constitution civile du clergé. Il ne semble donc pas téméraire d'affirmer que le bas clergé ardennais était loin d'être attaché aux privilèges ecclésiastiques (peut-être parce qu'il n'en profitait pas).

(1) Pouru-Saint-Remy, cant. de Sedan-Sud. Maugré et Tubion sont des écarts de Carignan, arr. de Sedan ; Tassigny, écart de Sailly, cant. de Carignan. — Le père du vicomte Bernard, Henri de Vissec de La Tude, mort le 31 janvier 1761, était d'origine languedocienne. Nommé lieutenant de roi au gouvernement de Sedan, il avait épousé Anne de La Garde, fille de Jean de La Garde, écuyer, conseiller du roi au présidial de Verdun, contrôleur général des finances et de la guerre en ladite ville, et seigneur de Murault (com. de Damvillers, ch.-lieu de cant., arr. de Montmédy, Meuse). Il s'était fixé dans le pays. Ses fils se distinguèrent peu après, pendant la Révolution, par un royalisme exalté.

(2) La famille de Prez de Barchon, d'origine liégeoise — Barchon est une commune du canton de Dalheim, arr. de Liège, — posséda pendant deux siècles et demi, la majeure partie de la seigneurie de Neufmanil, cant. de Charleville. Nicolas de Prez mourut peu après sa démission.

Tous les membres de l'Assemblée préliminaire, à l'exception du baron de Barchon, se réunissent pour la première fois, le 17 septembre 1787, à dix heures du matin, « en la grande salle de la maison de Messieurs les prêtres de la Congrégation de la Mission ». Avant de commencer leurs travaux, ils vont entendre une messe solennelle du Saint-Esprit, célébrée en l'église Saint-Charles par le curé Philbert (1).

Ils procèdent ensuite à la nomination de deux syndics : ceux-ci ne doivent pas avoir d'occupations qui les puissent distraire de leurs fonctions ; en outre, l'un doit être choisi dans le clergé ou la noblesse, et l'autre dans le tiers. Sont élus : le curé Philbert et Jean-Baptiste-Marie Bretagne, procureur, demeurant à Carignan. L'Assemblée préliminaire remplace alors le curé Philbert par l'abbé Grimblot, de la Collégiale de Braux (2), et le baron de Barchon par le chevalier Charles-Antoine Galland, ancien commissaire ordonnateur des guerres, seigneur de Pouru-aux-Bois.

Ainsi complétée, l'Assemblée préliminaire procède, le

(1) L'auteur de l'article, assez superficiel, sur les Asssemblées provinciales, qui se trouve dans l'*Encyclopédie méthodique, Jurisprudence*, t. IX, 1789, p, 387, 1re col., n'est point partisan de la messe du Saint-Esprit. « Rien sûrement, dit-il, n'est plus auguste que la religion ; c'est un lien d'union, un motif d'espérance et de consolation ; on doit la reproduire partout. Mais il faut prendre garde que chacun ayant la sienne, on ne doit pas, dans un moment où des hommes de communions différentes vont se réunir pour des affaires communes, exiger d'eux l'acte d'un culte qu'ils désavouent. Cette obligation peut exciter des haines, échauffer l'intolérance, causer des scissions ou au moins du trouble dans des instants où tout demande la plus grande union, la paix, la concorde. Je donne donc ma voix pour la suppression de la messe du Saint-Esprit, persuadé que l'auteur de toute science ne refusera pas la lumière de l'esprit à tout homme public, qui a les intentions du cœur dirigées au bien de sa patrie. Je crois encore que, si on réfléchit attentivement à cela, on se rangera de mon avis, parce que l'avis contraire me paraît entraîner plus d'inconvénients que d'utilité, quoiqu'il ait bien quelque chose en sa faveur aussi. »

(2) Braux, cant. de Monthermé, arr. de Mézières, Ardennes. Cette collégiale avait été fondée au IXe siècle par Hincmar, archevêque de Reims.

lendemain, 18 septembre, à l'élection de huit autres membres, afin de se constituer en Assemblée définitive. Sont
choisis comme représentants du clergé : Bonnay, curé de
Mouzon, et l'abbé Amédée de Savoie, chanoine de la Collégiale d'Ivois-Carignan (1) ; — comme représentants de la
noblesse : Pierre-Rémy-Louis, comte de Hangest, seigneur
de Neufmanil, Fantigny (2), etc., lieutenant-colonel au
régiment de Bourbons-dragons (gendre du baron de Barchon), et Mathieu de Vildon, écuyer, seigneur en partie de
Thonne-le-Thil (3), capitaine au régiment de Royal-Infan-
terie ; comme représentants du tiers état : Jean-Baptiste
Blay, syndic de la municipalité de Wadelincourt, Jean
Payon de Remilly, Jean-Thomas d'Euilly et Pierre-Laurent
l'aîné de Chauvency (4), tous quatre choisis dans les villages, parce que les quatre représentants du tiers dans
l'Assemblée préliminaire, avaient été choisis dans les villes.

Il fallait maintenant nommer une commission ou bureau
intermédiaire, comprenant un membre du clergé, un de la
noblesse et deux du tiers, laquelle serait chargée, avec les
deux syndics, sous la direction du président, de préparer
et d'expédier les affaires que l'Assemblée lui confierait,
pendant l'intervalle des séances. Cette commission, portait
le règlement royal cité plus haut, « devait être composée de
gens sages, intelligents et zélés pour le bien public ». Sont
élus comme membres de la commission : le curé Bonnay, le
vicomte de Vissec de La Tude, les sieurs Desrousseaux et
de La Haut.

Cependant les membres de l'Assemblée se divisent en

(1) La collégiale d'Yvois-Carignan avait été fondée vers le milieu du
XIIᵉ siècle.
(2) Fautigny, écart de Rumigny, ch.-lieu de cant., arr. de Rocroy.
(3) Thonne-le-Thil, cant. de Montmédy.
(4) Wadelincourt, cant. de Sedan-Sud; Remilly, cant. de Raucourt;
Euilly, cant. de Mouzon ; Chauvency, cant. de Montmédy.

quatre arrondissements, « combinés de manière à présenter, autant que possible, la même somme d'impositions et le même nombre de paroisses ». Les arrondissements, indiqués naturellement, sont ceux de Sedan, Mouzon, Carignan et Montmédy.

Restait la question des indemnités de déplacement et de séjour. « Il fallait, d'après le règlement, calculer les frais avec sagesse et économie ; car il ne faut pas que ceux qui consacrent leur temps à la patrie, lui soient à charge ou le deviennent à eux-mêmes. » L'Assemblée s'inspire de ces idées en déclarant que chacun de ses membres sera payé à raison de 3 livres par lieue de route pour l'aller et le retour, et de 12 livres par chaque jour de séjour (1).

Le secrétaire-greffier de l'Assemblée était d'abord le notaire Fournier; mais, comme il pratiquait beaucoup trop volontiers la théorie du moindre effort, il fut déclaré « hors d'état de faire aucune fonction », dans la séance du 24 octobre, et, à son grand regret, révoqué par le président Lissoir. Maître Jean-Pierre Robert, avocat au Parlement, demeurant à Sedan, fut désigné par la voie du scrutin pour le remplacer; ses procès-verbaux sont d'un style clair et d'une écriture lisible.

Les fonctions du secrétaire n'étaient pas une sinécure. Il lui fallait dresser trois expéditions des travaux de l'Assemblée et du Bureau intermédiaire : la première pour le contrôleur général des finances, la deuxième pour l'intendant de Metz, M. de Pont, et la troisième pour être conservée aux Archives.

---

(1) On voit par le rapport de Lissoir, présenté à l'Assemblée provinciale de Metz (Voir les *Procès-verbaux* cités plus haut), que l'indemnité des membres de l'Assemblée du district, fut définitivement fixée à 150 livres pour chacun; les honoraires des syndics de district, calculés en raison du nombre des communautés, furent fixés pour Sedan, à 900 livres ; le traitement du secrétaire-greffier (assisté d'un commis) fut de 1,000 livres, etc.

Le bureau traita, dans la séance du 18 janvier 1788, avec un sieur Jacques, pour le transport des paquets de Sedan à Metz : chaque paquet devait payer 10 sols s'il pesait moins d'une demi-livre, 15 sols d'une demi-livre à 15 livres, et 1 sol la livre au-dessus de 15 livres (1).

II

L'Assemblée du district de Sedan se réunit seulement pendant trois jours, jusqu'au 26 octobre inclus. Elle est saisie de plusieurs questions par les procureurs syndics. La plus importante concerne la corvée (2), qu'ils proposent de remplacer par une prestation en argent. L'assemblée déclare que c'est la forme la plus équitable et la plus avantageuse au peuple. Mais il convient de faire, pour le travail des grandes routes, des adjudications annuelles et de casser celles qui ont été déjà faites comme étant trop coûteuses. Il faut les multiplier, ces adjudications, le plus possible ; car les ouvriers, voisins des chaussées, pourront évidemment les entretenir à plus bas prix. L'Assemblée porte ensuite son attention sur l'état actuel des routes, sur les nouvelles voies à ouvrir, et recommande d'y planter de préférence des frênes, des tilleuls et des trembles.

D'autres rapports sont présentés, émanant de diverses personnes (3). C'est ainsi que Louis Desrousseaux lit un mémoire détaillé sur le préjudice que cause aux manufactures de Sedan le traité de commerce avec l'Angleterre.

---

(1) De Sedan à Metz, il y avait dix-sept postes, c'est-à-dire près de trente-quatre lieues de 4 kil. La diligence qui faisait le service s'arrêtait à Mouzon (2 postes), Stenay (2 postes), Dun (1 poste 1/2), Sivry-sur-Meuse (4 poste 1/2), Samoigneux (1 poste), Verdun (1 poste 1/2) et gagnait Metz (7 postes 1/2), par Mars-la-Tour. Voir une *Liste générale des postes de France*, avant 1789.

(2) Voir le procès-verbal de la séance du 25 octobre.

(3) Voir le procès-verbal de la séance du 26 octobre.

L'Assemblée prend le mémoire en considération et le renvoie à l'Assemblée provinciale de Metz, en la priant d'engager Sa Majesté à bien accueillir les demandes si justes des manufacturiers.

Nous savons d'autre part que la demande de l'Assemblée du district fut entendue à Metz. En effet, voici en quels termes favorables (1) a été rédigé le procès-verbal de l'Assemblée provinciale : « La draperie royale de Sedan, qui voit sa ruine inévitable, a présenté au Conseil du roi l'anéantissement de son commerce, la situation désespérée de quatorze mille ouvriers sans ressources, la chute prochaine de ses maisons les plus accréditées. La ville de Sedan, quoique contrariée par sa situation géographique à l'extrémité du royaume, éloignée de tous les ports, manquant des matières premières qu'elle tire à grands frais de l'Espagne, était parvenue, malgré tant d'obstacles, à un point qu'elle ne pouvait espérer. Mille métiers en activité fabriquaient 20,000 pièces de draps· fins de 24 à 26 aunes, qui se vendaient depuis 18 jusqu'à 34 livres l'aune, et qui produisaient une somme de 10,789,000 livres, tirée en grande partie de l'étranger. Le dernier traité a brisé les barrières protectrices des fabriques nationales. Les Anglais achèteront par de premiers sacrifices l'avantage de les écraser; ils peuvent mettre leurs draps à des prix si bas qu'ils arrêteront toute concurrence et attireront à eux seuls ce commerce important. »

En conséquence, « les manufacturiers de Sedan demandent avec raison : 1° Qu'en outre du droit de 12 p. 100, perçu à l'entrée des marchandises anglaises, il en soit imposé un autre de 5 p. 100 sur leur consommation, par réciprocité d'un pareil droit sous la dénomination de marque

(1) Voir le *procès-verbal* officiel, pp. 301-306, résumé par Léonce de Lavergne, dans les *Assemblées provinciales sous Louis XVI*, pp. 286-287.

perçu en Angleterre sur tous les objets de luxe, parmi lesquels on classe les draperies étrangères ; 2° Qu'il soit accordé des primes aux négociants sur les draperies qu'ils feront passer dans les Iles Britanniques ; les primes seraient prises sur la perception du nouveau droit imposé sur les draps étrangers ; 3° Que les matières premières, nécessaires à la fabrication des draps, soient exemptes de tous droits ; qu'un fonds de subsistance soit établi au moins pendant l'hiver pour les ouvriers les plus nécessiteux, ce qui préviendrait leur émigration et leur retraite à l'étranger ».

La « batterie de fer » de Sedan, également frappée par le système protecteur, trouve aussi un accueil favorable auprès de l'Assemblée messine. « Des liaisons et une liberté de commerce, établies entre le duché de Bouillon et la principauté de Sedan, dit le rapporteur, avaient favorisé l'établissement de plusieurs fabriques en batteries de fer dans la principauté de Sedan. Ces fabriques tirent du duché de Bouillon les platines et les fers en tôles pour en façonner divers ouvrages, comme poêles, lèchefrites, bouches à four, fléaux de balance, etc., qu'importait autrefois le pays de Liège. Or les commis comprennent dans la proscription des marchandises en fer de mercerie ou quincaillerie, les fers à demi bruts tirés de Bouillon, qui en réalité devraient être considérés comme des matières premières. D'ailleurs, quand même la régie les ferait passer comme marchandises prohibées, sa prétention serait encore injuste, puisque les traités conclus — le dernier est du 21 novembre 1720 — permettent aux habitants de Sedan de tirer toutes sortes de marchandises du cru et façon du duché de Bouillon. »

D'autres mémoires anonymes sont également présentés à l'Assemblée du district. Elle repousse le premier, qui proposait différentes améliorations pour la ville de Sedan, comme n'étant pas de sa compétence. Elle refusa aussi de prendre en considération un projet de rendre navigable le cours de la Chiers, parce que l'auteur ne donnait pas les moyens de le mettre à exécution.

L'Assemblée termine ainsi sa première session annuelle. Le Bureau intermédiaire entre alors en fonctions. Du 5 novembre 1787 au 20 octobre 1788, il tient vingt-sept séances, qui ont lieu les jeudis à partir du 17 janvier. Les membres les plus assidus sont le président Lissoir, le syndic Philbert et Louis Desrousseaux, qui tous trois demeurent à Sedan, et, parmi les extra-muros, le vicomte de Vissec de La Tude. Malgré une lettre de l'intendant de Pont (1), où il est dit que « la résidence des syndics doit être au chef-lieu de la subdélégation pour le bien et la célérité du service », le syndic Bretagne ne veut pas quitter Carignan. Il ne veut pas non plus démissionner, malgré les instances du président Lissoir (2), et finit par conserver ses fonctions.

Les membres du Bureau font preuve d'une grande activité. Ils s'occupent de l'entretien des routes, vont surveiller en personne les adjudications, inspectent sans cesse les travaux et font de nombreux rapports.

Viennent ensuite les affaires relatives aux municipalités. En même temps que les assemblées provinciales et de district, avaient été créées des Assemblées municipales composées du seigneur et du curé de la paroisse, membres de droit, et, suivant le chiffre de la population, de trois, six ou neuf membres élus; un syndic élu, ayant voix délibérative, était chargé d'exécuter les résolutions prises par l'Assemblée. Mais, dans beaucoup de paroisses, les anciennes municipalités, qui se perpétuaient au pouvoir, ne veulent pas céder la place aux nouvelles. Aussi les requêtes se pressent-elles devant le Bureau intermédiaire: requête des habitants

---

(1) Voir la séance du 29 décembre 1787, celle du 14 février 1788.
(2) Voir, entre autres, la séance du 22 octobre 1788.

de Monthermé (1), pour qu'ils puissent former une assemblée municipale; requête des habitants de Mouzon, pour qu'ils nomment des notables, afin de compléter leur hôtel de ville; requêtes des communautés de Braux, Thonne-le-Thil, Floing, etc.

Puis ce sont des églises à réparer et qu'il faut visiter, à Escombes (2), Amblimont, Osnes, Fleigneux. A Daigny, on propose d'acheter un cimetière pour les non-catholiques.

Le Bureau juge également les réclamations portées contre les municipalités : il enjoint, par exemple, à l'Assemblée municipale de Floing de fournir une corde de bois à la sage-femme de la paroisse. Il est consulté sur les demandes en décharge d'impôts ; c'est ainsi qu'il appuie la requête présenté à l'intendant par Jean Hanotel, fermier de Beauménil (3), chargé de treize enfants. C'est également au Bureau que s'adressent les officiers municipaux de Carignan, pour faire cesser « l'abus de nombreuses décharges obtenues par de prétendus nobles et privilégiés ». Malheureusement pour notre curiosité, la requête est conçue en des termes vagues et ne cite aucun nom.

Mais l'affaire la plus intéressante que le bureau intermédiaire eut à régler fut celle de la Communauté de Saint-Menges qui refusait de payer son imposition représentative de la corvée, montant à la somme de 507 livres, 6 sols, 5 deniers. Depuis plusieurs siècles la communauté de Saint-Menges formait une souveraineté indivise, dont les co-souverains étaient, en 1787, le roi de France, comme prince de Sedan, et le prince de Condé, comme prince

---

(1) Monthermé, chef-lieu de cant., arrond. de Mézières ; Mouzon, chef-lieu de cant.; Braux, cant. de Monthermé ; Floing, cant. de Sedan-Nord.

(2) Escombres, cant. de Sedan-Sud ; Amblimont, cant. de Mouzon ; Osnes, cant de Carignan ; Fleigneux, cant. de Sedan-Nord; Daigny, cant. de Sedan-Sud.

(3) La ferme de Beaumesnil faisait partie de la paroisse de Haraucourt, cant. de Raucourt, arr. de Sedan.

d'Arches (1). Le Concordat du 17 février 1573 (2) lui servait de constitution : un bailli commun, autrement dit nommé par les deux souverains, jugeait sans appel les affaires civiles jusqu'à 60 sols tournois et, par provision, jusqu'à 10 livres, en appelant deux personnes à son Conseil. Les appels étaient portés devant une cour souveraine, où les co-souverains étaient représentés par leurs procureurs généraux, qui pouvaient s'adjoindre autant de conseillers qu'ils le jugeaient à propos. L'article 26 du Concordat portait que « aulcun desdits sieurs (à savoir les souverains) ne pourra mettre ou imposer aucune charge, subside, taille, corvées ou aultres impositions sur ladicte terre et seigneurie ou subjects d'icelle sans l'exprès consentement de l'aultre. » En vertu de cet article, les habitants de Saint-Menges avaient déjà, en 1787, refusé de payer leur quote-part d'impôt pour la corvée ; ils avaient d'ailleurs réclamé à l'intendant de Metz, qui n'avait pas voulu trancher la question lui-même et s'en était reporté à la décision du contrô- leur-général des finances ; mais ce dernier n'avait pas statué. Imposés quand même en 1788, ils se refusaient de nouveau à payer. Louis Desrousseaux, rapporteur de l'affaire, leur donna raison : le traité de 1573 était toujours valable, puisqu'il n'avait pas été révoqué. Le Bureau partagea

---

(1) Arches, aujourd'hui faubourg de Mézières. — Il est parlé de l'affaire de Saint-Menges, dans les séances des 10 juin, 15 juillet, 5 août et 21 octobre 1788.

(2) Voir une copie de cet acte aux *Arch. départ. des Ardennes, A.* 18. — Six officiers étaient attachés au bailliage et à la Cour souveraine ; ils rece- vaient leurs lettres de provision des deux co-souverains. L'article 21 réglait la composition du sceau : « *Item*, sera fait ung sceau commung, duquel on usera en ladite seigneurie, tant à la justice que aux contrats, auquel sceau seront empreintes, deux mains joinctes et une couronne ducale dessus, et sera escript à l'entour ces mots : *Concordia ducum.* » — L'article 17 portait que « toutes les proclamations ou aultres actes pu- blicqs se feront soubs ces termes : De par messeigneurs, ducs et souve- rains de Saint-Menges ». Saint Menges est aujourd'hui une commune du canton de Sedan-Nord.

l'opinion de son rapporteur et, lorsque l'entrepreneur des routes vint, le 5 août suivant, réclamer les 507 livres qui lui étaient dues, il fut « invité à se retirer par devers M. l'intendant. »

L'époque était arrivée où l'Assemblée de district devait se réunir à nouveau. La session dura du 20 au 23 octobre et comprit quatre séances, de peu d'intérêt. Au début, le syndic Philbert fit un rapport succinct des opérations du Bureau intermédiaire et l'Assemblée « témoigna à messieurs du Bureau combien elle était satisfaite du zèle et de l'assiduité, avec lesquels ils s'étaient porté à leurs fonctions ». Elle émit ensuite plusieurs vœux relatifs aux impositions, aux grandes routes, au bien public. C'est ainsi qu'elle jugea bon de favoriser la multiplication des bestiaux et d'en améliorer les races, de ranimer la branche d'industrie des ruches à miel, assez généralement négligée, etc., de former des établissements propres à bannir la mendicité dans les villes et paroisses du district. Mais ses secours furent d'ordre purement spéculatif.

Le 28 octobre, le Bureau intermédiaire reprend ses travaux et se réunit vingt-six fois jusqu'au 2 juin 1789. Comme l'année précédente, son attention se porte sur l'entretien des routes, sur les réparations qu'il convient de faire aux églises et aux presbytères, sur des projets d'ateliers de charité à Carignan, à Remilly, à Sedan, sur des réclamations d'impôts.

Sur l'invitation de la Commission intermédiaire provinciale, il charge un de ses membres « M. Philbert procureur-syndic, qui a bien voulu accepter », de distribuer les gratifications pour la destruction des loups. La gratification est de 12 livres par loup et de 6 livres par louveteau, à la condition de présenter au commissaire délégué la bête elle-même, ou du moins la tête et la peau (1).

On demande l'avis du Bureau sur une requête (2) de Jean Farinet, de la cense de Vaux, près Montmédy, adressée à l'intendant de Metz. Le malheureux « est chargé de onze enfants, famille considérable », en faveur de laquelle il a déjà été accordé une remise des impôts ; il peut à peine nourrir et entretenir sa famille. Le Bureau arrête que MM. de la Commission intermédiaire provinciale seront invités à solliciter auprès de l'intendant, pour qu'il soit délivré une somme de 12 livres audit Farinet sur les deniers de charité, en considération de sa nombreuse famille. — Autre requête de même nature, adressée par Henry Chauvancy, berger de Villy (3), à l'intendant : il a dix enfants, se trouve réduit à la misère à cause de la cherté des vivres et demande à être déchargé de ses impositions. L'intendant réclame l'avis du Bureau, qui prie l'Assemblée municipale de Villy de lui dire l'âge de chacun des enfants et si tous sont actuellement à la charge du père. Si les renseignements sont bons, le Bureau proposerait d'accorder également une somme de 12 livres au berger Chauvancy.

Les habitants de Chauvency-le-Château (4), qui ont été nommés membres de l'Assemblée municipale, s'absentent régulièrement, chaque fois qu'ils sont convoqués. L'on demande à ce sujet l'avis du Bureau, qui déclare que les fonctions publiques sont obligatoires. « Ouï les procureurs syndics, il a été considéré qu'il était de la dernière importance que les communautés et paroisses obéissent aux ordres qui leur sont adressés pour s'assembler : que

(1) Séance du 27 janvier 1780. A ce propos, il peut être intéressant de faire observer que Nicolas Philbert n'est jamais qualifié curé dans les procès-verbaux, mais bien syndic ou encore Monsieur.
(2) Séance du 8 janvier.
(3) Villy, cant. de Carignan.
(4) Séance du 29 novembre 1788. — Chauvency-le-Château, cant. et arr. de Montmédy, Meuse.

l'unique moyen de forcer les bourgeois de le faire, était de porter une peine contre ceux qui négligeraient de se trouver auxdites assemblées ; que cette peine était ordinairement réglée par M. l'intendant à trois livres par chaque réfractaire et il a été arrêté que MM. de la Commission intermédiaire provinciale seront invités à ordonner que tous les particuliers qui ont voyes dans les Assemblées paroissiales, seront tenus de se trouver à toutes celles qui seront convoquées par les syndics et membres des municipalités, à peine de trois livres d'amende par chaque contravention, au payement de laquelle somme ils seront contraints sur les procès-verbaux qui en seront dressés par les syndics et membres des municipalités, après avoir été vérifié par le Bureau. » Mêmes mesures sont requises contre plusieurs autres paroisses, trop indifférentes aux ordres et aux convocations qui leur sont adressés.

Un arrêt du Conseil d'État, du 30 septembre 1788, avait provisoirement réglé les formes de la répartition des impositions par les municipalités des villes. C'est le Bureau intermédiaire, qui détermine le nombre et la qualité des électeurs, chargés de nommer les adjoints pour concourir à cette répartition. Il décide (1) que, le dimanche 4 janvier, à l'issue des vêpres de la paroisse, les trente habitants les plus haut taxés à la taille, nommeront de concert avec les officiers municipaux, les adjoints en question, au nombre de six pour Sedan et de quatre seulement pour Mouzon, Carignan et Montmédy. Les adjoints devront être âgés de trente-cinq ans au moins, chefs de famille et domiciliés au moins depuis six ans dans leur ville. Pour le Bureau, ces fonctions nouvelles sont obligatoires. Seul, Louis Desrousseaux, nommé adjoint pour la ville de

_____

(1) Séance du 16 décembre 1788.

Sedan (1), est exempté sur sa demande, parce qu'il était déjà membre du Bureau intermédiaire et qu'il y avait « incompatibilité entre ces deux fonctions ».

Le Bureau est également consulté par le gouvernement sur la composition (2) des futurs États généraux. Il se borne à répondre que « les différents arrondissements, qui composent le district de Sedan, n'ont été réunis au royaume qu'après l'année 1614, date des derniers États généraux. Seul, Mouzon a nommé des députés à cette époque et pourrait fournir quelques renseignements. Mais, malgré les recherches faites aux archives de l'abbaye et de la ville, on a trouvé aucun monument qui puisse être utile. »

Mais la convocation promise des États généraux ne faisait pas oublier la représentation provinciale. C'est ainsi, nous dit M. de Lavergne (3), que le pays messin voulut avoir également ses États provinciaux. On alla même jusqu'à leur donner le nom ambitieux d'*États généraux d'Austrasie*, en souvenir de l'époque mérovingienne. M. Emmery, avocat à Metz, qui devint depuis sénateur, comte et pair de France, se mit à la tête de ce mouvement. Une réunion se tint à l'hôtel de ville de Metz, le 15 janvier 1789, sous la présidence du marquis de Chérisey, que le roi avait nommé premier membre de la noblesse à l'Assemblée provinciale. Il se composait de vingt-deux membres du clergé, quarante-neuf de la noblesse et soixante-quinze du tiers état. Rœderer, alors conseiller au Parlement de Metz et déjà connu par des écrits économiques et politiques, y assistait. « Nous avons dessein, dit le président, de de-

---

(1) Séance du 3 mars 1789.
(2) Séance du 6 décembre 1788.
(3) Voir L. de Lavergne, *Les Assemblées provinciales sous Louis XVI*, p. 291.

mander à Sa Majesté que l'administration provinciale soit
convertie en États provinciaux. » Le maréchal de Broglie,
gouverneur de la province, blâma cette Assemblée comme
illégale ; mais M. de Chérisey tint tête au maréchal, d'autant plus qu'il était appuyé par les Bureaux intermédiaires
de Metz, de Verdun et de Thionville.

Le Bureau intermédiaire de Sedan refusa de le suivre
entièrement, après une longue discussion où Philbert
prononça, comme syndic, un discours qui occupa près de
dix pages dans le procès-verbal (1). Son langage fut celui
d'un orateur politique; la phrase se déroule facilement et
ne présente nulle part la solennité, un peu vague, de l'éloquence dite religieuse.

Philbert commence par féliciter le Bureau intermédiaire,
qui n'a cessé de se distinguer par sa vigilance et par son
application au travail. « Désintéressés et impartials, vous
n'avez consulté que le bien public, et votre dévouement à
le procurer a eu tous les caractères qu'on peut désirer dans
des administrateurs honnêtes, modérés et intègres. Du
moins, messieurs, il n'y a personne dans votre district,
qui ne vous rende à cet égard la justice la mieux méritée. »
Ils ont surtout veillé à l'égale répartition des impôts. Il n'y
a plus d'habitants qui aient l'arbitraire à craindre. Les
municipalités n'emploient plus les biens communaux qu'à
des ouvrages d'utilité générale. On ne voit plus désormais,
dans les comptes, des omissions volontaires de ventes, ni
faux emplois, ni malversations.

Faut-il modifier les institutions, qui ont amené de semblables résultats? On prétend que les États provinciaux
feront bien mieux. Quel grand avantage le tiers trouvera-
t-il à être imposé sous l'autorité et l'inspection des États,

---

(1) Séance du 27 janvier 1789. Dans le résumé qui suit, nous avons
employé le plus souvent possible les propres expressions de Philbert.

plutôt que celle des Assemblées? Des députés du tiers, est-on certain qu'aucun ne sera accessible à la peur, aux promesses des députés de la noblesse, à celle du clergé, ou même des ministres? Voyez l'Angleterre. On y regarde la Chambre des communes comme le rempart de la liberté et la sauvegarde du peuple anglais. Cependant, cette Chambre si redoutable renferme nombre de représentants du peuple, absolument dévoués au roi et à ses ministres, qui en disposent à leur gré. Il y a tant de ressorts pour faire mouvoir les hommes et les gagner, que la franche et imperturbable loyauté, qu'on suppose devoir faire le caractère des députés du tiers état aux États provinciaux, n'est qu'une belle chimère.

Il importe donc de blâmer la conduite de la réunion de Metz, qui n'acquiesce pas à la constitution des Bureaux intermédiaires. Elle ne pouvait provoquer plus efficacement l'avilissement du Bureau sedanais, le ralentissement de son zèle et de son activité. N'a-t-elle pas affirmé, cette fameuse réunion, que les membres des Assemblées provinciales et de district ne sont en aucune manière les représentants de la province! A-t-elle donc oublié que le prétendu vice essentiel des Assemblées provinciales, qui consiste dans le défaut de concours des municipalités à l'élection de leurs membres, doit cesser bientôt, puisque, d'après le règlement de formation, les députés seront successivement remplacés par voie d'élection?

Le Bureau intermédiaire de Sedan se trouve dans une position, qui n'a pas d'exemple dans le royaume (1). Le district

(1) Voir les séances du 10 mars et du 2 juin 1789. — Notons ici une lettre du directeur général des finances, déclarant que « le Bureau intermédiaire existe toujours, quand même quelqu'un des députés de chaque ordre serait absent, le bien du service ne permettant pas d'admettre que son activité puisse être suspendue ». Voir, à ce sujet, la séance du 10 février 1789.

est formé par cinq cantons, qui ont chacun des lois, des
coutumes et des privilèges différents. Sous l'administration
des États, les charges publiques pèseraient également sur
tous ; c'est là le grand objet du Gouvernement, qui a besoin
d'immenses ressources. Serait-il sage pour le Bureau de
s'exposer aux plaintes et aux reproches de tout un pays, qui
lui imputerait la perte des avantages dont il jouit aujour-
d'hui ? Et alors, par une inconséquence, dont le Bureau
n'aurait pas à se plaindre, on ferait passer son suffrage
pour celui d'une Assemblée qui représente réellement le
pays, lorsqu'il n'en a pas la commission.

Il est donc à propos, il est même nécessaire d'attendre
la tenue des États généraux. En tout cas, si l'on acceptait
la transformation des assemblées actuelles en États provinciaux, il faudrait conserver l'organisation des Bureaux
intermédiaires, qui ont rendu de si grands services. Le
Bureau de Sedan n'est nullement contraint d'imiter, dans
son vote, les Bureaux intermédiaires de Metz, de Verdun et
de Thionville. En littérature, la parodie n'est pas une preuve
de génie ; de même, en morale et en politique, les exemples
ne sont bons à suivre qu'autant que l'imitation est honorable et utile.

C'était là un véritable plaidoyer *pro domo*, fort habilement présenté. Cependant Philbert n'espérait pas faire
entièrement triompher ses idées, puisque, dans sa conclusion, il déclarait se contenter à la rigueur de la réforme
proposée, si l'on conservait l'institution des Bureaux intermédiaires. C'est en effet la décision qui fut adoptée par les
membres du Bureau, et cela sans discussion aucune, si l'on
s'en tient aux termes du procès-verbal, resté muet sur ce
point. Il fut arrêté que « la Commission intermédiaire
provinciale serait priée de supplier le roi de former la
province des Trois-Évêchés et du Clermontois en États pro-

vinciaux, assimilés à ceux du Dauphiné, mais ayant des Assemblées secondaires composées, ainsi que lesdits États, de députés triennaux, desquelles Assemblées secondaires l'une serait établie en la ville de Sedan ».

La dernière question que le Bureau fut invité à régler fut de fixer le chiffre des honoraires, que recevrait chacun de ses membres. Le vicomte de Vissec de La Tude, absent le jour de la discussion, offre par lettre d'être payé à raison de 600 livres par an. Les autres membres du Bureau se refusent à fixer eux-mêmes l'indemnité qui leur est due. Mais ils rappellent en même temps qu'il n'existe aucune classe de citoyens, voués au service de la patrie ou à l'administration publique, à qui la distinction de servir leurs concitoyens soit proposée à titre d'indemnité. Finalement, leurs honoraires sont fixés à quarante sous par jour.

III

Du moment que les Assemblées provinciales et de district, par elles-mêmes et par leurs commissions ou bureaux intermédiaires, répartissent la taille et en surveillent la perception, décident et dirigent tous les travaux publics, tranchent en dernier ressort la plupart des affaires contentieuses (1), que devient l'autorité de l'intendant, quelles relations vont entretenir ces deux pouvoirs opposés, qui doivent, par la force des choses, se jalouser mutuellement?

Dans la généralité de Champagne, nous dit Maurice Poinsignon (2), l'intendant Rouillé d'Orfeuil, ce magistrat

---

(1) Ce sont les expressions de Taine, *La Révolution*, t. I, chap. I. — Voir aussi d'Arbois de Jubainville, *L'Administration des Intendants*, 1880, Introduction, p. xiii et p 20.

(2) Voir Maurice Poinsignon. *Histoire générale de la Champagne et de la Brie*, t. III, p. 494.

d'une courtoisie si fine et si habile, se plaint au directeur
général des finances (14 avril 1789), de ce que la Commission et les bureaux intermédiaires empiètent sans cesse sur
ses fonctions. « Cela nuit, dit-il, à la subordination, dont
les ressorts se relâchent de plus en plus. »

On peut affirmer qu'il en va de même dans la subdélégation de Sedan. Sans doute l'Assemblée de district ou plutôt le
Bureau intermédiaire, qui est vraiment la cheville ouvrière
de la nouvelle organisation administrative, n'entre pas
directement en lutte avec l'intendant de Metz, qui est pour
elle un gros personnage et qui d'ailleurs préfère se tenir
prudemment à l'écart. Mais il semble bien ne vouloir tenir
grand compte de l'autorité du subdélégué, comme le prouve
l'incident suivant. Par une lettre du 17 novembre 1788 (1),
l'Intendant de Pont autorise ses subdélégués à rendre
exécutoires les différents rôles des impositions pour les
communautés de leur district, après que les bureaux intermédiaires les auront vérifiés. Mais que doit faire le subdélégué en cette circonstance? Doit-il se borner à viser les rôles
en question, ou bien doit-il les examiner, comme il faisait
auparavant? Le subdélégué n'entend pas abdiquer devant
le Bureau intermédiaire et les syndics s'en plaignent amè-
rement dans la séance du 5 mai 1789. Il y avait, disent-ils
en substance, dans les comptes des municipalités nombre
d'abus qu'un ancien usage avait adoptés et que les subdélégués ne réprimandent pas. Il est du bien public de détruire
le vieil usage et l'on ne peut douter que le Bureau ne
cherche à l'extirper jusque dans les racines... Mais il ne
convient pas que les membres du Bureau se portent chez
les sieurs subdélégués de chaque arrondissement, pour
faire viser et clore les comptes. Cela répugne.

(1) Voir la séance du 29 novembre 1788.

A coup sûr, l'expression terminale était fort agressive. La cause en est sans doute dans la lutte très vive, que les officiers municipaux de Sedan venaient d'engager contre le subdélégué, et qu'il convient d'exposer rapidement, parce qu'elle rentre dans le cadre de cette étude (1).

En vertu de la nouvelle organisation administrative, le soin de répartir les impositions était confié aux Assemblées municipales. Dès leur entrée en fonctions les officiers municipaux de Sedan décident de rompre entièrement avec le système fiscal, suivi par le subdélégué, et inaugurent un autre mode de répartition, dont ils exposent les principes dans un mémoire apologétique. Il commencent par dresser un état des fortunes de tous les contribuables d'après leurs biens, leur commerce ou leur état; puis, par une simple règle de trois, fixent la quote-part générale de chacun. Mais cette quote-part ne doit pas être uniformément égale. Car il est injuste, disent-ils, d'imposer le père de famille au même taux que le célibataire, trop avare de sa reproduction, puisque trois mille divisés par six n'égalent pas trois mille divisés par un ou par deux. C'est ainsi que la répartition sera plus exacte et qu'on pourra constituer cette justice distributive, recommandée par le souverain aux asséeurs des impositions.

Le contribuable sera donc taxé suivant ses charges de famille. Pour rester à la cote déterminée par la première opération, il faut qu'il ait deux enfants; s'il en a plus ou moins, ou s'il n'en a pas du tout, il sera augmenté ou

---

(1) Nous résumons à grands traits, dans les lignes suivantes, un « Mémoire adressé à monseigneur l'Intendant de la Généralité de Metz, par les officiers municipaux de Sedan », suivi d'un autre « Mémoire, servant de réponse à la requête, présentée par les sieurs officiers municipaux de Sedan à M. l'Intendant et Commissaire, départi pour le roi, dans la province des Trois-Évêchés, en justification de leurs procédés dans l'assiette des impositions », les deux formant une brochure in-8º de 59 p., 1788, sans nom de lieu.

diminué dans une proportion donnée, et cette proportion sera fournie par l'expérience. Or l'expérience (1) nous apprend qu'un père de famille consacre ordinairement la moitié de son revenu à la nourriture, à l'entretien et à l'éducation de ses enfants. Cependant afin que ceux qui n'ont pas d'enfant ne puissent se plaindre d'être traités trop rigoureusement et aussi parce que les enfants cessent à un certain âge d'être à charge à leur famille, les répartiteurs ont réduit cette évaluation au quart. D'où il suit que la moyenne proportionnelle du nombre des enfants étant de deux par chaque contribuable, on a fait représenter pour un huitième dans la fortune de ses père et mère; celui qui en a quatre, deux huitièmes de moins, et ainsi de suite. Celui au contraire qui n'en a qu'un, doit payer un huitième de plus, et celui qui n'en a pas, un quart de plus. Du reste, on a eu égard dans l'estimation à la nature des biens, au genre de commerce, aux accidents particuliers, aux échecs qu'ont éprouvés quelques maisons dans ces temps calamiteux, et à toutes les circonstances qui sollicitent des égards particuliers.

Finalement, les officiers municipaux de Sedan annoncent à l'intendant de Metz et au public qu'ils sont satisfaits de leur œuvre. Ils ont abandonné le chemin tortueux suivi jusqu'alors, pour en tracer un nouveau qui est droit et facile. Leur mode de répartition ne tient en rien du hasard ou de l'arbitraire et, comme la faveur, la passion ou l'intérêt n'y ont aucune part, il est conforme aux intentions bienfaisantes du souverain.

---

(1) Les phrases qui suivent, jusqu'à la fin de l'alinéa, sont empruntées textuellement au premier mémoire, p. 8. — Les officiers municipaux déclarent avoir fait leur évaluation, soit d'après des documents certains, soit d'après la notoriété publique. Évidemment, cette évaluation n'a pu être faite que d'après des présomptions. D'ailleurs, les renseignements que nous possédons sur ce point ne sont pas aussi précis qu'on le désirerait.

Mais tous les Sedanais ne sont pas de cet avis. Le sub-délégué Husson (1), si vivement attaqué, va se défendre et, comme l'offensive est souvent le meilleur mode de défensive, il passe en revue — ce que les officiers municipaux ont négligé de signaler — les imperfections et les injustices du nouveau système financier. Car c'est à lui, ce semble, qu'il faut attribuer la paternité du « Mémoire (anonyme) servant de réponse à la requête des sieurs officiers municipaux, adressé à l'intendant, en justification de leurs procédés dans l'assiette des impositions ». Il montre tout d'abord, par un examen rapide des nouvelles cotes d'impositions, que les membres de la municipalité sont loin d'avoir négligé leurs propres intérêts. Exemple : le sieur L. G. est coté à 30 livres, tandis que le sieur D [esrousseaux], lieutenant de maire, coté l'année précédente à 32 livres, ne l'est plus qu'à 15 livres 5 sols. Or, des faillites considérables ont appauvri le premier ; il a en outre perdu la dot de sa femme par un malheur inattendu, mais il n'a pas d'enfant. Au contraire, le sieur D. possède une manufacture prospère, des immeubles pour plus de 100,000 livres, et vient de faire un héritage considérable ; mais il a cinq enfants. Autre exemple : le sieur C. est coté à 4 livres 10 s., et le sieur C., notable municipal, à 1 livre 15 s. (l'année précédente à 6 livres 12 s.). Or la différence dans leurs fortunes est comme de un à vingt, au désavantage du premier, déjà âgé, toujours infirme ; mais il n'a point

(1) Louis-Célestin-César-Edme Husson (1749-1820), avocat en parlement, conseiller à la Cour souveraine de Bouillon, succéda à son père, Jean-Baptiste Husson (qui fut trois fois maire de Sedan), en 1770, comme subdélégué de Sedan, et trois ans plus tard, comme fermier général. Il était alors seigneur engagiste des seigneuries et domaines de Daigny, Givonne, Villers-Cernay, La Chapelle, etc. Plus tard, on le retrouve commissaire du directoire du département des Ardennes, président de l'Administration municipale de Sedan, etc., puis préfet provisoire des Ardennes en 1814-1815, et sous-préfet de Sedan pendant la difficile période de l'occupation prussienne.

d'enfant. Le second en a....., la plupart gagnant bien leur vie, en suivant la profession et le commerce de leur père.

L'auteur du mémoire cite encore d'autres exemples, qui montrent de quelle manière les officiers municipaux comprennent la justice distributive : par l'effet de leur innovation, ils ont obtenu une diminution des 3/5es sur leur quotepart de subvention ; or la subvention ne forme que le sixième de toutes les impositions, qui sont payées dans la ville de Sedan, au marc la livre de ce premier subside.

D'ailleurs, le système municipal pèche par inconséquence. Les chefs de ménage, qui ont au delà de deux enfants, sont bien plus nombreux, dans la classe des taillables, que ceux qui n'en ont pas ou qui n'en ont qu'un, et ceux-ci ne peuvent à coup sûr souffrir le rejet de toutes les décharges accordées aux premiers. Les impositions étant un fardeau commun, plus il y a d'individus à les supporter, moins elles sont sensibles. Si l'on charge ainsi outre mesure les célibataires et les mariés sans enfants, ils finiront par quitter la ville pour mieux jouir de leurs richesses et leur quotepart d'impôts retombera forcément sur les chefs de famille, que l'on favorise injustement aujourd'hui.

Les officiers municipaux essaient de se justifier en disant que les précédents asséeurs étaient dédommagés de leurs peines par les deniers à eux attribués sur les impositions et les vingtièmes, tandis que les quinze notables, maintenant chargés de l'assiette, font ce travail sans rétribution. Cependant ils sont indemnisés : 1° par le sol pour livre de toutes les adjudications des biens et revenus patrimoniaux ; 2° par l'entrée en franchise de droits, de plusieurs pièces de vin ; 3° par l'exemption de logement des gens de guerre et contribution à icelui pour leurs maisons, quoique occupés en partie par des locataires, — objet qui, pour le sieur

Desrousseaux, lieutenant de maire, serait annuellement une charge de plus de 250 livres. Tous ces avantages, joints à la gloire de représenter, ont sans doute leur attrait.

D'ailleurs, les officiers municipaux semblent reconnaître qu'ils ne devaient pas se constituer juges dans leurs intérêts, puisqu'ils offrent dans leur requête de rétablir leurs cotes sur le pied de l'année précédente; mais, s'ils sont prêts, suivant leur expression, à faire ce nouveau sacrifice, c'est *peut-être* parce qu'on leur a rappelé l'article xxxvi du mandement porté par l'intendant : « Les membres et le syndic de l'Assemblée municipale ne pourront, sans raisons légitimes, diminuer leurs cotes, non plus que celles de leurs parents ; mais les uns et les autres porteront leur part d'icelle imposition sur pied et à proportion de leurs cotes de l'année précédente, à peine contre eux de pareille amende de 50 livres. »

Et ces officiers municipaux, d'où viennent-ils? Comment a-t-on procédé à leur élection? La forme en est tellement vicieuse qu'on peut dire qu'il n'y a plus d'élection. Qu'on en juge en effet. La municipalité, qui comprend un maire, un lieutenant de maire, quatre échevins, six conseillers, un procureur-syndic, nomme, à la fin de chaque exercice, vingt habitants, appelés notables ou vocaux, et tous réunis choisissent la nouvelle municipalité, si bien que les officiers municipaux peuvent se maintenir en charge aussi longtemps qu'il leur plaît ; et cela, contrairement aux coutumes de l'ancienne principauté sedanaise et aux lois générales du royaume. Il n'est donc pas étonnant que les officiers municipaux semblent faire peu de cas de l'opinion publique, consultent moins le bien de tous que leurs convenances particulières et peuvent se permettre des innovations, qui ne s'accordent guère avec les vœux et l'intérêt de leurs concitoyens.

Nous ignorons comment s'est terminée cette petite lutte fiscale. Les archives départementales des Ardennes et les archives municipales de Sedan sont muettes sur ce point.

IV

A la fin de son chapitre sur la généralité de Châlons, Léonce de Lavergne (1) déclare que « l'Assemblée provinciale de Champagne, comme toutes celles qu'avait instituées l'édit de 1787, n'a tenu qu'une session, et les assemblées secondaires, c'est à-dire les assemblées de district, ont eu à peine le temps de se constituer ». Nous n'avons pas à contrôler la véracité (douteuse, croyons-nous), de cette assertion pour les assemblées secondaires de la Champagne. Mais nous pouvons affirmer que l'Assemblée secondaire de l'ancienne frontière de Champagne, devenue la subdélégation de Sedan, a fait plus que se constituer. Elle a manifesté son existence par des actes répétés pendant plus d'un an et demi et les membres de son Bureau intermédiaire n'ont cessé de se distinguer par leur vigilance et leur application, pour nous servir des expressions du syndic Philbert. C'est ce que nous avons tâché de mettre en lumière dans cette courte étude, que l'on pourra peut-être accuser de monotonie, mais qui a du moins le mérite d'être la première sur ce sujet fort peu connu.

STÉPHEN LEROY.

(1) Voir L. de Lavergne, *ouvr. cit.*, p. 128.

DOCUMENTS INÉDITS

PROCÈS-VERBAUX

DU

DIRECTOIRE DU DÉPARTEMENT DE LA MAYENNE

DE FÉVRIER 1791 A JUILLET 1793

I

M. Paul Robiquet a eu récemment communication de plusieurs registres de procès-verbaux de la municipalité d'Ernée (Mayenne), relatifs à la période qui s'étend de ventôse an II au 17 pluviôse an IV ; et de frimaire à ventôse an II. Il a eu aussi l'occasion d'étudier trois séries d'arrêtés du directoire du département de la Mayenne, allant : la première, du 19 février au 17 novembre 1791 ; la seconde, d'avril au 15 août 1792 ; la troisième, du 19 mai au 26 juillet 1793. Ce sont des expéditions authentiques sur feuilles détachées et signées, pour copie conforme au registre, par le vice-président et le secrétaire du directoire.

Notre collaborateur se propose de faire paraître prochainement une étude qui encadrera les arrêtés les plus intéressants du directoire de la Mayenne que nous venons de signaler. Ils concernent les rapports du clergé avec l'administration départementale de la Mayenne et les municipalités subordonnées, notamment celle d'Ernée : plusieurs pièces ont trait à la question des subsistances et aux levées prescrites par la loi du 22 juillet 1792 qui proclamait « la Patrie en danger ».

Nous croyons intéressant de reproduire quelques extraits des arrêtés du directoire de la Mayenne que M. Paul Robiquet nous adresse et qu'il n'a pas l'intention de faire figurer dans son travail, parce que ces délibérations se rapportent à des événements isolés.

II

Le premier en date des extraits des registres du département de la Mayenne qui nous ont été communiqués, se place au 19 février 1791. Il se rattache à cette magnifique fête de la Fédération du 14 juillet 1790 qui, suivant le mot d'Anacharsis Cloots, avait été « non seulement la fête des Français, mais encore celle du genre humain », à ce rendez-vous national auquel accoururent tous les délégués des districts pour jouir de l'hospitalité parisienne et sceller au Champ de Mars un pacte fraternel. La Constituante avait décidé que les gardes nationales du royaume enverraient un député par 200 hommes, ce qui donnait environ 15,000 hommes, et que les dépenses des députations seraient à la charge des districts.

Quand il s'agit de régler les allocations aux députés, il paraît que les administrations locales ne se montrèrent pas très généreuses, et que les fédérés de la Mayenne réclamèrent un supplément. C'est pour l'obtenir que les députés du district d'Ernée, sous la date du 8 janvier 1791, adressèrent une requête au directoire du département de la Mayenne; mais le directoire refusa de l'accueillir et, par délibération du 19 février, donna aux fédérés d'Ernée une leçon de désintéressement patriotique :

Sur la requête présentée le huit janvier dernier par les députés du district d'Ernée à la Fédération générale du 14 juillet, à fin d'augmentation de la taxe qui leur a été faite par les officiers municipaux de la ville d'Ernée, vu le renvoy au district d'Ernée du 9 janvier, la déclaration de la municipalité d'Ernée qu'elle persévère dans son arrêté du 28 juin faisant taxe à chaque fédéré de la somme de soixante livres, ladite déclaration en date du 25 janvier. Vu pareillement l'avis du district du 26, duquel il résulte, entre autres choses, que l'arrêté du 28 juin paroit avoir été pris en présence et du consentement des fédérés, le directoire du département, considérant que tous les fédérés des gardes nationales de l'Empire, n'ont envisagé dans leur glorieuse mission que l'honneur et le civisme, seul guide de tout citoyen françois, persuadé que d'autres motifs n'ont pas conduit les députés du district d'Ernée à l'auguste et touchante cérémonie du 14 juillet ; considérant, d'ailleurs, qu'avant leur départ, ils ont connu l'indemnité accordée par la municipalité chargée de la fixer par l'article 2 de la proclamation du Roy du 10 juillet 1790, sur le décret du 8 du même mois ; considérant enfin que l'article 5 de la loi du 1ᵉʳ décembre dernier sur décret du 3 du même mois, autorise les corps administratifs à imposer les sommes nécessaires au payement des dépenses de la fédération, ARRÊTE, ouï le rapport de M. Lefebvre et le procureur général syndic en ses conclusions, qu'en confirmant la délibération de la municipalité d'Ernée du 28 juin, il sera délivré à chaque fédéré une ordonnance de soixante livres, et que, pour parvenir au payement, le district d'Ernée sera imposé au marc la livre de l'imposition principale de 1790.....

L'année suivante, on fit dans la Mayenne une fédération plus économique encore. Les gardes nationales du département envoyèrent des députés à Laval et non à Paris. D'ailleurs, le temps n'était plus où l'on pouvait croire la Révolution terminée et tous les Français unis et réconciliés sous le drapeau de la monarchie constitutionnelle. Au lendemain de la fuite de Varennes, à la veille du conflit sanglant du 17 juillet 1791, les fêtes de la Fraternité que célébra la province semblent une contradiction et une amère ironie. Quoi qu'il en soit, au moment où la Constitution

n'était encore qu'à l'état d'ébauche, les gardes nationales
de la Mayenne croyaient utile de jurer par avance le maintien de l'acte constitutionnel dont l'élaboration ne fut achevée que le 3 septembre par la Constituante.

Dans sa séance du 10 juillet 1791, le directoire du département prit la délibération suivante :

Sur ce que le procureur général syndic a remontré que la
garde nationale de Laval montrait le plus grand empressement
à renouveler dans le département de la Mayenne, avec tous
leurs frères d'armes des différents districts, la fédération du
quatorze juillet, que les décrets de l'Assemblée nationale n'indiquaient pas à la vérité d'une manière bien précise que cette
cérémonie auguste dût être réitérée tous les ans dans chaque
département, mais qu'elle ne pouvait produire que de bons
effets, en rappelant aux citoyens le serment qu'ils ont fait
d'obéir et de maintenir la *Constitution*; qu'en conséquence, il
requérait qu'il fût envoyé des exprès vers tous les districts des
départemens pour inviter les gardes nationales à députer à
Laval, pour jeudi quatorze juillet présent mois, un certain
nombre de leurs membres pour, réunis à leurs frères d'armes
de Laval, renouveler la fédération du quatorze juillet et charger
en même tems les procureurs syndics de district de prévenir
toutes les gardes nationales de leur arrondissement que, ledit
jour, à midy sonnant, elles doivent, les armes à la main, renouveler le serment fédératif...

(*Suit un arrêté conforme à ces réquisitions*).....

III

Voici une autre pièce qui peut servir à caractériser l'esprit politique du directoire de la Mayenne, au cours de cette
année 1791 ; c'est la délibération du 6 avril qui arrête que le
directoire portera, pendant trois jours, le deuil « de M. Riquetti, l'aîné », ce grand Mirabeau qu'une mort foudroyante
avait enlevé le 2 avril et qui fut pleuré par la France entière :

Le directoire du département de la Mayenne, assemblé au lieu ordinaire de ses séances, M. Sourdille a dit : *Riquetti l'aîné est mort.* La France désolée versera des larmes amères sur la perte de ce grand homme. Il a tout fait pour renverser le pouvoir arbitraire. Mais il a plus fait encore : il a travaillé à y substituer le régime bienfaisant qui a pour base la loi naturelle de laquelle les lois politiques ne devraient jamais s'écarter. Ennemi des factieux, qui le sont eux-mêmes de la liberté, il leur avait déclaré une guerre que son génie et ses talents le mettaient en état de soutenir avec avantage. Le tribut de lumières qu'il payait à l'Assemblée nationale, qui se glorifiait de le compter au nombre de ses membres, lui avait mérité l'estime même du parti qu'il combattait. Inébranlable au milieu des dangers, les clameurs dont il était environné, lorsqu'il contrariait les vues d'un peuple qui n'eût voulu connaître d'autre loi que sa volonté, ne l'ont point effrayé. Ferme dans ses principes, il ne s'est point écarté de la route qu'il s'était tracée, et il a assuré notre liberté, en nous prémunissant contre la licence. Mais il est des gens qui compteront pour rien tout ce que Mirabeau a fait pour la patrie ; je vois déjà la calomnie le déchirer et l'ingratitude lui refuser des témoignages d'une reconnaissance qui devrait être aussi vive qu'elle est méritée. Dédommageons ce grand homme de l'ingratitude de ceux qui ne veulent voir ni vertus publiques ni talens dans ceux qui combattent leurs opinions. Vivement affligés de la perte que nous venons de faire, témoignons au monde entier, qui a les yeux fixés sur la France, qu'elle sait apprécier les grands hommes et les récompenser après leur mort. Celle de Franklin fit porter à nos représentans un deuil de trois jours : imitons leur exemple ; prenons-le pendant le même tems pour Mirabeau, et instruisons-les de notre délibération dont copie doit être envoyée à tous les districts pour en donner connaissance aux municipalités et aux gardes de notre département..... (*Suit un arrêté conforme.*)

Ainsi la province s'associait sans réserve à la douleur des Parisiens et aux honneurs souverains que venait de rendre la Constituante à son plus illustre tribun, en déposant ses cendres au Panthéon. Elle ne pouvait prévoir les révélations de *l'armoire de fer*, devancées par les déclamations prophétiques de Marat qui, trois ans plus tard, devait rem-

placer Mirabeau sous les voûtes de la nécropole nationale.
Plus équitables que la Convention, la troisième République
et son plus haut magistrat, sur la demande de MM. Paul
Robiquet, Charmes et Pallain, ont vainement fait rechercher,
daus la boue fétide de l'ancien cimetière de Clamart, la
dépouille persécutée de celui qui, en dépit de sa vénalité et
et de ses vices, reste le glorieux initiateur de la Révolution.

CHRONIQUE & BIBLIOGRAPHIE

Nous avons annoncé dans un de nos derniers numéros l'*Histoire de Saumur pendant la Révolution*, par M. O. Desmé de Chavigny (1). L'auteur, qui est du pays même, n'a point reculé devant la crainte « de remuer autour de lui des souvenirs irritants ». Il a prudemment « écarté tous les documents ne reposant que sur la tradition, et par conséquent impossibles à contrôler ». Il a principalement utilisé (outre la bibliothèque de M. Allain-Targé), les Archives nationales, celles de la Guerre, celles de la ville de Saumur, et les registres des commissions militaires déposés au greffe de la Cour d'appel d'Angers. Cette intéressante et consciencieuse monographie, qui a d'abord paru en articles dans la *Revue de l'Ouest*, ajoute quelques traits à l'histoire des guerres de Vendée : toutefois l'auteur suit ordinairement Savary pour cette partie de son récit. Il est plus original et plus directement informé pour l'histoire civile et morale. Il débute par un tableau de la société de Saumur en 1789 (magistrature, clergé, noblesse, corps municipal) ; il traite ensuite des élections aux États-généraux et résume les cahiers (chapitre I). Le chapitre II nous montre l'effet produit à Saumur par la prise de la Bastille. Viennent ensuite

(1) Vannes, 1892. gr. in-8° de 356 pp. (Dépôt chez Al. Môre, 55, quai des Grands-Augustins, Paris).

des détails instructifs sur l'élection du premier maire,
Bonnemère de Chavigny, la formation de la garde nationale, la disette de l'automne de 1789 et les émeutes qu'elle
occasionne, la vente des biens du clergé et les assignats
municipaux. Les administrations nouvelles (département,
districts, communes), se constituent au milieu de toutes
sortes de difficultés : Saumur aspira vainement, en 1790,
au titre de chef-lieu du département. Le chapitre III concerne principalement : la fête de la Fédération ; Aubin
Bonnemère, un des vainqueurs de la Bastille ; l'élection de
l'évêque constitutionnel d'Angers, Pelletier ; la fondation
du club des amis de la Constitution ; les élections à la Législative ; le rôle des députés de Saumur pendant la journée du
10 août ; les élections à la Convention. C'est là que s'arrête
la première partie de l'ouvrage. Nous entrons ensuite dans
la sanglante période de l'insurrection vendéenne. Le chapitre IV nous conduit de la prise de Cholet à celle de Saumur
(9 juin 1793). Dans le chapitre V, l'auteur a le tort de regarder comme authentique la nomination de Cathelineau à la
fonction de généralissime de l'armée catholique... Bientôt
La Roche-Jaquelein, gouverneur de Saumur, évacue la
ville en la confiant à un comité royaliste. L'armée républicaine se hâte d'y rentrer, et livre ses adversaires à un
comité révolutionnaire. Le rôle de Cailleau, maire de Saumur, pendant ces jours de vengeances et de terreur, la
reprise et la suite des hostilités après le rappel de Biron,
l'arrivée de Kléber et des Mayençais, la disgrâce de Canclaux remplacé par Léchelle, et la nomination de Commaire
au commandement de la place de Saumur, nous conduisent
jusqu'au mois d'octobre 1794. Les deux derniers chapitres,
surtout anecdotiques, renferment des détails tour à tour
curieux et émouvants sur les prêtres réfractaires, les déprê-
trisations, le culte de la Raison, la fête de l'Être suprême,

le régime des prisons, les commissions militaires et les exécutions capitales à Saumur. Puis la réaction thermidorienne s'accuse avec le *Réveil du peuple* et les cravates vertes : et ce n'est pas un des tableaux les moins curieux de l'ouvrage, que celui des muscadins de Saumur et de leurs exploits au théâtre de cette ville.

L'auteur se persuade, dans sa préface, qu'il s'est « borné à raconter les événements sans les juger ». C'est chose impossible en un tel sujet, et dès la première page, nous trouvons un jugement : « Comme un grand nombre de villes de province, Saumur fut terrorisé par les commissaires de la Convention et les agents de la Commune de Paris. Eux seuls sont responsables des crimes qui s'y commirent. » Alors ni le fanatisme catholique, ni la longue et perfide *Préparation* de la guerre de Vendée que M. Chassin vient de nous décrire, n'ont aucune part de responsabilité dans ces atroces guerres civiles? L'histoire ne saurait admettre une telle appréciation. En voici encore une autre, à la fois banale et injuste : « Maîtres absolus de la France, les Montagnards ne surent que verser son sang, gaspiller son or. Quand ils disparurent, tout était détruit, rien n'était fondé. Une divinité impassible, froide comme le couteau de l'exécuteur, l'Être suprême, avait remplacé le Dieu d'amour et d'immolation; Parein et les commissions militaires avaient succédé à l'intègre d'Aguesseau et aux Parlements; le maximum et la réquisition étaient devenus le dernier mot de la science économique; l'or et les métaux précieux avaient disparu devant les assignats et les billets de confiance et l'on préférait au *Cid* de Corneille les tragédies de Ronsin. La place était nette, la Révolution était finie, le grand architecte de la société moderne, Napoléon, allait apparaître. »

Cette page, la dernière du livre, en indique assez clairerement l'esprit. Heureusment tout n'est pas de ce style, qui nous a paru même singulièrement contraster avec la précision et la netteté habituelles du détail historique. Les historiens locaux ne sont que trop portés à assaisonner les monographies de ce genre au goût de leurs lecteurs ordinaires. Sachons-leur gré pourtant de recherches qui profitent, à la longue, à l'histoire générale.

H. M.

— La Société de l'histoire de la Révolution vient de publier, presque simultanément, quatre volumes :

1° *Mémoires de Chaumette sur la Révolution du* 10 *août* 1792, avec introduction et notes, par F.-A. Aulard ;

2° *Les régicides*, par E. Belhomme ;

3° *Le serment du Jeu-de-Paume,* fac-similé du texte et des signatures, avec une introduction et des tables, par Armand Brette, et un avant-propos, par Edme Champion ;

4° *Les généraux morts pour la patrie*, 1792-1804, *notices biographiques*, par Jacques Charavay, publiées par son père, ouvrage orné de quatorze planches hors texte et de fac-similés.

Nous nous bornons à mentionner ces publications : ce n'est pas à nous à en faire l'éloge ou la critique. Il nous sera cependant peut-être permis de nous féliciter de l'activité de notre Société et d'espérer que les historiens nous seront reconnaissants de ces nouveaux résultats de notre méthode, dont nous pouvons bien dire nous-mêmes qu'elle est impartiale et scientifique (1).

----

(1) Les membres de la Société ont dû recevoir tous, à ce sujet, une lettre d'avis qui leur permettra de faire retirer ces volumes au siège de la Société. S'ils préféraient qu'on les leur expédiât par colis postal, ils auraient l'obligeance d'envoyer à M. Étienne Charavay, trésorier, un mandat de 85 centimes.

— Voici une liste de publications relatives à nos études :

1. *La Vendée patriote*, par Ch.-L. Chassin, tome I, librairie P. Dupont. (Nous avons déjà signalé en détail cet intéressant volume.)

2. *Mémoires du général Bigarré, aide de camp du roi Joseph*, libr. Kolb.

3. *L'esprit politique de la Réforme*, par L. Xavier de Ricard, libr. Fischbacher.

4. Notice biographique sur Stein, par M. le professeur Stern, de Zurich. (Extrait de l'*Allgemeine deutsche Biographie*, Leipzig.)

5. *Le cardinal Fesch*, par Mgr Ricard, libr. Dentu.

6. *Louis XVI et la Révolution*, par Maurice Souriau, libr. Quantin.

7. *Recueil des instructions données aux ambassadeurs et ministres de France... Naples et Parme*, par Joseph Reinach, libr. Alcan.

8. *La Révolution française en Corse*, par Maurice Jollivet (aux bureaux de la *Revue de France moderne*).

9. *Le général baron Merle* (1766-1830), par Aug. Braquehay, libr. Ed. Dubois.

10. *Mémoires inédits de Bertrand Poirier de Beauvais, commandant général de l'artillerie des armées de la Vendée*, publiés par la comtesse de la Bouëre, libr. Plon.

11. *Mirabeau, sa vie et ses œuvres*, par I.-A. Rayeur (Moulins, impr. Charmeil).

12. *Les grands écrivains français : J.-J. Rousseau*, par Arthur Chuquet, libr. Hachette.

13. *La guerre de la Révolution* (3ᵐᵉ série). *Wissembourg* (1793), par Arthur Chuquet, libr. Cerf.

14. *Mil huit cent quinze*, par Henri Houssaye, 2ᵉ édit., libr. Perrin.

15. *Un avocat au XVIIIe siècle* (Target), libr. Calmann Lévy.

16. *Cours municipal de sociologie* (à Lyon). *Leçon d'ouverture*, par Alexis Bertrand. (Lyon, impr. Storck.)

17. *La Révolution, poème*, par Alfred Bertezine, libr. de *La Voix de Paris*.

18. *Le septième siège de Lille*, 1792, par L. Samion, aux bureaux du *Spectateur militaire*.

19. *Kellermann, l'homme du 20 septembre*, par L. Samion, aux bureaux du *Spectateur militaire*.

20. *Der Antheil der Russen am Feldzug von 1799...*, par le Dr Otto Hartmann, privat docent a. d. Hochschule Zürich (Zürich, A. Munk).

21. *Documents sur la Société populaire de Vitry-le-François, pendant la Révolution*, par Ernest Jovy (Vitry-le-François, impr. J. Denis).

22. *La Chalotais et le duc d'Aiguillon, correspondance du chevalier de Fondetti*, publiée par Henri Carré, libr. Quantin.

23. *Inventaire sommaire des Archives du département des affaires étrangères. Mémoires et documents. Fonds divers*, Impr. nationale.

24. *L'Ardèche à la Convention nationale*, illustré de portraits et de gravures, par Henry Valschade, lib. Lechevallier.

25. *Un conventionnel choletais : Michel-Louis Talot, adjudant-général* (1755-1828), par H. Baguenier-Desormeaux. (Angers, Germain et G. Grassin.)

26. *Les débuts de l'insurrection à Chemillé*, par le même (Vannes, impr. Lafolye).

27. *La noblesse de l'Ouest au moment de la Révolution*, par le même, *ibid*.

28. *État politique et militaire de la Basse-Vendée et du Poitou, en août* 1793, par le même, *ibid*.

29. *Mémoires de Michelot Moulin sur la chouannerie normande*, publiés par la Société d'histoire contemporaine, libr. Picard.

30. *Une mission en Vendée*, 1793; notes (sur Jullien de Paris) recueillies par Édouard Lockroy, 2ᵉ éd., libr. Ollendorff.

31. *Mes souvenirs sur Napoléon*, par le comte Chaptal, publiée par son arrière-petit-fils, le vicomte An. Chaptal, secrétaire d'ambassade, libr. Plon.

32. *Napoléon intime*, par Arthur Lévy, libr. Plon.

33. *La Guillotine pendant la Révolution*, d'après des documents inédits tirés des Archives de l'État, par G. Lenotre, libr. Perrin.

34. *The life of Thomas Paine*, par Moncure Daniel Couway, libr. Putnam, New-York et Londres.

Nous aurons occasion d'analyser, prochainement, plusieurs de ces ouvrages.

— Le 19 mai a eu lieu, au restaurant Champeaux, le premier banquet de la Société de l'histoire de la Révolution, sous la présidence de MM. Noël Parfait et Jules Guiffrey. Étaient présents, outre les deux vice-présidents : MM. Aubert, Aulard, Dʳ Barbézieux, Belhomme, Brette, Bussière, Étienne Charavay, Claudius Charavay, Chassin, Corda, Dablin, Dugué, Duvand, Flammermont, Girard, Guillaume, Th. Lemas, Lévy, H. Monin, Émile Moreau, Robiquet, Tourneux et Tuetey. La réunion a été très cordiale. Au dessert, M. Aulard a présenté les excuses de M. Jules Claretie, notre président, et de MM. Courmeaux, Depasse, Dreyfus-Brisac, Larroumet, Roullet, Eugène de Rozière, Spuller et Thénard.

Il a ensuite rappelé les titres de M. Jules Claretie, dont chacun déplorait l'absence, à notre reconnaissance : les

Derniers montagnards, qui ont, sous l'Empire, enthou-
siasmé la jeunesse française, heureuse de voir rendre aux
républicains un hommage vrai et ému; la vie de Camille
Desmoulins, écrite sur des documents nouveaux et avec
une plume si vivante. M. Aulard a exposé brièvement le
but poursuivi par la Société, où chacun recherche la vérité
historique, mais en gardant son libre examen, et il a énu-
méré nos dernières publications. Enfin, il a vivement
engagé les membres de la Société à participer, par des
mémoires et des communications, au prochain congrès des
Sociétés savantes. On s'est ensuite séparé en se donnant
rendez-vous à l'hiver prochain.

E. C.

TABLE DES MATIÈRES

DU TOME VINGT-QUATRIÈME

Le Gérant : CL. CHARAVAY.

Paris. — Imprimerie L. MARETHEUX, 1, rue Cassette.

Lightning Source UK Ltd.
Milton Keynes UK
UKHW020631221118
332785UK00011B/1021/P

9 781528 243278